LAS ARDILLAS DE CENTRAL PARK ESTÁN TRISTES LOS LUNES

Katherine Pancol

LAS ARDILLAS DE CENTRAL PARK ESTÁN TRISTES LOS LUNES

Traducción
JUAN CARLOS DURÁN

la esfera de los libros

Primera edición: noviembre de 2012

Título original: *Les écureuils de Central Park sont tristes le lundi*
Publicado originalmente por Éditions Albin Michel, 2010

Avenida de Alfonso XIII, 1, bajos
28002 Madrid
Tel.: 91 296 02 00 • Fax: 91 296 02 06
www.esferalibros.com

ISBN: 978-84-9970-409-8
Depósito legal: M. 33.384-2012
Impresión: Anzos
Encuadernación: De Diego
Impreso en España-*Printed in Spain*

Para Roman y para Jean-Marie...

Acerca de la autora

Katherine Pancol nació en Casablanca y a los pocos años se trasladó con su familia a París. Cursó estudios literarios y se doctoró en letras modernas. Trabajó de profesora de latín en francés antes de comenzar una larga trayectoria profesional como periodista en publicaciones como *Paris Match* o *Cosmopolitan*. Ha publicado más de una decena de libros y el éxito le llegó definitivamente en el año 2006 con la publicación de la historia de Joséphine Cortès, la protagonista de *Los ojos amarillos de los cocodrilos, El vals lento de las tortugas* y *Las ardillas de Central Park están tristes los lunes.*

Entonces existe una vida que viviré para siempre, ¿verdad?

Bernard-Marie Koltès

Índice

Primera parte 13

Segunda parte 219

Tercera parte 411

Cuarta parte 597

Quinta parte 787

Agradecimientos 1009

PRIMERA PARTE

Hortense sujetó la botella de champaña por el cuello y la volcó dentro de la cubitera. La botella estaba llena e hizo un ruido extraño. El golpe del cristal contra la pared metálica, el crepitar de los cubitos de hielo triturados, y después un borboteo, seguido de un petardeo de burbujas que estallaron en la superficie formando una espuma traslúcida.

El camarero, vestido con chaqueta blanca y pajarita negra, arqueó una ceja.

—¡Este champaña es un asco! —gruñó Hortense en francés, mientras daba un golpecito al culo de la botella—. Cuando alguien no puede permitirse una buena marca, no debería servir otra que revuelva las tripas...

Cogió una segunda botella y repitió su acto de sabotaje.

El rostro del camarero enrojeció. Miraba estupefacto cómo la botella se vaciaba lentamente y parecía preguntarse si debía dar la voz de alarma. Lanzó una mirada circular, buscando un testigo del vandalismo de esa chica, que derramaba botellas mientras profería insultos. Estaba sudando, y las gotas resaltaban el rosario de forúnculos que adornaba su frente. Otro paleto inglés de los que babean delante de cualquier zumo de uva que tenga gas, se dijo Hortense mientras se alisaba un mechón rebelde que se recogió detrás de la oreja. Él no dejaba de mirarla, dispuesto a agarrarla por la cintura si seguía con lo que estaba haciendo.

—¿Es que tengo monos en la cara?

Esa noche tenía ganas de hablar francés. Esa noche tenía ganas de poner bombas. Esa noche necesitaba despellejar a algún inocente, y ese camarero tenía todas las papeletas para que le diesen el papel de víctima. Hay gente así, a la que dan ganas de pinchar hasta hacerle sangre, de humillarla, de torturarla. Había nacido en el lugar equivocado. Le habían tocado malas cartas.

—¡Anda que no eres feo! ¡Me haces daño a la vista, con esas bombillas rojas plantadas en la frente!

El camarero tragó saliva, se aclaró la garganta y soltó:

—¿Eres siempre así de rastrera o estás haciendo un esfuerzo especial para mí?

—¿Eres francés?

—De Montélimar.

—El *nougat** es malo para los dientes... y para la piel. Deberías dejarlo, te van a explotar las pústulas...

—¡Oye, gilipollas! ¿Qué te has tragado hoy para estar tan asquerosa?

Una humillación. Me he tragado una humillación y todavía no me lo creo. Se ha atrevido a hacerlo. Delante de mis narices, como si yo fuera transparente. Me dijo..., ¿qué fue lo que me dijo?..., y me lo creí. Me levanté las faldas y salí a

* Dulce típico de la ciudad francesa de Montélimar a base de clara de huevo, miel y almendra, y de gusto y aspecto parecidos al turrón. *(N. del T.)*

correr los cien metros en menos de ocho segundos. Soy tan gilipollas como este tío rosáceo, lleno de granos y con cara de nougat.

—Porque, normalmente, cuando la gente es agresiva es porque no es feliz...

—Vale ya, Padre Pío, quítate la sotana y sírveme una Coca-Cola...

—¡Espero que el que te ha puesto en ese estado te siga haciendo sufrir mucho tiempo!

—¡Vaya, un psicólogo experto! ¿Eres tirando a lacaniano o a freudiano? ¡Cuéntamelo, anda, que tu conversación por fin se está volviendo apasionante!

Cogió el vaso que el camarero le tendía, lo levantó hacia él para brindar y se alejó cabeceando entre la multitud de invitados. ¡Vaya suerte que tengo! ¡Un francés! Repugnante y sudoroso. Vestimenta obligatoria: pantalón negro, camisa blanca, sin joyas y el pelo peinado hacia atrás. Gana cinco libras por hora y le tratan como a un perro sarnoso. Un estudiante en busca de algún dinero extra, o un pelagatos huyendo de las treinta y cinco horas semanales para ganar un montón de pasta. Puedo elegir. El único problema es que no me interesa. Para nada. ¡No invertiría trescientos euros en un par de zapatos por él! ¡Ni siquiera me compraría los cordones!

Estuvo a punto de tropezar, no perdió el equilibrio por los pelos, se miró la suela del zapato, y constató que un chicle rosa coronaba la punta del tacón de baquelita malva de su manoletina roja de piel de cocodrilo.

—¡Lo que me faltaba! —exclamó—. ¡Mis Dior recién estrenadas!

Había ayunado cinco días para comprárselas. Y le había diseñado una decena de ojales a su compañera Laura.

Vale, ya lo he pillado, ésta no es mi noche. Me voy a ir a la cama antes de que las palabras «reina de las bobas» queden impresas en mi frente. ¿Qué fue lo que me dijo? ¿Vas a ir a casa de Sybil Garson este sábado? Va a ser una fiesta alucinante. Podríamos quedar allí. Ella había aparentado indiferencia, pero había tomado nota de la fecha y de su expresión. Quedar significaba volver juntos, del brazo. Valía la pena pensárselo. Había estado a punto de contestar ¿vas solo o con la Peste? Pero se había contenido a tiempo —lo más importante era no admitir la existencia de Charlotte Bradsburry, ignorarla, ignorarla— y había empezado a tramar la forma de hacer que la invitaran. Sybil Garson, icono de la prensa del corazón, inglesa de alta cuna, elegante por naturaleza, arrogante por naturaleza, que no invitaba a su casa a ninguna criatura extranjera —y menos aún francesa— a no ser que se llamase Charlotte Gainsbourg, Juliette Binoche o llevase colgado del brazo al fabuloso Johnny Depp. Yo, Hortense Cortès, plebeya, desconocida, pobre y francesa, no tengo la más mínima oportunidad. A no ser que me enfunde el delantal blanco de hacer horas extras y me ponga a repartir salchichas. ¡Antes muerta!

Él había dicho: nos vemos allí. Y ese «nos» significaba él y yo, él y yo; yo, Hortense Cortès, y él, Gary Ward. Ese «nos» dejaba claro que Miss Bradsburry había pasado de moda. Miss Charlotte Bradsburry había sido despedida o se había largado. ¡Lo que fuera! Una cosa parecía clara: la vía estaba libre. Era su turno. El de Hortense Cortès, las veladas londinenses, las discotecas y los museos, la recepción de la Tate Modern, la mesa cerca de la ventana del restaurante del

Design Museum con vistas sobre la Torre de Londres, los fines de semana en suntuosas mansiones, los lebreles de la reina lamiéndole los dedos en el castillo de Windsor y los *scones* de pasas acompañados de confitura, té y *clotted cream*, que mordisquearía cerca de la chimenea bajo un Turner algo pasado de moda, y levantando delicadamente la taza de té... ¡Y los *scones* ingleses no se comen de cualquier forma! Hay que cortarlos por la mitad a lo ancho, untarlos de crema y sostenerlos con el pulgar y el índice. Si no, según Laura, te cuelgan la etiqueta de paleta.

Me meto en casa de Sybil Garson, aleteo las pestañas, agarro a Gary y le quito el sitio a Charlotte Bradsburry. Me convierto en una mujer importante, gloriosa, internacional, a la que se habla con respeto, a la que le ofrecen tarjetas en papel Bristol grabadas, a la que visten de la cabeza a los pies, mientras yo rechazo a los paparazzi y elijo a la que será mi próxima mejor amiga. Dejo de ser una francesa que se desvive por hacerse un nombre, tomo un atajo y me convierto en Arrogante Inglesa. Hace demasiado tiempo que me pudro en el anonimato. Ya no aguanto que me consideren como la mitad de un ser humano, que se sequen las manos en mis senos o que me confundan con un tabique de plexiglás. Quiero respeto, consideración, notoriedad, poder, poder.

Y poder.

Pero antes de convertirme en Arrogante Inglesa, tengo que encontrar el modo de colarme en esa velada privada, reservada a los *happy few* que reinan en la prensa basura de los tabloides ingleses. No lo tienes fácil, Hortense Cortès, no lo tienes fácil. ¿Y si sedujera a Pete Doherty? Tampoco lo tienes fácil... Mejor intentaré entrar de extranjis en casa de Sybil Garson.

Lo había conseguido.

Se había puesto detrás de dos ingleses que hablaban de cine mientras se frotaban las narices, frente al número 3 de Belgravia Square. Se había colocado tras ellos, aparentando seguir la conversación, había conseguido introducirse en el vasto apartamento de techos tan altos como los de la catedral de Canterbury, y se había seguido tragando el diálogo de Steven y Nick sobre *Bright Star* de Jane Campion. Habían visto esa película en el preestreno del London Film Festival y se vanagloriaban de pertenecer al selecto grupo que podía hablar de él. *To belong or not to belong* parecía ser la divisa de todo inglés distinguido. Había que «pertenecer» a uno o varios clubes, a una familia, a un colegio, a un contexto familiar, a un buen barrio de Londres, o no ser nada.

Steven estudiaba cine, hablaba de Truffaut y de Kusturica. Llevaba unos vaqueros negros ajustados, unas botas viejas de vinilo, un chaleco negro con lunares blancos sobre una camiseta blanca de manga larga. Su pelo largo y grasiento se movía cada vez que afirmaba algo con contundencia. Su interlocutor, Nick, limpio y sonrosado, encarnaba una versión bucólica y joven de Mick Jagger. Asentía con la cabeza mientras se rascaba el mentón. Debía de suponer que eso le hacía fantásticamente adulto.

Les había abandonado tras dejar los abrigos en una enorme habitación que hacía las veces de guardarropa. Había dejado el suyo sobre una gran cama cubierta de pieles sintéticas, parkas color caqui e impermeables negros, se había arreglado el pelo ante el espejo de tremó de la chimenea y había murmurado estás perfecta, querida, absolutamente perfecta. Va a caer en tus redes como un pececito de colores. Sus manoletinas Dior y el vestidito negro Alaïa comprado en una *vintage shop* de Brick Lane la transformaban en una bomba sexual con el seguro puesto. Bomba sexual si quiero, el seguro puesto si así lo decido, susurró al espejo enviándose un beso. Todavía no he decidido si acabo inmediatamente con él o le liquido lentamente... Ya veremos.

Fue visto y no visto. Al salir de la habitación de los abrigos, vio a Gary en brazos de la Bradsburry; ella reía a carcajadas mientras levantaba su cuello de marfil, colocando delicadamente la mano sobre sus labios pálidos para ahogar ese ruido tan vulgar de la súbita alegría. Gary la estrechaba contra sí, con un brazo alrededor de su talle fino. Finísimo. Su cabeza morena apoyada en la cabeza de la Peste... Hortense creyó que iba a morirse allí mismo.

Estuvo a punto de volver a la habitación, insultar al espejo, coger el abrigo y marcharse.

Y después pensó en lo que le había costado entrar subrepticiamente, apretó los dientes y se dirigió hasta el bufé, donde volcó su rabia contra el champaña barato y el camarero con granos brillantes.

Y ahora, se dijo, ¿qué hago?

¿Cazar al primer hombre disponible y pavonearse en sus brazos? Demasiado trillado. Estrategia de perdedora, patética, lamentable. Gary comprenderá, si me ve así, que me ha «tocado» y me responderá, con una sonrisa cruel, «hundida».

Y me hundiré.

¡No, no! Exhibir el aspecto satisfecho de la soltera que no encuentra un chico de su categoría por lo mucho que vale... Apretaré los labios con una sonrisa de desdén, fingiré sorpresa si me cruzo con la pareja maldita e intentaré localizar a un pardillo o dos, con los que simularé conversar antes de volver a casa... en metro.

Quizás podría utilizar a Mary Dorsey. Es una soltera patética, una de esas chicas que no tienen más que una meta en la vida: encontrar un hombre. Cualquiera, con tal de que se quedase con ella más de cuarenta y ocho horas. Un fin de semana completo era rozar la felicidad. La mayoría de los chicos que entraban en el piso que Mary Dorsey tenía en la orilla sur del Támesis desaparecían antes de que ella tuviese tiempo de preguntarles cuál era su nombre de pila. La última vez que Hortense se la había encontrado en Borough Market, adonde había arrastrado a Nicholas, Mary le había murmurado ¡qué guapo es! Cuando hayas terminado con él, ¿me lo pasas? Pero ¿no has visto qué torso? ¡Es demasiado largo!, había protestado Hortense. Me da igual. Torso largo, apéndice interesante.

Mary Dorsey era un caso desesperado. Lo había intentado todo: el *speed dating*, el *slow dating*, el *blind*, el *jewish*, el *christian*, el *New Labour*, el *Tory*, el *dirty*, el *wikipedi*, el *kinky*... Estaba dispuesta a correr cualquier riesgo con tal de no quedarse sola en su casa, por la noche, comiendo tarros de helado Ben & Jerry y lloriqueando delante de la escena final de *An affair to remember*,* cuando Cary Grant se da cuenta por fin de que Deborah Kerr le esconde algo bajo la gran manta beige. Sola, con un camisón desteñido y un montón

---

* Película de Leo McCarey de 1957, estrenada en España con el título *Tú y yo*.

de bolas de Kleenex a su alrededor, Mary gemía ¡quiero un hombre que me levante la manta y me coja en sus brazos! Y como además de los botes de helado, se había tragado una botella de Drambuie, añadía, pegajosa por las lágrimas y el rímel, «Ya no queda ningún Cary Grant en este mundo, se acabó, se acabó..., los hombres de verdad están en vías de extinción», antes de caer rodando entre sollozos sobre el parqué, para reunirse con los Kleenex arrugados.

Le gustaba contar esas escenas patéticas, que no contribuían a revalorizarla. Afirmaba que había que llegar muy bajo en el asco por una misma, para así poder volver a ascender.

El recuerdo de esa conversación desvió la trayectoria de Hortense justo en el momento en el que iba a posar su mano sobre el hombro de Mary Dorsey. Viró hacia una silueta rubia, deslumbrante, asombrosa...

Fue entonces cuando reconoció a Agyness Deyn. Agyness Deyn, en persona. *The it girl*. The Girl con mayúsculas. La que iba a destronar a Kate Moss en la pasarela. La musa de Burberry, Giorgio Armani, Jean-Paul Gaultier, que canturreaba con el grupo Five O'clock Heroes y coleccionaba portadas de *Vogue*, *Elle*, *Grazia*. Allí estaba, muy rubia, muy delgada, con un fular de un azul marino intenso en el pelo rubísimo y cortísimo, medias muy rojas y zapatillas deportivas muy blancas, un vestidito frufrú de encaje y una chaqueta ajustada de tela vaquera gastada.

¡Divina!

¿Y con quién estaba hablando Agyness Deyn, mientras esbozaba una amplia sonrisa de condescendencia y aspecto visiblemente interesado, aunque sus ojos no dejaran de mirar a su alrededor en busca de nuevos peces a los que lanzar el anzuelo? Con Steven y Nick, los dos cinéfilos que le habían servido de tarjeta de invitación.

Hortense echó las caderas hacia delante y atravesó la multitud. Llegó a la altura del grupito y se metió en la conversación.

Nick, el más pasable de los dos, contaba cómo había desfilado en la Fashion Week de París para Hedi Slimane. Agyness Deyn le preguntó lo que pensaba de la colección de Hedi. Nick respondió que no se acordaba tanto del desfile como de la chica que se había tirado debajo de la escalera de una discoteca parisina.

Se echaron a reír. Hortense se esforzó en imitarles. Después Agyness sacó un rotulador de su minúsculo bolso rojo y anotó el nombre de la discoteca en sus zapatillas blancas. Hortense la observaba, fascinada. Se preguntó si de lejos se vería bien que formaba parte del grupo, y se arrimó más con el fin de que no hubiese ninguna duda.

Se acercó otra chica que se hizo con el vaso de Nick y lo vació de un trago. Después se apoyó en el hombro de Agyness y soltó:

—*I'm so pissed off!** ¡Qué asco de fiesta! ¡Esto de quedarse en Londres el fin de semana es un coñazo! ¡Debería haberme largado al campo! ¿Quién es ésta? —preguntó extendiendo una garra roja hacia Hortense.

Hortense se presentó intentando borrar su acento francés.

—*French?* —dijo con asco y una mueca de gorgona la recién llegada.

* «¡Estoy hasta los huevos!».

—Entonces, ¿conoces a Hedi Slimane? —preguntó Nick abriendo sus negrísimos ojos.

Hortense recordó entonces que había visto su foto en *Metro*, saliendo de una discoteca del brazo de Amy Winehouse, con una bolsa de vómito en la cabeza.

—Esto..., ¡no!—balbuceó Hortense, impresionada por el imberbe Nick.

—Oh —soltó él, decepcionado.

—Entonces, ¿de qué sirve ser francesa? —dijo la chica de garras rojas encogiéndose de hombros—. *Anyway*, en la vida nada sirve para nada, sólo queda esperar a que pase el tiempo y llegue la muerte... ¿Tienes intención de quedarte mucho tiempo aquí o vamos a emborracharnos a otra parte, *darling*? —preguntó a la suntuosa Agyness mientras bebía un botellín de cerveza a morro.

Hortense no encontró ninguna réplica y, furiosa consigo misma, decidió abandonar ese lugar, que apestaba de veras. Me vuelvo a casa, ya he aguantado bastante aquí, odio las islas, odio a los ingleses, odio Inglaterra, odio los *scones*, odio a Turner, a los corgis galeses y a la *fucking queen*, odio el estatus de Hortense Nobody, quiero ser rica, famosa, sofisticada, que todo el mundo me tema y me deteste.

Entró en la habitación de los abrigos y buscó el suyo. Levantó uno, luego otro y después otro, dudó por un momento en robar un Michael Kors con cuello de piel clara, vaciló y luego lo dejó. Demasiado arriesgado... Con esa manía de poner cámaras por todas partes, la pillarían a la salida. En esta ciudad te graban día y noche. Perdió la paciencia, hundió la mano en el montón de trapos abandonados y lanzó un grito. Había tocado carne tibia. Un cuerpo animado empezó a moverse gruñendo. Había un hombre bajo la ropa. Debía de estar digiriendo un tonel de Guinness o se había fumado una bolsa entera de hierba. El sábado noche era la noche de las cogorzas y los colocones infinitos. Las chicas titubeaban entre chorros de cerveza, con el tanga al aire, mientras los chicos intentaban arrimarlas contra una pared antes de vomitar al unísono. ¡Patético! *So crass!* Pellizcó una manga negra y el hombre rugió. Se detuvo, sorprendida: conocía esa voz. Excavó más profundo y llegó hasta Gary Ward.

Estaba tumbado bajo varias capas de abrigos, con auriculares en los oídos y saboreando la música con los ojos cerrados.

—¡Gary! —gritó Hortense—. ¿Qué demonios haces aquí?

Gary se quitó los auriculares y la observó, anonadado.

—Estoy escuchando al inmenso Glenn Gould... Es tan bueno, Hortense, tan bueno... La forma en la que hace sonar las notas, como si fueran perlas animadas y...

—¡Es que no estás en un concierto! ¡Estás en una fiesta!

—Odio las fiestas.

—Pero si has sido tú el que me has...

—Creía que ibas a venir...

—¿Y qué tienes entonces delante de la cara? ¿Un fantasma?

—Te he estado buscando, pero no te he visto...

—Y yo te he visto con quien no-quiero-nombrar. Pegado a ella, abrazándola protector. Un horror...

—Estaba bebida, la estaba sujetando...

—¿Desde cuándo trabajas para la Cruz Roja?

—Puedes creer lo que quieras, pero la estaba sosteniendo por un brazo y buscándote con la mirada...

—¡Qué bien, ahora ya puedes comprarte un bastón blanco!

—Vi que estabas hablando con un par de cretinos... Así que lo dejé estar. A ti te encantan los cretinos.

Había vuelto a ponerse los cascos y tiraba de los abrigos hacia sí, intentando desaparecer de nuevo bajo esa consistencia pesada y blanda que le aislaba del mundo.

—¡Gary! —ordenó Hortense—. Escúchame...

Él alzó una mano y la atrajo hacia él. Ella se hundió en la inmensidad de tejidos rugosos y suaves, respiró varios aromas de perfume, reconoció un Hermès, un Chanel, un Armani y todo se mezcló, atravesó forros de seda y mangas ásperas, intentó resistirse, desprenderse del brazo que la atraía, pero él la bloqueó contra su cuerpo y la arrimó con fuerza volviendo a colocar los abrigos sobre ellos.

—¡Chsss! ¡Que no nos vean!

Se vio con la nariz en su cuello. Después notó un auricular de plástico en la oreja y escuchó la música.

—Escucha, escucha qué bonito es. *El clave bien temperado*...

Se echó ligeramente hacia atrás y la miró fijamente.

—¿Has oído algo más bonito?

—¡Gary! Por qué...

—¡Chsss! Escucha... Las teclas, Glenn Gould no las toca, las esboza, las imagina, las recrea, las esculpe, las inventa para que el piano produzca un sonido excepcional. ¡Ni siquiera necesita tocar para hacer música! Es terriblemente carnal y material e inmaterial a la vez...

—¡Gary!

—Sensual, reservado, aéreo... Es como si..., no lo sé...

—Cuando me dijiste que viniese aquí...

—Lo mejor es volverlo a escuchar...

—Me gustaría saber...

—¿Es que no te puedes callar nunca?

La puerta de la habitación se abrió violentamente y oyeron el estrépito de una voz de mujer. La voz ronca, lenta y arrastrada de una mujer que había bebido demasiado. Avanzaba titubeando por la habitación, se golpeó contra la chimenea, soltó un taco, continuó buscando su abrigo...

—No lo dejé en la cama, lo puse ahí, sobre el biombo. Y es que es un Balenciaga...

No estaba sola. Hablaba con un hombre.

—¿Está usted segura? —decía el hombre.

—¡Que si estoy segura! ¡Un Balenciaga! ¡Espero que sepa usted lo que es!

—Es Charlotte —murmuró Gary—. Reconozco su voz. ¡Dios! ¡La que lleva encima! ¡Si no bebe nunca!

Estaba preguntando ¿no habrá visto a Gary Ward? Tenía que acompañarme... Ha desaparecido de pronto. Se ha marchado. ¡Esfumado! *I'm so fucked up. Can't even walk!*

Se dejó caer con todo su peso sobre la gran cama y Gary encogió precipitadamente las piernas, mezclándolas con las de Hortense. Le hizo una señal para que se callara y no se moviera. Ella oía el ruido sordo del corazón de Gary y el ruido sordo de su propio corazón. Intentó hacerlos latir al unísono y sonrió.

Gary adivinó que estaba sonriendo y preguntó ¿de qué te ríes? No me río, sonrío... La estrechó contra él y ella se dejó hacer. Eres mi prisionera, no puedes moverte... Soy tu prisionera porque no puedo moverme, pero ya verás cuando... Él le tapó la boca y ella volvió a sonreír bajo la palma de su mano.

—¿Ha terminado de mirarse en el espejo? —gritó Charlotte Bradsburry con una voz que saltaba de octava en octava—. Creo que hay alguien en la cama... Acaba de moverse...

—Y yo creo que ha bebido usted demasiado. Debería ir a acostarse... Tiene muy mal aspecto —respondió el hombre como quien habla con un niño enfermo.

—¡No! ¡Se lo aseguro, la cama se está moviendo!

—Eso es lo que dicen todos los que han bebido demasiado... Vamos, ¡váyase a su casa!

—Pero ¿cómo voy a volver? —gimió Charlotte Bradsburry—. ¡Ay, Dios! En la vida me había sentido tan... ¿Qué ha pasado? ¿Lo sabe usted? ¡Y deje de mirarse en ese espejo! ¡Empieza a ser cansino!

—No me estoy mirando, estoy pensando que me falta algo... Algo que tenía cuando llegué...

—¡Deje de buscar! Le falta algo que no tendrá usted nunca...

—¿Ah, sí?

¿Qué le va a soltar?, suspiró Hortense. Haría mejor largándose y dejándonos la vía libre... Yo estoy muy bien aquí, dijo Gary... Deberíamos hacer esto en todas las fiestas, escondernos bajo los abrigos y... Pasó un dedo sobre los labios de Hortense y los acarició. Tengo muchas ganas de besarte... y, de hecho, me parece que voy a besarte, Hortense Cortès. Hortense sentía su aliento como una neblina sobre sus labios y respondió rozando su boca. Es demasiado fácil, demasiado fácil, Gary Ward, pero pronto me vengaré. Él recorrió el perfil de su boca con su delicado índice. Lo complicaremos después, tengo un montón de ideas...

—No voy a preguntarle, porque me temo que no será nada halagador —respondió el hombre.

—Me voy. Mañana tengo que madrugar...

—¡Ah! ¡Eso es, llevaba una bufanda roja!

—¡Qué vulgaridad!

—Por favor...

¡Qué cretina!, protestó Hortense. ¡Así nunca le ofrecerá llevarla a su casa! ¡Chsss!, ordenó Gary, y sus dedos continuaron dibujando los labios de Hortense. ¿Sabes que los montículos de tus labios son diferentes uno del otro? Hortense retrocedió. ¿Quieres decir que no soy normal? No, al contrario..., eres terriblemente banal, todos tenemos la boca asimétrica. Yo no. Yo soy perfecta.

—Puedo acompañarla, si quiere. ¿Dónde vive? —preguntó el hombre.

—¡Ah! Ésa es la primera frase interesante que dice usted...

Charlotte Bradsburry intentó levantarse pero no lo consiguió. En cada intento terminaba volviendo a caer pesadamente sobre la cama, y acabó derrumbándose con todo su peso.

—Le digo que hay alguien aquí debajo... Oigo voces.

—Vamos, deme la mano para que pueda sacarla de ahí y llevarla a su casa.

Charlotte Bradsburry farfulló algo que ni Hortense ni Gary comprendieron y les oyeron marcharse, la una tambaleándose, el otro sosteniéndola.

Después Gary se inclinó hacia Hortense y la miró sin decir nada. Sus ojos castaños parecían habitados por un sueño primitivo, iluminados por un brillo salvaje. Sería tan agradable vivir escondidos debajo de los abrigos..., comeríamos cookies y beberíamos café con una pajita larga, nunca más nos veríamos obligados a ponernos de pie y a correr de aquí para allá como el conejo de *Alicia en el país de las maravillas*. Nunca pude tragar a ese conejo en perpetua erección ni su reloj. Me gustaría pasar la vida escuchando a Glenn Gould y besando a Hortense Cortès, acariciando el pelo de Hortense Cortès, respirando cada poro de la piel de Hortense Cortès, inventando acordes para ella, mi-fa-sol-la-si-do, y cantándoselos muy cerca del oído.

Me gustaría, me gustaría...

Cerró los ojos y besó a Hortense Cortès.

¡Así que eso era un beso!, se extrañó Hortense Cortès. Esa quemadura suave que te da ganas de abalanzarte sobre el otro, de aspirarlo, de lamerlo, de tumbarlo, de fundirte en él, de desaparecer...

De disolverse en un lago profundo, de dejar flotar su boca, sus labios, su pelo, su nuca...

Perder la memoria.

Convertirse en bola de caramelo, dejarse probar con la punta de la lengua.

Y probar al otro inventando la sal y las especias, el ámbar y el comino, el cuero y el sándalo.

Así que era eso...

Hasta entonces no había besado más que a chicos que la dejaban indiferente. Besaba útil, besaba mundano, besaba mientras apartaba un mechón de pelo rebelde y miraba por encima del hombro de su compañero. Besaba con total lucidez, indignándose por un golpe con los dientes, por una lengua caníbal, por una saliva babosa. También era posible que besase por dejadez, por jugar, porque llovía fuera o las ventanas estaban hechas de cristalitos que no había terminado de contar. O, un recuerdo que la incomodaba, para obtener de un hombre un bolso Prada o un top Chloé. Prefería olvidarlo. Fue hace mucho tiempo. No era más que una niña y él se llamaba Chaval.* ¡Qué hombre más grosero y brutal!

Volvió a la boca de Gary y suspiró.

Así que un beso puede proporcionar placer...

Un placer que se infiltra en el cuerpo, lanza pequeñas llamaradas, provoca mil estremecimientos en lugares que ella nunca hubiese sospechado que fuesen inflamables.

Hasta debajo de los dientes...

El placer... ¡Qué delicia!

Y enseguida notó que debía desconfiar del placer.

Más tarde salieron a pasear en la oscuridad.

Por las calles blancas de los barrios ricos mientras se dirigían hacia Hyde Park. Calles en las que las escalinatas de las entradas se ordenan en círculos perfectos.

Hacia el piso de Gary.

Caminaban en silencio, cogidos de la mano. O más bien balanceando los brazos y las piernas en un mismo impulso, una misma cadencia, avanzando un pie izquierdo con el pie izquierdo del otro, un pie derecho con el pie derecho del otro. Con la seriedad y la concentración de un *horse guard* con gorro de piel de Su Graciosa Majestad. Hortense recordaba ese juego: no cambiar de pie, no perder la cadencia. Tenía cinco años y caminaba de la mano de

---

* Cf. *Los ojos amarillos de los cocodrilos,* La Esfera de los Libros, 2010.

su madre de vuelta del colegio Denis-Papin. Vivían en Courbevoie; no le gustaban las farolas de la gran avenida. No le gustaba la gran avenida. No le gustaba el edificio. No le gustaban sus habitantes. Courbevoie le daba asco. Rechazó el recuerdo y volvió al presente.

Apretó la mano de Gary para anclarse sólidamente en lo que iba a ser, estaba segura de ello, su futuro. No volver a soltarle. El hombre de rizos negros, de ojos cambiantes, verdes o castaños, castaños o verdes, de dentadura de elegante depredador, de labios que provocan incendios.

Así que eso era un beso...

—Así que eso es un beso —dijo casi con un susurro.

Las palabras se evaporaron en la negra noche.

Él le devolvió la presión con mano ligera y suave. Y pronunció unos versos que vistieron el instante de una belleza solemne.

Away with your fictions of flimsy romance,
Those tissues of falsehood which Folly has wove;
Give me the mild beam of the soul-breathing glance
*Or the rapture which dwells on the first kiss of love.**

—Lord Byron... *The first kiss of love.*

La palabra *love* cayó en la noche como un adoquín envuelto en seda. Hortense estuvo a punto de recogerlo y metér-

---

* «¡Aparta las ficciones de tus estúpidas novelas, / esos harapos de falsedad tejidos por la locura! / Dame el fugaz espíritu con su suave resplandor / o el éxtasis que mora en el primer beso de amor», *El primer beso de amor* (1806).

selo en el bolsillo. ¿Qué le estaba pasando? Se estaba volviendo terriblemente sentimental.

—No habrías podido esconderte debajo de los abrigos si hubiésemos estado en julio... —gruñó para liberarse del pegajoso chicle de fresa en el que se estaba hundiendo.

—En julio no salgo nunca. En julio me retiro.

—¿Como Cenicienta después de medianoche? ¡No es una postura muy viril!

Él la empujó contra un árbol, encajó sus caderas en las de Hortense y volvió a besarla sin darle tiempo a responder. Ella recibió su boca, entreabrió los labios para que el beso se desplegase, pasó la mano por su nuca, acarició el rectángulo de piel suave justo detrás de la oreja, y allí dejó la yema de los dedos, sintiendo cómo los mil focos de fuego volvían a encenderse bajo el cálido aliento de Gary...

—Recuérdalo, Hortense, no me provoques —murmuró él depositando cada palabra sobre los labios suaves y firmes—. ¡Puedo perder el *self-control* y la paciencia!

—Lo que para un *gentleman* inglés...

—... sería lamentable.

Se moría de ganas de preguntarle cómo había acabado su idilio con Charlotte Bradsburry. Y si había terminado de verdad. ¿Terminado? ¿Terminado cruz y raya? ¿O terminado con una promesa de retorno, de reencuentro, de besos que desgarran las entrañas? Pero Byron y el *gentleman* inglés la llamaron al orden, encerrándola en un desprecio desdeñoso hacia la extraña. Mantente firme, chica, ignora a la golfilla. Archiva el asunto. Ya es pasado. Él está aquí, a tu lado, y camináis los dos juntos en la noche inglesa. ¿Para qué romper esta exquisita dulzura?

—Me sigo preguntando qué hacen las ardillas por la noche —suspiró Gary—. ¿Duermen de pie, tumbadas o acurrucadas como una bola en un nido?

—Respuesta número tres. Las ardillas duermen en un nido, la cola les cubre la cabeza. El nido está hecho de ramitas, hojas y musgo, en el árbol, a una altura no superior a nueve metros para que no se lo lleve el viento...

—¿Acabas de inventártelo?

—No. Lo leí en un *Spirou*...* Y pensé en ti...

—¡Ajá! ¡Así que piensas en mí! —exclamó Gary levantando un brazo en señal de victoria.

—Muy de vez en cuando.

—¡Y finges ignorarme! Como la perfecta indiferente.

—*Strategy of love, my dear!***

—Y tú, Hortense Cortès, eres invencible en montar estrategias, ¿verdad?

—Simplemente soy lúcida...

—Me das pena, te impones límites, te atas, te encoges... Rechazas el riesgo. Sólo el riesgo puede poner la carne de gallina...

—Me protejo, que es distinto... ¡No soy de las que piensan que el sufrimiento es el primer paso para conseguir la felicidad!

El pie izquierdo perdió el paso y el derecho dudó, se quedó en el aire, cojeó. La mano de Hortense se escapó de la

---

* Revista ilustrada franco-belga, destinada al público infantil y juvenil. (*N. del T.*)

** «¡Es la estrategia del amor, querido!».

de Gary. Hortense se detuvo y levantó la cabeza, con el orgulloso mentón de un soldadito que va a la guerra, la expresión seria, grave, casi trágica del que ha tomado una resolución importante y quiere hacerse oír.

—Nadie me hará sufrir. Ningún hombre me verá llorar. Me niego a sentir pena, dolor, duda, celos, esa espera que corroe, con los ojos hinchados y la tez amarillenta de la enamorada devorada por la sospecha, el abandono...

—¿Te niegas?

—No quiero. Y estoy muy bien así.

—¿Estás segura?

—¿Acaso no parezco perfectamente feliz?

—Sobre todo esta noche...

Gary intentó reír y alargó la mano para revolverle el pelo y quitarle un poco de gravedad a la escena. Ella le rechazó como si antes de que otro beso la arrastrara, antes de que perdiera la conciencia por unos instantes, necesitara que los dos firmaran un código de respeto mutuo y buena conducta.

No era momento para bromas.

—He decidido que definitivamente soy una perla rara, única, magnífica, excepcional, guapa hasta caerse de espaldas, astuta, culta, original, dotada, superdotada y... ¿qué más?

—Creo que no te has olvidado de nada.

—Gracias. Envíame una nota si he omitido alguna perfección...

—No lo olvidaré...

Siguieron caminando en la noche, pero el pie derecho y el izquierdo se habían separado y sus manos se rozaban sin encontrarse. Hortense veía la verja del parque a lo lejos, y los árboles que se mecían suavemente al viento. Le gustaba dejarse llevar por un beso, pero no quería ponerse en peligro. Gary debía saberlo. Después de todo, prevenirle no era más que honestidad pura. No quiero sufrir, no quiero sufrir, repitió suplicando a la copa de los grandes árboles que la librasen de los tormentos ordinarios del amor.

—Dime una cosa, Hortense Cortès: ¿dónde pones el corazón en todo eso? Ya sabes, ese órgano que palpita, que desencadena guerras, atentados...

Ella se detuvo y apuntó a su cráneo con dedo triunfante.

—Lo pongo en el único lugar que debería ocupar, es decir, aquí..., en mi cerebro... Así tengo un control absoluto sobre él... Astuto, ¿verdad?

—Sorprendente... Nunca se me habría ocurrido... —dijo Gary encorvándose un poco.

Ahora caminaban separados el uno del otro, guardando cierta distancia para estudiarse mejor.

—Lo único que me pregunto... ante una maestría tal que obliga a la admiración... es si...

La mirada de Hortense Cortès abandonó la copa de los árboles para posarse sobre Gary Ward.

—Si voy a estar a la altura de tanta perfección...

Hortense sonrió con indulgencia.

—Sólo es cuestión de entrenamiento, ¿sabes?... Yo empecé muy pronto.

—Y como no estoy seguro, tengo que retocar aún algunos detalles que podrían irritarte y degradarme a tus ojos. Creo que voy a dejar que vuelvas a casa sola, mi querida Hortense..., y yo volveré a mis cuarteles para perfeccionarme en el arte de la guerra.

Ella se detuvo, posó una mano en su brazo, le sonrió, era una sonrisita que quería decir estás bromeando, ¿no? No hablas en serio... Apretó el brazo con más fuerza... Entonces sintió cómo en su cuerpo se abría una brecha y se vaciaba, se vaciaba de golpe, de todo ese calor delicioso, de todas esas llamaradas, del hormigueo, de los mil júbilos que hacían que pusiese un pie derecho en su pie derecho, un pie izquierdo en su pie izquierdo y avanzara, gallarda y ligera, en la noche...

Se vio sobre la acera, negra y gris, y un frío glacial le cortó la respiración.

Él no respondió y abrió el portal de su casa.

Después se volvió y le preguntó si tenía dinero para pagarse un taxi o si quería que llamase a uno.

—¡No debo olvidar que soy un *gentleman*!

—Yo..., yo... No necesito tu brazo ni...

Y, sin encontrar palabras lo bastante hirientes, humillantes, asesinas, cerró los puños, llenó sus pulmones de una rabia fría, hizo surgir un tornado de lo más profundo de su vientre y gritó, gritó en la negra noche londinense:

—¡Púdrete en el infierno, Gary Ward, y que no te vuelva a ver nunca! ¡Nunca!

* * *

... porque sí.

Es todo lo que podía decir. Todo lo que salía de su boca. Todo lo que podía articular cuando le hacían preguntas a las que no podía responder porque no las comprendía.

Entonces, señora Cortès, ¿no ha pensado en mudarse después de «lo que ha pasado»? ¿De verdad quiere seguir viviendo en este edificio? ¿En esta casa?

Bajaban el tono de voz, recurrían a las comillas, y avanzaban de puntillas, con aire conspiratorio, como si «todos» compartiesen la confidencia... Eso no es saludable... ¿Por qué quedarse? ¿Por qué no intentar olvidarlo todo mudándose? Dígame, señora Cortès.

... porque sí.

Decía ella, erguida, con los ojos mirando al vacío. En la cola del Shopi o de la panadería. Libre de no responder. Libre de no fingir responder.

No tiene usted buen aspecto... ¿No cree usted, señora Cortès, que debería pedir ayuda? No sé, consultar a alguien... que pudiese ayudarla... ¡Una tragedia tan grande! Perder a una hermana es doloroso, no se recupera una sola... Alguien debería ayudarla a librarse de ello...

Librarse de ello...

¿Librarse de los recuerdos, como quien tira de la cadena?

¿Librarse de la sonrisa de Iris, de los grandes ojos azules de Iris, del pelo largo y negro de Iris, del mentón afilado de Iris, de la tristeza y la risa en la mirada de Iris, de los tintineantes brazaletes en las muñecas de Iris, del diario de los últimos días de Iris, del feliz calvario en el piso, esperando, esperando a su verdugo, del vals en el bosque a la luz de los faros de los coches...?

Un, dos, tres, un, dos, tres..., un, dos, tres.

El vals lento, lento, lento...

... debe calmarse, expulsar los recuerdos desagradables. Dormiría usted mejor, dejaría de tener pesadillas, porque tiene pesadillas, ¿verdad? Puede usted confiar en mí, mi vida no ha sido siempre un camino de rosas, ¿sabe?... También he pasado lo mío, no crea...

La voz se volvía dulzona, empalagosa, mendigando la confidencia.

¿Por qué, señora Cortès?

... porque sí.

... o volver a realizar una actividad profesional, volver a escribir, una novela, claro..., eso la distraería, le ocuparía la mente, he oído incluso que es bueno, que la escritura es una terapia..., no se pasaría el día pensando en..., bueno, ya sabe, en ese... ese terrible..., y la voz patinaba, se iba apagando hasta el silencio, avergonzado de aquella cosa que no se osaba pronunciar... ¿Por qué no retomar ese periodo que usted parece apreciar tanto, el siglo doce, eh? ¿Es eso? ¿No es el siglo doce su especialidad? ¡Es usted un hacha del siglo doce! ¡Claro! Podría escucharla durante horas. Se lo decía el otro día a mi marido, esta señora Cortès ¡qué pozo de sabiduría! ¡Una se pregunta de dónde saca todo eso! ¿Por qué no encontrar otra historia como la que le hizo tan feliz, eh? ¡Debe de haber cientos de ellas!

... porque sí.

¡Debería escribir usted una segunda parte! ¡Se lo están pidiendo a gritos! Miles de personas, qué digo, ¡centenares de miles la están esperando! ¿Cómo se titulaba? *Una reina muy hermosa*, ¿no? No... ¿Cómo dice? ¡Ah, sí! *Una reina tan humilde*, no lo he leído, no he tenido tiempo, ¿sabe?, la casa, la plancha y los niños, pero a mi cuñada le encantó y prometió prestármelo en cuanto se lo hayan devuelto, porque se lo dejó a una amiga... Los libros son caros. No todos tenemos la suerte de... Venga, señora Cortès, vamos, una segunda parte... Le vendría muy bien... Yo, si tuviera tiempo, también escribiría... ¡Anda! ¡Le contaría la historia de mi vida para darle alguna idea! ¡No se aburriría, se lo aseguro!

Los brazos se cruzaban, satisfechos, sobre el pecho. Los ojos brillaban, el cuello se tensaba, los párpados se entrecerraban... La máscara de una caridad simiesca. Tan correcta. Debía de decirse a sí misma, estoy haciendo una buena acción, la estoy devolviendo a la vida, a la pobre señora Cortès, la estoy animando, la estoy animando. Si sale de ésta, será gracias a mí...

Joséphine sonreía educadamente.

... porque sí.

Repetía continuamente esas palabras.

Le servía de defensa. La separaba de esas bocas atipladas silbándole preguntas. La llevaba lejos, dejaba de oír las voces, leía las palabras en los labios, afectada por una piedad repugnante por esa gente que no podía evitar hablar, intentar comunicarse con ella.

Les cortaba la lengua, les cortaba la cabeza, cortaba el sonido.

... porque sí.
... porque sí.
... porque sí.

Esta pobre señora Cortès, debían de pensar mientras se alejaban. Lo tenía todo y ya no tiene nada. Ni lágrimas para llorar. Bien es cierto que con lo que le pasó... Esas cosas se suelen leer en los periódicos, sin pensar que nos pueden pasar a nosotros. Al principio, no me lo creía. Y sin embargo, lo habían dicho en la tele. En el telediario. Sí, sí... Me dije no es posible. Estar implicado en un suceso así. No es normal, desde luego. ¡Ah! Pero ¿no está usted al corriente? ¿No sabe de qué le estoy hablando? Pero ¿dónde se ha metido usted este verano? ¡Salió en todos los periódicos! Es la historia de una mujer sencilla, perfectamente sencilla, una mujer como usted y como yo, a la que empiezan a pasar cosas extraordinarias... ¡Sí, sí, se lo aseguro! En primer lugar, su marido la deja y se larga a Kenya ¡a criar cocodrilos! ¡Sí, sí, cocodrilos! ¡En Kenya! ¡Se cree que va a ganar dinero y hacerse de oro! ¡Menudo fanfarrón! La pobre se queda sola en Francia con dos niñas que criar y sin un céntimo. Sin un céntimo y con un montón de deudas. No sabe qué hacer. Tiene la impresión de que el mundo se le viene encima... Pero tiene una hermana que se llama Iris... y ahí es donde la historia se complica... Una hermana muy rica, muy guapa, muy a la moda y que se aburre como una ostra. Incluso teniéndolo todo: un piso maravilloso con muebles caros, un marido guapo, un niño adorable que saca buenas notas, una asistenta y una ristra de tarjetas de crédito. ¡Ni una preocupación! ¡La buena vida! ¿Me sigue? Pues bien..., eso no es suficiente. Sueña con hacerse famosa, con salir en la tele, con posar para las revistas. Una noche, durante una cena, declara que va a escribir un libro. ¡En menudo lío se mete! Todo el mundo espera el libro. ¡Lo comentan, le preguntan cómo lo lleva, si está progresando y todo eso! A ella le entra el pánico, ya no sabe qué responder, se le pone la cabeza como un bombo... Entonces pide a la pobre señora Cortès que lo escriba por ella... La señora Cortès, que estudia historia de la Edad Media y escribe cosas complicadas sobre el siglo doce. Solemos olvidarlo, pero esa época existió. Y ella se gana la vida así. Le pagan por estudiar el siglo doce. Sí, sí, ¡hay gente así, que estudia esas cosas muertas hace tanto tiempo! A veces una se pregunta para qué sirve eso, si quiere mi opinión... ¡Y con el dinero de nuestros impuestos! Después nos extrañamos... Bueno, que me desvío... La hermana le pide que escriba el libro y, por supuesto, la pobre señora Cortès dice que sí... Necesita dinero, ¡es comprensible! Y además nunca ha podido negarle nada a su hermana. La adora, por lo que cuentan. No es amor, es veneración. Desde que eran muy pequeñas se deja arrastrar por ella, que la tiraniza, la rebaja, la regaña... Así que escribe el libro, una cosa sobre la Edad Media, parece ser que está muy bien, no lo he leído, no tengo tiempo, tengo otras cosas que hacer que dejarme la vista en bobadas sentimentales, aunque sean históricas... Sale el libro. ¡Y tiene un éxito fulminante! La hermana empieza a salir en la tele, a venderte cualquier cosa, su receta de tarta de manzana, sus ramos de flores, el expediente escolar, iniciativas benéficas, la previsión meteorológica y me quedo corta. Ya sabe usted, estas famosillas cuanto más tienen, más quieren. Son insaciables. Quieren que se hable de ellas todo el rato. No soportan perder protagonismo... ¡Y entonces estalla el escándalo! La hija de la señora Cortès, Hortense, la mayor, entre nosotras, una auténtica víbora, se planta en la tele ¡y desvela todo el tinglado! ¡En directo! No le tiembla la voz, ¡increíble! La hermosa Iris Dupin desenmascarada, la señalan con el dedo, la ridiculizan, y ella no lo resiste y se encierra durante meses en una clínica privada de la que sale completamente desmejorada y sin estar curada en absoluto, si quiere mi opinión... ¡Completamente drogada! ¡Atiborrada de somníferos! Mientras tanto, el marido... El marido de la señora Cortès, ese que se fue a Kenya... Al marido, digo, se lo come un cocodrilo... ¡Que sí! Atroz, completamente atroz, cuando yo le digo que se sale de lo corriente..., y la pobre señora Cortès se ve viuda, con una hermana tarada, deprimida, alcohólica, ¡que para consolarse se echa en brazos de un asesino! ¡Pero si esta historia apenas se la puede uno creer! Si no fuese yo la que se la está contando, usted no me creería. Un hombre con todas las cualidades, un hombre muy guapo, elegante, con buena reputación, bien situado, un banquero con todas las de la ley, sus toisones, su esmoquin y toda la pompa. Pero que en realidad era un asesino... ¡Que sí!, ¡que sí!, ¡como se lo estoy contando! ¡Un asesino como una casa! ¡Y no degolló a una, sino a más de una docena! ¡Sólo mujeres, por supuesto! ¡Es más fácil!

Y entonces los labios se retorcían, los ojos se iluminaban y el corazón de las comadres latía más fuerte, mientras hacían cola para comprar una baguette al abusivo precio de un euro diez.

La que hablaba se sentía tan importante que no quería soltar a su auditorio y proseguía, sin respirar:

Me olvidaba de decirle que el asesino vivía en el mismo edificio que la señora Cortès. Fue ella quien le presentó a su hermana, ¡así que imagínese cómo debe de estar reprochándoselo! Cómo debe de roerse las uñas; debe de pensar una y otra vez en esa historia. No debe de pegar ojo por la noche mientras le corroe la conciencia... Debe de pensar incluso, si quiere mi opinión, ¡debe de pensar que fue ELLA quien mató a su hermana! La conozco muy bien, ¿sabe?, he seguido todo el asunto, es vecina mía..., bueno, no exactamente mi vecina, sino la vecina de una amiga de mi cuñada... Ella le dio la mano al asesino, sí..., y estoy segura de haberlo visto en la carnicería un sábado por la mañana, el día de mercado..., ¡como se lo estoy contando! Estaba esperando delante de la caja, sosteniendo una cartera de piel roja en la mano, un portafolio de marca, lo vi perfectamente... Debo decir que era atractivo. Parece ser que suelen ser atractivos... Y claro, te enredan. Porque si fuesen repulsivos, una no se dejaría enredar, ¿verdad? Una no se encontraría con un cuchillo clavado en el corazón, como esa pobre Iris Dupin...

Joséphine lo oía todo.

Sin prestar atención.

Lo leía en la espalda de la gente cuando hacía cola en el Shopi.

Interceptaba las miradas furtivas que se tejían a su alrededor como telarañas.

Y sabía que todos esos chismorreos terminaban siempre con la misma frase... La hermana era distinta. ¡Una mujer guapísima! Elegante, refinada, guapa, muy guapa, con los ojos de un azul profundísimo. ¡Con una clase! ¡Una presencia! Nada que ver con esa pobre señora Cortès. Como el día y la noche.

Ella seguía siendo lo que siempre había sido.

Lo que siempre sería.

Joséphine Cortès. Una mujer del montón.

Hasta Shirley la acosaba a preguntas.

Llamaba desde Londres casi todos los días. Por la mañana temprano. Fingía necesitar información sobre una marca de camembert, tener una duda de vocabulario, una dificultad gramatical, un horario de tren. Empezaba, banal, auscultando la voz de Joséphine. ¿Qué tal, Jo? ¿Has dormido bien? *Everything under control?** Contaba alguna anécdota de su cruzada contra el azúcar, la salvación de los niños obesos, las consecuencias cardiovasculares, simulaba dejarse llevar, espiaba el amago de una sonrisa, acechando el breve silencio que la precedería, el suspiro o el quejido de alegría que resuena en la garganta...

Peroraba, peroraba, peroraba...

Hacía cada día las mismas preguntas:

¿Y tu HDI?** ¿Cuándo te presentas? ¿Estás preparada? ¿Quieres que vaya a echarte una mano? Porque me planto allí, ya sabes... Dame un silbidito y voy. ¿No estás muy nerviosa? ¡Siete mil páginas! *My God!* Sí que has trabajado... ¡Cuatro horas para defenderlo! ¿Y Zoé? ¡Ya en segundo! ¡Quince años dentro de poco! ¿Está bien? ¿Ha sabido algo

---

* «¿Todo controlado?».

** Habilitación para Dirigir Investigaciones. Cf. *El vals lento de las tortugas,* La Esfera de los Libros, 2011.

de...? ¿Cómo se llamaba su pretendiente...? Esto... El hijo de... ¿Gaétan? ¿Le envía correos, la llama por teléfono...? ¡Pobre chico! ¡Menudo trauma! ¿E Iphigénie? ¿Ha vuelto ese delincuente de marido que tiene? ¿Todavía no? ¿Y los niños? ¿Y el señor Sandoz, ha dado señales? ¿No se atreve? ¡Voy a ir a darle una patada en el culo! Pero ¿a qué espera ese memo? ¿A que a las ranas les crezca pelo?

Chillaba, gritaba los verbos, encadenaba preguntas para que Jo saliese de su silencio y agitase el cascabel de una risa.

¿Tienes noticias de Marcel y de Josiane? Ah... Él te envía flores, ella te llama por teléfono... Te quieren mucho, ¿sabes? Deberías ir a verles. No tienes ganas... ¿Por qué?

... porque no.

Y a Garibaldi, ese inspector tan guapo, ¿lo has vuelto a ver? ¿Sigue en su puesto? ¡Estás bien vigilada, entonces! ¿Y Pinarelli hijo? ¿Todavía con su mamá? ¿Ése no será un poco gay? ¿Y el lujurioso señor Merson? ¿Y la voluble señora Merson?

Y dime, los pisos de esos dos..., esto..., ¿los han ocupado? ¿Conoces a los nuevos? Todavía no... Te los cruzas, pero no hablas con ellos... Y el de..., todavía vacío... Claro... Lo comprendo, Jo, pero vas a tener que obligarte a salir... No vas a pasarte el resto de tu vida hibernando... ¿Por qué no vienes a verme? No puedes por culpa de tu HDI... Sí, pero... ¿y después? Vente a pasar unos días a Londres. Verás a Hortense, a Gary, saldremos, te llevaré a nadar a Hampstead Pond, en el centro de Londres, una tiene la impresión de estar en el siglo diecinueve, hay un pontón de madera, nenúfares, y el agua está helada. Yo voy todas las mañanas y es increíble lo en forma que estoy... ¿Me estás escuchando o no?

Ráfagas de preguntas para sacudir la dolorosa torpeza de Joséphine y alejar la única pregunta que la asediaba...

¿Por qué?

¿Por qué se lanzó en las fauces de ese hombre? ¿De ese loco que asesinaba a sangre fría, maltrataba a su mujer y a sus hijos y la redujo a la esclavitud antes de atravesarle el corazón?

Mi hermana, mi hermana mayor, mi ídolo, mi hermosura, mi amor, más que guapa, más que brillante, tu sangre que late en mi sien, que late bajo mi piel...

¿Por qué?, suplicaba Joséphine, ¿por qué?

... porque no.

Respondía una voz que no conocía.

... porque no.

Porque creyó encontrar la felicidad en aquel trato. Ella se ofrecía por entero, sin dejar nada para ella, y él le prometía la felicidad más completa. Ella le había creído. Y había muerto feliz, tan feliz...

Como nunca lo había sido antes.

¿Por qué?

No podía librarse de esas palabras que seguían hundiendo el mismo clavo en su cabeza, que a la vez hundía nuevos clavos ardientes de preguntas, levantando otros muros contra los que se golpeaba.

¿Y por qué yo estoy viva?

Porque parece ser que estoy viva...

Shirley no se rendía. Extendía sus brazos y su corazón por encima del Támesis, por encima del canal de la Mancha y la reñía:

—No me estás escuchando... Noto que no me estás escuchando...

—No tengo ganas de hablar...

—No puedes seguir así. Encerrada...

—Shirley...

—Sé lo que estás pensando y lo que te impide respirar... ¡Lo sé! No es culpa tuya, Jo...

—...

—No es culpa tuya, ni tampoco suya... Ni tú ni él tenéis nada que ver. ¿Por qué te niegas a verle? ¿Por qué no respondes a sus mensajes?

... porque no.

—Dijo que te esperaría, pero no va a esperarte toda la vida, Jo. Te estás haciendo daño, le estás haciendo daño, ¿y todo eso por qué? No sois vosotros los que la habéis...

Entonces Joséphine recuperaba la voz. Como si le hubiesen rasgado la garganta, abierto la garganta, cortado la garganta, poniendo al descubierto las cuerdas vocales para que gritase y gritase, gritase por teléfono, gritase a su amiga que llamaba todos los días, que decía estoy aquí, estoy aquí por ti:

—Venga, Shirley, dilo...

—¡Coño! ¡No me jodas, Jo! ¡Eso no la hará volver! Entonces, ¿por qué? ¿Eh? ¿Por qué?

... porque no.

Y mientras ella no hubiese encontrado una respuesta a esas palabras, no retomaría el curso de su vida. Permanecería inmóvil, encerrada, silenciosa, no volvería a sonreír más, a gritar de alegría y de placer, a abandonarse en brazos de él.

Los brazos de Philippe Dupin. El marido de Iris Dupin. Su hermana.

El hombre a quien hablaba por las noches, con la boca hundida en la almohada.

El hombre cuyo brazo dibujaba a su alrededor...

El hombre al que debía olvidar.

Estaba muerta.

Iris la había arrastrado en su lento vals bajo la luz de los faros, bajo el puñal de blanco filo. Un, dos, tres, un, dos, tres, sígueme, nos vamos... ¡Verás qué fácil es!

Un nuevo juego de los que Iris inventaba. Como cuando eran pequeñas.

Cric y Croc se comieron al Gran Cruc que creía poder comérselas...

Ese día, en el claro, el Gran Cruc había ganado.

Se había comido a Iris.

Iba a comerse a Joséphine.

Joséphine seguía siempre a Iris.

—Es eso, Jo —la hostigaba Shirley por teléfono—, es eso, quieres irte con ella... Vas a vivir al ralentí, vivir para Zoé y para Hortense, pagarles los estudios, ¡vivir como una buena mamaíta y prohibirte lo demás! No tienes derecho a ser una mujer porque «la» mujer ya no está... ¡Te lo prohíbes! Pues mira, yo, yo soy tu amiga y no estoy de acuerdo y te...

Y Joséphine colgaba.

Shirley volvía a llamar y entonces de su boca airada salían siempre las mismas palabras. Es que no lo entiendo, justo después, después de la muerte de Iris, dormiste con él, él estuvo allí a tu lado, ¿acaso no estuviste tú a su lado? ¡Respóndeme, Jo, respóndeme!

Joséphine dejaba caer el teléfono, cerraba los ojos, escondía la cabeza entre los codos. No debo recordar esa época, debo olvidarla, olvidarla... La voz resonaba en el teléfono como el baile de un duendecillo furioso.

—Te estás dejando encerrar..., ¿verdad? Pero ¿por qué? ¿Por qué, Jo? ¡Joder! No tienes derecho a...

Y Joséphine lanzaba el teléfono contra la pared.

Quería olvidar aquellos días de felicidad.

Esos días en los que se había fundido en él, abandonado en él, olvidado en él.

En los que se había agarrado a la felicidad de estar en su piel, en su boca.

Cuando pensaba en ello, posaba los dedos sobre sus labios y decía Philippe... Philippe...

No se lo diría a Shirley.

No se lo diría a nadie.

Sólo Du Guesclin lo sabía.

Du Guesclin no preguntaba nada.

Du Guesclin, que gemía mirándola cuando se entristecía demasiado, cuando bajaba la mirada demasiado, cuando la pena la arrastraba hasta el suelo.

Daba vueltas sobre sí mismo, y un largo gemido convertido en queja salía de sus fauces. Sacudía la cabeza, se negaba a verla en ese estado...

Buscaba su correa, la correa que ella no le ponía nunca, que acumulaba polvo junto a las llaves en la bandeja de la entrada, la dejaba a sus pies y parecía decir ven, vamos a salir, eso hará que pienses en otras cosas...

Y ella se dejaba llevar por ese perro tan feo.

Y salían a correr alrededor del lago del bosque de Boulogne.

Ella corría, él la salvaba.

Él cerraba la marcha. Galopaba con lentitud, potencia, regularidad. La forzaba a no disminuir el paso, a no detenerse, a no apoyar la frente contra la corteza de un árbol para dejar escapar un sollozo convertido en una carga demasiado pesada.

Ella daba una vuelta, dos vueltas, tres vueltas. Corría hasta que se agotaban sus brazos, se agotaba el cuello, las piernas, el corazón.

Hasta que ya no podía más.

Se dejaba caer sobre la hierba y sentía el peso del cuerpo de Du Guesclin acurrucarse a su lado. Él resoplaba, se sacudía, babeaba. Permanecía con la cabeza erguida para que nadie intentase acercarse.

Un gran dogo negro, lleno de cicatrices, la cara rota y cubierto de sudor, velaba por ella.

Y ella cerraba los ojos y derramaba lágrimas de desaliento sobre su rostro agotado.

* * *

Shirley miró las tres manzanas verdes, las mandarinas, las almendras, los higos y las avellanas, colocados en la gran ensaladera naranja de barro sobre la mesa de la cocina, y pensó en el desayuno que se tomaría al volver de Hampstead Pond.

A pesar del frío, de la lluvia fina y húmeda, y de la hora temprana, Shirley iba a nadar.

Olvidaba. Olvidaba que otra vez se había dado de bruces contra el sufrimiento de Joséphine. Cada mañana la misma historia: se daba de bruces.

Esperaba la hora ideal. La hora en la que Zoé se había ido al colegio, en la que Joséphine, sola, recogía la cocina, descalza, en pijama, abrigada con un jersey viejo.

Marcaba el número de Joséphine.

Hablaba y hablaba, y colgaba, con las manos vacías.

Ya no sabía qué decir, qué hacer, qué inventar. Balbuceaba de impaciencia.

Esa mañana había vuelto a fracasar.

Cogió el gorro, los guantes, el abrigo, su bolsa de natación —bañador, toalla, gafas— y la llave del antirrobo de la bicicleta.

Cada mañana iba a sumergirse en las heladas aguas de Hampstead Pond.

Ponía el despertador a las siete, saltaba de la cama, colocaba los brazos en jarras y se espetaba ¡maldita loca! ¿Eres masoquista o qué? Metía la cabeza debajo del grifo, se preparaba una taza de té hirviendo, llamaba a Joséphine, intentaba alguna triquiñuela, fracasaba, colgaba, se ponía un chándal, calcetines gruesos de lana, un jersey gordo, otro jersey gordo, cogía el bolso y se marchaba entre el frío y la lluvia.

Esa mañana se detuvo ante el espejo de la entrada.

Sacó un lápiz de labios. Aplicó una ligera capa de rosa brillante. Se mordió los labios para extenderla. Se puso un poco de rímel resistente al agua, un toque de colorete, se enfundó el gorro blanco de punto sobre el pelo corto, sacó algunos mechones rubios, los onduló y los dejó sueltos, y después, satisfecha con el toque de feminidad, cerró de un portazo y bajó a coger la bici.

Su vieja bici. Oxidada. Chirriante. Ruidosa. Regalo de su padre una Nochebuena, en el apartamento que tenían asignado en Buckingham Palace. Gary tenía diez años. Un abeto gigante, bolas brillantes, copos de nieve de algodón y una bicicleta roja de dieciocho velocidades con un gran lazo plateado. Para ella.

Antaño había sido roja brillante, con un presuntuoso faro y cromados brillantes. Ahora, estaba...

No podía hacer una descripción exacta. Decía con pudor que había perdido lustre.

Pedaleaba. Pedaleaba.

Sorteaba coches y autobuses de dos pisos que amenazaban con aplastarla en cada curva. Giraba a la derecha, giraba a la izquierda con una sola meta en la cabeza: llegar a Heath Road, Hampstead, North London. Pasaba delante de la Spaniard's Inn, saludaba a Oscar Wilde, tomaba el carril bici, subía, bajaba. Dejaba atrás Belsize Park, por donde habían paseado Byron y Keats, se llenaba del amarillo dorado y del rojo rutilante de las hojas, cerraba los ojos, los volvía a abrir, dejaba a un lado el horrible aparcamiento y... se sumergía en las verdosas aguas del estanque. Las aguas sombrías de largas algas marrones, de ramas que rozaban el agua y goteaban, de cisnes y patos que huían graznando si alguien se acercaba demasiado...

¿Se cruzaría con él antes de lanzarse al agua?

El hombre de la bici que visitaba por la mañana temprano los estanques helados. Se habían conocido la semana anterior. A Shirley se le habían soltado los frenos en la bajada de Parliament Hill y había acabado estrellándose contra él.

—Lo siento —había dicho levantando el gorro que le tapaba los ojos.

Se frotaba el mentón. Al chocar se había golpeado la cara contra el hombro del desconocido.

Él había bajado para inspeccionar su bicicleta. Ella sólo veía un gorro parecido al suyo, unas espaldas anchas enfundadas en una cazadora escocesa roja, inclinadas sobre la rueda delantera, y dos piernas dentro de un pantalón de pana beige. La pana estaba algo gastada en la parte de las rodillas.

—Han sido los frenos. Están gastados y se han soltado... ¿No se ha dado cuenta antes?

—Es que es muy vieja... ¡Debería cambiarla!

—No estaría mal...

Y se había levantado.

La mirada de Shirley había pasado entonces del cable de freno deshilachado a la cara del hombre. Tenía una cara agradable. Una cara agradable, cálida, acogedora, con una... una... Intentaba encontrar las palabras precisas para calmar el huracán que surgía en su interior. ¡Alerta! ¡Alerta! ¡Marejada fuerza siete!, susurraba una vocecita. Un rostro suave y fuerte, con una potencia interior, con una potencia evidente, sin afectación. Un rostro agradable con una gran sonrisa, una gran mandíbula, ojos alegres y pelo castaño, espeso, que se escapaba del gorro en forma de mechones rebeldes. No conseguía apartar su mirada de la cara de aquel hombre. Tenía un aspecto, un aspecto..., el aspecto de un rey que posee un tesoro sin valor para los demás, pero muy importante para él. Sí, eso era: el aspecto de un rey modesto y jovial.

Permaneció allí, mirándole fijamente, y debió de parecer especialmente estúpida, pues él esbozó una pequeña sonrisa y añadió:

—Yo en su lugar volvería caminando..., llevando la bici con la mano. Porque si no, al final del día habrá tenido varios accidentes...

Y como ella no respondía, sino que seguía allí, mirándole fijamente, intentando desprenderse de esa mirada tan dulce, tan fuerte, que la volvía completamente idiota, completamente muda, había añadido:

—Esto... ¿Nos conocemos?

—No creo.

—Oliver Boone —había dicho él tendiéndole la mano. Dedos largos, finos, casi delicados. Dedos de artista.

Ella sintió vergüenza por haberle obligado a manosear su cable de freno.

—Shirley Ward.

Él apretó su mano con fuerza y ella estuvo a punto de pegar un grito.

Había soltado una risita estúpida, la risa de una chica que trata desesperadamente de recuperar todo el prestigio que acaba de perder en un minuto.

—Bueno..., pues gracias.

—De nada. Pero tenga cuidado...

—Se lo prometo.

Ella había recogido su bici, se había dirigido hacia el estanque pedaleando lentamente, con los pies casi rozando el suelo para frenar en caso de urgencia.

En la entrada del estanque, había un cartel que decía:

No dogs
No cycles
No radios
*No drowning**

Esta última frase le alegraba la mañana. ¡Prohibido ahogarse! Quizás fuera lo que más había echado de menos durante su exilio en Francia: el humor inglés. No conseguía reírse con el humor francés, y por eso llegaba a la conclusión de que era, definitivamente, inglesa.

Encadenó su bici a la cerca de madera y se volvió.

Él ataba la suya un poco más lejos.

Eso la fastidió.

No quería parecer que estaba siguiéndole, pero debía de darse perfecta cuenta de que iban los dos al mismo sitio. Cogió la bolsa de baño, la levantó y exclamó:

—¿Usted también va a nadar?

—Sí. Antes iba al estanque reservado a los hombres, pero bueno..., esto... Creo que prefiero éste, donde los dos sss...

---

* «Prohibido perros. Prohibido bicicletas. Prohibido radios. Prohibido ahogarse».

Se calló. Había estado a punto de decir donde los dos sexos se mezclan, pero no había terminado la frase.

¡Ajá!, se dijo Shirley, también se siente incómodo. Puede que haya sentido la misma turbación que yo. Empate a uno.

Y se sintió más suelta. Como liberada.

Se arrancó el gorro, se revolvió el pelo y propuso:

—¿Vamos?

Y los dos habían nadado, nadado y nadado.

Los dos solos en el estanque. El aire era frío, cortante. Las gotas de agua les salpicaban en los brazos y los hombros. Había algunos pescadores en la orilla. Y cisnes pavoneándose. Podían percibir sus cabezas emergiendo entre las hierbas altas. Lanzaban gritos cortos y estridentes, se perseguían batiendo las alas, se daban picotazos y se marchaban contoneándose, furiosos.

Él nadaba a crawl con un estilo poderoso, rápido, regular.

Ella había conseguido permanecer a su altura y después, de una brazada, él se había distanciado.

Ella había continuado sin volver a prestarle atención.

Cuando sacó la cabeza del agua, había desaparecido.

Y se sintió terriblemente sola.

Esa mañana, no vio ninguna bicicleta atada a la cerca.

No sonrió al leer el cartel que decía «Prohibido ahogarse».

Pensó que era mala señal.

Que iba a entrar en zona peligrosa.

Y aquello no le gustó nada de nada.

Suspiró. Se desvistió dejando caer su ropa sobre el pontón de madera.

La recogió y la guardó.

Se volvió para comprobar que él no llegaba corriendo...

Se tiró de cabeza.

Notó que un alga se deslizaba entre sus piernas.

Lanzó un grito.

Y se puso a nadar a crawl, con la cabeza dentro del agua.

Aún estaba a tiempo de olvidarle.

De hecho, había olvidado su nombre.

De hecho, se negaba a dejarse conmover así.

¿Una cazadora escocesa? ¿Un gorro de lana? ¡Un viejo pantalón gastado! Dedos de relojero. ¡Qué estupidez!

No era una mujer romántica. No. Era una mujer que vivía sola con sus sueños. Y soñaba con estar con alguien. Buscaba un hombro en el que apoyarse, una boca que besar, un brazo al que agarrarse para atravesar la calle cuando los coches hacían sonar sus cláxones, un oído atento al que susurrar confidencias idiotas, alguien con quien ver *Eastenders* en la tele. El tipo de serie estúpida que uno ve precisamente cuando se siente enamorado, es decir, un memo.

Porque el amor hace que nos volvamos memos, chica, dijo hundiendo enérgicamente un brazo tras otro en el agua, como para recalcar una evidencia. No lo olvides. Vale, estás sola, vale, estás harta, vale, estás pidiendo una aventura, una aventura bonita, pero no lo olvides: hace que nos volvamos memos. Y se acabó. Y especialmente a ti. ¡Anda que lo que te ha aportado a ti el amor! En todas las ocasiones ha terminado en fiasco. Tienes el don de juntarte siempre con inútiles, así que vete tú a saber si éste, con su carita de ángel, no acaba de salir de la cárcel.

Esa constatación le sentó bien y nadó tres cuartos de hora sin pensar en nada más: ni en el hombre de la cazadora escocesa roja, ni en su último amante que había roto con ella con un sms. Era la última moda. Los hombres se alejaban en silencio, casi mudos. No tenían más que pulsar las teclas del teléfono para escribir un adiós. Preferentemente con estilo fonético: *Liv U. Sorry*.

Precisamente, en la mirada del hombre de la cazadora escocesa roja le había parecido leer otra cosa: una especie de interés, de solicitud, de calor... No la había barrido con la mirada, la había mirado.

Mirar: fijar la mirada en, considerar, proyectar.

Mirar con buenos ojos: observar con cariño.

Entonces, ¿mirar con un par de buenos ojos? Sería transmitir mucho cariño.

Sin llegar a ser pesado, lascivo. Una mirada elegante, cálida. No una mirada rápida, insinuante. Una mirada que tiene al otro en cuenta, que lo instala en un sillón mullido, le ofrece una taza de té, una gota de leche, e inicia una conversación.

Es ese inicio de conversación lo que la había conmovido.

Ese calor que, desde entonces, la hacía soñar despierta, le daba ganas de hacer un uno + uno, de formar una pareja.

¡Ya está! Lo he dicho, se dijo mientras salía del agua, frotándose con la toalla. Quiero hacer un uno + uno. Estoy harta de ser un solitario uno. Un uno solo se convierte en cero al cabo de un momento, ¿no?

¿Con quién hacía ella un uno + uno?

¿Con su hijo? Cada vez menos.

¡Y eso está muy bien! Él tiene su vida, su piso, sus amigos, su novia. Todavía no tiene una carrera, pero ya llegará... Tiene veinte años, ¿acaso sabía yo lo que quería hacer a esa edad? A los veinte años me acostaba con el primero que pasaba, bebía cerveza, fumaba porros, me emborrachaba, llevaba minifaldas de cuero negro, medias de rejilla, me agujereaba la nariz con aros y... ¡me quedaba embarazada!

Debo resignarme: no hago buena pareja con nadie. Desde el hombre de negro.

Mejor no ponerme a pensar en ése. Otra metedura de pata. Así que, chica, cálmate. Aprende a estar serena, sola, casta...

Sintió ganas de escupir esa última palabra.

Al volver a casa, mientras guardaba la bici, pensó en Joséphine.

Ella es mi amor. La quiero. No con un amor para rodearle el cuello con los brazos y tumbarse en una cama. Subiría al Himalaya en alpargatas para estar con ella. Y en este momento me pone tan triste no serle útil... Somos como una pareja de viejos amantes. Una vieja pareja que se espía, una pareja a la que le gustaría que el otro sonriera para sonreír con él.

Hemos crecido juntas. Hemos aprendido juntas. Ocho años de vida en común.

Yo me había refugiado en Courbevoie, Francia, huyendo del hombre de negro. Él había descubierto el secreto de mi nacimiento y quería chantajearme.

Yo había elegido ese sitio al azar plantando la punta de un lápiz en las afueras de París. Courbevoie. Un gran edificio con balcones que lloraban óxido. Él no me buscaría nunca en un balcón oxidado.

Joséphine y Antoine Cortès. Hortense y Zoé. Mis vecinos de escalera. Una familia de franceses muy francesa. Gary olvidaba el inglés. Yo hacía tartas, pasteles, flanes y pizzas que vendía para fiestas de empresa, bodas y *bar mitzvah*. Aparentaba ganarme la vida así. Contaba que me había marchado a Francia para olvidar Inglaterra. Joséphine me creyó. Y después, un día, se lo conté todo: el gran amor de mi padre y el nombre de mi madre... Que había crecido en los pasillos rojos del palacio de Buckingham, dando volteretas sobre la espesa moqueta y haciendo reverencias ante la reina, mi madre. Que era hija ilegítima, una bastarda que se escondía en los pisos superiores, pero también un fruto del amor, añadía, riéndome para borrar la emoción que envolvía de vaho mis palabras. Joséphine...

Tenemos un pasado de álbum de fotos. Un álbum de antiguos miedos, de risas en la peluquería, de pasteles quemados, de chapuzones en lavabos de hotel de lujo, de pavo con castañas, de películas que vemos entre sollozos, de esperanzas, de confidencias al borde de la piscina. Puedo contárselo todo. Ella me escucha. Y su mirada es bondadosa, dulce, fuerte.

Algo así como la mirada del hombre de la cazadora escocesa roja.

Se dio un cachete y se lanzó al asalto de la escalera.

Gary la esperaba en la cocina.

Tenía sus propias llaves, entraba y salía cuando le daba la gana.

Un día, ella le había preguntado ¿no piensas que a lo mejor podría estar acompañada? Él la había mirado. Esto...

No... ¡Vale! ¡Podría pasar! Bueno, la próxima vez, ¡entraré de puntillas! ¡No sé si bastará! Yo no voy a tu casa sin llamar antes por teléfono...

Él había dibujado una sonrisita divertida que significaba eres mi madre, tú no te metes en la cama con cualquier hombre. Y ella se sintió muy vieja de golpe. ¡Pero si apenas tengo cuarenta y un años, Gary! Bueno, eso es ser viejo, ¿no? ¡Para nada! ¡Se pueden echar canas al aire hasta los ochenta y seis, y yo pienso hacerlo! ¿No tienes miedo de romperte los huesos?, había preguntado él muy en serio.

Él levantó una ceja cuando ella se quitó el gorro y liberó su pelo mojado.

—¿Vienes de la piscina?

—Mucho mejor. De Hampstead Pond.

—¿Quieres huevos fritos con beicon, champiñones, una salchicha, un tomate y patatas? Yo preparo el desayuno...

—*Of course, my love!** ¿Llevas mucho tiempo aquí?

—¡Tengo que hablar contigo! ¡Es urgente!

—¿Es serio?

—Mmssí...

—¿Tengo tiempo para ducharme?

—Mmssí...

—Deja de decir mmssí, no es melodioso...

—Mmssí...

Shirley le dio un golpe con el gorro a su hijo, que lo esquivó echándose a reír.

—¡Ve a lavarte, mamá, apestas a cieno!

* «¡Claro, mi amor!».

—¿Ah, sí? ¿En serio?

—¡Y no es nada atractivo!

Extendió los brazos para impedir que su madre le abofeteara y ella corrió a la ducha riendo.

Le quiero, ¡cuánto quiero a ese chiquillo! Es mi astro solar, mi aurora boreal, mi rey de los Críos, mi pastelito querido, mi trozo de acero, mi pararrayos... Canturreaba esas palabras mientras se frotaba el cuerpo con jabón L'Occitane de canela y naranja. ¿Apestar a cieno? ¡Ni hablar! Apestar a cieno, ¡qué horror! Ella tenía la piel perfumada y suave y agradeció al cielo el haberla hecho alta, delgada y musculosa. Nunca les agradecemos lo suficiente a nuestros padres esos regalos de nacimiento... ¡Gracias, papá! ¡Gracias, madre! Nunca se habría atrevido a decirle eso a su madre. La llamaba madre, nunca le hablaba de su corazón ni de su cuerpo, y la besaba con delicadeza en una mejilla. No en las dos. Dos besos hubiesen estado fuera de lugar. Resultaba extraño guardar siempre esa distancia con su madre. Estaba acostumbrada. Había aprendido a descifrar la ternura detrás de su postura rígida y sus manos sobre las rodillas. La adivinaba en una tos súbita, un hombro que se alzaba, el codo que se tensaba e indicaba atención, un brillo en los ojos, una mano que rascaba el dobladillo de la falda. Se había acostumbrado, pero a veces lo echaba de menos. No poder dejarse llevar nunca, no poder decir palabrotas en su presencia, no poder darle una palmadita en el hombro, no poder birlarle los vaqueros, el lápiz de labios, la plancha para el pelo. Una vez..., en la época del hombre de negro, cuando se moría de amargura, cuando ya no sabía cómo... cómo deshacerse de ese hombre, del peligro que representaba..., había pedido ver a su madre, ella la había abrazado y su madre se había dejado hacer como una estaca de madera. Los brazos pegados al cuerpo, la nuca rígida, intentando mantener una distancia decente entre ella y su hija... Su madre la había escuchado, no había dicho nada, pero había actuado. Cuando Shirley se enteró de lo que su madre estaba haciendo por ella, sólo por ella, había llorado. Grandes lagrimones que cayeron en compensación por todas las veces que no había podido llorar.

Su crisis de adolescencia la empujó contra su padre. Su madre no lo hubiese aprobado. Su madre había arrugado la frente cuando ella había vuelto de Escocia con Gary en los brazos. Tenía veintiún años. Su madre había hecho un ligero movimiento hacia atrás que significaba *Shocking!* Y había suspirado que su conducta no era apropiada. ¡«Apropiada»!

Su madre disponía de un amplio vocabulario y nunca se dejaba llevar.

Salió de la ducha, vestida con un albornoz azul lavanda y una toalla blanca en la cabeza a modo de turbante.

—¡Llega el Gran Mamamuchi! —exclamó Gary.

—Por lo visto estás de un humor estupendo.

—De eso te quería hablar..., pero antes prueba y dime ¿qué piensas de mis huevos? He terminado la cocción con un chorrito de vinagre de frambuesa que he comprado en la planta baja de Harrods...

Gary era un cocinero sin igual. Había importado ese talento de su estancia en Francia, de los días que se pasaba en la cocina mirándola trabajar con un gran delantal blanco atado a las caderas, una cuchara en la boca y una ceja arqueada.

Podía cruzar todo Londres para encontrar el ingrediente que necesitaba, una cacerola nueva o un queso recién llegado.

Shirley le dio un bocado al beicon tostado, otro a la salchicha, champiñones fritos, patatas. Rompió la yema del huevo. Probó. Regó el plato con una salsa de tomates frescos con albahaca.

—¡Muy bien! ¡Delicioso! ¡Debes de llevar cocinando desde esta madrugada!

—De eso nada, hace apenas una hora que he llegado.

—¿Te has caído de la cama? Entonces debe de ser muy importante...

—Sí... ¿Está bueno, realmente bueno? ¿Y el sabor a frambuesa, lo notas?

—¡Me encanta!

—Bueno... Me alegro de que te guste, ¡pero no he venido a hablar de gastronomía!

—Una pena, me gusta cuando cocinas...

—He ido a ver a Superabuela y...

Gary llamaba a su abuela Superabuela.

—... acepta por fin que estudie música. Se ha informado, ha realizado un seguimiento partiendo de la pista «estudios de música» y me ha encontrado un profe de piano...

—...

—Un profe de piano que me dará clases particulares en Londres, y cuando tenga el nivel, iré a una escuela muy buena de Nueva York... si los resultados con el profe son satisfactorios. Me abre una línea de crédito; en una palabra, ¡me toma en serio!

—¿Ha hecho todo eso? ¿Por ti?

—Debajo de esa cota de malla hay una Superabuela deliciosa. Así que éste es el plan: estudio piano durante seis meses con el profe en cuestión y, ¡hala!, me voy a Nueva York y me apunto en esa famosa escuela que, según ella, es la *crème de la crème*.

Marcharse. Iba a marcharse. Shirley respiró profundamente para deshacer el nudo que le oprimía la garganta. Le gustaba saberle libre, independiente en su gran piso de Hyde Park, no lejos del suyo. Le gustaba saber que era el preferido de las chicas, que todas esas señoritas tan estiradas iban detrás de él. Estaba orgullosa. Se hacía la indiferente, pero su corazón palpitaba con más fuerza. Mi hijo, pensaba con placer y orgullo. Mi hijo... Podía incluso permitirse el lujo de hacerse la generosa, la madre liberal, relajada... Pero no le gustaba nada saber que muy pronto se iría lejos, muy lejos, y no por voluntad de su madre, sino de su abuela. Se sentía un poco molesta, un poco dolida.

—¿Y yo, puedo decir algo? —preguntó intentando calmar la cólera de su voz.

—¡Por supuesto, tú eres mi madre!

—Gracias.

—Yo creo que, por una vez, Superabuela actúa con sensatez... —insistió Gary.

—¡Claro! ¡Está de acuerdo contigo!

—Mamá, tengo veinte años... ¡No tengo edad de ser razonable! Déjame estudiar piano, me muero de ganas, quiero intentarlo sólo para saber si tengo dotes o no. Si no, pondré un puesto de salchichas y patatas fritas.

—¿Y quién es el profesor ese que te ha encontrado?

—Un pianista cuyo nombre he olvidado, pero que brilla en el firmamento... Todavía no es famoso, pero está en ello... Tengo cita con él la semana que viene.

Así que todo estaba decidido. Pedía su opinión porque no quería herirla, pero la suerte estaba echada. No pudo evitar apreciar esa delicadeza de su hijo, se sintió valorada y el torbellino que había en su cabeza se calmó.

Extendió la mano hacia él y le acarició la mejilla.

—Entonces..., ¿estás de acuerdo?

Lo había preguntado casi gritando.

—Con una condición..., que estudies piano en serio, que estudies música, solfeo, armonía... Que sea un trabajo de verdad. Pregunta a tu abuela en qué escuela puedes inscribirte antes de ir a Nueva York... ¡Seguro que lo sabe, visto que ya se ha ocupado de todo!

—No te irás a poner...

Se había interrumpido para no hacerle daño.

—¿Celosa? No. Sólo un poco triste por haberme quedado al margen.

Gary puso cara de decepción y Shirley se esforzó en sonreír para borrar la mueca de sus labios.

—¡Que no! Vale, vale... Es sólo que te haces mayor y tengo que acostumbrarme...

Tengo que aligerar mi amor.

No pesarle. No asfixiarle.

Antes éramos casi una pareja. Anda, otra persona con la que formo una pareja extraña. Joséphine, Gary, estoy más dotada para las parejas clandestinas que para las oficiales. Más dotada para la complicidad y la ternura que para el anillo en el dedo y toda la parafernalia.

—Pero siempre estaré a tu lado... Ya lo sabes.

—Sí, ¡y está muy bien así! Soy yo la vieja gruñona...

Gary sonrió, cogió una manzana verde, le dio un gran mordisco y ella sufrió al ver que parecía aliviado. Había captado el mensaje. Tengo veinte años, quiero ser libre, independiente. Hacer lo que quiera con mi vida. Y sobre todo, sobre todo, que no te ocupes más de mí. Déjame vivir, arañarme, gastarme, formarme, deformarme, reformarme, déjame ser elástico antes de encontrar el lugar que me conviene.

Normal, se dijo ella cogiendo a su vez otra manzana verde, quiere vivir a su aire. Dejar de pedir mi opinión. Necesita la presencia de un hombre. No ha tenido padre. Si debe serlo ese profesor de piano ¡que lo sea! Yo desaparezco.

Gary había crecido rodeado de mujeres: su madre, su abuela, Joséphine, Zoé, Hortense. Necesitaba un hombre. Un hombre con quien hablar de cosas de hombres. Pero ¿de qué hablan los hombres entre ellos? ¿Acaso hablan?

Apartó esa idea sarcástica mordiendo la manzana verde.

Iba a convertirse en una madre etérea. Una madre aerostática.

Y cantaría el amor por su hijo en la ducha. Cantaría a voz en grito, como se canta un amor que no se quiere confesar.

Y el resto del tiempo mantendría la boca cerrada.

Se habían terminado las manzanas y se miraban sonriendo.

El silencio cayó sobre esas dos sonrisas que significaban, una el principio de una historia y la otra, el final. Marcaba el final de una vida en pareja. Ella casi podía oír cómo su corazón se desgarraba en ese silencio.

A Shirley no le gustó ese silencio.

Anunciaba nubes en la costa.

Intentó cambiar de tema, hablar de su fundación, de las victorias obtenidas en su lucha contra la obesidad. De su próxima batalla. Tenía que encontrar una nueva causa. Le gustaba luchar. No por confusas ideologías, ni por políticos agitadores, sino por causas cotidianas. Defender al prójimo contra los peligros cotidianos, las estafas encubiertas, como las de la industria de la alimentación, que hace creer que baja los precios, cuando lo que hace es disminuir la ración, o cambiar el envase. Había recibido los resultados de una investigación concerniente a ese tipo de chanchullos y desde entonces estaba cada vez más furiosa...

Gary la oía sin escucharla.

Jugaba con dos mandarinas, las hacía rodar sobre la mesa entre un plato y un vaso, las volvía a coger, abría una, la pelaba, ofrecía un gajo a su madre.

—¿Y cómo está Hortense? —suspiró Shirley ante la falta de interés de Gary.

—Hortense siempre será Hortense... —contestó él encogiéndose de hombros.

—¿Y Charlotte?

—Se acabó. Bueno, eso creo... No hemos puesto un anuncio en el periódico, pero sólo falta eso...

—¿Se acabó de verdad?

Se odió por hacer esas preguntas. Pero era más fuerte que ella: debía borrar el silencio entre ambos haciendo montones de preguntas idiotas.

—¡Déjalo, mamá! Sabes muy bien que no me gusta que...

—Bueno... —declaró ella levantándose—. La audiencia ha terminado, ¡voy a recoger!

Empezó a limpiar la mesa y a meter los platos en el lavavajillas.

—En fin —murmuró—, tengo muchas cosas que hacer... Gracias por el desayuno, estaba exquisito...

Él se dedicaba ahora a jugar con los higos. Con sus dedos largos sobre la mesa de madera. Sin precipitarse. Con lentitud y regularidad.

Como si tuviese todo el tiempo del mundo.

Como si tuviese todo el tiempo del mundo para hacer la pregunta que le atormentaba, la pregunta que sabía que no debía hacer porque si no, la mujer que tenía delante, esa mujer a la que quería con ternura, con la que formaba un equipo desde hacía tanto tiempo, junto a la que había vencido a tantas víboras y dragones, a la que por encima de todo no quería herir ni ofender..., esa mujer sería lastimada, se ofendería. Por su culpa. Porque él reabriría una vieja herida.

Tenía que saberlo.

Tenía que enfrentarse a ese otro. A ese desconocido.

Si no, nunca podría completarse.

Sería siempre una mitad.

La mitad de un hombre.

Ella estaba inclinada sobre el lavavajillas, ordenando tenedores, cucharas y cuchillos en la cesta de los cubiertos, cuando la pregunta le golpeó en plena nuca.

Cobardemente.

—Mamá, ¿quién es mi padre?

* * *

A menudo tendemos a creer que el pasado es pasado. Que no lo volveremos a ver. Como si estuviese grabado en una pizarra mágica y lo hubiésemos borrado. Creemos también que con los años hemos hecho desaparecer los errores de juventud, sus amores de pacotilla, sus fracasos, sus cobardías, sus mentiras, sus pequeños acomodos, sus falsedades.

Pensamos que hemos barrido todo aquello. Que lo hemos dejado bien escondido bajo la alfombra.

Nos decimos que el pasado tiene un buen nombre: pasado.

Pasado de moda, pasado de fecha, sobrepasado.

Enterrado.

Estamos ante una página nueva. Una página nueva que lleva el bonito nombre de futuro. Una vida que enarbolamos, que nos enorgullece, una vida que hemos elegido. En el pasado, en cambio, no siempre podíamos elegir. Sufríamos, nos influían, no sabíamos qué pensar, nos buscábamos, decíamos que sí, decíamos que no, decíamos puede, sin saber por qué. Para eso inventaron la palabra «pasado»: para meter en ella todo lo que nos molestaba, lo que nos hacía ruborizar o temblar.

Y entonces, un día, vuelve.

Arrambla con el presente. Se instala. Contamina.

E incluso termina por ensombrecer el futuro.

Shirley creyó que se había desembarazado de su pasado. Había creído que nunca volvería a oír hablar de él. Y sin embargo pensaba en él de vez en cuando. Meneaba la cabeza y cruzaba los dedos pensando vete. Quédate donde estás.

No sabía exactamente por qué pronunciaba esas palabras, pero ésa era su forma de rechazar el peligro. De ignorarlo. Y ahora volvía. Por intermediación de quien ella quería más que a nadie en el mundo, su propio hijo.

Ese día, delante del lavavajillas, ante la yema de huevo que dibujaba líneas en zigzag sobre los platos, Shirley supo que tendría que enfrentarse a su pasado.

No podría huir. Esta vez no. Ya se había escapado una vez.

Tenía un hijo de ese pasado.

De acuerdo, se dijo mirando el lavavajillas completamente abierto, de acuerdo...

No sirve de nada negarlo. Gary no había sido concebido por obra y gracia del Espíritu Santo. Gary tiene un padre. Gary quiere conocer a su padre. Es completamente normal, inspira hondo, cuenta uno, dos, tres y afróntalo.

Puso en marcha el lavavajillas, cogió un trapo, se secó las manos, contó uno, dos, tres y se volvió hacia su hijo.

Le miró directamente a los ojos y dijo:

—¿Qué quieres saber exactamente?

Escuchó su voz, demasiado alta, ligeramente temblorosa, como si fuera culpable. ¿Culpable de qué? —se creció—. ¿Qué hice de malo? Nada. Entonces... No empieces a doblar el espinazo como si hubieses cometido un crimen.

Cruzó los brazos y todo su cuerpo se irguió. Un metro setenta y nueve dispuesto a encajar el golpe. Se exhortó, se exhortó a no dejar que el miedo hiciese que le flaquearan las piernas. He estado en situaciones peores. No me voy a dejar confundir por este mocoso al que he amamantado.

—Quiero saber quién es mi padre y quiero conocerle.

Había hablado pronunciando cada sílaba. Había intentado adoptar el tono más neutro posible. No acusar, no pedir cuentas, simplemente saber.

Hasta ese famoso día, él no se hacía preguntas.

Cuando rellenaba las fichas para el colegio o un formulario para el pasaporte, en la casilla del nombre del padre escribía «desconocido» como si fuera lo más normal, como si todos los chicos del mundo fuesen hijos de padre desconocido, como si los hombres fueran todos estériles y nunca tuvieran hijos. A veces se extrañaba de las miradas de desolación que ese simple detalle provocaba en el rostro de algunos, sobre todo en el de los profesores que le acariciaban el pelo con la mano mientras suspiraban. Él sonreía para sí y buscaba en vano alguna razón para lamentarse.

Pero ese día, en el club de squash, después de un partido con su amigo Simon y cuando ya iban a meterse en las duchas, este último había soltado ¿a qué decías que se dedicaba tu padre? Lo he olvidado... Gary se había encogido de hombros y respondió yo no tengo padre, mientras entraba en la ducha y se colocaba bajo el chorro de agua caliente. ¿Cómo que no tienes padre? ¡Todos tenemos padre! ¡Pues mira, yo no!, había respondido Gary enjabonándose y frotándose las orejas con energía. Claro que tienes padre..., había insistido Simon desde la cabina contigua.

Simon Murray era pelirrojo, bajito, y perdía el pelo. Probaba todas las lociones que supuestamente le permitirían conservar algo de cabello sobre la cabeza. Simon Murray era científico. Formaba parte de un equipo que estudiaba en el laboratorio la reproducción del gusano blanco, con el fin de crear un antibiótico a base de seraticina, sustancia producida a partir de las secreciones naturales de la larva de la mosca verde, capaz de luchar contra las infecciones contraídas en los hospitales. El único problema, precisaba Simon, es que en la actualidad necesitamos veinte tazas de zumo de gusano blanco para producir una gota de seraticina. Pues chico, ¡anda que no te queda nada para ganar el Nobel!, se burlaba Gary.

Ese día, Simon Murray tuvo la ocasión de devolverle sus pullas:

—¿Te crees Jesucristo o qué? —había replicado al salir de la ducha, frotándose vigorosamente la espalda—. ¿Y tu madre es la Virgen María? ¡A mí no me la das, chaval! Si no quieres hablarme de tu padre, me lo dices y no lo vuelvo a mencionar, ¡pero no me digas que no tienes! Eso es rigurosamente imposible.

Gary se había sentido herido por el tono categórico de su amigo. No había respondido. O más bien había murmurado un *not your business!** y Simon había comprendido que no debía insistir.

Más tarde, en su habitación, mientras escuchaba por millonésima vez un fragmento de *El clave bien temperado,* había recordado la conversación con Simon. Había soltado su paquete de patatas fritas ecológicas —las únicas que toleraba su madre— y se había dicho en voz alta ¡pero si es ver-

* «No es asunto tuyo».

dad! ¡Tiene razón! ¡Tengo padre, por fuerza! Y ese descubrimiento le había trastornado.

¿Quién era ese hombre? ¿Seguía vivo? ¿Dónde? ¿Tenía más hijos? ¿A qué se dedicaba? ¿Por qué nunca había dado señales de vida? Ya no escuchaba el piano de Glenn Gould. Se había plantado delante del espejo, había imaginado a un hombre con su pelo, sus ojos, su sonrisa, sus hombros que le parecían un poco estrechos, se había encorvado un poco...

Tengo un padre.

Y se sintió a la vez hundido, encantado, curioso, ávido, extrañado, angustiado, lleno de preguntas hasta la convulsión.

Tengo un padre.

Y antes que nada, ¿cómo se llama?

Cuando era pequeño y le preguntaba a su madre si tenía padre, ella contestaba seguramente, pero ya no me acuerdo..., y más adelante, un día en París, al pasar bajo el Arco de Triunfo, ella le había señalado la tumba del Soldado Desconocido y había añadido «desconocido como tu padre». Gary había observado la llamita que ardía bajo las bóvedas inmensas y había repetido «desconocido».

No había vuelto a hablar de su padre y lo había bautizado Desconocido en las fichas del colegio y demás.

Pero esa mañana, en la cocina de su madre, quería saber la verdad.

Y como su madre suspiraba y no respondía, añadió:

—Quiero saberlo todo. Aunque sea doloroso...

—¿Ahora? ¿Aquí? ¿En este momento? Puede que necesitemos un buen rato...

—¿Te invito a cenar esta noche? ¿Estás libre?

—No, ahora mismo tengo una serie de reuniones con mi asociación. Estamos preparando una campaña de información en los colegios, y tenemos que estar preparados. Tengo ocupadas todas las noches hasta el sábado...

—Entonces el sábado por la noche, en mi casa.

Shirley asintió.

—Cocinaré para ti...

Ella sonrió y dijo:

—Si me haces chantaje emocional...

Él se levantó, se acercó, abrió mucho los brazos y ella hundió la cabeza en él como huyendo de una tormenta.

Él le acarició el pelo con ternura y murmuró:

—Mamá, yo nunca seré tu enemigo. Nunca...

La besó, recogió sus cosas, se volvió en el umbral de la puerta, se la quedó mirando y se fue.

Shirley se dejó caer sobre una silla y contó uno, dos, tres, no pierdas los nervios, uno, dos, tres, cuéntale toda la verdad y nada más que la verdad, aunque no haya nada de lo que enorgullecerse.

Miró cómo le temblaban las manos y las piernas, y comprendió que sentía miedo. Miedo a ese pasado que volvía. Miedo a que su hijo la juzgara. Miedo a que se lo reprochara. Miedo a que el vínculo increíblemente hermoso y fuerte que existía entre ellos se rompiese de golpe. Y eso, pensó mientras intentaba dominar el temblor de sus extremidades, no lo soportaría. Puedo luchar contra delincuentes, dejar que me arranquen un diente sin anestesia, coserme yo misma una herida, dejar que un hombre de negro me maltrate, pero a él no quiero perderle de vista ni un minuto. No sobreviviría. Es inútil fingir fanfarronería, perdería el gusto por las palabras, el gusto por la vida y la fuerza para protestar...

No sirve de nada renegar del pasado, dejarlo para más tarde, es mejor enfrentarse a él. Si no, el pasado insiste, insiste, y el precio que hay que pagar es cada vez más alto, hasta que nos arrodillamos y decimos de acuerdo, me rindo, lo diré todo...

Y, a veces, es demasiado tarde...

A veces, el mal está ya hecho...

A veces es demasiado tarde para confesar la verdad...

Ya no te creen. Ya no tienen ganas de creerte, de escucharte, de perdonarte.

Se incorporó, uno, dos, tres, y decidió que el sábado por la noche se lo contaría todo.

* * *

Hay muchos tipos de gente dañina.

La dañina ocasional, la dañina por diversión, la dañina que no tiene otra cosa que hacer, la dañina persistente, la dañina arrogante, la dañina arrepentida que muerde para después echarse a tus pies implorando clemencia... Nunca se debe subestimar a alguien dañino. Nunca se debe pensar que uno puede deshacerse de él con un codazo o dándole un escobazo.

El dañino se convierte en un peligro porque el dañino es como las cucarachas: indestructible.

A media mañana, en su despacho de enormes ventanales de Regent Street, justo encima de Church's y no lejos del restaurante Wolseley, adonde iba a comer diariamente, Philippe estaba pensando que iba a tener que enfrentarse a un ejército de cucarachas.

Todo había empezado con una madrugadora llamada telefónica de Bérengère Clavert.

«La mejor amiga de Iris», se jactaba ella, lanzando los labios hacia delante para demostrar la amplitud de su afecto.

Philippe no había podido evitar una mueca de disgusto al oír su nombre.

La última vez que había visto a Bérengère Clavert, ésta se le había insinuado abiertamente. Largos mechones de pelo que apartaba con la palma de la mano, la mirada lánguida bajo los ojos entreabiertos, los pechos como una ofrenda tras el escote de la blusa. Philippe le había respondido con tono seco, poniéndola en su sitio y pensando que se había librado de ella.

—¿A qué debo el honor? —preguntó mientras conectaba el manos libres y cogía el puñado de cartas que le entregaba Gwendoline, su secretaria.

—Voy a ir a Londres la semana que viene y pensaba que quizás podríamos vernos...

Y como él no respondía, añadió:

—Sin otra intención que la de charlar, por supuesto...

—Por supuesto —repitió Philippe ojeando el correo y leyendo con el rabillo del ojo un artículo del *Financial Times*: «Ya nada será como antes. La City prescindirá de casi cien mil empleados. Una cuarta parte de los existentes. Es un capítulo que se cierra: se termina una edad de oro en la que un tipo mediocre podía terminar el año con una bonificación de dos millones». Le seguía una entradilla que decía: «El problema no es saber cuánto dinero vamos a perder, sino cómo vamos a sobrevivir. Hemos pasado de la euforia general a la crisis total». Un antiguo empleado de Lehman Brothers declaraba: «Resulta violento. Los administradores judiciales nos han asegurado nuestros sueldos hasta finales de año, después será un sálvese quien pueda».

Palabras como *leverager, credit rating, high yield, overshooter* se habían convertido en elementos apestosos que se tiran a la basura con la nariz tapada.

—... así que pensaba —seguía diciendo Bérengère Clavert— que podríamos comer juntos para poder darte todo esto...

—¿Para darme qué? —preguntó Philippe, abandonando la lectura del periódico.

—Los cuadernos de Iris... ¿Me estás escuchando, Philippe?

—¿Y cómo es que tienes cuadernos de Iris?

—Tenía miedo de que los encontrases y me los había confiado... ¡Están llenos de historias jugosas!

«Jugosas», otra palabra que le producía dentera.

—Si ella no quería que los leyese, no tengo por qué hacerlo. Me parece que la cosa está clara. Así que no creo necesario que nos veamos.

Hubo un largo silencio. Philippe iba a colgar cuando escuchó la voz sibilante de Bérengère:

—¡Qué grosero eres, Philippe! ¡Cuando pienso que, cada vez que hablan mal de ti, salgo en tu defensa!

Philippe sintió un ligero estremecimiento al oír la última frase, pero prefirió colgar. Nociva y perversa, subrayó mientras le pedía una taza de café bien cargado a Gwendoline, que asomaba la cabeza por la puerta.

—Tiene usted al señor Rousseau en la otra línea... desde su despacho de París —susurró—. Tenga cuidado: vocifera.

Raoul Rousseau. Su socio. Le había vendido su parte y le cedió la dirección de su gabinete de abogados tras haber decidido retirarse parcialmente. Tras haber decidido no pasar el resto de su vida leyendo textos, contratos, amontonando cifras y acumulando comidas de negocios. Raoul Rousseau, alias el Sapo. Dirigía la sede de París, tenía el labio inferior húmedo y grueso de los hombres voraces. Philippe participaba en las reuniones del consejo de administración y le pasaba negocios desde Londres, Milán o Nueva York. Ahora trabajaba a tiempo parcial y le venía de maravilla.

Volvió a descolgar el teléfono.

—¡Raoul! ¿Qué tal estás?

—¿Cómo puedes hacerme una pregunta tan estúpida? —se hinchó el Sapo—. ¡Esto es un tsunami! ¡Un auténtico tsunami! ¡Todo se viene abajo! Estoy sumergido entre dossiers. Contratos que ya deberían estar firmados, gente aterrada que huye, ¡quieren garantías y los banqueros se echan a temblar! Y yo aquí, a contracorriente como un loco.

—Cálmate y respira hondo... —intentó tranquilizarle Philippe.

—¡Eso es fácil decirlo! ¡Se diría que te importa un comino!

—Nos afecta a todos y todos sufriremos las consecuencias. No sirve de nada trastornarse. Al contrario... ¡Hay que aparentar calma!

—Es una carrera contrarreloj, tío. Si no gesticulas, caes al vacío... Están todos en ese plan, buscando el menor defecto en la redacción del contrato para no firmarlo, para no comprometerse, y el resultado es que todo está bloqueado. Te digo que estamos de mierda hasta el cuello, ¡hasta el cuello! Los juzgados mercantiles están inundados de solicitudes de quiebra y esto es sólo el principio. ¡Todavía no hemos visto nada!

—Nosotros tenemos un negocio saneado, no hay que ponerse nerviosos, hay que dejar que pase la tormenta y después volvemos a comprar...

—Sí, ya, el trabajo de la hormiguita, ¡pero eso no da pasta! Yo quiero seguir haciendo negocios rentables, no quiero dedicarme a tapar agujeros y sacar cuatro perras, ¡quiero auténticos pelotazos!

—Se acabaron los tiempos del pelotazo...

—¡La semana que viene nos reunimos en París! Mientras tanto le hacemos a todo el mundo un contrato temporal. ¿Cuándo puedes venir? ¡Mi agenda! —le gritó a su secretaria—. ¡Tráigame la agenda!

Fijaron una fecha y el Sapo colgó vociferando:

—¡Y te conviene encontrar soluciones! ¡Que para eso te pagan!

—A mí no me pagan, Raoul. No soy tu empleado, ¡no lo olvides nunca!

Philippe colgó, irritado. ¡Cucaracha asquerosa! Un insecto repugnante al que le gustaría aplastar bajo su zapato. Por supuesto que todo iba a hundirse... Pero se recuperarían y comprarían a la baja valores con los que ganarían aún más dinero.

O quizás él no compraría.

Dejaría las cosas como están. En su lamentable estado.

Y se iría.

Últimamente se sentía cada vez más asqueado.

Asqueado por la codicia de la gente, por su falta de valores, por su falta de visión. Un marchante de arte de Los Ángeles le había contado que los brokers estaban especulando a la baja. Cuanto más perdía la Bolsa, más ganaban ellos. ¿Y si volvía a subir?, había preguntado Philippe. No lo hará inmediatamente, aquí la gente piensa que más bien se hundirá más y, en todo caso, se están preparando.

Los tiempos estaban cambiando y eso no le disgustaba del todo. El mundo desbordaba pasiones enfermizas. Pus amarillento sobre un sentimiento que antaño resplandecía.

Tenía ganas de desprenderse de todo.

Esa mañana, al levantarse, había vaciado los armarios y le había pedido a Annie que lo donase todo a la Cruz Roja. Había sentido una extraña alegría ante la idea de no volver a ver sus armarios llenos de trajes grises, de camisas blancas y de corbatas a rayas.

Al ver aquel montón de ropa a sus pies se había dicho: he tirado el uniforme.

Cuando Philippe Dupin decidió retirarse de los negocios, instalarse en Londres e invertir su tiempo de rico ocioso coleccionando obras de arte, la situación económica del mundo parecía confortable. Se producían escándalos financieros, por supuesto, francotiradores que realizaban operaciones fraudulentas, pero la esfera económica mundial no parecía amenazada.

Ahora, la famosa marca Woolworth estaba controlada judicialmente e iba a cerrar. El cierre afectaba a más de ochocientas tiendas y treinta mil puestos de trabajo. La City se tambaleaba por culpa de rumores escalofriantes: alarma frente a los resultados de Marks & Spencer, Debenhams, Home Retail Group y Next, inminente quiebra de una docena de empresas de las consideradas medianas —entre cien y doscientas cincuenta tiendas—, desaparición de cuatrocientas cuarenta cadenas de aquí a finales de año, y doscientos mil parados más. Ni siquiera las empresas de lujo se librarían. Habría despidos en Chanel y Mulberry. Se sucedían tenebrosamente las malas noticias. Paro, falta de crédito, alza de los precios en alimentación y transporte público, caída de la libra esterlina. Esas palabras sonaban como el lento balanceo de los sepultureros portando el féretro de la economía.

La crisis parecía grave. El mundo iba a cambiar.

Necesitaba cambiar.

Y no cambiaría repitiendo los mismos errores. La crisis actual, por el momento, afectaba al sector financiero, pero no tardaría en bajar a la calle, en afectar a los transeúntes que veía desde la ventana. El mundo necesitaba una nueva óptica. La gente debía volver a confiar en una economía que funcionara para ellos. Para remunerar el trabajo decente. No para unos cuantos privilegiados que se llenaban los bolsillos a su costa.

La crisis no la resolverían políticos mediocres. Ha llegado la hora de la audacia, de la generosidad, de correr riesgos para que el mundo vuelva a ser humano.

Pero por encima de todo, él sabía que debería volver la confianza.

La confianza, suspiró, mirando la foto de Alexandre sobre su mesa.

Todos necesitamos creer en algo, sentir confianza, saber que es posible darlo todo por un proyecto, una empresa, un hombre o una mujer. Entonces nos sentimos fuertes. Hinchamos el pecho y desafiamos al mundo.

Pero si dudamos...

Si dudamos, sentimos miedo. Vacilamos, nos tambaleamos, tropezamos.

Si dudamos, ya no sabemos nada. Ya no estamos seguros de nada.

De pronto hay cosas que se vuelven urgentes cuando no deberían serlo.

Preguntas que nunca nos haríamos, y nos hacemos.

Preguntas que, de pronto, agitan los cimientos de nuestra existencia.

¿Me gusta el arte o especulo con él?, se había preguntado esa misma mañana al afeitarse, y mientras oía en la radio que el único récord destacable de las últimas subastas de Londres era la cantidad de objetos sin vender.

Él coleccionaba desde su más tierna infancia. Había empezado con sellos, cajas de cerillas y tarjetas postales. Y después, un día, había entrado con sus padres en una iglesia de Roma.

San Luigi dei Francesi.

La iglesia era pequeña, oscura, fría. El canto de los escalones de acceso estaba mellado, y parte de la piedra se había desprendido. Un mendigo, sentado a un lado, tendía una mano descarnada.

Él se había soltado de la mano de su madre y se había colado dentro sin hacer ruido.

Como si presintiera que un descubrimiento magnífico estaba esperándole...

Como si presintiera que debía presentarse solo.

Se había fijado en un cuadro colgado en una pequeña capilla a la izquierda. Se había acercado y, de pronto, ya no supo si había sido él el que había entrado en el cuadro, o el cuadro el que había entrado en su cabeza. ¿Sueño o realidad? Se quedó allí, quieto, sin respirar, penetrando en las sombras y los colores de aquella *Vocación de San Mateo*. La luz que emanaba del cuadro le dejó conmocionado. Feliz. Tan feliz que no se atrevía a dar un paso, por miedo a romper el encanto.

No quería marcharse.

No quería salir del cuadro.

Tendió la mano para acariciar el rostro de cada personaje, levantó el dedo para entrar en el rayo de luz, se sentó sobre el taburete dejando la espada a un lado como el hombre que le daba la espalda.

Había preguntado si podría comprarlo. Su padre se había reído. Quizás más adelante... ¡si te haces muy rico!

¿Se había hecho rico para recuperar esa emoción del niño pequeño ante una pintura en una oscura iglesia romana? ¿O se había hecho rico y había olvidado la pureza de esas primeras emociones para pensar únicamente en el dinero?

—Otra vez la señora Clavert —le previno Gwendoline—. Línea uno... Y aquí tiene la lista de sus próximas citas.

Le tendió un papel que él dejó sobre la mesa.

Descolgó y preguntó, educadamente:

—Sí, Bérengère...

—¿Sabes, Philippe? Deberías leer esos cuadernos. Porque te conciernen, a ti y a alguien que te importa...

—¿De quién estás hablando?

—De Joséphine Cortès. Tu cuñada.

—¿Qué tiene que ver Joséphine con esto?

—Iris la menciona varias veces y no de forma anodina...

—Normal, eran hermanas.

Pero ¿por qué sigo hablando con ella? Esa mujer es

malvada, esa mujer es envidiosa, esa mujer ensucia todo lo que toca.

—Parece ser que se había enamorado de un profesor universitario... Se lo habría confesado a Iris, que se burlaba de la inhibición de su hermana pequeña... Pensé que podría interesarte... Estáis muy unidos últimamente, por lo que he oído...

Soltó una risita.

Philippe callaba. Dividido entre las ganas de saber más y la aversión que sentía hacia Bérengère Clavert.

Hubo un silencio. Bérengère supo que había dado en el blanco.

Herida en su amor propio por haber sido rechazada de nuevo, había decidido volverle a llamar y herirle a su vez. ¿Quién se creía que era ese hombre atreviéndose a ignorarla? Iris le había contado una vez lo que pensaba Philippe de ella: Bérengère es un ser inútil. ¡Y dañino, además!

Él pensaba que era dañina. Pues iba a demostrarle que tenía razón.

El silencio se prolongaba y Bérengère no cabía en sí de gozo. Así que era cierto lo que le habían contado: Philippe Dupin estaba colado por su cuñadita. Incluso habían empezado una relación antes de la muerte de Iris. Prosiguió, enardecida e insinuante:

—Parece ser que le conoció por su investigación sobre el siglo doce... Un profesor de universidad muy guapo... Vive en Turín... Divorciado, dos hijos. En aquella época no pasó nada. Él estaba casado. Y ya conoces a Joséphine, tiene principios y no los suelta aunque la maten. Pero él recuperó la libertad y parece ser que les han visto juntos, el otro día, en

París. Parecen muy unidos... Me lo ha dicho una amiga que trabaja en la Sorbona y conoce a tu cuñada.

Philippe pensó por un momento en Luca, y después se dijo que Luca no era ni profesor universitario, ni casado, ni padre de familia. Y además, Luca estaba internado desde septiembre en una clínica de provincias.

—¿Eso es todo lo que tenías que decirme, Bérengère?

—Se llama Giuseppe... Adiós, Philippe... O más bien, *arrivederci!*

Philippe hundió las dos manos en los bolsillos como si quisiera reventar el forro. Imposible, se dijo, imposible. Conozco a Joséphine, me lo habría dicho. Es por eso que la quiero, de hecho. Es la rectitud personificada.

Nunca había imaginado que Joséphine pudiera tener otra vida.

Interesarse por otro hombre que no fuera él.

Sincerarse, reírse, cogerle del brazo al caminar...

Se preguntó por qué nunca había pensado en ello.

Su primera visita había llegado. Gwendoline le preguntó si podría recibirla.

—Un minuto —pidió.

Sí, pero...

Ella no quiere herirme.

No sabe cómo decírmelo.

Hace meses que no responde ni a mis flores ni a mis cartas ni a mis mensajes.

Hizo entrar a su cita.

Era el tipo de cliente que habla, habla y lo único que

pide es que le den la razón. Para sentirse más tranquilo. Llevaba una chaqueta beige de tweed y una camisa amarilla. El nudo de su corbata seguía la línea de su nariz: torcida.

Philippe asentía con la cabeza y seguía la línea de su nariz y la de su corbata.

El hombre hablaba, él asentía, pero a su mente volvía el mismo interrogante «sí pero y si...».

¿Y si Bérengère decía la verdad?

Se había separado de Iris antes de que ella muriese de forma trágica.

Su historia se había interrumpido en Nueva York. Él había escrito la palabra FIN sobre el mantel blanco de una mesa en el Waldorf Astoria.*

Cuando se enteró de su muerte, se sintió afectado, triste. Había pensado ¡qué desastre! Pensaba en Alexandre. La fotografía de Lefloc-Pignel en los periódicos, su imagen de hombre hostil y obstinado le había perseguido durante mucho tiempo. Así que ése es el hombre que mató a mi mujer... Fue ese hombre.

Después, los rasgos de la foto se habían difuminado. No le quedaba de Iris más que la imagen de una mujer hermosa y vacía.

Una mujer que había sido la suya...

Esa noche llamaría a Dottie y le preguntaría si tenía tiempo para tomar una copa.

Dottie era su confidente, su amiga. Dottie tenía una mirada dulce y las pestañas rubias. Huesos punzantes en las caderas y cabello de bebé.

---

* Cf. *Los ojos amarillos de los cocodrilos, op. cit.*

Ya no se acostaba con Dottie. No quería sentirse responsable de ella.

¿Quieres que te diga una cosa?, le había confesado Dottie una noche que estaba un poco bebida, con su cigarrillo tan cerca del pelo que él tenía miedo de que le prendiera fuego, me parece que estoy enamorada de ti. ¡Oh! Ya sé, no debería decírtelo, pero es así, no tengo ganas de disimular... Estoy descubriendo el amor y no sé nada de la estrategia del amor... Sé muy bien que estoy destrozándome la vida. Pero me da igual. Al menos, te quiero... y es bonito amar. Sufrir no es bueno, pero amar es bonito... Nunca me había pasado. Antes de conocerte creía que había amado, pero sólo me había enamorado. No puedes decidir dejar de amar. Amas durante el resto de tu vida... Y ésa es la única diferencia.

La única diferencia.

Lo entendía. A veces él se enamoraba de mujeres durante una noche. O un fin de semana.

Se fijaba en la curva de un hombro en la esquina de una calle de Chelsea, la seguía. La invitaba a cenar, se acostaba a su lado durante algunas noches. Por la mañana, ella preguntaba, dentro de un año ¿te acordarás de mí? Él no respondía, ella añadía dentro de un año ¿con quién estarás? ¿Con quién estaré? Y ella añadía ¿al menos me quieres un poco? Él permanecía con la boca seca, la sonrisa helada. Ya lo ves..., dentro de un año estarás con otra, me habrás olvidado...

Él lo negaba con vehemencia.

Pero sabía que tenía razón.

Había pasado una noche con una brasileña que presumía de escribir cinco horas diarias y de hacer las mismas horas de gimnasia para equilibrar cuerpo y espíritu. Al dejarla, había roto el papel en el que ella había anotado su teléfono y había seguido con la mirada el vuelo del confeti.

Se había ido un fin de semana con una abogada que se había llevado consigo el trabajo y se pasó todo el rato con el móvil pegado a la oreja. Él había pagado la factura del hotel, le había dejado una nota, y había salido huyendo.

Durante el regreso, en pleno atasco, había recordado sus comienzos y sus deseos de conquistar el mundo. Nueva York y su primer trabajo en un gabinete de abogados internacional. Era el único francés. Había aprendido a trabajar a la americana. Alquilar una hermosa casa en Hampton, asistir a veladas de caridad vestido de esmoquin, del brazo de una mujer seductora, distinta cada vez. Trajes caros importados de Inglaterra, camisas de Brooks Brothers, comidas en el Four Seasons. Él se miraba en el espejo mientras se afeitaba, sonreía a su imagen, se cepillaba los dientes, elegía un traje, una corbata, pensaba qué fácil es conquistar mujeres cuando..., y se paraba, avergonzado...

Cuando uno tiene la impresión de salir de una película de la que eres el protagonista.

Y había conocido a Iris Plissonnier.

Su corazón había empezado a latir. Los minutos parecían siglos. Se terminaron las certidumbres, la película se había hecho trizas. O puede que... De una cosa estaba seguro: sería ella. Nadie más. Él se había colado en su vida con la habilidad de un prestidigitador. Había sacado ocho ases de la manga y la había librado de un buen lío. La había convencido para que se casara con él. ¿La había amado o había amado la bella imagen que ella ofrecía de sí misma, la bella imagen de la pareja que formaban?

Ya no lo sabía.

Ya no se reconocía en el hombre que antaño había sido.

Se preguntaba si se trataba del mismo tipo.

Esa mañana, tras escuchar la conversación del hombre de la nariz y la corbata torcidas y de haberlo acompañado hasta la puerta, se apoyó en el marco de madera barnizada y sus ojos se fijaron en la foto de Alexandre. Suspiró. ¿Qué sabemos de los que viven a nuestro lado? Cuando creemos que los conocemos, se desvanecen.

Alexandre iba a la deriva tras la muerte de su madre. Se había encerrado en un silencio cortés, como si las preguntas que se planteaba fueran demasiado graves para hacérselas a su padre.

Por las mañanas, durante el desayuno, Philippe esperaba a que se decidiese a hablar. Un día le había abrazado por el cuello y le había propuesto ¿y si te saltaras las clases y fuésemos a dar un paseo los dos juntos? Alexandre había rechazado educadamente la propuesta, tengo un control de mates, no puedo.

Huye de mí. ¿Me reprocha quizás haberme dejado ver con Joséphine? ¿O es el recuerdo de su madre lo que le tiene atrapado?

Alexandre no había llorado en el cementerio de Père-Lachaise. Ni siquiera le temblaron los labios ni la voz durante la cremación. ¿Acaso le echaba en cara no haber sabido proteger a su madre?

Para lo bueno y para lo malo, para lo bueno y para lo malo...

Durante esos primeros meses su hijo había crecido, su voz había cambiado, su mentón se había tachonado de pelos y granitos rojos. Había ganado altura en todos los sentidos del término: física y mental. Había dejado de ser su niño pequeño. Se había convertido en un extraño...

Tan extraño como se había convertido Iris...

Resulta sorprendente, se dijo Philippe, que dos personas puedan vivir juntas sin saber nada la una de la otra. Perderse de vista cuando se hablan todos los días. En mi vida conyugal con Iris yo era un invitado. Una silueta que pasaba por el pasillo, se sentaba a la mesa y volvía a trabajar a su despacho. Por la noche, yo dormía con una máscara en los ojos y tapones para los oídos.

Alexandre iba a cumplir quince años, la edad en la que los padres se convierten en una fuente de molestias. A veces salía los sábados por la noche. Philippe le llevaba e iba a buscarle. No se hablaban durante el trayecto. Cada uno realizaba su ritual de gestos de solitario. Alexandre se daba golpecitos en los bolsillos para comprobar que tenía las llaves, el móvil y un poco de dinero, y después se volvía hacia la ventanilla, apoyando la frente y contemplando las luces mojadas de la ciudad.

Philippe reconocía ciertos gestos. Sonreía, con la mirada fija en el trayecto.

* * *

Estaban a finales de noviembre y reinaba un frío penetrante y húmedo. Alexandre atravesaba el parque para volver a su casa refunfuñando, porque le habían robado otra vez sus guantes forrados. Ese instituto estaba lleno de ladrones. En cuanto te dejabas unos guantes o una bufanda, apenas te volvías de espaldas, podías estar seguro de que desaparecerían. Y eso sin hablar de los móviles o los iPod, porque ésos era mejor tenerlos escondidos.

Le gustaba volver a casa andando.

Atravesaba un trozo de Hyde Park y después subía a un autobús. El 24, el 6 o el 98. Podía elegir. Se apeaba en George Street con Edgware Road y caminaba hasta su casa, en el 48 de Montaigu Square. Le gustaba mucho su nuevo barrio. Su habitación daba a un parquecito privado del que su padre tenía una llave. Una vez al año, los vecinos abrían el parque y organizaban un picnic. Su padre se encargaba de la barbacoa y de asar la carne.

En metro se arriesgaba a quedarse bloqueado un cuarto de hora en un túnel, y entonces se ponía a pensar en su madre. Ella volvía siempre en los túneles, cuando se paraba el metro...

En la oscuridad del bosque, bailando a la luz de los faros antes de dejarse clavar un cuchillo en el corazón. Él se cubría el cuello con las solapas del abrigo y se mordía los labios.

Se había prohibido pronunciar «mamá, mamá...» porque, en caso contrario, ya no respondía de nada.

Cruzaba el parque. Caminaba desde South Kensington hasta Marble Arch. Se entrenaba para dar pasos cada vez más largos, como si estuviese subido en un compás. A veces, forzaba las piernas con tanta fuerza que tenía miedo de desgarrarlas.

Lo que de verdad ocupaba su tiempo desde el comienzo de las clases era despedirse.

Se entrenaba para despedirse de cada persona con la que se cruzaba como si no fuera a volver a verla, como si fuese a morir en cuanto le diese la espalda, y después analizaba la pena que sentía. Adiós a la chica que le acompañaba hasta el final de la calle. Se llamaba Annabelle, tenía la nariz larga, un cabello del color de la nieve, y unos ojos dorados con manchitas amarillas que, cuando la besó, una noche, le habían hecho bizquear. Él se había quedado sin respiración.

Y se había preguntado si lo había hecho bien.

Adiós a la viejecita que cruzaba la calle sonriendo a todo el mundo... Adiós al árbol de ramas torcidas, adiós al pájaro que clava el pico en un trozo de pan sucio, adiós al ciclista que lleva un casco de cuero rojo y dorado, adiós, adiós...

Van a desaparecer, van a morir a mis espaldas, y yo, ¿qué siento?

Nada.

Se convenció de que debía entrenarse para sentir algo, y decidió caminar sobre la hierba en vez de sobre el duro sendero. No soy normal. A fuerza de no sentir nada, siento un gran agujero en mi interior que me vuelve loco. No tengo la impresión de estar en la tierra.

A veces era como si flotara por encima del mundo, como si mirara a la gente desde lejos, desde muy lejos.

Quizás si hablara de ello en casa, sentiría algo. Me serviría de entrenamiento y, al final, saldría de mi pecho ese maldito gran agujero que me hace ver la vida desde tan lejos.

No hablaban de su madre en casa. Nadie sacaba el tema.

Como si no estuviera muerta. Como si tuviese razón de no sentir nada.

Intentaba hablar con Annie, pero ella sacudía la cabeza y le respondía, qué quieres que te diga, chico, yo no conocí a tu madre.

Zoé y Joséphine. Con ellas hubiese podido hablar. O más bien Joséphine hubiese encontrado las palabras adecuadas. Hubiese sabido despertar algo en él. Algo que habría creado un vínculo entre él y la tierra. Habría dejado de ser un aviador indiferente.

No podía sincerarse con su padre. Era demasiado delicado. Le parecía incluso que era la última persona con la que desearía hablar de ello.

La cabeza de su padre debía de estar hecha un lío. Estaba su madre y estaba Joséphine. No sabía cómo se las arreglaba para no perderse.

Él se habría vuelto loco si hubiese estado entre dos chicas y las hubiese querido a las dos. Sólo de pensar en su beso con Annabelle ya sentía vértigo. La primera vez que se habían besado había sido por casualidad. Se habían parado al mismo tiempo frente al semáforo, habían vuelto la cabeza al mismo tiempo y ¡ya está! Sus labios se habían juntado y había sentido cómo un sabor de papel secante un poco dulce, un poco pegajoso, se posaba sobre sus labios. Había querido volver a hacerlo, pero ya no había experimentado lo mismo.

Había vuelto a subir al avión. Se había visto desde lo alto, había perdido la emoción.

En el instituto o en las fiestas, solía quedarse solo porque pasaba bastante tiempo jugando al juego de «despedirse». Y es que claro, de ese juego no puede uno hablar con nadie. En cierto modo, lo prefería. Porque si le preguntaban ¿por qué siempre viene a buscarte tu padre?, ¿dónde está tu madre?, no sabía muy bien qué contestar. Si decía está muerta, el chico o la chica ponía una expresión extraña, como si él le enseñase una cosa muy pesada que apestase. Así que era más fácil no hablar con nadie. Y no tener amigos.

En todo caso, ningún mejor amigo.

Pensaba en todo eso mientras caminaba por el parque, dando patadas y levantando rastrojos de hierba, verdes por un lado y marrones por el otro, y aquello le gustaba, pasar del verde al marrón, del marrón al verde. De pronto se quedó de piedra al notar una cosa extraña.

Primero creyó que era un espantapájaros que movía los brazos y hundía la cabeza en una de las grandes papeleras cilíndricas colocadas en medio del parque. Después vio cómo el montón de trapos se incorporaba, sacaba cosas de la papelera y las metía bajo un gran poncho, sujeto bajo la barbilla con una especie de gafete.

¿Qué es eso?, se preguntó, intentando mirar sin parecer que miraba, para no hacerse notar.

Era una anciana que llevaba un montón de cosas asquerosas encima. Zapatos asquerosos, una manta asquerosa, mitones asquerosos, medias de lana negra con agujeros que dejaban ver una piel asquerosa y una especie de gorro hundido hasta los ojos.

Desde donde estaba, él no podía ver el color de sus ojos. Pero estaba seguro de una cosa, era una vagabunda.

Su madre tenía miedo de los vagabundos. Cruzaba la calle para evitarlos, le cogía de la mano y su mano temblaba agarrada a la de Alexandre, que se preguntaba por qué. No parecían demasiado peligrosos.

Su madre. Sólo se interesaba por él cuando tenía un hueco en la agenda. Se volvía hacia él como si recordase de pronto que estaba allí. Le acariciaba, repetía mi amor, mi amor, ¡cuánto te quiero! Lo sabes, ¿no, cariñito? Como si lo hiciese para convencerse a sí misma. Él no respondía. Había aprendido desde muy pequeño que no debía entregarse, porque ella le soltaría de la misma forma que lo había cogido. Como a un paraguas. Él sentía simpatía por los paraguas que siempre se dejan olvidados en alguna parte.

Las únicas veces en que su madre parecía sincera, las únicas veces en que no jugaba a ser la maravillosa Iris Dupin, era cuando veía un mendigo en la calle. Aceleraba el paso diciendo no, no, ¡no lo mires! Y si él preguntaba por qué había pasado tan deprisa, de qué tenía miedo, ella se arrodillaba, le tomaba de la barbilla y decía no, no, no tengo miedo, pero son tan feos, tan sucios, tan pobres...

Ella le abrazaba y él oía el latido desbocado de su corazón.

Esa tarde él pasó al lado de la mendiga sin mirarla, sin detenerse. Sólo tuvo tiempo de ver cómo arrastraba, atada a la cintura, una silla de ruedas.

Al día siguiente volvió a verla. Había puesto un poco de orden en su cabello blanco y ondulado. Había plantado dos horquillas a cada lado. Horquillas de niña, con un delfín azul y un delfín rosa. Se había sentado en la silla de ruedas y había apoyado tranquilamente sobre las rodillas esas manos completamente sucias, completamente negras dentro de esos mitones multicolor. Miraba la gente que pasaba y los seguía con los ojos forzando el cuello, como si no quisiera perder detalle. Sonreía, tranquila, y exponía sus mejillas arrugadas, buscando un rayo de sol.

Alexandre pasó delante de ella y notó que se fijaba en él con mucha atención.

Al día siguiente seguía allí, sentada en su silla de ruedas, y él pasó un poco más despacio. Ella le dedicó una gran sonrisa y él tuvo tiempo de responderle antes de alejarse.

Al día siguiente, se acercó. Había preparado dos monedas de cincuenta peniques para dárselas. Quería verle los ojos. Era una idea fija que le rondaba desde que se había levantado: ¿y si tuviese los ojos azules? Grandes ojos azules, líquidos como la tinta de un tintero.

Se acercó. Permaneció a cierta distancia. Balanceó la cabeza. Mudo.

Ella le miraba sonriendo. Sin hacer nada.

Se acercó, le tiró las monedas a las rodillas fijándose para apuntar bien. Ella bajó la mirada hacia las monedas, las tocó con sus dedos negros de uñas agrietadas, las guardó en una cajita escondida bajo el brazo derecho y le miró.

Alexandre dio un paso atrás.

Tenía dos enormes ojos azules. Dos grandes lagos de glacial, como en las fotos de su libro de geografía.

—¿Te doy miedo, *luv*?

Quería decir *love* pero pronunciaba *luv*, como el vendedor del quiosco frente a su casa.

—Un poco...

No tenía ganas de mentirle. De hacerse el bravucón.

—Pero si no te he hecho nada, *luv*.

—Ya lo sé...

—Pero aun así te doy miedo... Porque voy mal vestida...

Los ojos azules tenían aspecto de divertirse. Sacó un poco de tabaco de otra caja de metal oculta bajo su brazo y se puso a liar un cigarrillo.

—¿Fumas, *luv*?

Lamía el papel de fumar sin quitarle los ojos de encima.

Sus ojos eran azules, pero estaban como gastados. Eran como ojos de segunda mano, ojos que habían vivido demasiado.

—¿Estás enamorado, *luv*?

Enrojeció.

—Eres mayor. Ya tienes edad para tener novia... ¿Cómo se llama?

—...

—¿Tu mamá la conoce?

—Ya no está.

—¿Se ha ido?

—Está muerta.

¡Ya está! Lo había dicho. Era la primera vez. Tuvo ganas de gritar a pleno pulmón. Lo había dicho.

—*I'm sorry, luv...*

—No se preocupe, usted no podía saberlo.

—¿Se puso muy enferma?

—No...

—¡Ah! Murió en un accidente...

—Sí, en cierto modo...

—¿No quieres hablar de ello?

—Ahora no...

—Vendrás a verme otro día, quizás...

—Ella también tenía los ojos azules...

—¿Era una persona triste o feliz?

—No lo sé...

—Ah..., no lo sabes.

—Diría que más bien triste, creo...

Hurgó en sus bolsillos para ver si tenía más dinero. Encontró otra moneda de cincuenta peniques y se la ofreció. Ella la rechazó:

—No, *luv*, quédatela... Me ha gustado mucho hablar contigo.

—Pero ¿qué va a comer usted?

—No te preocupes, *luv*.

—Bueno, pues ¡adiós!

—Adiós, *luv*...

Se fue. Caminando recto, erguido. Quería parecer más alto a toda costa. Bueno, no había jugado a su estúpido juego, no se había despedido para siempre de ella al dejarla, sólo le había dicho adiós, pero sobre todo no quería que creyese que iba a volver a hablar con ella todos los días. Faltaría más. Vale, había hablado con ella, pero no había dicho gran cosa. Sólo que su madre estaba muerta. Pero es cierto que era la primera vez que hablaba de ello, y sintió ganas de llorar y se dijo que no era nada vergonzoso llorar porque su madre estaba muerta. Era incluso un motivo muy bueno.

Y, como sentía la mirada de la anciana a su espalda, se volvió y le hizo una seña con la mano. Debe de tener un nombre, se dijo, justo antes de subir al autobús. Pasó delante del conductor sin mostrar su bono de transporte y éste le llamó la atención. Pidió disculpas.

El conductor no estaba para bromas.

Pero es que al poner el pie en el autobús, tuvo miedo de no volver a verla nunca más.

* * *

Zoé tiró la cartera sobre la cama y encendió el ordenador.

Dos mensajes. De Gaétan.

Du Guesclin vino a tumbarse a sus pies. Ella le cogió la cabeza, le rascó entre los ojos, le rascó mientras canturreaba, sí, ya sé, negrito, feote, ya sé que me has echado de menos, pero mira, Gaétan me ha escrito y no puedo ocuparme de ti en exclusiva... ¿No ha vuelto mamá? ¡No tardará, no te preocupes!

Du Guesclin escuchaba con los ojos cerrados la cantinela de Zoé y se dejaba hacer balanceando la cabeza, y después, cuando ella terminó, se tumbó a los pies de la mesa y estiró las patas como si hubiese hecho ejercicio suficiente para el resto del día.

Zoé se quitó el abrigo, la bufanda, pasó las piernas por encima del cuerpo de Du Guesclin y se instaló ante el ordenador. Leer los mensajes. Lentamente. Con todo el tiempo del mundo. Era su cita de amor cuando volvía del instituto.

Gaétan vivía en Rouen desde que empezaron las clases. En una casita en Mont-Saint-Aignan que sus abuelos habían puesto a disposición de su madre. Se había matriculado en segundo en un colegio privado. No tenía amigos. No iba a tomar café al salir de clase. No formaba parte de ninguna pandilla. No iba a fiestas. No se había creado una página de Facebook. Tuvo que cambiar de apellido.

«Ya ni siquiera sé cómo me llamo. Te juro que cuando pasan lista tardo un rato en darme cuenta de que Mangeain-Dupuy soy yo».

Zoé acabó preguntándose si había sido buena idea que cambiase de apellido. Porque, vale, era verdad que los periódicos habían hablado mucho de su padre pero, después, al cabo de una semana, habían pasado a otra historia, igual de aterradora.

Sus abuelos habían insistido. Gaétan se había convertido en un Mangeain-Dupuy. El apellido de la banca familiar.

Zoé no relacionaba a Gaétan con el asesino de su tía Iris. Gaétan era Gaétan, su novio que le hinchaba el corazón como un globo. Cada noche, escribía en su diario: «Bailo bajo el sol, canto bajo el sol, la vida es bella como un plato de tallarines».

Había pegado una foto de Gaétan al pie de la lámpara, al lado del ordenador, y leía sus correos mientras la miraba de reojo. Izquierda-derecha, izquierda-derecha. Como una especie de dibujo animado.

A veces tenía la impresión de que Gaétan estaba triste, y a veces de que estaba contento. A veces sonreía.

Abrió el primer correo.

«Zoé, hay un tío en la cama de mamá. Acabo de llegar del instituto, son las cinco, ¡y ella está en la cama con un tío! Ha oído ruido en la entrada y ha gritado "no estoy sola". Me pone enfermo. Me he quedado abajo como un idiota. Domitille nunca está en casa. Me pregunto a qué demonios se dedica, y Charles-Henri se pasa las horas trabajando. Nunca he visto a ese tío, sólo sus asquerosas zapatillas en la entrada y su cazadora de cuero en el sofá. Y la casa apesta a colillas. No puedo más. ¡Estoy deseando largarme!».

Ése era el primer mensaje. Un poco más tarde había enviado otro:

«No me gusta. Sé de antemano que no me va a gustar. Es calvo, lleva gafas, vale, de acuerdo, es alto y no va mal vestido y es amable pero, de todas formas, no me gusta. Me preocupa mamá, todo es horrible y ella me echa broncas del tipo "¡no tengo que justificarme contigo!". ¡Claro que sí! ¡Claro que tiene que justificarse! Estoy muy enfadado con ella. ¡Ni que fuera una chavala de quince años! ¿Sabes dónde ha encontrado al Calvo? ¡¡¡En el MEETIC!!! Es cinco años menor que ella, por lo menos. Le odio. No me lo puedo creer, te lo juro, ¡no me lo puedo creer!».

Zoé suspiró ruidosamente. ¡Jolines!, se dijo, Isabelle Mangeain-Dupuy se acuesta con un calvo que ha conocido en Meetic. Debieron de enchufarle un cerebro nuevo al cambiarle el apellido.

Zoé recordó a la madre de Gaétan: frágil, enclenque, una sombra que tiritaba en camisón, corría tras sus hijos para darles un beso y después se paraba de pronto como si hubiese olvidado para qué corría, y soltaba a menudo comentarios incoherentes del tipo eres una niña muy guapa, ¿te gustan los quesitos?

Sí que había cambiado. Debía de ser porque había dejado de tomar tranquilizantes. ¡Pero de ahí a ligar con tíos en el Meetic! Había chicas en su clase que decían que estaba muy bien. No pierdes el tiempo en largas conversaciones, yo te gusto, tú me gustas, y nos metemos en la cama bebiendo cubatas. Seguramente lo decían para presumir, pero a ella le aterrorizaría la idea de meterse en la cama con un tío al que ni siquiera conocía. Gaétan y ella no lo habían hecho todavía. Esperaban.

Dormía con el jersey viejo que él le había regalado. Pero ya no olía a nada. Por mucho que hundiese la nariz en cada punto, lo retorciese, lo frotase o lo despellejase, no olía a nada de nada. Cuando Gaétan volviese a París, lo recargaría.

Contestó a Gaétan. Le dijo que le entendía, que no era agradable saber que su madre se acuesta con un calvo de Meetic, que no era el único que tenía problemas porque, en su clase, había una chica que tenía dos madres y que las dos querían ir a las reuniones de padres, y que la chica, que se llamaba Noémie, le había dicho a Zoé que no quería que todo el colegio supiera que tenía dos madres. Se lo había dicho a Zoé en secreto, porque sabía que Zoé lo había pasado mal con su padre. Ambas habían prometido que, cuando fuesen unas viejas de cuarenta años, brindarían con vino rosado felicitándose por no ser como sus padres. Por haber conseguido aguantar.

«Pero es cierto que tener dos madres es bastante incómodo —escribió Zoé—, como eso tuyo de la cazadora y las zapatillas del Calvo. Eso me recuerda que esta tarde, cuando volvía de clase, he visto a los nuevos propietarios que se están instalando en tu antiguo piso. Es extraño ver gente en tu casa...».

Nunca la habían invitado a casa de Gaétan. Sus padres tenían prohibido a sus hijos que recibiesen amigos. Ellos se veían en el trastero de Paul Merson. Allí se habían besado por primera vez.

Cuando había visto a los de la mudanza en el piso de Gaétan, metió la cabeza y descubrió a dos señores, uno que debía de rondar los treinta y cinco y otro más viejo. Estaban discutiendo sobre la colocación de los muebles. No parecían estar de acuerdo y el tono iba subiendo. Pero si dijimos que ésa era nuestra habitación, decía el más joven, ¡así que ponemos nuestra cama ahí y no se hable más!

¡Nuestra cama! Dormían en la misma cama.

«... ¿sabes quién va a vivir en tu casa? Una pareja de homos. Un viejo y otro menos viejo... Yves Léger y Manuel López. Es lo que pone en el portero automático. Han vuelto a pintarlo todo, y a cambiarlo todo, el más viejo hablaba de su despacho, el más joven de su sala de gimnasia. ¿A qué crees que se dedicarán? ¿Quieres que hagamos apuestas?».

Sobre todo quería que él pensase en otra cosa, para que dejara de preocuparse.

«... y también han vendido el piso de los Van den Brock. A una pareja perfectamente digna. El señor y la señora Boisson. Podrían llamarse Poisson,* tienen ojos de bacalao congelado. Tienen dos hijos que vienen de visita los domingos. Dos cerebritos, me lo ha dicho Iphigénie, los dos con carrera. ¡Y hay que ver cómo abre la boca Iphigénie cuando lo dice! Dos cerebritos, con sus gafitas, sus camisas abrochadas con un jersey de cuello de pico encima y el pelo repeinado. Vestidos siempre igual. Con un paraguas colgado del brazo. Suben las escaleras levantando mucho las rodillas. Parecen Hernández y Fernández. Nunca cogen el ascensor. El padre tiene un aire severo, su boca es una cremallera; y la madre,

* En francés, «pescado». (*N. del T.*)

¡parece que no se haya tirado un pedo en la vida! ¿Recuerdas cuando la señora Van den Brock ponía sus arias de ópera y se oía la música en toda la escalera? Pues bien, eso se acabó, esto va a estar más tranquilo ¡a menos que los dos homos sean bailarines de tango!».

Si no le arrancaba una sonrisa con esa galería de retratos, se retiraría de la literatura. Le encantaba anotar los pequeños detalles de la vida. Como a Victor Hugo. Le gustaba mucho Victor Hugo. Y Alexandre Dumas. «¡Ja, ja!, dijo en brasileño, lengua que no conocía». Esa frase le hacía morirse de risa. Se la había contado a Gaétan, pero él no se había reído.

Se sintió decepcionada.

Puso *When the rain begins to fall*, subió el volumen a tope y bailó como cada vez que quería olvidar o celebrar algo. Se contoneaba, hacía las dos voces y terminaba bañada en sudor, desaliñada, y las medias le picaban de lo mucho que había sudado. Se daba golpecitos con el elástico mientras cantaba a voz en grito *You've got to have a dream to just hold on* y enviaba besitos a Gaétan. Gaétan era su *rainbow in the sky, the sunshine in her life! And I will catch you if you fall...*

Terminó el correo con una cita en el Messenger y preguntándole cuándo vendría a París. Podría instalarse en su casa sin problemas. Y así su madre podría retozar tranquilamente con el Calvo. Se arrepintió de haber escrito eso y lo borró. Firmó: «Tu novia».

Estaba pulsando «Enviar» cuando oyó el ruido de la puerta de entrada. Su madre estaba de vuelta.

Du Guesclin se levantó de un salto y se lanzó sobre Joséphine, que tuvo que apoyarse en la pared para mantener el equilibrio. Zoé se echó a reír.

—¡Hay que ver lo que te quiere ese perro! ¿Qué tal, mamaíta?

—Estoy hasta las narices de pasarme el día en la biblioteca, ¡ya no tengo edad para eso! Y te voy a decir una cosa: estoy hasta las narices del siglo doce.

—Pero ¿sigues pensando en presentarte al HDI? —preguntó Zoé, preocupada.

—¡Claro! ¡No seas tonta! ¿Has visto? ¡Hay gente nueva en el cuarto!

—Sí. Una pareja de gays.

—¿Y tú cómo sabes eso?

—Eché un vistazo al piso ¡y sólo tienen una cama!

—¡Dos gays en el piso de Lefloc-Pignel! ¡Qué ironías tiene la vida!

—¿Quieres que te haga pasta con salmón esta noche?

—Encantada. Estoy muerta...

—Voy a buscar la receta en mi cuaderno negro...

—¿No te la sabes de memoria?

—Sí. Pero me gusta releerla para estar segura de que no me olvido de nada... ¿Qué sería de mí si lo perdiese? Le tengo cariño a ese cuaderno, mamá, ¡toda mi vida está dentro!

Joséphine sonrió y pensó pero si tu vida no ha hecho más que empezar, amor mío.

Zoé no se limitaba a copiar recetas de cocina en su cuaderno, anotaba escrupulosamente quién se las había dado y en qué circunstancias. También anotaba la mayoría de sus pensamientos y la evolución de su estado de ánimo. Eso le ayudaba a sentirse mejor cuando estaba triste.

Había cosas de las que sólo hablaba con su cuaderno. «Mamá cree que puede salir de ésta sola porque ya lo ha hecho antes, pero fue porque se vio obligada a ello. Pero necesita alguien a su lado. Es demasiado frágil. No ha tenido una vida fácil... La vida le ha golpeado demasiado el alma. Aunque yo no lo sé todo, eso lo sé. Y debo absorber la infelicidad para quitársela... No soy responsable únicamente de mi vida. Si dejo a mamá sola, está acabada».

Era un cuaderno negro y grueso. En la portada había pegado fotos de su padre, de su madre, de Hortense, de Gaétan, de su amiga Emma, del perro Du Guesclin, había añadido viñetas, pegatinas, perlas, trozos de mica, había dibujado un sol, una luna sonriente, había pegado un trozo del Mont-Blanc recortado de una postal, y otro de una isla tropical, con palmeras y cangrejos.

En la receta «tallarines con salmón» había anotado: «Me la ha pasado Giuseppe, un amigo de mamá. Investiga la Edad Media, como mamá. Canta *Funiculi funicula* poniendo los ojos casi en blanco. No sé cómo se las arregla para que sólo se le vea el blanco de los ojos. También hace juegos de magia. Habla muy bien francés. Dice que le hubiese gustado tener una hija como yo, porque él sólo tiene hijos. Me parece que está enamorado de mamá, pero mamá dice que no. Desde que empezaron las clases viene a cenar a casa cuando está en París. Me dio la receta una noche después de comer endivias gratinadas, para agradecerme lo buenas que estaban. Dijo que era un secreto de familia, que se la había dado su madre, Giuseppina. Quiere decir Joséphine en italiano y, cuando lo dijo, se quedó mirando a mamá. Es un hombre muy seductor, lleva camisas con sus iniciales y jerséis de cachemira de todos los colores. Tiene unos ojos de un gris azulado muy bonitos. Es italiano, pero eso se nota enseguida, salta a la vista. Es muy escrupuloso con el tiempo de cocción de la pasta; hay que removerla sin parar para que no se pegue y no hay que olvidar poner aceite de oliva y sal gorda en el agua de cocción. No dice "aceite" sino "*olio, amore*". La primera vez que quise hacer la receta, se me cayó el salmón al suelo y Du Guesclin se lo comió de un bocado. ¡Menudo cabreo pillé!».

Estaban comiéndose la pasta cuando llamaron a la puerta. Era Iphigénie.

Se sentó sin aliento en la silla que le ofreció Joséphine y se alisó el pelo con la palma de la mano, un gesto inútil, porque inmediatamente volvió a rizarse en unos remolinos rojos y azul marino. Iphigénie cambiaba a menudo de color de pelo y, en los últimos tiempos, probaba tintes cada vez más audaces.

—No me quedaré mucho rato, señora Cortès. He dejado a los niños solos en la portería y ustedes están comiendo..., pero tengo que decírselo sin falta... He recibido una carta del administrador. ¡Quiere quitarme la portería!

—¿Y eso? ¡No tiene ningún derecho! Pásame la sal, Zoé, por favor...

—¿Cómo? ¿No tiene suficiente sal? Pues si lo he hecho todo como Giuseppe me había dicho...

Iphigénie se estaba impacientando.

—Que sí, señora Cortès, tiene todo el derecho del mundo. Mi portería provoca envidias desde que usted me la reformó completamente, y hay una que la quiere. Lo sé, he preguntado por ahí y me he informado. Parece ser que tiene más clase que yo, que lleva rebeca y blusa a juego y un collar de perlas blancas, y que en el edificio hay gente que se queja de que yo no soy lo suficientemente fina. ¿Qué es lo que quieren? ¿Que hable griego y latín y dé clases particulares? Sinceramente, señora Cortès... ¿Acaso se le pide a una portera que sea descendiente directa de la costilla de Júpiter?

Meneó la cabeza y subrayó su desaprobación haciendo un ruidito de trompeta atascada con los labios.

—¿Sabe usted de dónde proceden esos ataques, Iphigénie?

—¡De todo el mundo, señora Cortès! Son todos unos estirados... El otro día estaba jugando con los niños, me había disfrazado de Obélix con dos almohadas en las bragas y una cacerola en la cabeza, cuando la señora Pinarelli llamó a la puerta. Eran las nueve de la noche, ¡digo yo que lo que haga a las nueve de la noche es asunto mío! Abrí la puerta y a punto estuvo de tragarse su lengua de víbora. Me dijo ¡me deja usted sin palabras con este espectáculo, Iphigénie! ¿Acaso yo la llamo Éliane? ¡La llamo señora Pinarelli! ¡Y no le pregunto si es normal que su hijo de más de cincuenta años viva todavía en su casa!

—Bueno, voy a llamar al administrador... mañana, se lo prometo...

—Le voy a decir otra cosa, señora Cortès, del administrador... Estoy convencida de que...

E hizo un gesto muy elocuente.

—Que está liado... —tradujo Joséphine—. ¿Con quién?

—Con la que quiere quitarme la portería. ¡Estoy segura! Se me ha encendido una bombilla. Y me dice que estoy en peligro y que aquí molesto.

—Veré qué puedo hacer, Iphigénie, y la tendré al corriente, se lo prometo.

—Con usted tendrá que andarse con pies de plomo, señora Cortès. Tendrá que escucharla. Primero, porque es usted una personalidad, y luego, después de lo que le pasó a su hermana —repitió su ruidito de trompeta atascada—, tendrá que moderarse.

—¿Ha hablado con el señor Sandoz? —preguntó Zoé, que quería casar al señor Sandoz con Iphigénie.

El señor Sandoz suspiraba en vano y le daba pena. Solía cruzárselo en la entrada. O en la portería. Digno y triste enfundado en su impermeable blanco lloviese o no. Tenía un aspecto un poco gris. Ese hombre, pensaba Zoé, parece una chimenea apagada. Sólo haría falta una cerilla para encenderla de nuevo. Él se quedaba allí, de perfil, un poco encorvado, como si quisiera hacerse transparente, invisible.

—No. ¿Por qué iba a contárselo? ¡Qué ocurrencia más rara!

—Pues no sé. Dos tienen más fuerza que uno... y además, ya sabe, ¡ha vivido mucho! Me ha contado cosas de su vida. Cosas de antes de que le pasara todo aquello que estuvo a punto de matarle...

—Ah —dijo Iphigénie, a quien no interesaba en absoluto lo que estaba contando Zoé.

—Además, trabajó en el cine. Puede hablarle de un montón de actores famosos. Conoció a muchos... Empezó muy joven a trabajar en rodajes, ¡había muchísimos en aquella época en París! Trabajaba de meritorio. Puede que todavía tenga contactos.

—Yo no soy vedette, soy portera. ¡Él no sabe nada del mundo de las porteras!

—Nunca se sabe... —suspiró Zoé con aire de misterio.

—Siempre me las he arreglado sola, ¡no voy a emparejarme ahora para hacer frente a la adversidad! —exclamó Iphigénie—. Y además, ¿saben qué? Me mintió sobre su edad. La otra tarde se le cayeron los papeles del bolsillo del cinturón, yo los recogí y eché un vistazo a su carné de identidad. ¡Pues bien! ¡Se ha quitado cinco años! No tiene los sesenta que dice ¡sino sesenta y cinco! Si calculo bien... Quiere hacerse el joven y el interesante. De hecho, los tíos no traen más que problemas, créeme, mi querida Zoé. Huye de ellos, si tienes una pizca de sentido común...

—Cuando uno comparte, está menos triste... —protestó Zoé, pensando en la chimenea apagada del señor Sandoz.

Iphigénie se levantó, recogió un lápiz de labios y los caramelos que se le habían caído del bolsillo y se marchó haciendo su ruidito de trompeta y repitiendo enamorarse, enamorarse, ¡como si fuera ésa la solución!

Joséphine y Zoé oyeron cómo cerraba la puerta.

—Hete aquí de nuevo transformada en hermanita de los pobres —sonrió Zoé.

—La hermanita de los pobres se cae de sueño y pensará en todo eso mañana. ¿A qué hora tienes que levantarte?

* * *

Josiane entró en el salón donde estaba su hijo, Junior. Volvía del Monoprix y arrastraba un carrito lleno de fruta fresca, pescados con el vientre lustroso, verduras verde clorofila, frutas de temporada, cordero lechal, rollos de papel de cocina, productos de limpieza, botellas de agua mineral y de zumo de naranja.

Se quedó quieta y observó a su hijo con expresión abatida. Estaba sentado en un sillón con un libro sobre las rodillas. Vestido como un colegial inglés: pantalón de franela gris, chaqueta blazer azul marino, camisa blanca, corbata a rayas verdes y azules, y zapatillas de deporte negras. Un señorito. Leía, y apenas levantó los ojos cuando entró ella.

—Junior...

—Sí, madre...

—¿Dónde está Gladys?

Gladys era la última empleada de hogar que habían contratado. Una joven procedente de la isla de Mauricio, alta y esbelta, que pasaba el trapo sobre los muebles mientras contoneaba las caderas al ritmo del CD que ponía en la cadena de alta fidelidad. Una asistenta lenta y despreocupada cuyo mérito era que le gustaban los niños. Y amaba a Dios. Había empezado a leerle la Biblia a Junior y le daba un cachetito en los dedos cuando mencionaba a Jesusito. ¡Se dice Gran Jesús! Jesús es grande, Jesús es Dios, Jesús es tu Dios y debes cantarle todos los días. ¡Aleluya! Dios es nuestro pastor, nos conduce hasta los verdes prados de la felicidad. Junior estaba subyugado por la verborrea de Gladys y Josiane aliviada de haber encontrado por fin una niñera que él parecía aceptar.

—Se ha ido...

—¿Cómo que «se ha ido»? ¿Se ha ido de compras, se ha ido a echar una carta, se ha ido a comprar un Lego...?

Al oír la palabra «Lego» Junior se encogió de hombros.

—¿Un Lego para quién? ¿Todavía juegas con el Lego a tu edad?

—¡JUNIOR! —gritó Josiane—. ¡Ya basta! Ya estoy harta de... de...

—Burlas. Sí, tienes razón, madre, he sido irrespetuoso... Te ruego que me disculpes.

—¡Y DEJA DE LLAMARME MADRE! Soy tu mamá, no tu madre...

Junior había vuelto a la lectura de su libro y Josiane se dejó caer frente a él sobre un puf de cuero negro, con las manos unidas, y moviéndolas como si fuera un incensario intentando comprender. ¡Ay, Dios! ¡Ay, Dios! ¿Pero que Te he hecho yo para que me envíes a este... este...? No encontraba palabras para calificar a Junior. Hizo un esfuerzo, se calmó y preguntó:

—¿Adónde ha ido Gladys?

—Ha presentado su dimisión. Ya no me soporta más. Se queja de que no puede limpiar la casa y leerme *Los caracteres* de La Bruyère al mismo tiempo. Se queja además de que ése es el libro de un muerto, de un cadáver, y que no hay que molestar a los muertos. Hemos tenido una fuerte discusión a ese propósito.

—Se ha ido... —repitió Josiane hundiéndose en el puf—. ¡Pero no es posible, Junior! Es la sexta en seis meses.

—Cifra redonda. Remarcable. Así que tenemos empleadas mensuales.

—Pero ¿qué le has hecho? Parecía que se había acostumbrado...

—Es ese viejo La Bruyère el que le produce dentera. Se queja de que no entiende nada, argumenta que no escribe en francés. Que los gusanos bulliciosos de su cadáver vienen a burlarse de nosotros. Me ha pedido que vuelva a poner los pies en la tierra, en mi época, y entonces, para complacerla y para mantenerla ocupada, le he sugerido que me buscara un par de mocasines de mi talla porque estas zapatillas con velcro no pegan nada con mi indumentaria. Ella ha respondido argumentando que eso no era posible y, como yo insistía, se ha dejado llevar por la rabia y ha tirado la toalla. Desde entonces estoy intentando aprender a leer solo y creo que lo voy a conseguir. Asociando sonidos y sílabas, trabajando por binomios, no es tan complicado...

—¡Ay Dios! ¡Ay Dios! —se lamentó Josiane—, ¿qué vamos a hacer contigo? Pero ¿tú te das cuenta? ¡Tienes dos años, Junior! ¡No catorce!

—No tienes más que contar los años como para los cánidos, multiplicas mi edad por siete y tengo catorce... Después de todo, valgo tanto como un perro.

Ante la expresión de perplejidad de su madre, añadió lleno de compasión:

—No te preocupes, madre querida, sabré arreglármelas en la vida, no tengo ninguna duda... ¿Qué has comprado? Me llegan aromas de verdura fresca y jugoso mango.

Josiane no le escuchaba. Rumiaba para sí misma. Durante años he querido tener un hijo, durante meses y meses he esperado, desesperado, he consultado a especialistas, y el día en que supe que por fin, por fin... estaba esperando un hijo, ese día fue el más feliz de mi vida...

Recordaba cómo había atravesado el patio de la empresa de Marcel para reunirse con Ginette, su amiga, y anunciarle el feliz acontecimiento, cómo había tenido miedo de que se rompiese el huevo en su vientre al torcerse un tobillo y caer sobre la acera, cómo Marcel y ella se habían recogido, arrodillados ante el Niño Jesús... Ella soñaba con ese bebé, soñaba con vestirle con peleles azules, con besar sus manitas regordetas, con verle dar sus primeros pasos, verle esbozar las primeras letras, descifrar sus primeras palabras, soñaba con recibir tarjetas del día de la Madre llenas de frases de caligrafía retorcida, completamente inclinada, frases cuya torpeza te llena de felicidad, frases balbuceantes con palabras salpicadas de lápices de colores: «Felicidades, mamá»...

Soñaba.

Soñaba también con llevarle al parque Monceau, con atarle una jirafa con ruedas a la muñeca y mirarle pasear su jirafa por los senderos de grava blanca, bajo el gran arce rojo. Soñaba con ver su cara cubierta del chocolate de las galletas y soñaba con limpiarle la boca gruñendo pero cómo te has puesto, angelito mío, estrechándolo contra sí, tan feliz, tan feliz de darle calor en su seno y acunarle mientras gruñía, porque no sabía acunar sin gruñir. Soñaba con llevarle a su primer colegio, dejarlo con un suspiro en manos de la maestra, mirarlo detrás del cristal y hacerle una señal con la mano, todo irá bien, todo irá bien, tan preocupada como él, que habría llorado al verla alejarse, soñaba con enseñarle a colorear, a columpiarse, a tirar pan a los patos, a cantar estúpidas canciones infantiles, la jirafa Rafaela tiene gafas de su abuela, y se habrían reído porque él no conseguiría pronunciar la palabra jirafa.

Soñaba...

Soñaba con hacer las cosas una a una, lenta, suavemente, crecer con él sosteniéndole la mano, acompañándole por el largo camino de la vida...

Soñaba con tener un niño como todos los niños del mundo.

Y resultaba que tenía un superdotado que, a los dos años, quería aprender a leer descifrando *Los caracteres* de La Bruyère. Y hablando de eso, ¿qué es un binomio?

Levantó la vista hacia su hijo y le observó. Había cerrado el libro y la contemplaba con expresión bondadosa. Suspiró, ¡ay, Junior!, acariciando las hojas de los puerros que sobresalían del carrito.

—Vamos a decir sin rodeos algo triste y doloroso para ti, querida madre, yo no soy un niño al uso y, en ese contexto, me niego a comportarme como esos cretinos con los que me obligas a relacionarme en el parque... Pobres mocosos que se caen sobre el trasero y que berrean cuando les quitan el chupete.

—Pero ¿no podrías hacer un esfuerzo e intentar comportarte como todos los niños de tu edad, al menos cuando estamos en público?

—¿Te avergüenzas de mí? —preguntó Junior enrojeciendo.

—No..., no me avergüenzo, me siento incómoda... Me gustaría ser como las demás mamás y tú no haces nada para ayudarme. Cuando salimos el otro día le gritaste ¡hola, porterita! a la conserje, que a punto estuvo de tragarse la dentadura postiza.

Junior se echó a reír y se rascó el costado.

—No me gusta esa mujer, se me queda mirando de una forma que me disgusta...

—Sí, pero yo tuve que decirle que había oído mal y que habías balbuceado mamita. Te miró extrañada y me dijo que eras muy precavido para tu edad...

—Querría decir precoz, supongo.

—Es posible, Junior... Eso no quita para que si me quisieses, ¡intentaras comportarte de forma que mi vida no fuera un continuo escalofrío de angustia al pensar en tu próxima ocurrencia!

Junior prometió hacer un esfuerzo.

Y Josiane soltó un suspiro de impotencia.

Ese día, fueron al parque Monceau. Junior había aceptado vestirse como le había propuesto su madre, una ropa perfectamente adaptada a su edad, peto y un anorak calentito, pero se había negado a ir en la sillita. Caminaba con cuidado, dando grandes zancadas para desarrollar los abductores y el plantar delgado. Así llamaba a los músculos de sus pantorrillas.

Su entrada en el parque se efectuó con normalidad. Franquearon la sólida verja negra cogidos de la mano y sonriendo tontamente. Josiane se sentó en un banco y le tendió a Junior una pelota. Él la aceptó sin protestar, dejó caer la pelota que botó hasta otro niño de su edad. Se llamaba Émile y Josiane le veía a menudo junto a su madre, una mujer encantadora que le dedicaba grandes sonrisas y con quien confiaba en entablar amistad.

Los dos niños jugaron juntos un rato, pero Junior jugaba..., ¿cómo decirlo?..., con cierta pasividad. Se veía perfectamente que estaba conteniendo su impaciencia. Enviaba la pelota a Émile que, la mitad de las veces, tropezaba al querer pararla y se levantaba con dificultad. ¡Qué torpe!, soltó Junior entre dientes. La madre de Émile no lo oyó. Miraba a los dos niños con ojos llenos de ternura.

—¡Qué ricos son!, ¿verdad? Juegan bien juntos...

Josiane asintió, feliz de convertirse al fin en una madre normal con un niño normal que juega a un juego normal con un niño de su edad. Hacía buen tiempo, las columnas del templete griego resplandecían de blanco vaporoso, piedra blanca calentada por un sol de invierno. Los abedules, los robles y los nogales agitaban las finas ramas que el frío no había desnudado aún. Un cedro del Líbano de copa ancha y plana se desplegaba, majestuoso, ignorando las borrascas, y el césped bien cuidado formaba amplias manchas verdes en las que la vista podía descansar.

Desabrochó un botón de su abrigo de lana para dejar escapar un suspiro de felicidad. Pronto llegaría la hora de la merienda, sacaría del bolso un paquete de galletas y un biberón de zumo de naranja. Como todas las madres. Como todas las madres, silabeaba empujando la arena blanca con la punta de sus zapatos.

Fue entonces cuando la madre de Émile añadió:

—¿Le parece bien que Marcel venga a jugar una tarde a casa con Émile? No vivimos muy lejos, nosotras aprovecharíamos para tomar el té y charlar...

Josiane sintió cómo volaba hasta el firmamento de felicidad. Flotaba, y se agarraba al rojo de los arces y al verde de la hierba para no volar de emoción. ¡Por fin, una amiga! Una madre con la que intercambiar recetas de cocina, remedios para cuando salen los dientes, las fiebres repentinas, las erupciones cutáneas, información sobre colegios, escuelas infantiles y guarderías. Ronroneó de satisfacción. Había encontrado una solución a su tormento como madre: le pediría a Junior que hiciese de bebé durante unas horas cada día, horas en las que le pasearía, le exhibiría, le limpiaría los mocos, le haría mimos y, el resto del tiempo, le dejaría estudiar todos los libros, manuales de historia y antologías matemáticas que quisiera. Al final no sería tan difícil, bastaba con que cada cual hiciese algunas concesiones.

Imaginaba largas tardes en las que su soledad no sería más que un lejano recuerdo, en las que los dos chiquillos balbucearían mientras ella se confiaba a su nueva amiga. Y, quién sabe, pensó entusiasmada, podríamos incluso organizar cenas de parejas. Y salidas. Ir al teatro, al cine. Quizás incluso jugar a la canasta. Ampliaríamos nuestras amistades. No tenemos muchos amigos Marcel y yo. Él se pasa el tiempo trabajando. ¡A su edad! Ya sería hora de que empezara a cuidarse... ¡Tiene casi sesenta y nueve años! No es razonable que no se relaje nunca y que siga trabajando como un condenado a trabajos forzados.

Junior había oído la propuesta de la madre de Émile y, rígido, en una postura poco elegante, con el trasero hacia atrás, los puños sobre las caderas, y el rostro congestionado ante la idea de las largas horas de suplicio que le esperaban, aguardaba la respuesta de Josiane, confiando en que fuese negativa. En ningún caso deseaba malgastar su tiempo con ese retrasado deformado por el pañal y que se caía casi todas las veces que intentaba apuntar al balón. Permaneció así, oscilando sobre los pies, rojo de ira, ignorando al enano que quería devolverle la pelota a toda costa y se inclinaba titubeante para continuar el juego. Cuando su madre respondió sí, sería formidable, se llevan muy bien, dio una patada tan fuerte a la pelota que se estampó contra la cabeza del pobre Émile, que cayó seco sobre la arena.

La madre se levantó gritando, recogió al niño en sus brazos, maldijo a Junior, lo llamó criminal, hipócrita perverso, asesino, aspirante a nazi y huyó alejando a Émile, todavía inerte, de su verdugo.

Ese día, Josiane recogió la pelota, la jirafa con ruedas, el paquete de galletas rellenas de chocolate, el biberón de zumo de naranja y abandonó el parque lanzando una última mirada al césped verde, al templete de piedra, al arce rojo, a los blancos senderos como si diese un último adiós a un paraíso perdido.

No dijo ni una palabra a su hijo y avanzó como una reina ultrajada.

Junior, furioso, la precedía murmurando que decididamente no podía confiar en nadie, que había aceptado el juego para complacer a su madre, pero que en ningún caso podría aceptar pasarse las tardes con un ignorante, con un inoportuno, con un tonto que ni siquiera se había dado cuenta de que molestaba. Un chico despierto hubiese comprendido que él sólo estaba allí para aparentar. No habría insistido. Habría abandonado incluso la pelota por propia voluntad, dejando a Junior en su deliciosa soledad. Sé que la vida está repleta de tontos, suspiró Junior, y que hay que acomodarse a esa penosa realidad, pero ese Émile me cae muy mal. Que me busque alguien bueno en matemáticas o que trastee con cohetes. Aprenderé las raíces cuadradas y la fuerza centrífuga. Ya supe todo eso antaño, sólo necesito refrescar la memoria.

Habían llegado cerca de su casa y rodeaban el quiosco de periódicos cuando Junior vio en el mostrador, bajo el envoltorio plástico de una revista, una brújula. Se detuvo y empezó a babear de placer. ¡Una brújula! No sabía decir por qué, pero ese objeto le parecía familiar. ¿Dónde había visto ya una brújula? ¿En un libro ilustrado? ¿Sobre la mesa de su padre? ¿O en otra vida...?

Señaló con el dedo la revista que guardaba, escondido en sus pliegues, el precioso objeto y ordenó:

—¡Quiero eso!

Josiane giró la cabeza y le hizo una señal para que avanzase.

—Quiero una brújula... Quiero saber cómo funciona.

—No te compraré nada. Te has portado fatal. Eres un niño egoísta y cruel.

—No soy ni egoísta ni cruel. Soy curioso, tengo ganas de aprender, me niego a jugar con los bebés y quiero saber cómo funciona una brújula...

Josiane lo agarró de la mano y lo arrastró hasta el portal de su edificio. Junior se resistió y, clavando sus zapatillas con velcro sobre la acera, intentó ralentizar a su madre que acabó cogiéndole bajo el brazo y empujándole hasta el ascensor, le dio dos guantazos y le soltó en su habitación encerrándolo con llave.

Junior rugió y golpeó con todas sus fuerzas:

—Odio a las mujeres. ¡Son unas coquetas estúpidas y vanidosas que sólo piensan en su propio placer y se sirven de los hombres! Cuando sea mayor, seré homosexual...

Josiane se tapó los oídos y se fue a llorar a la cocina.

Lloró mucho, durante mucho rato, lloró su sueño perdido de madre feliz. Se consoló diciéndose que todas las madres deseaban un niño perfecto, un niño hecho según su imagen ideal, y que el Cielo les enviaba uno con el que había que entenderse. Si tenías suerte, recibías un pequeño Émile; si no, era mejor adaptarse.

Fue a liberar a su hijo y abrió la puerta de la habitación.

Estaba tumbado sobre la moqueta con la ropa arrugada. Había gritado tanto, vociferado tanto, golpeado tanto la puerta que había acabado derrumbándose de cansancio, y dormía como duermen los valientes tras haber luchado durante tres días y tres noches, con sus rizos rojizos revueltos y el cuello, las mejillas y el pecho enrojecidos. De su boca de encías irritadas se escapaba un débil ronquido. Un Hércules derribado que yacía en el suelo, febril y rojo de cólera.

Se inclinó junto a él. Le miró dormir. Pensó que cuando dormía era un bebé, es mi bebé, me pertenece. Le contempló largo tiempo, le levantó, le colocó entre sus piernas como una mona que despioja a su cría, le acunó canturreando mamá, ¿los barquitos que van por el agua tienen piernas? Pues claro, tontorrón, si no, no podrían caminar...*

Junior abrió un ojo y manifestó que esa cancioncita era una idiotez.

—La que es tontorrona es la madre y no el niño —protestó, medio dormido—. ¡Los barcos no tienen piernas!

—Duerme, mi niño, duerme... Aquí está tu mamá que te quiere y te protege...

Él gruñó de felicidad, hundió la cabeza y los puños en el vientre de su madre que le recibió con lágrimas en los ojos, lo envolvió entre sus brazos y continuó canturreando en la oscuridad de la habitación.

—Mamá...

Josiane se estremeció ante ese dulce nombre y le abrazó más.

---

* *Maman, les p'tits bateaux qui vont sur l'eau ont-ils des jambes? / Mais oui, mon gros bêta, s'ils n'en avaient pas, ils ne marcheraient pas...* Nana popular francesa. (*N. del T.*)

—Mamá, ¿sabes por qué La Bruyère escribió *Los caracteres*?

—No, mi niño querido, pero tú me lo vas a decir...

Él permaneció sumergido en su regazo y explicó en voz baja:

—Pues bien, mira, él quería mucho a una muchachita cuyo padre era impresor y se llamaba Michallet. La quería con un amor puro. Ella llenaba su alma de belleza. Un día, se preguntó qué matrimonio darían a esa pequeña, pues no tenía dote. Entonces, fue a ver al padre, el señor Michallet, y le dio el manuscrito de *Los caracteres* en el que había trabajado varios años. Le dijo: «Tenga, buen hombre, imprima pues esto, y si obtiene de ello algún beneficio, lo invertirá en su hija y eso será su dote». Lo cual hizo Michallet y así fue como la señorita Michallet tuvo una buena boda... ¿No es admirable, mamá?

—Sí, mi niño, es admirable. Cuéntame más cosas de La Bruyère. Parece un tío majo...

—Sobre todo hay que leerlo, ¿sabes?... Cuando sepa leer correctamente, te lo leeré. No tendremos que ir al parque, nos quedaremos juntos los dos y yo te llenaré la cabeza de cosas bonitas... Porque quiero aprender griego y latín para leer los originales de Sófocles y Cicerón.

Frunció el ceño, pareció reflexionar y añadió:

—Mamá, ¿por qué esa ira hace un rato? ¿No te has dado cuenta de que ese chiquillo, Émile, era torpe y estúpido?

Josiane cogió un rizo pelirrojo entre sus dedos y lo hizo deslizar de un dedo al otro como quien maneja el hilo en un telar.

—Me gustaría tanto que fueses como los demás, como todos los niños de tu edad... No quiero un genio, quiero un bebé de dos años.

Junior permaneció silencioso un momento y después dijo:

—No lo entiendo. Te evito tantas preocupaciones educándome yo mismo... Creía que estarías orgullosa de mí. Me apenas, ¿sabes?, al no aceptarme como soy... No ves en mí más que mi diferencia, pero ¿no comprendes también hasta qué punto te quiero, y todos los esfuerzos que hago para complacerte? No por el hecho de ser diferente debes guardarme tanto rencor...

Josiane estalló en sollozos y los ahogó con besos mojados en lágrimas.

—Lo siento, mi niño, lo siento... Intentemos encontrar momentos como éste, los dos, momentos en los que damos rienda suelta al corazón, en los que tengo la impresión de que eres mío, y te prometo que dejaré de imponerte a ningún estúpido Émile.

Él le preguntó bostezando ¿me lo prometes? Ella respondió te lo prometo y él se dejó caer como un peso muerto en un sueño profundo.

Por la noche, cuando Marcel Grobz ya se colaba entre las sábanas, buscando con sus dedos regordetes cubiertos de vello pelirrojo el cuerpo suave de su mujer, Josiane le rechazó y le dijo:

—Tenemos que hablar...

—¿De qué? —preguntó con una mueca de disgusto.

Había estado esperando durante todo el día el instante mágico en el que se posaría sobre el cuerpo de Josiane y la penetraría lenta, enérgicamente, murmurándole al oído todas las palabras dulces que había acumulado entre papeles que firmar, una boca de incendios que reparar, un proveedor chino y un fabricante de muebles de cocina que se negaba a bajar el margen.

—De tu hijo. Le he sorprendido esta mañana leyendo *Los caracteres* de La Bruyère.

—¡Ése es mi niño! ¡Cómo le quiero! ¡Qué orgulloso estoy de él! ¡Mi hijo, carne de mi carne, mi soberano pontífice!

—¡Y eso no es todo! Después de haberme contado la historia de La Bruyère, sacó la conclusión de que quería aprender griego y latín para leer a los clásicos en versión original...

Marcel Grobz expresaba su entusiasmo rascándose el vientre.

—¡Normal! Es mi hijo. Si me hubiesen animado así, aunque fuese un poco, también yo habría aprendido latín, griego, letras clásicas e hipotenusas.

—¡Pamplinas! Tú eras un niño normal, yo era una niña normal ¡y hemos fabricado un monstruo!

—Que no, que no... Mira, Bomboncito, a nosotros nos educaron a guantazos, nos tomaron por un par de piltrafas y ahora nos encontramos con un pequeño genio... ¿No es maravillosa la vida?

—Excepto que Gladys, ya sabes, nuestra última asistenta...

Marcel se quedó pensando. De un tiempo a esta parte, había asistido a un desfile de asistentas. Ninguna se quedaba. Y sin embargo, la paga era generosa y las condiciones de trabajo cómodas. Josiane era una señora respetuosa a la que no se le caían los anillos por hundir los dedos en lejía, y despreciaba a todo aquel que osara hablar de su «chacha». Porque ella misma había sido una chacha durante mucho tiempo.

—¡Ha hecho las maletas! ¿Y sabes por qué?

Marcel hacía un esfuerzo por contener la risa.

—No —consiguió decir al borde de la congestión.

—Por culpa de Junior. Quería que ella le leyese ¡y ella quería ordenar la casa!

—Pues es menos cansado leer obras clásicas que dar lustre al excusado...

—¡Ahora te pones a hablar como él! Cuando te conocí decías «meadero» como todo el mundo...

—Es que... Bomboncito, leo todas las noches y, forzosamente, eso influye... Entiendo al chiquillo, es insaciable, es curioso, quiere aprender, no quiere aburrirse cuando le hablan. Hay que dedicar el tiempo a enseñarle. Además de su mamá, tienes que convertirte en Pico de la Mirandola.

—¿Y quién es ése? ¿Uno de tus amigotes?

Marcel se echó a reír y la acurrucó entre sus brazos.

—Deja de exprimirte el cerebro, gatita mía. Somos muy felices los tres y tú estás metiendo la desgracia en casa con tus preguntas...

Josiane murmuró algo incomprensible y Marcel aprovechó para deslizar la mano sobre su seno.

—¿No crees que se pone muy rojo? —prosiguió Josiane rechazándolo—. Parece eternamente enfadado... Se pone rojo de rabia. Me da miedo... Me da miedo también no poder estar a su altura, tengo miedo de que me desprecie. ¡Yo no he estudiado en la ENA!* ¡No salgo de la Escuela Nacional de Admiración!

---

* École National d'Administration. Escuela Nacional de Administración, establecimiento universitario donde el Estado francés forma a sus élites. (*N. del T.*)

—¡Pero si a Junior le da igual, está por encima de todo eso! ¿Sabes qué vamos a hacer, Bomboncito! Vamos a contratar a un preceptor sólo para él. Este niño no necesita una niñera, este niño necesita que le alimenten a cucharaditas de saber fresco, que le enseñen la superficie de la Tierra, griego y latín, por qué gira el planeta y por qué es redondo y por qué no acaba enloquecido en la infinidad del espacio. Él exige que le enseñen cómo se utiliza una regla, un compás, la regla de tres y las raíces cuadradas...

—Y además, ¿por qué se llaman raíces cuadradas? No son raíces ni cuadradas. No, gordito, con un preceptor me sentiré aún más abandonada. Aún más lerda...

—¡Claro que no! Y además tú también aprenderás cosas maravillosas... Asistirás a las clases y exclamarás oh y ah de sorpresa, abriendo mucho la boca por lo hermoso que será y por los muchos firmamentos que se abrirán en tu cabeza...

—¡Mi pobre cabeza! —suspiró Josiane—, está tan vacía... A mí no me enseñaron nada. Qué quieres que te diga, gordito, la mayor injusticia del mundo es no haberme tragado todo ese saber cuando era pequeña.

—¡Pues recuperarás el tiempo perdido! Y después serás tú la que me hable con desdén, la que me dirá «¡Menudo tocho! ¡Menudo percebe!» y entonces yo tendré que ponerme a hacer los deberes humildemente todas las noches. Créeme, preciosidad, no eres más tonta que tu hijo y el Cielo nos ha enviado este niño para educarnos... Es un niño diferente. ¡Pues bien! ¡Que sea diferente! Me da igual. ¡Lo defiendo! Si tuviese tres piernas y un solo ojo lo defendería igual. ¿Qué es lo que querías? ¿Un niño con un sello de conforme a las normas? ¡Estoy harto de las normas! Las normas no fabrican más que zoquetes babosos que no saben pensar. ¡Hay que patearle el culo a las normas, hacerlas estallar, derribarlas! ¡Al infierno todas las madres que cargan con retoños normales! No saben el tesoro que guardamos nosotros, no pueden saberlo. Llevan las orejeras puestas. En cambio, nosotros... ¡Qué céfiro! ¡Qué satisfacción! ¡Qué divina sorpresa a todas horas del día! Venga, ven conmigo, mi rellenita, deja de envenenarte la sangre, acabarás enferma, voy a hacer que roces el Cielo, muñequita, cariño mío, mi magnífica belleza, mi mujer, mi techo, mi raíz cuadrada, mi Pompadour lasciva...

Y, palabra a palabra, Bomboncito languideció, se relajó, acabó ahogando una risita, se dejó montar por su gigante pelirrojo y ambos ascendieron a través de voluptuosas etapas por la gran escala del placer.

Al día siguiente, durante el desayuno, recibieron una llamada del abogado de Henriette. Henriette Grobz, viuda de Plissonnier, madre de Iris y de Joséphine Plissonnier, casada en segundas nupcias con Marcel Grobz, estaba dispuesta a firmar los papeles del divorcio. Se rendía a los argumentos de Marcel y sólo pedía una cosa, conservar su apellido.

—¿Y por qué quiere guardar la Escoba tu apellido? —preguntó Josiane, desconfiada, todavía completamente arrugada por la noche de amor—. Ella odiaba ese apellido, le daba arcadas. Esto me huele a embrollo, ésa nos la va a volver a meter doblada, ya verás...

—¡Que no, niña preciosa! Se rinde, eso es lo principal. ¡No le busques tres pies al gato! Siempre estás igual; en cuanto llega la felicidad, ves detrás al diablo y sus cuernos.

—¡Como si ésa fuese a transformarse en corderito! No me lo creo ni por un segundo. El lobo puede perder la piel, pero no pierde la maldad. Y ésa tiene maldad para dar y tomar...

—Te digo que se ha rendido. He conseguido que muerda el polvo y se trague todo su veneno, hasta la última gota, se está ahogando, pide clemencia...

Marcel Grobz estornudó, sacó del bolsillo un pañuelo de cuadros y se sonó vigorosamente. Josiane frunció el ceño.

—¿Y los pañuelos de papel que te había dado? ¿Los dejas para las moscas?

—Pero Bomboncito, a mí me gusta mi viejo pañuelo de cuadros...

—¡Es un nido de microbios, un criadero de virus! ¡Y la pinta que te da! Pareces un campesino con zuecos.

—No me avergonzaría ser un campesino... —replicó él guardándose el pañuelo en el bolsillo antes de que Josiane se lo quitase.

Había tirado una docena a la basura la semana anterior.

—¡Y éste es el que quiere contratar un preceptor para su hijo! ¡Y éste es el que quiere ascender el Pico de la Mirandola! ¡Vaya papelito que vas a hacer ante el pozo de cultura, con tu pañuelo y tus tirantes!

—Me voy a informar desde hoy mismo sobre dónde puedo encontrar a ese hombre —enlazó Marcel, feliz de cambiar de tema.

—¡Y pide referencias! No quiero ni un marquesito ni un marxista barbudo. Encuéntrame un viejecito enciclopédico al que pueda controlar cuando se ponga a darle al pico...

—Entonces, ¿estás de acuerdo?

—Podemos decirlo así... Pero quiero verle antes de decidirme. No vaya a ser un espía de la Escoba...

* * *

¿Es realmente necesario decir la verdad y toda la verdad?, se preguntaba Shirley mirando cómo Gary quitaba la mesa, rascaba la bandeja de lasaña, la llenaba de agua caliente y añadía un chorrito de lavavajillas. ¿Acaso se alcanza la felicidad diciendo la verdad? No estoy tan segura... Voy a hablar, y ya nada será como antes.

Aquí estamos, los dos, en esta tranquila rutina que es la nuestra, sé de qué forma él se dará la vuelta, sobre qué pie va a apoyarse, qué mano extenderá en primer lugar, cómo girará la cabeza hacia mí, alzará una ceja, se colocará un mechón de pelo, me conozco todo eso, es mi paisaje.

La cena ha terminado, la lasaña estaba deliciosa, nos acompaña Glenn Gould. Surge un hmm-hmm del fondo de nuestras gargantas y conectamos.

Y dentro de dos minutos y medio...

Voy a hablar, a colocar un montón de palabras entre nosotros, a introducir a un extraño, y todo dejará de ser límpido. La verdad es útil, quizás, para el que la recibe, pero supone sufrimiento para el que la anuncia. Cuando dije «la verdad» respecto a mi nacimiento al hombre de negro, me chantajeó. Y consiguió una renta mensual a cambio de su silencio.*

Esa misma mañana, yendo hacia Hampstead Pond, había pasado delante de un gran cartel publicitario que alardeaba de los méritos de unos pantalones vaqueros con el

---

* Cf. *Los ojos amarillos de los cocodrilos, op. cit.*

lema: «La verdad de un hombre está en lo que esconde». Y justo debajo: «Deje de esconder sus formas, muéstrelas con los pantalones...». Había olvidado el nombre de la marca, pero las palabras la habían acompañado durante todo el camino y, cuando había atado su bici a la barrera que rodeaba el estanque, había estado a punto de no ver al hombre del gorro y el pantalón de pana, que se marchaba.

Damned!

Se habían sonreído. Él se había frotado la nariz con el grueso guante de piel forrada y había inclinado la cabeza con un gesto cómplice que decía, ya verá, está estupenda. Ella se había quedado con la boca abierta y la frase de los vaqueros surgía de nuevo: «La verdad de un hombre está en lo que esconde». ¿Qué escondía aquel hombre de sonrisa bonachona y hombros anchos? Ese hombre ante el que experimentaba unas ganas furiosas de sumergirse entre sus brazos. Quizás no escondía nada, y ésa era la razón por la que deseaba abrazarle...

En ese momento preciso, si hubiese extendido la mano hacia ella, le hubiese seguido.

Suspiró y borró con el índice un resto de salsa de tomate del mantel plastificado que Gary se había traído de París.

Pensó en el informe que había entregado el día anterior: *Cómo evitar los pesticidas en nuestra alimentación.* ¿De qué servía comer frutas y verduras si se convertían en peligros para la salud? Se habían descubierto dieciséis productos tóxicos en racimos de uva cultivados en la Comunidad Europea. Estoy luchando contra molinos de viento.

Levantó la cabeza hacia Gary. Él había amontonado los platos en la pila. Eso significa que no va a lavar la vajilla inmediatamente, eso significa que vamos a hablar ahora.

Sintió una bola de algodón en la garganta que le secaba la lengua, los pulmones, el vientre. Tragó.

—¿Me haces una infusión?

—¿De tomillo, de romero o de menta?

—¿No tienes verbena?

La miró, desalentado:

—Te digo las tres que tengo y me pides una cuarta que no tengo...

Parecía ligeramente exasperado. Tenso, incluso.

—Vale, vale. Tomaré tomillo...

Él puso agua en el hervidor, sacó una tetera, una bolsita de tomillo y una taza. Podía adivinar por la brusquedad de sus gestos que estaba deseando sentarse frente a ella y hacerle preguntas. Ya había sido bastante educado dejándola cenar en paz.

Desde los pósteres colgados en la pared, la miraban Bob Dylan y Oscar Wilde. Bob parecía serio y cansado, Oscar esbozaba una sonrisita ambigua que daba ganas de soltarle un par de guantazos. Preguntó:

—¿Ya has conocido a tu profe de piano?

—Sí, esta tarde... Es muy majo. Me había citado en su casa, en Hampstead, no muy lejos de donde vas a bañarte. Vive en uno de esos talleres de artistas que dan al estanque... ¡Pero creo que él no se mete en el agua helada por las mañanas! No sería muy recomendable para sus articulaciones.

—Mientras que, en mi caso, no hay problema si me destrozo las manos...

—¡Yo no he dicho eso! ¡Ay, ay, ay! Te lo tomas todo a la tremenda... *Relax, mummy, relax*... ¡Te estás volviendo una tocapelotas!

Shirley decidió ignorar la palabra «tocapelotas». Si empezaban a pelearse por una cuestión de vocabulario, llegaría un momento en que no podrían hablar. Pero tomó nota mentalmente para recordarle que no debía utilizar esa palabra.

—¿Y cuándo empiezas?

—El lunes por la mañana.

—Qué pronto...

—Las clases empezaron hace tiempo y si quiero recuperar el retraso... Una lección en su casa cada dos días y trabajar en la mía un mínimo de cinco horas diarias... Ya ves, me tomo en serio lo del piano.

—¿Cuánto cobra por lección?

—Paga Superabuela.

—No me gusta eso, Gary.

—Pero bueno, ¡si es mi abuela!

—Tengo la impresión de que me estás apartando de tu vida...

—¡Deja de tomártelo todo a mal! Estás nerviosa por lo que tienes que contarme y cualquier cosa te molesta... *Relax*...

Apoyó su mano en la de Shirley.

—Venga, vamos... Cuanto antes me lo cuentes, antes desaparecerá la tensión.

—Vale, de acuerdo... ¡Ah! Va a ser muy corto. Lo siento, no es muy romántico, ni tampoco muy novelesco.

—No espero una novela, espero hechos.

—Bueno pues... Creo que al final me tomaré un vasito de vino. ¿Todavía queda?

Tendió el vaso y Gary vació la botella hasta la última gota.

—¡Este año, un bebé o un marido! —dijo riéndose.

—Ni lo uno ni lo otro —respondió ella refunfuñando.

Bebió un trago de vino, lo retuvo un momento en la garganta y comenzó:

—Debía de tener dieciséis años cuando tu abuelo me envió a Escocia. Primero a un internado muy estricto, y después a la Universidad de Edimburgo. Yo le estaba haciendo la vida imposible en Londres. Me escapaba por las noches, solía volver un poco, digamos, achispada, me clavaba imperdibles en la nariz, llevaba faldas del tamaño de un mantelito para el té y fumaba unos porros enormes que atufaban los honorables pasillos de palacio. A él le costaba compaginar su trabajo de gran chambelán con el de padre. El asunto era especialmente embarazoso porque vivíamos en Buckingham y había peligro de que estallara un escándalo que salpicase a la reina. Así que me enviaron a Escocia. Yo seguí con mis juergas mientras pasaba los exámenes sin suspender. Y por encima de todo, por encima de todo, al cabo de un año aproximadamente, conocí a un chico, un atractivo escocés, Duncan McCallum, hijo de una familia importante, con castillo, granjas, bosques y prados...

—¿Una familia escocesa ilustre?

—No le pedí el árbol genealógico. Nosotros no prestábamos mucha atención al pedigrí, las tarjetas de visita y todo eso. Nos echábamos un vistazo, nos gustábamos, pasábamos la noche juntos, nos separábamos y si, por ventura, nos volvíamos a encontrar frente a frente, volvíamos a empezar, o no. Con tu padre, volví a empezar varias veces.

—¿Cómo era?

—Pues... digamos que te pareces mucho a él. No te hubiese costado nada reconocerle si lo tuvieras enfrente... Alto, moreno, nariz larga, ojos verdes o castaños, dependiendo del humor, hombros de jugador de rugby, una sonrisa de las que eclipsan la luna, en fin, un chico guapo... Tenía algo irresistible. No te preguntabas si era inteligente, bueno, valiente, sólo te entraban ganas de hundirte en sus brazos. Yo no era la única... Todas las chicas iban detrás de él. ¡Ah! Sí... Tenía una cicatriz larga y fina en la mejilla, contaba que había recibido un sablazo batiéndose en duelo con un ruso borracho, en Moscú... No estoy segura de que hubiese estado nunca en Moscú, pero aquello tenía mucho éxito, las chicas se quedaban pasmadas y querían tocar la cicatriz...

—¿Y estás segura de que soy de Duncan McCallum y no de otro?

—Yo me había enamorado, bueno, ¡me había prohibido llamarlo así! Me hubiera dejado degollar antes que confesar ese sentimiento burgués, pero de lo que estoy segura es de que, mientras estuve con él, no me acosté con nadie más...

—¡Menuda suerte!

—Se puede decir incluso que eres obra del amor... Bueno, al menos por mi parte.

—Menudo amor —suspiró Gary—, huele un poco a desastre...

—Era una época algo dura..., el mundo abandonaba los años setenta, «flores en el pelo y amémonos los unos a los otros» para volver a la cruda realidad. Y la realidad no era una maravilla. Era la época de Margaret Thatcher, de los punks, los Clash, las grandes huelgas, la desesperanza crecía por todas partes. Pensábamos y cantábamos que el mundo era una mierda. Y el amor también.

—¿Y él? ¿Qué dijo cuando lo supo?

—... Estábamos en un pub, era un sábado por la noche, yo había estado buscándole todo el día para contárselo... Estaba con unos amigos, con una pinta de cerveza en la mano, me acerqué..., temblaba un poco... Se inclinó hacia mí, me pasó el brazo alrededor de los hombros y me dije ¡uf! No voy a estar sola. Me ayudará a decidir. Se lo conté y con su hermosa sonrisa para eclipsar lunas, me respondió francamente, querida, es tu problema, volvió con sus amigos y me dejó plantada allí. Fue como si me hubiesen dado el mayor guantazo de mi vida.

—¿Ni siquiera tuvo ganas de conocerme?

—¡Me dejó antes de que llegaras! Cuando me lo cruzaba, no me dirigía la palabra. ¡Ni siquiera cuando se me puso la tripa como un bombo!

—Pero ¿por qué?

—Por una única razón: una cosa que se llama responsabilidad y de la que él carecía por completo...

—¿Quieres decir que no era un buen tío?

—No digo nada de nada, constato...

—Y seguiste adelante conmigo...

—Sabía que te iba a querer con locura y no me equivoqué...

—¿Y después?

—Di a luz completamente sola. En el hospital. Fui allí andando y volví andando. Te inscribí con mi apellido. Volví a clase casi enseguida. Te dejaba solo en mi cuartito. Vivía en casa de una señora muy amable. Me ayudó mucho, te cuidaba, te cambiaba, te daba el biberón, te cantaba canciones cuando yo me iba a la universidad...

—¿Y cómo se llamaba?

—Mrs. Howell...

—¿Mrs. Howell?

—Sí. Te quería mucho, mucho. Lloró cuando nos fuimos... Debía de tener unos cuarenta años, ni marido, ni hijos, conocía a tu padre, era de la misma zona que él, en la campiña escocesa. Su madre había trabajado en el castillo, y también su abuela. Decía que era un tunante, que no me merecía. Era un poco alcohólica, pero buena... Eras un bebé perfecto. No llorabas nunca, te pasabas el tiempo durmiendo... Cuando tu abuelo vino a verme a Escocia le dio un ataque. No le había dicho nada. Nos llevó a los dos a Londres... Tú tenías tres meses.

—¿Y nunca volviste a saber nada de...?

—Nunca.

—¿Ni siquiera a través de esa mujer, Mrs. Howell?

—Él no vino a verte ni una vez, no me pidió mi dirección cuando me fui. Eso es todo. No es glorioso, pero así son las cosas...

—Yo había imaginado un origen más brillante... —murmuró Gary.

—Lo siento... Ahora tú eres quien debe hacer que tu vida sea brillante...

Y, veinte años después, voy a ofrecerle un hijo a ese hombre indigno. Un hijo por el que no habrá sudado ni una gota. Por el que no habrá perdido ni una hora de sueño. Por el que no habrá temblado un solo instante poniéndole el termómetro. Por el que no habrá ahorrado ni un céntimo. Ni revisado un boletín de notas. Ni apretado su mano en el dentista.

Un hijo dispuesto a amar. Y dirá «¡Mi hijo!» presentándole a sus allegados.

Yo soy el padre. Yo soy la madre. Yo soy el padre y la madre.

Él no fue más que un emisor de espermatozoides. Con prisas por correrse y largarse.

* * *

Hortense Cortès desconocía el miedo.

Hortense Cortès despreciaba el miedo.

Hortense Cortès sentía asco por ese sentimiento. El miedo, declaraba, es una hiedra en la cabeza. Planta sus nervudas raíces, despliega sus hojas, crece, nos estrangula, nos ahoga, lentamente, lentamente. El miedo es una mala hierba, y las malas hierbas hay que arrancarlas, hay que echarles pesticida.

Y el pesticida de Hortense Cortès se llamaba distanciamiento. Cuando sentía el miedo crecer como una marejada amenazante, rechazaba el peligro, lo alejaba, lo aislaba y... lo miraba de frente diciendo no me das miedo. No me das miedo, hierbajo asqueroso que voy a arrancar de raíz.

Y funcionaba.

Funcionaba para Hortense Cortès.

Había empezado de niña, obligándose a volver sola del colegio cuando ya había caído la noche. Se negaba a que su madre fuese a buscarla. Llevaba un tenedor en el bolsillo del abrigo. Con el tenedor a mano y el mentón erguido, avanzaba con la mochila a la espalda. Dispuesta a defenderse. No me das miedo, repetía cuando caía la noche y aparecían siluetas de las fauces de un lobo.

Después había subido el listón.

Había sacado el tenedor cuando un primer chico quiso besarla contra su voluntad. Se lo había clavado en el muslo a un musculitos que le cerraba el paso en la escalera y exigía un peaje de dos euros. Se lo había plantado en el ojo al que había querido llevársela al sótano.

Pronto dejó de necesitar el tenedor.

Se había forjado una reputación.

La única pregunta que se planteaba Hortense en esa sabia doma del miedo era la de por qué sólo ella se comportaba así.

Parecía tan simple... Tan simple...

Y sin embargo...

Por todas partes oía el eco de las palabras tengo miedo, tengo miedo. Miedo de no conseguirlo, miedo de no tener suficiente dinero, miedo de no gustar, miedo de decir «sí», miedo de decir «no», miedo de sentir dolor. A fuerza de decir tengo miedo, sucedía lo peor. ¿Por qué su madre, una adulta que se suponía que debía protegerla, temblaba ante una deuda económica, un hombre amenazador o una hoja que revolotea con el viento? No lo entendía. Había decidido dejar de hacerse preguntas y avanzar.

Avanzar. Aprender. Tener éxito. No dejarse llevar, lastrar por las emociones, los miedos y los deseos que son parásitos. Como si tuviese las horas contadas. Como si no tuviese derecho a equivocarse.

Una sola cosa había escapado al tenedor de Hortense: la muerte de su padre, devorado por un cocodrilo en un pantano de Kenya. Ya podía repetirse Antoine, cocodrilo, no te tengo miedo, que seguía teniendo pesadillas en las que perecía destrozada por un millar de dientes. ¡Nunca!, se decía despertando cubierta de sudor, ¡nunca! Y prometía reforzar su caparazón de acero para resistir. Resistir. Le costaba volver a dormirse, le parecía percibir en la oscuridad de su habitación el ojo amarillo de un cocodrilo acechándola...

Tras haber sido abandonada por Gary Ward en plena calle, después de que él hubiese hecho que su corazón y su cuerpo latieran al ritmo de un deseo oscuro como la antracita, después de haberla besado hasta el punto de hacerle perder el norte, Hortense había aislado la imagen de Gary, la había alejado, la había examinado con mente fría y dura y había decidido que lo más inteligente era esperar. Él la telefonearía por la mañana.

No la llamó por la mañana, ni al otro día, ni los siguientes.

Así que le borró de su lista.

Su vida no dependía de Gary Ward. Su vida no dependía de un beso de Gary Ward, del placer que sintió esa noche entre los labios de Gary Ward. Su vida dependía de su propia voluntad, de la de Hortense Cortès.

No tenía más que formular claramente sus anhelos, sus deseos, para que se vieran satisfechos por el simple triunfo de la voluntad.

Gary Ward era imposible, imprevisible, odioso e irritante.

Gary Ward era perfecto.

Era a él a quien quería. Lo tendría.

Más adelante.

Ese día, en la línea Northern del metro, la negra, la que la trasladaba desde su escuela a la gran casa que compartía con cuatro inquilinos —todos chicos—, Hortense leyó su horóscopo en el *London Paper* abandonado en un asiento. En el apartado «amor» leyó: «Puesto que esa relación te pesa, mándala a paseo. Ya la retomarás más tarde».

Cataplum, murmuró doblando el periódico, estaba decidido: lo olvidaría.

Lo que poseía Hortense Cortès, además de su determinación y su tenedor guardado en el bolsillo, era la alta opinión que tenía de sí misma. Opinión que creía justificada en vista del trabajo y de los esfuerzos que realizaba. No soy una holgazana, no me tumbo a la bartola, lucho por conseguir lo que quiero y es justo que obtenga recompensa.

A veces se preguntaba si habría perseverado ante la adversidad.

No estaba tan segura.

Necesitaba lograr resultados para continuar avanzando. Y cuanto más le sonreía la suerte, más redoblaba sus esfuerzos. Una relación con Gary me hubiese distraído de mis objetivos, pensaba esa noche mirando a la gente de alrededor en el metro. Quizás me habría vuelto como esa chica que enseña esos muslos rojos bajo la minifalda o esa otra que masca chicle hablando de su velada con Andy. Así que él me dijo..., entonces yo le dije..., entonces me besó..., entonces lo hicimos..., entonces no me volvió a llamar..., entonces ¿qué hago? Dos pobres víctimas que balbucean las tonterías propias de un discurso romántico. Amando poco no corro riesgos y en cambio soy amada. Así son los hombres: cuanto más les amas tú, menos se consumen ellos. Es una antigua ley de la naturaleza. Como yo no quiero a nadie, tengo un montón de pretendientes y elijo al que me conviene según la ocasión.

El beso de Gary en la negra noche de Londres mientras veían estremecerse la frondosidad del parque la había turbado. Había perdido pie. Había estado a punto de convertirse en una larva enamorada. No soy una larva. Yo no fumo, no bebo, no me drogo, no ligo. Al principio era una pose, no quería ser como los demás, ahora es una opción que me hace ganar tiempo. Cuando haya conseguido mi objetivo —tener mi propia casa de modas, mi propia marca de costura—, entonces me acercaré a los demás. De momento, toda mi energía debe concentrarse en mis ganas de triunfar. Montar mi propio negocio, tener mucha mala uva, convertirme en Coco Chanel, imponer mi visión de la moda, aunque sí, reconoció iluminada repentinamente por un rayo de lucidez, me queda todavía mucho que aprender. Pero sé lo que quiero: elegancia extrema, clasicismo supremo, descompensado por un par de detalles desenfadados. Darle la vuelta a la pureza. Ensuciarla. Y sacralizarla firmándola con mi nombre. Aprender el trazo, el dibujo, el detalle, para después revolucionarlo todo lacerando el tejido. Una puñalada en lo inmaculado.

Se estremeció y dejó escapar un suspiro. Estaba deseando ponerse manos a la obra. De todas formas, pensó, no hay nada más que me entusiasme... La carne humana me parece bastante sosa al lado de mis proyectos.

Se bajó en Angel, estuvo a punto de resbalar con un envoltorio de McDonald's y soltó un taco. Pasó delante de la cadena de restaurantes Prêt-à-manger y se encogió de hombros. ¡Vaya nombre más paleto! Recorrió los últimos metros que la separaban de su casa siguiendo con el relato de su ascensión social. Estaba en el momento delicioso en el que recibiría a los periodistas del mundo entero para hablar de su colección, vestida con chaqueta y bombachos en crespón de lana azul ahumado, sandalias Givenchy en los pies, cuando metió la llave en la puerta, entró y recibió un áspero comentario de Tom, un joven empleado de banca inglés:

—¡Hortense! ¡Eres asquerosa!

Hortense alzó una mirada fría hacia Tom. Era un inglés rubio de barba escasa, alto y sudoroso, que normalmente la observaba con ojos de basset normando ante una escudilla que estaba fuera de su alcance.

—¿Qué pasa, Tommy? Llego a casa después de diez horas de clases y no tengo ganas de escuchar tus lloriqueos...

Colgó el abrigo en la entrada, deshizo las vueltas de la gruesa bufanda blanca que llevaba enrollada al cuello, dejó el bolso lleno de cuadernos y libros y sacudió su densa cabellera caoba ante los ojos de quien consideraba un memo inofensivo.

—¡Te has dejado tirado un Tampax en el cuarto de baño!

—¡Ah! Lo siento. Debía de estar pensando en otra cosa y...

—¿Eso es todo lo que tienes que decir?

—¿Así que no sabías, mi querido Tommy, que cada mes las mujeres experimentan un flujo de sangre llamado regla?

—¡No tienes ningún derecho a dejar tus tampones tirados en el cuarto de baño!

—Lo siento, no lo volveré a hacer... ¿Cuántas veces quieres que te lo repita?

Le obsequió con la más simpática de sus falsas sonrisas.

—Eres una asquerosa egoísta, ¡ni siquiera has pensado en nosotros, los chicos de esta casa!

—Me he disculpado dos veces, eso basta, ¿no? ¡No me voy a poner a hacer penitencia y a embadurnarme de ceniza! No debería haberlo hecho, es verdad, y ahora ¿qué quieres? ¿Que te dé un morreo a cambio? Ni hablar. Pensaba que había dejado claro ese tema: me niego a todo tipo de acercamiento carnal contigo. ¿Qué tal te ha ido el día? Ahora debe de ser duro en la oficina, con esos vaivenes de la Bolsa. ¿No te han echado? O sí... Déjame adivinar: te han echado y descargas tu rabia conmigo...

El pobre chico parecía abrumado por la desfachatez de Hortense e insistió en sus recriminaciones, repitiendo la palabra Tampax en cada frase.

—Pero bueno, Tommy, ¡déjalo ya! Al final pensaré que no sabías lo que era un tampón antes de ver el mío... Vas a tener que acostumbrarte si un día de éstos quieres tener una relación con una chica... Una de verdad. No una de esas guarras borrachas perdidas que te tiras los sábados por la noche...

Él se calló y le dio la espalda murmurando ¡qué chica más horrible! ¡Es Narciso con faldas! ¡Yo había dicho que nada de chicas en casa! ¡Y tenía razón!

Hortense gritó al ver que se alejaba:

—Que sepas que quien no está concentrado en sí mismo no consigue nada en la vida. Si no soy Narciso a los veinte años, a los cuarenta acabaré enclaustrada, ¡y eso ni hablar! ¡Deberías tomarme como modelo en vez de criticarme! ¡Son cincuenta libras por clase, y te hago descuento si compras un bono!

Y se fue a la cocina para prepararse un café.

Tenía una larga noche de trabajo por delante. Tema del proyecto que tenía que entregar: diseño de un guardarropa basándose en tres colores esenciales, negro, gris y azul marino, partiendo de zapatos e incluyendo pañuelo, bolso, gafas, fular y accesorios.

Sus otros tres compañeros de piso la esperaban junto a la cafetera.

Peter, Sam y Rupert.

Sam y Rupert trabajaban en la City y la cosa estaba revuelta. Volvían cada vez más tarde del trabajo, con la mente llena de preocupaciones, cada noche desgranaban los nombres de los despedidos mientras bebían café solo. Cada día se levantaban más temprano. Leían los anuncios por palabras, apretaban los dientes.

En la cocina reinaba un silencio sepulcral. Casi se podía oír el sonido de las cuentas de un rosario. Todo eran caras largas con gesto de dolor.

Hortense cogió una cápsula negra de café fuerte y puso la cafetera en marcha sin que saliese una sola palabra de los tres canónigos. Después abrió la nevera, sacó su queso blanco 20% y una loncha de jamón. Necesitaba proteínas. Cogió un plato, puso el queso blanco y cortó el jamón en láminas finas. Los otros la miraban sin abandonar su aspecto de religiosos tristes.

—¿Qué pasa? —terminó preguntando—. ¿Todavía estáis pensando en el Tampax y eso os quita el hambre? Hacéis mal. Que sepáis que los Tampax son biodegradables y no contaminan...

Creía que era un comentario gracioso. Que había dicho una frivolidad que relajaría el ambiente.

Se encogieron de hombros y continuaron con su mueca de reproche.

—No pensaba que los chicos fueran tan frágiles... Yo me trago vuestros calzoncillos sucios en el pasillo, vuestros calcetines apestosos, los condones colgados del borde del cubo de basura, los platos amontonados en la pila, los vasos de cerveza dejando cercos por todas partes ¡y no digo nada! O más bien sí..., me digo que forma parte de la naturaleza de los chicos ir dejando desorden allá por donde pasan. No tengo hermanos, pero desde que vivo con vosotros, me he hecho una vaga idea y me imagino que...

—La hermana de Tom ha muerto. Se ha suicidado, esta mañana... —la interrumpió Rupert asesinándola con la mirada.

—¡Ah! —exclamó Hortense con la boca llena—. Así que por eso me ha atacado... Pensaba que le habían echado del banco... ¿Y por qué se ha matado? ¿Mal de amores o miedo a no tener éxito?

Se quedaron mirándola fijamente, atónitos. Sam y Rupert se levantaron al unísono y abandonaron la cocina para mostrar su desaprobación.

—¡Hortense! ¡Eres un monstruo! —exclamó Peter.

—¡Oh! Mira, yo, a la hermana de Tom, no la conocía. ¿Quieres que me arranque la piel de las mejillas y me eche a llorar?

—Me hubiera gustado que mostraras un poco de compasión...

—¡Odio esa palabra! ¡Es asquerosa! ¿No hay más azúcar? Si en esta casa yo tengo que pensar en todo, pues...

—¡Hortense! —gruñó Peter dando un manotazo sobre la mesa de la cocina.

Peter era moreno, seco y nervioso. Tenía veinticinco años, la piel picada por un antiguo acné, las mejillas hundidas. Llevaba unas gafitas redondas y estudiaba ingeniería mecánica. Hortense nunca había sabido muy bien en qué consistía eso. Asentía con la cabeza cuando él se ponía a hablar de sus croquis, sus proyectos, sus experiencias, los motores en pruebas... Había decidido que no valía la pena profundizar en el tema. Le había conocido en el Eurostar, un día que iba cargada con tres bolsas enormes. Él se había ofrecido a ayudarla. Ella le había entregado las dos bolsas más pesadas.

Fue gracias a Peter como Hortense había podido alojarse en la casa. Había peleado para que sus compañeros aceptaran la presencia de una chica. A Hortense le había gustado la idea de vivir con chicos. Sus experiencias precedentes con chicas no habían sido precisamente enriquecedoras. Era más fácil convivir con chicos, si dejabas aparte su negligencia y su desidia. La llamaban Princesa y se ocupaban de los radiadores estropeados y los lavabos atascados. Y además, todos estaban algo enamorados de ella... Bueno, hasta esa noche... Porque ahora, se dijo, tendré que trabajármelos para recuperar su favor. Y lo necesito. Necesito quedarme en esta casa, necesito el apoyo de Peter cuando tengo problemas. Además, su hermana es encargada de vestuario en un teatro y podría necesitarla algún día. Cálmate, chica, cálmate, e inclínate ante la infelicidad de esa pobre chica.

—Vale, de acuerdo. Es triste. ¿Qué edad tenía?

—No finjas que te interesa, ¡suena tan falso que te hace aún más monstruosa!

—Entonces ¿qué quieres que te diga? —preguntó Hortense abriendo los brazos para expresar su confusión—. Ya te he dicho que no la conocía, no la he visto nunca... ¡Ni siquiera en foto! ¡Quieres que disimule y cuando lo hago me lo reprochas!

—Me hubiese gustado que tuvieses un segundo de humanidad, pero sin duda es pedirte demasiado...

—Quizás. Hace mucho tiempo que renuncié a preocuparme de las miserias del mundo. Hay demasiadas y me siento desbordada. No, en serio, Peter, cuéntame por qué se ha matado...

—Perdió en la Bolsa toda su fortuna... y la de un montón de gente para la que trabajaba...

—Ah...

—Saltó del tejado del edificio...

—¿Era muy alto?

Y como Peter volvía a fulminarla con la mirada:

—Bueno, quiero decir..., ¿murió en el acto?

Comprendió que se estaba haciendo un lío y decidió callar.

Es lo que pasa siempre cuando se disimula: no pareces convincente y se nota.

—Sí. Casi. Después de unas convulsiones. Gracias por preguntar.

Al menos no sufrió, se dijo Hortense. Quizás, en los últimos metros, se arrepintió... Sintió ganas de volver a subir, de frenar... Debe de ser horrible morir aplastada. Una deja de estar presentable. El enterrador sella la tapa del ataúd para que nadie pueda verte. Volvió a pensar en su padre y se le contrajo el rostro.

—Hortense, vas a tener que cambiar...

Dejó pasar un minuto y añadió:

—Yo peleé para que pudieses venir a vivir aquí...

—Lo sé, lo sé..., pero soy así. Me cuesta disimular.

—¿No puedes ser un poco más buena? ¿Aunque sea un poquito?

Hortense hizo una mueca de disgusto al oír la palabra «buena». Odiaba esa palabra. También era asquerosa. Al ver la mirada insistente y severa de Peter reflexionó durante un momento.

¿Cómo se hace para ser «buena»? Yo nunca lo he intentado. Me huele a estafa, a traición del alma, a pérdida de energía y todas esas cosas.

Se terminó el queso blanco, el jamón, apuró el café. Levantó la cabeza. Miró fijamente a Peter, que esperaba una respuesta, y soltó de un tirón:

—Puedo ser buena, pero no quiero que se note... ¿De acuerdo?

* * *

Y entonces llegó el día en el que Joséphine se examinó de su HDI.

El día en el que, tras años de estudios, de conferencias, de seminarios, de largas estancias en la biblioteca, de redactar tesis, artículos, libros, iba a presentarse ante un jurado y defender su trabajo.

Su director de investigación había decidido que ya estaba lista. Se había fijado la fecha. Sería el 7 de diciembre. Quedaba claro que los miembros del jurado recibirían personalmente, en septiembre, un ejemplar del texto de Joséphine para que tuviesen tiempo de leerlo, estudiarlo e incluir notas.

Se acordó que dispondría de treinta minutos para presentarse, exponer su historial, sus investigaciones, todas las fases, todos los autores estudiados, y otros treinta minutos para responder a todas las preguntas del jurado.

Se acordó que la prueba empezaría a las catorce horas y concluiría a las dieciocho horas, y a continuación el veredicto y una copa que la candidata ofrecía a los presentes.

Ése era el protocolo.

Joséphine se había entrenado como para una competición deportiva. Había escrito una introducción de trescientas páginas. Había enviado un ejemplar del texto a cada miembro del jurado. Y había entregado uno a la facultad.

Era una exposición pública. Habría unos sesenta asistentes en la sala. En su mayoría compañeros. Ella no había invitado a nadie. Quería estar sola. Sola frente al jurado.

Se había pasado la noche dando vueltas en la cama, buscando el sueño. Se había levantado tres veces para comprobar que el texto estaba sobre la mesita del salón. Había comprobado que no se había extraviado ninguna hoja. Había contado y recontado los distintos elementos. Releyó el índice temático. Hojeó los capítulos.

Cada línea de investigación estaba desarrollada de forma armoniosa. «Volumen y sentido», le había recomendado su director de tesis.

Había colocado las palmas de las manos sobre el enorme paquete. Siete mil páginas. Siete kilos y medio. «El estatus de la mujer en el campo y la ciudad, en la Francia del siglo XII». Quince años de trabajo, de investigación, de publicaciones en Francia, en Inglaterra, en los Estados Unidos, en Alemania, en Italia. Conferencias, artículos que había publicado, escogió uno al azar y lo hojeó, «el trabajo femenino en los telares... Las mujeres trabajaban tanto como los hombres..., el trabajo de tapicería...» o «el giro económico de los años 1070-1130 en Francia..., los primeros signos de desarrollo urbano..., la introducción de la moneda en el campo..., la proliferación de ferias en Europa..., las primeras catedrales...», o su artículo final, su conclusión, en la que hacía un paralelismo entre el siglo doce y el veintiuno... El dinero se vuelve todopoderoso y reemplaza al trueque, modifica paulatinamente la relación entre las personas, entre los sexos, los pueblos se vacían, las ciudades crecen, Francia se abre a la influencia exterior, el comercio se expansiona y la mujer ocupa su lugar, inspirando a los trovadores, escribiendo novelas románticas, se convierte en el centro de atención del hombre que se pule, se afina... La influencia de la economía sobre el estatus de la mujer. ¿La economía suaviza las costumbres o, por el contrario, vuelve a las personas más brutales?

Era el capítulo que había redactado para un librito que se había publicado en ediciones Picard, una obra colectiva que había vendido dos mil ejemplares. Todo un éxito, tratándose de un libro universitario.

Saber que ese libro modesto y brillante estaba allí la había tranquilizado. Se había dormido leyendo la hora en las cifras luminosas del cuadrante del despertador: 4:08.

Había preparado el desayuno.

Había despertado a Zoé.

—Piensa en mí, cariño, piensa en mí esta tarde entre las dos y las seis, cuando esté ante el tribunal.

—¿Te presentas al HDI?

Joséphine había asentido con la cabeza.

—¿Estás nerviosa?

—Un poco...

—Ahora te toca a ti —había respondido Zoé besándola—. Todo irá bien, mamá, no te preocupes, eres la mejor...

Tenía restos de confitura en la mejilla izquierda.

Joséphine había alargado un dedo para borrar el rojo de las moras silvestres y la había besado.

Hacia las doce, estaba lista.

Verificó por última vez si el expediente estaba completo, contó y volvió a contar las páginas, las publicaciones, los artículos, royéndose la pielecilla de alrededor de las uñas.

Encendió la radio para obligarse a pensar en otra cosa, tararear una canción, reírse de un buen chiste o escuchar las noticias. Dio con una emisión que hablaba sobre la resiliencia. Un psiquiatra contaba que los niños maltratados a quienes habían acosado, quemado, golpeado, violado o torturado, esos niños, una vez convertidos en adultos, tenían tendencia a considerarse a sí mismos como objetos. Objetos indignos de ser amados. Y estaban dispuestos a todo para que se les quisiese. A hacer volteretas, el pino, a alargar el cuello como si fueran jirafas, a disfrazarse de cebra...

Ella miró su expediente, la enorme bolsa de colores de Magasin U que lo contenía, y mojó los labios en el tazón rosa...

Diciembre y su luz casi blanca. Un rayo mortecino cruzaba la cocina y acababa iluminando la pata de la mesa. Las partículas de polvo en el haz de luz, frío como el de los faros...

Pronto hará cuatro meses...

Hacía casi cuatro meses que Iris se había marchado bailando en el bosque...

Antes contaba los días y las semanas, ahora tengo que contar los meses.

«Esos niños —insistía la voz de la radio— se convierten en adultos que necesitan tanto amor, que están dispuestos a todo para conseguir unas migajas. Dispuestos a olvidarse de ellos, a disfrazarse de deseo del otro, a colarse dentro de él... Para así poder gustar, ser, por fin, aceptados y amados».

«Esos niños —seguía diciendo— son las principales víctimas de las sectas, de los locos, de los extorsionadores, de los pervertidos o, por el contrario, se transforman en magníficos supervivientes que se mantienen fuertes y erguidos».

«Lo uno o lo otro».

Joséphine escuchaba las palabras de la radio. Seguía pensando en su hermana. Intentaba comprender.

«Dispuestos a todo para que se les quiera...», repetía la voz.

«No lo bastante seguros de sí mismos como para mantener una opinión, plantear una pregunta, poner en duda las palabras del otro, defender su territorio... Cuando uno se quiere, se respeta, se sabe defender. No se deja pisotear. Cuando uno no se quiere, deja que cualquiera entre en su vida y le pisotee...».

Escuchaba las palabras..., que se alojaban en su cabeza, dispuestas a crecer, a hincharse. Para darle una pista.

Intentó apartarlas. ¡Ahora no, ahora no! Más tarde... Tengo que seguir en el siglo doce... No había psiquiatras en el siglo doce. Quemaban a las brujas que penetraban en tu mente. Sólo creían en Dios. La fe era tan fuerte que san Eloy le cortó la pierna a su caballo para herrarla mejor, rogando a Dios que la volviese a pegar rápidamente. El caballo estuvo a punto de morir desangrado, ¡ante la sorpresa de san Eloy!

Y recitó como una alumna aplicada. Como si cantara la tabla de multiplicar:

«El siglo doce es la época en la que se construyeron catedrales, hospitales, universidades... En el siglo doce empezó a expandirse la enseñanza de cierto nivel. En las ciudades en pleno desarrollo, los burgueses quieren que sus hijos sepan leer y contar, en la corte se necesitan cada vez más profesionales de la escritura, contables, archiveros... El joven de buena cuna —y a veces también la joven— debe aprender gramática, retórica, lógica, aritmética, geometría, astronomía y música... La enseñanza se hace en latín... Los maestros tienen alumnos que les pagan un salario. Cuanto mejores son, mayor es el salario, y los profesores libran una feroz competencia, pues les pagan sus méritos. Los más brillantes, como Pedro Abelardo, atraían a las masas y sus colegas envidiosos les detestaban. Del siglo doce procede el proverbio: "Dios creó a los profesores y Satán a los colegas"».

Ella estaba preparada para enfrentarse a los profesores y a los colegas.

Escogió una falda plisada que le tapaba las pantorrillas y se alisó el pelo con una diadema negra. No atraer a nadie, asemejarse a un tratado de gramática. «Dios creó a los profesores y Satán a los colegas...». No había incluido *Una reina tan humilde* en el expediente. Sabía que a sus colegas no les había gustado que se saliese de la norma y obtuviera un éxito tan grande. Murmuraban a sus espaldas, se burlaban, decían que el libro era una pura novela rosa... Algunos lo calificaban de vulgaridad de baja estofa. Así que había omitido la mención a su libro. Parecerse al color de las paredes. Moverse sin hacerse notar. Sobre todo no brillar...

Una carpeta azul sobresalía del expediente. Joséphine empujó el lomo para ponerla en su lugar. Como se resistía, la sacó con cuidado. Era su capítulo sobre los colores y su significado en la Edad Media. Los colores y su representación en las casas, las bodas, los entierros, los menús de las celebraciones confeccionados por el ama de casa. Voy a abrirlo al azar y a leerlo un instante. ¡No, no! No vale la pena, me lo sé de memoria. Lo abrió y cayó sobre el arco celeste. Llamado arco iris desde la Edad Media. Del latín *iris, iridis*, y éste a su vez del griego *iris, iridos*, que designaba a la mensajera de los dioses, la personificación del arco iris.

Dejó la carpeta, aturdida.

Quizás Iris había sido maltratada de niña.

La idea volvía de nuevo, recogiendo fragmentos de vida aquí y allá, volvía al origen de todo ese dolor que creía ser la única en haber sufrido, ese dolor del que, pensaba, se había librado Iris.

Quizás había afectado también a Iris.

Quizás ella había terminado creyendo que era un objeto, con el que se podía hacer cualquier cosa, quizás se había consumido en una alegría desenfrenada al ofrecerse como regalo al hombre que... La maltrataba. La ataba. Le daba órdenes.

Su diario relataba esa extraña alegría, ese gozo. Contaba esos días y esas noches en los que se convertía en un juguete roto, desarticulado..., en esa muñeca...

Pero entonces, ¿también Iris? Iris, al igual que yo...

Las dos maltratadas.

Apartó esa idea de su mente.

¡No! ¡No! Iris no había sido maltratada. Iris estaba segura de sí misma. Iris era magnífica, fuerte, bella. Era ella,

Joséphine, la pequeña, la insegura, la que se ruborizaba por cualquier cosa, la que siempre tenía miedo de molestar, miedo de ser fea, de no estar a la altura...

Iris no.

Cerró la puerta de la calle.

Sacó un billete de metro del pequeño monedero de peluche naranja que le había regalado Zoé en el día de la Madre.

Cogió el metro.

Estrechó entre sus brazos su expediente de siete kilos.

Pero la vocecita insistía. ¿Y si las dos habían sido maltratadas de pequeñas? Por la misma madre. Henriette Grobz, viuda de Plissonnier.

Hizo trasbordo en Étoile. Subió a la línea 6 dirección Nation.

Miró el reloj y...

Llegaba puntual.

El presidente del tribunal era su director de tesis. A los demás miembros... los conocía a todos. Colegas que habían pasado el HDI, que pensaban que era una minucia y la miraban por encima del hombro. ¡Una mujer, encima! Se sonreían entre sí. Ellos que, al presentarse, necesitaban siempre enarbolar su hoja de servicios como si fuera una tarjeta de visita cosida al dorso de la chaqueta. Durante mi lección inaugural en el Collège de France, al salir el otro día del ministerio..., al volver de la villa Médicis..., estando en la calle Ulm..., durante mis seminarios en la Casa Velázquez... Tenían necesidad de precisar que no eran unos cualquieras.

Pero estaría Giuseppe.

Un italiano erudito y encantador que la invitaba a conferencias en Turín, en Florencia, en Milán, en Padua. Su mirada la animaba y relajaba el ambiente. Josephina, *bellissima!* Estáss assustadda, *ma... perché,* yo soy aquí, Josephina...

Valor, mujer, valor, pensó Joséphine, esta noche todo habrá terminado. Esta noche sabrás... Tu vida siempre ha sido así, estudiar, trabajar, pasar exámenes. Así que no hagas una montaña de esto. Levanta los hombros y enfréntate a ese tribunal con la sonrisa en los labios.

Los carteles de las paredes del metro anunciaban regalos de Navidad.

Estrellas doradas, varitas mágicas, Papá Noel, una barba blanca, un gorro rojo, nieve, juguetes, videojuegos, CD, DVD, fuegos artificiales, abetos, muñecas de grandes ojos azules...

Henriette había transformado a Iris en una muñeca. Mimada, alabada, peinada y vestida como una muñeca. ¿Ha visto a mi hija? ¡Qué guapa es! ¡Pero qué guapa! ¡Y esos ojos! ¿Ha visto lo largas que son sus pestañas? ¿Ha visto cómo se curvan en las puntas?

La exhibía, la hacía dar vueltas, corregía el pliegue de una falda, un mechón de pelo. La había tratado como a una muñeca, pero no la había querido.

Sí pero... fue a ella a quien Henriette salvó en las aguas de las Landas.* ¡Y no a mí! La había salvado como quien se agarra al bolso cuando se declara un incendio. Como a un joyero, o un trofeo. La frasecita oída en la radio se hinchó, se expandió, y Joséphine escuchó...

* Cf. *Los ojos amarillos de los cocodrilos, op. cit.,* y *El vals lento de las tortugas, op. cit.*

Escuchó, sentada en el metro.

Escuchó al entrar en la universidad, buscando la sala del tribunal.

Era como si sonaran dos canciones en su cabeza: la frasecita que seguía con su argumentación y el siglo doce que intentaba desplegarse y empujaba, empujaba para mantenerse en pie y sentirse seguro, para cuando llegara la hora del examen y de las preguntas.

Empezar por la «bio-bibliografía», explicar de dónde venía, en qué consistía su trabajo. Y después responder a las preguntas de sus colegas.

No pensar en el público sentado a sus espaldas.

No oír el ruido de las sillas que se arrastran por el suelo, el ruido de los que se desplazan, de los que susurran, suspiran, se levantan y salen... Permanecer concentrada en las preguntas de cada miembro del tribunal que, durante treinta minutos, dirá lo que piensa, lo que le ha parecido interesante o no de su trabajo, establecer un diálogo, escuchar, responder, defenderse si llega el caso, sin enfadarse ni perder los nervios...

Se repetía las etapas de la prueba que iba a durar cuatro horas y consagrarla como profesora universitaria.

Su salario pasaría de tres mil a cinco mil euros.

O no.

Porque siempre estaba el riesgo de no aprobar. ¡Oh! Era ínfimo, prácticamente no existía, pero...

Cuando todo hubiera terminado, el tribunal se retiraría a deliberar. Al cabo de hora y media, volvería y pronunciaría el veredicto:

«El candidato ha sido aprobado con mención honorífica y las felicitaciones del jurado».

Estallarían los aplausos.

O «el candidato ha sido aprobado con mención honorífica sin las felicitaciones del jurado».

Se oiría *clap-clap*, el candidato pondría cara de circunstancias.

O «el candidato ha sido aprobado con mención».

Un silencio embarazoso reinaría en la sala.

El candidato bajaría la cabeza y se hundiría, avergonzado, en su silla.

Dentro de cuatro horas, lo sabría.

Dentro de cuatro horas, empezaría una nueva vida de la que ignoraba todo.

Joséphine inspiró profundamente y abrió la puerta de la habitación donde la esperaba el tribunal.

* * *

Cada mañana, cuando la luz del día se asomaba tras las cortinas, Henriette Grobz se incorporaba en la cama, ponía la radio, escuchaba las últimas cotizaciones de las bolsas asiáticas y se lamentaba. ¡Qué desgracia! ¡Qué desgracia!, repetía estremeciéndose en su largo camisón. Sus ahorros se volatilizaban como cenizas al viento y volvía a verse, de pequeña, en la cocina de la vieja granja del Jura frotando sus gruesos zapatos uno contra otro para despertar los pies agarrotados, mientras su madre se secaba las manos agrietadas en un delantal gris. La miseria sólo es hermosa en los libros que mienten. La miseria significa agujeros, harapos y deforma las articulaciones. Contemplando las manos deformes de su madre se había jurado no ser pobre. Se había casado con Lucien Plissonnier, y después con Marcel Grobz.

El primero le había aportado un desahogo honesto, el segundo la opulencia. Ella se creía definitivamente protegida cuando Josiane Lambert le había robado a su marido. Y aunque con el divorcio Marcel Grobz se había mostrado generoso, ella seguía teniendo la impresión de que la habían despojado. Un verdadero striptease.

¡Y ahora se hundía la Bolsa!

Acabaría en la calle, descalza y en camisón. Sin poder recurrir a nadie. Iris la había dejado —se santiguó rápidamente—, y Joséphine...

A Joséphine... era mejor olvidarla.

Le esperaba una vejez de privaciones. ¿Qué he hecho yo para merecer este castigo?, se preguntó juntando las manos y mirando al Cristo crucificado sobre la cama. He sido una mujer ejemplar, una buena madre. Y he sido castigada. El boj de la cruz estaba amarillento y reseco. ¿Cuántos años tiene?, se dijo apuntando el mentón hacia el Mesías. Es de la época en la que yo nadaba en la abundancia a todas horas. Y volvió a la carga con sus lamentaciones.

Compraba toda la prensa económica. Escuchaba los programas de la BFM. Leía y releía informes de eminentes especialistas. Bajaba al cuarto de la portera, sobornaba a su único hijo, Kevin, un chico de doce años, gordo y feo, para que le buscase en Google las tendencias de última hora de los institutos financieros. Él le facturaba un euro por conectarse, y un euro cada diez minutos y, al final, veinte céntimos por página impresa... Ella callaba y se plegaba a las exigencias de ese niñato mantecoso que la miraba fijamente balanceándose en su silla giratoria, y jugueteando con una goma entre el pulgar y el índice. Con eso producía un ruido de sierra ondulante que modulaba con los dientes. Henriette se esforzaba en sonreír para no perder la compostura mientras planeaba oscuras venganzas. Era difícil decidir qué era más desagradable: observar los manejos del niño gordo y codicioso, o la fría cólera de la adusta Henriette. El enfrentamiento entre esos dos, aunque fuese tozudamente mudo, mostraba una franca hostilidad por una parte y una crueldad sutil por la otra.

Henriette buscó a tientas sobre la cama el último texto impreso por Kevin. El alarmante informe de un instituto europeo. Según algunos especialistas, el mercado inmobiliario se hundiría, el precio del petróleo se dispararía, así como el del gas, el agua, la electricidad y las materias primas alimenticias, y millones de franceses se arruinarían en los próximos cuatro años. «¡Y usted podría formar parte de ellos!», concluía la carta. Un único valor refugio, pensó Henriette, ¡el oro! Necesitaba oro. Echarle el guante a una mina de oro.

Gimió levemente bajo las sábanas. ¿Qué hacer? ¿Qué hacer? ¡Dios mío, ayúdame! Tosió, se lamentó, maldijo a Marcel Grobz y a su fulana, gimoteó que él la había abandonado, sin dejarle más que sus lágrimas para llorar y la obligación de arreglárselas sola sin ser demasiado escrupulosa sobre el modo de salir del apuro. ¡Y sobre todo que no le pidan que sea comprensiva con las desgracias de los demás!

Para vencer el frenesí que sentía crecer en su interior, debía afrontar la jornada de pie. Se enfundó su echarpe con flecos y sacó dos pálidas piernas de entre las sábanas.

Miró por la ventana para ver si el mendigo ciego al que tenía la costumbre de sisar había vuelto al pie de su edificio, no le vio, y dedujo que había cambiado de sitio definitivamente, asqueado por los pobres ingresos que recogía en su sombrero. ¿Quizás debería haberle desvalijado con menos fogosidad?, se dijo introduciendo los pies largos y huesudos en unas zapatillas descoloridas.

Arrastró los pies hasta la cocina, encendió el gas, puso leche a calentar para prepararse una taza de Ricoré, cortó una rebanada de baguette y la untó con margarina y con el contenido de una muestra de confitura de las que se llevaba de los carritos de los hoteles. Era una nueva estrategia: se colaba en los hoteles de lujo a la hora que hacían las habitaciones —cuando las camareras dejaban las puertas completamente abiertas para ir y venir a su antojo—, subía a las plantas de las habitaciones y, deslizándose como una sombra a lo largo de las paredes, llenaba su gran bolso de diversos artículos, que iban desde el jaboncito perfumado hasta los botecitos de miel y confitura. A veces se marchaba con restos de foie gras, costillas de cordero medio roídas, panecillos tostados o restos de botellas de vino o de champaña abandonadas en las bandejas colocadas en el suelo delante de las habitaciones. Le gustaban esas rapiñas furtivas que le producían una sensación de vivir peligrosamente mientras arañaba algo de lujo.

Observó la cacerola de leche con sus viejos ojos vidriosos y su rostro ajado se cubrió con un velo de reflexión que le endulzó las facciones. Esa mujer, antaño, debió de ser hermosa. Flotaban en ella restos de elegancia y feminidad, y uno tenía derecho a preguntarse qué mal la había roído para que se hubiese vuelto tan dura y árida. ¿Había sido la avaricia, el orgullo, la codicia o la simple vanidad de quien se cree una triunfadora y renuncia a añadir adornos y sensibilidad a su persona? ¿Para qué maquillar el corazón y el rostro cuando una se cree intocable y todopoderosa? ¡Al contrario!

Das órdenes, pones mala cara, gritas, decides, humillas y echas con un gesto al inoportuno. No temes a nadie porque el futuro está asegurado.

Hasta el día en que...

Las cartas cambian de manos, y la pequeña secretaria humillada se hace con los cuatro ases de su jefa.

Esa mañana, tras haber saboreado su media baguette, Henriette Grobz decidió ir a recogerse en la calma de una iglesia para hacer balance. El mundo iba derecho al cataclismo, vale, pero ella no tenía la intención de acompañarle. Tenía que pensar en el mejor medio de librarse de una quiebra general.

Se lavó como se lava un gato, cubrió de polvo blanco su rostro fino y alargado, colocó una espesa capa de carmín sobre sus escasos labios, cubrió con un amplio sombrero su triste moño, clavó una aguja para sostener el tocado en su lugar, hizo una mueca al mirarse al espejo y repitió varias veces ¡no está de moda envejecer, querida! Buscó sus guantes de piel de cabrito, los encontró y cerró la puerta con dos vueltas de llave.

Tenía que pensar. Inventar. Amañar. Meditar.

Y para eso no había nada mejor que el silencio de la iglesia de Saint-Étienne, no lejos de su casa. Le gustaba el recogimiento de las iglesias. La atmósfera perfumada de incienso frío de la capilla de la Virgen María entrando a la derecha, que le ayudaba a perpetrar el mal mientras reclamaba el perdón de Dios. Se arrodilló en el frío suelo, inclinó la cabeza y murmuró una oración. Gracias, Señor Jesús, por Tu misericordia, gracias por comprender que debo vivir y sobrevivir, bendice mis proyectos y mis planes, y perdona el mal que voy a hacer, es por una buena causa. La mía.

Se levantó y se sentó en una silla de paja de la primera fila.

Así, en medio de las llamas temblorosas de los cirios y el silencio roto por los escasos ruidos de pasos, miró fijamente el manto azul de la Virgen María y planeó su próxima venganza.

Había firmado los papeles del divorcio. Sea. Marcel Grobz se mostraba magnánimo. Era un hecho. Ella conservaba su apellido, el piso y una confortable pensión mensual. Lo reconocía... Pero lo que cualquiera hubiese bautizado con los dulces nombres de bondad y generosidad, Henriette Grobz lo calificaba de limosna, miseria, menosprecio. Cada palabra sonaba como una afrenta. Murmuraba en voz baja simulando que rezaba. Incómoda en la silla, que crujía bajo su peso, no podía evitar mostrar su acritud ni esbozar frases como vivo en un cuchitril, mientras él se amanceba en un palacio, estrujando las cuentas del rosario. De vez en cuando, le venían a la cabeza los fantásticos beneficios de Casamia, la empresa que Marcel Grobz había levantado a base de trabajo duro, y hundía el rostro entre las manos para ahogar la rabia. Las cifras bailaban ante sus ojos y se exasperaba por no tener ya derecho a ellos. ¡Cuando puse tanto de mi parte! ¡Sin mí no sería nada, nada! ¡Estoy en mi derecho, estoy en mi derecho!

Creyó conseguir sus fines contratando los maleficios de Chérubine.* Había estado muy cerca de conseguir sus propósitos, pero no podía más que constatar su fracaso. Tenía que encontrar otra estratagema. No tenía tiempo que perder. Existía una solución, lo sabía. Marcel Grobz, distraído por su felicidad conyugal, cometería pronto algún error.

---

* Cf. *El vals lento de las tortugas, op. cit.*

Alejar la cólera, elaborar una estrategia, adoptar la expresión de una niña que hace la primera comunión, poner en marcha mi plan, recitó mirando el cuadro que tenía enfrente y que representaba la traición de Judas en el monte de los Olivos y la detención de Jesús.

Cada vez que se sentaba en la capilla de la Virgen María, Henriette Grobz terminaba levantando la cabeza y contemplando el inmenso fresco que describía el primer episodio de la Pasión de Cristo, el momento en que Judas se acerca para besar la mejilla de su Señor. Tras él: soldados romanos dispuestos a detener a Cristo. Al asistir al inicio de ese drama fundacional de la cristiandad, Henriette se sentía invadida por un sentimiento extraño, mezcla de piedad, de terror y de una especie de gozo. El alma negra de Judas se introducía en la suya y le presentaba el pecado como una fruta madura y apetitosa, de colores rojizos. Se fijaba en el rostro rubio, bonachón, definitivamente bastante soso de Cristo, y después miraba a Judas, su nariz larga y fina, su mirada oscura, su barba espesa, su túnica roja. Parecía orgulloso y ella sospechaba que el pintor había sucumbido a la misma debilidad culpable por ese hombre sutil, venenoso, criminal.

La virtud puede ser tan aburrida...

Pensó en su hija, Joséphine, que siempre le había irritado por su actitud de monjita devota, y lamentó una vez más la desaparición de Iris, carne de su carne, su verdadera hija... Una auténtica mina de oro.

Besó el rosario y rezó por el descanso de su alma.

Tengo que encontrar un ardid, susurró acariciando con la mirada los pies largos y delgados de Judas que sobresalían del manto rojo. Ayúdame, Judas el tenebroso, ayúdame a ganar, yo también, una bolsa llena de sestercios. Ya lo sabes, el vicio necesita más imaginación, más inteligencia que la virtud, que es tonta hasta decir basta, dame una idea y rogaré por la salvación de tu alma.

Oyó los pasos del cura que se dirigía a la sacristía y se persignó precipitadamente, consciente de haber sucumbido a un mal pensamiento. Quizás debí confesarme, pensó mordiéndose los labios. Dios perdona todos los pecados y debe comprender mi cólera. ¡Al fin y al cabo, Él no era un angelito! Hablaba mal a su madre y atacaba a los mercaderes del Templo. Sufro una cólera santa, eso es todo, Marcel me ha robado, despojado y yo reclamo venganza. Que se me restituya lo que me pertenece. Dios mío, Te prometo que no hago más que reclamar mis bienes. Mi venganza no excederá el pago de las deudas de Marcel para conmigo. Al final es poca cosa...

Visitar esa pequeña capilla la reconfortaba. Se sentía segura en aquella fría oscuridad. Pronto tendría una idea. De un día para otro, una estratagema podría cambiar su posición y hacer de ella una mujer interesante.

Inclinó la cabeza cuando pasó el cura, adoptó la expresión mortecina de una mujer que sufre mucho y volvió a adorar el rostro alargado del Iscariote. Qué extraño, se dijo, me recuerda a alguien. ¿No tendría algún presentimiento? ¿Un mensaje sutil para que se cuele un nombre en mi cabeza y surja un cómplice? ¿Dónde había visto antes ese rostro negro alargado, delgado, esa nariz de depredador hambriento, ese aire orgulloso de hidalgo tenebroso? Inclinó la cabeza para observarlo mejor, por la izquierda, por la derecha, sí, sí, conozco a ese hombre, le conozco...

Insistió, volvió a la figura larga y sombría, se exasperó, chasqueó la lengua dentro de la boca, a punto estuvo de soltar un juramento en voz alta, eso es, eso es, no debo actuar sola, necesito un hombre que me sirva de brazo armado, un Judas, y debo encontrarlo en el entorno de Marcel...

Un hombre que me dé acceso a las cuentas, a los ordenadores, a los pedidos de los clientes, a la correspondencia con las fábricas, los almacenes...

Un hombre al que compraré...

Un hombre bajo mi bota.

Golpeó los guantes uno contra otro.

Una inspiración cálida dilató su escaso pecho y lanzó un suspiro de satisfacción.

Se levantó. Hizo una rápida genuflexión ante la Virgen de manto azul. Se persignó. Agradeció al Cielo que le prestase ayuda. La viuda y el huérfano, la viuda y el huérfano, Dios mío, mi Dios. Me has hecho sufrir, pero acudirás en mi socorro, ¿verdad?

Deslizó tres monedas de diez céntimos en el cepillo de la capillita. Eso produjo un suave ruido metálico. Una beata doblada en dos sobre una silla la observó. Henriette Grobz le dedicó una sonrisa de parroquiana untuosa y salió ajustándose el amplio sombrero sobre la cabeza.

* * *

Hay personas con quienes pasamos gran parte de la vida y que no aportan nada. No te iluminan, no te nutren, no te dan impulso alguno. Puede uno dar gracias de que no te destruyan a fuego lento colgándose de tu cuello y chupándote la sangre.

Y después...

Están los que uno se cruza, los que apenas conocemos, los que te dicen una palabra, una frase, te conceden un minuto, media hora, y cambian el curso de tu vida. No esperabas nada de ellos, apenas les conocías, y llegabas, completamente despreocupado, o despreocupada, a la cita y sin embargo, cuando te despides de ellos, de esas personas asombrosas, descubres que han abierto una puerta dentro de ti, que han activado un paracaídas, iniciando ese maravilloso movimiento que es el deseo, movimiento que te llevará más allá de ti mismo y te asombrará. Dejarás de ser irrisorio para siempre, bailarás sobre la acera lanzando destellos y tus manos rozarán el cielo...

Fue lo que, ese día, le pasó a Joséphine.

Se había citado con su editor, Gaston Serrurier.

Le conocía poco. Hablaban por teléfono. Él activaba el altavoz para poder hacer varias cosas a la vez; ella le oía abrir cartas o cajones mientras hablaba. Le informaba sobre las cifras de ventas, se refería a la edición de bolsillo, a la película que no se rodaba. Los americanos, se lamentaba, ¡los americanos! Prometen mucho y no dan nada. Nunca se puede contar con ellos... ¡Pero yo estaré siempre a su lado, Joséphine! Ella dejaba de oírle, debía de haberse agachado para recoger un bolígrafo o un clip, un contrato o una agenda.

Gaston Serrurier.

Era un conocido de Iris. Fue en su presencia cuando una noche, durante una de esas cenas parisinas donde todos se inflan y se pavonean, Iris había soltado estoy escribiendo un libro... y Gaston Serrurier, que acechaba las conversaciones, Gaston Serrurier, que observaba con una distancia áspera y lisa a la vez ese pequeño universo parisino que se ilumina a la luz de las velas creyéndose el faro del universo, Gastón Serrurier había recogido el guante lanzado por Iris y había pedido ver...

El manuscrito.

Ver si no era otra proclama de salón, la diversión de una marquesita atolondrada que se aburre, mientras su adinerado marido llena la caja familiar.

Y así nació *Una reina tan humilde*. Manuscrito entregado a Gaston Serrurier por Iris Dupin. Leído, aprobado, publicado y vendido por centenares de miles de ejemplares. Una prueba convertida en golpe maestro.

De la noche a la mañana, Iris Dupin se había convertido en la reina de los salones, en la reina de las cadenas de televisión, en la reina de las revistas. Se decía de ella que era una nueva estrella en el firmamento de las letras. Le preguntaban por su peinado, por las confituras que no hacía, por sus autores preferidos, por su crema de día, su crema de noche, su primer amor, ¿y el papel de Dios? La invitaban a la feria del chocolate, a la del automóvil, a los desfiles de Christian Lacroix, a los estrenos cinematográficos.

Y después llegó el escándalo, la usurpadora fue desenmascarada y la tímida hermana recuperó sus derechos de autor.

Gaston Serrurier había seguido todo el asunto con la mirada fría del conocedor de las costumbres parisinas. Divirtiéndose. Sorprendiéndose apenas.

Cuando se enteró de la muerte violenta de Iris Dupin en el bosque de Compiègne, ni siquiera pestañeó. ¿Hasta dónde estaban dispuestas a llegar ciertas mujeres para obtener sensaciones nuevas? Mujeres que provocan al destino como quien lanza fichas sobre el tapete verde de un casino. Mujeres que bostezan y se inventan historias con el primer presumido que les calienta la sangre.

Era la dulzura de la hermana pequeña lo que le intrigaba...

¿De dónde procedía esa imaginación inagotable? No sólo de sus fuentes históricas. A él que no le vinieran con historias. Había escenas de amor en *Una reina tan humilde* que anunciaban de forma precisa la muerte de la hermosa Iris Dupin. Los verdaderos escritores tienen presentimientos trágicos. Los verdaderos escritores van por delante en la vida. Y esa mujercita modesta, esa Joséphine Cortès, era, sin saberlo, una escritora. Había adivinado el destino de su hermana. Era esa contradicción entre la mujer y la autora lo que iluminaba la mirada fría y hastiada de Gaston Serrurier con un destello de interés.

La había citado en un restaurante especializado en pescado, en el bulevar Raspail, ¿le gusta a usted el pescado? Pues me alegro, porque donde la voy a llevar sólo sirven pescado... Entonces quedamos el lunes, a la una y cuarto.

Joséphine había llegado a la una y cuarto en punto. Es usted la primera, le advirtió el camarero antes de conducirla a la amplia mesa cubierta por un mantel blanco. Un pequeño ramo de anémonas proyectaba una sombra de timidez sobre la mesa elegantemente dispuesta.

Se quitó el abrigo. Se sentó a la mesa y esperó.

Dejó vagar la mirada en derredor e intentó reconocer a los clientes habituales. Los clientes habituales llamaban al camarero por su nombre y preguntaban cuáles eran los platos del día antes de sentarse, los nuevos se mantenían rígidos y artificiales, dejaban que los camareros les acomodasen sin decir palabra y tiraban la servilleta al desplegarla. Los habituales dejaban caer todo su peso en el asiento extendiendo los brazos, mientras que los nuevos permanecían rígidos, silenciosos, intimidados por la abundancia de la vajilla y la prestancia atenta del personal.

Consultó varias veces la hora en su reloj y se sorprendió suspirando. También es culpa tuya, se dijo, en París la gente nunca llega puntual, conviene retrasarse un poco. Siempre. Te comportas como una tonta.

Él llegó por fin a las dos menos cuarto. Entró en el restaurante como un torbellino mientras hablaba por el móvil. Le preguntó si le había esperado mucho rato. Respondió a su interlocutor al teléfono que ni hablar. Ella balbuceó que no, que acababa de llegar, él contestó que mejor. Que detestaba hacer esperar a la gente, pero que le había retenido uno de esos pesados de los que uno no puede librarse. Hizo el gesto de sacudirse la manga para deshacerse del incordio, y ella se esforzó en sonreír. Se quedó mirando la manga fijamente y pensó, sin poder evitarlo, quizás un día yo ocupe el lugar de ese pesado. Él apagó el teléfono, lanzó una ojeada rápida a la carta que conocía de memoria y pidió especificando «como de costumbre». Ella había tenido todo el tiempo del mundo para estudiar los platos y anunció en voz baja lo que quería. Él la felicitó por su elección y ella se ruborizó.

Después él desplegó su servilleta, cogió el cuchillo, un trozo de baguette, un poco de mantequilla y preguntó:

—¿A qué se dedica usted en este momento?

—Acabo de presentarme al HDI... He aprobado con la felicitación del tribunal.

—¡Estupendo! ¿Y eso qué es?

—El diploma universitario de mayor nivel que existe en Francia...

—Me deja impresionado —dijo haciendo una seña al camarero para que le trajera la carta de vinos—. Bebe usted vino, ¿verdad?

Ella no se atrevió a decir que no.

Él habló con el camarero, se enfadó porque no tenían el vino de costumbre, pidió un Puligny-Montrachet 2005, un año excepcional, precisó mirándola por encima de las gafas de leer, cerró la carta de golpe, suspiró, se las quitó, alargó un brazo hacia la mantequilla y se sirvió una segunda rebanada mientras preguntaba:

—Y ahora... ¿Qué piensa hacer usted?

—Es complicado... Yo...

Sonó su móvil, exclamó contrariado ¡pero si creía que lo había apagado! ¿Me permite? Ella asintió con la cabeza. Él adoptó una expresión preocupada, dijo algunas palabras y colgó verificando que, esta vez, lo había apagado bien.

—¿Qué me decía?

—... que he aprobado el HDI con las felicitaciones del tribunal y pensaba que conseguiría un puesto en la universidad... O que me convertiría en directora de investigación en el CNRS... Tenía muchas ganas... He trabajado toda mi vida para llegar a eso...

—¿Y no lo ha conseguido?

—Lo cierto es que..., después del veredicto del tribunal, hay que esperar las conclusiones de un informe en el que sus miembros ponen por escrito todas las reflexiones que no se han atrevido a decirte a la cara...

—Una estrategia de hipócritas, en resumen.

Joséphine se encogió de hombros con gesto de resignación.

—Y de hecho, el destino depende de ese informe...

Se secó las manos húmedas en la servilleta y notó que sus orejas enrojecían.

—Y así he sabido..., ¡bueno!, directamente no, claro... He sabido por un colega que no debía hacerme ilusiones, que no me darían ningún ascenso, que yo no necesito un puesto de prestigio ni un aumento de sueldo, y que voy a seguir siendo una simple investigadora durante el resto de mi vida...

—¿Y por qué? —preguntó Gaston Serrurier levantando una ceja con extrañeza.

—Porque... No me lo han dicho así pero la conclusión es la misma... Porque he ganado mucho dinero con mi novela... y han decidido que hay otros con más méritos que yo..., así que prácticamente estoy en el punto de partida.

—Y está indignada, supongo...

—Sobre todo me siento herida... Pensaba que pertenecía a una familia, creía que había demostrado lo que valgo y me veo rechazada por culpa de un éxito excesivo con un tema que..., sin embargo...

Suspiró para reprimir unas lágrimas intempestivas.

—... ellos deberían alegrarse de que al público le apasione la historia de Florine... Ha sido todo lo contrario.

—¡Es perfecto! ¡Perfecto! —exclamó Gaston Serrurier—. ¡Agradézcaselo usted de mi parte!

Joséphine le miró extrañada y se tapó discretamente las orejas con las manos, para impedir que ardieran.

—Es la primera vez que hablo de esto, ¿sabe? Ni siquiera quería pensar en ello. No se lo he dicho a nadie. Ha sido tan violento enterarme... Todos estos años de trabajo y... ¡que me desprecien!

Empezaba a temblarle la voz, y se mordió el labio superior.

—Pues es perfecto, ¡porque así podrá trabajar para mí! Y sólo para mí...

—Ah —exclamó Joséphine, sorprendida, preguntándose si estaba pensando montar un departamento de historia medieval en su editorial.

—Porque tiene usted un don en sus manos...

Su mirada se había vuelto fija, insistente. El camarero acababa de dejar sobre la mesa una ensalada de calamares fritos y un carpaccio de lubina y salmón. Serrurier miró un momento el plato con expresión irritada y cogió los cubiertos.

—Un don para escribir, para contar historias... Para saber qué le interesará a la gente, convirtiéndolas a su vez en interesantes, y enseñándole un montón de cosas, no sólo históricas. Tiene usted un tesoro, el único problema es que no lo sabe, no tiene la menor idea de lo que vale.

Sus ojos, clavados en Joséphine, la habían aislado, como enfocándola con un proyector, con un haz de luz. Ya no era el hombre apresurado que había entrado en el restaurante empujando a los camareros, el hombre que se enfadaba al pedir el vino, el hombre que refunfuñaba mientras se colocaba la servilleta, el hombre que apenas se había disculpado por haberla hecho esperar...

La miraba como a alguien muy valioso.

Y Joséphine se olvidó de todo.

Olvidó la afrenta de sus colegas, olvidó la pena que sentía desde que se había enterado de que la habían marginado, la pena que la dejaba desprovista de cualquier ambición, de cualquier proyecto. Ya no podría abrir un libro de historia, escribir una sola línea sobre el siglo doce, ya no podía imaginarse pasando las horas en una biblioteca. Todo su ser se negaba a seguir siendo la investigadora humilde y trabajadora en arresto domiciliario. Y llegaba este hombre y le devolvía todos los honores. Este hombre decía que tenía talento. Se irguió. Feliz de estar frente a él, feliz de haberle esperado media hora, feliz de que la mirase y la considerase.

—¿No dice usted nada? —preguntó él enfocando el proyector sobre ella.

—Es que...

—No está acostumbrada a que le hagan cumplidos, ¿verdad?

—¿Sabe?, en el ámbito universitario vieron bastante mal que escribiese..., esto..., ese libro... Así que pensaba que...

—¿Que su libro era malo?

—No. No es eso... Pensaba que no era para tanto, que era un malentendido.

—¡Un malentendido del que se han vendido quinientos mil ejemplares! Ya me gustaría tener un malentendido de éstos todos los años... ¡Esta ensalada de calamares no es nada del otro mundo! —le dijo al camarero que cambiaba los platos—. ¿Ahora se burlan ustedes de la clientela? ¡Pues sí que estamos bien! ¡Yo me preocuparía si estuviese en su lugar!

El camarero se marchó con aire contrito.

Serrurier esbozó una sonrisita satisfecha y volvió a Joséphine.

—¿Y su familia?

—¡Oh! Mi familia...

—¿No están orgullosos de usted?

Ella soltó una risita incómoda.

—No mucho...

Él se echó hacia atrás para mirarla atentamente.

—Pero ¿cómo lo hace?

—¿Cómo hago qué?

—Para vivir, simplemente. Quiero decir..., si nadie le dice que es formidable, de dónde saca la energía para...

—Es que... estoy acostumbrada... Siempre ha sido así...

—No la tienen en cuenta para nada.

Ella levantó los ojos hacia él, maravillada, con un gesto que preguntaba ¿cómo lo sabe?

—Y ahora que su hermana ha muerto aún más... Se dice usted que no tiene derecho a vivir, ni derecho a escribir, ni derecho a respirar... Que no vale nada y, a lo mejor, ¡que fue realmente ella la que escribió el libro!

—¡Oh, no! Sé que fui yo.

Él la miró sonriendo.

—Escúcheme... ¿Sabe lo que va a hacer?

Joséphine negó con la cabeza.

—Va usted a escribir... Otro libro. Primero porque pronto se quedará sin dinero. El dinero de un libro no es eterno... No he mirado sus cuentas antes de venir, pero estoy seguro de que no le queda gran cosa... Se ha metido en muchos gastos al comprar su piso...

Y todo empezó a tambalearse.

La mesa, el decorado perfecto, los manteles blancos, los ramos de anémonas, los camareros apresurados, todo desapareció tras un relámpago blanco y sintió vértigo. Sola en un campo devastado. Notó cómo transpiraba, transpiraba desde la raíz del pelo... Lanzó una mirada de socorro a Serrurier.

—No, no se preocupe... No está totalmente arruinada, pero su crédito con nosotros ha mermado un poco. ¿No mira usted sus cuentas?

—No sé mucho de eso...

—Bueno..., vamos a hacer un pacto los dos: usted me escribe un libro y yo pago sus facturas. ¿De acuerdo?

—Pero es que...

—Tampoco debe de gastar grandes fortunas. No va a salirme cara...

—...

—No tiene aspecto de ser una mujer de gustos lujosos. ¡Incluso lo contrario! Hay que sacar pecho para hacerse respetar... Y usted no saca pecho en absoluto. Debe de ser de esas que tienen miedo de hacer sombra a una sombra...

El camarero tosió para poder dejar los dos platos que llevaba sobre el brazo. Serrurier se apartó y pidió agua mineral.

—¡No va a dejarse pisotear toda la vida! ¿No está usted harta? ¿A qué espera para reclamar el lugar que le corresponde?

—Es por Iris... Desde que ella...

—Murió. ¿Es eso?

Joséphine se retorció en su asiento.

—Desde que murió se pasa usted la vida flagelándose y prohibiéndose vivirla.

—...

—Pues bien... ¡Es usted tonta!

Joséphine sonrió.

—¿Por qué sonríe? Debería insultarme por haberla tratado de tonta...

—No es eso... Hace mucho tiempo que pienso eso de mí: tonta y blandengue... Pero he mejorado, ¿sabe?, he hecho progresos.

—Eso espero. Se necesita un poco de amor propio para avanzar y yo quiero que me escriba un libro. Un buen libro lleno de cosas de la vida... como el primero..., pero no está obligada a quedarse en el siglo doce. Cambie un poco, ¡si no estará condenada a la novela histórica y se aburrirá como una ostra! Y estoy siendo amable... ¡No! Escríbame una novela contemporánea con mujeres, niños, maridos que engañan a sus mujeres y que son cornudos, mujeres que lloran y que ríen, una hermosa historia de amor, una traición, ¡la vida, en resumen! ¿Sabe?, son tiempos duros y la gente tiene ganas de distraerse... Usted sabe contar historias. La novela de Florine estaba muy bien para ser un primer intento, ¡bravo!

—No era eso lo que pretendía.

La fulminó con la mirada.

—Eso es exactamente lo que debe usted prohibirse decir a partir de ahora. ¡Por supuesto que era eso lo que pretendía! Ese libro no surgió de la nada...

Chasqueó los dedos en el aire.

—Trabajó duro, construyó una historia, escribió los diálogos, imaginó giros argumentales, ¡aquello no surgió solo! ¡Deje de disculparse continuamente! Llega a cansar, ¿sabe?... Le dan a uno ganas de zarandearla de pies a cabeza.

Se calmó, pidió dos cafés, toma usted café, ¿verdad? Entonces dos cafés, ¡uno de ellos muy cargado! Sacó un gran puro que olisqueó e hizo girar entre los dedos antes de encenderlo y añadió:

—Lo sé, ya no se puede fumar en los restaurantes. Excepto yo. A la mierda las leyes. ¿Sabe usted, Joséphine? La escritura, contrariamente a lo que piensa mucha gente, no es una terapia..., no cura nada. Nada de nada. Pero es una revancha contra el destino y usted, si no me equivoco, tiene que tomarse una revancha de las grandes.

—No sé...

—Que sí, piense un poco y lo descubrirá... Escribir es agarrar el sufrimiento, mirarlo de frente y clavarlo en una cruz. Y después, qué importa si nos curamos o no, hemos conseguido nuestra revancha... Hemos hecho algo con todo ese dolor y algo que, a veces, nos permite vivir o revivir, según cada cual...

—No estoy segura de haberlo entendido...

—Encuentre un tema que le inspire y escriba. Vacíese... ¡Suelte toda su pena, todo su dolor y clávelos en la cruz! Atrévase a respirar otra vez, ¡a vivir otra vez! Es usted como un pajarito al borde del nido que bate las alas y no se atreve a volar. Y sin embargo ya lo ha demostrado, ¿a qué espera entonces?

Joséphine sintió ganas de decir... a comer todos los días con alguien como usted, pero no dijo nada.

—La gente está harta —prosiguió Serrurier—, está cansada, cuénteles historias... Historias que les animen a levantarse por la mañana, a coger el metro y a volver a sus casas por la noche. Reinvente a los juglares de antaño, los cuentos de *Las mil y una noches*. Vamos...

—¡Pero si no tengo historias que contar!

—¡Eso es lo que usted se cree! Tiene usted miles de historias en la cabeza y no lo sabe. La gente tímida, los pobres, los desconocidos tienen siempre miles de historias en la cabeza porque son sensibles, porque todo les afecta, todo les hiere, y de esas lesiones, de esas heridas, surgen emociones, personajes, situaciones... Por eso es tan difícil la vida de escritor, porque se sufre continuamente... Créame, ¡es mejor ser editor!

Esbozó una amplia sonrisa con el puro entre los dientes. Cogió su café de las manos del camarero mientras le preguntaba cómo conseguía conservar el trabajo con lo torpe que era, ¡nunca he visto un camarero tan zoquete!

—¿Y mis cuentas? —preguntó Joséphine que sentía cómo el pánico la invadía de nuevo.

—¡Olvídese de sus cuentas y trabaje! Del dinero me ocupo yo... ¡Dígase que a partir de hoy ya no estará sola con sus dudas y angustias, y relájese! ¡Relájese! ¡De lo contrario le arrancaré las tripas!

Joséphine tuvo ganas de abrazarle, pero se contuvo y recibió sin decir nada la espesa humareda del cigarro, que la hizo toser y borró su sonrisa celestial.

Ese día, Joséphine esperó a que Zoé estuviese acostada, y fue a instalarse en el balcón. Se había puesto los calcetines gruesos de lana que había comprado en Topshop por orden de Hortense, que le había asegurado que eran los mejores del mundo. Unos calcetines gruesos que le llegaban a las rodillas. Un pijama, un jersey gordo y su edredón.

Y una infusión de tomillo con una cucharada de miel.

Se instaló en el balcón de las estrellas.

Escuchó la noche fría de diciembre, el ruido de una motocicleta a lo lejos, el silbido del viento, la alarma de un coche que se dispara, un perro que ladra...

Levantó el rostro hacia el cielo. Localizó la Osa Mayor y Menor, la Cabellera de Berenice, la Flecha y el Delfín, el Cisne y la Jirafa...

No había hablado con las estrellas desde hacía mucho tiempo.

Empezó por darles las gracias.

Les agradeció la comida con Serrurier. Gracias, gracias. No lo he entendido todo, no lo recuerdo todo, pero tengo ganas de abrazarme al tronco de los castaños, de escalar los semáforos, de atrapar trozos de cielo.

Bebió un sorbo de tomillo, se puso un poco de miel bajo la lengua. ¿Qué fue lo que dijo él? ¿Qué dijo? Aquello la impulsaba a calzarse las botas de siete leguas...

Escucha, papá, escucha...

Me dijo que tenía talento, que iba a escribir un nuevo libro.

Me dijo que conseguiría clavar mi sufrimiento en la cruz y mirarlo de frente.

Me dijo que debía atreverme. Olvidar que mi hermana y mi madre me habían cortado las alas. Me habían reducido a la mínima expresión.

Me dijo que eso se había terminado.

¡Nunca más, nunca más!, prometió mirando a las estrellas por primera vez desde hacía meses.

Soy una escritora, soy una escritora formidable y digna de escribir. Ya no pensaré más que todo el mundo es mejor que yo, más inteligente, más brillante y que yo soy poquita cosa... Voy a escribir otro libro.

Sola. Como escribí *Una reina tan humilde*. Con mis propias palabras. Mis palabras cotidianas que no se parecen a las de nadie. También me dijo eso.

Buscó con la mirada la estrellita, su estrellita al final de la Cacerola, para ver si había vuelto, si se dignaría a brillar para decirle que la recibía alto y claro.

Porque, mira, papá, si yo no soy capaz de estar orgullosa de mí, ¿quién lo será?

Nadie.

Si no tengo confianza en mí misma, ¿quién tendrá confianza en mí?

Nadie.

Y me pasaré la vida pegándome tortazos...

Pegarse tortazos constantemente no es un objetivo que debamos tener en la vida.

Ya no quiero que me traten de tonta y no quiero considerarme a mí misma como algo insignificante.

Ya no quiero obedecer a un jefe. A Iris, a Antoine, a las instancias del CNRS, a los colegas de la facultad.

Quiero tomarme en serio. Confiar en mí.

Hago la solemne promesa de seguir en pie y avanzar.

Miró durante un buen rato las estrellas, pero ninguna parpadeaba.

Pidió ayuda para empezar el libro.

Prometió que abriría de par en par la mente, los ojos y los oídos para recibir la más mínima idea que pasara por allí.

Volvió a decir ¡eh, estrellas! Enviadme lo que necesito para avanzar. Enviadme las herramientas adecuadas y os prometo utilizarlas correctamente.

Miraba a lo lejos los edificios detrás de los árboles. En algunos salones habían puesto árboles de Navidad. Brillaban como linternas multicolores. Miró fijamente las luces hasta que se pusieron a temblar y a formar guirnaldas.

Los tejados grises inclinados, los árboles altos y negros, las fachadas regulares, sin saber por qué, todo le decía que vivía en París y que era feliz. Era como un amor incurable y secreto.

Iba a ocupar su lugar, era feliz.

E iba a escribir un libro.

Sintió una especie de explosión de alegría interior.

Llovía alegría en su corazón. Oleadas de alegría, torrentes de paz, diluvios de fuerza. Se echó a reír en la oscuridad y se arrebujó con el edredón para no salpicarse.

Entonces supo que había vuelto a encontrar a su padre. No brillaba al final de una cacerola en el cielo, sino que vertía cubos de felicidad en su corazón.

Una inundación de felicidad.

Eran las dos de la mañana. Sintió ganas de llamar a Shirley.

Llamó a Shirley.

—¿Cuándo vienes a Londres?

—Mañana —dijo Joséphine—. Iré mañana.

Mañana era viernes. Zoé iba a pasar la semana en casa de Emma para estudiar. Joséphine pensaba quedarse en casa, limpiar y planchar. Iphigénie había dejado una cesta llena de ropa para planchar.

—¿De verdad? —se extrañó Shirley.

—De verdad... ¡Y firmo mis palabras en un billete de Eurostar!

* * *

Se habían comido un tarro de Ben & Jerry's cada una y se estaban masajeando el vientre, tumbadas sobre el suelo de la cocina de Shirley, arrepintiéndose ya de toda esa grasa, todo ese azúcar, todo ese caramelo y todo ese chocolate que habría que eliminar. Se reían haciendo listas de cosas deliciosas y peligrosas que no había que comer nunca so pena de convertirse en dos señoronas gordas de Antibes.

—Si me convierto en una señorona gorda de Antibes, ya no podré hacerle la danza del vientre a Oliver y lo sentiré mucho...

¿Oliver? Joséphine se incorporó, apoyó la cabeza en la mano y abrió la boca para hacer la pregunta.

Shirley la detuvo:

—Calla, no digas nada, escúchame y no vuelvas a hablar de ello nunca más, nunca, ¿me lo prometes? O por lo menos espera a que yo te lo cuente primero...

Joséphine asintió y se puso un dedo sobre la boca, para indicar que sus labios estaban sellados.

—... he conocido a un hombre con una sonrisa bonachona, espaldas anchas, y pantalones de pana gastados, un hombre que va en bici y lleva guantes forrados, y me parece que me he enamorado. Es bastante posible. Porque desde que le vi, siento una especie de gas volátil. Ocupa mi cabeza, ocupa mis venas, ocupa mi corazón, el bazo y los pulmones, se dilata dentro de mí y eso me gusta, me gusta y nunca, nunca me convertiré en una señora gorda de Antibes, para poder conservar a ese hombre...

Cerró los ojos, se abrazó el cuerpo y sonrió murmurando:

—Se acabaron las confidencias. Vamos a jugar.

Jugaron a «fracasar y triunfar», estiraron los brazos, estiraron las piernas, se pusieron de lado y mezclaron las cabezas y los hombros.

—Yo he fracasado en mis amores, he fracasado en mis estudios, he echado a perder todos mis guisos, me perdí el último concierto de Morcheeba —enumeró Shirley contando con los dedos—, pero triunfé en mi relación con mi padre y con mi madre, en la mayoría de los orgasmos, con el carné de conducir, la educación de mi hijo, mi amistad contigo...

Joséphine prosiguió:

—Yo fracasé lamentablemente en mi vida amorosa, en casi todos mis orgasmos, con todos los regímenes, en mis relaciones con mi madre, pero he triunfado con mis dos adorables hijas, mi HDI, escribiendo un libro, siendo tu amiga...

—Yo siempre me he perdido el rayo verde* —reconoció suspirando Shirley.

—Yo eché a perder todas mis mayonesas —confesó Joséphine.

—Imposible hacer crecer ni un maldito geranio...

—Nunca conseguí atrapar una libélula...

Luego pasaron al juego «lo que más detesto de un hombre».

—Detesto a los mentirosos —dijo Shirley—. Son cobardes, abúlicos, medusas venenosas.

—¡Y cuentan calumnias! —añadió Joséphine riendo.

—Como en el poema de Chaucer:

Y la naranja cayó en el plato del traidor
El que se había burlado de la confianza del amo
Del lento y fuerte amor que el hombre inspiró
Que le había enseñado año tras año,
Gajo tras gajo, a ser un hombre, uno de verdad
Uno que nunca reniega e ignora la terrible mentira
Que mancilla el alma tanto como los sueños.
Ten, hijo, dijo el Amo señalando la naranja
Come, la frente enrojecida, fruto de tu traición,
Degústala, gajo tras gajo,

* Fenómeno óptico real, llamado rayo verde por su color, que se produce bajo ciertas condiciones atmosféricas particulares.

Come hasta aplacar el estiércol de tu vergüenza
Pues innoble es el hijo que miente a su padre.

—Eso me da escalofríos en la espalda —apuntó Joséphine estremeciéndose.

—Son las palabras que salieron de la boca de mi padre cuando se enteró de que había dado a luz a un hijo sin haberle avisado... Nunca las olvidé. Las tengo grabadas en la memoria al rojo vivo...

Joséphine tembló. No sabía si era Chaucer o la calefacción que fallaba lo que le producía ese efecto, pero se sintió cubierta por un sudario helado.

—Nunca volví a mentirle. ¡No te puedes hacer una idea del tiempo que se gana con eso! ¡Yendo de frente vas más rápido! Te conviertes en un hombre, en una mujer de verdad.

—¿Se ha vuelto a estropear la calefacción? —preguntó Joséphine.

—Que sepas, querida, que en Inglaterra la calefacción está siempre estropeada... Funciona un día de cada tres. Igual que el agua caliente y el metro... y está muy bien así. A menos calefacción, menos contaminación. Pronto se acabará el petróleo, y ya no podremos calentarnos, ¡así que es mejor acostumbrarse!

—¡En tu país, más vale dormir con alguien!

—A propósito, ¿en qué punto estás con Philippe?

—En ninguno. Por culpa de mi conciencia. Me prohíbe retozar y me encierra en un cinturón de castidad del que he perdido la llave...

—Y eso que antes tampoco eras de las que te metías en la cama a la primera ocasión...

—¿Y Alexandre? ¿Tienes noticias suyas?

—Sé algo por Annie, la niñera. Está como cualquier adolescente que ha perdido a su madre por una puñalada... No muy bien.

—Quizás debería ir a verle...

—Y a su padre también...

Joséphine no captó la alusión. Estaba pensando en Alexandre. Se preguntaba qué debía de sentir por las noches al apagar la luz. ¿Pensaba en Iris, sola en el bosque con sus asesinos?

—¿Alguna vez tienes miedo? —preguntó.

—¿De qué?

—De todo...

—¿De todo?

—Sí.

—Sólo se puede tener miedo de una cosa —afirmó Shirley—. Miedo por tus hijos. El resto es muy sencillo: con el dinero, el trabajo, los impuestos, el puenting..., simplemente te dices «no tengo miedo» y saltas hacia delante...

—¿Funciona?

—¡Estupendamente! Te dices «quiero eso», y lo consigues... Pero poniendo en ello toda el alma. Sin hacer trampas. Pensando continuamente en ello..., quiero esto, quiero esto, quiero esto... ¿Quieres intentarlo? ¿Qué quieres ahora mismo? Sin pensarlo.

Joséphine cerró los ojos y dijo:

—Besar a Philippe.

—Entonces piensa mucho en ello, mucho, y te prometo, escúchame, te prometo que pasará...

—¿De verdad lo piensas?

—... pero has de creer en ello con todas tus fuerzas. No seas timorata. Di, por ejemplo, quiero...

—... echarme en brazos de Philippe...

—No, no, ¡así no funcionará!

—Quiero que me estreche en sus brazos, que me bese por todas partes, por todas partes...

Shirley hizo una mueca.

—Todavía te falta convicción...

—¡Quiero que se tire encima de mí como un animal en celo! —gritó Joséphine rodando sobre el suelo helado de la cocina.

Shirley se apartó y la miró de arriba abajo, divertida y asombrada.

—Bueno... ¡Así seguro que lo conseguirás!

Al día siguiente, sábado, a la hora de la comida, Joséphine fue a ver a Hortense.

Vivía en Angel, un barrio que se parecía a Montmartre. Farolas, callecitas estrechas con escalinatas, viejas tiendas de ropa usada. Los bares tenían nombres franceses. Se sentaron en el interior del Sacré-Cœur en la esquina de Studd Street y Theberton. Pidieron un plato de buey con zanahorias cada una y dos vasos de vino tinto. Probaron el pan y decidieron que era una auténtica baguette, probaron la mantequilla y tenía el gusto de la mantequilla salada de Normandía.

Hortense abrió el fuego:

—¡Ya está! ¡Me he convertido en una auténtica inglesa!

Tiene un novio inglés, pensó Joséphine contemplando a su hija con deleite. Hortense se ha enamorado. Mi hija con corazón de piedra ha bajado la guardia por un inglés vestido de tweed. ¿Será de su edad, o mayor? ¿Tendrá las mejillas rojas y los párpados caídos? ¿O el mentón afilado y los ojos golosos? ¿Hablará con la nariz? ¿Hablará francés? ¿Le gustará el guiso de ternera que le cocinaré? ¿Los jardines del Palacio Real, las reinas de Francia en el parque de Luxemburgo y la plaza de los Vosgos por la noche? ¿Y la pasarela de Arts, y la callecita Férou, por la que paseaba Hemingway cuando estaba sin blanca? Joséphine le paseaba por París, le dibujaba en su cabeza, le tocaba con los laureles del hombre que había derrotado a la intratable Hortense y dedicaba a su hija una mirada emocionada.

—¿Y cómo se llama ese simpático inglés? —preguntó Joséphine con el corazón lleno de regocijo.

Hortense se inclinó hacia atrás y se echó a reír.

—¡Mamá, eres realmente incorregible! ¡Estás completamente equivocada! Simplemente celebré el fin del trimestre en un pub el sábado por la noche y, el domingo por la mañana, me desperté con un impresionante dolor de cabeza y un inglés desconocido en mi cama. Esto te va a hacer gracia, ¡se llamaba Paris! *I spent the night in Paris.** Cuando le dije ¡qué nombre más estúpido! me preguntó el mío y replicó ¡qué nombre más horrible! y nos separamos sin decir palabra. Creo que se sintió humillado.

—¿Quieres decir que recogiste a un chico en un pub y te lo metiste en la cama sin saberlo de tanto que habías bebido? —preguntó Joséphine, horrorizada.

—Exactamente eso, oye, al final resulta que lo entiendes todo enseguida... He hecho lo que hacen todas las inglesas el sábado por la noche.

—¡Ay, ay, ay, Hortense! Y supongo que estabas demasiado borracha como para pensar en...

—¿... usar un condón?

* «Pasé la noche en París».

Joséphine asintió, espantosamente incómoda.

—Estábamos tan bebidos que no hicimos nada de nada... Él intentó mostrarse emprendedor por la mañana temprano y ¡mi comentario sobre su nombre le cortó el rollo!

Dejó el tenedor en el plato y concluyó:

—Eso no impide que me haya convertido en una auténtica inglesa...

—¿Y a Gary? ¿Le has vuelto a ver?

—No. No tengo tiempo. Y la última vez, me dejó plantada en la calle en plena noche...

—Eso no es normal en él... —protestó Joséphine.

—Pero he oído decir que se ha tomado muy en serio lo del piano. Que ha conocido a un profesor con el que se lleva muy bien, que le sirve de padre, de tutor, de modelo, ¿sabes a lo que me refiero? Se pasa todo el tiempo tocando el piano y viendo a ese hombre. Han creado una amistad viril... ¡Apasionante! Parece incluso que se niega a presentarlo a sus amigos porque quiere guardarlo para él solo. Qué locura. Las personas, en cuanto quieren a alguien se vuelven celosas, exclusivistas...

—Me alegro por él. No era sano no tener ningún modelo masculino. Seguramente eso le hará madurar, cambiar, independizarse...

Hortense echó su larga cabellera hacia atrás como para barrer el caso Gary Ward y la ausencia de padre en la vida del chico. No era problema suyo. Todo lo que no la afectaba directamente no era problema suyo.

Joséphine pensó en Antoine. Hortense había estado muy apegada a su padre, pero no hablaba nunca de él. Debía de pensar que era inútil. Lo pasado, pasado, ocupémonos del presente. Eso era lo que seguramente pensaba Hortense.

No se atrevió a plantear más cuestiones y prefirió preguntarle si le gustaba el guiso de buey con zanahorias.

Era su última noche juntas. Joséphine volvía a París al día siguiente.

—¿Y si fuésemos a un concierto? —propuso Shirley entrando en la habitación que ocupaba Joséphine—. Tengo dos butacas bien situadas que me ha pasado una amiga... Ha tenido un problema en el último minuto, un niño enfermo...

Joséphine contestó que era buena idea y preguntó si había que vestirse de gala.

—Ponte guapa —respondió Shirley con aire misterioso—, nunca se sabe...

Joséphine la miró, preocupada.

—¿Estás tramando algo?

—¿Yo? —exclamó Shirley haciéndose la ofendida—. ¡Nada de eso! ¿Qué te imaginas?

—No lo sé... Me suena a conspiración...

—Suena a flauta encantada... Me encanta ir a conciertos...

Ni siquiera me obliga a mentir, prosiguió Shirley hablando consigo misma, yo no he planeado nada. Simplemente sé que Philippe estará en la sala esta noche.

Había llamado a su casa por la mañana para preguntar por Alexandre, estaba enfermo con gripe desde hacía unos días. Había hablado con Annie, su niñera, una bretona robusta, con cincuenta años cumplidos, rellenita y de aspecto saludable. Había terminado apreciándola y el sentimiento de simpatía parecía ser mutuo. La niñera, en nuestros días, sustituye a la dama de compañía de las obras de Racine. Lo sabe todo y confía sus secretos a quien sabe hacerla hablar. Annie era una buena mujer sin malicia a la que se le soltaba la lengua con facilidad. Le había contado que Alexandre iba mejor, que le había bajado la fiebre, y Shirley le había preguntado si podría pasar a verle. Annie había respondido que por supuesto, pero el señor Dupin no estará, va a un concierto esta noche. En el Royal Albert Hall, había añadido con orgullo, interpretan las sonatas de Scarlatti y al señor Dupin le gustan mucho. Annie ocultaba mal la devoción por su patrón.

Cuando colgó, Shirley tenía un plan en la cabeza. Ir al concierto y arreglárselas para que Philippe y Jo se encontrasen al pie de alguna escalera durante un entreacto. En el amor, «quien no se vale de astucias, no consigue nada» y como esos dos se empecinaban en jugar a los amantes malditos, ella se disfrazaría de entrometida.

Caía una lluvia fina cuando cogieron un taxi hasta Kensington Gore y Shirley se envolvió en una gran estola de cachemira rosa temblando.

—Tendría que haber cogido un abrigo —dijo indicándole la dirección al taxista.

—¿Quieres que suba a buscar uno? —propuso Joséphine.

—No, da igual... En el peor de los casos, moriré escupiendo mis pulmones... ¡Será muy romántico!

Corrieron desde el taxi hasta la entrada del teatro y se mezclaron con la muchedumbre que intentaba acceder al vestíbulo. Shirley tenía las entradas en la mano y se abrió camino recomendando a Joséphine que la siguiera.

El palco era amplio e incluía seis asientos de terciopelo rojo con pequeños pompones colgados de los brazos. Se sentaron y miraron cómo se llenaba la sala. Shirley había sacado los gemelos de su bolso. Se diría que pasa revista a las tropas, pensó Joséphine, divertida por la expresión seria de su amiga. Después pensó mañana me voy y no le habré visto, mañana me voy y él ni siquiera sabe que he venido..., mañana me voy, mañana me voy... Se preguntó cómo soportaría abandonar Londres dejando atrás a Philippe, cómo sería posible retomar su vida en París cuando había estado una semana tan cerca de él... Levantó la cabeza hacia la cúpula de cristal que coronaba la sala de conciertos para disimular las lágrimas que llenaban sus ojos.

Querer olvidar a alguien es pensar en él todo el tiempo.

Temblaba de deseos de levantarse y correr a su encuentro. Nunca debí venir a Londres, él está por todas partes, podría estar aquí, esta noche... Escrutó la sala. Se estremeció. ¿Y si no estuviese solo? Seguramente habría venido acompañado...

Cierro los ojos, los vuelvo a abrir y le veo, se dijo bajando los párpados y concentrándose.

Cierro los ojos, los vuelvo a abrir, está frente a mí y me dice Joséphine y...

Shirley, a su lado, barría la sala con sus gemelos como una habitual que intenta localizar a sus conocidos. Joséphine se dijo que podría buscar una excusa, levantarse y correr, correr hasta el piso de Philippe... Se imaginaba la escena, estaría en su casa, leyendo o trabajando, abriría la puerta, ella se echaría en sus brazos y se besarían, se besarían...

Shirley se había quedado inmóvil y con la mano que sostenía los gemelos ajustó la ruedecilla para enfocar mejor. Se mordió el labio superior.

—¿Has visto a alguien? —preguntó Joséphine por decir algo.

Shirley no contestó. Parecía absorta en un espectáculo de la sala y sus dedos finos agarraban con fuerza los gemelos. Después los dejó y miró fijamente a Joséphine con expresión extraña, como si no la viese, como si no estuviese sentada a su lado. Esa mirada incomodó a Joséphine, que se movió en el asiento preguntándose qué mosca había picado a su amiga.

—Oye, Jo... —soltó Shirley buscando las palabras adecuadas—. ¿No tienes calor?

—¿Estás loca? ¡Pero si aquí casi no hay calefacción! ¡Y hace un rato te morías de frío!

Shirley se quitó la estola de cachemira de los hombros y se la tendió a Joséphine.

—Podrías llevármela al guardarropa..., ¡me muero de calor!

—Pero... si no necesitas más que ponerla en el respaldo de la silla.

—¡No! Se caería, la pisaría e incluso podría dejármela olvidada. No me lo perdonaría durante el resto de mi vida, es un regalo de mi madre.

—Ah...

—¿Te molesta?

—No...

—Iría yo, pero he localizado a un antiguo... amigo en la sala, y no querría perderle de vista...

¡Ah!, pensó Joséphine, por eso tiene esa mirada extraña. Quiere espiarle, seguirle con los gemelos, y le molesta que yo sea testigo de esa escena. Prefiere alejarme con un pretexto idiota, aun a costa de morirse de frío.

Se levantó, cogió la estola y dedicó una sonrisita de connivencia a Shirley. Una sonrisa que significaba vale, lo he captado. ¡Te dejo sola!

—Y ve al guardarropa de la orquesta —le ordenó Shirley cuando Joséphine se alejaba—. ¡Los otros están siempre abarrotados!

Joséphine obedeció y se dirigió hacia el vestuario de la planta baja. Hombres con prisas y mujeres de labios carmín la empujaron dirigiéndose hacia la sala. Se apartó, buscando con la mirada la cola del guardarropa.

Había varias. Eligió una, dejó la estola de Shirley, cogió el recibo que le dieron y volvió sobre sus pasos.

Arrastraba los pies. Meditando sobre su falta de decisión y de coraje. ¿Por qué no me atrevo? ¿Por qué? Tengo miedo del fantasma de Iris. Tengo miedo de hacer daño al fantasma de Iris...

Se detuvo un instante, reflexionó.

No tenía ni bolso ni abrigo. Tendría que volver al palco, explicarle a Shirley...

Fue entonces cuando...

Se vieron a la vuelta de un pasillo.

Se detuvieron, boquiabiertos.

Bajaron la cabeza como si les hubiesen golpeado en la frente.

Apoyados en la pared, petrificados en el gesto que estaban haciendo. Él acababa de dejar su abrigo en el guardarropa, ella se había metido en el bolsillo el recibo de Shirley.

Ambos interrumpidos en el movimiento fluido y ligero que realizaban un momento antes.

Permanecieron inmóviles bajo la luz de las lámparas de cristal del enorme vestíbulo. Como dos desconocidos. Dos desconocidos que se conocen, pero que no deben encontrarse.

No acercarse. No tocarse.

Lo sabían. La misma frase dictada por la razón, la misma frase repetida cien veces, giraba como un faro de emergencia en su cabeza.

Y les daba un aspecto de maniquíes, un poco rígidos, un poco estúpidos, un poco torpes.

Todo lo que él quería en ese preciso instante, todo lo que ella reclamaba gritando en silencio, era acercarse, extender la mano y tocar al otro.

Estaban frente a frente.

Philippe y Joséphine.

De uno y otro lado un flujo de personas haciendo cola en el guardarropa, hablando alto, riendo fuerte, mascando chicle, leyendo el programa, evocando al fabuloso pianista, los fragmentos que había decidido interpretar...

El uno frente al otro.

Acariciarse con la mirada, hablarse con un lenguaje mudo, sonreírse, reconocerse, decirse ¿eres tú? ¿Eres realmente tú? Si supieras... Dejaban pasar a hombres y mujeres, jóvenes y menos jóvenes, impacientes y plácidos, y se mantenían, jadeantes de sorpresa, a cada lado del flujo continuo. El concierto iba a comenzar, deprisa, deprisa, dejar el abrigo, deprisa, deprisa, coger el recibo, deprisa, deprisa, encontrar el asiento...

Si supieses cuánto te he esperado..., decía el uno con la mirada ardiente.

Si supieses cuánto te echo de menos..., decía la otra ruborizándose, sin bajar la mirada, sin girar la cabeza.

Y estoy harto de esperarte...

Yo también estoy harta...

Se hablaban sin mover los labios. Sin respirar.

Ya no había cola en el guardarropa y el timbre continuado del teatro indicaba que el concierto iba a empezar. La señora del guardarropa colgaba los últimos abrigos, entregaba los últimos recibos, guardaba unas pieles, un sombrero, un bolso de viaje, cogía un libro y se sentaba en un taburete a esperar el primer entreacto.

El timbre no dejaba de sonar, el teatro se llenaba.

Los últimos rezagados se precipitaban, buscando a la acomodadora, se exasperaban, temiendo perderse los primeros compases, no poder entrar. Se oían puertas que se cerraban y se abrían, el ruido de los asientos que se desplegaban, un murmullo de voces, de toses, de gargantas carraspeando...

Y después no oyeron nada más.

Philippe cogió la mano de Joséphine y la llevó a un rincón del viejo teatro que olía a polvo y al paso de los siglos.

La estrechó tan fuerte contra sí que ella estuvo a punto de perder el aliento, de gritar... Lanzó un suspiro de dolor que cambió inmediatamente por un gemido de placer, la nariz aplastada contra su cuello, los brazos entrelazados en su nuca.

Él la abrazó, la abrazó, atrapó su espalda entre sus brazos para que no se moviese, para que no escapase.

La besaba. Besaba su pelo, besaba su cuello, abría su blusa blanca y besaba sus hombros, ella se dejaba hacer, hundía su boca en su cuello. Le mordisqueaba, le lamía, probaba su piel, reconocía su olor, un olor a especias indias, cerraba los ojos para grabar ese olor para siempre, para guardarlo en un frasco de la memoria, para respirarlo más tarde, más tarde...

Más tarde... el olor de su piel mezclado con el de su colonia, el sabor del cuello de su camisa recién lavada, recién planchada, una barba incipiente que rasca, el pequeño pliegue de la piel sobre el cuello de la camisa...

¿Philippe?, preguntaba acariciando su pelo, ¿Philippe?

Joséphine..., resoplaba él acariciando una zona de su piel, dejando deslizar los dientes sobre el lóbulo de su oreja...

Ella se separaba, decía ¿eres tú? ¿Eres realmente tú? Se alejaba para verle, para reconocer su rostro, sus ojos...

Él la atraía hacia sí.

De pie en aquel recodo sombrío del teatro, de pie sobre el suelo de madera que crujía, borrados por la penumbra, en el anonimato de la oscuridad...

Se picotearon, se devoraron, recuperaron las horas y horas y las semanas y los meses perdidos, se encastraron el uno en el otro, deseando tener diez mil bocas, diez mil manos, diez mil brazos para no volver a soltarse nunca más, nunca más sentirse hambrientos.

El beso de dos hidras voraces.

Insaciables.

¿Por qué? ¿Por qué?, decía Philippe separando el pelo de Joséphine para atrapar su mirada. ¿Por qué ese silencio, por qué no explicarme nada? ¿Crees que no lo sé? ¿Crees que no lo entiendo? ¿Crees que soy tan estúpido como para pensar eso?

Y su voz se hacía ruda, impaciente, molesta. Y su mano empuñaba la melena de Joséphine para obligarla a levantar la cabeza...

Joséphine bajaba la mirada, bajaba la cabeza, hundía la nariz en su hombro, la hundía hasta sentir el hueso y empujaba, empujaba aún más fuerte para que él callase. Empujaba con la frente, empujaba con los dientes. Cállate, cállate, si hablas volverá el fantasma, nos separará, nos prohibirá..., no debemos invocar a los fantasmas, murmuraba ella frotando la frente, la nariz, la boca contra él.

Cállate, suplicaba, deslizando una pierna entre sus piernas, enrollando la otra alrededor de su cintura, escalando por él, colgándose de él como un niño escala un árbol demasiado alto, un árbol peligroso, un árbol prohibido. Cállate, gemía, cállate... No debemos hablar.

Nada más que mi boca en tu boca, tus dientes comiéndome, tu lengua lamiéndome, aspirándome, y yo abierta, partida en dos, nada más que todo este ruido en nuestros cuerpos y todo este silencio a nuestro alrededor, pero ni una palabra, te lo suplico, sangre, carne, aliento, saliva, suspiros, placer que desborda pero ni una palabra. Las palabras matan, amor mío, las palabras matan... Si dejas pasar una sola palabra entre nuestros labios, entre nuestros alientos, desapareceremos como dos pequeños elfos apasionados...

Joséphine, decía entonces, si supieras, Joséphine, si supieras... Y ella le tapaba la boca con la mano, le amordazaba y él comía la palma de su mano y recobraba el aliento y volvía a decir te espero cada día, te espero cada segundo, cada minuto, cada hora, pienso va a venir, llegará con su cara de poquita cosa, aparecerá ante mí en la terraza de un café cuando no la espere, con los dedos manchados de tinta de periódico, esos dedos que yo limpiaré uno por uno...

Y le lamía los dedos uno por uno.

Y ella sentía que un sol estallaba en su vientre y le abandonaban las fuerzas para mantenerse en pie, sólo tenía fuerzas para agarrarse a él...

Él la retenía entre sus brazos, la estrechaba, ella le respiraba, lo memorizaba para ese tiempo que vendría y que lo separaría de ella.

Amor mío...

Las palabras se escapaban y volaban por los aires. ¡Oh!, exclamaba, sorprendida ante el brote de placer, para después dejar escapar esas palabras amor mío, amor mío...

Él las recibía como una confesión de cómplice agotada y sonreía, sonreía en su boca y la sonrisa se desplegaba, se desplegaba y se convertía en un estandarte desplegado.

Entonces ella escuchó el eco de las palabras que había pronunciado, las retomó, las repitió, las moduló, eres mi amor, eres mi amor por los siglos de los siglos, besó su oreja como se cierra una caja fuerte y se dejó llevar por un impulso que daba paz, que traía la paz, y permanecieron así, abrazados, en la oscuridad, sin moverse, saboreando esas palabras, llenándose de ellas, haciendo de ellas un viático para los días futuros, los días de gran soledad, los días de gran duda, de gran tristeza.

Amor mío, amor mío, canturreaban a media voz enredándose uno en el otro, hundiéndose en ese recodo del teatro para que no les encontrasen, para que no les volviesen a encontrar nunca. Mi amor, cuánto te quiero, en pie y orgulloso; mi amor, cuánto te quiero eternamente; mi amor, cuánto te quiero hasta quemarme viva; mi amor más grande que la vuelta al mundo, más fuerte que el huracán y la tempestad, el siroco y la tramontana, el viento del norte y todos los vientos del este...

Celebraron su amor inventándose palabras, ofreciéndolas al otro, añadiendo palabras aún más grandes, palabras de pan bendito, de maderas exóticas, en tela de chinchilla, en vapores de incienso, palabras y juramentos, los dos mezclados en un rincón del viejo teatro.

Se besaban, se besaban con palabras que les extasiaban, les encadenaban uno al otro...

Después ella posó las dos palmas de las manos sobre su boca para que esa boca se cerrara para siempre y no se evaporaran las palabras...

Después él le metió un dedo en la boca y lo cubrió con la saliva de todas esas palabras de amor que había pronunciado para no perjurar nunca...

Las dos palmas de las manos de ella sobre la boca de él...

Su dedo escribiendo sobre los labios de ella...

Era su juramento. Su talismán.

Oyeron el ruido de las butacas desplegándose, ruidos de conversaciones, de pasos que se acercan...

El entreacto.

Se separaron despacio, lentamente, fueron hacia la escalera, él se pasó una mano por el pelo para alisarlo, ella tiró de su chaqueta para ajustarla, se miraron por última vez con ardor, triunfantes, dejaron pasar a la gente, dos cuerpos que forman una barrera, que se separan suavemente, a su pesar...

Ahora ya no tendrían miedo. Se habían convertido en el bizarro caballero y su dama que iban a separarse para encontrarse un día, no sabían cuándo, no sabían cómo...

Partieron cada uno por su lado con la huella del otro impresa en el cuerpo.

Es maravilloso cuando empieza un amor, se dijo Joséphine, y nosotros no acabamos nunca de empezar...

Caminaron así, la cabeza vuelta hacia el otro, para no dejar de mirarse hasta el último momento...

Shirley esperaba en su sitio. Observó los ojos brillantes de Joséphine, las mejillas enrojecidas y esbozó una sonrisa imperceptible.

Juzgó que era preferible callar. Un resplandor malicioso brilló en su mirada que no hacía preguntas.

Joséphine se sentó. Apoyó las dos manos en los brazos de la butaca para ocupar su sitio en la vida real. Manoseó los pompones rojos. Pensó. Tomó la mano de su amiga, y la apretó.

—Gracias, mi amiga adorable. Gracias.

—*You're welcome, my dear!**

Shirley estornudó varias veces.

—Me estoy muriendo...

Y añadió:

—¡Y tú no estarás aquí para cuidarme!

* * *

En el Wolseley, Nicholas Bergson esperaba a Hortense Cortès para comer. Esperaba desde hacía veinte minutos y se impacientaba. La silla vacía, frente a él, parecía burlarse y echarle en cara su condición de subalterno. ¡Gusano, lacayo, torpe!, se mofaba la silla. ¡Olvidas que eres EL director artístico de Liberty y te dejas mangonear por una chiquilla! *Shame on you!*** ¡Es verdad! ¡Me trata como a un crío! Gruñó entre dientes releyendo el menú por décima vez.

* «De nada, querida».

** «¡Avergüénzate!».

Se acercaba la Navidad con su cortejo de adornos, luces, cánticos frente a las bocas de metro, vasos de plástico ofrecidos por el Ejército de Salvación, y desde la ventana del restaurante, él observaba el espectáculo de la calle mientras esperaba la llegada de Hortense. Se alisó la camisa, se ajustó el nudo de la corbata, consultó de nuevo el reloj y saludó con la cabeza a un conocido del trabajo que se sentaba en una mesa vecina. Pero ¿qué pinta tengo aquí plantado? Esto es muy malo para mi imagen... ¡Y pensar que me la he tirado! ¡Este mismo verano! He metido la pata con esa chica. Hay que mostrarse inflexible con ella, sin doblegarse... Si te agachas, te convierte en un eunuco.

Se preguntó si debía levantarse y marcharse, vaciló, le concedió otros cinco minutos y prometió tratarla con frialdad.

Sus relaciones con Hortense eran un quebradero de cabeza. Lo mismo se mostraba cariñosa, encantadora, que le miraba con fría ironía, como diciéndole pero ¿quién es usted para comportarse de manera tan familiar? Un día, él había exclamado, exasperado, ¡te recuerdo que hemos sido amantes! ¡Amantes! Ella le había mirado, glacial, es curioso, por mucho que lo intente, ¡no me acuerdo! Eso no dice mucho en tu favor, ¿verdad?

Nunca había visto tanta indiferencia y desdén en un ser humano. Es el tipo de chica que podría saltar en paracaídas... sin paracaídas. Hay que reconocerlo, se dijo mirando de nuevo la esfera de su reloj, se comporta de la misma manera con todos: el mundo entero está para servirla.

Suspiró.

Lo peor es que seguramente ésa es la razón por la que estoy aquí esperándola como un cretino...

En el momento preciso en el que iba a levantarse y tirar la servilleta sobre la mesa, Hortense se dejó caer sobre la silla vacía frente a él. Su melena caoba, sus brillantes ojos verdes y su resplandeciente sonrisa testimoniaban un apetito y una alegría de vivir tan intensos, que Nicholas Bergson no pudo evitar sentirse maravillado, casi emocionado. ¡Qué guapa era! Luminosa *and so chic!** Llevaba un abrigo de paño negro entallado con las mangas arremangadas para subrayar que lucía en la muñeca un Oyster Rolex de acero, unos vaqueros ajustados marrón brillante —unos Balmain que costaban novecientas ochenta libras, observó—, un jersey de cuello vuelto de cachemira y un cabás de piel de becerro de la firma Hermès.

Él levantó una ceja con extrañeza y preguntó:

—¿De dónde sale tanto lujo?

—He encontrado una página en Internet donde se puede alquilar por meses toda la ropa de marca. ¡Tirada de precio! Y ya lo ves, efecto asegurado, es lo primero que has visto. No me dices hola, tu cabecita de dictador de la moda sólo piensa ¡guau, qué elegante! Eres como todos, te dan el pego con cualquier cosa...

—¿Y cómo funciona eso?

—Te abonas, dejas una suma en depósito y ¡tachán! Alquilas lo que quieras y te vistes como una princesa. Te miran, te respetan ¡y te felicitan! ¿Ya sabes qué quieres pedir? —preguntó, echando un vistazo al menú.

—He tenido mucho tiempo para elegir —gruñó Nicholas—. Me sé la carta de memoria.

* «¡y tan elegante!».

—¿Y qué vas a tomar? —dijo Hortense, ignorando la frialdad de su interlocutor—. ¡Ya está! Yo ya lo sé... ¿Puedes llamar al camarero? Me muero de hambre...

Levantó la vista hacia él, le miró y se echó a reír.

—¿Te has vuelto gay o qué?

Nicholas estuvo a punto de atragantarse.

—¡Hortense! ¿Cómo te atreves...?

—¿Has visto cómo vas vestido? Camisa naranja, corbata rosa ¡y chaqueta violeta! No he leído en ninguna parte que eso estuviese de moda. A menos que, efectivamente, hayas cambiado de preferencias sexuales...

—No, todavía no, pero no debería tardar si continuamos viéndonos. Tú solita serías capaz de que acabara dándome asco todo el género femenino...

—Anota que no me molestaría en absoluto. Al contrario. Te tendría para mí sola, no tendría que compartirte con ninguna buscona. Detestaría tener que compartirte con una buscona. Así que puedes elegir: monje o gay...

—Mi querida Hortense, para poder conservarme, deberías empezar por tratarme con más consideración... Te recuerdo que...

—Hazle una seña al camarero, ¡me muero de hambre!

—¡Y además me interrumpes!

—Me horroriza cuando te quejas... Me llamas, me dices que tienes algo superexcitante que anunciarme, yo alquilo toda clase de lujos, me emperifollo, ensayo delante del espejo, pienso que me vas a presentar a Stella o a John... y me encuentro con un payaso chillón y triste que se queja de su desgracia sentado solo a una mesa. ¡No es muy excitante que digamos!

—¡Me quejo porque llegas con treinta y cinco minutos de retraso! ¡Y estoy solo porque se supone que tenía que comer contigo y no con un montón de gente! —exclamó Nicholas Bergson, al borde de un ataque de nervios.

—¡Ah! ¿Llego tarde? Es posible... pero no necesariamente mortal. Hazle una seña al camarero, me muero de hambre. Creo que ya te lo he dicho.

Nicholas accedió. El camarero anotó su pedido.

Él permaneció en silencio.

—Vale, lo he entendido... Deja de jugar al Pictionnary: pones una cara... Yo te haré preguntas y tú contestarás sí o no, así podrás seguir enfurruñado y tu honor estará a salvo. Primera pregunta: tu noticia extraordinaria, ¿se refiere a ti?

Nicholas negó con la cabeza.

—¿Se refiere a mí?

Él asintió.

—¿Algo de la escuela?

Él movió la cabeza.

—¿Trabajo a la vista?

Volvió a asentir.

—¿Un trabajo formidable que podría ser el trampolín para mi magnífica carrera?

Asintió.

—Te lo advierto: ¡o recuperas rápidamente el habla o te clavo un tenedor en el ojo delante de todo el mundo!

Él la ignoró y, sin decir palabra, se puso a jugar con el mango de marfil del cuchillo.

—Vale, de acuerdo... Te presento mis excusas por haber llegado tarde. Y puedo besarte en la boca para que se sepa que no eres gay, sino un amante decente...

—¿Sólo decente?

—Honorable, y es mi última palabra... Y bien, ¿cuál es la noticia?

Nicholas suspiró, derrotado.

—Harrods. Los escaparates. Los famosos escaparates... Hay dos disponibles. Todavía no saben a quién se los darán y hasta esta tarde, a las cinco, se puede pedir la solicitud a una tal Miss Farland...

Hortense le miró con la boca abierta.

—Eso es colosal. Colosal... Y tú crees que...

—Yo te doy la dirección del despacho de Miss Farland, tú recoges la solicitud y te vendes como si te fuera la vida en ello. Ahora te toca a ti.

—¿Y cómo es que los escaparates de Harrods están libres? —preguntó Hortense, con repentina desconfianza—. Suelen estar reservados con meses de antelación...

—Son los escaparates de marzo-abril, destinados a los nuevos creadores. Se los habían asignado a Chloé Pinkerton...

—... que se estrelló con su coche ayer por la mañana al volver a su casa en el campo. ¡Se lo merece! ¡Eso le pasa por ser una esnob y no querer vivir en Londres! Siempre pensé que esa chica estaba sobrevalorada. Me preguntaba cómo había podido triunfar... ¡Al cuerno con ella!

—A veces —dijo Nicholas, horrorizado— me pregunto si eres realmente humana. Porque la palabra «humano» incluye lo peor, eso seguro, pero también la ternura, la compasión, el don, la generosidad, el...

—¿Crees que puedo ir enseguida a ver a Miss Farland?

—Pero si ni siquiera hemos empezado a comer...

—Voy y vuelvo...

—¡Ni hablar! ¡Al menos me debes el quedarte a comer conmigo después de haberme hecho esperar tanto tiempo!

—Vale... pero si llego demasiado tarde ¡no volveré a dirigirte la palabra! De hecho, ya no tengo hambre, ya estoy pensando en mis escaparates...

Nicholas lanzó un suspiro y desplegó la servilleta.

—¿Qué vas a hacer en Navidad? —dijo para animar la conversación.

—París, mamá, mi hermana, Shirley, Gary y todo el paquete habitual. Mamá preparará un pavo, lo quemará, se pondrá sentimental y llorará, Zoé habrá fabricado regalos idiotas tipo scouts de Francia, Shirley intentará animar el ambiente, y Gary y yo nos miraremos con frialdad...

—¡Ajá! El hermoso Gary Ward estará allí...

—Como de costumbre...

—Ya sabes que Charlotte Bradsburry no se recupera de su separación.

—Me importa un bledo.

—Dice que es por culpa tuya y habla mal de ti por todo Londres...

—¡Me voy a hacer famosa si le habla de mí a todo el mundo!

—También ha dicho que te va a destrozar en la crítica de tu primer desfile...

—¡Mejor todavía! Es mejor que hablen mal de ti a que no hablen en absoluto.

—Resumiendo, está muy triste...

—Me trae completamente sin cuidado. Las penas de amor de Miss Charlotte ¡me las paso por el forro! Voy a conseguir dos escaparates en Harrods. ¡Dos pantallas gigantes donde dejar constancia de mi talento! Y durante seis semanas, el mundo entero verá de lo que soy capaz, el mundo entero oirá hablar de Hortense Cortès..., tachán, me lanzarán, me adularán... y seré rica, rica, ¡rica! Me lloverán contratos. Tendré que buscarme un buen abogado. ¿Conoces a alguno?

Se interrumpió, se quedó pensativa durante un instante. Seria. Concentrada.

—Tendré que encontrar un tema. ¿Recuerdas mi desfile en Saint-Martins?*

—*Sex is about to be slow*...**

—Estuvo bien, ¿eh?

—Perfecto. Pero todavía no había llegado la crisis...

—¡Al diablo con la crisis! La gente se olvidará de la crisis cuando vea mis escaparates... Se quedarán completamente subyugados, ¡ya lo verás!

—¡Todavía no son tuyos! Hay muchos candidatos...

—Serán míos. ¡Te lo prometo! Aunque tenga que trabajar día y noche, noche y día y más aún, arrastrarme a los pies de Miss Farland o poner una bomba para eliminar a los otros candidatos...

Hizo una seña al camarero y pidió un zumo de limón recién exprimido.

—¿Bebes zumo de limón? —preguntó Nicholas.

—Todas las mañanas, al levantarme. Es bueno para la piel, el pelo, el hígado, protege de los virus y de los microbios y te pone en forma. Esta mañana se me olvidó...

Apoyó el mentón en la mano y repitió varias veces tengo que encontrar una idea genial, tengo que encontrar una idea genial...

* Cf. *El vals lento de las tortugas, op. cit.*

** «El sexo es lentitud».

—¡Y rápido! —precisó Nicholas.

—Serán para mí... ¡Hortense Cortès! ¡Tendré esos malditos escaparates!

—No lo dudo ni un instante, querida... Lo que una mujer desea...

A las dos y media de la tarde, Hortense Cortès hacía cola en el octavo piso de un edificio de Bond Street entre una cincuentena de candidatos que se miraban de arriba abajo con cara de pocos amigos. Todos permanecían erguidos vigilando los movimientos de los demás. Una chica salió de la sala de reuniones y proclamó ¡no os hagáis más ilusiones, me han elegido a mí! Algunos la miraron, desalentados, y abandonaron la fila. Hortense no se creyó ni una palabra.

Diez minutos más tarde, un tal Alistair Branstall, conocido por su línea de gafas excéntricas, salió asegurando que no había bastantes solicitudes para todos y que los últimos que habían llegado no la conseguirían. Se contoneaba dentro de un traje a cuadros verdes y negros, los ojos abiertos como platos detrás de unas gafas en forma de jirafa.

Hortense se encogió de hombros.

Más tarde, una ayudante de Miss Farland anunció que no quedaban más que diez solicitudes. Hortense contó rápidamente: era la decimocuarta.

Gruñó, se reprochó la crema de chocolate que había tomado de postre y el segundo café, insultó a su glotonería y a Nicholas, y volvió a contar. Los candidatos se retiraron uno tras otro. Ella decidió quedarse.

Sólo era la undécima.

—He dicho que no quedaban más que diez solicitudes —repitió la ayudante mirando a Hortense.

—Y yo he decidido que no sé contar —replicó Hortense con una gran sonrisa.

—Como quiera —respondió la ayudante con expresión afectada y dio media vuelta.

Cuando la última candidata se marchó con su solicitud bajo el brazo, Hortense llamó a la puerta de Miss Farland.

La ayudante abrió con una sonrisita de superioridad.

—Quiero una solicitud... —dijo Hortense.

—Se lo había avisado, ya no quedan...

—Quiero ver a Miss Farland.

La ayudante se encogió de hombros como si fuera inútil insistir.

—Dígale que he trabajado para Karl Lagerfeld y que tengo una carta de recomendación, firmada de su puño y letra...

La ayudante dudó. Hizo entrar a Hortense y le pidió que esperase.

—Voy a ver qué puedo hacer...

Volvió y pidió a Hortense que la siguiera.

Miss Farland estaba sentada detrás de una amplia mesa de despacho de vidrio oval. Rasgos femeninos, morena, toda piel y huesos, tez pálida, inmensas gafas negras, un moño alargado como el ala de un cuervo, labios rojo chillón y enormes pendientes dorados que le tapaban las mejillas. Delgada, tan delgada que se transparentaba.

Pidió a su ayudante que las dejase solas y alargó la mano para coger la carta de Karl.

—No tengo carta. No he trabajado nunca para el señor Lagerfeld. Ha sido un farol —dijo Hortense sin vacilar—. Quiero ese trabajo, es para mí. La voy a dejar de piedra. Tengo veinte mil ideas. Soy una trabajadora empedernida y no temo a nada.

Miss Farland la miró fijamente, asombrada.

—¿Y cree usted que ese camelo le va a funcionar?

—Sí. Aún no he cumplido los veinte, soy francesa y estudio segundo curso en Saint-Martins. En primero sólo admiten setenta entre mil... ¿El tema de mi desfile? *Sex is about to be slow*. Kate Moss llevó uno de mis modelos... Esto, en cambio, puedo probárselo, tengo el DVD y los artículos de prensa y..., bueno, sé que soy mejor que los otros cincuenta candidatos.

Miss Farland se fijó en el abrigo negro ajustado, las mangas arremangadas, los vaqueros Balmain, el cinturón grueso Dolce & Gabbana, el bolso Hermès, el reloj Rolex, y su mano enguantada en negro acarició la pila de solicitudes.

—Hay bastante más de cincuenta candidatos, deben de ser un centenar... ¡y eso sólo hoy!

—¡Entonces soy la mejor de los cien candidatos!

Miss Farland esbozó una sonrisa que intentaba no expresar amabilidad.

—Ese trabajo es mío... —repitió Hortense, captando inmediatamente la brecha.

—Han sido seleccionados porque son buenos, porque ya han demostrado lo que valen...

—Han demostrado lo que valen porque les han dado una oportunidad. Una primera oportunidad... Deme mi primera oportunidad.

—Tienen experiencia...

—Yo también tengo experiencia. He trabajado con Vivienne Westwood y Jean-Paul Gaultier. A ellos no les dio miedo confiar en mí. Y también probé mis primeros diseños con mi oso de peluche cuando tenía seis años.

Miss Farland volvió a sonreír y abrió un cajón para buscar una solicitud suplementaria.

—No se arrepentirá... —prosiguió Hortense, que sentía que no debía disminuir la presión—. Un día podrá usted decir que fue la primera en darme una oportunidad, vendrán a entrevistarla, formará parte de mi leyenda...

Miss Farland parecía divertirse mucho.

—Ya no tengo más solicitudes, voy a ver si a mi ayudante le queda alguna, Miss...

—Cortès. Hortense Cortès. Como el conquistador. Recuerde bien ese nombre...

Miss Farland fue a hablar con su ayudante al despacho contiguo. Hortense las oyó hablar. La ayudante decía que no quedaban más solicitudes, Miss Farland insistía.

Permaneció sentada. Balanceando sus largas piernas. Observó la mesa en desorden. La agenda garabateada de citas y de números de teléfono. Se fijó en la polvera Sisheido, el lápiz de labios Mac, el vaporizador CHANCE de Chanel, los rotuladores, las estilográficas, los portaminas, los bolígrafos cromados, los bolígrafos dorados y un largo portaplumas plantado en un tintero.

No había fotos de niños ni de marido. Debía de pasar las fiestas sola. El rostro desnudo, la boca pálida, el pelo lacio con mechones sucios, zapatillas viejas en los pies, la lluvia golpeando los cristales, el teléfono que no suena, ella lo levanta para ver si funciona, cuenta los días para volver al trabajo... ¡Tristes fiestas!

Siguió barriendo el despacho con la mirada que cayó sobre la pila de solicitudes. El grueso montón de candidatos ya seleccionados.

¿Cómo se rellenan estas cosas? Nunca lo he hecho.

No basta con conseguir una solicitud, después hay que saber rellenarla... Dar suficientes elementos interesantes para que el formulario no termine hecho una bola en la papelera.

Se levantó de golpe, abrió el bolso y se guardó una decena de solicitudes. Se inspiraría en los currículos de sus rivales para aderezar y adornar el suyo, y suprimiría de paso algunas candidaturas.

Volvió a cerrar el bolso, volvió a sentarse, volvió a balancear lentamente la pierna derecha sobre la izquierda, contó los bolígrafos de la mesa uno por uno y respiró profundamente.

Cuando Miss Farland volvió, encontró a Hortense bien sentada, con el bolso sobre las rodillas. Le entregó un grueso sobre.

—Debe traerlo mañana... A las cinco de la tarde, hora límite; no habrá ningún aplazamiento para los que se retrasen. ¿Entendido?

—Entendido.

—Es usted descarada. Me gusta...

Miss Farland tenía una sonrisa bonita.

Hortense se dedicó a leer las solicitudes robadas antes de rellenar la suya.

Acumuló un montón de información.

Añadió a su trayectoria vital una estancia humanitaria en Bangladesh, dos periodos de prácticas en empresas, se inspiró en el relato de una decoradora de teatro, tomó prestada la experiencia de un ayudante de fotografía, inventó un rodaje publicitario en Croacia...

Apuntó su dirección, su correo electrónico y su número de móvil.

Depositó la solicitud a las tres y diez de la tarde sobre la mesa de Miss Farland.

Y se fue a coger el Eurostar, dirección las vacaciones, Navidad y París.

Había metido, en un sobre a nombre de Miss Farland, un bolígrafo con una torre Eiffel dorada que brillaba en la oscuridad.

SEGUNDA
PARTE

A menudo, la vida se divierte.

Nos ofrece un diamante escondido debajo de un billete de metro o del faldón de una cortina. Emboscado en una palabra, una mirada, una sonrisa algo tonta.

Hay que fijarse en los detalles. Ellos siembran nuestra vida de piedrecitas que nos guían. La gente bruta, la gente apresurada, los que llevan guantes de boxeo o dan patadas a las piedras, ignoran los detalles. Quieren cosas pesadas, imponentes, brillantes, no quieren perder un minuto agachándose por una moneda, una brizna de paja, la mano temblorosa de un hombre.

Pero si nos agachamos, si detenemos el tiempo, descubrimos diamantes en una mano tendida...

O en una papelera.

Es lo que le sucedió a Joséphine en esa noche del 21 de diciembre.

La velada había empezado bien.

Hortense volvía de Inglaterra y la vida se aceleraba de golpe. Mil cosas que contar, mil proyectos, mil canciones que tararear, mil cosas que lavar y esa blusa llena de pliegues que planchar, mil aventuras palpitantes y recuérdame que llame a Marcel para preguntarle… y teléfonos, listas, y si supieses que, y dime por qué, y esa aventura maravillosa que contó a su madre y a su hermana, sentadas en la cocina: la historia de los escaparates de Harrods. ¿Te das cuenta, mamá?, ¿te das cuenta, Zoétounette?, ¡voy a tener dos escaparates y mi nombre escrito en letras de molde en Brompton Road en Knightsbridge! ¡Dos escaparates «Hortense Cortès» en la tienda más concurrida de Londres! ¡Vale, de acuerdo! No es la más elegante ni la más sutil, pero es por donde pasan más turistas, más millonarios, más gente al acecho de mi talento único, ¡magnífico!

Y abría los brazos, y empezaba a girar por la cocina, en la entrada, en el salón, atrapaba las patas de Du Guesclin y le hacía girar y girar y era un curioso espectáculo ver al patoso de Du Guesclin que no sabía si debía dejarse llevar, lanzando una mirada de extrañeza a Joséphine, una mirada inquieta que buscaba su aprobación, y terminaba cerrando el paso a Hortense y celebrando su alegría ladrando.

—Pero —preguntó Joséphine cuando Hortense, sin aliento, se derrumbó sobre una silla— ¿estás segura de que te han seleccionado?

—Segura no, mamá, más que segura. ¡Es obligatorio! He sobrecargado mi currículum con hechos y gestas pintorescos, solemnes. He desarrollado dos ideas de las cuales una me parece genial, «¿Qué hacer con la chaqueta en invierno?». ¿Hay que llevarla sobre un jersey grueso, alrededor del cuello, tipo cárdigan, anudada descuidadamente en la cintura o, por el contrario, confeccionarla de tela de lana gruesa para acentuar su faceta de abrigo? La chaqueta, en invierno, ¡es un quebradero de cabeza! Si la llevas sin nada pasas frío y demasiado calor si te la pones debajo de un abrigo. ¡Hay que reinventarla! Espesarla sin engordar la silueta, aligerarla sin arriesgarse a pillar una neumonía. He estado reflexionando, haciendo bocetos. Le he hecho tilín a Miss Farland, seré la elegida... ¡sin duda!

—¿Y cuándo lo sabrás?

—El 2 de enero... El 2 de enero, sonará mi teléfono y sabré que he sido yo. ¡Si supieseis lo nerviosa que estoy! Me quedan unos diez días para encontrar mi idea, voy a patearme París, a chuparme todos los escaparates, a pensar y encontraré la idea, la idea genial que no me quedará más que ilustrar... ¡Tachán! ¡Ya soy la reina de Londres!

Y se levantó y dio un saltito pícaro para demostrar su optimismo y su buen humor.

—Esta noche, para celebrarlo, ¡te voy a hacer un crujiente de manzana! —decidió Zoé tirando de la camiseta Joe Cool que Hortense le había traído.

—¡Gracias, Zoétounette! ¿Y me darás la receta para que se la haga a los chicos del piso? ¡Tengo que hacerme perdonar bastantes cosas!

—¡Sí, sí! —gritó Zoé, contenta de que la agasajaran y de participar en la vida de Hortense en Londres—. Dirás que fui yo, ¿eh? Dirás que fui yo la que te la dio...

Y corrió a su habitación a buscar su precioso cuaderno negro con el fin de empezar inmediatamente un crujiente de manzanas.

—¡Ay, mamá! ¡Soy tan feliz! Tan feliz... ¡Si supieras!

Hortense extendió los brazos y suspiró:

—Estoy deseando que llegue el 2 de enero, ¡deseándolo!

—Pero... ¿Y si no te eligen? Quizás no deberías excitarte de ese modo...

Sonrisita desdeñosa, encogimiento de hombros, ojos al techo y largo suspiro.

—¿Cómo que si no me eligen? ¡Pero si eso es imposible! Esa mujer ha levitado conmigo, la he intrigado, la he emocionado, he llenado su soledad con un sueño inmenso, se ha visto a través de mí, ha vuelto a su juventud, he reavivado sus esperanzas... y he entregado una solicitud impecable. ¡Lo único que puede hacer es elegirme! Te prohíbo tener el menor pensamiento negativo, ¡podrías contaminarme!

Y apartó la silla para mantenerse alejada de su madre.

—Lo decía por prudencia —se excusó Joséphine.

—¡Pues bien! ¡No lo vuelvas a decir o me traerás mala suerte! Nosotras no somos iguales, mamá, no lo olvides, y, en ningún caso, quiero parecerme a ti... en eso —añadió para atenuar la violencia de sus palabras.

Joséphine palideció. Había olvidado hasta qué punto llegaba el poder de decisión de Hortense. Hasta qué punto tenía el don de transformar la vida en un proyecto efervescente. Su hija avanzaba con una varita mágica en la mano, mientras que ella, Joséphine, daba saltos de sapo con artritis.

—Tienes razón, cariño, serás la elegida... Es sólo que estoy nerviosa por ti. Es un sentimiento de mamá...

Hortense arrugó la nariz al oír las palabras «sentimiento» y «mamá» y pidió cambiar de tema. Lo prefería.

—¿E Iphigénie? ¿Qué tal está? —preguntó cruzando los brazos.

—Quiere cambiar de trabajo.

—¿Quiere dejar la portería?

—Tiene miedo de que la pongan en la puerta —dijo Joséphine, bastante contenta del juego de palabras, que Hortense no comprendió.

—¡Ah! ¿Y por qué?

—Cree que otra quiere ocupar su puesto... Mañana tiene una entrevista en la consulta de un médico para contestar al teléfono, gestionar las citas y organizar los horarios. Sería un trabajo perfecto para ella...

Hortense bostezó. Su interés por Iphigénie se había esfumado.

—¿Sabes algo de Henriette?

Joséphine negó con la cabeza.

—Tanto mejor... —suspiró Hortense—. ¡Para el bien que te hace!

—¿Y tú?

—Nada... Debe de estar ocupada en otras cosas... ¿Y qué más?

—He recibido una carta de Mylène. Sigue en China y quiere volver a Francia... Me pedía si podría ayudarla. No he entendido muy bien si quiere que le encuentre trabajo o que la aloje.

—¡Menuda cara!

—No le he contestado... No sabía qué decirle.

—¡Eso espero! ¡Que se quede allí y nos deje en paz!

—Debe de sentirse sola...

—¡No es problema tuyo! ¿Has olvidado que fue la amante de tu marido? ¡Eres realmente increíble!

Hortense le lanzó una mirada de exasperación.

—Y los nuevos vecinos, ¿cómo son?

Joséphine iba a dibujar su retrato cuando Zoé irrumpió en la cocina, llorando.

—¡Mamá, mamá! ¡No encuentro mi cuaderno de recetas!

—¿Has buscado bien?

—¡He buscado por todas partes, mamá! ¡Por todas partes! Y no está...

—Que no... Lo habrás guardado en algún sitio y no te acuerdas.

—No, he buscado por todos lados y nada, ¡no he encontrado nada! ¡Estoy harta! ¡Harta! Yo ordeno e Iphigénie me lo desordena todo, ¡lo cambia todo de sitio!

Los ojos de Zoé ahogados en lágrimas reflejaban una desesperación que no podía solucionarse con palabras.

—Lo encontraremos, no te preocupes...

—¡Sé perfectamente que no! —gritó Zoé con una voz cada vez más aguda—. Sé perfectamente que ella lo ha tirado, ¡lo tira todo! ¡Le he dicho cien veces que no lo toque y no me escucha! Me trata como si fuera un bebé... ¡Como si eso fuera un cuaderno de garabatos! ¡Ay, mamá! Es horrible, creo que me voy a morir.

Joséphine se levantó y decidió buscarlo ella misma.

Por mucho que levantó el colchón, desplazó la cama, registró los armarios, movió la mesa, vació la bolsa del colegio, revolvió las bragas y los calcetines, no encontró el cuaderno negro.

Zoé, sentada en la moqueta, lloraba mientras trituraba su camiseta Joe Cool.

—Lo dejo siempre allí, encima de mi mesa. Menos cuando me lo llevo a la cocina... Pero siempre lo vuelvo a dejar allí... ¡Ya sabes lo importante que es para mí, mamá! Se ha perdido, te digo, se ha perdido. Iphigénie ha debido de tirarlo al hacer limpieza.

—¡Que no! ¡Eso es imposible!

—Que sí, mamá, ¡es una bruta! ¡Quiere tirarlo todo!

Sus sollozos aumentaron. Parecían el gemido de un animal que agoniza tumbado en el arcén y que hipa esperando el final.

—¡Zoé, te lo suplico! ¡No llores! Lo encontraremos...

—No lo encontraremos, lo sabes perfectamente, ¡y no volveré a cocinar en mi vida! —gritó Zoé lanzando una nueva tanda de sollozos—. Y ya no tendré recuerdos, ni pasado, ¡todo estaba en mi cuaderno! ¡Toda mi vida!

Hortense lanzó una mirada de piedad exasperada sobre tanta lágrima.

La cena fue lúgubre.

Zoé lloraba frente a su plato, Joséphine suspiraba, Hortense callaba, pero su silencio acusador significaba ¡vaya drama por un cuaderno de recetas de cocina!

Apenas probaron el gallo al vino que Joséphine había cocinado la víspera para la llegada de Hortense, y fueron a acostarse hablando en voz baja, como si volviesen de un entierro.

Desde la comida con Gaston Serrurier en la que él le había dado a entender que sus liquidaciones de derechos de autor habían bajado mucho, a Joséphine le costaba conciliar el sueño. Daba vueltas y más vueltas, buscando la buena postura, la mejor manera de colocar el brazo derecho, y después el izquierdo, de orientar las piernas, pero en su cabeza las cifras bailaban un cancán desenfrenado, precipitándola hacia la ruina. Volvía el miedo a no llegar. El miedo a la miseria absoluta. A hacer cuentas por la noche bajo la mortecina luz de la lámpara. Ese viejo compañero que creía haber proscrito de su vida y cuyo ruido de pasos enloquecedores reconocía.

Era la primera ola de angustia.

Se levantaba, iba a su mesa, sacaba los recibos del banco, contaba y volvía a contar, hacía tres veces la misma suma, se perdía, volvía a empezar, hacía una resta, se acostaba de nuevo, se volvía a levantar para rehacerla, había olvidado la tasa municipal... Se imaginaba vendiendo la casa, mudándose a otra más barata... Al menos, era propietaria de un hermoso piso en un buen barrio. Era un bien que podría volver a vender. Sí, pero tendría que devolver la hipoteca... Y la escuela de Hortense, la habitación de Hortense en Londres, la paga mensual de Hortense. De eso no había hablado con Serrurier. Nunca se atrevería.

Había olvidado el dinero y sus garras. Qué tranquilidad. Pero aquello era un lujo. Iba a sufrir de nuevo escalofríos frente a las miserables facturas.

Nunca se preocupaba por Zoé. Era Hortense la que más le angustiaba. No poder comprarle más ropa bonita, obligarla a mudarse a un barrio más barato, impedirle hacer esto, aquello, construir sueños que se realizaran... ¡Imposible! Admiraba la energía y la ambición de su hija. Se sentía responsable de sus gustos lujosos. Nunca había tenido el valor de oponerse a sus deseos. Era justo que ahora los asumiese.

Se incorporaba, respiraba profundamente y se decía: sólo tengo que encontrar un tema para un libro y ponerme a trabajar. Ya supe hacerlo una vez...

Y entonces, una nueva ola de angustia se lanzaba sobre ella y la aplastaba. Un clavo al rojo vivo se hundía en su pecho. No podía respirar. Se asfixiaba. Se frotaba los costados. Contaba, contaba para calmarse y recuperar el aliento. Uno, dos, tres, no lo conseguiré, siete, ocho, nueve, nunca lo conseguiré, soñé que lo conseguiría, me dormí en una tranquilidad ilusoria durante dos años..., doce, trece, catorce, soy un ratón de biblioteca, no una escritora. Un ratón que se gana el pan entre estantes grises cubiertos de libros y de polvo. Serrurier dijo que era escritora para empujarme a trabajar, pero ni él mismo se lo cree. Debe de soltarles el mismo discurso a todos los autores durante la misma comida en el mismo restaurante cuya carta conoce de memoria.

Se levantó.

Fue a beber un vaso de vino a la cocina. El miedo creaba un agujero tan grande que tuvo que apoyarse en el borde de la pila.

Le dijo a Du Guesclin que la contemplaba, inquieto, no lo conseguiré, ¿sabes?, si lo conseguí la primera vez fue porque Iris me empujó hacia delante. Ella tenía la fuerza de dos, ella no dudaba, no se levantaba por las noches para hacer sumas y restas, la echo de menos, Doug, la echo de menos...

Du Guesclin suspiró. Si le llamaba Doug, era que la cosa era grave. O intensa. E inclinó la cabeza a la derecha y a la izquierda para adivinar si se trataba de una gran felicidad o una gran desgracia. La miró fijamente con tanto desamparo, que ella se agachó, lo cogió entre sus brazos y rascó su enorme cabeza negra de valeroso caballero.

Se refugió en el balcón y contempló las estrellas. Dejó caer la cabeza, los brazos entre las piernas, pidió a las estrellas que le enviaran fuerza y paz. En cuanto al resto, ya me las arreglaré... Dadme el impulso, las ganas y me pondré en marcha, os lo prometo. Es tan angustioso estar sola a todas horas... Sola para poner en marcha la vida de cada día.

Recitó su oración a las estrellas, esa que tantas veces le había servido.

—Estrellas, por favor, haced que deje de estar sola, haced que deje de ser pobre, haced que deje de sentirme acosada, haced que deje de temblar de miedo... El miedo es mi peor enemigo, el miedo me corta las alas. Dadme la paz y la fuerza interiores, dadme al que espero en secreto y al que ya no puedo acercarme. Haced que nos volvamos a encontrar y no nos separemos nunca más. Porque el amor es la mayor de las riquezas y a esa riqueza no puedo renunciar...

Rezó en voz alta y extendió sobre el cielo estrellado el manto de sus inquietudes. El silencio, el aroma de la noche, el murmullo del viento en las ramas, todas esas impresiones recogidas por esa vieja costumbre envolvían sus palabras y calmaban la agitación de su espíritu. Los miedos se disiparon. Respiró de nuevo, el clavo ardiente mitigó su presión, aguzó el oído para escuchar el ruido de un taxi que se detiene y deja a un cliente, una puerta que se cierra, tacones de mujer que puntean la acera hasta entrar en el edificio, ¿vuelve a estas horas? ¿Está sola o se reúne con un marido dormido? La noche se vestía con los colores de una desconocida. Volvía a ser familiar. La noche dejaba de ser amenazante.

Pero esa noche, la paz no cayó del cielo.

Con los puños cerrados bajo el edredón, Joséphine repetía el cuaderno de Zoé, el cuaderno de Zoé, suplicando al Cielo que lo hiciese aparecer. El cuaderno de Zoé, el cuaderno de Zoé, esas palabras le taladraban la cabeza, le producían migraña. Zoé y la cocina, Zoé y las especias, las salsas, los suflés que suben y bajan, las claras a punto de nieve, el chocolate que se funde, la yema de huevo que se dora, las manzanas que pelan las dos, la masa que se pega al rodillo, el caramelo que se oscurece y el horno que se traga la tarta. La vida de Zoé está en ese cuaderno: el «pollo bicicleta» traído de Kenya, el «auténtico» puré de Antoine, las gambas a la escandinava de su amiga Emma, el crujiente de la señora Astier, su profesora de historia, la lasaña de Mylène, la pasta al salmón de Giuseppe, el fundido de caramelo blando y turrón de Iphigénie... Toda su vida desfilaba en sus recetas salpicadas de pequeños relatos. El tiempo que hacía, el vestido que llevaba, lo que había dicho Fulano y lo que pasó luego..., marcas que dibujaban un carné de identidad. Por favor, estrellas, ¡devolvedle ese cuaderno que no necesitáis para nada!

—Sería un bonito regalo de Navidad —añadió Joséphine escrutando el cielo.

Pero las estrellas no respondieron.

Joséphine se levantó, se colocó el edredón sobre los hombros, entró en casa y metió la cabeza en la habitación de Zoé; la miró, dormida con la pierna de Nestor, su muñeco, en la boca... A los quince años, Nestor seguía tranquilizándola.

Volvió a su habitación, extendió el edredón sobre la cama. Ordenó a Du Guesclin que se tumbara en la alfombra. Se deslizó bajo el cálido espesor y cerró los ojos balbuceando el cuaderno de Zoé, el cuaderno de Zoé, el cuaderno de Zoé... cuando de pronto le golpeó una evidencia: ¡la basura! Zoé tenía razón, ¿y si Iphigénie, que no toleraba el más mínimo desorden, lo había tirado al cubo de la basura?

Se levantó de un salto, presa de una alegre certidumbre. ¡La basura! ¡La basura!

Se puso unos vaqueros, un jersey grueso, botas, se echó el pelo hacia atrás, cogió un par de guantes de goma, una linterna, silbó a Du Guesclin y bajó al patio del edificio.

Entró en el cuarto donde colgaban, enganchados como trozos de carne en la cámara de un carnicero, una decena de bicicletas y dos triciclos, localizó los cuatro contenedores de basura, negros, imponentes, llenos de detritus hasta el borde. Olfateó el tufo a moho húmedo. Frunció la nariz. Pensó en Zoé y hundió con decisión los dos brazos en el primer contenedor.

Abrió todas las bolsas de plástico, palpó algo viscoso, blando, puntiagudo, mondas, huesos de *ossobuco*, esponjas viejas, cartones, botellas —en este edificio no se preocupan mucho de reciclar, protestó—, buscando un objeto liso y encuadernado.

Sus dedos descifraron la basura con la aplicación de un ciego.

Estuvo a punto de abandonar varias veces, con el estómago revuelto por el olor acre, mareante.

Volvió la cabeza, prefiriendo no ver lo que trituraba, y dejando a sus manos la tarea de reconocer el valioso cuaderno. Separó, seleccionó, se detuvo a veces con un rectángulo parecido a un cuaderno, lo acercó a la luz de la linterna: era la tapa de una caja de zapatos o de galletas de Aix-en-Provence, seguidamente volvió a hundirse en la inmundicia, giró la cabeza a un lado para respirar aire menos fétido, volvió al ataque...

Al tercer contenedor, estuvo a punto de renunciar. El suelo estaba resbaladizo y casi perdió el equilibrio.

Retiró las manos y resopló, desanimada.

¿Por qué razón tiraría Iphigénie ese cuaderno?

Ella veneraba la escuela y pregonaba que era la única esperanza para la gente pobre. Pues es mediante la educación como uno asciende, señora Cortès, míreme, yo no he estudiado y eso me corroe... A principio de curso, forraba con delicadeza los libros escolares, pegaba etiquetas bonitas, caligrafiaba aplicadamente el nombre de sus hijos sacando la lengua, y remataba su trabajo colocando un pequeño adhesivo de distinto color según se tratara de un libro de lengua, de matemáticas o de geografía. ¡Nunca hubiese tirado un cuaderno con notas manuscritas! ¡Nunca! Lo habría abierto, lo habría estudiado apoyando los dos codos sobre la mesa...

Pero la pena de Zoé, su tormenta de lágrimas, su boca torcida de desesperación le impidieron renunciar.

Se armó de valor. Apretó los codos contra la cintura para darse impulso. Levantó una tapa, encontró un hueso de pierna de cordero que tendió a Du Guesclin y empezó a registrar.

Por fin, su mano enguantada de plástico palpó una forma rectangular y dura. ¡Un cuaderno! ¡El cuaderno!

Lo exhibió, feliz y orgullosa.

Lo examinó a la luz de la linterna.

Efectivamente era un cuaderno, una libreta negra, pero no era el cuaderno de Zoé.

Sobre la cubierta no había ni fotos ni dibujos ni adhesivos de colores. Era una libreta viejísima cuya encuadernación resistía porque una mano habilidosa había colocado varias capas de celo.

Joséphine se quitó los guantes, abrió la libreta negra por la primera página y la leyó con ayuda de su linterna.

«Hoy, 17 de noviembre de 1962, es mi primer día de trabajo, el primer día del rodaje. Me han contratado como meritorio para el rodaje de la película *Charada* de Stanley Donen en París. Llevo los cafés, voy a comprar tabaco, hago llamadas telefónicas. Ha sido un amigo de mi padre quien me ha conseguido esto para recompensarme por haber aprobado el bachillerato con sobresaliente. Sólo voy al rodaje el viernes por la tarde y los fines de semana, porque estoy preparando el examen de ingreso en la Politécnica. No quiero estudiar en la Politécnica...

»Hoy, mi vida va a cambiar. Pongo el pie en un mundo nuevo, un mundo embriagador, el mundo del cine. En casa me ahogo. Me ahogo. Tengo la impresión de que ya sé lo que va a ser mi vida. Que mis padres lo han decidido todo por mí. Lo que voy a hacer, con quién me voy a casar, cuántos hijos tendré, dónde viviré, lo que comeré los domingos... No tengo ganas de tener hijos, no tengo ganas de tener una mujer, no tengo ganas de estudiar en una escuela superior. Tengo ganas de otra cosa, pero no sé de qué... ¿Quién sabe adónde me llevará esta aventura? ¿Una profesión, un amor, alegrías, desengaños? No lo sé. Pero sé que a los diecisiete años uno puede esperarlo todo, así que lo espero todo y más todavía».

La caligrafía era firme, alargada. A veces remataba las palabras con trazos retorcidos, como patas mutiladas. Parecían muñones. Casi dolía leerla. El papel estaba amarillento, manchado. En algunas palabras la tinta estaba descolorida, y eran difíciles de descifrar. En el centro de la libreta, había páginas enteras que se habían solidificado en un bloque compacto, que no se podía abrir sin arriesgarte a desgarrarlas. Había que operar con cuidado y lentitud si no querías perder la mitad del texto.

Joséphine pasó la primera página para proseguir la lectura, tuvo que forzarla un poco porque las hojas estaban pegadas.

«Hasta ahora no he vivido. He obedecido. A mis padres, a mis profesores, a lo que convenía hacer, a lo que convenía pensar. Hasta ahora he sido un reflejo mudo, bien educado, en el espejo. Nunca yo. De hecho, no sé quién es "yo". Es como si hubiese nacido con un hábito listo para ponérmelo... Gracias a este trabajito, voy a poder descubrir por fin quién soy y lo que espero de la vida. Voy a saber de qué soy capaz cuando soy libre. Tengo diecisiete años. Así que me da igual si me pagan o no. ¡Viva la vida! ¡Viva yo! Por primera vez, se levanta en mí un viento de esperanza... y es realmente agradable, el viento de esperanza...».

Era un diario íntimo.

¿Qué hacía en la basura? ¿A quién pertenecía? A alguien del edificio, en caso contrario no lo hubiese encontrado allí. ¿Y por qué lo habían tirado?

Joséphine encendió la luz del cuarto, se sentó en el suelo. Su mano resbaló sobre una piel de patata que se le quedó pegada a la palma. La retiró con asco, se frotó en los vaqueros y retomó la lectura, apoyada en un contenedor enorme.

«28 de noviembre de 1962. Al fin le he conocido. Cary Grant. La estrella de la película junto a Audrey Hepburn. ¡Qué guapo es! Y simpático, y tan adorable... Entra en una habitación y la llena por completo. Ya no ves nada más que a él. Yo acababa de traer un café para el director de iluminación que ni siquiera me ha dado las gracias y estaba mirando la escena que estaban rodando. No se rueda en el orden de la historia de la película. Y además sólo ruedan uno o dos minutos y el director grita ¡corten! Discuten algo, algún pequeño detalle, y vuelven a empezar la misma escena varias veces seguidas. No sé cómo hacen los actores para no confundirse... Tienen que cambiar de emociones todo el rato o repetir las mismas de forma distinta. Y además ¡parecer naturales! Cary Grant estaba molesto porque creía que la iluminación a contraluz hacía que tuviese unas orejas grandes y coloradas. Tuvieron que ponerle cinta adhesiva opaca detrás de las orejas y ¿quién tuvo que ir a buscar inmediatamente cinta adhesiva opaca? Yo. Y cuando entré exhibiendo el rollo, orgulloso de haberlo encontrado tan deprisa, él me dio las gracias y añadió ¿pensarías que mi personaje es seductor si aparece con grandes orejas rojas?, ¿eh, *my boy*?

»Me llama así, *my boy*. Como si hubiese creado un vínculo entre nosotros. La primera vez que me lo dijo, me sobresalté, ¡creía haber oído mal! Y, además, cuando dijo *my boy* me miró directamente a los ojos con dulzura e interés... Sentí una especie de sacudida.

»Se necesitan al menos quinientos pequeños detalles para causar buena impresión, añadió. Créeme, *my boy*, yo he trabajado mucho tiempo los detalles y, con cincuenta y ocho años, sé de lo que estoy hablando... Contemplé la escena y me quedé de piedra. Entra y sale de su papel como si se quitara la chaqueta. Mi vida no es la misma desde que me habló. Es como si ya no fuese Cary Grant, el tipo que veía en las fotos de *Paris Match*, sino Cary... Cary, sólo para mí.

»Parece ser que Audrey Hepburn aceptó hacer la película con la única condición de que él fuese su pareja... ¡Le adora! Hay una escena muy divertida en la película en la que le dice:

»—¿Sabes qué tienes de malo?

»Él la mira, inquieto, y, con una gran sonrisa, ella responde:

»—Nada.

»Y es cierto que no tiene nada de malo...

»Hay un actor francés en la película. Se llama Jacques Marin. No habla inglés, o muy poco, así que le escriben todos los diálogos fonéticamente. Resulta muy gracioso y todo el mundo se ríe.

»8 de diciembre de 1962.

»¡Ya está! Nos hemos hecho amigos. Cuando llego al plató y no está rodando o hablando con alguien me hace una seña con la mano. Un pequeño *hello* que significa ¡eh, me alegro de verte! Y yo me ruborizo.

»Viene a verme entre dos escenas y me hace un montón de preguntas sobre mi vida. Quiere saberlo todo, pero yo no tengo gran cosa que contarle. Le digo que nací en Mont-de-Marsan, le hace gracia Mont-de-Marsan, que mi padre dirige Carbones de Francia, que estudió en la Politécnica, la mejor escuela superior del país, que soy hijo único, que acabo de aprobar el bachillerato con sobresaliente y que tengo diecisiete años...

»Me dice que él, a los diecisiete años, ya había vivido miles de vidas... ¡Qué suerte! Me preguntó si tenía novia y yo me puse colorado otra vez. Pero hizo como si no lo viera. Es muy atento...

»Si supiera que hay una chica, la hija de unos amigos de mis padres, que tengo "reservada" desde hace mucho tiempo, se habría extrañado. Es pelirroja, flaca y tiene las manos blandas. Se llama Geneviève. Cada vez que viene con sus padres, la ponen a mi lado en la mesa y no sé qué decirle. Tiene bigote encima del labio. Los padres nos miran diciendo es normal, son tímidos, y a mí me dan ganas de tirar la servilleta y esconderme en mi habitación. Tiene mi edad, pero lo mismo podría tener el doble. No me inspira nada en absoluto. No merece el calificativo de novia.

»Él está enamorado de una actriz que se llama Dyan Cannon. Me ha enseñado su foto. A mí me parece demasiado maquillada, con demasiado pelo, demasiadas cejas, demasiados dientes y demasiado todo... Me pidió mi opinión y yo le dije sólo que quizás, para mi gusto, llevaba demasiada base de maquillaje y él me dijo que estaba de acuerdo. Discute con ella para que sea más natural. Él odia el maquillaje, siempre está moreno y afirma que ése es el mejor maquillaje del mundo. Parece ser que ella va a venir a París en Navidad. Tienen previsto pasarla con Audrey Hepburn y su marido, Mel Ferrer, en la gran mansión que tienen en las afueras, al oeste de París. Audrey Hepburn es muy puntillosa con sus vestidos. Tiene tres idénticos de cada modelo por si acaso... y la viste un modisto francés. Siempre...».

La luz se apagó y dejó a Joséphine en la oscuridad. Se levantó, buscó a tientas el interruptor, acabó encontrándolo y dejó la linterna encendida para la próxima vez. Se sentó poniendo mucha atención en no resbalar con alguna piel.

«Se preocupa del más mínimo detalle. Lo mira todo con lupa, los trajes —incluso los de los figurantes—, los decorados, los diálogos y los hace rehacer o reescribir cuando no está de acuerdo. Eso le cuesta una fortuna a la productora y oigo a gente que murmura diciendo que no sería tan exigente si fuese él quien pagase, dando a entender que es un tacaño... No es tacaño. Me ha regalado una camisa muy bonita de Charvet, porque creía que la mía tenía el cuello demasiado pequeño. La llevo a todas horas. La lavo yo mismo a mano con jabón. Mis padres dicen que no es conveniente aceptar regalos de un extraño, que la película me está llenando de pájaros la cabeza y que ya sería hora de concentrarme en los estudios... Estoy aprendiendo inglés, les digo, el inglés me servirá toda la vida. Ellos contestan que no ven en qué podría servirme para estudiar en la Politécnica.

»No quiero estudiar en la Politécnica.

»No quiero casarme. No quiero tener hijos.

»Quiero ser...

»Todavía no lo sé...

»Está obsesionado con su cuello. Encarga todas las camisas a medida con un cuello muy alto para esconder el suyo, porque piensa que es demasiado grueso... Sus trajes están hechos en Londres y, cuando los recibe, coge un metro y verifica que todas las medidas sean correctas.

»Me contó que durante sus primeras pruebas delante de una cámara para un gran estudio de cine —me he olvidado del nombre, ¡ah, sí!, la Paramount...— le habían rechazado por culpa de su cuello y de sus piernas arqueadas. ¡Y opinaron que tenía demasiados mofletes! ¡Qué vergüenza! Fue justo antes del crac de 1929. Los teatros de Nueva York fueron cerrando uno tras otro y él se encontró en la calle. ¡Obligado a trabajar de hombre-anuncio, subido a unos zancos y con un cartel en la espalda que anunciaba un restaurante chino! Y por las noches, para ganar dinero, hacía de *escort boy*. Acompañaba a fiestas a mujeres y a hombres solos. Fue así como aprendió a ser elegante...

»Mientras vivió en Nueva York, conoció la pobreza y la soledad. Su vida cambió a los veintiocho años, cuando se fue a Hollywood. Pero hasta entonces, me dijo sonriendo, fueron tiempos duros para mí... Diez años de trabajillos, de rechazos, de no saber dónde iba a dormir, cómo iba a comer. Tú no sabes lo que es eso, ¿eh, *my boy*? Yo sentí un poco de vergüenza de mi vida, tan ordenada, tan organizada.

»Poco a poco, lo sabré todo de su vida...

»Sigue llamándome *my boy* y me gusta mucho...

»Estoy bastante sorprendido de que se interese por mí. Dice que le gusto. Que soy distinto de los chicos americanos. Me pide que le cuente cosas de mi familia. Dice que en la vida, a menudo la gente se casa con gente que se parece a sus padres y que eso hay que evitarlo porque la historia se repite y no tiene fin.

»15 de diciembre.

»Me habla mucho de sus primeros años en Nueva York, cuando se moría de hambre y no tenía amigos.

»Un día, conoce a un amigo con quien se sincera. El amigo, que se llamaba Fred, le lleva al piso más alto de un rascacielos. Era un día lluvioso y frío y no se veía a más de diez metros. Fred le dice que seguramente hay un paisaje magnífico detrás de la niebla y que por el hecho de no verlo no deja de existir. La fe en la vida, añade, es creer que existe y que hay un lugar para ti detrás de la niebla. En este momento piensas que eres muy pequeño, insignificante, pero en alguna parte, detrás de todo ese gris, tienes un lugar reservado donde serás feliz... Así que no juzgues tu vida por lo que eres hoy, júzgala pensando en ese lugar que acabarás ocupando si lo buscas de verdad, sin hacer trampas...

»Me dijo que recordara bien eso.

»Me pregunté cómo se haría. Debía de hacer falta mucha voluntad e imaginación. Y confianza en uno mismo. Rechazarlo todo hasta que uno encuentra su lugar. Pero eso es peligroso... Si me admiten en la Politécnica, ¿tendré el valor de no ir y de contarles a mis padres la historia del lugar detrás de la niebla? No estoy seguro. Me gustaría mucho tener ese coraje...

»Lo de él es distinto. No tuvo elección...

»A los nueve años perdió a su madre... Adoraba a su madre. Es una historia increíble. Me ha dicho que me la contaría más adelante. Que una tarde me invitaría a tomar una copa en su suite, en el hotel. ¡Entonces sí que empecé a marearme! Me imaginé solo con él y sentí mucho miedo. Mucho, mucho miedo... Allí, cuando nos vemos, hay mucha gente a nuestro alrededor, nunca estamos frente a frente y es él el que habla todo el rato.

»Me he dado cuenta de que tenía muchas ganas de estar a solas con él. Incluso creo que podría sentarme en una esquina simplemente para mirarlo. Es tan guapo..., no tiene ni un defecto. Me pregunto cómo se llama lo que siento por él. Nunca había sentido esto. Ese calor que inunda mi cuerpo y que me da ganas de estar con él a todas horas. No dejo de pensar en él. Ya no logro concentrarme en mi trabajo, en absoluto.

»Parece muy sorprendido cuando le explico que tengo mucho trabajo con los estudios. Dice que no está seguro de que eso sirva para algo. Que él lo aprendió todo sobre la marcha, que no estudió. Era un golfillo de Bristol, en Inglaterra, sin ningún control. Hacía un montón de travesuras. A los catorce años se unió a una especie de circo ambulante cuyas giras le llevaron a América y, cuando la troupe volvió, él prefirió quedarse en Nueva York. ¡Con dieciocho años! Solo y sin dinero. No tenía nada que perder...

»Lo había dejado todo: su país natal, Inglaterra, su familia... No pertenecía a nada ni a nadie. Tuvo que inventarse todo partiendo de cero. ¡Y así fue como inventó a Cary Grant! Porque, al principio, me dijo, Cary Grant no existía... Su verdadero nombre, de hecho, es Archibald Leach. Es curioso porque no tiene cara de llamarse Archibald.

»El otro día le dije que quería ser como él y respondió ¡todo el mundo quiere ser Cary Grant, incluso yo! No me pareció que estuviera presumiendo, parecía más bien como si tuviese algún problema con el personaje que había creado... Creo que en algún momento me convertí en el personaje que interpretaba en la pantalla. Yo he acabado por convertirme en "él". O él ha acabado convirtiéndose en mí. Y no sé muy bien quién soy.

»Eso me dejó perplejo. Me dije que es difícil convertirse en alguien. Difícil saber quién eres.

»Cuando pienso que se va a marchar me entran ganas de morirme. ¿Y si le siguiera?

»¿Qué les diría a mis padres? Papá, mamá, estoy enamorado de un hombre de cincuenta y ocho años, un actor de cine americano... Se desmayarían. Y el resto de la familia también. Porque es eso, así lo creo, me estoy enamorando... Aunque ésa no es la palabra exacta. ¿Se puede uno enamorar de un hombre? Yo sé que eso existe, pero... Al mismo tiempo, creo que si se acercara demasiado, saldría huyendo.

»No quiero casarme, no quiero tener hijos, no quiero estudiar en la Politécnica, eso lo sé..., pero del resto, no sé nada.

»Si me pide que me vaya con él, le seguiré».

La luz se apagó de nuevo y Joséphine se levantó para encenderla. El interruptor estaba pegajoso y el olor acre de la basura le provocó una mueca de asco. Pero tenía ganas de seguir leyendo...

«Estoy deseando conocer la historia de su madre. Parece que eso le afectó mucho. Repite todo el rato que desconfía de las mujeres por culpa de lo que pasó con su madre. Parece ser que se lo contó a Hitchcock y éste lo utilizó en una película llamada *Encadenados*, con Ingrid Bergman. En un diálogo con Ingrid Bergman, el personaje que interpreta él dice siempre he tenido miedo de las mujeres, pero lo estoy superando...

»Y es cierto, *my boy*, es cierto, pero le he dedicado mucho tiempo. Dice que hay que trabajar mucho las relaciones con la gente, no repetir siempre los mismos esquemas. Yo, *my boy*, por culpa de la historia de mi madre, siempre he estado más a gusto con los hombres. Me sentía seguro con ellos. Prefería vivir con hombres que con una mujer.

»Eso sí que es una confidencia, me dije. Una confidencia de las que se hacen a un amigo. Y me sentí muy feliz al ver que confiaba en mí... Sentí unas ganas inmensas de hablar con alguien y se lo conté a Geneviève. No se lo conté todo, sólo algunas cosas como ésa. No pareció muy impresionada. Creo que está un poco celosa... ¡Y eso que no lo sabe todo!

»En el plató no tenemos mucho tiempo para hablar porque nos interrumpen continuamente, pero cuando vaya a tomar esa famosa copa a su hotel, le haré un montón de preguntas. Tiene el don de hacer sentir cómoda a la gente y me olvido completamente de que es un actor muy conocido. Una verdadera estrella...».

Y seguía igual, página tras página.

Joséphine saltó hasta el final para saber cómo terminaba esa historia.

Tenía la sensación de estar leyendo una novela.

La libreta terminaba con una carta que Cary Grant había escrito al que ella ya llamaba Jovencito y que éste había copiado. No tenía fecha. Había dejado de anotar las fechas. Sólo había escrito «última carta antes de dejar París».

«*My boy*, recuerda esto: tú eres el único responsable de tu vida. No debes echarle la culpa a nadie de tus errores. Nosotros somos los principales artífices de nuestra felicidad y a menudo somos también el principal obstáculo. Tú estás en el amanecer de tu vida, yo estoy en el crepúsculo de la mía, sólo puedo darte un consejo: escucha, escucha esa voz que hay dentro de ti antes de elegir tu camino... No dejes que nadie decida por ti. Nunca temas reivindicar lo que te dice el corazón.

»Eso será lo más duro para ti, porque piensas que no vales nada, que no puedes imaginar un futuro radiante, un futuro que lleve tu huella... Eres joven, no estás obligado a repetir el esquema de tus padres...

»*Love you, my boy...*».

¿Qué había hecho el Jovencito al final del rodaje?

¿Había seguido a Cary Grant?

¿Y por qué esta libreta negra llena de tantas esperanzas había acabado en la basura?

Joséphine se secó la frente con el dorso de la mano, dejó a un lado el diario íntimo y siguió buscando el cuaderno de Zoé.

Lo encontró en el último contenedor. En una bolsa de basura. Bajo un viejo jersey agujereado de Zoé, una bola de pelo de Du Guesclin, un calcetín desteñido y unos folios de archivador rotos. Iphigénie lo había tirado sin saberlo. Debió de coger el cuaderno con los folios de la mesa de Zoé.

Si hubiese empezado por el fondo del cuarto, lo habría encontrado enseguida, suspiró Joséphine rascándose la punta de la nariz. Sí pero... ¡jamás le hubiese echado mano a ese diario íntimo!

Cerró la puerta del cuartucho y subió a su casa. Limpió cuidadosamente el cuaderno negro de Zoé. Pasó una esponja sobre la cubierta y lo dejó a la vista sobre la mesa de la cocina. Guardó el diario en un cajón de su mesa.

Y se hundió en su cama.

A las siete de la mañana, pasaron los basureros y vaciaron los cuatro grandes contenedores del edificio.

* * *

Iphigénie torció la nariz e hizo una mueca horrible. Tenía cita para una entrevista de trabajo y un nudo en la garganta. Secretaria en la consulta de unos podólogos, una buena cosa. Ese tipo de médicos nunca estará en paro. La gente ya no sabe utilizar los pies. Caminan de través. ¡Menudo trabajo corregirlos! Lo han olvidado todo, desde la clavícula a la rótula. Ya no saben si son flores silvestres o articulaciones.

La última vez que se había presentado a una entrevista, fue antes de encontrar al hombre causante de su desgracia y cuyo nombre ni siquiera quería pronunciar, por miedo a que le volviera a traer mala suerte. La habían aceptado. Había trabajado seis años en la consulta de dos médicos nutricionistas y diabetólogos en el distrito diecinueve. Los había rebautizado como doctor Pin y doctor Pon por lo mucho que se parecían. De color beige, impolutos, ojitos marrones, cabellos lacios, desordenados, pero amables. Los había dejado cuando nació Clara. Demasiado trabajo, ninguna ayuda, demasiadas noches en blanco y un marido que le pegaba. Ya no sabía cómo explicar a los pacientes los cardenales y las heridas. El doctor Pin había dicho que lo sentía, pero que se veían obligados a prescindir de ella, el doctor Pon había añadido que todas esas marcas sospechosas causaban mala impresión. O fue el doctor Pon quien lo dijo primero..., ya no lo sabía. Había tenido que marcharse. El hombre cuyo nombre no quería pronunciar fue detenido al mes siguiente por haber agredido violentamente a un policía. Y desde entonces se pudría en la cárcel. ¡Se lo merecía! Ella había huido con sus dos hijos. Había encontrado un trabajo de portera en un barrio rico de París. Se felicitaba por ello a diario. Alojamiento, luz, calefacción, teléfono gratuito, cinco semanas de vacaciones, sin impuestos municipales, a cambio de cinco horas diarias de limpieza y de estar presente por las noches. Mil doscientos cincuenta y cuatro euros al mes a los que había que añadir las horas de limpieza y planchado en casas particulares. En resumen, la buena vida, proclamó en voz alta para obligar al aire a pasar por el nudo que tenía en la garganta. Los niños en buenos colegios, con buenas relaciones, bonitos cuadernos bien cuidados y profesoras que nunca hacen huelga. La riqueza tiene sus inconvenientes, pero hace la vida cotidiana escandalosamente fácil.

Pero hoy, ella y su portería estaban amenazadas.

Tenía que prever una vía de escape.

—¡No me voy a dejar inmolar como un cordero pascual! —exclamó poniendo por testigo a un cuadro bucólico de la pared, que representaba una cabra y su cabritillo acechados por un lobo—. ¡No me dejaré comer por el lobo!

Podía hablar en voz alta, estaba sola en la habitación.

Una mujer abrió la puerta y le hizo una seña para que entrase en un despacho en el que se notaba un olor a muguete parecido al que se echa en los servicios. Un olor pesado, artificial. Llevaba una taza de té sobre un platito y le murmuró antes de marcharse ya lo verá usted, no es un tipo fácil.

El hombre sentado detrás de la mesa no era ni guapo ni feo, ni gordo ni delgado, ni joven ni viejo, ni arrugado ni terso. Otro beige. Un doctor Pin o un doctor Pon. ¿Será que esos largos y difíciles estudios de medicina te van destiñendo a lo largo de los años?

Él le lanzó una mirada fría que la analizó de pies a cabeza, y ella clavó orgullosa la vista en unos ojos huidizos. Se había decolorado el pelo para la entrevista y tenía un cabello normal. Ni rojo, ni azul, ni amarillo: castaño.

Él se volvió hacia su ayudante y le preguntó con voz alta y puntillosa:

—¿La bolsita de té lleva mucho rato en el agua o acaba de meterla?

—Acabo de meterla...

—En ese caso, llévese esta taza y vuelva a traérmela cuando el té esté listo.

—Pero ¿por qué?

—¿Qué voy a hacer después con la bolsita?

—Pues... para eso he traído un platito, para que pueda dejar ahí la bolsita una vez listo...

—Ah, bueno... ¡No es muy elegante ver una bolsita chorreando! ¡Debería haber pensado en ello!

Apretó los labios y alzó una ceja, agotado al pensar que todo cargaba sobre sus frágiles hombros: el arte del té y el interrogatorio de una candidata a la que había juzgado al primer vistazo.

Después se volvió hacia Iphigénie, cogió un bolígrafo, abrió un cuaderno y preguntó sin ningún preámbulo:

—Situación familiar.

—Divorciada, dos hijos.

—¿Divorciada que vive sola o divorciada que vive acompañada?

—¡Eso a usted no le importa!

La ayudante levantó la vista al cielo como si Iphigénie acabara de firmar su sentencia de muerte.

—¿Divorciada que vive sola o divorciada que vive acompañada? —repitió el podólogo sin levantar la vista de su cuaderno.

Iphigénie se desabrochó un botón del abrigo y suspiró. ¿Cuántas veces iba a hacer la misma pregunta? Este hombre es un disco rayado. O es su forma de hacerme comprender que no soy más que un ratoncito atemorizado que busca cómo subsistir. Que dependo de él, de su voluntad. Respondió:

—¿Y si le digo que vivo sola? ¿Le convendría?

—¡Sería sorprendente a su edad!

—¿Y eso por qué?

—Es usted atractiva, parece simpática. ¿Tiene algún defecto?

Iphigénie le miró con la boca abierta, y prefirió no responder. Si le respondo, pensó, le mando al infierno, me levanto, me voy y dejo de poder an-ti-ci-par-me.

—¿Hace usted la cama por las mañanas nada más levantarse? —prosiguió el hombre rascándose el índice.

—Pero bueno..., ¡no me puede preguntar eso! —protestó Iphigénie.

—Eso dice mucho de su carácter. Vamos a pasar mucho tiempo juntos, quiero saber con quién estoy.

—No responderé. No son preguntas idóneas.

Esa palabra se la había enseñado la señora Cortès. Idónea no es una palabra que diga todo el mundo. Es una palabra que te da prestancia, te da un halo de dignidad. Se va a enterar éste de con quién tiene que vérselas, ya que tanto le preocupa.

El hombre hizo un garabato en su cuaderno y continuó haciendo preguntas cada vez menos idóneas.

¿Cuál ha sido la última película que ha visto? ¿Y el último libro que ha leído? ¿Puede resumirlo? ¿Su mayor logro en la vida? ¿Su mayor decepción? ¿Cuántos puntos le quedan del carné de conducir? ¿Qué notas tenía usted en dictado cuando estudiaba primaria?

Iphigénie, indignada, se mordía el interior de la mejilla para no caer en la tentación de soltarle un buen chorreo. La ayudante callaba, pero su boca esbozaba una sonrisita que significaba que todavía no le había llegado la hora de ser reemplazada por esa mujer testaruda, malcarada. Entonces sonó el teléfono y fue a su mesa a responder.

—Pero ¿qué son esas preguntas? —respondió Iphigénie—. ¿Qué tienen que ver con el hecho de que sepa contestar al teléfono, rellenar formularios y organizar citas?

—Quiero saber qué tipo de persona es usted y si puede integrarse en el seno de nuestro equipo. Somos tres especialistas, tenemos una clientela selecta y no quiero correr ningún riesgo. Puedo decirle desde este momento que me parece usted un poco vehemente para el trabajo en grupo...

—Pero si no tiene usted derecho a preguntarme todo eso. Es mi vida personal, ¡es usted un fisgón!

—¡Cuide su lenguaje! —señaló el hombre apuntándola con un dedo—, ¡cuide su lenguaje!

Tenía el índice derecho amarillento por el tabaco e intentaba disimular su vicio vaporizando con muguete barato su despacho. Éste se perfuma con Pato WC para disimular su vicio, pensó Iphigénie con los dientes apretados.

—Si no contesta, acumula usted puntos negativos...

—¿Acaso le pregunto yo a usted si se hace la cama, de qué lado duerme o si pone leche en el café? ¿O por qué fuma como un carretero? ¡Y eso que yo también tendré que convivir con usted! ¡No soy candidata a ser su mujer, sino su secretaria! ¡De hecho, me da mucha pena su pobre mujer!

Entonces el hombre se deshinchó, se le cayó el mentón, sus labios temblaron, se levantó empujado por una ola de desesperación y se derrumbó diciendo:

—¡Está muerta! ¡Murió la semana pasada! De un cáncer fulminante...

Hubo un largo silencio. Iphigénie miraba fijamente los pies del podólogo, dos buenos zapatos con cordones, negros y brillantes, esperando que volviera la ayudante. Otra taza de té con otro platito y una bolsita de té. Parecía que aquel hombre no podía parar y se sorbía la nariz buscando a tientas en los cajones algo que pudiese servirle de pañuelo.

—¡Ya ve usted a dónde lleva hacer preguntas que no tienen nada que ver con una entrevista de trabajo! ¿Quiere que salga para que pueda recuperarse?

Él negó con la cabeza, encontró por fin un pañuelo y se hundió en él haciendo un ruido estruendoso.

Después se rehízo agarrándose a su cuaderno:

—¿Ha trabajado antes como secretaria médica?

—¡Ah! Por fin una pregunta honorable —le animó Iphigénie.

Ella le contó con voz suave, maternal, la historia del doctor Pin y el doctor Pon. Contó con detalle su cometido en la consulta. Sus cualidades. Su sentido de la organización, su habilidad con los pacientes, su humanidad... Precisó que podía trabajar a la antigua, si era necesario, con papel y lápiz, o con la ayuda de un ordenador. Que sabía hacer informes digitales o informes en carpetas de cartón, utilizar sobres marrones para cada cliente con una hoja en blanco donde anotar toda la información, tomar notas al dictado, llevar la agenda de citas, responder al teléfono. Añadió que conocía el vocabulario médico y su ortografía. Omitió decirle que no tenía ningún título. Omitió también contarle la verdad sobre su despido. Prefirió decirle que, por el bienestar de sus hijos, para estar presente cuando volviesen del colegio, había aceptado un trabajo de portera en un edificio del distrito dieciséis.

Él se irguió, volviéndose a convertir en el hombre-tronco, y se secó los ojos, todavía húmedos, con sus finos deditos. Guardó el pañuelo en el bolsillo. Prometió llamarla al final de la semana y darle una respuesta. Preguntó si podría hablar con sus jefes anteriores. Iphigénie asintió rogando al Cielo que éstos fuesen discretos sobre las razones de su marcha.

No hizo ninguna pregunta más ni se levantó cuando ella salió del despacho.

Acababa de cerrar la puerta cuando oyó que la llamaba otra vez.

—¿Sí? —preguntó asomando la cabeza.

El hombre había recuperado la compostura. Sacaba pecho para borrar el recuerdo de su efusión lagrimosa y hundía los pulgares en la cintura del pantalón: la sonrisita que torcía la comisura derecha de sus labios restablecía la jerarquía que pretendía imponer.

—¿Sigue sin querer decirme si vive sola o acompañada?

* * *

Zoé abrió el paquete de galletas Petit Écolier e inmediatamente pensó que no era buena idea. Si Gaétan venía a París durante las vacaciones de Navidad, debía estar delgada y sin granos. Y las Petit Écolier eran el mejor sistema para estar gorda y granulosa. ¿Qué es lo que hace únicas a las auténticas Petit Écolier?, decía el lema del paquete. ¡Que están atiborradas de calorías y son malas para el cutis!, respondió Zoé intentando resistirse.

Eran las cinco y cuarto de la tarde. Tenía cita con Gaétan en Messenger.

Él llevaba un cuarto de hora de retraso y ella empezaba a alarmarse. Había conocido a otra chica, la había olvidado, estaba demasiado lejos, ella no estaba lo suficientemente cerca, él era tan guapo, ella era tan fea...

A las cinco y veinticinco de la tarde, dio un mordisco a una Petit Écolier. El problema con las Petit Écolier es que no puedes comerte sólo una. Es necesario encadenarlas. Sin perder el tiempo en degustarlas. Ni siquiera conservar el sabor a buen chocolate en la boca. Hay que empezar inmediatamente un nuevo paquete.

Se lo había zampado casi entero cuando apareció el mensaje de Gaétan.

«¿Estás ahí?».

Ella tecleó «Sí, ¿qué tal?» y él respondió «¡Pasable!».

«¿Quieres que te cuente una cosa extraordinaria?».

Él respondió «si quieres...» con un Smiley que ponía mala cara y ella se lanzó. Le contó la historia del cuaderno negro que su madre encontró en la basura y proclamó su alegría para que él sonriese y se alegrase con ella.

«¿Sabes?, es un poco tonto, pero lo tengo todo en ese cuaderno... Incluye hasta esa vez que fundimos malvaviscos en la chimenea del salón... ¿Te acuerdas?».

«Tienes suerte de tener una madre que se preocupa por ti. La mía me da ganas de llorar. Ha hecho venir a un trapero para vender muebles porque dice que ya no los soporta, que le recuerdan su vida anterior, pero yo sé que es porque no le queda un céntimo. No ha pagado la luz, ni el teléfono, ni la televisión nueva ni nada de nada. Usa la tarjeta de crédito sin pensar, sin contar... Cuando llega una factura, la mete en un cajón. Y cuando el cajón está lleno, tira todo lo que contiene... ¡y vuelta a empezar!».

«Todo se arreglará, la ayudarán tus abuelos...».

«Están hartos. No para de hacer estupideces... ¿Sabes?, a veces llego a echar de menos cuando mi padre estaba...».

«No puedes decir eso en serio... Siempre estabas enfadado con él...».

«Sí, pero ahora estoy siempre enfadado con ella... Mira, en este momento, está hablando con el Calvo por teléfono... ¡Y suelta unas risitas! Es una risa que suena tan falsa... Está llena de sobreentendidos sexuales, ¡y me molesta, me molesta mucho! Y luego juega a la niña enfadada».

«¿El Calvo de Meetic? ¿Todavía salen juntos?».

«Dice que es formidable y que se van a casar. Yo me temo lo peor. Cuando uno cree que se han terminado las desgracias, vuelven, y te joden, Zoé... Me gustaría tanto tener una familia de verdad... Antes éramos una familia de verdad, y ahora...».

«¿Qué haces en Navidad?».

«Mamá se va con el Calvo. Quiere dejarnos solos en casa. Dice que quiere una nueva vida y es como si no nos quisiera dentro de su nueva vida. Nos excluye, ¡no tiene derecho a hacer eso! Yo le pregunté si podíamos ir con ella y me dijo que no, que no nos quiere. Que quiere comenzar de cero. Y comenzar de cero es hacerlo sin nosotros...».

«Dice eso porque se siente desgraciada. Ya sabes, debió de trastornarla mucho todo lo que pasó... Ha pasado de la vida en un convento a la libertad, está un poco perdida».

«... y además, mi habitación es minúscula, y lo de Domitille no tiene nombre. Menudo tráfico que se trae con unos tíos sospechosos, va a acabar mal. Por la noche se sube a la azotea y fuma mientras habla durante horas por teléfono con su amiga Audrey. Están las dos completamente forradas. Me pregunto de dónde sale ese dinero...».

«Ven a pasar las Navidades con nosotros. Estoy segura de que mamá estaría de acuerdo... y si, además, tu madre no está...».

«En Nochebuena vamos a casa de mis abuelos, ella se va después...».

«Bueno, entonces, estarás libre después... Mamá puede llamar a tus abuelos, si quieres...».

«Mejor no... porque no les ha dicho que se iba y nos dejaba. Ha dicho que nos llevaba a esquiar para que le dieran dinero. Pero no son tontos, se van a dar cuenta. ¡Y a ella le da igual!».

«Y los demás ¿qué dicen?».

«Charles-Henri está mudo. ¡Da hasta miedo de lo mudo que está! ¡Y Domitille se ha tatuado Audrey al final de la espalda! ¿Te das cuenta? ¡Si mis abuelos lo ven, estamos muertos! Se pasea en pelotas por la casa, orgullosa como un gallo cubierto de plumas y no es más que una gallineja lamentable, un ganso sin pico, una asquerosa paloma parisina...».

«Ay, ay, ay. ¡Sí que estás cabreado!».

«Y cuando ha fumado, se pone a cuatro patas y camina diciendo ¡mierda! ¡Debe de ser horrible ser un perro minusválido! Ya es duro tener que caminar a cuatro patas, así que, con una menos, ¡qué horror! Delira».

«Ven a mi casa, eso te aireará la mente...».

«Veré si puedo arreglármelas... Estoy harto, ¡harto! ¡Ojalá se acabe todo! Pero no veo cómo puede terminar bien...».

«No digas eso... ¿Y las clases?».

«Eso va bien. Es el único sitio donde estoy en paz. Salvo que Domitille siempre está poniéndose en evidencia. Los profes se pasan la vida expulsándola porque no respeta nada...».

«Y los demás, ¿saben lo vuestro?».

«No creo. En todo caso, no hablan de ello. Lo prefiero... ¡Sólo faltaría eso!».

«Intenta venir en Navidad. Yo voy a preguntarle a mamá, tú mira a ver cómo lo puedes arreglar...».

«Vale. Te dejo porque ha colgado y va a querer leer por encima de mi hombro. *¡Bye!*».

Ni una palabra dulce. Ni una palabra de enamorado. Ni una palabra que haga crecer flores en el corazón. Está tan enfadado que ha dejado de decirle las hermosas palabras de antaño. Ya no habían vuelto a hacer viajes imaginarios. Ya no se decían nos vamos a Verona y nos besamos bajo el balcón de los Capuleto. Se quedaban cada uno en su sitio. Él con sus preocupaciones, su madre, su hermana, el Calvo; y ella con unas ganas enormes de que le hablase de ella. De que le dijera que le parecía guapa, que le parecía guay y todo eso.

Lo que él necesitaba era que le quitaran todos esos dramas de la cabeza.

Se sentía responsable de su madre, de su hermana, de las facturas. Se quedaba atascado en una nueva vida de la que no entendía nada. Ya no tenía brújula.

No me tiene más que a mí de brújula, suspiró Zoé.

Y se sintió tan fuerte como una brújula que no perdía nunca el norte.

Miró el paquete de Petit Écolier, lo meneó. Cayó una. La cogió, se la llevó a la boca, se arrepintió, llamó a Du Guesclin y se la tendió.

—A ti te da igual engordar… Y además no te saldrán granos… Eso es verdad, los perros nunca tienen granos.

Ni tienen granos ni novios que les entristezcan. Los perros se sienten felices con una sola Petit Écolier. Se relamen el hocico y mueven la cola. Sólo que Du Guesclin ya no tenía cola. Nunca se sabía si estaba contento. O había que descifrarlo en sus ojos.

Se levantó de un salto y corrió a preguntar a su madre si Gaétan podría venir a su casa en Navidad.

Iphigénie estaba sentada en la cocina y sostenía su bolso de los domingos sobre las rodillas, un bonito bolso imitación cocodrilo con cierre imitación Hermès. Había que mirarlo muy de cerca para darse cuenta de que era de plástico. Llevaba el pelo de un solo color y Zoé no la reconoció enseguida. No sólo su cabello no centelleaba, sino que estaba completamente liso. Le colgaba a ambos lados de la cara, como un velo de viuda antigua.

Le estaba contando a Joséphine su entrevista en el gabinete de un podólogo y parecía muy enfadada.

—Por el hecho de que una esté buscando trabajo, ¿tiene que dejarse tratar como ganado, señora Cortès? ¿Usted qué piensa?

—No... Tiene usted razón, Iphigénie. Es muy importante conservar la dignidad.

—¡Uff! ¡Dignidad! ¡Ésa es una palabra del pasado!

—¡Pues no, precisamente! Hay que reivindicarla... Usted no se ha dejado dominar y eso está muy bien.

—¡La dignidad sale cara! Seguro que ése no me va a contratar. No he sido lo bastante dócil, ¡pero aun así me hizo esas preguntas! No he podido hacer otra cosa que contestarle que se metiera en sus asuntos...

Las dos mujeres se quedaron en silencio. Iphigénie toqueteaba el cierre de su bolso de cocodrilo de plástico y Joséphine se mordía los labios, buscando una estrategia para salvar a Iphigénie. En la radio de la cocina sonaba música de jazz y Zoé reconoció la trompeta de Chet Baker. Aguzó el oído para oír el nombre de la canción y verificar que no se había equivocado, pero la voz de Iphigénie tapó la del locutor de TSF Jazz:

—¿Qué vamos a hacer ahora, señora Cortès?

—Todavía no la han echado de la portería. Supone usted...

—Me huelo el lío... Tengo que encontrar algo para que no me puedan echar.

—Quizás se me esté ocurriendo una idea...

—Diga, señora Cortès, diga...

—Podríamos hacer circular una petición por el edificio..., una petición para que la firme todo el mundo, pidiendo su permanencia en la portería... Si alguna vez se le pasa por la cabeza al administrador la idea de echarla... Al fin y al cabo, los que deciden son los propietarios.

—Eso sí que es una buena idea, señora Cortès. ¡Una idea estupenda! ¿Y escribiría usted esa petición?

—La escribiría y se la haría firmar a todos los habitantes del inmueble. ¿Se lleva usted bien con la gente, Iphigénie?

—Sí. Menos con la Bassonnière, que me odiaba, pero desde que...

Emitió un sonido ronco imitando un jadeo de la señorita Bassonnière, apuñalada en el cuarto de la basura.*

—... desde que se fue, ya no tengo problemas con nadie.

—¡Muy bien! Voy a redactar una carta, si la amenaza de expulsión se concreta, la presentaremos y el administrador tendrá que callarse...

—¡Es usted un genio, señora Cortès!

—Gracias, Iphigénie. Es que no tengo ganas de perderla. ¡Es usted una portera excelente!

---

* Cf. *El vals lento de las tortugas, op. cit.*

Zoé pensó que Iphigénie se iba a echar a llorar. Sus ojos se llenaron de lagrimones que intentó reprimir frunciendo sus cejas negras.

—Es la emoción, señora Cortès. Nunca nadie me había dicho que hacía bien mi trabajo..., la gente nunca me hace cumplidos. Piensan que todo es normal... Ni un «gracias, Iphigénie», ni un «es usted formidable». Ni un «¡cómo brillan los dorados de la escalera!». Nada. Es como si les diese igual que me deslome o no.

—¡Venga, Iphigénie! Deje de preocuparse... Conservará usted su portería, se lo prometo.

Iphigénie se sonó ruidosamente y recobró la compostura. Emitió su ruidito de trompeta para alejar la emoción y, mirando a Joséphine a los ojos, preguntó:

—Dígame, señora Cortès... Hay algo que no entiendo. Cuando se trata de los demás, se bate usted como un jabato y, cuando se trata de usted, parece que se deje pisotear.

—¡Ah! Eso piensa...

—Pues sí... No sabe usted defenderse...

—Quizás es que siempre vemos más claras las cosas de los demás que las de uno mismo. Uno sabe lo que hay que hacer para ayudarles e ignora lo que uno necesita...

—Seguramente tiene razón, pero... ¿por qué es así?

—No lo sé...

—¿Cree usted que no se respeta lo suficiente? ¿Que no se da la suficiente importancia?

—Es posible, Iphigénie... Siempre creo que los demás son inteligentes y yo una estúpida. Siempre ha sido así.

—¿Cuándo se ocupará de la petición, señora Cortès?

—Dejaremos pasar las fiestas y después, si el administrador ataca, pasaremos a la acción...

Iphigénie asintió, se abrochó el abrigo, y se levantó con su bolso de cocodrilo de plástico sujeto bajo el brazo.

—Eso no quita que nunca podré agradecerle lo suficiente todo lo que hace por mí...

Cuando Iphigénie se marchó, Zoé se plantó delante de su madre y declaró que ella también tenía un problema.

Joséphine suspiró y se frotó las aletas de la nariz.

—¿Estás cansada, mamá?

—No..., espero poder mantener la promesa que le he hecho a Iphigénie...

—¿Dónde está Hortense?

—Se ha ido a pasear por París para dar con una idea...

—¿Una idea para sus escaparates?

—Sí... ¿Cuál es tu problema, cariño?

—Es Gaétan. Es muy desgraciado y su madre está superloca...

Zoé inspiró profundamente y declaró:

—Me gustaría que viniese a pasar las vacaciones con nosotros...

—¿En Navidad? ¿En casa? ¡Pero eso es imposible! ¡Van a venir Shirley y Gary!

—La Navidad la pasa en familia, pero me gustaría que viniese después... y además la casa es grande, hay sitio.

Joséphine observó a su hija con expresión seria.

—¿Estás segura de que tiene ganas de volver a este edificio? ¿Después de lo que pasó? ¿Habéis hablado de ello?

—No —admitió Zoé.

—No creo que sea una buena idea...

—Pero mamá, ¡entonces eso quiere decir que nunca volverá aquí!

—Quizás...

—¡Pero eso es imposible! —gritó Zoé—. ¿Dónde nos veremos?

—Escucha, cariño, no lo sé... No puedo pensar en eso ahora.

—¡Ah, no! —gritó Zoé, pataleando—. ¡Quiero que venga! Le dedicas tiempo a Iphigénie, encuentras soluciones para ella y a mí ¡que me zurzan! ¡Soy tu hija, soy más importante que Iphigénie!

Joséphine levantó la cabeza hacia Zoé. Las mejillas enrojecidas, un pie que patalea, quince años, un metro setenta, senos que crecen, pies que crecen y las primeras recriminaciones de una mujer. ¡Mi hija reclama el derecho a tener un amante! ¡Socorro! Yo, a los quince años, me ruborizaba cuando espiaba a hurtadillas a un inocentón llamado Patrick y cuando nuestras miradas se cruzaban, sentía que el corazón se me iba a salir del pecho. La idea de besarle me hubiera provocado un desmayo y el roce de su mano me proyectaba directa a la felicidad nupcial.

Tendió la mano a su hija y dijo:

—De acuerdo. Empezamos de cero, te escucho...

Zoé contó las desgracias de Gaétan. Puntuaba cada frase con un puñetazo sobre los muslos como para asegurar el efecto dramático de su relato.

—Y si viene aquí, ¿dónde va a dormir?

—Pues... en mi cuarto.

—Quieres decir, en tu cama.

Zoé asintió enrojeciendo. Un mechón de su cabello barrió sus ojos y le dio un aire salvaje.

—No, Zoé, no. Tienes quince años, no vas a dormir con un chico.

—¡Pero mamá! Todas las chicas de mi clase...

—Por el hecho de que todas las chicas de tu clase lo hagan no lo vas a hacer tú... ¡No y no!

—Pero mamá...

—He dicho que no, Zoé, no se hable más... Aún no tienes edad, y no hay más que hablar.

—¡Pero eso es una ridiculez! A los quince años no tengo derecho, pero ¿a los dieciséis sí?

—Yo no he dicho que a los dieciséis lo tengas...

—¡Pero estás completamente fuera de onda, mamá!

—Cariño, sé sincera, ¿de verdad que tienes ganas de acostarte con un chico a tu edad?

Zoé volvió la cabeza y no respondió.

—Zoé, mírame a los ojos y dime que tienes unas ganas locas de acostarte con él... Es un compromiso importante. ¡No es algo que se hace como quien se lava los dientes o se compra unos vaqueros!

Zoé no supo qué responder. Tenía ganas de que él estuviese allí, con ella, siempre. Que la tomase en sus brazos, que le hiciese promesas, tenía ganas de respirar su olor de verdad, no en un viejo jersey que ya no olía a nada. El resto, no lo sabía. Hacía cuatro meses que no le veía. Cuatro meses que sólo se hablaban a través de correos o en el Messenger. A veces por teléfono, pero entonces la conversación se llenaba de silencios. Se rascó el hueso de la tibia del pie libre, jugó con un mechón de pelo, tiró de la manga de su jersey y refunfuñó:

—¡No es justo! Hortense, a los quince años, podía hacer lo que quisiera y yo ¡no tengo derecho a nada!

—¡A los quince años Hortense no se acostaba con chicos!

—¡Eso es lo que tú te crees! Lo hacía a tus espaldas, tú no lo sabías... ¡Porque ella no te pedía permiso! Yo te pido permiso y me dices que no, ¡no es justo! ¡Le diré que vaya a casa de Emma, yo iré a verle allí y tú no te enterarás!

—¿Y después?

—¡Estoy harta, pero que muy harta! Estoy harta de que me traten como a un bebé...

—¿Emma se acuesta con algún chico?

—Pues no... ¡No está saliendo con nadie! No tiene un amor de verdad. ¡Yo quiero ver a Gaétan, mamá!

Quiero ver a Gaétan, quiero ver a Gaétan... Se puso a murmurar esas palabras como un viejo oficiante que canturrea en misa, trazando círculos sobre la mesa con el pulgar izquierdo, mientras se metía el derecho en la boca hasta la mitad y salivaba de rabia contenida.

Joséphine la miró, divertida y tranquila. Había vivido tantas tempestades violentas con Hortense que recibía las exigencias de Zoé con serenidad, curtida.

—Pareces un enorme bebé —murmuró, enternecida.

—No soy un bebé —murmuró Zoé— y quiero ver a Gaétan...

—Lo he entendido... ¡No soy retrasada!

—A veces, me pregunto...

Joséphine la atrajo hacia sí. Zoé se resistió al principio, el cuerpo rígido como una armadura, después se relajó, cuando su madre le canturreó con voz suave al oído tengo una idea, una idea que nos gustará a las dos...

—Venga —respondió Zoé, con el pulgar hundido en la boca.

—Invitarás a Gaétan, dormirá aquí, en tu habitación, pero...

Zoé se incorporó, inquieta, al acecho.

—... pero Hortense dormirá con vosotros.

—¿En MI cuarto?

—Pondremos un colchón en el suelo y Gaétan dormirá allí mientras que las dos compartiréis tu cama...

—¡Hortense no lo aceptará jamás!

—No tendrá elección. Shirley y yo en mi cuarto, Gary en el cuarto de Hortense y vosotros tres en tu habitación... Así estaréis juntos pero no libres para hacer lo que queráis.

—¿Y si Hortense quiere dormir con Gary?

—Por lo que me cuenta Shirley, no es muy probable... Siguen enfadados.

Zoé pidió un instante de reflexión. Frunció el ceño. Joséphine siguió el curso de sus pensamientos en los pliegues de su nariz, en los labios, en sus ojos que viajaban en el vacío y sopesaban los pros y los contras. Su rostro brillaba de rizos cobrizos, pupilas castañas, dientes muy blancos, y su sonrisa se hundía a la izquierda en un hoyuelo que conservaba impresa la huella de la inocencia apenas abandonada. Conocía a su hija como la palma de su mano. No era una guerrera, era una persona tierna todavía apegada a la infancia. Casi podía oír las palabras que resonaban en su cabeza, quiero ser como los demás, poder decir en clase que me he acostado con Gaétan, presumir incluso delante de Emma, ganarme los galones de mujer, pero el resto me da un poco de miedo. ¿Qué va a pasar? ¿Sabré hacerlo? ¿Duele? Leía, en los ojos de Zoé, la misma súplica ansiosa que el día en el que había reclamado el primer sujetador aunque era plana como una tabla de planchar. Joséphine había cedido. Un bonito sujetador talla 75. Zoé sólo se lo había puesto una vez. Lo había rellenado de algodón para aparentar. Aparentar, no desprestigiarse.

Zoé estaba en la edad en la que las apariencias cuentan más que la realidad.

—¿Y bien? —murmuró Joséphine empujándola suavemente con el hombro.

—De acuerdo —suspiró Zoé—. De acuerdo, porque no tengo alternativa.

—Haremos un pacto: yo confío en ti, os dejo a los dos... A cambio, me prometes que no pasará nada... Tienes todo el tiempo del mundo, Zoé, todo el tiempo. El primer chico es importante... Pensarás en ello toda tu vida. No querrás hacerlo de cualquier manera... y además, ¿te imaginas qué pasaría si te quedaras embarazada?

Zoé reculó como si una víbora la hubiese mordido en el talón.

—¡Embarazada!

—Es lo que pasa cuando una se acuesta con un chico...

Hubo un largo silencio.

—El día en que te decidas por fin, que realmente estés loca de amor y que él esté loco de amor por ti, volveremos a hablar y tomarás la píldora.

—No había pensado en eso... ¿Qué es lo que hace Hortense, entonces?

—No tengo ni idea...

Y prefiero no haberlo sabido nunca, pensó Joséphine.

* * *

Y así fue como se reunieron todos en Nochebuena. Shirley, Gary, Hortense, Zoé, Joséphine, en un ambiente de alegría, de abeto que se coloca y se decora, ¿has pensado en la decoración para el abeto? ¿Y las bolas, las ponemos rojas o blancas? Villancicos, menús elaborados, canciones a grito pelado, la mesa puesta, los regalos oficiales colocados al pie del árbol, otros misteriosos escondidos debajo de una cama, en un armario, detrás de los paraguas, tapones de champaña que saltan y se estampan contra el techo, para celebrar un merengue exitoso o una adivinanza resuelta.

«¿Por qué el elefante del zoo de Central Park lleva calcetines verdes?
»Porque los azules están sucios».
«¿Cómo se sabe que hay un hipopótamo en la cama?
»Porque lleva una H bordada en el pijama...».
«¿Cuál es el plural de aceite?
»Unas... por las ¡aceitunas!».

Shirley había traído crackers, pudín, calcetines de Navidad llenos de dulces, latas de té, una botella de whisky añejo; Gary, discos de Glenn Gould que hubo que escuchar con el mayor de los recogimientos y unos puros antiguos que, según afirmaba, eran los preferidos de Winston Churchill. Shirley se moría de risa, Joséphine abría los ojos como platos, Zoé copiaba la receta del pudín inglés sacando la lengua, Hortense se divertía con el empeño que ponían todos en respetar las costumbres de estas fiestas, que celebraban juntos desde hacía tanto tiempo. No se desplazaba nunca sin su móvil por si Miss Farland quería ponerse en contacto con ella... y adoptaba un aire misterioso cada vez que sonaba el teléfono.

Gary se reía de ella. La llamaba la abominable mujer de negocios. Le escondía el móvil dentro de un bote de puerros, en la nevera, debajo de los cojines o las mantas de Du Guesclin. Hortense se ponía furiosa y le conminaba a acabar con esas chiquilladas. Gary se alejaba saltando como una ardilla, las manos como garras, los pies separados.

—La ardilla sabe dónde está el móvil, lo ha escondido para pasar el invierno, cuando esté sola, sin amigos, en el fondo del bosque... La ardilla está sola durante la época más fría. La ardilla está triste en el gran parque... Sobre todo los lunes, cuando toda la gente del fin de semana se ha marchado. Cuando ya no le tiran cacahuetes ni avellanas, se encoge de hombros y espera al sábado siguiente... O a la primavera...

—¡Y éste quiere que le tome por un Príncipe Azul! —ironizaba Hortense.

—¡Claro que mi hijo es un Príncipe Azul! —protestaba Shirley—. Tú eres la única que no lo sabe...

—Dios me libre de los Príncipes Azules y de las ardillas domésticas...

Y partía en busca de su móvil echando pestes.

A veces, Gary se inclinaba sobre ella como para besarla y terminaba el gesto dejando un resto de mousse de chocolate en su frente. Ella se disponía a abrazarle. Él huía gritando se-ha-creído-que-la-iba-a-besar-todas-iguales-todas-iguales, y ella gritaba le odio, le odio. O se tumbaba en el sofá a escuchar *El clave bien temperado*, llevando el ritmo con sus pies grandes con calcetines agujereados, explicaba el arte de Glenn Gould, cuando lo escuchas, en lugar de un piano, oyes una orquesta. Cada tema se responde en un canon, desaparece en la mano derecha para reaparecer en la izquierda, se declina de un tono al otro para saltar a una nueva melodía. Se alternan silencios y suspiros, dando relieve a la obra que te mantiene en vilo. Su ejecución no es *staccato*, y mucho menos *legato*, sino *des-ta-ca-do*. Cada nota que toca es distinta de las demás, de modo que ninguna está ligada a la otra, ninguna depende del azar. Es arte, Hortense, Arte con mayúsculas..., mientras que Hortense, sentada a sus pies, dibujaba un proyecto de escaparate sobre un gran cuaderno blanco de espiral, con los lápices de colores desparramados a su alrededor. Eran momentos de tregua. Ella perfilaba, borraba, repasaba un trazo, hablaba de la decoración navideña de los escaparates de Hermès en la calle Faubourg-Saint-Honoré, tenías que haberlo visto, Gary, colores de Oriente, cálidos, muy cálidos, muy pocos objetos, piel y espadas, leones, tigres, loros, largos lienzos, era tan bonito y tan... único. Yo también quiero hacer cosas bonitas y únicas. Él extendía la mano y le acariciaba el pelo, me gusta cuando piensas, ella mordía su lápiz y le pedía háblame, dime lo que sea y lo encontraré, lo encontraré... Él recitaba versos de Byron y su voz suave, las palabras inglesas delicadamente pronunciadas componían otra partitura, una música que acompañaba a la de Bach, se entrecruzaba con las notas, colmaba un suspiro, se sumaba a un acorde. Él cerraba los ojos, su mano se detenía sobre el hombro de Hortense, la mina del lápiz de Hortense se rompía, ella se enfadaba, tiraba el cuaderno, decía no lo encuentro, no lo encuentro y el tiempo pasa... Lo encontrarás, te lo prometo. La urgencia es el territorio perfecto para encontrarlo. Lo encontrarás el día antes de la llamada de la abominable Miss Farland. Te acostarás ignorante y te levantarás sabia, confía, confía... Ella levantaba la cabeza hacia él, ansiosa y hastiada.

—¿Eso crees, lo crees de verdad? ¡Oh! Ya no lo sé, Gary... Es horrible, tengo dudas. ¡Odio esa palabra! Odio ser así... ¿Y si no lo consigo?

—Sería contrario a tu lema.

—¿Y cuál es mi lema?

—«Sólo creo en mí».

—Primera noticia...

Chupaba la mina del lápiz, retomaba el dibujo. Se pasaba la mano por el pelo alborotado, gemía. Él discurría sobre el arte del piano, la forma de separar cada nota y aislarla. De desvestirla fríamente...

—Eso es lo que deberías hacer, desnudar tus ideas una por una; tienes demasiadas rondándote la cabeza y, por eso, ya no sabes qué pensar...

—Eso quizás funcione para el piano, pero conmigo...

—Sí, piénsalo bien: una nota y después otra y otra, y no un kilo de notas... ¡Ésa es la diferencia!

—¡Oh! ¡No entiendo nada de lo que dices! Si te crees que me estás ayudando...

—Te estoy ayudando, pero no lo sabes. Ven a besarme y se hará la luz.

—No quiero un hombre, ¡quiero una idea!

—Soy tu hombre y todas tus ideas. ¿Sabes qué, mi querida Hortense? Sin mí, no eres más que una pobre piltrafa...

Joséphine y Shirley les observaban sin decir nada y sonriendo. Después se iban a la cocina, cerraban la puerta y se abrazaban.

—Se quieren, se quieren pero no lo saben —aseguraba Joséphine.

—Son como dos asnos enamorados y ciegos...

—Esto va a acabar bajo un gran velo blanco —canturreaba Joséphine.

—¡O en una cama con una batalla de almohadas! —exclamaba Shirley.

—¡Y nosotras nos convertiremos en dos guapas abuelas!

—¡Pero yo continuaré echando una cana al aire! —protestó Shirley.

—Qué guapos son nuestros hijos.

—¡Y tienen el mismo carácter de perro!

—Yo era tan torpe a su edad...

—Y yo ya tenía un hijo...

—¿Crees que Hortense toma la píldora? —se inquietó Joséphine.

—Su madre eres tú...

—Quizás debería preguntárselo...

—En mi opinión, ¡te va a mandar a paseo!

—Tienes razón... Créeme, es menos cansado tener un varón que dos chicas.

—¿Abrimos el foie gras para esta noche?

—¿Con confitura de higos?

—¡Oh, sí! ¿Y si tomásemos un pequeño anticipo ahora? ¡Nadie se enteraría! —sugería Shirley, los ojos brillando de glotonería.

—¿Y una copita de champaña mientras nos contamos tonterías?

Saltaba el tapón, se desbordaba la espuma, Shirley pedía un vaso, deprisa, deprisa, y Joséphine recogía la espuma con un dedo y se lo chupaba.

—¿Sabes lo que encontré la otra noche buscando en la basura? Una libreta negra, un diario íntimo...

—Mmmm... —ronroneaba Shirley saboreando el champaña—, ¡qué bueno está! ¿Y de quién es?

—Precisamente, no lo sé...

—¿Y crees que lo tiraron a propósito?

—Eso creo... Debe de ser alguien del edificio. Es una libreta vieja. Lleva una fecha: noviembre de 1962... El desconocido escribe que tiene diecisiete años y que su vida va a empezar.

—Lo que significaría que ahora tendría..., espera un momento..., ¡unos sesenta y cinco años! Nuestro misterioso escritor no es ningún jovencito... ¿Lo has leído?

—Lo he empezado... Pero me pondré a fondo con él en cuanto me quede sola...

—¿Hay muchos individuos de sesenta y cinco años en el edificio?

—Debe de haber unos cinco o seis... Además del señor Sandoz, el pretendiente de Iphigénie que, según ella, se quita años y tiene unos sesenta y cinco... Voy a investigar. Edificio A y edificio B incluidos, porque la basura es común.

—Es curioso —ironizó Shirley—, aquí, el único sitio donde la gente se mezcla es: ¡en la basura!

Zoé esperaba el 26 de diciembre con impaciencia. Marcaba los días en su calendario y saltaba de la cama cada mañana para tachar uno. ¡Estoy más estresada que una vaca sin hierba! ¡Quedan dos días! ¡Una eternidad! ¡No podré soportarlo! Me moriré antes... ¿Se pueden perder dos kilos en dos días? ¿Se puede acabar con un grano? ¿Bloquear el sudor? ¿Aprender a besar con destreza? ¿Y mi pelo? ¿Lo aliso con gel o no? ¿Me lo recojo o no? Hay tantas cosas de las que me gustaría estar segura...

Y en primer lugar, ¿cómo me voy a vestir para recibirle? Ese tipo de cosas se preparan con antelación... Podría preguntárselo a Hortense, pero Hortense tiene la cabeza en otro sitio.

Hortense había aceptado el papel de guardiana nocturna. ¡Y no quiero que me despierten ruidos de cópula! ¿Has entendido, Zoé? Quiero estar en forma para el 2 de enero. Fresca como una rosa. Y eso quiere decir: dormir tranquila. ¡No hacer de carabina! ¡Así que nada de juegos de manos ni de cabalgadas salvajes o empiezo a repartir leña!

Zoé se sonrojaba. Se moría de ganas de preguntar a Hortense cómo se cabalgaba salvajemente y si dolía.

El 26 de diciembre, sobre las cinco de la tarde, Gaétan llamaría a la puerta. Cuatro y dieciocho en la estación de Saint-Lazare, cinco en punto en casa. Nadie más que ella tendría derecho a recibirle y nadie más que ella debía aparecer cuando él llegase. ¡Todos en vuestros cuartos o todos fuera, esperando la señal para volver! Todas esas miradas clavadas en él serían demasiado intimidantes.

Habían hablado mucho para saber si le preocupaba volver al edificio en el que había vivido. Gaétan había dicho que no, que no le molestaba. Lo había pensado bien y había perdonado a su padre. Lo compadecía sinceramente. Lo decía con una voz tan grave que Zoé tenía la impresión de estar frente a un extraño. Entiéndelo, Zoé, cuando te enteras de lo que vivió de niño, cómo le abandonaron, le maltrataron, le utilizaron, torturaron, no puedes esperar que fuese normal... Él intentó ser normal, pero no podía. ¡Es como si hubiese nacido cojo y le pidiesen que corriera los cien metros en nueve segundos! Lo había mezclado todo: el amor, la rabia, la revancha, la cólera, la pureza. Quería matar y quería amar, pero no sabía cómo enfrentarse a ello. Me entristece lo de tu tía, claro, pero no estoy triste por él. No sé por qué... A su manera, nos quiso. No consigo odiarle. Estaba loco, eso es todo. Y yo no estaré loco, lo sé.

Repetía continuamente y yo no estaré loco.

Zoé esperaba en su cuarto, preparando regalos que fabricaba ella misma con alambre, cartón, lana, cola, lentejuelas, pintura. El tiempo pasaba deprisa cuando su mente y sus manos estaban ocupadas. Se concentraba en el color que elegir, el dibujo que recortar, el trozo de lana que pegar. Chupaba la cola que se le secaba sobre el índice, se mordía el labio inferior como si saboreara un dulce. Oía el piano en el salón y comprendía por qué a Gary le gustaba tanto esa música. Escuchaba las notas, le entraban en la cabeza, las sentía eclosionar en el estómago y le cosquilleaban el fondo de la garganta. La música la absorbía, era mágica. Pediría a Gary que le copiase los CD para escucharlos cuando Gaétan se hubiese ido. Con la música se sentiría menos triste...

Porque ya estaba pensando en el día en que se iría...

No podía evitarlo. Se preparaba para la pena que iba a invadirla. Pensaba que había que prepararse más para la tristeza que para la felicidad. La felicidad es fácil, basta con dejarse llevar. Es como bajar por la pendiente de un tobogán. La tristeza es remontar a pie un tobogán larguísimo.

Se preguntó por qué era así y sacó el cuaderno para escribir sus pensamientos. Leyó el último texto que había escrito mientras chupaba la capucha del boli Bic.

«He ido a ver una exposición de arte moderno con la clase y no he entendido nada. Me exaspera. Una piscina hinchable roja con tenedores en el fondo del agua y guantes de cocina medio hinchados no me inspira nada... El profe estaba allí, extasiado, y a mí me pareció horriblemente feo.

»Al salir, nos cruzamos con un grupo de indigentes que bebían latas de cerveza y uno quiso pegarse con el profesor...

Pero el profesor no entró al trapo al ver que el mendigo era más bien debilucho y el profe es un cachas. Y yo sentí pena por el indigente, aunque no fuera de los simpáticos. Y me deprimí. Y el profe dijo que no se podía salvar el mundo, pero a mí me da igual. Ya he comprado dos anillos e incienso para el tercer mundo en el insti. Y sigo sonriendo y dando panecillos a los mendigos de la calle. Me siento indignada.

»Y entonces el profe dijo que tenía que dejar de soñar y que no existía eso del mundo perfecto. Y entonces sentí unas ganas enormes de ponerme a llorar. ¡Ay! Lo sé, es supertonto, pero sentía cómo el fuego subía a mis mejillas. Entonces se lo dije a Emma y me dijo déjalo, Zoé, el profe tiene razón, madura un poquito...

»No quiero madurar si es para convertirme en alguien como el profe al que le parecen bonitas las piscinas con tenedores en el fondo y se niega a salvar al mundo. ¡Qué tontería! Quiero que me comprendan. Yo me siento llena y los demás están vacíos, y entonces me siento supersola. ¿Así que eso es la vida? ¿Sentir dolor? ¿Eso es crecer? Tener ganas de avanzar y de saborear y a la vez también de vomitar y de volver a empezar. Bah, no..., yo no quiero ser así. Tendré que hablarlo con Gaétan».

Seguía una receta de sardinas en aceite con ralladura de manzana verde, que le había dado una chica que pensaba como ella, que lo de la piscina con tenedores y guantes de goma era una estupidez. Se llamaba Gertrude y no tenía amigos porque a todo el mundo le parecía atroz llamarse Gertrude. A ella le gustaba hablar con Gertrude. Le parecía injusto que la evitasen por culpa de un nombre que huele a naftalina.

Gertrude tenía todo el tiempo del mundo para pensar y, a veces, soltaba frases hermosas como el rocío. Por ejemplo, al salir del museo, había dicho ¿sabes, Zoé?, la vida es bella, pero el mundo no...

Y eso le había encantado, la vida es bella, pero el mundo no, porque eso la llenaba de esperanza y ella necesitaba mucha esperanza.

—Cuando se bebe champaña, se hacen confidencias —declaró Joséphine—. Me debes por lo menos dos confidencias... ¡Porque hemos bebido dos copas de champaña cada una!

—Y no hemos terminado todavía...

—¿Y bien? ¿La primera confidencia?

—Creo que me he enamorado...

—¡Nombres! ¡Quiero nombres!

—El nombre ya lo sabes: se llama Oliver. Oliver Boone...

—¿Es el hombre del estanque?

—El hombre del estanque y un gran pianista... Empieza a ser bastante conocido, da conciertos por todo el mundo. Entre concierto y concierto, vive en Londres, muy cerca de mi estanque... Nada entre las algas oscuras y monta en bici.

—¿Y le ves a menudo?

—¡Así así! ¡Acabamos de empezar! Fuimos a un pub una noche, bebimos y... y... me besó y... ¡Dios mío! ¡Joséphine! ¡Me gusta tanto cuando me besa! Me sentí como una chiquilla. Es tan..., no sé cómo describirlo, pero sé, estoy completamente segura de que tengo unas ganas terribles de estar con él... y hacer un montón de cosas estúpidas como dar pan a los patos, reírme del aire altivo de los cisnes, repetir su nombre una y otra vez mirándole al fondo de los ojos… Con él, tengo el extraño sentimiento de que no me equivoco…

—¡Cuánto me alegro por ti!

—… de que estoy en mi lugar… Creo que en eso consiste el verdadero amor: tener la impresión de estar en su vida, no a su lado. En el lugar adecuado. Sin necesidad de forzarte, de hacer equilibrios para gustar al otro, sino seguir siendo como uno es.

Joséphine pensó en Philippe. Con él, ella también tenía esa impresión.

—Cuando nos vimos en el pub —prosiguió Shirley—, le dije que me marchaba a París y me miró con esa mirada cálida que te envuelve y te eleva, que me da ganas de tirarme sobre él, me dijo esperaré, es aún mejor cuando hay que esperar… ¡y estuve a punto de no esperar nada de nada! ¿Sabes qué? Tengo la impresión de que voy a ser feliz por todas partes. En la cabeza, en el corazón, en el cuerpo ¡e incluso en los dedos de los pies!

Joséphine pensó que nunca había visto a su amiga tan resplandeciente y, por primera vez, dulce, muy dulce. Sus cabellos rubios y cortos se curvaban y tenía la punta de la nariz completamente roja de emoción.

—¿Y Philippe? ¿Qué crees que hará esta noche? —susurró Joséphine.

Había apurado su copa y tenía las mejillas coloradas.

—¿Le has llamado? —preguntó Shirley mientras le servía otra.

—¿Desde la última vez en Londres? No… Es como si lo nuestro debiera seguir siendo clandestino, sin que nadie lo supiera…

—La noche no ha hecho más que empezar... Quizás llame a la puerta con una botella de champaña. Como el año pasado. ¿Recuerdas? Os habíais encerrado en la cocina y se había quemado el pavo...*

—Aquello me parece tan lejano... ¿Y si yo estuviera estropeándolo todo?

—Ha elegido eclipsarse. No quiere forzarte. Sabe que un duelo no es algo que se soluciona como quien calcula una suma. Sólo el tiempo, los días y las semanas borran el dolor...

—Ya no sé dónde está mi lugar. Dime, Shirley, ¿cómo se sabe? Mi lugar entre Iris y él... ¿Cómo puedo pensar en amarle si me quedo al lado de Iris? Y cuando estoy a su lado, cómo puedo permanecer quieta, sin lanzarme sobre él... Es tan fácil cuando está al alcance de la mano... Y tan complicado cuando está lejos...

* * *

—Así que, si lo he entendido bien, estamos todos embarcados en un barco que ya no tiene ni capitán ni motor, y no lo sabemos —decía Philippe a su amigo Stanislas que le había llamado para felicitarle las Navidades.

Stanislas Wezzer había ayudado a Philippe cuando éste fundó su gabinete. También le había aconsejado cuando decidió vender su parte y retirarse. Stanislas Wezzer era un hombre alto, flemático, libre, al que nada parecía alterar. Sus argumentos sonaban negros y pesimistas, pero mucho se temía Philippe que tenía razón.

---

* Cf. *El vals lento de las tortugas, op. cit.*

—Un crucero ingobernable que se dirige a toda velocidad hacia un muro de hielo... El *Titanic* con el mundo entero a bordo... ¡Vamos a hundirnos y no va a ser divertido! —respondió Stanislas.

—Qué bien... Gracias, amigo mío, por las buenas noticias, ¡y feliz Navidad!

Stanislas se echó a reír al otro lado de la línea y prosiguió:

—Lo sé, no debería hablar de esto esta noche, pero estoy harto de oír decir a todos esos imbéciles que hemos dejado atrás la crisis cuando en realidad acaba de empezar. Poco tiempo antes de la caída de Lehman Brothers, el presidente del Deutsche Bank dio a entender que lo peor había pasado y que, inyectando miles de millones de dólares en las cajas de los bancos y las compañías de seguros, salvaríamos el sistema. Lo que vamos a vivir no es una crisis, sino el hundimiento total del capitalismo, un tsunami..., ¡y todos esos grandes hombres no lo han visto venir! No han previsto nada.

—Y sin embargo, existe la impresión de que la vida sigue su curso, de que nadie se da cuenta de la gravedad de la bancarrota...

—¡Eso es lo asombroso! La crisis va a arrollarnos como un maremoto y los miles de millones malgastados en esa economía virtual sólo servirán para derribar el sistema...

—Y la gente continúa haciendo sus compras de Navidad, asando pavos y decorando el árbol —apuntó Philippe.

—Sí... Como si la costumbre fuese más fuerte que todo..., como si nos vendara los ojos. Como si nos sintiésemos aliviados por los atascos, la nieve, las noticias de la radio cada mañana, el café en el Starbucks de la esquina, el periódico que se abre, la chica guapa que pasa, el autobús que gira a lo lejos... Todo eso nos ratifica en la idea de que la crisis nos sobrevolará y que no nos va a afectar. ¡Prepárate para un cambio drástico, Philippe! Y no te digo nada de los otros cambios que vendrán: el clima, el medio ambiente, las fuentes de energía... Tendremos que agarrarnos a las ramas y revisar nuestra forma de vida...

—Lo sé, Stanislas... Incluso creo que me he estado preparando desde hace mucho tiempo... sin saberlo. Eso es lo más asombroso. Tuve una especie de presentimiento, hace dos años. Una corazonada de lo que iba a pasar. Un lento hastío... Ya no soportaba el mundo en el que vivía, ni la forma en la que vivía. Abandoné el bufete de París, abandoné mi vida anterior, me separé de Iris, vine a instalarme aquí y, desde entonces, me siento como si estuviera esperando... esperando otra vida. ¿Cómo será? No lo sé... A veces intento imaginármela.

—¡Gran tipo sería el que pudiese decírtelo! Avanzamos, eso sí, pero a ciegas. Podemos cenar juntos después de las fiestas si estás libre... ¡Desarrollaremos estas siniestras previsiones! ¿Te quedas en Londres?

—Esta noche cenamos con mis padres. En South Kensington. Vamos a celebrar la Nochebuena en su casa con Alexandre y, después, ¡ya veremos lo que se presenta! No he decidido nada... Ya te lo he dicho, me dejo llevar, cojo lo que llega e intento sacarle provecho.

—¿Y Alex está bien?

—No lo sé. No hablamos mucho. Cohabitamos, y eso me pone triste... Acababa justo de descubrirle, me gustaba nuestra relación, nuestra complicidad y todo eso parece haber volado...

—Es la edad... O la muerte de su madre. ¿Habláis de ello?

—Nunca. Ni siquiera sé si debo intentarlo... Me gustaría que saliese de él.

Stanislas Wezzer no tenía ni mujer ni hijos. Pero sabía aconsejar a padres y maridos.

—Sé paciente, volverá... Habéis estrechado lazos... Dale un beso de mi parte y nos vemos pronto. Te noto muy solo. Peligrosamente solo... No hagas ninguna tontería para llenar esa soledad... Es la peor solución.

—¿Por qué me dices eso?

—No lo sé. Por experiencia, supongo...

Philippe esperó la continuación de la confidencia interrumpida, pero Stanislas calló. Fue él quien rompió el silencio despidiéndose:

—¡Hasta pronto, Stan! Gracias por haber llamado.

Colgó y se quedó pensativo mientras miraba la nieve caer sobre la placita. Copos grandes y espesos, casi pesados, que bajaban del cielo con lentitud y majestuosidad como trozos de algodón, sin prisas. Stanislas tenía razón, sin duda. El mundo que había conocido iba a desaparecer. Ya no le gustaba. Sólo se preguntaba qué aspecto tendría el Nuevo Mundo.

Entró en el salón, llamó a Annie.

Ella acudió, erguida con su larga falda gris y sus gruesos zapatos negros —nieva, señor Philippe, no salga en mocasines o podría resbalar—, cargada con un gran jarrón de flores, grandes rosas blancas que había comprado en el mercado y que combinó con ramas de olivo de hojas de un verde suave.

—Muy bonitas esas flores, Annie...

—Gracias, señor. Pensé que alegrarían el salón...

—¿Ha visto usted a Alexandre?

—No. Y me gustaría hablarle de eso. Últimamente desaparece a menudo. Vuelve cada vez más tarde del colegio, ya nunca se queda en casa.

—Quizás está enamorado. Está en la edad...

Annie tosió y se aclaró la garganta, incómoda.

—¿Lo cree de veras? ¿Y si anduviese con malas compañías?

—Lo principal es que esté aquí a las siete. Mis padres cenan muy pronto, incluso en Nochebuena... No soportarían que llegase con retraso. Mi padre detesta las fiestas y el bullicio. Le apuesto que a medianoche estará usted en la cama.

—Es usted muy amable de llevarme con ustedes. Me gustaría agradecérselo.

—¡Pero bueno! ¡Annie, no iba a pasar la Nochebuena usted sola en su habitación cuando la gente lo está celebrando!

—Estoy acostumbrada, ¿sabe?... Todos los años es lo mismo. Escojo un buen libro, una botellita de champaña, una tajada de foie gras, me hago unas tostadas y lo festejo leyendo. Enciendo una vela, pongo música, ¡me gusta mucho el arpa! Es muy romántica...

—Y este año, ¿con qué libro había previsto usted pasar las fiestas?

—*El collar de la reina,* de Alexandre Dumas. Qué bonito es, ¡pero qué bonito!

—Hace mucho tiempo que no leo a Alexandre Dumas... Quizás debería proponérmelo...

—Si quiere, le podría prestar mi ejemplar cuando lo termine...

—Será un placer, ¡gracias, Annie! Vaya a prepararse, no tardaremos en marcharnos...

Annie dejó el jarrón sobre la mesita baja del salón, se echó hacia atrás para juzgar el efecto, separó dos ramas de olivo enredadas entre sí y corrió a su habitación a cambiarse.

Philippe la miró alejarse, divertido: en su precipitación veía el fervor de una chiquilla que se prepara para una cita amorosa, y la evidente pesadez de su edad que la ralentizaba y traicionaba. ¿Cuál sería la vida secreta de Annie?, se preguntó viéndola desaparecer por el pasillo. Nunca me lo había preguntado...

Bajo un gran roble de largas ramas negras y desnudas, Alexandre y Becca miraban cómo caía la nieve. Alexandre tendía la mano para atrapar un copo, Becca reía porque el copo se fundía tan deprisa en la palma de Alexandre, que éste no tenía tiempo de estudiarlo.

—Parece ser que si los miras con una lupa, los copos de nieve parecen estrellas de mar.

—Deberías volver a casa, *luv*... Tu padre estará preocupado.

—No tengo prisa... Vamos a cenar en casa de mis abuelos, va a ser siniestro...

—¿Cómo son?

—¡Estirados como dos viejos disecados! Nunca se ríen y, cuando les beso, ¡pican!

—Los viejos suelen picar...

—Tú no picas. Tú tienes la piel muy suave... No eres una vieja de verdad, ¡estás mintiéndome!

Becca se echó a reír. Se llevó las manos cubiertas por mitones de color violeta y amarillo a su rostro, como si el cumplido la hiciese sonrojar.

—¡Tengo setenta y cuatro años y no te miento! He llegado a una edad en la que se puede confesar todo. Durante mucho tiempo dije que era más joven, no quería convertirme en una vieja chiva...

—¡No eres una vieja chiva! ¡Eres una chiva joven!

—Me trae sin cuidado, *luv*... La vejez es tranquilizadora, ¿sabes?, ya no es necesario aparentar, ya no es necesario fingir, te trae completamente sin cuidado lo que la gente piense...

—¿Aunque no tengas dinero?

—Piensa un poco, *luv*: si hubiese tenido dinero, nunca nos habríamos conocido. Yo no hubiese estado aquí, pudriéndome en un banco del parque. Hubiese estado cómodamente instalada en mi casa. Sola. A los viejos nadie quiere verlos. ¡Los viejos no hacen más que jorobar! Chochean, pican, huelen mal, y no paran de repetir que antes todo era mejor. Prefiero no tener dinero y haberte conocido... Porque, gracias a ti, he dejado de tener moscas en la cabeza.

Todas las tardes, al volver de la escuela, Alexandre iba a ver a Becca. Su verdadero nombre era Rebecca, pero todo el mundo la llamaba Becca. ¿Quién es todo el mundo?, había preguntado Alexandre, ¿tú tienes amigos? Pues sí..., por el hecho de no tener casa no dejo de tener amigos. Hay muchos como yo. Tú no los ves porque vives en un barrio de ricachones y en el centro de Londres no se ven muchos vagabundos, nos echan de allí, nos empujan lejos, lejos. Tenemos que permanecer alejados de los turistas, de la gente rica, de los buenos coches, de las damas elegantes y de los buenos restaurantes... Pero si quieres mi opinión, *luv*, cada vez habrá más gente como yo. No tienes más que ir a dar una vuelta por los refugios y verás cómo las colas son cada vez más largas. ¡Y de todo tipo de gente! No sólo viejos. ¡También jóvenes! Y auténticos señores que tienden su escudilla... El otro día hice la cola detrás de un antiguo banquero que estaba leyendo *Guerra y paz*. Charlamos. Había perdido el trabajo y, de golpe, su casa, su mujer y sus hijos. Estaba en la calle sólo con sus libros y una silla de diseño. Una bonita silla de terciopelo azul que lleva el nombre de un rey francés. Vive cerca de la iglesia de Baker Street... Hemos hecho buenas migas porque los dos tenemos una silla. Él, cuando sale, deja la suya en la sacristía de la iglesia.

—¡Ah! —había respondido Alexandre—. Yo creía que vivías sola siempre... ¿Y por qué no quieres ir a un refugio con tus amigos? Sería mucho mejor que dormir fuera...

—Ya te lo he dicho, los refugios no son para mí. Lo he intentado... Uno, en particular, del que me habían hablado muy bien, en Seven Sisters Road... ¡Pues bien! ¡No volveré allí nunca más!

—Pero ¿por qué?

—¡Porque hay hombres sin brazos y con camisetas verdes que te pegan!

—Pero ¿cómo pueden pegarte si no tienen brazos?

—¡Te dan patadas, rodillazos, dentelladas! Son feroces. Y además hay que estar allí a tal hora, hay que pagar no sé cuánto, aunque no sea mucho, y además te lo roban todo en esos refugios... Están llenos de negros enormes con rastas que gritan, beben cerveza a escondidas y hacen pis por todas partes. ¡No y no! Estoy mejor en mi silla de ruedas...

—Pero ¿y cuando hiela o nieva, Becca?

—¡Voy a casa del intendente de la reina! ¿Te has quedado de piedra, eh?

—¿Y ése quién es?

—Un tipo muy simpático. Vive en una casita de ladrillos rojos en el parque... Un poco más lejos, hacia la Serpentine. Se ocupa de los jardines de la reina. Es un cargo oficial porque estos grandes parques pertenecen todos a la familia real o a los duques. Cuando hace mucho frío, voy a verle y me refugio en la leñera. Ha puesto burletes en las ventanas y ha instalado una estufa sólo para mí. Me trae sopa, pan y café caliente. Duermo entre los rastrillos, las horquillas, las palas, los cortacésped y los troncos. Huele a hierba y a madera. Huele tan bien que yo cierro los ojos... ¿Acaso eso no es un lujo? Y cuando rasco la escarcha del ventanuco puedo ver el parque, veo cómo se acercan las ardillas, veo la luz de su salón, veo a su mujer mirando la televisión y a él que lee y pasa las páginas humedeciéndose los dedos... ¡Estoy como en el cine!

—¡Qué rara eres, Becca! Eres feliz a todas horas y no tienes ningún motivo para ello.

—¿Y tú qué sabes de la vida?

—Mi madre... Lo tenía todo para ser feliz... y nunca lo fue. Tenía pequeñas crisis, cambios de humor, fingía, pero nunca fue realmente feliz. Creo incluso que estaba triste siempre...

Becca abría mucho la boca cuando Alexandre hablaba de su madre. Sacudía la cabeza, se golpeaba los mitones violeta y amarillos y decía ¡qué gran desgracia! Después los levantaba hacia el cielo diciendo pero si yo hubiese tenido un hijo como tú, ¡pero si yo hubiese tenido un hijo como tú! Cerraba los ojos y, cuando los volvía a abrir, estaban húmedos. Alexandre pensaba que si tenía los ojos tan borrosos era porque había debido de llorar mucho.

Siempre volvía a los ojos azules de Becca. Tan azules que tenía la impresión de caer cuando se hundía en ellos; todo se difuminaba a su alrededor. Becca no era ninguna vieja chiva. Menuda, frágil, mantenía derecha la cabeza tocada de cabellos blancos, la hacía pivotar un poco como un pájaro que picotea y, cuando se quitaba los trapos que la envolvían, tenía una cintura de jovencita encorsetada. A veces se preguntaba si era pobre desde hacía mucho tiempo, porque todavía se mantenía en buena forma para una mujer de su edad. Le hubiese gustado saber cómo había acabado en el parque, sobre una silla de ruedas.

No se atrevía a hacer preguntas. Veía perfectamente que ése era un terreno peligroso y que hacía falta ser muy fuerte para escuchar la infelicidad de los demás. Así que sólo decía:

—La vida ha sido dura contigo...

—La vida hace lo que puede. No puede mimar a todo el mundo. Y además, la felicidad no siempre está donde se la espera. A veces, está ahí donde nadie la ve. Y además, ¡qué es esa tontería de tener que ser feliz a todas horas!

Se enfadaba, se movía sobre su silla, todas sus capas de lana caían y se las volvía a poner de cualquier forma.

—¡Pero si es verdad! No estamos obligados a ser felices constantemente, ni como todo el mundo... La felicidad hay que inventarla, hay que hacerla a la manera de uno, no existe un modelo único. ¿Tú crees que son realmente felices con una hermosa casa, un gran coche, diez teléfonos, una tele enorme y el trasero bien calentito? Yo he decidido ser feliz a mi modo...

—¿Y lo consigues?

—No siempre, pero no está mal. Y si fuese feliz todos los días ¡ni siquiera sabría que soy feliz! ¿Lo has entendido, *luv*? ¿Lo has entendido?

Él decía que sí para no llevarle la contraria, pero no la comprendía del todo.

Entonces ella se calmaba. Se revolvía en su silla para recoger la punta del chal, para colocarse el poncho y el cierre que se había caído bajo la barbilla, y se frotaba la cara con las manos como para borrar toda su cólera y decía con voz muy dulce:

—¿Sabes lo que hace falta en la vida?

Alexandre negaba con la cabeza.

—Hace falta amar. Con todas las fuerzas. Darlo todo sin esperar nada a cambio. Y entonces funciona. ¡Pero parece tan sencillo que nadie se cree esa fórmula! Cuando amas a alguien, ya no tienes miedo de morir, ya no tienes miedo de nada... Por ejemplo, desde que nos vemos, desde que yo sé que voy a verte todos los días después del colegio, que vas a detenerte o que simplemente vas a pasar haciéndome una señal con la mano, pues bien..., soy feliz. Yo, sólo con verte, siento felicidad. Me dan ganas de levantarme y brincar... Es mi felicidad. Pero si ofreces esa felicidad a un tío cargado de pasta, se siente incómodo, la mira como si fuese un enorme montón de mierda y la tira a la basura...

—Y si dejara de venir a verte, ¿te sentirías infeliz?

—Me sentiría peor que infeliz, me sentiría sin ganas de vivir y eso ¡es lo peor! Es el riesgo del amor. Porque siempre existe un riesgo, con el dinero, con la amistad, con el amor, con las carreras de caballos, con el tiempo, siempre... Yo siempre acepto el riesgo ¡porque en él asoma la felicidad!

Amar a alguien..., pensaba Alexandre.

Él amaba a su padre. Amaba a Zoé, pero ya no la veía. Quería mucho a Annabelle.

—Querer mucho ¿es como amar?

—No, amar se conjuga sin adverbio ni condición...

Entonces amaba a su padre y a Zoé. Y a Becca. Probablemente era poca cosa.

Tenía que encontrar a otro a quien amar.

—¿Uno puede decidir amar?

—No, eso no se decide.

—¿Y uno puede evitar amar?

—No lo creo..., pero seguramente hay gente que lo consigue cerrándose con llave.

—¿Y se puede morir de amor?

—¡Oh, sí! —dijo Becca lanzando un gran suspiro.

—¿Eso te ha pasado a ti?

—Oh, sí... —repitió.

—¡Pero no estás muerta!

—No. Pero a punto estuve. Me dejé hundir por la pena, dejé de luchar... Así es como acabé sobre esta silla y entonces, un día, pensé: mi vieja Becca, todavía puedes sonreír, todavía puedes andar, tienes buena salud, conservas todas tus facultades. Hay muchas cosas por hacer, mucha gente a quien conocer, y volvió la alegría. La alegría de vivir. Fue algo inexplicable. Sentí de nuevo ganas de vivir y ¿sabes qué? Dos días después ¡te conocí!

—¿Y si desapareciese? ¿Y si me atropellara un autobús o me picara una araña venenosa?

—¡No digas tonterías!

—Quiero saber si puede pasar varias veces eso de morir de amor...

—Seguramente yo volvería a hundirme, pero recordaría la felicidad que me has dado y viviría con ese recuerdo...

—¿Sabes, Becca?... Desde que te conozco he dejado de jugar al juego de despedirme..., ya no me imagino a la gente muriendo.

Y era verdad.

Ella ya no quería que le diese dinero, entonces él le traía pan, leche, almendras saladas, albaricoques secos e higos. Había leído en alguna parte que eran muy nutritivos. Sisaba, del guardarropa donde su padre había guardado las cosas de su madre, bonitos jerséis de cachemira, chales, pendientes, lápiz de labios, guantes, un bolso, y se los regalaba a Becca diciéndole que había unas maletas viejas en el desván que no interesaban a nadie, y que prefería que fuese ella la que llevara esos trapos viejos antes de que acabaran en el Ejército de Salvación.

Becca se había vuelto guapa, elegante.

Un día, la llevó a la peluquería.

Había cogido dinero que andaba perdido sobre la mesa de su padre y ¡venga, a la peluquería!

Había esperado fuera —vigilando que nadie robase la silla de ruedas— y cuando Becca salió, toda rizada, muy grácil, con las uñas arregladas, él había silbado, había dicho ¡guau! Y había aplaudido. Después, con el dinero que sobró, habían ido a tomar un donut y un café al Starbucks de la esquina. Habían brindado con las tazas de su *caffè latte*. Habían hecho un concurso de bigotes. *Very chic! Very chic!*,* había dicho él.

---

* «¡Muy elegante! ¡Muy elegante!».

Ella se había reído tanto que se había atragantado con un trozo de donut. Les ayudó un señor. La había cogido en sus brazos, la había doblado, había apretado muy fuerte con los puños y ella había escupido el pedazo. Todo el mundo se arremolinó para ver a la hermosa anciana morir estrangulada por una rosquilla.

Pero no había muerto.

Se había incorporado, se había arreglado el pelo y había pedido con mucha dignidad un vaso de agua.

Habían salido cogidos del brazo, y una anciana había comentado que Becca tenía una suerte inmensa de tener un nieto tan amable.

La miraba a través de los copos, que caían con fuerza. Ella guiñó un ojo. A Alexandre no le gustaba dejar que Becca estuviera sola en Nochebuena. Quería convencerla de que fuese a pasar al menos una noche en un refugio. Seguramente habrían organizado una fiesta, habría un árbol de Navidad, crackers y Malteesers, naranjada y posavasos de ganchillo.

Becca se negaba. Prefería quedarse sola en la leñera del superintendente de la reina. Ya habría dejado la puerta entreabierta y puesto leña en la estufa.

—¿Sola?

—*Yes, luv...*

—Pero eso es muy triste...

—¡Que no! Miraré por la ventana y disfrutaré de la vista.

—Me gustaría llevarte a mi casa... Pero no puedo. Esta noche cenamos en el piso de mis abuelos y, además, nunca le he hablado de ti a mi padre...

—Deja de torturarte, *luv*... Pasa una hermosa velada y ya me contarás mañana...

Philippe tenía razón.

Llegaron a casa de sus padres a las ocho y media. El señor Dupin llevaba un blazer azul marino y un fular de seda en el cuello. La señora Dupin un collar de perlas de tres vueltas y un traje sastre rosa, es normal, le susurró Alexandre a Annie, se viste con los mismos colores que la reina. Annie llevaba un vestido negro con amplias mangas de gasa que parecían un par de alas. Se mantenía muy erguida y asentía a todo por temor a cometer una inconveniencia y hacerse notar.

Pasaron a la mesa, degustaron un salmón salvaje de Escocia relleno, un pavo asado, un *Christmas pudding* y a Alexandre se le otorgó el derecho a un «dedo de champaña».

El abuelo hablaba a trompicones, frunciendo sus pobladas cejas, apuntando con un mentón cuadrado y voluntarioso. La abuela sonreía inclinando un largo cuello suave y flexible y sus párpados caídos parecían decir «sí» a todo y en primer lugar a su Dueño y Señor.

Después llegó la hora de los regalos...

Cortaron los lazos, rasgaron los papeles, hubo exclamaciones, besos, agradecimientos, algún que otro intercambio de banalidades, novedades sobre amigos comunes y se habló ampliamente de la crisis. Dupin padre pidió consejo a su hijo. La señora Dupin y Annie recogieron la mesa.

Alexandre miraba fijamente por la ventana cómo caía la nieve, tupida, dibujando sobre la ciudad otra ciudad desconocida. ¿Y si Becca se había atascado con la silla y no había podido llegar a la leñera del superintendente? ¿Y si se muriese de frío mientras él disfrutaba del champaña y del pavo, bien abrigado?

A las once y diez, estaban en el descansillo del piso besándose para despedirse.

En la calle, los coches estaban cubiertos de nieve y la circulación era tan lenta que tenían la impresión de que no se movía ningún coche.

—Papá, ¿puedo decirte algo? —preguntó Alexandre una vez sentado en la parte trasera del coche.

—Claro...

—Bueno, pues escucha...

Y le contó lo de Becca, cómo la había conocido, sus condiciones de vida, lo guapa que era, limpia, honesta, y precisó que no robaba. Añadió que esta noche la pasaría sola en una leñera y que él no dejaba de pensar en eso y que el pavo, que normalmente le encantaba, esta noche le había sentado mal.

—Tengo una enorme bola aquí —dijo señalando su estómago.

—¿Y qué quieres que hagamos? —preguntó Philippe observando a su hijo por el retrovisor.

—Me gustaría que fuésemos a buscarla y la llevásemos a casa con nosotros.

—¿A casa?

—Pues sí..., está sola, es Nochebuena y me da pena. No es justo...

Philippe puso el intermitente y giró. La calzada estaba tan resbaladiza que estuvo a punto de soltar el volante, pero una suave presión volvió a enderezar la enorme berlina. Frunció el ceño, preocupado. Alexandre interpretó esa expresión como una negativa e insistió:

—El piso es grande... Podríamos hacerle sitio en el cuarto de la ropa, ¿eh, Annie?

—¿Estás seguro de que eso es lo que quieres? —insistió Philippe.

—Sí...

—Si la traes a casa, serás responsable de ella. Ya no podrás dejar que vuelva a la calle.

Annie, sentada al lado de Philippe, no decía nada. Miraba al frente la nieve que caía ante ella con abundancia, y limpiaba el parabrisas con el reverso de los guantes, como si así pudiese barrer la espesa capa que se amontonaba en el exterior.

—No hará ruido, no dará trabajo a Annie, te lo prometo... Es simplemente que no podré dormir si sé que está ahí fuera con este tiempo... Confía en mí, papá, la conozco bien..., no te arrepentirás... y además —añadió como si se colocase en el estrado de un predicador—, ¡no es humano dejar a la gente en la calle con este frío!

Philippe sonrió, divertido con la indignación de su hijo.

—¡Pues venga, vamos!

—¡Oh, gracias! ¡Gracias, papá! Ya verás, es una mujer formidable que nunca se queja y...

—¿Por eso vuelves cada vez más tarde por las noches? —preguntó Philippe dedicando una mirada maliciosa a su hijo.

—Sí, ¿lo has notado?

—Creía que tenías novia...

Alexandre no respondió. Annabelle era cosa suya. No le importaba hablarlo con Becca, pero nada más.

—¿Sabes dónde está la casa del intendente? Hyde Park es grande...

—Me la enseñó un día. No está lejos del Royal Albert Hall, ya sabes, donde vas a los conciertos.

Philippe palideció y su mirada, feliz hacía un instante, se ensombreció. Espantosamente triste, terriblemente abandonado, notó que se le formaba un nudo en la garganta, y se quedaba sin saliva. Las sonatas de Scarlatti, el beso de Joséphine, su abrazo en el viejo rincón que olía a cera y a pasado, sus labios cálidos, una parte de su hombro, todo volvía en una ráfaga deliciosa, dolorosa. Esta noche no se había atrevido a llamarla. No quería perturbar su cena en París. Y además, sobre todo, ya no sabía qué podía decirle, en qué tono hablarle. No encontraba palabras.

Ya no sabía qué hacer con Joséphine. Temía el día en que ya no tendría nada que decir, nada que hacer. Había creído que la paciencia aliviaría la pena, aliviaría el recuerdo, pero debía aceptar que, a pesar de su último encuentro en el teatro, nada había cambiado y que ella le rechazaba enviándole al territorio de los vencidos.

Su secreto temor, el que nunca osaba nombrar, era que ese abrazo furtivo, arrancado en el recodo de una escalera, hubiera sido el último y tener que decidirse a pasar página.

El final de mi antigua vida y el principio de la nueva, quizás, pensó volviendo a las explicaciones de Alexandre, que le indicaba el camino para llegar a la leñera del superintendente de los jardines de la reina.

Encontraron el sitio. Una casita de ladrillo rojo frente a una gran casa también de ladrillo rojo que resplandecía, iluminada, en la noche negra. Philippe aparcó el coche ante una barrera, la abrió y dejó a Alexandre la misión de llamar a la puerta.

—¡Becca! ¡Becca! —susurró Alexandre—. Soy yo, Alexandre... ¡Abre!

Philippe se había inclinado sobre una ventana de cristales pequeños e intentaba atisbar el interior de la casita. Vio una vela encendida, una mesa redonda y una estufa vieja cuyo resplandor teñía de rojo la oscuridad, pero no a Becca.

—A lo mejor no está —dijo.

—O tiene miedo de abrir y que la descubran —respondió Alexandre.

—Deberías asomarte por la ventana y llamarla...

Alexandre se colocó ante el marco de la ventana y golpeó repetidas veces diciendo Becca, Becca, soy yo, Alexandre, cada vez más fuerte.

Oyeron un ruido en el interior, después unos pasos, y la puerta se abrió.

Era Becca. Una mujercita de cabellos blancos, envuelta en chales y retales de lana. Les vio a ambos y después su mirada de extrañeza volvió a posarse en Alexandre.

—*Hello, luv*, ¿qué haces aquí?

—He venido a buscarte. Quiero que vengas con nosotros, a casa. Te presento a mi padre...

Philippe se inclinó. Pestañeó al reconocer una bufanda larga de cachemira azul ribeteada en beige que en una ocasión le regaló a Iris, que se quejaba de morirse de frío en Megève y se arrepentía de haber dejado París y las fiestas de Navidad.

—Buenas noches, señora —dijo inclinándose.

—Buenas noches, señor —dijo Becca mirándole de arriba abajo, con la mano apoyada sobre el quicio de la puerta, que permanecía entreabierta.

Tenía el cabello canoso peinado con una raya muy recta, y recogido a los lados con dos horquillas en forma de delfín, una rosa y otra azul.

—Alexandre ha tenido una idea excelente —prosiguió Philippe—, le gustaría que pasara usted la Navidad en nuestra casa...

—Te instalarías en el cuarto de la ropa. Ya hay una cama y está calentito y podrías comer y dormir allí el tiempo que...

—El tiempo que desee permanecer con nosotros —le interrumpió Philippe—. Nada es definitivo, usted hará lo que quiera y, si desea marcharse mañana, lo aceptaremos con mucho gusto, sin obligarla a quedarse.

Becca se pasó una mano por el pelo, lo alisó con las yemas de los dedos. Se ajustó el chal, colocó bien los pliegues de la falda, buscando en el recorrido de sus dedos febriles una respuesta que dar a ese hombre y a ese chico que esperaban en el umbral, respetuosos, sin empujarla, como si comprendieran que el momento era importante y que en cierto modo estaban alterando toda su vida. Les pidió que le dejaran pensárselo, les explicó que su invitación la sorprendía en un momento en el que había hecho las paces con la noche, las paces con el frío, las paces con el hambre, las paces con esta vida que llevaba, y que debían comprender que pensaría mejor a solas, con la espalda apoyada contra la puerta. Se negaba a que la imaginasen mendigando, reducida a la miseria, implorando caridad, quería decidir con toda libertad y para ello necesitaba unos instantes de soledad y de reflexión. La vida que llevaba era extraña, lo sabía, pero era la que había elegido. O si acaso no la había elegido, la había aceptado por una especie de valentía y de pureza, y valoraba esa elección porque así se sentía libre.

Philippe asintió y la puerta se cerró lentamente, dejando a Alexandre sorprendido.

—¿Por qué ha dicho todo eso? No he entendido nada.

—Porque es una mujer estupenda. Una buena persona...

—¡Ah! —dijo Alexandre mirando fijamente la puerta, desamparado—. ¿Crees que no quiere venir?

—Creo que le estamos pidiendo algo muy importante que puede cambiar toda su vida y duda... Yo la comprendo.

Alexandre se contentó con esa respuesta durante unos minutos, después volvió a plantear, inquieto:

—Y si no quiere venir, ¿la dejamos aquí?

—Sí, Alexandre.

—¡Eso es porque tú no quieres que venga! ¡Te avergüenza recogerla en tu casa porque es una vagabunda!

—¡Claro que no! No tiene nada que ver conmigo. Quien decide es ella. Es una persona, Alexandre, una mujer libre...

—¡Aun así para ti sería un gran alivio!

—¡Te prohíbo que digas eso, Alex! ¿Me oyes? Te lo prohíbo.

—Vale, pues si no viene, yo me quedo aquí con ella... ¡No voy a dejarla sola en Nochebuena!

—¡Ni pensarlo! Te cogeré del cuello y te llevaré a casa... ¿Sabes qué? No te mereces tener una amiga como Becca. No has entendido quién es...

Alexandre calló, dolido, y ambos esperaron en el mayor de los silencios.

Por fin, la puerta de la leñera se abrió y Becca se irguió en el umbral, con sus múltiples bolsas de plástico en la mano.

—Voy con ustedes —dijo—, pero ¿puedo llevarme mi silla? Me temo que desaparecería si la dejase aquí.

Philippe estaba plegando la silla de Becca para guardarla en el maletero cuando sonó su móvil. Cogió el teléfono y se lo pegó a la oreja mientras mantenía la silla doblada entre sus piernas. Era Dottie. Hablaba a toda velocidad y Philippe no entendía lo que decía entre tanto sollozo que ahogaba las palabras.

—Dottie..., cálmate. Respira hondo y cuéntame... ¿Qué pasa?

Oyó que ella se separaba del teléfono, inspiraba profundamente y proseguía con el mismo tono entrecortado:

—He salido a cenar con mi amiga Alicia, que también estaba sola esta noche, ella estaba deprimida y yo también, porque esta tarde me han echado del trabajo. Justo antes de marcharme, cuando estaba recogiendo y dejándolo todo bien limpio para volver al trabajo el lunes, mi jefe ha entrado y me ha dicho: estamos obligados a hacer recortes dolorosos de personal y usted se va. Así... ¡Ni una palabra más ni una menos! Entonces hemos ido al pub Alicia y yo, hemos hablado, hemos bebido, un poco, te lo juro, no demasiado, y había dos tíos que se nos han acercado y les hemos enviado a hacer gárgaras, ellos se lo han tomado a mal y nos han seguido cuando nos marchamos... Y después Alicia ha subido a un taxi porque vive lejos y yo he vuelto andando y, debajo de casa, me han cogido y me han... ¡y estoy harta! ¡Estoy harta! La vida es demasiado dura y ya no quiero volver a mi casa y ya no quiero estar sola en mi casa, tengo mucho miedo por si vuelven...

—Pero ¿qué te han hecho exactamente?

—¡Me han pegado y tengo el labio roto y un ojo que ya no cierra! ¡Y estoy harta, Philippe! Porque yo soy una buena chica. No hago daño a nadie y lo único que consigo es que me echen del trabajo y que me aticen dos tíos que no tienen nada en la cabeza...

Y se puso a sollozar otra vez. Philippe le conminó a calmarse mientras pensaba en lo que convenía hacer.

—¿Dónde estás, Dottie?

—He vuelto al pub, no quiero quedarme sola... Tengo mucho miedo. Y además, ¡no son formas de pasar la Nochebuena!

Se le quebró la voz y gritó que estaba harta.

—Bueno —decidió Philippe—, no te muevas. Voy para allá...

—¡Oh! ¡Gracias! Qué amable eres... Te espero dentro, tengo mucho miedo de salir, incluso a la acera...

Philippe luchó un buen rato con la silla, se pilló un dedo entre dos muelles, soltó un taco, aulló y después cerró el maletero suspirando de alivio. ¡Becca no debía de doblar muy a menudo esa silla!

A la una de la madrugada aparcó por fin delante de su casa. Entre dos montones de nieve. Annie salió del coche la primera, buscando en la oscuridad dónde poner los pies para no resbalar, medio dormida, inquieta ante la idea de tener que reorganizar la casa, instalar camas, pero y la señorita Dottie, ¿dónde va a dormir, señor Philippe? Conmigo, Annie, ¡y no será la primera vez!

* * *

—¿A qué hora llegan nuestros invitados? —preguntó Junior mientras extendía betún negro sobre los nuevos mocasines que había recibido por Navidad dentro de una bonita caja. Por fin iba a tener zapatos a juego con su elegante indumentaria. Ya no soportaba las zapatillas con velcro. No combinaban con el resto. Había visto esos mocasines en un escaparate al volver del parque con su madre. En una tienda para niños: Seis Pies Tres Pulgares. Allí estaban expuestos. En toda una gama de colores. El modelo se llamaba Ignace y el precio que marcaban era razonable: cincuenta y dos euros. Él había apuntado con un dedo afirmando eso es lo que quiero en Navidad, zapatos de los que no me avergüence... Josiane había aminorado el paso, los había observado un buen rato y había respondido: lo pensaré. Después había añadido: ¿de qué color los quieres? Él había estado a punto de responder de todos los colores... pero se había contenido. Conocía a su madre, su sentido de la economía, sus principios educativos y había optado por un color clásico: negro. Ella había asentido. El cochecito se había vuelto a poner en marcha y Junior se había hundido en su sillita, satisfecho. El asunto, en su opinión, estaba resuelto.

—Creo que estarán aquí a las doce y media —respondió Josiane en camisón, ocupada en rallar el queso emmental.

En una cacerola, a fuego lento, se fundían la mantequilla y la harina. Algo más lejos, guarecidos en una cesta de mimbre, reposaban unos hermosos huevos frescos puestos por gallinas que corretean al aire libre todo el día.

—Entonces saldrán de su casa sobre las doce —calculó Junior extendiendo con cuidado la crema negra sobre la piel de los zapatos.

—Es de suponer —respondió precavidamente Josiane. Desconfiaba de las preguntas de su hijo, que a menudo la llevaban a territorios peligrosos.

—Si a las doce y media llaman a nuestra puerta, ¿qué hora será entonces en el reloj de su casa que habrán abandonado media hora antes? —inquirió Junior pasando delicadamente el trapo por el borde de los mocasines.

—Pues... ¡también las doce y media, claro! —exclamó Josiane echando el queso rallado en un bol y reservándolo.

Con la satisfacción de quien ha sabido responder a la pregunta trampa del examinador, puso la mezcla sobre el fuego y la diluyó, añadió un chorro de leche fría y mezcló hasta que el conjunto espesó y adoptó una hermosa consistencia.

—No —le corrigió Junior—. Serán las doce y media en tiempo absoluto, tienes razón, pero no las doce y media en tiempo local, porque no tienes en cuenta la velocidad de la luz y de la señal que transmite la luz para calcular el tiempo... El tiempo no puede ser definido de forma absoluta y existe un lazo indisoluble entre el tiempo y la velocidad de las señales que miden ese tiempo. Lo que tú llamas tiempo cuando haces referencia a la hora de un reloj, por ejemplo, no es más que el tiempo local. El tiempo absoluto es un tiempo que no tiene en cuenta las imposiciones del tiempo real. Un reloj en movimiento no se mueve al mismo ritmo que un reloj en reposo. ¡Cometes los mismos errores que Leibniz y Poincaré! ¡Lo sabía!

Josiane empezó a sudar, se secó la frente con cuidado de no derramar bechamel sobre la encimera y pidió clemencia.

—¡Junior! ¡Te lo suplico, déjalo! ¡Es Navidad, un día de tregua! ¡No empieces a calentarme la cabeza! ¡No tengo ni un minuto de descanso! ¿Te has lavado los dientes esta mañana?

—¡La astuta mujer desvía la conversación del objeto por ella incomprendido! Lleva su discurso hacia un ataque traidor con el fin de salvar la cara y seguir teniendo el mando —declamó Junior introduciendo la mano con firmeza en el empeine del mocasín para verificar que el betún estaba bien extendido y la piel impregnada.

—¿De qué sirve un cerebro bien nutrido si se tiene un aliento asqueroso? —se quejó Josiane—. ¿Te crees que con el tiempo seducirás a alguna chica con esos discursos de sabio Cosinus? ¡No! Las seducirás con una bonita sonrisa, una dentadura perfecta y un aliento a clorofila verde.

—Pleonasmo, madre querida, ¡pleonasmo!

—¡Junior! ¡Para o te humillo delante de todo el mundo durante la comida sirviéndote papilla y poniéndote un babero alrededor del cuello!

—¡Venganza mezquina! «Los hijos de los dioses, por así decir, no se ajustan a las leyes de la naturaleza y son la excepción. No esperan casi nada del tiempo y del paso de los años. En ellos el mérito se adelanta a la edad. Nacen instruidos y son ya hombres perfectos mientras el común de los mortales no ha salido aún de la infancia». La Bruyère, mi querida madre. Hablaba de mí sin saberlo...

Josiane se volvió y le miró, estupefacta, apuntándole con la punta de la cuchara de madera.

—Pero... ¡Junior! ¿Ahora lees solo? Si eres capaz de citar a La Bruyère, ¿es que has aprendido a descifrarlo?

—Sí, madre, y quería darte una sorpresa en Navidad.

—¡Dios mío! —gimió Josiane golpeándose el pecho con la cuchara de madera llena de salsa—. ¡Es una catástrofe! Vas demasiado deprisa, amor mío, vas demasiado deprisa... Ningún profesor podrá enseñarte nada... Todos se sentirán superados, enloquecidos, deprimidos. Pensarán que son tontos de capirote, habrá que curarles... ¡Podrían incluso denunciarte a los medios de comunicación y te convertirías en un fenómeno de feria!

—Tú dame libros y yo me encargaré de educarme solo. Significará un ahorro enorme para vosotros...

Josiane gimió, desolada.

—Pero las cosas no son así... Has de aprender con un profesor... Seguir un programa, tener un método, yo qué sé... Se necesita un orden en todo eso. El saber es sagrado.

—El saber es algo demasiado importante para dejarlo en manos de los profesores...

—Vas a convertirte en un ser insoportable..., ¡en un monstruo en miniatura!

Y luego perdió el control y maldijo: ya no sabía cuántos huevos había añadido. Necesitaba seis para el suflé, ni uno más, ni uno menos.

—¡Junior! ¡Te prohíbo que me hables mientras cocino! O si no, me lees un cuento para niños..., algo que me entretenga y no me moleste.

—¡No te pongas nerviosa! Cuenta las cáscaras, divide la cifra obtenida por dos y obtendrás tu número de huevos, ¡mujer de poca ciencia! En cuanto a los cuentos para niños, olvídalos, me anquilosan el cerebro y no me producen el menor cosquilleo en la espina dorsal... Porque yo necesito ese cosquilleo exquisito para saber que estoy vivo. ¡Mi hambre de aprender es insaciable, mamá! Me aburren las historias para niños de mi edad.

—Y yo quiero paz y recogimiento cuando cocino. Para mí es una forma de relajarme, Junior, ¡y no un quebradero de cabeza!

—Puedo ayudarte, si quieres..., cuando haya terminado de encerar mis zapatos.

—No, Junior. Me gustaría conservar mi jardín secreto. Un ámbito en el que destacar y saborear el placer de actuar a mi antojo. En ningún caso quiero que te acerques a mis fogones... Y una cosa más: después, cuando lleguen nuestros invitados, nada de discursos sobre la relatividad del tiempo o *Los caracteres* de La Bruyère. Me has prometido, recuerda, que te comportarás como un niño de tu edad cuando estemos en presencia de extraños... Cuento contigo.

—De acuerdo, madre. Haré ese esfuerzo... sólo por ti y por probar la excelencia de tus guisos.

—Gracias, mi amor. Lávate las manos después de poner betún en los zapatos, porque podrías envenenarte...

—¿Y tú te pondrías triste?

—¿Que si me pondría triste? ¡Me moriría de pena, mi osito pelirrojo!

—Te quiero, mamá querida...

—Yo también te quiero, eres la luz de mi vida, la golondrina que trae la primavera...

Junior soltó los zapatos, se lanzó hacia Josiane y le plantó un fogoso beso en la mejilla. Ella enrojeció de alegría y le estrechó con fuerza entre sus brazos. Hubo furiosos balbuceos, intercambio de besos babosos, narices, mejillas y cejas frotándose, arrullos, requiebros, superlativos de ternura en los que ambos sobrepasaban la licencia poética para así plantar su bandera en la cima del Annapurna de su amor. Junior deslizó un dedo entre los pliegues del cuello de su madre y le hizo cosquillas, Josiane se defendió mordisqueando la mejilla de su osito pelirrojo y los dos se estrujaron entre cuencos y cacerolas intercambiando caricias, andanadas de besos y palabras alambicadas. La madre y el hijo mezclados, enredados en un nudo sólido, liberaron una cascada de risas que hizo temblar las paredes de la casa.

—¿Qué tal están mis dos trolls? —trinó Marcel irrumpiendo en la cocina—. Estaba en mi despacho verificando mis cuentas y mis créditos cuando creí sentir que temblaban las paredes de nuestra morada. ¡Ajá! Veo que es hora de besos y eso me regocija. Hoy, la vida es bella, ¡tenemos invitados! Y son personas a quienes quiero. Es Navidad, el nacimiento de Jesús, los pastores atónitos, la Virgen María, José, el buey, la mula y la paja, repasad los clásicos y entonad alabanzas en este hermoso día...

—¡Amén! —respondió Josiane liberando a Junior de su abrazo.

—Ven, hijo mío, vamos a elegir el vino que degustaremos... Es hora de que te familiarices con las divinas botellas, las añadas y las cepas. De que hagas bailar el aterciopelado néctar en el paladar y de que te regocijes detallando los miles de notas y los mil sabores.

—¡Pero bueno, Marcel! ¡Aún no tiene edad de convertirse en somelier!

—La botella es una ciencia, Bomboncito. Una ciencia que se trabaja, que necesita tiempo, olfato y humildad...

—¡Les paso un trapo de lana a mis zapatos y voy contigo, progenitor adorado!

Josiane les vio alejarse por el pasillo, cogidos de la mano, dirigiéndose a la bodega doméstica refrigerada que Marcel había instalado en el fondo del piso. Un gigante rojo inclinado sobre un osito rubicundo. Sus dos abetos de Navidad. Dulces y fuertes, decididos y tiernos, voluptuosos y astutos. No se parecían a ningún otro hombre que hubiese conocido. Marcel hablaba salpicando el aire de adjetivos, Junior daba saltitos y repetía, más, más palabras retorcidas. Eran la imagen de una felicidad que ella no quería ver amenazada. ¡Prohibido acercarse! Se rascó entre los senos: la bola había vuelto. Sacudió la cabeza para alejarla. Un olor a quemado llegó a su nariz. Soltó un grito, se quemaba la bechamel. Soltó un taco, cogió la cuchara de madera y removió, removió rezando para que la salsa no se hubiese agriado, mientras recogía del borde de los párpados, con un dedo tembloroso, una lágrima, una sola lágrima, que hizo sonar la alarma en su corazón. ¡No me toques a esos dos, Dios mío! ¡No me los toques o te hundo otro clavo en la Cruz! Sintió que la sangre le golpeaba las sienes, entornó los ojos y repitió ¡a esos dos, no!, ¡a esos dos, no! Oyó el timbre del teléfono, vaciló y descolgó.

—¿Josiane? Soy Joséphine...

—¡Hola, Jo! Estoy cocinando...

—¿Te molesto?

—No, pero date prisa... La salsa está a punto de cortarse. Venís, ¿no? No me vayas a decir que lo anuláis.

—No, no, allí estaremos. No te llamaba por eso...

—¿Le ha pasado algo malo a las niñas?

—Que no... Sólo quería decirte algo que no podré contarte después delante de todos...

—Entonces espera, voy a bajar el fuego...

Josiane puso el fuego bajo, muy bajo, y volvió a coger el aparato. Apoyó las caderas contra la encimera y escuchó.

—Mira... —comenzó Joséphine—, ayer, en el periódico, en la sección «Personalidades del mañana», leí la historia de dos niños superdotados como Junior...

—¿Como Junior? ¿Igualitos?

—Igualitos. Uno es un chico. Vive en Singapur y, desde los nueve años, diseña programas para el iPhone, programas supercomplicados que nadie ha inventado antes... Parece ser que a los dos años ya era un genio de la informática y conocía todas las bases de la programación. Habla seis idiomas y sigue poniendo a punto decenas de juegos, aplicaciones y animaciones que después ofrece a los de Apple...

—¡No es posible!

—Y la otra, escucha Josiane, la otra... es una niña que ha publicado su primer libro con siete años, trescientas páginas de relatos, poemas, consideraciones personales sobre el mundo, la política, la religión, los medios de comunicación. Teclea entre ochenta y ciento doce palabras por minuto, lee dos o tres libros diarios y enseña literatura... ¿Me oyes, Josiane?, imparte cursos de literatura, conferencias destinadas a adultos ¡por las que cobra trescientos dólares por cincuenta minutos! Su padre ha construido un estudio en el sótano donde graba programas que después vende a cadenas de televisión locales. Viven en América. El padre es ingeniero, la madre, que creció en China durante la revolución cultural, está vacunada contra todo tipo de aprendizaje en grupo y ella misma da clases a su hija. Asegura que no es ella quien la anima, ¡sino que es la chiquilla la que insiste en trabajar hasta medianoche! ¿Te das cuenta? ¡Eso quiere decir que no eres la única que ha dado a luz a un genio! ¡No eres la única! Eso lo cambia todo...

—¿Dónde has leído todo eso? —preguntó Josiane, que sospechaba que Joséphine le contaba mentiras piadosas en este día de Navidad.

—En el *Courrier International*... Lo compró Hortense. Compra todas las revistas buscando una idea para sus escaparates. Los escaparates de Harrods... ¿No estás enterada? Ya te contaré... Todavía está en los quioscos. Corre a comprarlo, recorta el artículo y deja de angustiarte. Tu Junior está sólo en el nivel medio de los pequeños genios. ¡Es normal!

—¡Oh, Jo! Si supieses las esperanzas que me das. ¡Qué buena eres! Creo que me voy a derretir...

Josiane y Joséphine habían intimado mucho desde la muerte de Iris. Joséphine asistía a cursos de cocina en casa de los Grobz. Aprendía a hacer magdalenas de limón y chocolate, conejo a la cazadora, tahine con ciruelas, huevos a punto de nieve, *fondues* de zanahoria y puerros, pasteles salados, pasteles dulces, patés en hojaldre y tarrinas de aguacate con gambas. A veces Zoé la acompañaba y tomaba notas en su cuaderno negro. Josiane había sabido encontrar las palabras para calmar a Joséphine. La estrechaba contra su corazón, la instalaba sobre su amplio busto y la acunaba acariciándole el pelo. Joséphine languidecía y la escuchaba decir ya pasará, Jo, ya pasará, ella está mejor allí donde está ahora, ¿sabes?, ya no se soportaba a sí misma, fue ella quien eligió su final, murió feliz... Joséphine levantaba la cabeza y murmuraba es como si tuviese una mamá, dime, ¿es así una mamá? No digas tonterías, refunfuñaba Josiane, tú no eres mi hija y, además, yo tampoco tuve mamá, ¡no tuve más que palos! Le acariciaba la frente, inventaba palabras dulces, palabras graciosas que giraban como diábolos y Joséphine terminaba con un ataque de risa entre los generosos senos de Josiane.

—¡Gracias, Jo, gracias! Me quitas un peso del corazón... Empezaba a preocuparme pensando en Junior... ¿Quieres saber la última? Ha aprendido a leer solo, ¡me recita La Bruyère y discute la teoría del tiempo! Tengo la sensación de cargar con un peso enorme a la espalda...

—A lo mejor sois muchos los que tenéis niños geniales... A lo mejor hay muchos en el mundo, pero los esconden porque los padres, como tú, tienen miedo de que les hagan daño. Es una nueva raza de niños, que han sido programados para iluminar el mundo... ¡Son nuestros salvadores!

—¡Qué buena eres! —repetía Josiane liberando las lágrimas, lágrimas de alegría, lágrimas de alivio, lágrimas de esperanza ante la idea de que su pequeño pudiese ser normal.

¡Oh! No normal como los otros, pero normal como un puñado de otros. Niños a los que no se señala con el dedo, sino sobre los que se escriben artículos elogiosos en los periódicos.

—Tendrás que hacerte a la idea, tu hijo no es una excepción...

—Es que es muy duro, ¿sabes? Nunca me siento segura. Tengo miedo de las miradas extrañas. Miedo de que se den cuenta en el autobús, miedo de que se lo lleven para programar ordenadores, misiles nucleares, guerras químicas, ataques balísticos. El otro día, en el metro, estaba dibujando pentagramas y canturreando mientras escribía las notas. Entonces una señora murmuró a su marido mira el niño, ¡está copiando la *Pequeña serenata nocturna*! Debía de ser profesora de música y había reconocido la partitura. El hombre le respondió torciendo la boca para que no le oyeran tienes razón..., no debe de ser normal. Nosotros salimos precipitadamente y seguimos a pie...

—¡Hiciste mal! Tendrías que haber levantado la barbilla y enseñarle como a un trofeo. ¡Es lo que habría hecho el padre de Mozart! ¿Acaso crees que él se avergonzaba de su hijo? ¡No! ¡Lo exhibía ante todas las cortes de Europa a los cuatro años!

—Pues... voy a tener que armarme de valor, ¡porque no estoy muy animada!

Colgó, aliviada y feliz. Volvió a vigilar sus cacerolas arqueando su ceja depilada, pero segura. Junior era normal, Junior era normal, tenía un montón de amigos al otro lado del mundo. No muy práctico para organizar una merienda, pero eficaz para hacer acopio de valor cuando sufra una nueva crisis de angustia.

—Y ahora, hijo mío, vamos a elegir los regalos para nuestros invitados —declaró Marcel sacando la cabeza de la bodega con los brazos cargados de botellas de vino fresco y ligero. Yo he hecho una primera selección entre las joyas que reservo para las damas y tengo un bonito reloj para Gary, un *Englishman* que vamos a recibir a nuestra mesa.

—Me gusta Gary —declaró Junior admirando el brillo de sus mocasines—, es elegante, guapo, y parece que no lo sepa. Todas las chicas deben de estar locas por él. A veces, papá, me gustaría ser menos espabilado de mente y más atractivo de rostro. El quiosquero me llama Piel Roja, y eso me entristece...

—¡Pero cómo se atreve ese gusano vicioso! —exclamó Marcel—. Está celoso del sol en tu pelo, eso es todo. Él tiene el cráneo chicón y lampiño.

—Joséphine, Shirley y Zoé me gustan también mucho. Son muy humanas. Es Hortense la que me entristece. Me llama Enano y me menosprecia...

—Todavía es joven y está un poco verde, no ha terminado de madurar por culpa de las contrariedades de la vida... No te preocupes, hijo mío, pronto la tendrás comiendo en tu mano.

—Es guapa, intrépida, desdeñosa. En ella están representadas todas las mujeres, salvo la enamorada... No tiene la gracia de la mujer que languidece de amor como mamá cuando os dirigís a vuestra habitación, por la noche, y tú la sostienes por la cintura. Yo noto cómo asciende la voluptuosidad por su nuca curvada... Una mujer insensible es una mujer que todavía no ha amado. Hortense es de hielo porque todavía nadie ha fundido su coraza.

—Oye, Junior, ¡sí que has observado bien a la bella Hortense!

Junior enrojeció y despeinó sus rizos rojizos.

—La he estudiado como al mapa de un campo de batalla, me gustaría que me dedicase una mirada distinta a esos vistazos fríos de extrañeza. Yo quiero dejarla atónita... pero va a ser difícil: mamá me ha pedido que interprete a un bebé durante la comida.

Marcel no supo qué responder. Con los brazos llenos de botellas, reflexionaba mordiéndose los labios. Si bien no le importaba tener un hijo fuera de lo común, comprendía la inquietud de su mujer. Sabía cuánto había esperado ella este hijo, cómo le había imaginado, querido, la cantidad de manuales que había leído, los consejos que había recogido, el régimen que había hecho, quería ser la mejor de las madres para el más hermoso de los bebés. No había previsto que su hijo tuviera el espíritu chirriante de algunos sabios.

—¿Me estás escuchando, padre?

—Sí, y es una cuestión peliaguda. ¿A cuál de las dos complacer? ¿A tu madre o a la joven coqueta? Es Navidad, complace a tu madre, tendrás todo el tiempo del mundo para dejar a Hortense con la boca abierta.

Junior bajó la cabeza, rascó la etiqueta de la botella que debía llevar hasta el comedor. Volvió a rascar. Y después murmuró:

—Lo haré lo mejor posible, padre, te lo prometo... Pero, Dios, ¡qué duro es ser un bebé! ¿Cómo lo hacen los demás?

—No lo recuerdo muy bien —bromeó Marcel—, ¡pero creo que eso nunca me supuso ningún problema! ¿Sabes, Junior?, yo sólo soy un hombre simple que disfruta de la vida, que la prueba y la degusta día a día...

Junior pareció reflexionar sobre el concepto de hombre simple y Marcel creyó que había decepcionado a su hijo. Le asaltó un pensamiento sombrío: ¿y si su hijo se cansaba? ¿Y si terminaba aburriéndose entre dos padres privados de ese saber que parecía excitarle y hacerle avanzar a pasos de gigante? ¿Y si se volvía completamente pálido y neurasténico? El pobre niño se marchitaría y Bomboncito no se recuperaría jamás del golpe.

Se encogió de hombros para alejar de sí esa idea funesta y apretó con firmeza la mano de su hijo.

Abrieron el joyero donde Marcel guardaba sus alhajas, las que depositaba todos los años en el plato de la cena de Navidad, para celebrar el nacimiento del Mesías en Galilea y la llegada a su hogar de un angelito erudito y pelirrojo.

—Venga, elige... y te enseñaré el nombre de las piedras preciosas.

Así fue como colocaron en los platos, bajo tupidas servilletas de blanco adamascado, un brazalete de oro con engarces ovalados adornado con diamantes tallados en forma de rosas y perlas para Zoé, un reloj de bolsillo de oro para Gary, un colgante en forma de corazón cubierto de brillantes para Joséphine, un par de pendientes con engastes de zafiro azul y amarillo para Shirley y un brazalete Love de Cartier, una pulsera de oro con engarces de platino, para Hortense.

Padre e hijo intercambiaron una mirada de orgullo y se estrecharon la mano.

—¡Que empiece la fiesta! —exclamó Marcel—. ¡Qué bien sienta agasajar así a los invitados! Tengo el corazón que se dilata de regocijo.

—*Bonum vinum laetificat cor hominis!* El buen vino regocija el corazón de los hombres —tradujo compasivamente Junior.

—¡No me digas que hablas latín! —clamó Marcel.

—¡Oh! Sólo es una expresión que he aprendido leyendo un texto antiguo.

¡Canastos!, se dijo Marcel, Josiane tiene razón: este niño va demasiado deprisa, el peligro nos acecha...

* * *

El complemento gramatical de nombre está constituido por el sustantivo y el adjetivo calificativo que se distribuyen entre los dos géneros y los dos números y que tienen un abanico de funciones parcialmente en común.

En el interior del complemento del nombre, el sustantivo y el adjetivo calificativo se distinguen de la siguiente forma:

a) Desde el punto de vista de la forma, el adjetivo y el sustantivo no se distribuyen de la misma forma entre los dos géneros y los dos números. En condiciones normales, sólo el sustantivo está presentado por el artículo (o por uno de los equivalentes a éste); sólo el adjetivo puede portar marcas de grados de intensidad y de comparación.

b) Desde el punto de vista de las funciones, sólo el sustantivo puede servir de apoyo a la proposición como sujeto, complemento de objeto y complemento agente...

Henriette Grobz cerró la gramática Larousse golpeando la cubierta verde con la palma de la mano. ¡Basta!, gritó. ¡Basta de cháchara! ¡Estoy perdiendo mi gramática! ¿Cómo se puede educar la mente de un niño atiborrándole la cabeza con estas nociones confusas? ¿No existe una manera simple de enseñar lengua? En mis tiempos todo estaba claro: sujeto, verbo, complemento. Complemento de lugar, de tiempo, de modo. Adverbio, adjetivo. Principal y subordinada. ¡Y nos extraña producir analfabetos en cadena! ¡Nos indigna que ya no sepan razonar! ¡Pero los desviamos, los desanimamos, los debilitamos con esa jerga pretenciosa! ¡Les llenamos la cabeza con un mejunje imposible de digerir!

De pronto sintió una piedad nauseabunda por el niño al que debía salvar de las garras de la enseñanza primaria. Kevin Moreira dos Santos, el hijo de la portera, aquel que sobornaba para navegar por la red. Él no sólo le cobraba unos diez euros por conexión, sino que la última vez se había negado a poner los dedos en el teclado con la excusa de que ella le impedía trabajar y que por su culpa era el farolillo rojo de la clase.

—¿Cómo? ¿Acaso yo te impido destacar en clase? —se había sorprendido la adusta Henriette.

—El tiempo que paso contigo no lo paso estudiando y tengo unas notas asquerosas...

—Tus notas apenas han sobrepasado nunca el cero —se había indignado Henriette meneando la cabeza.

—Por fuerza, ¡tú ocupas todo mi tiempo, vieja chiva maloliente!

—¡Te prohíbo que me tutees y te prohíbo que me pongas nombres de animales! Que yo sepa, tú y yo nunca hemos dormido juntos...

Kevin Moreira dos Santos se rio por lo bajo y contestó que no había peligro de eso, ella era centenaria y él, joven y tierno.

—Te tuteo porque tú me tuteas y si te digo que apestas, es porque cuando te acercas a mí te huelo... No es un insulto, es una evidencia. Y además, yo no te pido que vengas a incordiarme, eres tú la que insiste, tú la que quieres conectarte por narices. ¡A mí me la trae floja! ¡Y encima no haces más que darme el coñazo!

Y le mostró el dedo corazón erecto para ilustrar su argumento, manteniéndolo alto y recto, para que ella tuviese tiempo de descifrar sus intenciones. No estaba dispuesto a hacer las paces con esa vieja a quien le apestaba el aliento, el cuello, los pies, que llevaba una capa de yeso blanco pegada a la jeta y tenía unos ojitos malvados tan pegados que parecía bizca.

—¡Qué mal hueles! ¿No tienes agua corriente en casa o es que la ahorras?

Henriette dio un paso atrás ante aquel insulto deliberado y cambió el tono. Comprendió que no estaba en posición de negociar. No tenía ningún as en la manga. Dependía de ese montón de grasa ignorante.

—¡De acuerdo, niñato! Vamos a ser francos. Yo te odio, tú me odias, pero tú puedes serme útil a mí y yo puedo serte útil a ti. Así que vamos a hacer un pacto: tú continúas dejándome navegar por la red y yo te hago los deberes, además de la pasta que te suelto... ¿Qué me dices?

Kevin Moreira dos Santos la evaluó con la mirada y en su ojo derecho brilló un destello de respeto. La vieja daba la talla. No se amilanaba. No sólo iba a poder continuar exprimiéndola, sin problemas, sino que, además, iba a tragarse todos esos estúpidos deberes que él no entendía en absoluto y que le suponían violentas críticas por parte de su madre, repetidas bofetadas de su padre y la amenaza de acabar en un internado el año próximo.

—Todos los deberes —precisó tamborileando sobre la barra espaciadora del teclado—. Gramática, ortografía, historia, mates, geografía y todo lo demás...

—Todo menos flauta dulce y plástica, en eso te las arreglas tú solo.

—¿Y no te chivarás a los viejos? No te quejarás de que te hablo mal, de que te trato mal...

—¡Eso me trae sin cuidado! No se trata de afecto, se trata de un intercambio de saberes. Un toma y daca...

Kevin Moreira dos Santos dudó. Se olía el embrollo. Jugueteó con el mechón untado de gomina que formaba una pálida cresta en la cima de su redonda cabeza. Su mente, tan lenta para comprender el papel del adjetivo y del sustantivo o las divisiones de tres cifras, examinó a toda velocidad los pros y los contras y concluyó que lo tenía todo a su favor.

—Vale, vieja chocha. Yo te paso mis deberes, tú me los devuelves por la noche sin que nadie se entere con la excusa de que me estás dando clases... Mis viejos se formarán una buena opinión de ti, no se darán cuenta de nada, ¡y mis notas subirán como la espuma! Pero cuidado, ¡el ordenador sigue siendo de pago!

—¿Ni siquiera un pequeño descuento? —sugirió Henriette simulando una humilde súplica, con un gesto de la boca propio del astuto mercader de un zoco.

—Cero. Primero demuéstrame lo que vales y, si funciona, reviso la tarifa... Pero no lo olvides, ¡el juego lo dirijo yo, no tú!

Fue así como Henriette se encontró en Nochebuena, a la luz de una vela, descifrando una gramática Larousse de cubiertas verdes y saber oscuro.

Pero ¿cómo voy a educar a esa nulidad grasienta?, se preguntó intentando arrancarse un pelo que le había crecido en un lunar. El cerebro de ese chico es un desierto... ¡Sin el menor arbolito donde colgar una hamaca! Ninguna base de la que pueda partir. ¡Hay que construirlo todo! Y yo tengo otras cosas que hacer...

Porque tenía un plan. ¡Y qué plan!

Había descendido sobre su mente como una lengua de fuego, mientras se inclinaba ante la Virgen María en la iglesia de Saint-Étienne.

Fue ese bribón de Judas el que le dio la idea. Judas con los pies desnudos, delicados, nervudos dentro de sus sandalias, Judas con la larga túnica roja, el rostro demacrado, Judas... ¡era Chaval! Por eso, cuando ella miraba fijamente la escena de la Pasión de Cristo, no podía despegar los ojos del rostro sombrío del traidor. Chaval, el cínico y apuesto Chaval, que trabajaba antaño en la empresa de Marcel Grobz, al que había abandonado por un competidor... Ikea, me parece, recordó Henriette.* Chaval, que viajaba en descapotable, abría las piernas de las

* Cf. *Los ojos amarillos de los cocodrilos, op. cit.*

mujeres y se hacía un collar con ellas, se las tiraba y las abandonaba sobre el capó de su coche. Tenía la envergadura, la crueldad, el saber hacer y la codicia necesarios. Conocía los negocios de Marcel como la palma de su mano. Sus apaños, sus clientes, sus descuentos, sus tiendas, su red mundial. ¡Chaval! ¡Claro! A ella se le había iluminado el rostro y el cura que pasaba por ahí había creído que un ángel había descendido de la capilla de la Virgen. ¿Un visitante divino?, le había musitado, ansioso, en la sacristía, arrugando la estola. ¡Una aparición en mi parroquia! Eso daría fama a mi iglesia, acudirían del mundo entero, ¡saldríamos en las noticias! Los cepillos están vacíos. Tiene usted razón, padre, ha sido Dios en persona el que ha venido a hablarme..., y tan pronto como depositó su óbolo, con el que pudo comprar dos cirios para el éxito de su empresa, Henriette se marchó a buscar la dirección de Bruno Chaval en las páginas amarillas del ordenador de Kevin. Será mi socio, mi cómplice, me ayudará a empujar a ese cerdo de Marcel por el precipicio. ¡Chaval! ¡Chaval!, canturreaba moviendo sus piernecitas huesudas. Fue él a quien vi la primera vez que me arrodillé en la capilla de la iglesia de Saint-Étienne. Es una señal de Dios, que me echa una mano. ¡Gracias, Divino Jesús! Recitaré nueve novenas en tu honor...

Llamó a todos los Chaval de la guía. Acabó encontrándole en casa de su madre, la señora de Roger Chaval. Y se llevó una sorpresa.

En casa de su madre. A su edad...

Le citó con el tono puntilloso de la antigua patrona. Él aceptó sin rechistar.

Se encontraron en la iglesia de Saint-Étienne. Ella le hizo una señal para que se arrodillara a su lado y hablasen en voz baja.

—¿Cómo está usted, mi querido Bruno? Cuánto tiempo sin vernos... He pensado mucho en usted —murmuró ella con la cabeza entre las manos, como si rezara.

—Oh, señora, ya no soy gran cosa, la sombra de mí mismo, la evanescencia.

Y pronunció la palabra horrible:

—Estoy en paro.

Henriette se estremeció de horror. Se había preparado para enfrentarse a un primer espada del CAC 40,* un *golden boy* de Wall Street, y se encontraba con un caracol famélico. Volvió el rostro para observarle con detalle. El hombre se había quedado sin pelambrera, sin ardor, sin músculo, sin vísceras. Era una larva. Consiguió dominar su repugnancia y se inclinó, amable, hacia ese despojo humano.

—Pero ¿qué ha pasado? Antes era usted tan apuesto, tan brillante, tan insensible...

—Ya no soy más que una medusa errante, señora. ¡Me crucé con el diablo!

Henriette se persignó y pidió que no pronunciara aquel nombre en ese lugar santo.

—¡Pero si no existe! ¡Todo eso está en su cabeza!

—¡Oh, sí, señora!, sí que existe... Lleva un vestido ligero, tiene las piernas largas y torneadas, delicadas muñecas surcadas por venas, dos pequeños senos firmes, una lengua con la que se humedece los labios. ¡Ay! Labios, señora, labios de rojo sangre, con sabor a vainilla y a frambuesa, un pequeño vientre que se contonea, se tensa, se contonea otra vez, dos rodillas redondas, adorables, ella prendió fuego a mis caderas. Yo perdí el aliento mirándola, aspirándola, si-

* Índice de la Bolsa parisina. (*N. del T.*)

guiéndola, esperándola... Tenía, a causa de ella, la mirada del demente que contempla un objeto resplandeciente, un objeto que se aleja, se acerca y calcina al pobre hombre que se rompe. Estaba preso de una pasión indescriptible. Me convertí en un duende alucinado, carbonizado, sólo pensaba en una cosa y ahí, señora, voy a ser brutal, la voy a escandalizar, pero debe usted comprender en qué abismo he caído, sólo pensaba... en posar mi mano, mis dedos, mi boca en su mata carnosa, jugosa como un fruto exprimido y cuyo jugo...

Henriette soltó un grito que resonó en la iglesia. Chaval la miró moviendo lentamente la cabeza de arriba abajo.

—¿Comprende usted ahora? ¿Comprende usted la dimensión de mi desgracia?

—¡Pero eso no es posible! Uno no pierde la cabeza por... por...

—¿... una mata de ninfa ácida? ¡Pues sí! Porque yo fui el primero en introducirme en esa vaina húmeda que me amasaba el sexo con la ciencia y la fuerza de una vieja puta codiciosa... Ella me introducía en su caverna, me manipulaba el miembro como una boca ávida, una ventosa devoradora, aspirante, se detenía cuando ya iba a rendirme, me miraba fijamente con sus grandes ojos inocentes para verificar el estado de deterioro en el que me había dejado; yo le suplicaba entonces que no hiciese nada, con los ojos en blanco, la lengua colgando como la de los perros que mueren de la rabia, el pecho ardiendo, el miembro turgente... Ella me juzgaba con su mirada fría, indiferente, tranquila y pedía más dinero, más modelitos de Prada, más bolsos de Vuitton, y yo jadeaba lo que tú quieras, ángel mío, con tal de que continuase el vaivén encantador que exprimía mi sexo, extrayendo cada gota de placer una a una, señora, una a una como si estuviese en una hoguera y ésa fuese la única fuente donde apagar la sed, ella ejercía lentas presiones con su sexo sobre el mío, que no podía más, pero se dejaba amasar, modelar hasta el momento en que, habiéndolo obtenido todo, lanzaba el asalto final, me crucificaba de placer en su carne húmeda y suave y me obligaba a rendir mi alma...

—¡Y osa usted hablar de alma! ¡No sea impío, Chaval!

—¡Pero si era mi alma la que torturaba, señora! Puedo asegurárselo —susurró Chaval pasando el peso de la rodilla derecha a la rodilla izquierda sobre la dura tabla de madera del reclinatorio—. Esa chiquilla, pues sólo tenía dieciséis años, esa chiquilla me llevó a la morada de los ángeles y los arcángeles. Yo estaba radiante de felicidad, colmado de voluptuosidad, quería, poseía el mundo, babeaba de placer cuando explotaba en ella, ¡me propulsaba hasta el paraíso! Y después... después... volvía a ser un simple mortal. Caía de golpe con las botas embarradas, acariciando el Cielo que se alejaba y la chiquilla, hastiada, me miraba tendiendo la mano para que no olvidase su botín de guerra. Y si yo olvidaba algún artículo, un zapato o un monedero, me trataba con frialdad y se negaba a verme hasta que tuviese todos los trofeos a sus pies..., y además me multaba con algún lujoso suplemento para castigarme por haberla hecho esperar.

—¡Qué horror! Esa chica es una innoble desvergonzada. ¡Arderán los dos en el infierno!

—Ay, no, señora, era una felicidad inconmensurable... Me crecían alas en la espalda, era el más feliz de los hombres, pero eso, por desgracia, no duraba. En cuanto mi miembro se endurecía y yo suplicaba de nuevo entrar, ella chasqueaba la lengua en el paladar, me clavaba su fría pupila y preguntaba ¿y qué me vas a dar a cambio? mientras se pintaba una uña o se perfilaba un ojo cristalino con un delineador gris. Era insaciable. Tanto, que yo empecé a trabajar cada vez menos, a meterme en líos. Empecé a apostar a los caballos, a jugar a la lotería, en el casino y, como no ganaba, desvié dinero de la caja de la empresa. Maniobras financieras con los cheques. Primero sumas pequeñas, después cada vez más grandes... y así fue como caí. Muy bajo, porque no sólo perdí un puesto privilegiado, sino que no puedo pedirle a nadie que me recomiende... Mi currículum es infame, sólo sirve para tirarlo por el retrete.

—Y dígame, pobre pecador, no habrá vuelto a ver, espero, a esa Dalila...

—No. ¡Pero no por mi voluntad! ¡Me hubiese arrastrado con los codos si ella me lo hubiese pedido!

Bajó la cabeza, piadoso.

—Se cansó. Decía que el amor físico estaba muy sobrevalorado... Que ya no la divertía. Que siempre era lo mismo, ese vaivén, que se aburría. Conmigo había estado ensayando y había verificado que «eso» funcionaba. Archivó la aventura en la estantería correspondiente a los test de laboratorio. Y rompió conmigo con el pretexto... de que me estaba poniendo pesado. Ésa fue la única palabra que repetía cada vez más: «pesado». Debo decir que era muy joven... Por mucho que le prometí miles de cosas, hacer el desfalco del siglo, fugarnos a Venezuela, diamantes, esmeraldas, un avión privado, una hacienda, un cargamento de Prada... Los dos a bordo en un mar turquesa servidos por boys en taparrabos...

Henriette se encogió de hombros.

—¡Menuda trivialidad todo eso!

—Ésas fueron las palabras exactas que ella empleó —dijo Chaval inclinando la cabeza como si venerara el recuerdo de su desgracia—. Me dijo que volviera a mis cosas, que ella tenía mejores planes. Se había divertido mucho, había aprendido a triturar a un hombre de placer, había conseguido un fondo de armario, y ahora, ¡a trabajar! Quería triunfar sola, «sin la polla de un hombre, esa salchicha lamentable...».

Henriette se sobresaltó, horrorizada.

—¡Y sólo tenía dieciséis años...! —suspiró Chaval, extenuado.

—¡Dios mío! Ya no hay infancia...

—A los trece años, ya saben enredar a un hombre. Devoran el Kamasutra, hacen ejercicios vaginales, succiones, torsiones, aspiraciones, contorsiones... Se ponen un lápiz entre los muslos y se entrenan. ¡Las hay incluso que pueden fumar un cigarro así! Sí, sí, se lo aseguro...

—¡Conténgase, se lo ruego! ¡Olvida usted que está hablando con una mujer respetable!

—Y sólo con mencionarla... ¡usted misma puede verlo!

Y se aplastó el sexo entre las piernas, cruzándolas con fuerza.

—Ella habrá partido hacia horizontes lejanos, espero... —susurró Henriette.

—A Londres. A estudiar moda. Quiere convertirse en Coco Chanel.

Henriette palideció. Su enorme sombrero se bamboleó. Lo recordó todo. Hacía cuatro años. Hortense, las prácticas en Casamia, Chaval pálido y jadeante, los taconcitos de Hortense clic-clac, clic-clac por el patio de la empresa, los chicos del almacén siguiéndola con la baba caída... ¡Así que era eso!

El hombre estaba tan poseído que había olvidado que estaba hablando de su nieta. ¡Su propia nieta! Había olvidado el vínculo entre ella y Hortense. Había elevado a Hortense a la categoría de madona ante la que uno reza arrodillado, mujer por encima de todas las mujeres. Le perdía la pasión. Ella se inclinó sobre el reclinatorio y cruzó los dedos. ¡En qué mundo vivo! ¡Pero en qué mundo vivo! ¡Mi nieta! ¡Una ramera que explota el sexo de los hombres para sacarles su dinero! ¡La carne de mi carne! Mi descendencia...

Y después, reflexionó. Necesitaba a Chaval. Su plan no valía nada sin un caballero oscuro y traidor. ¿Qué importaba, en el fondo, que su nieta fuese una fulana? ¡A cada cual su destino! Las palabras han dejado de tener sentido hoy en día. La gente se burla de palabras como rectitud, honestidad, rigor, sentido moral, decencia. Cada cual va a lo suyo. Y además, seamos realistas, yo siempre he sentido afecto por esa niña que sabe hacerse respetar...

—Escuche, Chaval, creo que ya he tenido suficiente por hoy... Voy a recogerme un poco para purificarme. A rezar por la salud de su alma. Salga de esta iglesia que acaba usted de profanar... y le citaré en los próximos días para hablar de negocios. Tengo algo que proponerle que podría devolverle la prosperidad. Nos encontraremos en el café de la esquina de la calle de Courcelles y la avenida de Wagram. Pero antes, tranquilíceme, ¿ha dejado de ser un corrupto? ¿Conserva todas sus facultades? Porque, para esta empresa, necesito un hombre en plena forma, un hombre con vista, ¡no un despojo libidinoso!

—Ella me despellejó. Estoy acabado, centrifugado, limpiado en seco. Vivo del paro y de la pensión de mi madre. Juego a la lotería porque hay que conservar alguna esperanza, pero ni siquiera creo en ello cuando marco las casillas. Soy un drogadicto con síndrome de abstinencia. ¡Ya no tengo erecciones, señora! ¡Ella se marchó con mi libido! Cuando veo una chica tengo tanto miedo que huyo, con el rabo entre las piernas...

—¡Perfecto! Consérvelo así y prométame una cosa: si yo le hago una cura, financiera por supuesto, usted me promete permanecer sobrio, ayunar sexualmente y no dejarse embrujar por una joven vestal prostituida.

—Eso si nuestros caminos no se vuelven a cruzar, señora. Si la vuelvo a ver, lo sé, volveré a convertirme en un lobo hambriento...

—Pero si vive en Londres...

—Ése es el único riesgo, señora. El único... ¡Mataría por poseerla otra vez! Por penetrar en ese pasillo largo y estrecho, húmedo... Sentir el espasmo celestial...

Emitió un gruñido de bestia feroz en la oscuridad, los músculos del cuello se le tensaron, se le crispó la mandíbula, le chirriaron los dientes, volvió a gruñir, se llevó la mano a la entrepierna, se agarró el sexo, lo retorció y sus ojos se llenaron de un placentero pavor.

Henriette, estupefacta, miraba a ese hombre antaño tan orgulloso, tan viril, retorcerse a su lado sobre el reclinatorio. Gracias, señor Jesús, por haberme librado de ese vicio, murmuró entre dientes. ¡Qué abominación! Yo he sabido gobernar a los hombres. Les he conducido con mano firme, noble, respetable. Digna. Una mano de hierro en un guante de hierro. Nunca he usado esa herramienta de mujer, esa mandíbula...

Una imagen atroz estalló en su cabeza. Guante de hierro, mandíbulas de hierro... Y recitó tres padrenuestros y diez avemarías mientras Chaval, con la espalda curvada, abandonaba la iglesia en silencio y mojaba la mano derecha en el agua bendita para darse coraje.

Era Navidad. Y estaba sola delante de una gramática Larousse. Con medio litro de vino tinto, una lata de sardinas en aceite vegetal, un trozo de queso brie y un dulce de Navidad congelado sobre el que había plantado tres enanitos alegres que había encontrado en el fondo de un cajón. Recuerdo de tiempos pasados en los que el mantel blanco y las velas rojas, los regalos suntuosos de su esposo debajo de cada servilleta, los ramos de flores de Lachaume, las velas perfumadas, los vasos de cristal y los cubiertos de plata cantaban el alborozo y la abundancia de la Navidad.

El muletón plastificado de la cocina tenía algunas manchas, círculos de cacerolas apoyadas precipitadamente para no quemarse con el mango, y su festín lo había sisado en el Dia. Había cambiado de táctica. Se presentaba en la caja vestida como una gran señora, cubierta con sus antiguos atavíos, enguantada, tocada con sombrero y un bolso de cocodrilo con asas, dejaba ante la cajera una bolsa de pan de molde y una botella de agua mineral, mientras en el fondo del bolso estaban las vituallas robadas. Decía en voz alta dese prisa, mi chófer me está esperando en doble fila, mientras la cajera tecleaba un euro setenta y cinco céntimos, y se inclinaba ante la impaciencia de la arrogante anciana.

Así están las cosas, murmuró mientras rasgaba la bolsa de pan de molde. He conocido tiempos mejores y los volveré a conocer. No hay que desesperar. Solos, los débiles pierden los medios para hacer frente a la adversidad. Acuérdate, mi querida Henriette, de esta frase célebre que invocan los afligidos: «Lo que no te mata, te hace más fuerte».

Suspiró, se sirvió un vaso de vino y abrió la gramática con un gesto seco. Intentó concentrarse. Se encogió de hombros. ¡En cuarto de primaria a los doce años! Inútil. Era un inútil. En ortografía, en gramática, en cálculo, en historia. No destacaba en una sola asignatura. Pasaba de un curso a otro porque su madre amenazaba y el padre se encolerizaba, pero sus notas contaban la deplorable epopeya de su trayectoria académica. Calificaciones lamentables y ásperos comentarios de los desanimados profesores: «No puede hacerlo peor», «Lo nunca visto en ignorancia», «Alumno que hay que evitar», «Inscribir en el libro de los récords en la sección de borricos...», «¡Si al menos durmiese en silencio!».

Para Kevin Moreira dos Santos, los dólmenes eran los antepasados de las marquesinas, la ciudad de Roma había sido construida en la avenida Jesucristo. Francisco I era el hijo de Francisco 0. El mar del Caribe bordeaba las lentillas francesas. Y una perpendicular era una recta que se había vuelto loca y se ponía a girar inesperadamente de golpe.

Pensó en Kevin. Pensó en Chaval. Se dijo que la ignorancia y la concupiscencia dominaban el mundo. Maldito su siglo que no respetaba nada, apuró su medio litro de vino, se colocó un escaso mechón de pelo gris y empezó a reformar la enseñanza del francés en cuarto de primaria.

* * *

El 26 de diciembre, a las cinco y diez, Gaétan llamó a la puerta de los Cortès.

Zoé corrió a abrirle.

Estaba sola en el piso.

Joséphine y Shirley habían salido a pasear con aire despreocupado, para dejarla sola. Hortense y Gary caminaban, como cada día, por París en busca de una idea para los famosos escaparates de Harrods.

Gary llevaba el iPod o la cámara de fotos, se subía el cuello de la chaqueta, se anudaba una bufanda azul y se ponía guantes con forro.

Hortense verificaba que llevaba su bloc de dibujo y sus lápices de colores en los bolsillos.

Y volvían, felices o enfadados.

Se separaban en silencio o se tumbaban juntos en el sofá frente a la tele, muy juntos, y no había qúe molestarlos.

Zoé les observaba y se decía que el amor era algo complicado. Que cambiaba todo el rato, que uno no sabía con qué pie bailar.

Cuando Gaétan llamó, Zoé se vio en el rellano, un poco atontada, un poco jadeante. No sabía muy bien qué decir. Le preguntó si quería dejar la bolsa en el cuarto o beber algo. Gaétan la miró sonriendo. Preguntó si había una tercera opción. Ella contrajo el cuerpo y dijo es porque estoy nerviosa...

Gaétan respondió yo también, y dejó caer la bolsa.

Se encontraron, frente a frente, balanceando los brazos, y mirándose fijamente.

Zoé pensó que él había crecido. El pelo, la boca, los hombros. Sobre todo la nariz. Era más larga. También estaba más sombrío. Gaétan pensó que ella no había cambiado. Se lo dijo y eso la tranquilizó.

—Tengo tantas cosas que contarte —dijo— que no sé por dónde empezar...

Ella adoptó un aire atento y se inclinó para darle ánimos.

—Sólo puedo hablar contigo...

Y la tomó en sus brazos y Zoé pensó que hacía mucho tiempo que estaba esperando aquello. Y ya no supo muy bien qué hacer y sintió ganas de llorar.

Después él inclinó suavemente la cabeza hacia ella, casi doblándose, y la besó.

Ella se olvidó de todo. Le arrastró hasta la habitación y se tumbaron sobre la cama, él la estrechó entre sus brazos y la abrazó con fuerza y le dijo que había esperado tanto este momento, que ya no sabía qué hacer, qué decir, que Rouen estaba demasiado lejos, que su madre lloraba todo el rato, que el Calvo de Meetic se había ido, pero que a él le daba igual porque ella seguía allí y que estaba muy bien así... Continuó hablándole, con palabras muy dulces, palabras que sólo hablaban de ella, y Zoé se dijo que el amor, al final, no era tan complicado.

—¿Dónde voy a dormir? —preguntó.

—Pues... conmigo.

—¡Eh! Estás de broma... ¿Nos va a dejar tu madre?

—Sí pero... Hortense y yo dormiremos en mi cama y tú, en el suelo, en una colchoneta...

—Ah...

Había dejado de susurrarle en el cuello y Zoé sintió frío en la oreja.

—Es un poco absurdo, ¿no?

—Era la única manera, si no, no hubieras podido venir.

—Qué idiotez —dijo.

Y se separó de ella pensando que era una verdadera idiotez. Y parecía tan distante que Zoé tuvo la impresión de estar junto a un extraño. Miraba con fijeza a un punto del cuarto, justo encima del pomo de la puerta, y ya no decía nada.

Y Zoé pensó que el amor era realmente complicado.

Hortense había decidido que las avenidas más bonitas de París eran las que partían radialmente del Arco de Triunfo. Y que los edificios más bellos estaban allí. Y que, a partir de esos edificios lisos y bien ordenados, encontraría su idea. No podía explicar por qué, pero lo sabía. Afirmaba está allí, está allí, y era inútil contradecirla.

De la mañana a la noche, Hortense y Gary se pateaban la avenida Hoche, la avenida Mac-Mahon, la avenida de Wagram, la avenida de Friedland, la avenida Marceau, la avenida Kléber, la avenida Victor-Hugo. Evitaban cuidadosamente la avenida de la Grande-Armée y la avenida de los Campos Elíseos. Hortense las había descartado: habían perdido su alma. Lo comercial, el neón, lo llamativo, la comida rápida e insípida habían desnaturalizado la sutilidad arquitectónica antaño deseada por el barón Haussmann y su equipo de arquitectos.

Hortense aseguraba a Gary que la piedra dorada de los edificios la inspiraba. Decía que el espíritu rezumaba sobre los muros de París. Cada edificio era diferente, cada edificio era una creación y sin embargo cada edificio respondía a las mismas características dictadas por reglas estrictas: fachadas de piedra tallada, muros con repisas, balcones situados en el segundo y quinto piso, balcones con barandilla de hierro forjado, la altura de los edificios estrictamente limitada en función de la anchura de las calles adyacentes. De esa uniformidad había nacido un estilo. Un estilo inimitable que hacía de París la ciudad más bella del mundo. ¿Por qué?, se preguntaba ella, ¿por qué?

Había algo secreto, misterioso, eterno. Como el traje sastre Chanel. El esmoquin Saint Laurent. El pañuelo cuadrado Hermès. Los vaqueros Levi's. La botella de Coca-Cola. La caja de la Vaca que Ríe. El capó de los Ferraris. Reglas, una línea, un trazo que se declina hasta convertirse en un clásico en el mundo entero.

Mis escaparates deben tener ese no-sé-qué que haga que al pasar delante de ellos uno se detenga, se asombre, se diga ¡pero claro! Eso es el estilo...

Necesitaba encontrar ese «eso».

Cogía la cámara de Gary y fotografiaba los balcones, los mascarones, las ménsulas de piedra, las ventanas cimbradas, las puertas de madera. Dibujaba las siluetas de los edificios. De frente, de perfil. Se detenía en el detalle de cada fachada, de cada puerta, con el ceño fruncido. Gary la seguía mientras inventaba melodías, canturreando do-mi-sol-fa-la-re. Su profesor de piano le había sugerido esa idea: componer pequeñas piezas frente a una estación de metro, ante una paloma con el ala rota o la belleza de un monumento. Conservar siempre notas en la cabeza y esparcirlas. Debería enviarle una postal de París. Para decirle que pensaba en él, que se sentía feliz de haberle conocido, que ya no se sentía solo desde que le conocía. Que se sentía un hombre... Un hombre con vello, con problemas de mujeres, una barba que se deja crecer o no, una chica a quien tirarse o no. Era bueno tener a ese hombre en su vida...

Canturreaba, canturreaba.

A veces, crispaba a Hortense, a veces la hacía reír, a veces ella le pedía que se callara: tenía una idea. Y después suspiraba: la idea se había volatilizado y Gary la abrazaba, decía deja de pensar y la idea se posará sobre ti como por encanto. Déjate ir, suéltate, relájate. Estás tan crispada que no dejas pasar ni una gota de aire...

El ceremonial era siempre el mismo. Deambulaban. Hortense se paraba, acariciaba la piedra dorada de un edificio con los ojos cerrados, reseguía con los dedos cada saliente, se perdía entre los relieves y el suave pulido de la superficie, insistía, insistía como el mago que agita su varita.

Gary murmuraba que era una locura emocionarse tanto con unos bloques de piedra. Citaba a Ernest Renan. Éste afirmaba que la isla Grande de Bretaña había sido borrada del mapa porque el barón Haussmann la había arrasado agotando las canteras para construir los hermosos edificios de París.

—¿A ti te parece ético eso? ¿Arrasar una isla para construir una ciudad?

—Me importa un pito si el resultado es bello. París viene a verla gente del mundo entero. La isla Grande, no... Así que me da igual.

—¡Para ti todo lo que reluce es oro!

—Para mí todo lo que reluce es bello... Sobre todo si me hablas de París.

—Y además, era un pretencioso, era tan barón como yo bailarina de cancán.

—¡Eso también me da igual! ¡Cállate!

—Bésame...

—¡Eso ni lo sueñes, hasta que lo haya encontrado!

Entonces Gary empezaba a silbar el canto de la piedra expatriada, el grito de la piedra arrancada de su cantera que llora el exilio forzado, la contaminación de las ciudades, las firmas y los grafitis, el perro que levanta la pata y orina, la obligación de convertirse en un bloque tallado, encastrado, anónimo y no poder aspirar nunca más las salpicaduras de espuma de su isla.

Hortense decidía ignorarle. O desairarle.

De vez en cuando, Gary se escapaba. Se eclipsaba en la esquina de la calle Margueritte con el bulevar de Courcelles, entraba en Hédiard, compraba un surtido de bombones y de fruta escarchada, hablaba con la vendedora criolla que cantaba las alabanzas de la piña confitada o se instalaba en el 221 de la calle Faubourg-Saint-Honoré, frente a la sala Pleyel, ante un piano de cola, y dejaba correr sus dedos y su fantasía.

Hortense rumiaba.

Él huía de nuevo y, atravesando la calle, abría la puerta de la tienda Mariage y penetraba en la caverna sagrada del té. Olisqueaba tés negros, tés blancos, tés verdes en grandes latas rojas que le presentaba un joven con la seriedad impresa en sus facciones. Él asentía, con gravedad, elegía un surtido, atravesaba la avenida y se adentraba en La Maison du Chocolat donde se imbuía de deliciosos sueños...

Después tenía que salir corriendo para alcanzar a Hortense.

—Pero ¿por qué? ¿Por qué? —preguntaba Gary ofreciendo a su compañera un bombón con praliné—. ¿Por qué quedarte bloqueada en estos edificios de piedra tallada? ¡Eso es una insensatez! Entra mejor en los museos, en las galerías de pintura o ve a dar una vuelta por las librerías de viejo. Allí encontrarás ideas. ¡A montones!

—Porque, desde que era una niña, me ha gustado la belleza de los edificios de París y caminar por París es para mí como recorrer una obra de arte... ¿No ves la belleza en cada esquina?

Gary se encogía de hombros.

Hortense se entristecía. Cada día un poco más.

Pasó el 26 de diciembre.

Y después el 27, el 28, el 29, el 30...

Ellos siguieron caminando en busca de una idea.

Gary había dejado de tararear. Ya no hacía fotos de las fachadas divinas. Ya no compraba lenguas de chocolate con naranja o marrons glacés. Ya no intentaba besarla. Ya no apoyaba el brazo sobre su hombro. Reclamaba una tregua. Un chocolate caliente en Ladurée con un *macaron* de fresa. O un Paris-Brest con nata en una cafetería.

Ella se tapaba los oídos y proseguía su loco vagar.

—No te sientas obligado a acompañarme —replicaba acelerando el paso.

—¿Y qué voy a hacer si no? ¿Acosar a las chicas en los muelles del Sena, hacer de carabina de Zoé y Gaétan, comer palomitas solo delante de una pantalla gigante? No, gracias... Al menos, contigo, me aireo, veo autobuses, castañeras, glorietas, fuentes Wallace, me como un bombón por aquí, rozo un piano por allá... y, al final de las vacaciones, podré decir que conozco París. Bueno, el París bonito, el París burgués y señorial... No el París recóndito y que huele mal...

Hortense se detenía, le miraba de arriba abajo, esbozaba su mejor sonrisa y prometía:

—Si encuentro mi idea, me rendiré a ti.

—¿De verdad? —decía Gary elevando una ceja desconfiada.

—De verdad de la buena —decía Hortense acercándose tanto que él podía sentir su cálido aliento en los labios.

—Pero —contestaba Gary separándose de un salto— a lo mejor yo ya no quiero... A lo mejor habré conocido a la chica que...

—¡Ay! ¡Por favor, Gary! ¡No empieces otra vez!

—El deseo es fugitivo, *my lovely one*,* hay que cogerlo cuando pasa. No sé si mañana seguiré fiel en mi puesto.

—¡Eso es que tu deseo es pobre y no quiero saber nada de él!

—El deseo es volátil, imprevisible, si no ya no sería deseo, sino rutina.

Y saltaba a un lado haciendo una pirueta y se alejaba.

Por fin, el 31 de diciembre, se apareció el espíritu.

A última hora de una tarde de invierno, cuando el sol se cae de golpe tras los tejados, el aire azul y luminoso se vuelve gris, se levanta el frío y provoca escalofríos en la espalda...

Hortense estaba sentada en un banco público. La nariz al sol, el gesto enfurruñado.

—Sólo me quedan veinticuatro horas, Gary, sólo veinticuatro horas, y si no se me ocurre nada, me pondré a titubear cuando me llame Miss Farland. Me siento como una enorme ballena varada en la playa, que apenas puede respirar.

—Una ballena orgullosa color marfil y gris, color marfil y gris, color marfil y gris, dientes blancos y fríos como la lluvia, fríos como la lluvia, fríos como la lluvia, canturreó Gary con la música de *Yellow Submarine*, dando vueltas alrededor del banco.

---

* «Mi único amor».

—¡Para! ¡Me estás mareando!

—¡Como la lluvia, como la lluvia!

—¡Que pares, te digo! Si crees que eres gracioso...

—¡Color marfil y gris, color marfil y gris!

Hortense se irguió y levantó el brazo para hacerle callar. Dejó el brazo quieto en posición vertical y Gary creyó que aclamaba por fin su canción. Se inclinó para que le aplaudiera, simuló que hacía girar tres veces en el aire un sombrero de mosquetero, repitió gracias, gracias, hermosa dama. Mi corazón salta de alegría ante la idea de que... y le interrumpió un arisco ¡deja de hacer el idiota! ¡Por ahí vienen Josiane y Junior!

Se volvió y atisbó a lo lejos al niño y su madre que se dirigían hacia ellos.

—¡Ah! —dijo, decepcionado—, así que era eso, y yo que creía que...

—¡Joder! ¡Voy a tener que darle conversación a esa pequeña col lombarda!

—¡No te pases! Es un encanto ese niño...

Se dejó caer al lado de Hortense y esperó que la pareja madre-hijo se detuviese a su altura.

—Qué rabia, le he prestado la cámara a mi madre, si no hubiese hecho una foto...

—¡Una mujer gorda y su enano por las calles de París! ¡Fascinante!

—Pero ¿qué te pasa? ¡Qué asquerosa eres! ¡Te juro que mañana vas a ir a pasear sola! ¡Estoy harto! ¡Hasta París parece más feo con esa cara de perro que pones!

Y volvió la espalda buscando con la mirada una chica guapa a la que abordar sólo para fastidiar a la irascible Hortense.

—¡Pasa que estamos a 31! ¡Que mañana es 1 de enero y no he encontrado nada! ¡Y tú quieres que esté loca de alegría, que me ponga a bailar y que silbe contigo!

—Te lo digo y te lo repito, ¡déjate ir, suéltate y relájate! ¡Pero tú te empeñas en estrujarte el cerebro!

—¡Cállate, que llegan! ¡Sonríe! ¡No tengo ganas de que ella nos vea discutiendo!

—¡Encima hipócrita!

Josiane les había visto y les dedicó una gran sonrisa de mujer satisfecha. Todo estaba en orden. Su pequeño disfrazado de bebé mordisqueaba una galleta y babeaba, el sol lanzaba un último rayo rosado tras un tejado de pizarra, el aire fresco maquillaba sus mejillas, iban de camino a casa, prepararía el baño de Junior, mojaría el codo en el agua para verificar que estaba a la temperatura correcta, le cubriría el cuerpo de jabón de avena para pieles sensibles, y charlarían, charlarían, él reiría de felicidad, envuelto en su toalla caliente, ella le mimaría a besos, la vida era bella, bella, bella...

—¡Hola a los dos! —dijo bloqueando las ruedas de la sillita—. ¿Qué viento os trae por aquí?

—Una ráfaga fétida —gruñó Gary—. Hortense está buscando una idea a base de chuparse todas las fachadas de París y yo le hago compañía. En fin, lo intento...

—¿Y qué estás buscando, niña? —preguntó Josiane viendo el gesto sombrío de Hortense.

—Busca una idea. Pero no la encuentra. Y le echa la culpa al mundo entero, te lo advierto...

Hortense volvió la cabeza para no contestar.

—¿Dónde buscas tu idea? ¿En los castaños? ¿En las terrazas de los cafés?

Hortense se encogió de hombros.

—¡No! —explicó Gary—, cree que la idea surgirá solita de una hilera de edificios. Examina la piedra, la acaricia, la dibuja, la memoriza. ¡Es estúpido, pero es así!

—¡Ah! —dijo Josiane, atónita—. Una idea que sale de la piedra... No lo comprendo muy bien, pero es que yo no soy muy lista...

¡Una mollera tan dura como el cemento!, pensó Hortense. ¡No hay más que ver cómo se emperifolla esa mujer! Es una maruja barata que lee novelitas rosas y se viste en la sección de tallas grandes...

Entonces Junior soltó la galleta llena de saliva y declaró:

—Hortense tiene razón. Estos edificios son magníficos... E inspiradores. Yo, que los contemplo cada día cuando voy al parque, no me canso nunca. Son tan parecidos y a la vez tan diferentes...

Hortense levantó la cabeza y miró a la col lombarda.

—Oye, sí que progresa el Enano... No hablaba así cuando comimos en vuestra casa por Navidad...

—¡Estaba jugando a los bebés para complacer a mi madre! —explicó Junior—. Salta de felicidad cuando me pongo a balbucear estupideces y, como la quiero más que a nada en el mundo, hago un esfuerzo para parecer tonto...

—¡Ah! —dijo Hortense, subyugada, sin dejar de mirar al niño—. ¿Y sabes muchas palabras que nos escondes?

—¡Un montón, mi querida dama! —anunció Junior echándose a reír—. Por ejemplo, puedo explicarte por qué te gustan esos edificios de piedra dorada. Pregúntamelo amablemente y te lo diré...

Hortense accedió, con curiosidad por oír cómo el Enano exponía su teoría.

—La belleza de esos edificios está en el detalle —explicó Junior—. Ninguno es igual y sin embargo son todos lo mismo. El detalle era la firma del arquitecto. No podía desviarse de la uniformidad, de modo que se refugiaba en la búsqueda del detalle para expresarse. Y el detalle lo cambiaba todo. Era la firma del edificio. El detalle crea el estilo. *Intelligenti pauca. Fiat lux. Dixi.**

Hortense se dejó caer a los pies de la sillita. Besó los mocasines del niño. Le estrechó las manos. Empezó a dar saltitos. Besó a Gary. Besó a Josiane. Quiso besar al cielo y, como no lo consiguió, empezó a cantar de alegría a voz en grito ballena de color marfil y gris, color marfil y gris, color marfil y gris, dientes fríos como la lluvia, como la lluvia, como la lluvia.

—¡Gracias, Miguita! ¡Gracias! ¡Acabas de encontrar mi idea! ¡Eres un genio!

Junior cloqueó de alegría.

Estiró las piernas, estiró los brazos, acercó la boca hacia la que acababa de nombrarle Príncipe Azul, Príncipe Sabio, Príncipe de las Maravillas.

Ya no era el Enano, se había convertido en la Miguita.

* * *

—Pero ¿qué escondes debajo del abrigo? —le preguntó Shirley a Joséphine—. Te hace un bulto enorme..., es raro. Parece que estás embarazada ¡pero sólo de un lado!

---

* «A los que comprenden, bastan pocas palabras. ¡Que se haga la luz! He dicho...».

Estaban sentadas en el metro e iban a mirar los escaparates del Village Suisse. A ver los muebles de los anticuarios, atravesar el Campo de Marte sin prisas, distraerse con los turistas amontonados alrededor de la torre Eiffel, contar el número de japoneses, de chinos, de americanos, de ingleses, de mexicanos y de papúes, levantar la cabeza y admirar la perspectiva del Trocadero, y después volver muy despacio por la calle de Passy viendo escaparates, tal era la finalidad del paseo que habían emprendido ese 31 de diciembre.

Para terminar bien el año.

Y también para hacer balance.

Sobre todo de lo que todavía no habían tenido tiempo de decirse. Las últimas confidencias que se arrancan como una piel muerta bajo la que late el corazón. La confesión que eclosiona entre un bronce dorado de Claude Gallé, una mesita de lectura Luis XV o un canapé Georges Jacob en madera dorada, pintado de azul turquesa. Murmurar ¡qué bonito, qué bonito es! Añadiendo seguidamente ¿sabes?, olvidé decirte que..., mientras la amiga, la confidente sigue con los ojos puestos en el objeto precioso para que continúe la confesión y se tome en serio.

—Llevo una botella de agua...

—Pero ¿para qué?

—Por si tenemos sed...

—¿Por si tenemos sed? ¡Nos sentamos en un café! ¡Qué ocurrencia más rara!

—Es que he pensado que después de los anticuarios podríamos acercarnos también a mi universidad..., tengo que recoger un informe. Estoy preparando una conferencia. Tengo que seguir ganándome el sueldo...

—¿El 31 de diciembre? Pero si estará cerrado...

—No... No está muy lejos del Village Suisse, ¿sabes? Es la misma línea de metro...

Shirley se encogió de hombros y dijo ¿por qué no?

Joséphine pareció aliviada.

—¡Siempre podré hacer una foto del lugar donde trabajas! —añadió Shirley sonriendo.

—¡Oh! No es un edificio muy bonito...

—Así me distraeré mientras estés dentro... Y además Gary me ha prestado su cámara, tendré que utilizarla.

—Entonces, ¿me esperas aquí? Vuelvo enseguida.

—¿No quieres que entre contigo?

—Preferiría que no...

—Pero ¿por qué?

—Preferiría que no...

Shirley, perpleja, la dejó hacer, dejó pasar a Joséphine, la vio atravesar el hall de la facultad, lleno de tablones de anuncios, grandes papeleras, mesas, sillas, jardineras donde tiritaban plantas anémicas. Joséphine se volvió y le hizo una pequeña seña con la mano como para que se alejara. Shirley retrocedió y fotografió la gran fachada de cristal. Después volvió, entró en el hall, buscó con la mirada a Joséphine y no la vio. ¿Qué está tramando? ¿Por qué tanto misterio? ¿Tiene una cita amorosa? ¿No quiere hablarme de ello?

Atravesó el hall sigilosamente y se paró en seco.

En una esquina estaba Joséphine, agachada, inclinada sobre una planta. Una planta enclenque, de hojas raquíticas. Había sacado una cuchara del bolsillo y cavaba un pequeño surco alrededor de la planta hablando en voz baja. Shirley no podía oír lo que decía, pero veía cómo se movían sus labios. Joséphine arrancaba con cuidado algunas hojas secas, arreglaba las que todavía estaban verdes, las limpiaba con un pañuelo, colocaba el palo que servía de tutor, consolidaba los nudos, todo eso mientras seguía hablando. Parecía presa de la indignación de una persona cuidadosa ante la negligencia que sufría la planta. Después sacó la botella de agua del bolsillo del abrigo, la vertió lentamente cuidando de que la tierra se empapara del agua sin expulsarla y esperó a que las últimas burbujas estallaran y la tierra se adormeciera, saciada.

Joséphine se incorporó y se frotó los riñones. Shirley pensó que se disponía a marcharse y se escondió detrás de una columna de hormigón. Pero Joséphine volvió a agacharse. Rascó la superficie de la jardinera. Se levantó de nuevo. Murmuró unas palabras inaudibles. Se agachó otra vez. Metió un dedo en la tierra para verificar que estaba bien empapada. Desplazó ligeramente la jardinera para que captase algo de la luz gris de ese último día de diciembre. Observó su trabajo con benevolencia y satisfacción. Flotaba en sus labios una sonrisa de enfermera. La sonrisa feliz de quien acaba de hacer algo útil.

Shirley analizó el rostro de su amiga. Tomó varias fotos de esa sonrisa indefinida, borrosa, que iluminaba su rostro y le confería una formalidad digna de un papa. Después se alejó, volvió a cruzar el hall y fue a esperarla fuera.

Cuando Joséphine volvió a salir, tenía las manos vacías y había desaparecido el bulto de su abrigo.

—¿No has encontrado el informe?

—No...

—¿Y has perdido la botella por el camino?

—¡Oh! —dijo Joséphine convirtiéndose en una begonia grana y palpándose las caderas como si buscara su botella.

—Me muero de frío. ¿Sabes de algún sitio donde podamos tomar un té caliente con pastas?

—Podemos ir a Carette, en la plaza del Trocadero. Tienen el mejor chocolate caliente del mundo, unas palmeras de hojaldre deliciosas... y, además, hay unas lamparitas muy bonitas que dan una luz de vela, una luz alegre...

Atravesaron el Campo de Marte, cruzaron el puente de Iéna, la plaza de Varsovia, cortaron a través de los jardines del Trocadero. El césped, aletargado por el invierno, dibujaba grandes manchas amarillas que los imperiosos tacones de los apresurados turistas terminaban de aplastar; vasitos de cartón, latas de refresco, colillas de cigarrillos salpicaban los senderos de grava, un jersey abandonado colgaba del borde de un banco y algunos niños jugaban a perseguirse imitando el grito de los apaches, exhibiendo los regalos de Navidad de sus padres ocupados en no llevarles la contraria. Sus gritos respondían en eco, ellos se empujaban, vociferaban, hacían muecas horribles, intentando asustarse unos a otros. Shirley se detuvo ante un nogal del Cáucaso, un avellano de Bizancio, un tulipero de Virginia, un olmo de Siberia, una sófora de Japón, un castaño de Indias y les hizo una foto.

Joséphine la observaba con la boca abierta.

—Pero ¿dónde has aprendido los nombres de todos esos árboles?

—De mi padre... Cuando era pequeña me llevaba a los jardines y a los parques y me enseñaba el nombre de los árboles. Me hablaba de los híbridos, de los cruces, de ramas, de ramajes, de raicillas y de guedejas. Nunca lo olvidé... Cuando Gary tuvo edad para caminar, le llevé a mi vez a los parques de Londres. Le enseñé el nombre de los árboles, le enseñé a estrecharlos entre los brazos para atrapar su energía, le dije que si tenía una pena en el alma, no había nada mejor que los grandes árboles centenarios para escucharle, consolarle, insuflarle ánimo y alejar ideas sombrías... Por eso le gusta tanto pasearse por el parque. Se ha convertido en un auténtico señor de los bosques...

Se instalaron en una mesa en Carette, ante dos chocolates calientes, palmeras y *macarons* multicolores, en medio de lamparitas blancas que daban a la sala una luz de sacristía. Shirley dejó la cámara sobre la mesa, apoyó la barbilla en una mano y siguió con la mirada a los camareros delgados y ariscos que circulaban cogiendo los pedidos. Joséphine quiso ver las fotos que Shirley había hecho y repasaron el curso de su paseo comentando cada foto, exclamando, dándose codazos ante un detalle que descubrían en aquel momento.

—¿Y eso? ¿Qué es? —preguntó Joséphine delante de la foto de una mujer agachada, vista de espaldas.

—Ya verás...

Shirley le mostró la foto anterior, después otra, y otra.

La boca de Joséphine se abrió y ella enrojeció.

—Soy yo...

—Tú, ¡haciendo cosas a escondidas!

—Es que...

—¿Tienes miedo de que te trate de lela?

—Un poco...

—¡Ésa eres tú, Jo! ¡Atravesar París para regar una pobre planta!

—Es que, entiéndelo, a ésa nadie la cuida. No la han puesto en las jardineras con las demás, sólo la riegan cuando se acuerdan y, a veces, la olvidan completamente. Sobre todo durante las vacaciones... Cada vez que voy a la facultad, paso a verla antes de subir a los despachos y la riego...

—¿Sabes, Jo?, creo que es por cosas como ésa por lo que te quiero con locura...

—¡Uf! ¡Tenía miedo de que me tomaras por loca! ¿Miramos las otras fotos? ¿Las de Gary y Hortense? ¿Crees que podemos?

—No está demasiado bien, ¡pero me muero de ganas!

Entonces desfilaron las fotos de Gary siguiendo a Hortense por las calles de París. Hortense dibujando en un banco, Hortense con cara de malas pulgas, Hortense burlándose delante de la cámara, un magnífico piano lacado en blanco en un escaparate, un surtido de bombones, un primer plano de un bombón de pistacho, una crema Chiboust limón sobre una capa de galletas de avellana, una mousse de chocolate con leche salpicada de trocitos de florentinos de almendra, una fila de cajas negras, de cajas rojas, una pintada en gelatina, fachadas de edificios, detalles de fachadas de edificios, balcones en hierro forjado, un campanario, frisos de piedra, más fachadas de edificios y...

El rostro de un hombre divertido blandiendo una pinta de cerveza.

Shirley soltó la cámara como quien suelta un pedrusco demasiado pesado.

Joséphine la miró fijamente, sorprendida.

—¿Qué te pasa?

—El hombre... ese... en la foto...

Joséphine cogió el aparato y contempló al hombre que reía con unos grandes bigotes de cerveza. Un hombre recto y orgulloso, nacido para gustar, un hombre que parecía ignorar el miedo y quería lanzarse de cabeza a la vida. Un hombre magnífico con brazos de leñador y manos de artista.

—Oye, sí que es guapo... Y tiene un aspecto realmente..., ¿cómo decirlo?..., seguro, acogedor... ¿Es un amigo de Gary? Parece mucho mayor que él... ¿Hay alguna más?

Shirley, muda, pulsó el aparato y descubrieron otras fotos del hombre con bigotes de cerveza. En un pasillo de supermercado... Ya no tenía bigotes. Llevaba bajo el brazo un cesto metálico, lleno de frascos, cajas, yogures, bricks de leche, manzanas, naranjas. Gary hacía el payaso, la cara desencajada por la risa, esgrimiendo un ramillete de brécol.

—¿Es un amigo de Gary? —repitió Joséphine, extrañada por la reacción de Shirley, que no decía nada y pulsaba el botón mecánicamente.

—Peor que eso...

—No lo entiendo... Parece el fin del mundo.

—Joséphine, ese hombre de las fotos...

—Sí...

—¡Es su profesor de piano!

—¿Y? Parecen llevarse muy bien... ¿Te molesta?

—Joséphine...

—Si no me lo aclaras, ¡no me voy a enterar!

—Es Oliver. MI Oliver...

—El hombre que conociste nadando...

—Sí. El mismo...

—Y del que te has enamorado...

—¡Es el profesor de piano de Gary! Ese del que me habla todo el tiempo sin decirme nunca su nombre, dice «él», dice «él», dice «el Maestro» riéndose... o a lo mejor me lo dijo, pero yo no lo oí. No quise escucharlo. Hay centenares de profesores de piano, ¿por qué ha tenido que tocarle él?

—Pero no lo utilizáis de la misma manera...

—Gary me ha hablado muy poco de eso, pero adivino lo importante que es ese hombre para él. No ha tenido padre, Jo, necesita un hombre como referente...

Había dicho eso con la dolorosa extrañeza de quien se da cuenta por primera vez de que le falta un brazo. De que no puede hacerlo todo. De que la inmensidad de su amor acaba de alcanzar un límite duro y frío, que la pone en su lugar, en el de simple madre.

—Es la primera vez que tiene un amigo adulto, no un chiquillo, un hombre con el que se siente bien, con el que puede hablar, sincerarse, un hombre que, además, le enseña lo que le gusta, el piano. Yo le he dicho varias veces preséntamelo y él me ha contestado no, es cosa mía, no quiero que te metas... Es su propiedad, Jo, ¡su propiedad privada! Y yo, yo me aventuro en su territorio...

—¡Pero no lo sabías!

—Lo sé ahora... Y sé también que no puedo volver a verle. ¡Nunca más!

E hizo desfilar una por una las fotos del hombre de la cazadora roja y apagó el aparato como si cubriera su rostro desolado con el velo negro de una viuda.

—Qué bonito ha sido, y ya se ha terminado...

—No digas eso... Quizás Gary lo comprenda...

—No. Gary no está en la edad de comprender... Está en la edad de la impaciencia y la avidez. Lo quiere todo o nada.

No quiere compartir. Oliver es su amigo y no debe en ningún caso ser el mío. No lo compartirá. En este momento, accede a su independencia, construye su vida. Lo noto y me parece bien... Hemos vivido mucho tiempo pegados el uno al otro. Nos reíamos de lo mismo, pensábamos lo mismo, nos guiñábamos el ojo para decírnoslo todo... Con Oliver se instala por su cuenta. Le necesita como el aire que respira y yo no quiero asfixiarle. Me retiro. Punto final.

Empujó su plato de *macarons* y meneó la cabeza.

—Pero... —dijo Joséphine, en voz muy baja—. No crees que...

—¡Se acabó, Jo, no se hable más!

Y de pronto, las lamparitas blancas de Carette con pantallas color marfil ya no eran cálidas, dulces, tenues, sino blancas, siniestras. Como el rostro deshecho de Shirley.

* * *

Zoé estaba enamorada. Cantaba, daba empujones a Du Guesclin, le agarraba del morro y de las orejas, tarareaba ¡pero cuánto te quiero! ¡Pero cuánto te quiero! Y después le soltaba, corría por el piso, se reía, alzaba los brazos al cielo, se colgaba del cuello de su enamorado, le preguntaba ¿te gusta el azul turquesa o el azul cielo? No esperaba respuesta, se ponía una camiseta gris, le robaba un beso y por las noches se ponía perfume detrás de la oreja con aire misterioso, como si colocara un talismán que le asegurara el amor eterno de su pretendiente. Gaétan la observaba con atención e intentaba ponerse a su altura. No estaba acostumbrado a tanta alegría y, a veces, sus risas tropezaban y caían de lado. Se oía reír en falso y se paraba en seco, aterrado por un agudo sentido del ridículo. No pronunciaba ni una palabra más, esperando recuperar una gravedad, una respetabilidad de buena ley. Aquello parecía un número de circo, el payaso triste y el payaso alegre, y Joséphine observaba la efervescencia de su hija rogando al cielo para que no se desengañase. Tanta alegría la inquietaba.

Esa tarde, recién llegadas de Carette, Zoé, con los brazos abiertos, daba vueltas por la casa, se detenía ante un espejo, verificaba un mechón de pelo, el cuello de su blusa, la altura de sus vaqueros y volvía a girar cantando ¡la vida es bella! ¡Estoy enamorada y la vida es bella como un plato de tallarines! Mientras que Gaétan, silencioso como un chico sobrepasado por la situación, intentaba adoptar la expresión responsable de quien está en el origen de esa felicidad grandiosa.

—¡Hemos ido al cine y al volver nos hemos cruzado con los nuevos! —exclamó Zoé dejándose caer en una esquina del sofá—. El señor y la señora Boisson y sus dos hijos con la mirada absolutamente inexpresiva y, en el ascensor, nos hemos cruzado también con la pareja de chicos que iban al baile de Nochevieja, emperifollados, perfumados, ¡tan perfumados que estuvimos a punto de morir asfixiados en el ascensor! Es cierto, Gaétan, ¿verdad que es cierto? Di que es cierto o mamá no me creerá...

—Es cierto —articuló Gaétan, cumpliendo con su papel de subrayar las frases.

—Y mientras os esperábamos ¡hemos preparado la comida!

—¿Habéis cocinado? —exclamó Joséphine.

—He preparado la pierna de cordero sobre una placa del horno, lo he embadurnado con tomillo, romero, mantequilla, sal gorda, he metido dientes de ajo en la carne rosada y he cocido judías verdes y patatas. Tú no tienes que hacer casi nada... y oye, mamá, le dejaremos el hueso a Du Guesclin. Él también puede festejar la Nochevieja...

—¿Dónde está ese viejo Doug? —preguntó Joséphine, sorprendida de que el perro no se lanzase sobre ella, con las patas por delante, como de costumbre.

—Está escuchando TSF Jazz en la cocina ¡y parece que le gusta mucho!

Joséphine abrió la puerta de la cocina.

Du Guesclin, tumbado ante la radio, escuchaba *My favourite things* de John Coltrane moviendo las orejas. Con la cabeza apoyada en sus patas delanteras, no se movió e ignoró a la intrusa.

—Es asombroso lo melómano que es ese perro —dijo Joséphine, cerrando la puerta.

—Es normal, mamá, su primer propietario era compositor.

—¿Y Hortense, dónde está?

—En su habitación... Con Gary. Se le ha ocurrido una idea para el escaparate, está rebosante de alegría y besa a todo el mundo. Deberías aprovecharte...

—¿Y de qué se trata?

—Ha prometido que nos lo diría durante la cena... ¿Quieres que pongamos la mesa?

—¿No puedes estar quieta en un sitio, mi amor?

—Es que quiero que esto sea una fiesta, una fiesta perfecta, ¿eh, Gaétan?

Gaétan asintió de nuevo.

En la entrada, Shirley decidió sonreír. Sonriendo se pone una contenta, se persuadió, abrumada. Dejar de pensar en la cazadora roja, no volver a ponerle un nombre, no volver a sentir esa cálida mano sobre la suya, esa mirada clavada en su boca, la boca que se acerca y turba la suya, los labios que mordisquea antes de besarle. Una felicidad prohibida a partir de ahora. Sólo debo recordar que ya no, ya no, ya no. No sentir más el corazón a cien por hora, ya no esperar la hora de la cita empujando el segundero, ya no buscar con la mirada su bicicleta, ya no sentir un vuelco en el corazón, ya no imaginarme mi mano sobre su hombro, mi mano que acaricia su espalda, sube por el pelo, le peina con los dedos separados para sentir el espesor de los rizos.

Ya no...

—¿Quieres que te ayude? —preguntó Shirley a Zoé.

—Si quieres... ¿Cogemos los platos color ala de mosca? ¿Y los cubiertos con mangos de nácar?

Daba vueltas alrededor de la mesa, enviaba besos a la cara de funeral de Gaétan y revoloteaba de una silla a otra, colocando un vaso de agua, un vaso de vino, una copa de champaña.

—¡Porque beberemos champaña, si no la fiesta será un fracaso!

Shirley sacudió la cabeza para alejar el enjambre de abejas asesinas que zumbaba en sus oídos. Olvidar, olvidar, poner buena cara delante de Gary. Dejarle espacio. Todo el espacio.

—Un mar de champaña —respondió a Zoé, con un tono alegre, pero desafinado.

Gaétan levantó la cabeza. Había captado la nota desafinada, era la misma que le había traicionado tan a menudo, y su pupila se ensombreció con una sola pregunta, ¿usted también?

Shirley le contempló con seriedad, ese noviete, obligado a parecer adulto. Estaba sentado ahí, en el salón, encima de la casa donde había vivido con su padre... Leyó en sus ojos que no podía evitar pensar en ello, acechar aquellos pasos que ya no resonaban. Conocía la distribución del piso, podía aventurarse en él con los ojos cerrados. Sabe dónde está su cama de niño en la que tantas veces se durmió maldiciendo a su padre. Su padre que ya no está, y al que echa de menos. Hasta a los padres criminales o indignos se les echa de menos. Por eso se ríe a destiempo o sonríe de modo forzado. Titubea, perdido entre su personaje de hijo pródigo y su papel de enamorado. Ya no sabe cómo mantener el tipo. Le gustaría olvidar ese sufrimiento atroz, pero todavía no es lo bastante fuerte como para desembarazarse de él de un empujón. Así que deja vagar por el salón una mirada dubitativa, cargada de tristeza, una mirada que se repliega hacia el interior e ignora a los demás.

Comprendió todo eso observando a Gaétan sentado, recto como un palo, en el sofá.

Sintió que era su alma gemela. Ella, la mujer audaz, que siempre había sabido defenderse y rechazar al enemigo, pero a la que un pellizco en el corazón bastaba para derribarla como a un trapo inerte.

Colocó los cuchillos y los tenedores con mango de nácar sobre el mantel blanco, fue a sentarse a su lado y, aprovechando que Zoé y Joséphine estaban en la cocina y horneaban la pierna de cordero mechada con hierbas aromáticas, le tomó la mano y le dijo te entiendo, entiendo lo que pasa por tu cabeza... Gaétan le dedicó una mirada dubitativa, ella le puso una mano sobre la frente, le apartó un mechón de pelo, añadió con dulzura puedes llorar, ¿sabes?, eso sienta bien... Él meneó la cabeza, con una expresión que decía los chicos no lloran, ¡y menos un enamorado! Pero gracias, gracias por haber venido a mi lado... Y permanecieron un par de minutos apoyados, pena contra pena, la cabeza de él contra la cabeza de ella, los brazos de Shirley alrededor del torso delgado del chico obligado a hacer de hombre, y los dos, sosteniéndose mutuamente, intercambiaron sus males.

Cuando se separaron, flotaba en sus labios el amago de una sonrisa. Gaétan balbuceó gracias, ya estoy mejor... Shirley le alborotó el pelo y dijo gracias también a ti. Él la miró, sorprendido, y ella añadió es bueno compartir. Él no lo entendió muy bien, ¿compartir, compartir qué? Adivinó que ella le estaba confiando un secreto y que ese secreto le enriquecía, le situaba en un lugar distinto, le ayudaba a valorarse a sí mismo, ella le había hecho una confidencia, había confiado en él, y aunque no acababa de entenderlo, no importaba. Ya no estaba solo, y ese pensamiento deshizo el nudo que tenía en la garganta desde que había vuelto a este edificio, había vuelto a ver el vestíbulo y las escaleras, el ascensor y los grandes espejos de la entrada, y volvió a sonreír. Y su sonrisa ya no temblaba. Se volvió franca, segura. Suspiró, un poco incómodo por ese momento de intimidad robado, dijo ¿terminamos de poner la mesa?, volviendo a su papel de gallardo enamorado, y ella también se incorporó de un salto, con una risa brusca que lloraba todavía el adiós al hombre de los bigotes de cerveza.

Ambos sabían que, a partir de ese momento, serían amigos.

Hortense se abalanzó sobre la mesa y golpeó el mantel con los codos, haciendo temblar los vasos y los platos.

—¡Terminado! ¡Listo! ¡Tengo un hambre de lobo!

Joséphine, que estaba trinchando la pierna de cordero, levantó el cuchillo y preguntó:

—¿Podemos saber de qué se trata?

—Muy bien... —Hortense se animó y levantó el plato, y reclamó un trozo grande y rojo—. El título de mi show en dos escaparates: *Rehab the detail*... Rehabilitemos el detalle. En inglés suena mejor. ¡Si no parece una clínica para drogadictos!

Y se sirvió unas cuantas patatas bien tostadas, judías verdes, añadió la salsa, se relamió, gruñó de placer ante el plato humeante y prosiguió:

—He partido de la idea de los edificios, todos iguales, del barón Haussmann. Gary es testigo...

Gary suspiró jugando con el teléfono de Hortense y el suyo, como dos fichas de dominó dispuestas sobre el mantel blanco.

—La de tiempo que hemos perdido observando esos malditos edificios —gruñó—. ¡Menudas vacaciones!

—Bueno, sigo... Esas fachadas, a priori, son todas iguales, y sin embargo son todas diferentes. ¿Por qué? Porque sobre cada una de ellas el arquitecto ha colocado detalles, detalles insignificantes que otorgan su estilo inimitable al conjunto..., y en el caso de la moda, es igual. La ropa no es nada. La ropa es monótona, la ropa es plana, la ropa no dice nada sin EL detalle. El detalle la ennoblece, la rubrica, la sublima... ¿Entendido, pingüinos?

Ellos la escuchaban intrigados. Ella unía la sutil feminidad de la parisina con el ojo avizor del maestro de taller experimentado que busca el trazo de carboncillo.

—Prosigo... Primer escaparate, en una esquina, a la izquierda: una mujer vestida según las normas con el abrigo adecuado (un abrigo negro), los zapatos adecuados (botines de tacón bajo, también negros), el bolso adecuado (bolso azul real), las medias adecuadas (medias negras), la falda azul real bajo el abrigo, el pelo suelto, la tez pálida. Es guapa, va bien vestida, de acuerdo. Pero no ES. Es la fachada de un edificio. Todo es limpio, simétrico, aburrido, plano, monótono. No se la ve.

Describía sus ideas con gestos de director teatral mientras pinchaba un pedazo de cordero y una patata dorada.

—En torno a esa mujer convencional y apagada, como flotando en el aire, yo colgaré accesorios que giran lentamente, como las piezas de un móvil de Calder. ¿Me seguís, pingüinos? Al fondo, en una pantalla gigante, el vídeo de Amy Winehouse cantando su éxito *Rehab*... La chica buena sigue siendo buena. No se mueve nada, sólo los accesorios, los divinos detalles. Ni siquiera su melena... Y pasamos a la segunda parte del escaparate, en el lado derecho. Y entonces ¡tachán! La chica buena se ha convertido en una *fashion killer*... El pelo echado hacia atrás, una gran boca roja dibujada sobre su rostro muy pálido, con una gran bufanda anudada, algo enorme alrededor del cuello, cuanto más volumen haya en el cuello, más delgada parecerá la chica... Un cinturón beige, fino, largo, muy largo, rodea varias veces el abrigo y el abrigo deja de ser un abrigo, es femenino, inclasificable... ¿El bolso? Ya no lo lleva como un accesorio, ni en el codo (estilo señorona), ni en el hombro, ni en bandolera (¡socorro, una *girl scout*!), lo sujeta con las dos manos. Y, de golpe, existe. Es bonito, es *it*, es inexplicable... La falda sobresale dos centímetros del abrigo y eso forma una capa más y, por fin, el detalle que rompe, inmoviliza, inmortaliza: el calcetín corto fluorescente sobre las medias negras, violeta fluorescente, que anuncia el color, la primavera, el sol, ¡la marmota que despierta! La chica ha dejado de ser buena, la fachada ha dejado de ser fachada, ha trascendido gracias a los detalles... Eso es sólo el principio, encontraré un montón de ideas más, ¡confiad en mí!

Cogió otro bocado de cordero, levantó su vaso de vino para que le sirvieran y continuó:

—Y en el otro escaparate hago lo mismo: salvo que en ese la gente habrá comprendido el principio y colocaré maniquíes vestidos con detalles que lo cambian todo. Una chica con chaqueta negra, una camiseta y unos vaqueros..., salvo que desgarraré los vaqueros, haré un agujero en la camiseta, llevará la chaqueta con el cuello levantado, arremangada, un enorme imperdible con colgantes en el reverso de la chaqueta, un fular anudado a la cabeza atado con un gran nudo, guantes demasiado cortos que muestran las muñecas, una pashmina enrollada con una bufanda alrededor del cuello..., en fin, ¡todo detalles! Otra chica con un abrigo de hombre demasiado grande, un chaleco masculino, una camisa larga, un pantalón de chico, una cadena de oro alrededor de la cintura, una piel alrededor del cuello, una piel falsa, por supuesto, ¡si no me saquean el escaparate! Y así todo, desarrollando el detalle... Conjugo el concepto, impongo una moda callejera, una invención que huele a asfalto y a star de barriada. Invento, reciclo, desplazo, respeto la crisis y exalto la imaginación... Soy genial, amontono ideas, trucos asombrosos, ¡se pararán todos, tomarán notas y querrán conocerme!

Todos la miraban con la boca abierta. No muy seguros de haberlo entendido todo, salvo Zoé, que encontraba aquello alucinante.

—¡Pero qué hermana tan genial tengo!

—Gracias, gracias... No puedo estar quieta, tengo ganas de bramar, de bailar, ¡de besaros a todos! Y os prohíbo pensar lo que estáis pensando en este momento. ¡En todo caso tú, mamá! ¡La reina de la corona de espinas en la cabeza!

Joséphine bajó la nariz hasta el cordero y prosiguió con el trinchado.

—¿Y si mi hija no gana el concurso? Eso es lo que piensas, ¿verdad?

—¡Que no, cariño! —protestó Joséphine, que acababa de pensar exactamente eso.

—Sí, sí, ¡te oigo dudar! Y te respondo categóricamente: lo ganaré... No habría tenido esa idea si no fuese a ganar. Diáfano, ¿verdad?

—En efecto...

—¡Ajá! ¿Ves? Tenía razón. Tú siempre tienes miedo, te imaginas lo peor, te escondes en una trinchera, ¡yo, nunca! Resultado: a ti no te pasa nunca nada, o casi, y yo ¡vuelo hasta la luna! Roma está a mis pies, los romanos tropiezan con sus togas para acercarse a mí... A propósito, ¿sabíais que Junior habla latín?

Ellos balbucearon no. Y ella concluyó:

—Pues bien. Suelta latinajos y debo deciros que ese chico es todo menos un tontainus albinos pelirrojo... ¡Ese crío es algo digno de ver y todavía no ha terminado de asombrarnos!

Después se volvió a Gary y soltó:

—Y esta noche, Gary, ¿qué hacemos? No vamos a pudrirnos aquí... ¿Vamos a ver a Peter y a Rupert, que están en París? Lo celebramos, bailamos, nos negamos a dormir, bebemos Johnny-caminante y fumamos esos cigarrillos que marean. ¡Porque no estoy de humor para quedarme tranquila! A las doce besamos a nuestra gente y salimos de fiesta, ¿vale?

—Y a mí me gustaría bajar al trastero con Gaétan, mamá. Podríamos coger unas velas, una copa de champaña e ir a besarnos en donde todo empezó —declaró Zoé, con aire de monja que va a recogerse en un lugar de peregrinaje.

—Gary, ¿me escuchas? —exclamó Hortense.

Gary no escuchaba. Gary tecleaba un mensaje en su móvil, con las manos bajo la mesa.

—¿Gary? ¿Qué haces? —se enfadó Hortense—. ¡Apuesto a que ni siquiera has escuchado mi idea genial!

Habla a mi hijo como si le perteneciera, no pudo evitar pensar Shirley. Rebélate, hijo, rebélate, dile que acabas de recibir un mensaje de Charlotte Bradsburry, que está en París y que vas a reunirte con ella.

Gary levantó la cabeza sonriendo. Quizás sea Charlotte, esperó Shirley. No me gusta que nadie se crea propietario de mi hijo. Y sin embargo, inmediatamente se calificó de madre abusiva. ¡Es que ya sólo me queda él!, quiso protestar. Y cerró a medias sus grandes ojos atormentados de mujer que se siente empujada hacia una retirada forzosa, porque acaba de perder un amor que esperaba con todas sus fuerzas de hembra hambrienta. Ya nunca volveré a ser una hembra hambrienta, se dijo, espoleándose con palabras para recuperar su dignidad. Reacciona, chica, reacciona, pero no por ello te vuelvas mala y deja que esos dos se amen a su modo, no es asunto tuyo. Sintió que aumentaba su angustia y buscó una punta de mantel o de servilleta para retorcerla y calmarse.

—Es el Maestro que me desea un feliz año —dijo por fin Gary cerrando el teléfono—. Dice que el año que viene va a ser fantástico. Dice que se siente feliz, que tiene muchos proyectos y que está esperando a una mujer que pasa las fiestas en París. Me parece que está enamorado...

A la una de la mañana, tras haberse besado bajo el muérdago con Shirley, sus hijas, Gaétan y Gary, tras haber puesto el hermoso mantel blanco con la ropa sucia, guardado los cubiertos de mango de nácar, limpiado los platos y apagado las velas, tras haber abrazado a su amiga dolorosa que, como atontada, reclamaba el olvido del sueño, Joséphine salió al balcón a susurrarle sus mejores deseos a la blanca luna creciente.

Uno de enero. Primer día del año. ¿Dónde estaré el último día del próximo diciembre? ¿En Londres o en París? ¿Sola o en compañía? ¿Con Philippe o sin él, que no me ha llamado y debe de estar contemplando la luna creciente en su balcón inglés?

En el instante en que tendió el gran edredón sobre el balcón, oyó una risa de mujer seguida de la voz de un hombre que susurraba Edwige, Edwige, y después ni un ruido más... Imaginó un beso que se elevaba en la noche. Pensó que era una señal y corrió a buscar el teléfono para llamar al hombre en el balcón inglés.

Con un nudo en la garganta, marcó el número.

Esperó a que el timbre sonara varias veces. Apretó los dientes, rezó para que él contestara. Se frotó las sienes. Había salido. Debía colgar. ¿Qué voy a decirle? Feliz año, estoy pensando en ti, te echo de menos. Palabras vacías que no dicen nada de mi corazón que enloquece ni de mis manos húmedas. ¿Y si estuviera brindando con champaña con unos amigos o, peor aún, con una belleza lánguida que gira la cabeza hacia él y frunce el ceño murmurando quién es? Sólo me quedará la luna creciente para consolarme. Pasó la yema del dedo por el frío enlosado del balcón, frotó un poco para calentarlo, para darse coraje. Dibujó una especie de manzana con cabellos de hada, una gran nariz, una gran sonrisa tonta. O no tiene contestador o no lo ha conectado. Recuerdo cuando se inclinó sobre mí en la penumbra del teatro, su boca me pareció grande, tan grande..., y me cogió la cara entre sus manos como para estudiarla... Recuerdo que la tela de su chaqueta me pareció suave... Recuerdo sus manos cálidas que me aprisionaban el cuello, me hacían estremecer, me olvidé de todo...

Ésos no son gestos anodinos. Seguramente él también piensa en ellos, cuando cae la primera noche del año sobre el jardincito que hay frente a su casa. Se pregunta dónde estoy y por qué no llamo.

Responde, Philippe, responde. O seré yo la que cuelgue y ya no tendré valor para volver a llamar. Además del valor de pensar en ti sin inclinar la cabeza y dejar escapar un suspiro de alegría que se escapa. Recuperaré mi personaje de buena mujer resignada a que su felicidad huya. Conozco ese papel, lo he interpretado a menudo, me gustaría cambiarlo en esta primera noche del año. Si en esta noche de gracia no tengo el valor para ello, no lo tendré nunca.

¡Nunca! Y basta con formular esa horrible palabra que mata la esperanza, para que tenga ganas de colgar para seguir esperando.

Pero una mano descuelga en el otro lado del canal de la Mancha, una mano que interrumpe el canto del teléfono. Joséphine se inclina sobre el aparato murmurando, cuando la voz la interrumpe y dice *Yes?*

Es una voz de mujer.

Joséphine se queda muda.

La mujer continúa hablando en inglés en mitad de la noche. Dice ¿quién es? Dice no oigo, ¡hay demasiado ruido aquí! Se desgañita y pregunta quién es, quién es, conteste...

Nadie, tiene ganas de decir Joséphine. No es nadie.

—Hola, hola... —vuelve a decir la mujer con ese acento inglés que se come las sílabas, las suaviza, transforma la «o» de hola en «ou» y modula la «a».

—¡Dottie! ¡He encontrado tu reloj! ¡Estaba en vuestro cuarto, sobre la mesita de noche de papá! ¡Dottie! ¡Ven con nosotros al balcón! ¡Hay fuegos artificiales en el parque!

La voz de Alexandre.

Cada palabra la mata. Vuestro cuarto, mesita de noche de papá, ven con nosotros.

Dottie vive con él. Dottie duerme con él. Dottie pasa la Nochevieja con él. Él besa a Dottie en la primera noche del nuevo año. Sus manos cálidas aprisionan el cuello de Dottie, su boca desciende por el cuello de Dottie...

El dolor forma una especie de ola que la arrastra, la lleva, la trae, la deja y la retoma. Unas palabras que la hieren como un cuchillo... Palabras normales, palabras que describen una vida. Una vida en común. Cuarto, mesita de noche, balcón. Palabras sin importancia. Ella se abraza el pecho y mece su dolor, como a una carga explosiva que va a pulverizarla.

Levanta la cabeza hacia las estrellas y pregunta por qué. ¿Por qué?

—¿Estás contenta? ¿Has encontrado el reloj? —dice Philippe volviéndose hacia Dottie que se reúne con él en el balcón.

—Es un reloj bonito. Me lo regalaste después de nuestra primera noche* —responde Dottie acurrucándose entre sus brazos—. Tengo frío...

Él extiende un brazo hacia ella, distraído, como si le sostuviera la puerta para entrar en un restaurante. Ella se da cuenta y su mirada se apaga.

¿Qué hará Joséphine en este momento?, piensa Philippe mirando un cohete rojo y verde que estalla en una larga oruga de mil patas velludas en el cielo negro. No ha llamado. Habría llamado si hubiese estado en casa con Shirley, Gary y las niñas. Así que ha salido... A un restaurante... con Giuseppe. Levantan sus copas y susurran deseos de felicidad. Él lleva un blazer azul marino, una camisa de rayas azules y blancas con sus iniciales bordadas, pelo castaño, ojos verdes cristalinos, una sonrisa sesgada, siempre tiene una sonrisa en los labios y habla abriendo los brazos, grita «Màaa!» mientras gira las manos con las palmas abiertas para expresar su extrañeza o su enfado. Le habrá regalado bombones Gianduiotti, los mejores de Turín, porque con él ha vuelto a ser golosa. Y le canta versos de Guinizzelli, poeta trovador del siglo doce. Versos que Joséphine apreciaba tanto que un día los había copiado y se los había enviado a Iris, a Megève.

* Cf. *El vals lento de las tortugas, op. cit.*

Iris los había leído en voz alta moviendo la cabeza, repitiendo mi pobre hermana, ¡qué pardilla! Copiar poemas a su edad, ¡menudo tostón!

Io voglio del ver la mia donna laudare,
e assembrarli la rosa e lo giglio;
più che stella diana splende e pare,
*e ciò ch'è lassù bello a lei somiglio.**

Philippe se había guardado la carta en el bolsillo de la chaqueta. A él también le gustaban esos versos. El amor suena tan bien en italiano... Y después, se había preguntado por qué le gustaban tanto.

—Tengo frío, voy a buscar un jersey —dice Dottie separándose, con lágrimas en los ojos.

—¿Estás triste? —le pregunta Alexandre a su padre.

—No. ¿Por qué dices eso?

—Estás pensando en mamá... Le gustaban los fuegos artificiales. ¿Sabes?, a veces la echo de menos. Tengo ganas de decirle cosas y, precisamente, ya no está...

Philippe no sabe qué decir. Sin palabras, cogido por sorpresa. Ni muy valiente, tampoco. Hablar es decir palabras. Si digo palabras torpes, Alexandre recordará esas palabras. Y sin embargo debería hablarle...

—Es raro, porque no hablábamos mucho... —añadió Alexandre.

---

* «Quiero con un verso loar a mi dama, / y reunir en él la rosa y el lis, / parece brillar más que la estrella de la mañana, / y lo que allá arriba es hermoso se le asemeja».

—Lo sé... Ella era hermética, reservada... Pero te quería. Iba a acostarse a tu habitación cuando no podías dormir, te cogía en sus brazos, te acunaba y yo ¡me indignaba!

—Desde que Becca está aquí, y Dottie también, me encuentro mejor —dijo Alexandre—. Antes me sentía un poco triste, solos nosotros dos...

—¿Ah, sí?

—Me gusta cómo estamos ahora...

—A mí también...

Y es verdad. Acaban de pasar una buena semana de vacaciones. Cada cual ha encontrado su sitio en la casa. Becca en el cuarto de la ropa transformado en dormitorio, Dottie y él en su habitación. La presencia tan liviana de Dottie que no pide nada y tiembla de felicidad contenida, una felicidad que no quiere demostrar por miedo a que se evapore. Annie que charla con Becca, que le enseña postales de su Bretaña natal. Brest. Esto es Brest y esto es Quimper, repite, Quimper... y Becca no consigue pronunciar ni la «q», ni la «r» y se salta sílabas, con la boca llena de gachas inglesas.

—Estoy contento, papá.

—Y yo estoy contento de que estés contento...

—Me gustaría que nada cambiase.

Becca se había acostado a las doce y media. Desde que tengo una casa de verdad, duermo a todas horas. Me estoy convirtiendo en una auténtica viejecita. La comodidad te vuelve blandengue. Era más valiente en el parque. Lo dice sonriendo, pero se adivina que lo piensa y que eso no le gusta nada.

—Creo incluso que nunca he sido tan feliz... —suspira Alexandre.

Mira a su padre. Con una sonrisa enorme. Una sonrisa de hombre a hombre.

—Soy feliz —repite contemplando la apoteosis final que ilumina el parque.

Zoé y Gaétan han bajado al sótano. Con una vela, cerillas, el fondo de una botella de champaña y dos vasos para lavarse los dientes. Gaétan enciende la cerilla y el sótano se ilumina con una luz temblorosa. Zoé dobla las piernas contra el cuerpo y se acurruca contra él quejándose del suelo duro y frío.

—¿Te acuerdas de la primera vez... en el sótano con Paul Merson?

—No he visto a Paul...

—Ha debido de marcharse a esquiar...

Se levanta el cuello del abrigo y hunde el mentón. Rasca un poco.

—Dentro de tres días, te vas —murmura.

—No pienses en ello. No sirve de nada...

—No puedo evitarlo.

—¿Tanto te gusta sentirte infeliz?

—¿Y tú? ¿Serás infeliz? —pregunta levantando una naricita inquieta de mujer al acecho.

Se siente insegura frente a ese chico que intenta parecer mayor y dominar la vida. Ya no está segura de nada. Estar enamorada debe de ser eso también. No estar segura de nada, dudar, estar nerviosa, imaginarse lo peor.

Gaétan hunde la nariz en el pelo de Zoé y no responde.

Zoé suspira. El amor es como la montaña rusa, sube y baja, cambia a todas horas. De golpe, estoy segura de que me quiere y bailo de alegría, de golpe, ya no sé nada y tengo ganas de tirarme al suelo y morirme.

—¿Por qué te lavas el pelo todos los días? —pregunta Gaétan moviendo su nariz entre los cabellos de Zoé.

—Porque no me gusta cuando, por las mañanas, huele... huele a sueño...

—Pues a mí me gusta mucho, por las mañanas, oler el sueño en tu pelo...

Y el cuerpo de Zoé se relaja, relaja los hombros; se pega a él como un animal que busca el calor del otro para dormirse, y levanta su vaso para que lo llene de champaña.

Joséphine se mete en la cama al lado de Shirley. Duerme recta, los brazos cruzados sobre el pecho. Piensa en los yacientes de la Edad Media, en esos hombres, en esas mujeres remarcables que han sido representados tumbados sobre un lecho de piedra o de mármol. Ellos gobernaron con mano maestra una provincia, una abadía, un castillo, resistieron a las bandas de saqueadores, a los señores de la guerra, al fuego, al pez hirviendo, a la violencia de los soldados que cortaban los senos, la nariz y violaban a las mujeres. Nosotras somos dos mujeres destrozadas por los hombres, dos mujeres que se retiran a la soledad helada de un castillo o de un claustro, y duermen una al lado de la otra, con las manos unidas. Tumbadas, luego muertas. En la Edad Media se dormía sentado. Sentado, rodeado de cojines, con las piernas estiradas, el cuerpo en ángulo recto. Temían la posición horizontal. Representaba la muerte.

Du Guesclin empuja la puerta de la habitación y se acurruca al pie de la cama. Joséphine sonríe en la oscuridad. El perro adivina su sonrisa y se acerca a lamerle la mano. El perro a los pies de la yaciente era símbolo de fidelidad. Doug tiene razón, soy una mujer fiel, y se inclina para acariciarlo.

Soy una mujer fiel y él duerme con otra.

En la noche, Shirley se despierta y oye a Joséphine que llora quedamente.

—¿Por qué lloras? No se debe comenzar el año llorando...

—Es Philippe —solloza Joséphine—. Le he llamado. Ha contestado Dottie... y duerme con él. Incluso se ha instalado en su casa, en su cuarto, y eso duele... Había perdido el reloj y estaba en la mesita de noche de Philippe y parecía algo de lo más normal.

—¿Has hablado con él?

—No... He colgado. No he podido hablarle... He oído a Alexandre que decía todo eso dirigiéndose a Dottie... Decía he encontrado tu reloj, estaba sobre la mesita de noche de papá...

Shirley no está segura de haberlo entendido. Capta que Joséphine está apenada, que no hay que pedirle explicaciones.

—Hoy no ha sido nuestro día, ¿eh?

—No, no ha sido nuestro día para nada —dice Joséphine doblando un trozo de sábana y mordisqueándolo—. Esto significa que hemos empezado mal el año...

—¡Pero tenemos un año para recuperarnos!

—Yo no recuperaré nada en absoluto. Acabaré como Hildegarda de Bingen. En un convento...

—¿No te estás pasando un poco? Ella era una auténtica virgen...

—Renuncio al amor... Y además, ¡soy demasiado vieja! Voy a cumplir cuarenta y cinco años...

—¡Dentro de un año!

—Mi vida ha terminado. Lo dejo.

Y se pone a lloriquear con más fuerza.

—¡Ay, ay, ay! ¡Lo estás mezclando todo, Jo! De acuerdo, él pasa la Nochevieja con Dottie, pero también es culpa tuya... No te mueves, no le llamas, ¡te quedas en Francia plantada como una estaca!

—Pero ¿cómo hago para moverme? —exclama Joséphine incorporándose en la cama—. ¡Es el marido de mi hermana! ¡No puedo hacer nada contra eso!

—¡Pero si tu hermana está muerta!

—Ya no está, pero yo pienso en ella todo el rato...

—¡Piensa en otra cosa! Piensa en sus cenizas y vuelve a estar viva, vuelve a ser atractiva.

—Yo no soy atractiva, soy fea, vieja y tonta...

—Es exactamente lo que pensaba, estás completamente chalada... Aterriza, Jo, ese hombre es magnífico y tú le estás perdiendo con tus velos de viuda... ¡Eres tú la que lo abandonas, no él!

—¿Cómo que soy yo la que lo abandona? —preguntó Joséphine, atónita.

—Pues sí... ¡Le besas salvajemente y no vuelves a dar señales de vida!

—¡Pero si él también me besó salvajemente y también podría haberme llamado!

—¡Está harto de enviarte flores, correos y dulces y de que tú los ignores o los tires a la basura! ¡Ponte en su lugar! Hay que ponerse siempre en el lugar del otro si se le quiere comprender...

—¿Y tú puedes explicarme lo que pasa?

—Es muy sencillo. ¡Tan sencillo que ni siquiera has pensado en ello! Está solo, es Nochevieja. Ha invitado a algunos amigos y ha pedido a Dottie que viniese a echarle una mano... ¿Hasta ahí me sigues?

Joséphine asiente con la cabeza.

—Dottie ha llegado con unos zapatos gruesos, un pantalón grueso, un abrigo grueso, te recuerdo que está nevando en Londres, no tienes más que consultar el tiempo si no me crees, y entonces, él le ha dicho que coja algunas cosas para cambiarse, un vestido, tacones altos, un lápiz de labios, pendientes, ¡yo qué sé!

Esboza el gesto de la que no sabe y su mano vuela hacia el techo.

—Él ha añadido que podrá cambiarse en su cuarto... Ella le ha ayudado a poner la mesa, a cocinar, se han reído y bebido en la cocina, son amigos, Jo, amigos... como tú y yo, ¡nada más! Y después, ha ido a ducharse, ha dejado su reloj en la mesita de noche al pasar, se ha vestido, se ha emperifollado y se ha reunido con Philippe, Alexandre y sus amigos en el salón, olvidando su reloj en el cuarto... Eso es lo que ha pasado, nada más... Y tú te has montado un culebrón trágico, ¡metes a Dottie con un picardías transparente y una alianza en el dedo en la cama de Philippe! ¡Imaginas una escena de noche de bodas y lloriqueas entre las sábanas!

Joséphine hunde el mentón bajo el dobladillo de la sábana. Escucha. Shirley tiene razón. Shirley tiene, una vez más, razón. Eso ha sido lo que ha pasado... Tiene ganas de creer la historia que le cuenta Shirley. Es una bonita historia. Y sin embargo, no se la cree. Como si esa versión valiese para Shirley y los demás, pero no para ella, Joséphine.

Ella nunca interpreta el papel de heroína.

Uno inventa siempre historias cuando está enamorado. Inventa rivales, hombres o mujeres. Inventa complots, inventa besos robados, accidentes de avión, silencios culpables, teléfonos que no suenan, inventa trenes que se han perdido, correos extraviados, uno nunca está tranquilo. Como si la felicidad estuviese prohibida para los enamorados... Como si esa felicidad no existiese más que en los libros, los cuentos de hadas o las revistas. Pero no en la realidad. O si no, de una forma tan fugaz que resbala como el agua entre los dedos de una mano extrañada de no poder atrapar nada...

La vela se ha consumido y la llamita tiembla sobre una base de cera fundida.

Pronto reinará la oscuridad en el sótano. Zoé tiene miedo. Siente cómo crece un nudo en su vientre, crece y ella intenta borrarlo enterrando las manos.

Gaétan se ha callado. También él debe de sentir el peligro.

El primer día del año. Los dos, solos en el sótano. Dentro de tres días, él se marcha. Y no se verán hasta, hasta...

Hasta dentro de mucho.

Eso pasará esta noche.

El peligro...

Ahora o un poco más tarde.

Eso pasará.

Ya no se atreven a mirarse.

El neón del sótano se enciende y oyen pasos en el pasillo.

Leen en la mirada del otro el mismo miedo.

Oyen los pasos que se acercan, voces de gente que se ha perdido, buscan el aparcamiento, dicen es por aquí, no, es por allí. Después se oye una puerta, la gente se acerca, el neón parpadea y se apaga.

Gaétan vuelca la botella de champaña para verter una última gota. Zoé piensa que es para darse valor, tiene tanto miedo como yo. Lo observa en la oscuridad, una silueta sombría e imprecisa, y tiene la impresión de que es como una pequeña amenaza. Su corazón late a mil por hora. Tiene ganas de decir ven, vamos a subir. No sabe. Tiene el vientre y la mente totalmente trastornados. Su cuerpo late por todas partes. No está segura de poder tenerse en pie.

Gaétan ha extendido el abrigo de Zoé en el suelo, le ha quitado las manoletinas, le ha quitado las medias. Le cuesta desabrocharle el sujetador y Zoé suelta una risa que se detiene en seco. Ya no sabe si debe reír o temblar. Así que ríe y tiembla. Tiembla como una hoja y la mano de él, perdida en su espalda, también tiembla como una hoja. Hace frío en el sótano y ella tiene mucho calor. Dice, muy bajo, es la primera vez... Y él dice lo sé, no te preocupes... con una voz que ha dejado de temblar y entonces le parece muy alto, muy fuerte, muy mayor, mucho mayor que ella y se pregunta si él ya lo habrá hecho. No se atreve a preguntárselo. Tiene ganas de pegarse a él, de entregarse a él y ya no tiene miedo. No le hará daño, ahora lo sabe.

Gaétan se quita las zapatillas, se abre el pantalón, se lo quita levantando las piernas, está a punto de tropezar y ella se ríe.

Se tumba junto a ella y Zoé le dice háblame con esa voz que me tranquiliza...

Él no sabe muy bien lo que quiere decir. Repite lo sé, lo sé, no tengas miedo, estoy aquí... como si existiese otro peligro en el sótano.

Y entonces ella empieza a sentirse muy ligera.

Y entonces todo se vuelve muy fácil. O ella tiene la cabeza en otra parte, o ya no tiene cabeza. Ya sólo están ellos dos y tiene la impresión de que están solos en toda la ciudad. Que el corazón de toda la ciudad ha dejado de latir. Que la noche se ha cerrado para protegerles. Te quiero con locura, dice él con la voz que la tranquiliza, dice también que no va a hacerle daño, te quiero tanto, Zoé... Y esa palabrita, ese Zoé en la noche cuando ella está desnuda contra él, con miedo, y cruza los brazos sobre su pecho, esa palabrita que todo el mundo usa constantemente, Zoé, en el instituto o en casa, esa palabrita se despliega, se vuelve única, se vuelve gigante, la protege y ya no tiene ningún miedo. El mundo entero deja de girar, el mundo entero contiene el aliento y ella contiene el aliento cuando él entra en ella, muy suavemente, muy suavemente, sin forzarla, tomándose todo el tiempo del mundo, y ella se deja abrir y deja de pensar, deja de oír, sólo importa eso, el amor que tienen dentro del cuerpo, el amor que ocupa todo su cuerpo. Ella sólo existe para él, él sólo existe para ella, ambos forman un mapamundi con raíces que viajan por el universo. Giran y giran. No dejan de girar y ella no sabe si volverán a bajar...

Y después...

Se separan, él apoya la cabeza a la izquierda, ella apoya la cabeza a la derecha y se observan, atónitos, aturdidos. Él canturrea la canción de Cabrel, te quiero a morir, te quiero a morir, y ella le besa lentamente, como una mujer sabia.

Ya nunca será la misma. Lo ha hecho.

Suben a acostarse en la gran cama de Zoé.

Gaétan dice no cogemos el ascensor, echamos una carrera por las escaleras, y sale el primero y ella grita que hace trampa, trampa, no la ha esperado para salir. No está segura de poder correr. Tiene piernas de mujer, cuerpo de mujer. Senos de mujer. Siente agujetas y camina con las piernas abiertas. Tiene la impresión de haber crecido de golpe y de que todo el mundo se dará cuenta. Vuelve a pasar la película en su cabeza diciéndose que nunca más, nunca más podrá imaginarse todo aquello. Está triste. Un poco. Y después, ya no está triste porque está contenta de la película. Muy contenta. Se pregunta si Emma tuvo la misma suerte que ella. Y Gertrude, ella lo ha hecho. ¿Y Pauline? Echa a correr por las escaleras. Él se detiene, ella le atrapa, él la hace girar, parece un ballet, se besan en cada piso. Ya no tienen miedo. Ya no tienen miedo. Lo han hecho.

Ella tiene una sonrisa un poco tonta. Él tiene la misma sonrisa tonta. Se apoyan, sin aliento, contra el marco de la puerta de entrada. Dejan caer la cabeza, los brazos, los hombros, se acercan, pegan frente contra frente, labio contra labio...

—No se lo decimos a nadie —dice Gaétan.

—No se lo decimos a nadie. Es nuestro secreto —responde Zoé.

Y siente ganas de decírselo a todo el mundo.

Son las diez de la mañana cuando Gary y Hortense salen de la discoteca Show Case, bajo el puente Alexandre III.

Esperan a Peter y a Rupert que están ligando con la chica del guardarropa. Quieren llevarla con ellos, quieren que encuentre a una amiga para que dos y dos hagan cuatro, y la chica sonríe sin responder borrando con un dedo la sombra de ojos verde que moja el pliegue de sus ojos cansados.

Hortense y Gary esperan acodados en la balaustrada de piedra sobre el Sena. Emiten un mismo suspiro, ¡qué bonito es París! Y se dan un codazo cómplice.

Una luz mortecina, entre amarilla y gris, se refleja en las aguas negras, formando picos y valles, y un velo de bruma flota como una sábana larga.

Pasa un barco, los pasajeros tumbados sobre el puente de proa gritan feliz año levantando una botella hacia ellos, que responden agitando una mano cansina.

—La chica no vendrá —dice Gary.

—¿Y por qué no?

—Porque ha terminado su turno, se cae de sueño, ha guardado toneladas de abrigos, entregado toneladas de recibos, está harta de tipos que están de fiesta y que intentan ligar con ella... Sólo sueña con una cosa, con su cama.

—El señor es psicólogo experto —sonríe Hortense acariciando la manga de Gary.

—El señor observa a las personas. Y el señor tiene muchas ganas de besarla...

Ella parece dudar, se balancea un poco, cierra los ojos y se inclina por encima de la balaustrada que domina el muelle de piedra erosionada. Una sonrisa expande sus labios, una sonrisita dedicada sólo a sí misma.

—*One penny for your thoughts** —dice Gary.

—Estoy pensando en los escaparates. Dentro de veinticuatro horas, sabré...

* «Un penique por tus pensamientos».

—No me jodas.

Peter y Rupert se unen a ellos. Solos. Gary tenía razón, la chica sueña con su cama.

—¿Qué tal, tortolitos? ¿Celebrando el Año Nuevo? —dice Peter limpiando sus gafitas redondas con una bufanda de lana que las llena de pelusas.

—¡No celebramos nada de nada! —dice Gary separándose ostensiblemente de Hortense—. Y yo me vuelvo a casa...

—Espérame —grita Hortense mientras él se aleja, el cuello de su chaquetón subido, las manos hundidas en los bolsillos.

—¿Qué le pasa? —pregunta Peter.

—Piensa que no soy suficientemente romántica...

—Si quería una chica romántica, tenía que haber buscado en otra parte —dice Peter.

Rupert se ríe. Bebe directamente de una botella de whisky que se ha metido en el bolsillo al salir de la discoteca.

—Ayer por la noche, en casa de Jean, jugamos al póquer en Internet y gané una bailarina de striptease —dice Rupert.

—¿Dónde vais a dormir? —pregunta Hortense, renunciando a perseguir a Gary.

—En casa del tío de Jean..., en la calle Lecourbe.

—¿Y quién es Jean?

—Un posible compañero de piso.

—¿Un qué?

—¡Ah! ¿No te lo han dicho? Tenemos que encontrar otro compañero...

—Podríais habérmelo dicho...

—Ya no estamos seguros de poder seguir pagando el alquiler —afirma Peter—. Sam está a punto de perder el trabajo, deja su habitación, vuelve a casa de sus padres. No tiene un céntimo...

—Estamos todos arruinados —añade Rupert—. Todo el mundo se larga en este momento, la City se vacía, los banqueros se convierten en vendedores de patatas fritas en el MacDonald's, es siniestro. Así que hemos venido a París... Nos ha invitado Jean. A casa de su tío.

—Me voy diez días, y aprovecháis para cambiarlo todo...

—No lo hemos decidido todavía, pero lo que es seguro es que Jean es nuestro nuevo amigo... —dicen a coro los dos chicos.

—¿Es francés?

—Sí. Francés y muy digno. Es un chico con un físico algo ingrato, es posible que te cueste tratarle al principio...

—¡Empezamos bien! —dice Hortense bostezando—. ¡Qué aburrimiento!

—... estudia en la LSE, economía y finanzas internacionales, trabaja para pagarse los bocadillos y el alquiler, no te entrarán ganas de seducirle... porque padece un acné invasivo y todos conocemos tu afición por las frentes tersas, las mejillas sonrosadas, los chicos limpios, sanos, ¡apetitosos!

—Tendré que compartir el baño con un tío lleno de granos...

—Todavía no lo hemos decidido, pero nos gusta, eso seguro... —dijo Peter.

Ella protesta por las formas. Sabe muy bien que la vida es cada día más difícil para los chicos; los que trabajan rezan para conservar su empleo, los otros dependen de sus padres que, también, rezan para conservar su empleo.

Y además, no hubiese soportado que eligiesen a una chica.

No le gustan las chicas. Odia las comidas entre amigas, los cotilleos, las confidencias, las sesiones de compras, los celos escondidos tras grandes sonrisas. Con las chicas siempre hay que transigir, avanzar con cuidado, saber manejar determinada sensibilidad o susceptibilidad.

A ella le gusta ir directa al grano. Se gana tiempo yendo directa al grano. Y además, ella no tiene que dar explicaciones a nadie.

—Era eso o aumentar cada uno nuestra contribución, y teniendo en cuenta que los precios suben a ojos vista...

—¿Tan grave es? —pregunta Hortense, escéptica.

—Todo sube. ¡Tesco está carísimo! ¿El Black Currant de Ribena? ¡Carísimo! ¿Las patatas fritas Walkers con vinagre? ¡Carísimas! ¿El dark chocolate de Cadbury? ¡Carísimo! ¿Las deliciosas crackers Carr's? ¡Carísimas! ¿Las asquerosas salchichas de cerdo que tanto nos gustan? ¡Carísimas! ¿La salsa Worcestershire? ¡Carísima! ¡Y el billete de metro ha subido de precio!

—Son momentos duros, mi querida Hortense...

—Me da igual —dice Hortense—, ¡voy a conseguir mis escaparates! Y aunque tuviese que dormir en la acera, me levantaría por la noche para trabajar, quiero que sea un éxito...

—Pero si no lo dudamos, ¡no lo dudamos ni un segundo!

Y con estas palabras, se despiden inclinándose, desgranando una sucesión de adiós, guapa, y peleándose por la botella de whisky.

Atraviesan el puente para dirigirse al piso del tío de Jean. Calle Lecourbe, calle Lecourbe, está a la derecha o a la izquierda...

—Está en Francia —gritan, zigzagueando.

Hortense vuelve a pie. Necesita pensar. Clavando los tacones en el asfalto de París. París que se despereza tras una noche de fiesta... Hay botellas de cerveza y de champaña en los bancos públicos, en las papeleras, al pie de los semáforos. París, bella ciudad dormida, ciudad lánguida, ciudad perezosa, ciudad enamorada. Yo he perdido a mi enamorado. Ha desaparecido en el amanecer gris, con las manos furiosas en los bolsillos de su chaquetón azul... El largo manto de bruma se borra sobre los tejados grises de París. He perdido a mi enamorado, mi enamorado, canturrea saltando por encima de los desagües cubiertos de hielo transparente.

Gary duerme de través en la cama. Completamente vestido.

Hortense deja su móvil bajo la almohada.

Por si Miss Farland adelantara la hora del veredicto...

Por si...

Se tumba a su lado.

No consigue dormir. Se va al día siguiente. Sus próximas veinticuatro horas serán un sueño breve, un sueño que deberá llenar de alegría y belleza. Hacer las paces con él. Encontrar la alegría turbadora del beso frente a Hyde Park, frente a las copas puntiagudas de los árboles de Hyde Park. Un día nos besaremos bajo los árboles de Central Park y las ardillas vendrán a comer en nuestras manos. No son ariscas las ardillas de Central Park. Se acercan por un dólar... Y después de todo, ¿qué es una ardilla? Una rata con un buen responsable de prensa. Nada más. Quítale la cola con penacho y se convierte en una rata peluda. Una rata peluda y asquerosa que se sostiene sobre dos patas. Hortense se ríe sola frotándose la nariz. A unas se las sonríe y a las otras se les pone cara de asco. Así que todo depende de la vestimenta. De las apariencias. Un detalle, un simple detalle y la rata se convierte en ardilla. Los paseantes les lanzan cacahuetes y los niños quieren una en una jaula.

Tiene ganas de despertar a Gary para explicarle la diferencia entre la ardilla y la rata.

¿Y sabes por qué los delfines sólo nadan en agua salada?

¡Porque la pimienta les hace estornudar!

No consigue dormir.

Quiere marcar el año nuevo con un recuerdo ardiente.

Pasa un dedo por el rostro de Gary. Es tan guapo, dormido...; sus largas cejas negras forman una barrera oscura, su boca entreabierta, hinchada de sueño, las mejillas algo blancas, algo rosadas, ese ligero ronquido de hombre que se ha acostado tarde, una barba que rasca su dedo que persiste...

Persiste...

Esta noche, se besarán.

Hoy, pasarán la noche juntos. Su primera noche. Ella sabrá hacerse perdonar.

Él no se le resistirá.

* * *

—Mi querido Chaval, si le he citado en este café el día de Año Nuevo es porque es altamente simbólico...

Chaval estaba erguido, ligeramente ladeado sobre la silla. Escondía bajo la mesa sus manos de uñas roídas. Para dar buena impresión frente a Henriette, se había puesto una chaqueta, una corbata, gomina en el pelo negro azabache, se había cortado las patillas y había pedido una botella de Vittel.

—Debe de estar usted enterado de que el señor Grobz y yo estamos separados...

Chaval asintió con la expresión asustada de un perro que espera el gesto imprevisible de un dueño brutal, y se queda quieto.

—Estamos divorciados, pero yo he obtenido el derecho a conservar su apellido... Me llamo pues Grobz, como él. Henriette Grobz. ¿Me sigue? Marcel Grobz, Henriette Grobz... Marcel, Henriette...

Le hablaba como a un niño un poco retrasado. Insistía, subrayaba. Chaval pensó que le recordaba a su maestra de escuela.

—Yo firmo mis cartas con una H... que puede parecerse mucho a una M... H, M, H, M...

Y Chaval se puso a pensar en los saqueos de Hortense en H&M.

Entraba en la tienda, lanzaba una bonita mano ávida sobre las hileras de túnicas, de chaquetillas, de vestidos, de bufandas, de vaqueros, de abrigos, hacía tintinear las perchas, tin-tan-tin-tan, descolgaba, apilaba, descolgaba, apilaba, se metía en un probador, se probaba, lanzaba un brazo hacia la vendedora para reclamar otra talla, otro color, otro modelo, volvía a salir, las mejillas ardientes, el mechón revuelto y arrastraba su botín hasta la caja. Chaval presentaba su tarjeta de crédito, pagaba. Llevaba las bolsas hasta el coche. Bastaba con que Hortense expresara el menor deseo para que éste fuera inmediatamente saciado. No pedía a cambio más que el derecho a acariciar el cuerpo deseado con locura o, cuando ella estaba de un humor generoso, entrar por el estrecho pasaje que llevaba hasta la felicidad.

—H&M... —repitió, soñador, despellejándose los dedos bajo la mesa.

—¡Chaval! —tronó la envarada anciana golpeando su vaso con la larga cuchara que le servía para remover el azúcar de su zumo de limón—. ¿Dónde está usted?

—Pues con usted, señora, con usted...

—¡No me mienta! ¡Detesto la palabrería! Está usted pensando en ella, ¿verdad?

—No, intentaba comprender H y M.

—Pero si está claro como el agua, mi pobre muchacho.

Lanzó una mirada exasperada al hombre sentado frente a ella. Delgado como el canto de un céntimo. Llevaba vaqueros negros, una chaqueta que parecía recién salida de la tintorería, botas camperas usadas, y su rostro, afilado como una espada, parecía casi transparente de tan poca vida que le quedaba. Un pálido figurante castrado. ¿Qué podría hacer con un socio tan insulso? Alejando esos oscuros pensamientos, prosiguió con firmeza:

—Si uno firma con una H o con una M, ambas pueden confundirse... Por lo tanto, yo puedo hacer pedidos a nombre de Casamia totalmente creíbles, que serán firmados por Marcel Grobz, facturados a Marcel Grobz y cargados a su cuenta, y después desviarlos y hacer que los entreguen en un almacén donde las mercancías se revenderán a bajo precio, a centrales de compra poco escrupulosas que no verán más que el cebo de la ganancia y se lanzarán sobre la ocasión. Y es ahí donde interviene usted. Usted me pone en contacto con esas centrales. Usted conoce a los compradores, conoce los precios, los márgenes, las cantidades que hay que pedir, usted se ocupa de todo el aspecto comercial, yo pongo en marcha la organización, la administración...

—¡Pero eso es completamente deshonesto, señora Grobz! —exclamó Chaval, que vislumbraba de pronto la enormidad de la estafa.

—¡No es deshonesto, recupero lo que me pertenece! He sido expoliada, Chaval. Expoliada... Yo debía heredar la mitad del negocio y no he obtenido nada. Nada.

Y chasqueó la uña del pulgar entre los dientes para indicar la inmensidad del expolio.

—¿Le parece eso honesto?

—Escuche..., lo que pasó entre su marido y usted no me concierne... No tengo nada que ver con esa historia. He estado a punto de acabar en la cárcel por haber manipulado documentos y haber hecho malabarismos con la contabilidad... La suerte ha sido clemente conmigo. Pero si me pillan por segunda vez, acabo entre barrotes y durante una buena temporada...

—¿Aunque saque un buen provecho de ello y yo le recompense generosamente? Yo asumo todos los gastos, todos los riesgos, alquilo el almacén, firmo los pedidos, usted no aparece en ningún libro de cuentas, en ningún correo, en nada... Usted me sirve sólo de fachada. ¡Está bien pagado por no ser más que un decorado!

—Pero, señora, este mundo es muy pequeño, ¡se sabrá enseguida! Nos van a coger como a unos pardillos.

Henriette constató que él acababa de comprometerse. Había dicho «nos van a coger». Así pues, concluyó pavoneándose bajo su gran sombrero, no está en contra de la idea de conspirar. Sólo en contra de la idea de acabar en la cárcel. Lo cual demuestra que le quedan aún algunas neuronas que funcionan. El hombre no estaba tan disminuido como parecía. Estaba recuperando el apetito.

Se quedó pensativa un instante. Él no se equivocaba. El mundo de la decoración del hogar era un universo limitado, los localizarían pronto. Salvo si lo hiciesen con cantidades pequeñas. Y quien dice «cantidades pequeñas» dice pequeños beneficios. De eso ni hablar. Debía pues encontrar otro medio para arruinar a Grobz padre. Removió su limonada frunciendo el ceño.

—¿Tiene usted otra propuesta? —preguntó sin dejar de mirar el vaso.

—No —dijo Chaval, que temblaba ante la idea de la cárcel—. A decir verdad, antes de que usted me llamase, había borrado todo proyecto para hacer fortuna... Aparte de la lotería, claro.

—¡Ufff! —dijo Henriette encogiéndose de hombros—. Ésa es una ocupación propia de larvas humanas... De hecho, son siempre las larvas las que ganan, ¡nunca la gente próspera ni los universitarios!

—Porque la justicia existe —murmuró Chaval—. La lotería consuela a los oprimidos.

—¡Moral en la lotería! —protestó Henriette—. ¡Qué absurdo! ¡No diga usted tonterías! ¡Está buscando excusas a su pereza!

—Es lo único que me queda —se excusó Chaval, con los hombros gachos.

—¡Tiene usted realmente poca ambición y poco nervio! Le creía más astuto... Había puesto muchas esperanzas en usted. Antes era emprendedor y astuto...

—Cuando le digo que ella me trituró, me destrozó...

—¡Pero deje de hablar de usted en pasado! Véase a sí mismo, por el contrario, como un hombre fuerte, poderoso, rico. No es usted feo, puede tener cierto brillo en la mirada, cierta presencia. Tiene una oportunidad para que ella vuelva. Si no es por amor, será por interés y, entre esas dos cosas, apenas hay diferencia y el resultado es idéntico.

Chaval la miró lleno de esperanza insensata, de una esperanza que había guardado durante mucho tiempo en el departamento de objetos perdidos.

—¿Cree usted que si me hago muy rico, ella volvería conmigo?

Porque prefería seguir sufriendo por ella que vegetar sin la menor esperanza de volver a sufrir.

—No tengo ni idea, pero estoy segura de que reconsideraría el asunto. Un hombre rico es forzosamente un hombre seductor. Eso es indiscutible. Como que la nariz está en medio de la cara. Así funciona el mundo desde la noche de los tiempos... Piense usted en Cleopatra. Sólo amó a hombres poderosos, hombres que le ofrecían tierras y mares, hombres dispuestos a matar por ella, qué digo matar: masacrar. ¡No se rodeó de blandengues! ¡Hortense se parece más a Cleopatra que a Isolda o Julieta!

Chaval no se atrevió a preguntar quiénes eran esas dos, pero retuvo la comparación con Cleopatra. Una noche había visto una película con su madre mientras bebían una infusión de tomillo, porque tenían los dos algo de fiebre. Cleopatra tenía los ojos violeta de Elizabeth Taylor y un pecho abundante y palpitante. Él ya no sabía qué mirar: si los ojos violeta, turbadores, imperiosos o las protuberancias lechosas que subían y bajaban en la pantalla. Había ido a masturbarse al baño.

—¿Y qué debería hacer para ser rico? —preguntó incorporándose, animado por los voluptuosos senos de Cleopatra.

—Que entre los dos ideemos un plan y que sea seguro... Después, gracias a su conocimiento de la empresa y a mi imaginación, nos llenamos los bolsillos. ¡Yo no tendré escrúpulos! Me lanzaré...

—Si pudiese volver a ser mía... Introducirme una vez más en esa caverna húmeda y cálida...

—¡Chaval! —gritó Henriette golpeando la mesa—. ¡No quiero volver a oírle hablar de mi nieta de esa forma! ¿Lo ha entendido? O le denuncio a la brigada antivicio. Al fin y al cabo, lo ha reconocido usted mismo, ha tenido relaciones con una chiquilla que no había cumplido dieciséis años... Eso le lleva derechito a la cárcel. ¿Y sabe usted lo que hacen en la cárcel a los violadores de niñas?

Chaval la miró fijamente, aterrado, los hombros sacudidos por un temblor involuntario.

—¡Oh, no!, señora..., eso no, eso no...

—Entonces me encuentra una idea, una idea brillante para desvalijar a Marcel Grobz. Tiene una semana. ¡Ni un día más! Dentro de ocho días nos encontraremos en la capilla de la Virgen María de la iglesia de Saint-Étienne, cada uno en su reclinatorio, y me contará su plan... En caso contrario, ¡irá a la cárcel!

A Chaval le temblaban ahora todos los miembros. ¡De qué no sería capaz esta vieja! Podía leer en su rostro una determinación de bestia feroz dispuesta a comerse a su hijo para no morir de hambre.

—Sí, señora...

—¡Ahora lárguese! ¡Y ponga en marcha las meninges! Con el tiempo que llevan en barbecho, ya han descansado bastante... Hala, vamos.

Chaval se levantó. Murmuró adiós, señora, y se retiró deslizándose hacia la salida como un preso fugado que no quiere hacerse notar.

—¡Camarero! La cuenta —ordenó Henriette con voz enérgica, sacando el monedero para pagar las consumiciones.

Le quedaban las monedas sisadas de los cepillos de la iglesia. Las cerraduras estaban rotas. Podía forzarlas y volverlas a cerrar con la misma facilidad. Visto y no visto. Bastaba con pasar antes que el párroco. Triste colecta, se dijo contando los céntimos, los parroquianos se han vuelto rácanos. O el párroco se ha dado cuenta y vacía los cepillos con más frecuencia. Pobre Jesús, pobre Virgen María, ¡pobre Saint-Étienne! El fervor religioso no es el que era y vosotros lo pagáis...

Y se puso a criticar una época en la que ya no se respetaba ni a las mujeres solas ni a los clérigos con pocos recursos. Y después uno se extraña de que las almas puras caigan en el crimen, si no es más que justicia, se dijo, sólo justicia...

* * *

En la tarde de Año Nuevo, en casa de los Cortès, cada uno interpretaba su papel de persona feliz. Gesticulaba, gritaba, intentaba disimular los tormentos de su corazón con una expresión jovial, una risa forzada, pero cada uno sentía también los límites de esa alegría artificial.

Aquello parecía un baile de máscaras para convalecientes.

Joséphine hablaba hasta aturdirse para no pensar en el reloj de Dottie sobre la mesita de noche; recalentaba un conejo con mostaza y le daba vueltas lentamente con una cuchara de madera contando nimiedades... Reía sin ganas, hablaba sin ganas, derramaba una botella de leche, se llevaba a la boca un poco de mantequilla, metía una loncha de salchichón en la tostadora.

Zoé andaba con las piernas separadas. Gaétan apoyaba un brazo sobre sus hombros con gesto de propietario confiado. Hortense y Gary se medían, se acercaban, tenían un encontronazo y se alejaban gruñendo. Shirley observaba a su hijo y pensaba que estaba empujándola suavemente hacia una capitulación forzosa del corazón y los sentidos. ¿Es eso amar a un hijo por encima de todo?, se preguntaba. ¿Y por qué yo tengo la impresión de renunciar a mi último amor? Mi vida no ha acabado todavía...

Sólo Du Guesclin, animado, iba de un lado a otro en busca de una caricia, un poco de salsa sobre un trozo de pan o un trozo de azúcar olvidado sobre la mesa. Se contoneaba sobre sus gruesas patas cuadradas como un perro impaciente que busca la recompensa, con hilos de baba colgando del morro.

Cada uno pensaba en sí mismo simulando interesarse por los demás.

Se va pasado mañana y no le volveré a ver en mucho tiempo, se atormentaba Zoé, ¿me querrá tanto como antes? ¿Y si estuviese embarazada?

¡Ya está!, pensaba exultante Gaétan, lo he hecho, lo he hecho, soy un hombre, ¡un hombre de verdad! La quiero y ella me quiere, me quiere y la quiero.

Esta noche, será esta noche, gruñía Hortense pasando la mano por el cuello de Gary, haré como que me voy a acostar en el cuarto de Zoé e iré con él, me deslizaré junto a él, le besaré, giraré siete veces mi lengua en su boca, y será delicioso, delicioso...

Ella cree que va a conseguirme así, pero no, nada de eso, demasiado fácil, mascullaba Gary volviendo a servirse pasta fresca y conejo con mostaza, ¿puedes pasarme una rebanada de pan o es demasiado pedir?, le decía a Hortense que le tendía un trozo de baguette con una enorme sonrisa confiada...

¿Cómo podré hacerle comprender que no podemos volver a vernos?, reflexionaba Shirley, que no podemos volver a vernos nunca más... No debo confesarle la verdadera razón, la barrería de un manotazo afirmando que eso no es un drama, que Gary es mayor, que debe comprender que su madre tiene derecho a una vida privada... No le estás haciendo un favor, le haces creer que es todopoderoso, debe aprender a enfrentarse con la realidad. Debéis distanciaros un poco más los dos, habéis vivido demasiado tiempo en ósmosis. Se sabía su discurso de antemano, podía escribirlo, y no tenía argumentos para contradecirle, simplemente que no quería hacer daño a su hijo. Siempre será mi niño... *Bullshit!*,* respondería él, exasperado, hundido en su cazadora roja, *bullshit!*, discutirían y se separarían enfadados. Y yo no tendré el valor de seguir enfadada, intentaré volver a explicárselo y caeré en sus brazos... Mejor huir, no decir nada o fingir que me he encontrado con un antiguo novio en París.

¿Y si Shirley estaba equivocada?, pensaba Joséphine. ¿Y si Dottie vivía de verdad en casa de Philippe? Si, cada noche, dejaba su reloj en su mesilla antes de que él la estrechara en sus brazos... Nunca ha dejado de ver a Dottie. Ella

* «¡Gilipolleces!».

es joven, alegre, grácil, dulce; él ya no soporta vivir solo. Dicen que a los hombres no les gusta la soledad mientras que las mujeres la aguantan. Y además, a él le gusta dormir con ella, está acostumbrado, cada uno tiene su lado en la cama...

Cada cual proseguía con su monólogo interior mientras chupaban un hueso de conejo con mostaza, cortaban un trozo de queso de cabra o de brie, cogían una porción de la tarta de limón que había hecho Zoé, quitaban la mesa, llenaban el lavavajillas, se desperezaban, bostezaban, se declaraban cansados, agotados y se retiraban a sus habitaciones sin dilación.

Hortense se desmaquilló, se cepilló el pelo cien veces con la cabeza gacha, hizo crepitar sus mechones caoba, se puso una gota de perfume detrás de cada oreja, su camiseta para dormir, saltó por encima del colchón donde estaba tumbado Gaétan. Él estaba leyendo un cómic del *Tío Gilito* y se reía contando cómo el tío Gilito timaba a Donald y le hacía trabajar sin pagarle un duro. ¡Qué simpático es el viejo Donald! Se deja explotar sin decir nada... Y Gilito, parece un tiburón del CAC 40... Nunca tiene bastante, siempre quiere más dinero, más dinero.

Zoé, con las sábanas hasta el mentón, se preguntaba cómo sugerir a Hortense que les dejase solos en su última noche juntos. Hacerle entender que estaría bien que durmiera en otra parte. En el salón, por ejemplo... O que se fuese a trabajar sus escaparates a la cocina. A ella le encanta trabajar de noche, en la cocina. Podría pedírselo directamente o apelar a sus sentimientos. O hablarle de solidaridad femenina. No, con Hortense, la solidaridad no funciona. Cavilaba, cavilaba, hacía girar los tobillos bajo las sábanas para encontrar una frase que abriese el corazón de Hortense cuando ésta saltó sobre la cama y propuso:

—Apagamos, esperamos a que mamá y Shirley estén dormidas y yo me largo con Gary... ¡Ni una palabra a las viejas! ¡Empezarían a burlarse y no me apetece nada de nada!

—Vale —murmuró Zoé, aliviada—. No diré nada...

—¡Gracias, hermanita! ¡Pero tú te portas bien! ¡No quiero ser responsable de un enano dentro de nueve meses!

—Sin problemas —respondió Zoé enrojeciendo completamente.

—Confío en ti, ¿pataplum?

—Pataplum... —repitió Zoé.

Y esperaron a que la luz se apagase en el cuarto de Joséphine y Shirley. Esperaron a escuchar el ligero ronquido de Joséphine, y después el de Shirley, más potente, ajá, constató Hortense, las viejas han empinado el codo demasiado, ¡hacen un ruido de ventilador industrial! Zoé soltó una risita nerviosa. Tenía los pies fríos y las manos ardiendo. Hortense se levantó, cogió su móvil y salió de la habitación de puntillas.

—Que duermas bien, Zoétounette, ¡y en la mayor de las castidades!

—¡Te lo prometo! —silbó Zoé cruzando los dedos bajo las sábanas para hacerse perdonar su mentira.

Gaétan saltó a tumbarse junto a ella.

—¡Toda una noche en una gran cama de verdad! —exclamó exultante estrechándola contra él—. ¡Vaya lujo!

Y posó una mano suave sobre los senos de Zoé, que gimió...

La ciudad entera iba a contener el aliento, una noche más...

Gary leía un viejo cómic de Quique y Flupi, con el torso desnudo, sobre la cama. Los cascos del iPod encastrados en los oídos. La vio entrar en la habitación y levantó una ceja extrañado.

—¿Buscas algo? —preguntó sin levantar la vista del cómic.

—Sí. A ti.

—¿Tienes algo que pedirme?

—No exactamente.

Se metió en la cama por el lado opuesto al que estaba él y se cubrió con la sábana.

—Ahora, si quieres, dormimos...

—Yo duermo solo.

—Bueno, entonces... no dormimos.

—Vuelve a tu cuarto, Hortense.

—Estoy en mi cuarto...

—No juegues con las palabras, sabes muy bien lo que quiero decir...

—Tengo ganas de besarte...

—¡Yo no!

—¡Mentiroso! Tengo ganas de seguir con ese delicioso beso junto a Hyde Park. ¿Te acuerdas? La noche que me dejaste plantada en la calle...

—Hortense, deberías saber que el deseo no funciona por decreto... Una no entra en el cuarto de un chico en plan comando y le ordena que la bese.

—¿Querías que llamase antes de entrar?

Gary se encogió de hombros y volvió a su lectura.

—Sabes que te mueres de ganas, como yo me muero de ganas... —añadió Hortense sin desanimarse.

—¡Ah! Porque tú te mueres de ganas..., vuelve a decírmelo. No me canso de oírtelo decir... La señorita Hortense le tiene ganas a usted, ¡le ruego que se la tire inmediatamente!

—Qué vulgar eres, querido.

—¡Y tú demasiado autoritaria!

—Me muero de ganas de besarte, de abrazarme contra ti, de besarte por todas partes, por todas partes..., de morderte, de lamerte...

—¿Con el móvil en la mano? ¡No será muy práctico! —declaró, burlón, intentando borrar con una sonrisa sarcástica el principio de deseo que empezaba a nacer en su interior.

Hortense se dio cuenta de que tenía el móvil en la mano y lo metió debajo de la almohada.

—Me niego a dormir con un móvil —repitió Gary, recuperando el juicio.

—Pero Gary..., ¡y si llama Miss Farland! —protestó Hortense agarrando su móvil.

—Me niego a dormir con un móvil... ¡Punto final!

Siguió leyendo Quique y Flupi, declaró que era un cómic formidable y ¿por qué ha caído en el olvido? ¡Es aún mejor que Tintín! ¡Dos héroes por el precio de uno! ¡Y qué armonía, qué encantadora eficacia! Un poco anticuado, quizás, pero las chicas, en aquellos tiempos, no se levantaban la falda delante de los chicos. Sabían contenerse... Otros tiempos, otras costumbres, suspiró, nostálgico. No me gustan las mujeres soldado. Me gustan las mujeres femeninas y dulces que dejan al hombre llevar las riendas con mano firme, que apoyan su cabeza en el hombro y se rinden en silencio.

—¿Sabes qué es la ternura, Hortense?

Hortense se retorció en la cama. Ésa era la clase de palabra que no lograba entender. Había estado a punto de conseguirlo. ¡Fácilmente, además! Y ahora él la devolvía a la casilla de salida. La casilla «buena amiga de toda la vida».

Deslizó un pie terso y suave entre las piernas de Gary, un pie de embajador que pide perdón por tanta audacia, y murmuró: me da igual, abdico, tengo demasiadas ganas de besarte... Me muero de ganas, Gary, si quieres seré mojigata, discreta, sumisa, dulce como una virgen asustada...

Él sonrió ante la imagen y le pidió que siguiese. Quería ver hasta dónde consentiría rebajarse.

Ella calló, reflexionó, se dijo que las palabras no bastarían y utilizó su vieja sabiduría amorosa, la que volvía locos a los hombres.

Y desapareció bajo las sábanas.

Entonces cambió el tono.

Él ya no se negaba a acostarse con ella, ponía una condición.

Ella salió a la superficie y escuchó.

—Te olvidas del móvil... —dijo Gary.

—No puedes pedirme eso. Eso es chantaje. Es demasiado importante para mí, lo sabes muy bien.

—Te conozco muy bien, quieres decir.

El objeto de la polémica se desplazó. Pasó de la hipotética noche de amor a la presencia del teléfono en la cama.

—Gary —suplicó Hortense hundiéndole una rodilla entre los muslos.

—¡No quiero a tres en la cama! ¡Y sobre todo no me acuesto con Miss Farland!

—Pero... —protestó Hortense—. Pero si, cuando llame, no lo oigo...

—Volverá a llamar.

—¡Eso ni hablar!

—Entonces te vas de este cuarto y me dejas con Quique y Flupi...

Parecía serio. Hortense reflexionó rápidamente.

—Lo dejo aquí, en la silla...

Gary echó un vistazo a la silla donde había hecho una bola con los vaqueros, la camiseta y el jersey. Demasiado cerca esa silla, se dijo. Lo veré brillar en la noche y no pensaré más que en Miss Farland.

—Y lo apagas —añadió.

—No.

—Pues te vas.

—Lo dejo sobre la mesa, un poco más lejos... Así no lo verás.

Arrancó el cómic de las manos de Gary, lo tiró al suelo, se pegó contra su torso desnudo, ¿siempre duermes desnudo? Le acarició los hombros, la boca, el cuello con pequeños besos, apoyó la cabeza en su vientre...

—¡El móvil allí! —dijo Gary señalando la mesa con el dedo.

Hortense gruñó, se levantó, fue a dejar el teléfono sobre la mesa. Verificó que tenía suficiente batería, verificó que sonaba bien, subió el volumen. Lo dejó delicadamente cerca del borde, para que estuviese lo más cerca posible de la cama, y volvió a acostarse.

Se tumbó sobre Gary, cerró los ojos, susurró ¡oh, Gary! Por favor... Hagamos las paces. Te deseo tanto...

Deslizó la boca por su cuerpo...

Y él no dijo nada más.

Fue una noche de amor como una sinfonía.

Ya no eran sólo un hombre y una mujer que se amaban, sino todos los hombres y todas las mujeres de todos los tiempos, de toda la tierra, decidiendo agotar la voluptuosidad. Como si esos dos hubiesen esperado demasiado tiempo, imaginado demasiado a menudo, y se ofreciesen, por fin, un ballet de todos los sentidos.

El beso de uno llamaba al beso del otro. Salía de la boca de Gary para llenar la boca de Hortense que lo aspiraba, lo probaba, inventaba otro beso, después otro y otro y Gary, asombrado, desarmado, fortalecido, respondía encendiendo otro fuego con otro beso. Un coro de duendes que los arrastraban, los enardecían. Hortense, deslumbrada, olvidaba todas sus estrategias, sus trampas para atrapar al hombre por el cuello, y se dejaba llevar por el placer. Susurraban, sonreían, se enredaban, mezclaban sus cuerpos, empuñaban el pelo del otro para aspirar un poco de aire, hundiéndose de nuevo, se retomaban, se desprendían, suspiraban, volvían a los labios deseados, los probaban de nuevo, reían, maravillados, hundían los dientes en la carne tierna, mordían, gruñían, volvían a morder, y después retrocedían para desafiarse de nuevo y afrontar el siguiente asalto. No sólo se abrazaban, se incitaban, se azuzaban, se lanzaban pavesas y llamas, respondían en canon, se separaban, se volvían a juntar, se debilitaban, escapaban, volvían a juntarse. Silencios y suspiros, brasas y besos, llamas y estremecimientos. Cada beso era distinto como una nota suelta, cada beso abría una puerta sobre una nueva voluptuosidad.

Hortense se retorcía, perdía la cabeza, perdía el equilibrio, ya no controlaba nada, repetía ¿así que es eso? Otra vez, otra vez, ¡oh, Gary! Si supieras..., y él contestaba espera, espera, es tan bueno esperar y ni él podía esperar... Entonces le pellizcaba el seno, primero con ternura, como si la amase con un amor respetuoso y tembloroso, casi religioso, y después con más violencia, como si fuese a tomarla con un solo golpe de cadera, con un solo mandoble, y ella se tensaba contra él, protestaba diciendo me haces daño, y él paraba, preguntaba con seriedad, casi frialdad, ¿me paro, me paro? Y ella gritaba ¡oh, no!, ¡oh, no! Es que no sabía, no sabía, y continuaba con sus escalas sobre el largo cuerpo arremolinado contra él como una serpiente y que recorría con los dedos, sobre el que interpretaba todas las notas, todos los acordes, todas las variaciones y la música montaba en él, cantaba paseando su boca, sus manos sobre ella hasta que se rindió y suplicó tómame ahora, ahora, inmediatamente...

Él se soltaba, caía a un lado, la observaba y decía simplemente no, mi bella Hortense, demasiado fácil, demasiado fácil... Hay que prolongar el placer, si no se desvanece y es demasiado triste. Ella le golpeaba con las caderas, intentaba atraparle con el lazo de su cintura, no, no, decía Gary volviendo a sus escalas, do, re, mi, fa, sol, la, si, do, paseando los labios sobre sus labios, mojándolos, separándolos con su lengua, mordisqueándolos, deslizando palabras y órdenes, y ella olvidaba todo...

Su cabeza iba a estallar. Sentía ganas de gritar, pero él le tapaba la boca y ordenaba: cállate. Y el tono de su voz, ese tono duro, casi impersonal, hacía que se retorciese más y olvidaba todas las viejas recetas que conocía, las que volvían locos a los hombres, les desencajaban el rostro, les cortaban las ganas de resistirse, y caían, prisioneros, en sus redes.

Se convertía en novicia. Pura y temblorosa. Se convertía en rehén. Atada de pies y manos. Una vocecita en su cabeza repetía atención, peligro, atención, peligro, vas a perderte en esos brazos, ella la hacía callar hundiendo sus uñas en el cuello de Gary, prefería morir antes de no sentir ese escalofrío que llevaba directamente al cielo o al infierno, ¡qué importa! Pero es ahí donde quiero estar, en sus brazos, en sus brazos...

Y él volvía a rechazarla...

Él se convertía en *imperator* y tierno. Extendía su reino, ampliaba sus fronteras, enviaba a sus ejércitos a invadir el más mínimo centímetro de piel, se erigía en maestro, después volvía a su boca que rozaba, devoraba, decoraba con nuevos besos... ¿Así que era eso, así que era eso?, no paraba ella de repetir entre dos olas de placer.

Atados de brazos. En cuerpo y alma. Hasta perder la cabeza.

Rozarse para encadenarse. Cerrar los ojos bajo un ardor que quema. Devorarse como enloquecidos, fanáticos, rabiosos y dejarse flotar, ebrios de felicidad, en una bruma de placer, rozándose las yemas de los dedos que buscaban atrapar la orilla...

Así que era eso... Así que era eso...

Y la noche no había hecho más que empezar.

A las cuatro de la mañana, Joséphine tuvo sed y se levantó.

En el pasillo, oyó ruidos de cama que chirría, ruidos de suave lucha, gemidos, suspiros procedentes de la habitación de Hortense.

Se quedó inmóvil en su largo camisón de algodón blanco. Se estremeció...

Hortense y Gary...

Abrió la puerta de la habitación de Zoé, sin hacer ruido, despacio...

Zoé y Gaétan dormían, desnudos, abrazados.

El brazo desnudo de Gaétan sobre el hombro desnudo de Zoé...

La sonrisa satisfecha, feliz, de Zoé.

Una sonrisa de mujer...

—Esta vez está claro, estoy completamente desbordada —dijo Joséphine a Shirley al volver a acostarse.

Shirley se frotó los ojos y la miró.

—¿Qué haces? ¿Estás de pie en plena noche?

—Debo decirte que tu hijo y mi hija están retozando y que no parecen estar pasándolo mal.

—Por fin... —suspiró Shirley amasando su almohada para que recuperase la forma redondeada—. ¡Con el tiempo que hace que llevan pidiéndolo los dos!

—Y que Zoé y Gaétan duermen el sueño de dos justos y que en mi opinión han fornicado...

—¿Eh? ¿Zoé también?

—¿Eso es todo lo que tienes que decir?

—Escucha, Jo, así es la vida... Ella le quiere, él la quiere. ¡Alégrate!

—¡Tiene quince años! ¡Es demasiado pronto!

—Sí, pero ella tiene a Gaétan en la cabeza desde hace mucho tiempo. Tenía que pasar...

—Habrían podido esperar... ¿Qué le voy a decir? ¿Debo decir algo o finjo que no sé nada?

—Déjalo estar. Si tiene ganas de contártelo, te lo contará...

—¡Ojalá no se quede embarazada!

—¡Ojalá que haya ido todo bien! Él parece demasiado joven para ser el amante perfecto...

—Ya no me acuerdo de cuándo le llegó la amapola...

—¿Y eso qué es? —preguntó Shirley, que había encontrado finalmente la buena forma para su almohada y apoyaba en ella la mejilla.

—Es Zoé la que usa esa palabra. En lugar de decir que le ha venido la regla dice que ha llegado su «amapola». Encantador, ¿no?

—Muy poético..., el arte de transformar una cosa no demasiado agradable en palabrería decorativa.

Joséphine volvió a reflexionar, cruzó los brazos y dejó caer, fúnebre:

—¡Vaya pinta de espabiladas que tenemos las dos en nuestra cama!

—¡Dos monjitas arrugadas! Vas a tener que acostumbrarte, amiga mía, estamos dando el relevo del deseo a nuestra progenitura, nos hacemos viejas, ¡nos hacemos viejas!

Joséphine meditaba. Vieja, vieja, vieja. Había dado una conferencia sobre los orígenes de la palabra «viejo». En la Universidad de Lyon 2-Lumière. Primer uso de «viejo» en la *Vida de san Alejo*, después en *El cantar de Roldán* en 1080. Del latín *vetus*, después *vetulus*, del francés antiguo *viez*, que se correspondía con las nociones de «antiguo» en el sentido de «que se bonifica con la edad, veterano, experimentado», pero también con el de «usado». Significado que surgió en el siglo doce. «Alterado, fuera de uso, caduco». ¿A partir de qué edad se vuelve uno caduco? ¿Hay una fecha oficial, como con los yogures? ¿Quién lo decide? ¿La mirada de los demás, calificándote de manzana arrugada, o el deseo que huye tocando retirada? «Verde vejez», aseguraba Rabelais, un vividor. «Vejestorio», decía Corneille evocando a Don Diego, incapaz de defender su honor. En el siglo doce, uno era un vejestorio con cuarenta años. Envejecer. Curiosa palabra.

—¿Crees que él duerme con Dottie esta noche?

Dottie no es vieja. Dottie no es vetusta. Dottie es un yogur que no ha caducado.

—¡Déjalo, Jo! Te digo que Dottie está durmiendo en su casa y que Philippe languidece en la suya... Está pensando en ti y palpa su gran cama vacía. Como él. ¡Lívida!

Shirley le dio un trompazo a Joséphine y le dio un ataque de risa. Después gruñó: había deformado la almohada.

Joséphine no sonrió.

—No creo que esté triste. No creo que duerma en una gran cama vacía. Duerme con ella y me ha olvidado...

Philippe se despertó y liberó el brazo, entumecido bajo el peso del cuerpo de Dottie.

Primera noche del año.

Una luz azulada se filtraba a través de las cortinas de la habitación, alumbrando el cuarto con un halo frío. La víspera, Dottie había derramado su bolso sobre la cómoda. Buscaba su mechero. Fumaba cuando tenía un nudo en el alma. Fumaba cada vez más. Dottie volvió a estrecharse contra él. Aspiró el olor a tabaco en su pelo, un olor frío y acre que le hizo volver la cabeza.

Ella abrió un ojo y preguntó:

—¿No duermes? ¿Algo va mal?

Él le acarició el pelo para que volviese a dormir.

—No, no, todo va bien... Sólo tengo sed.

—¿Quieres que vaya a buscarte un vaso de agua?

—¡No! —protestó, molesto—, ya soy lo bastante mayor para ir a buscarlo yo solo. Vuelve a dormirte...

—No lo decía por eso...

—Vuelve a dormirte.

Y conservó los ojos abiertos.

Joséphine. ¿Qué hacía Joséphine en este momento?

A las cuatro cincuenta de la mañana...

A las doce y media, el teléfono de Hortense se puso a sonar. Una canción de Massive Attack, *Tear Drop*...

Apartó el pelo enredado, hizo una mueca, se preguntó quién podría ser tan pronto, apenas acababan de dormirse. Su rostro se arrugó de placer percibiendo a Gary, cuyo brazo le abrazaba el vientre, volvió a hundir la cabeza en la almohada, no quería oír... Dormir, dormir, volver a dormirse... Recordar el placer inaudito de la víspera, pasear sus dedos sobre la piel de su amante. Mi amante, mi amante magnífico. Se incorporó bruscamente, recordó cuando él había por fin, por fin... Eso es, ¡eso es lo que hace girar el mundo! ¡Y he vivido veinte años sin saberlo! ¡Pero va a cambiar, va a cambiar! El hombre que la había arrastrado hasta el fondo de las tinieblas era ese hombre dormido que ella creía conocer desde hacía tanto tiempo.

Aquí estoy, emocionada como un polluelo recién salido del cascarón.

El teléfono insistía, miró la hora en la esfera cuadrante de su reloj Mickey, el que le había regalado su padre cuando había cumplido ocho años... ¡Las doce y media!

Se incorporó de golpe en la cama. Las doce y media en París, ¡once y media en Londres! ¡Miss Farland!

Se abalanzó sobre el teléfono.

Murmuró en voz baja «¿diga?, ¿diga?», poniéndose la camiseta, con cuidado de no despertar a Gary.

Salió de la habitación de puntillas.

—¿Hortense Cortès? —ladró la voz por teléfono.

—*Yes...* —susurró Hortense.

—*Paula Farland on the phone. You're in! You are the one! You won!**

Hortense se derrumbó sobre los talones en el pasillo. ¡Ganado! ¡Había ganado!

—*Are you sure?*** —preguntó tragando saliva, con un nudo en la garganta.

—*I want to see you at my office today, five o'clock sharp!****

¿A las cinco en punto en su despacho en Londres?

Eran las doce y media en París. Tenía apenas tiempo de hacer la maleta, saltar al Eurostar, escalar hasta el octavo piso del edificio de Bond Street, hacer un corte de mangas a la secretaria, abrir la puerta y, redoble de tambor, *Here, I am!*****

—*OK, Miss Farland, five o'clock in your office!******

—*Call me Paula!*******

Corrió hasta la cocina.

---

* «Paula Farland al teléfono. ¡Lo ha conseguido! ¡Es usted la elegida! ¡Ha ganado!».

** «¿Está usted segura?».

*** «Quiero verla en mi oficina hoy, ¡a las cinco en punto!».

**** «¡Aquí estoy!».

***** «De acuerdo, Miss Farland, ¡a las cinco en punto en su despacho!».

****** «¡Llámame Paula!».

Shirley y Joséphine estaban pelando zanahorias, puerros, apio, nabos y patatas para hacer un potaje de verduras. Shirley explicaba a Joséphine que las patatas alargadas y gruesas eran deliciosas para comerlas con mantequilla salada, mientras que las cortas y redondas servían más bien para freír o para puré.

—Buenos días, cariño —dijo Jo, inspeccionando a su hija de pies a cabeza—. ¿Has dormido bien?

—¡Mamá! ¡Mamá! ¡He conseguido mis escaparates! ¡Los he conseguido! ¡Miss Farland acaba de telefonearme, me marcho! ¡Tengo cita con ella a las cinco en su despacho en Londres! Súper, genial, extraguay, *megatrendy, over droopy youpi youpos, I'm the big boss!*

—¿Te vas a Londres? —repitieron, estupefactas, Shirley y Joséphine—. Pero...

Habían estado a punto de decir pero ¿y Gary? Y se habían callado a tiempo.

—... ¿no es una marcha un poco precipitada? —dijo Joséphine.

—¡Mamá! ¡HE CONSEGUIDO MIS ESCAPARATES! ¿Ves?, ¡tenía razón! ¡Tenía razón! ¿Me puedo llevar el resto del conejo con mostaza para esta noche? No tendré tiempo de ir de compras y no sé si los chicos habrán dejado la nevera llena...

Y volvió a su cuarto para hacer la maleta en silencio.

—¡Abre bien los oídos! ¡Vamos a asistir a una buena escena! —previno Shirley.

—¡No puede estarse quieta ni un segundo! Pero ¿de quién ha heredado eso? —se lamentó Joséphine—. Y él se va a sentir más infeliz que una hoja seca...

—Estaba avisado. Sabía muy bien que no iba a transformarla en la perfecta ama de casa...

—¿Lo he soñado o ha sonado tu móvil? —preguntó Gary apoyado sobre un codo, en la cama.

Hortense le miró y se dijo ¡qué guapo es!, ¡pero qué guapo! Y sintió ganas de recomenzar la noche.

—¿Eh? ¿Estás despierto? —preguntó a su vez con una vocecita velada.

—¡O estoy durmiendo con los ojos abiertos! —ironizó Gary.

Hortense había abierto su armario y metía cosas en su bolsa.

—¿Qué haces? —preguntó Gary amontonando las almohadas a su espalda.

—Mi bolsa. Me voy a Londres...

—¿Dentro de un minuto?

—Tengo cita a las cinco en punto con Miss Farland. ¡Oh, perdón!, Paula. Me ha dicho que la llame Paula a partir de ahora.

—¿Has ganado el concurso?

—Sí.

—Felicidades —dijo con tono lúgubre volviéndose a acostar y dándole la espalda.

Hortense le miró, desalentada. ¡Oh, no!, gimió silenciosamente, ¡oh, no! No te enfades, no me hagas esto. Ya es bastante duro tener que irme...

Fue a sentarse sobre la cama y habló a la espalda.

—Intenta entenderlo. Es mi sueño, mi sueño que se convierte en realidad...

—Estoy muy contento por ti... Quizás no lo parezca, ¡pero estoy encantado! —murmuró con la nariz en la almohada.

—Gary..., por favor... Quiero hacer algo grande en mi vida, quiero avanzar, triunfar, llegar a lo más alto, eso lo significa todo para mí...

—¿Todo? —repitió, irónico.

—Gary... Esta noche ha sido... formidable. Más que formidable. Nunca hubiese creído que... Pensé que me volvía loca, loca de placer, de felicidad.

—Muchas gracias, querida —interrumpió Gary—. Me alegro mucho de haber estado a la altura.

—Nunca había sentido eso, Gary, nunca...

—Pero te largas a Londres y estabas haciendo la bolsa esperando que no me despertase...

Ella seguía hablando con una espalda. Una espalda muy malhumorada.

—Es una ocasión increíble, Gary. Y si no voy...

—¿Si no te presentas y te cuadras frente a Miss Farland?

—¡Si no voy, puede que otro u otra me robe el sitio!

—Entonces ve, Hortense, corre, vuela, salta al Eurostar, póstrate a los pies de Miss Farland... No te retengo. Lo comprendo muy bien. Es lógico... O más bien debería decir, entra dentro de tu lógica.

—¡Pero no te estoy dejando por otro!

—¡Por dos estúpidos escaparates en Harrods! ¡La tienda más vulgar de Londres! También es culpa mía. Normalmente elijo mejor a las chicas...

Hortense le miró, dejó de sentir los brazos y las piernas. ¡No podía decir eso! Ponerla a la misma altura que las otras chicas. ¿Pasaba noches así con todas las chicas? Imposible. Esa noche había sido única. No podía haber sido de otro modo para él. Imposible, imposible.

—Pero eso no quiere decir que borre lo que hemos vivido, esta noche, nosotros dos —insistió subrayando «nosotros dos».

—¿Quién es «nosotros dos»? —preguntó él, volviéndose hacia ella.

—Tenemos todo el tiempo del mundo, Gary, todo el tiempo.

La miró con una gran sonrisa.

—Pero si no te retengo, Hortense. Vete. Te miraré hacer la bolsa sin gemir ni chirriar los dientes; si olvidas algo, te lo señalaré. ¿Lo ves?, estoy dispuesto a ayudarte...

—¡Gary, déjalo! —exclamó Hortense—. Ahora tengo mi vida entre las manos. Aquí. En este instante. Mi pasión se cumplirá... Y lo haré a pesar de todo el mundo, si es necesario...

—Eso es exactamente lo que veo..., una pasión que se cumple. Es bonito, nunca lo había visto tan de cerca. ¡Merece un aplauso!

Juntó las manos y aplaudió secamente, como si se burlara.

—No es contra ti, Gary... ¡Pero tengo que irme! Ven conmigo.

—¿Para llevarte las bolsas y decorar tus escaparates? ¡No, gracias! Tengo cosas mejores que hacer.

Y entonces Hortense reflexionó. No iba a ponerse de rodillas ante él. ¿No lo comprendía? ¡Peor para él! Se marcharía. Sola. Estaba acostumbrada a estar sola. No se iba a morir. Tenía veinte años y toda la vida por delante.

—¡Muy bien! Quédate aquí. ¡Pasa de mí! Yo conseguiré Harrods, conseguiré Londres, conseguiré París, conseguiré Nueva York, Milán, Tokio... Y lo haré sin ti ya que pones mala cara.

Gary volvió a aplaudir, cada vez más irónico.

—Eres formidable, Hortense, ¡formidable! Me inclino ante la gran artista...

Entonces ella sintió que la humillaba, que se burlaba de sus ganas de triunfar, que la metía en el mismo saco que las oportunistas, las arribistas, las estúpidas dispuestas a todo, *I want to be a star, I want to be a star*, las que sueñan con un cuarto de hora de gloria pegándose a algún famosillo achispado al final de la noche. La rebajaba al rango de las necesitadas y se alzaba, él, al lado de los verdaderos artistas. Los que honran al Hombre, ponen mayúsculas por todos lados y avanzan con total honradez por la vida. La aplastaba con su desprecio. Todo su ser se rebeló, no lo soportó.

—Oh, pero... es fácil para ti decir eso, ¡el que tratan a cuerpo de rey! ¡Señor nieto de la reina! ¡Señor no necesito ganarme la vida, sólo tengo que practicar escalas indolentes que suben y bajan por un teclado, pensando que soy Glenn Gould! ¡Es demasiado fácil!

—¡Hortense! Te prohíbo que digas eso, es bajo..., muy bajo —respondió Gary, que palidecía.

—¡Lo digo como lo pienso! ¡La vida es demasiado fácil para ti, Gary! Tiendes una mano blanda y se llena de dinero. Por eso juegas al ofendido. ¡Tú no has tenido que luchar nunca! ¡Nunca! ¡Yo me defiendo desde que era una niña!

—¡Pobre niñita!

—Exactamente: ¡pobre niñita! ¡Y estoy orgullosa de ello!

—¡Entonces continúa atacando a la gente! ¡Eso lo sabes hacer muy bien!

—¡Pobre tipo!

—Prefiero no responder...

—¡Te odio!

—¡Y yo ni siquiera eso! Hay un montón de chicas como tú. Andan siempre en la calle... ¿Sabes cómo las llaman?

—¡Te odio!

—¡Pasa usted demasiado deprisa de la adoración al odio, querida! —respondió con una sonrisita que deformaba la comisura de sus labios—. ¡Los sentimientos no tienen tiempo de enraizar en usted! Son flores artificiales que se lleva un soplido... Una simple llamada de Miss Farland y ¡puf!, ya no hay flor, sólo alquitrán, sucio alquitrán.

Los ojos verdes, oblicuos, de Hortense se ensombrecieron con un rayo negro. Le lanzó a la cara el contenido de la bolsa que acababa de cerrar.

Él se echó a reír. Ella se lanzó sobre él. Le pegó, intentó morderle. Él la rechazó riéndose; ella cayó de bruces en el suelo. Entonces, humillada de verse de esa manera, patas arriba, gritó señalándole con el dedo:

—Gary Ward, ¡no intentes nunca, nunca, volver a verme!

—Oh, pero... si no hay peligro, Hortense, ¡has conseguido darme asco para una larga temporada!

Se puso los vaqueros, la camiseta y abandonó la habitación sin ni siquiera mirar a Hortense que seguía en el suelo.

Ella oyó la puerta al cerrarse.

Se tiró sobre la cama, se puso a sollozar. Se lo merecía. Había sido una locura pensar que podía unirse a un chico, unión, fusión, bola de amor y de emociones, y convertirse en alguien al mismo tiempo. *Bullshit!* Había creído que le amaba, había creído que la amaba, había creído que la ayudaría a hacer grandes y hermosas cosas. Grotesco. Se echó a reír. ¡He caído en la trampa en la que caen todas las chicas y me lo merezco! ¡Gilipollas! ¿En qué me habría convertido? ¡En una enamorada! ¡Ya sabemos lo que eso significa! Tontainas que lloriquean sobre una cama. No soy una tontaina que lloriquea sobre una cama. Yo soy Hortense Cortès y voy a demostrarle que puedo llegar hasta el cielo, hasta arrancar el cielo, arrancar las nubes y entonces, entonces... no lo miraré, lo ignoraré, le dejaré, enano aislado, en el borde de la carretera, y seguiré mi camino. Se imaginó un enano abandonado al borde de la carretera, le pegó la cara de Gary y pasó lentamente, lentamente ante él sin siquiera bajar la mirada. *Bye bye*, enano abandonado, quédate en tu carretera de triste llanura, tu carreterita bien trazada...

Yo me largo a Londres y no volveré a verte nunca más, ¡nunca más!

Se levantó, respiró hondo y recogió sus cosas.

Había un Eurostar cada cuarenta minutos.

Estaría a las cinco en punto en Londres, en el despacho de Miss Farland.

No debía olvidar el bolígrafo con una mujer que se vestía y se desvestía al darle la vuelta, que había comprado en Pigalle.

Un poco atrevido, quizás.

Pero a Paula le gustaría...

TERCERA PARTE

Debió haber sido una velada magnífica y fue un auténtico fracaso.

Cada año, el primer domingo de enero, Jacques y Bérengère Clavert daban una fiesta «muy informal». Nada de corbata, ni chaqueta, ni protocolo. Una reunión de amigos con niños revoloteando, pantalones arrugados y jerséis sobre los hombros. «Venid a celebrar el invierno a casa de Jacques y Bérengère», se podía leer en las invitaciones. Era una forma de cortejar a personajes importantes mezclándolos con las amistades, de dar al conjunto un aire de sencillez, de intercambiar tarjetas de visita y confidencias entre gritos de los críos y descripciones de las fiestas navideñas. Jacques y Bérengère podían así medir su nivel de popularidad y verificar si seguían «en estado de gracia».

Les bastaba con contar el número de invitados presentes y sopesar su valor. Un directivo importante valía por tres amigas de Bérengère, pero si una amiga de Bérengère venía acompañada por su marido directivo importante ganaba puntos suplementarios.

Y además...

Y además, se decía Bérengère, dar un toque alegre a este principio de año no le haría ningún daño a nadie. Las caras estaban tristes y las conversaciones, pesimistas. Se trataba casi de hacer una obra de caridad, pensó mientras se enfundaba un vestido de tubo negro y se felicitaba por su vientre plano, por sus caderas estrechas. ¡Ni un gramo de celulitis, ni una sola estría, a pesar de mis cuatro hijos! Todavía podré aguantar una buena temporada. A condición de encontrar al hombre que...

Su última cita romántica había terminado de forma repentina. Y sin embargo... Él era guapo, tenebroso, soltero, con mucho pelo. Sus muñecas bronceadas, salpicadas de vello negro, le atraían terriblemente. Un hombre que recorría los desiertos para instalar pozos de perforación vertical por cuenta de una empresa americana. Se imaginaba jugueteando con sus rizos morenos, rodando sobre sus pectorales, embriagándose con su olor a hombre fuerte que abate a la fiera que ronda las cercanías de la perforación. Había despertado de su fantasía de manera brusca cuando, en el momento de pagar la cuenta, él había sacado una tarjeta de crédito... azul. ¿Todavía existen?, se había preguntado, con los ojos como platos. Había bostezado y pedido al pocero que la llevara a su casa. Una migraña repentina. Un enorme hastío. Había pasado ya la edad en la que uno invierte sin pensar. Esa tarjeta de crédito azul la había devuelto a sus años jóvenes, cuando besaba al primero que se atrevía a frotarse con su aparato dental aunque no tuviera suficiente dinero para invitarle a una Coca-Cola. Tengo cuarenta y ocho años, debo invertir. Encontrar un sustituto, con una tarjeta Oro o Platino, o mejor, una Infinite negra por si Jacques me despide. Es una posibilidad cierta. No hay más que ver la hora, cada vez más tardía, a la que vuelve por las noches... Va a terminar no volviendo nunca más y yo me quedaré a dos velas. Acumulando polvo en la estantería de mujeres divorciadas. A mi edad, una mujer sola es una especie en peligro.

Decoraban las mesas, diseminaban velas perfumadas y ramos de flores, desplegaban bonitos manteles blancos, colocaban cubiteras para el champaña, golosinas ácidas, sorbetes multicolores, pero sobre todo, sobre todo, se esperaba la entrada en escena de las pirámides de buñuelos de crema que Bérengère fingía preparar en persona, y que Jacques iba a buscar a escondidas a una panadería-pastelería del distrito quince. En el establecimiento de una tal señora Keitel, una austriaca jovial sin cuello ni barbilla, pero con una sonrisa eterna grabada en tres collares de grasa.

Jacques Clavert refunfuñaba. Con el paso de los años le resultaba cada vez más penoso participar en aquella mascarada. Iba de mala gana, maldiciendo a su mujer, a las mujeres en general, por su mezquindad y su hipocresía, los hombres somos unos enanos, gruñía, unos pobres enanos a los que las mujeres tienen agarrados de las orejas. Rozaba el alerón del Rover al salir del aparcamiento, se pillaba un dedo con una caja de buñuelos, renegaba, sentía que le espoleaba el aguijón del odio y se marchaba del establecimiento de la señora Keitel prometiéndose que no volvería a hacerlo, que un día se chivaría.

Y así salvaría su alma.

—Ah, pero ¿tú tienes alma? —decía Bérengère encogiéndose de hombros.

—¡Tú búrlate! Uno de estos días, te delataré...

Bérengère sonreía mientras lanzaba un chorro de laca sobre su flequillo moreno y tamborileaba un dedo irritado sobre tres nuevas arruguitas alrededor de sus ojos castaños.

Su marido amenazaba, pero nunca pasaba a la acción.

Su marido era un gallina.

Ella lo sabía desde hacía mucho tiempo.

Los buñuelos de crema de Bérengère eran la apoteosis de la velada.

Se hablaba de ellos antes y después, los imaginaban y los esperaban con ansia, los anunciaban y contemplaban y, por fin, los cogían y los degustaban, con los ojos cerrados, erguidos y serios, emocionados, casi apasionados; y toda mujer ambiciosa, todo hombre sin piedad se convertía, durante el momento del buñuelo, en un ser inocente y dulce. Para optar al derecho de probar los buñuelos de crema de Bérengère Clavert, se reconciliaban enemigos irreductibles, las mejores amigas volvían a convertirse en amigas de verdad, las lenguas aceradas se cubrían de miel. Todo el mundo se preguntaba cómo hacía Bérengère para obtener esa cremosidad, esa mezcla, ese caramelizado tan fino..., pero la pregunta no flotaba demasiado tiempo en el aire: una sacudida de placer borraba todo espíritu crítico.

Esa tarde, mientras el servicio estaba en plena tarea, Bérengère Clavert entró en la habitación conyugal y se extrañó de encontrar a su marido tumbado sobre la cama, en calzoncillos y calcetines negros. Leía *Le Monde Magazine*, suplemento que apartaba cada viernes para que le ocupara el domingo. Su mayor empeño era resolver el sudoku «experto» o «muy difícil» que publicaba la revista en las últimas páginas. Cuando lo conseguía, lanzaba un grito animal, golpeaba el aire con los puños y vociferaba *I did it, I did it,** únicas palabras en inglés que había conseguido aprender.

—¿No vas a buscar los buñuelos? —preguntó Bérengère, intentando dominar la cólera que nacía dentro de ella al ver a su esposo en tan negligente indumentaria.

—No iré nunca más a buscar los buñuelos —respondió Jacques Clavert sin levantar la nariz de su sudoku.

—Pero...

—No volveré a buscar los buñuelos... —repitió colocando un 7 y un 3 en una casilla.

—Pero ¿qué van a decir nuestros amigos? —consiguió balbucear Bérengère—. ¿Sabes hasta qué punto...?

—Se sentirán terriblemente decepcionados, ¡y tendrás que contarles alguna mentira!, ¡y de las gordas!

Levantó la cabeza hacia ella y añadió con una gran sonrisa:

—¡Y yo me moriré de risa!

Y volvió a su tarea de rellenar el casillero.

—¡Pero bueno! ¡Jacques! ¡Te has vuelto loco!

—Para nada. Al contrario, acabo de recuperar la cordura. No volveré a ir a buscar los buñuelos nunca más y, mañana mismo, me voy de esta casa...

—¿Y se puede saber adónde vas? —interrogó Bérengère, cuyo corazón se aceleró.

—He alquilado un apartamento de soltero, en la calle Martyrs; me voy a retirar allí, con mis libros, mi música, mis películas, mi trabajo y mi perro. Te dejo a los niños... Los re-

* «Lo hice, lo hice».

cogeré los domingos por la mañana y te los volveré a traer por la noche. No tengo sitio para alojarles.

Bérengère se dejó caer sobre el borde de la cama. La boca abierta, los brazos inertes. Sentía cómo la desgracia invadía la habitación.

—¿Y eso lo sabes desde hace mucho?

—Desde hace tanto tiempo como tú... No me digas que te sorprende. Ya no nos llevamos bien, ya no nos soportamos, fingimos que... Nos mentimos como bellacos. Es agotador y estéril. A mí todavía me queda mucho tiempo que vivir, y a ti también, aprovechémoslo, en lugar de destrozarnos la vida mutuamente...

Había pronunciado esas palabras sin levantar la cabeza de la revista, con la mente todavía inmersa en el misterio de las cifras japonesas.

—¡Eres odioso! —consiguió decir Bérengère.

—Ahórrate los insultos, los llantos y el rechinar de dientes... Te dejo a los niños, la casa, pagaré los gastos corrientes y Dios sabe que ese nombre les viene al pelo porque ¡hay que ver cómo corren! Pero lo que quiero es estar en paz con P mayúscula...

—¡Esto te va a costar caro!

—Me costará lo que me dé la gana que me cueste. Tengo un informe de tus diferentes adulterios. No me gustaría tener que utilizarlo... Para ahorrárselo a los niños.

Bérengère apenas escuchaba. Pensaba en sus buñuelos. Una velada en casa de los Clavert sin buñuelos de crema sería un fracaso. Sus buñuelos eran famosos en el mundo entero. No existían adjetivos suficientes para calificarlos. Iban desde «encantador» hasta «milagroso», pasando por «lo nunca visto», «Oh, mon Dieu! Oh! My God!», «knock out», «maravillosos», «deliziosi», «diviiiinos», «köstlich», «heerlijk», «wunderbar». Una noche, un hombre de negocios ruso había soltado un sonoro «kraputchovski» que significaba, según le habían dicho, «pasmoso» en lenguaje samovar. Sus buñuelos eran su medalla al mérito, su diploma universitario, su danza del vientre. Le habían propuesto mucho dinero para que revelase la receta. Ella se había negado, asegurando que se transmitía de madre a hija y que tenía prohibido contársela a un extraño.

—Te propongo un trato: nos separamos pacíficamente, pero me vas a buscar los buñuelos...

—¡No volveré a ir a buscar tus buñuelos! Y te interesa que nos separemos pacíficamente, querida. Te recuerdo que cuando me casé contigo te llamabas Bérengère Goupillon...* ¿Quieres volver a esa miseria?

Bérengère Goupillon. Había olvidado que, antaño, llevaba ese apellido. Se irguió, herida en lo más profundo. ¡Goupillon! ¡Él podía exigir que recuperase su apellido de soltera!

Bajó la cabeza y musitó:

—No quiero volver a llamarme Goupillon.

—Por fin entras en razón... Podrás conservar mi apellido si continúas en buena disposición —declaró, haciendo un gran gesto con la mano, como Nerón perdonando al gladiador destrozado por los leones—. Y puedes ir tú a buscar los buñuelos... Yo recibiré a los invitados cuando haya terminado el sudoku.

---

* Goupillon: escobilla, hisopo. (*N. del T.*)

Eso era impensable. No podía marcharse así. No tenía las uñas secas, no había terminado de dibujarse el contorno de los ojos ni había elegido los pendientes. Debía encontrar a alguien que le hiciese ese favor.

Pensó con rapidez.

¿Los filipinos contratados para la velada?

Jamás les dejaría, jamás, las llaves de su Mini. Ni las del Rover de Jacques. Y podrían irse de la lengua...

¿Su mejor amiga?

Hacía muchísimo tiempo que no tenía ninguna...

Cogió su móvil. Leyó la lista de nombres. Encontró a Iris Dupin y se dio cuenta de que no la había borrado de la agenda. Iris Dupin. Había sido lo más parecido a una «mejor amiga». Algo mordaz, cierto, se podría decir incluso que era realmente despiadada..., pero bueno... Ella nunca habría ido a buscar los buñuelos. Se habría cruzado de brazos y habría contemplado cómo se hundía. Con la misma sonrisita complacida que Jacques en calcetines sobre la cama. Se le escapó una risita nerviosa. Se calmó. Iris quizás no, pero su hermana... La buena de Joséphine... La hermanita de los pobres y desamparados. Siempre dispuesta a prestar servicio. Joséphine irá a buscarme los buñuelos.

La llamó. Le explicó de qué se trataba. Confesó su culpa. A ti puedo decírtelo porque eres buena, buena de verdad, pero los demás... si supiesen... no volverían a dirigirme la palabra... Joséphine, por favor, ¿irías a buscarme los buñuelos de la señora Keitel? No está lejos de tu casa... En recuerdo de Iris... Sabes cuánto nos queríamos, ella y yo... Me salvarías la vida... y Dios sabe que mi vida no va a ser fácil, si Jacques me abandona... ¡Porque me abandona! Acaba de decírmelo, hace dos minutos y medio...

—¿Te abandona? —repitió Joséphine, mirando la hora. Las seis y diez... Zoé estaba en casa de Emma. Tenía previsto cenar un plato de sopa y meterse en la cama con un buen libro.

—¡No sé lo que voy a hacer! ¡Sola con cuatro niños!

—Se sobrevive, ¿sabes? Yo he sobrevivido...

—¡Pero tú eres fuerte, Jo!

—No más que cualquiera...

—¡Sí, eres fuerte! Iris decía siempre «Jo es una luchadora escondida bajo un corazoncito de oro...».

Había que engatusarla, seducirla discretamente, cubrirla de cumplidos. Para que vaya deprisa, deprisa a buscar los malditos buñuelos. Dentro de una hora, los primeros invitados empezarían a colgar sus abrigos en el guardarropa.

—Me sacarías de un auténtico atolladero, ¿sabes?...

Y Joséphine recordó a Iris pronunciando exactamente las mismas palabras, «un auténtico atolladero»...* Iris, suplicándole que escribiese el libro en su lugar. Los grandes ojos azules de Iris, la voz de Iris, la sonrisa irresistible de Iris, Cric y Croc se comieron al Gran Cruc que creía poder comérselas...

Aceptó. Si puedo servirte de ayuda, Bérengère, iré a buscar los buñuelos... Dame la dirección.

Anotó la dirección de la señora Keitel. Anotó que todo estaba pagado. Que había que pedir factura para que Jacques pudiese deducir los buñuelos de los impuestos, muy importante, Joséphine, muy importante, si no ¡se va a poner como una fiera! Debes coger las cajas grandes. Colocarlas horizontalmente sobre el asiento trasero y conducir despacio para que no se desplacen, se aplasten o se derramen.

---

* Cf. *Los ojos amarillos de los cocodrilos, op. cit.*

—Y además... Oye, Jo, ¿te importaría entrar por la puerta de servicio? Preferiría que no te vieran...

—No hay problema. ¿Tiene código?

Apuntó el código.

—Y después, te unirás a nosotros en la fiesta.

—¡Oh, no! Me vuelvo a casa... Estoy cansada.

—¡Venga! ¡Beberás una copita de champaña con nosotros!

—Ya veremos, ya veremos —dijo Joséphine, sin comprometerse.

Los primeros invitados llegaron a las siete y diez.

Entregaron sus abrigos a la pequeña filipina que se encargaba del guardarropa.

Entraron en el primer salón abriendo completamente los brazos, y abrazaron a Bérengère sin cerrarlos. Preguntaron por Jacques. En su habitación, preparándose, respondió Bérengère rogando al Cielo para que terminase su sudoku lo antes posible.

A las siete y media, Joséphine pasó por la puerta de servicio, dejó las pesadas cajas de buñuelos sobre la mesa de la cocina y pidió que avisasen a Bérengère de su presencia.

Bérengère entró como una tromba en la cocina y le dio las gracias besándola desde lejos. Gracias, gracias, ¡me has salvado la vida! ¡No tienes la menor idea! Estaba desesperada, ¡a punto de hacerme el harakiri! Pero ¿tan importantes son esos buñuelos de crema?, se preguntó Joséphine, observando la expresión trastornada de Bérengère, que contaba y recontaba sus buñuelos.

—¡Perfecto! Están todos. ¡Sabía que podía contar contigo! ¿Y la factura? No la habrás olvidado, espero...

Joséphine buscó, pero no la encontró. Bérengère decretó que, al fin y al cabo, no importaba tanto; ya no era problema suyo, puesto que iban a divorciarse. Podía desentenderse.

Pidió a un empleado que la ayudara a repartir los buñuelos en bandejas para llevarlos después hasta la gran mesa del segundo salón.

—Pero ¿cuántos salones tienes? —preguntó Joséphine, divertida.

—Tres. Cuando pienso que él va a refugiarse en un apartamento de soltero... Ha perdido el juicio. Pero eso no es nada nuevo. ¡Ya hace algún tiempo que no entiendo nada de lo que piensa! Al principio, creí que tenía una amante... Pero ¡ni eso! Simplemente está harto. De qué exactamente, no lo sé. Y además, me trae sin cuidado... Llevo mucho tiempo buscándome un sustituto.

Miró a Joséphine y pensó en Philippe Dupin. Ese último habría sido realmente la presa ideal. Rico, seductor, culto. Le habían contado que sentía debilidad por Joséphine. Incluso que ellos...

—Hace tiempo pensé en Philippe Dupin... pero me he enterado de que vive con alguien...

—Ah... —dijo Joséphine, agarrándose al borde de la mesa. Sintió que le desfallecían las piernas y que no podría mantenerse en pie.

—Tengo una amiga en Londres... Me llamó ayer. Parece ser que vive con una chica. ¿Cómo se llamaba? Debbie, Dolly... ¡No! Dottie. Se ha instalado en su casa con todas sus cosas. Sin pedirle opinión. ¡Lástima! Me gustaba. ¿Te pasa algo? ¿Te encuentras mal? Te has puesto pálida.

—No, no... Estoy bien —murmuró Joséphine, agarrada a la mesa para no caerse.

—Porque durante algún tiempo oí decir que estabais muy unidos...

—¿Eso decían? —respondió Joséphine, oyendo su voz como si no fuese suya.

—No se dicen más que tonterías. Y no es justo en tu caso. No es tu estilo eso de quitarle el marido a tu hermana...

Las interrumpió una mujer que, al entrar en la cocina, vio los buñuelos y se lanzó sobre la bandeja gritando ¡divinos, divinos! Bérengère le dio un cachete en los dedos. La golosa se excusó con expresión de niña mala.

—¡Hala, vamos! —exclamó Bérengère—, haced el favor de salir de la cocina las dos... En cuanto termine de colocar mis buñuelos estaré con vosotras...

Joséphine aceptó una primera copa de champaña. Se sentía sin fuerzas. Débil, muy débil. Después bebió una segunda, y una tercera. Una extraña sensación de levedad inundó su cuerpo. Un hormigueo de placer. Paseó la mirada por la sala y descubrió a la gente que la rodeaba.

Eran los mismos.

Los mismos que veía en casa de Philippe e Iris cuando tenían invitados.

Personas que hablan muy alto. Que lo saben todo. ¿Que hojean un libro? Lo han leído. ¿Que leen la reseña de un espectáculo? Lo han visto. ¿Que oyen un nombre? Es su mejor amigo. O su peor enemigo, ya no lo saben exactamente. A fuerza de mentir, se creen sus propias mentiras. Una noche, adoran, al día siguiente, detestan. ¿Qué ha pasado para que cambien de opinión? Lo ignoran. Les gustó una ocurrencia malévola o valoraron un comentario ingenioso. Convicciones, ni una. Análisis profundos, todavía menos. No tienen tiempo. Repiten lo que han oído, a veces lo repiten a la misma persona de quien lo escucharon.

Les conocía de memoria. Podía cerrar los ojos y describirlos.

No tienen ideas, sino rebotes. Emplean palabras grandilocuentes con las que se regodean, hacen una pausa para juzgar el efecto, levantan una ceja para advertir al imprudente que se atreva a contradecirles, y retoman su discurso ante un auditorio extasiado.

Su pensamiento no es más que humo. Todos entonan la misma cantinela. No tienen más que aparentar que... y unirse al coro, para evitar que te consideren un pánfilo.

Joséphine pensó en Iris. Ella se sentía a gusto en ese entorno. Aspiraba ese aire fétido como una gran bocanada de aire puro.

El piso era una sucesión de salones, alfombras, cuadros colgados en las paredes, sofás mullidos, chimeneas, pesadas cortinas. Empleados filipinos atravesaban las habitaciones llevando bandejas más grandes que ellos. Sonreían, disculpándose por ser tan endebles.

Reconoció a una actriz que, en otra época, había protagonizado las portadas de las revistas. Debía de tener unos cincuenta años. Se vestía como una adolescente, jersey por encima del ombligo, vaqueros ajustados, bailarinas y se reía con cualquier cosa retorciendo sus mechones morenos ante la mirada de su hijo de doce años, que la observaba, incómodo. Debía de haber oído decir que reírse a carcajadas era síntoma de juventud.

Algo más lejos, una antigua belleza de largos cabellos rubios salpicados de mechas grises, célebre por sus tres maridos, a cada cual más rico, contaba que había abandonado definitivamente toda seducción. A partir de entonces, cuidaba de su alma y ponía su vida en manos del Dalai Lama. Bebía agua caliente con una rodaja de limón, meditaba y buscaba una niñera para su marido, para poder proseguir su búsqueda espiritual sin verse frenada por obligaciones sexuales. ¡El sexo! ¡Cuando pienso en la importancia que se le da en nuestra sociedad!, se indignaba, azotando el aire con la mano con expresión exasperada.

Otra iba colgada del brazo de su marido como una ciega del arnés de su lazarillo. Él le daba golpecitos en el brazo, le hablaba suavemente y contaba con vehemencia detalles de su último descenso de un glaciar con su amigo Fabrice. Su mujer no parecía recordar quién era Fabrice y babeaba. Él le secaba la boca con ternura.

¡Y ese hombre hinchado de bótox! Iris le había contado que calzaba un cuarenta y uno, se compraba los zapatos del cuarenta y seis y les metía unos calcetines enrollados para exhibir unos pies grandes y hacer creer que tenía un sexo enorme. Cuando dibujaba —era arquitecto de interiores—, un asistente sacaba punta a los lápices y se los daba en mano. Hacía venir a un peluquero desde Nueva York una vez al mes para que le cortara el pelo y le hiciera reflejos. Precio del desplazamiento: tres mil euros. Billete de avión incluido, alardeaba. Al fin y al cabo, no sale tan caro...

Joséphine los iba reconociendo uno por uno.

E iba encadenando copas de champaña. La cabeza le daba vueltas.

¿Qué estoy haciendo aquí? No tengo nada de que hablar con toda esa gente.

Se dejó caer en un sofá y rezó para que nadie le dirigiese la palabra. Voy a desaparecer poco a poco, me difuminaré y llegaré a la salida.

Y entonces...

Y entonces aparecieron los buñuelos. Hicieron su entrada en el salón, presentados en bandejas de plata por los filipinos. Se oyeron gritos, estallidos de aplausos, seguidos de un tumulto hacia las mesas donde fueron depositados.

Joséphine aprovechó para levantarse, cogió el bolso y se disponía a marcharse cuando Gaston Serrurier le cerró el paso.

—Vaya, vaya... ¿Tomando notas en casa de los ricos y depravados? —preguntó con tono sarcástico.

Joséphine enrojeció vivamente.

—Así que yo tenía razón. Es usted una espía. ¿Para quién trabaja? Para mí, espero... Para su próxima novela...

Joséphine balbuceó no, no, no estaba tomando notas.

—¡Hace usted mal! Esta reunión es un nido de anécdotas. Conseguiría material para escribir las Cartas de Madame de Sévigné, eso la alejaría un poco del siglo doce. Y a mí me vendría estupendamente. Observe, por ejemplo, a esa pareja tan conmovedora...

Y señaló con el mentón a la mujer que colgaba del brazo de su marido.

—También a mí me han parecido los únicos enternecedores —dijo Joséphine.

—¿Quiere que le cuente su historia?

La cogió por el codo y la acompañó a un sofá donde se instalaron uno junto al otro.

—Aquí estamos bien, ¿no? Como en el cine. Míreles. Lanzándose todos sobre los buñuelos de crema de Bérengère. Parecen enormes moscas voraces, moscas a las que se engaña fácilmente... Porque no es Bérengère quien hace esos deliciosos buñuelos. Es la señora Keitel, pastelera del distrito quince. ¿Lo sabía?

Joséphine fingió ofenderse ante esa maledicencia.

—No, no, no —canturreó Serrurier—. Es inútil... Miente usted muy mal. La he visto entrar subrepticiamente por la puerta de servicio, encorvada por el peso de los buñuelos; incluso se le ha caído la factura. ¡Eso no le va a gustar a Jacques! No podrá incluir los buñuelitos en sus gastos de representación...

Se metió la mano en el bolsillo, exhibió la factura y la devolvió cuidadosamente a su sitio. Joséphine resopló y se tapó con la mano. Se sentía mejor y tenía ganas de reír.

—Así que por eso la ha invitado... —siguió Gaston Serrurier—. Me preguntaba pero ¿qué hace en esta reunión esta mujer deliciosa y delicada? ¡Debí imaginármelo! Jacques ha desertado, Bérengère la ha llamado en el último minuto y usted ha dicho sí, claro... En cuanto se presenta un trabajo, acaba haciéndolo usted. Debería refundar las hermanitas de los pobres o abrir una sucursal de los *Restos du cœur...**

—Lo pienso a menudo... Sólo con lo que irá a parar a la basura esta noche... Me pone enferma imaginarme todo este desperdicio.

—Lo que yo pensaba. Deliciosa y delicada...

—Lo dice usted como si dijese estúpida y boba...

—¡Nada de eso! Yo soy fiel al sentido de las palabras y mantengo mi opinión sobre usted...

—Nunca se sabe si está usted de broma o habla en serio...

* Asociación benéfica laica francesa. (*N. del T.*)

—¿Y no cree que es mejor así? Resulta muy aburrido vivir con alguien previsible. Debe de aburrirse uno enseguida. Si hay algo que detesto en esta vida es el aburrimiento... Podría matar por aburrimiento. O morder. O poner una bomba.

Se pasó la mano por el pelo y añadió con tono de niño castigado:

—Y además, ¡no puedo fumar! Tendría que salir, y prefiero quedarme con usted... ¿Le molestaría que la cortejara?

Joséphine no supo qué contestar. Se miró la punta de los zapatos.

—La estoy aburriendo manifiestamente.

—¡Oh, no! —protestó, horrorizada ante la idea de haberle herido—. Pero es que se está desviando, debía usted contarme la historia de esa pareja que me parece tan conmovedora.

Gastón Serrurier esbozó, tomándose su tiempo, una sonrisa tenue y cruel.

—Espere un poco antes de malgastar la emoción... No se embale, es un asunto curioso que huele a azufre y a agua bendita...

—Lo disimulan muy bien...

—Podría decirse así...

—Podría ser una nueva versión de *Las diabólicas*.

—En efecto. Habría que contárselo a Barbey d'Aurevilly, ¡lo añadiría a su antología! Resumo: ella viene de una familia rica, católica, provinciana. Él procede de un entorno modesto, un parisino de barrio. Ella es tímida, vergonzosa, ingenua, ha aprobado el bachillerato con cierta dificultad. No importa, su fortuna reemplaza a cualquier diploma. Él la conoce en la autoescuela, la seduce y se casan siendo ella muy joven, muy virgen. Y estando muy enamorada...

—¡Un auténtico cuento de hadas! —exclamó alegremente Joséphine, cada vez más a gusto en compañía de ese hombre.

Le hacía reír todo lo que decía. Ya no se sentía tan extraña en ese salón.

—¡Y aún no ha terminado! —contestó él, poniendo cara de suspense—. De hecho, no sé si debería contarle todo esto. ¿Merece usted que se lo confíe?

—Le juro por lo más sagrado que no diré nada... De hecho, de la gente que conozco, no veo a quién podría interesarle...

—Tiene usted razón... No ve usted a nadie, no sale nunca, salvo para ir a misa. Con una mantilla larga en la cabeza y el rosario anudado a la muñeca...

—Prácticamente es así... —respondió Joséphine echándose a reír.

Se había puesto a reír como una niña. Y de golpe se volvió bella, deslumbrante, luminosa. Como si la enfocara un proyector. La risa había liberado una belleza escondida que hacía brillar sus ojos, su piel, su sonrisa.

—Debería usted reírse más a menudo —dijo Gaston Serrurier mirándola con seriedad.

Joséphine sintió, en ese preciso momento, que se creaba un vínculo entre ellos dos. Una complicidad tierna. Como si él depositara un casto beso sobre sus párpados cerrados y ella lo recibiese en silencio. Como un pacto. Ella aceptaba su brutalidad generosa, él se sentía conmovido por su inocencia risueña. Él la estimulaba, la hacía reír, ella le asombraba, le enternecía. Menudos amigos vamos a ser, pensó Joséphine fijándose por primera vez en su nariz larga y recta, su tez bronceada, sus negros cabellos de hidalgo, dulcificados por mechas blancas.

—Bueno, prosigo... Una boda bonita... Un precioso piso regalado por los padres de ella, un hermoso palacete en Bretaña perteneciente igualmente a los suegros. En fin, un buen inicio de vida en común. Él se puso inmediatamente manos a la obra para engendrar hijos con ella, dos hijos guapísimos, y... no volvió a tocarla nunca más. Ella apenas se extrañó, pensó que era lo normal en todas las parejas. Y entonces, un día, años más tarde, en una estación de esquí, ella olvidó el gorro de lana en su dormitorio —o más bien debería decir en el dormitorio conyugal—, volvió a subir y encontró a su marido... en la cama... con un amigo. Su mejor amigo. En plena acción. Fue una impresión terrible. Desde entonces ella vive bajo los efectos del Prozac y no suelta el brazo del hombre que la traicionó. Y aquí es donde la historia se vuelve remarcable... Él se ha convertido en el mejor marido del mundo. Atento, dulce, solícito, paciente. Puede decirse que, a partir de ese instante, de esa cruel desilusión, formaron por fin una pareja... Asombroso, ¿no?

—En efecto...

El amor es asombroso. Philippe dice que me quiere y duerme con otra. Ella deja su reloj sobre la mesita de noche antes de ducharse, se acurruca en sus brazos para dormirse...

—Y ésa no es más que una historia entre otras muchas. Ninguna de las personas presentes, y digo bien, ninguna, lleva la vida que aparenta. Todos mienten. Algunos se alejan por completo de la realidad, otros se desvían un poco. Pero todos se salen del camino que afirman seguir... Pero usted, usted es diferente, Joséphine... Es usted una mujer extraña.

Posó su mano sobre la rodilla de Joséphine. Ella enrojeció vivamente. Él lo notó y le pasó el brazo alrededor de los hombros para terminar de ponerla nerviosa.

Ese abrazo afectuoso no le pasó desapercibido a Bérengère Clavert, situada un poco más lejos.

Dos niños habían llenado una jarra de zumo de naranja de buñuelos, que flotaban en la superficie, y aquello desentonaba.

Se disponía a llevar la jarra a la cocina cuando su mirada sorprendió el gesto de Serrurier...

Pero ¿qué tiene esa mujer de excepcional? ¡Philippe Dupin, el italiano del Medievo, Serrurier! ¿Quiere quedarse con todos o qué?, pensó enfurecida abriendo la puerta de la cocina.

Empujó a un filipino que se balanceó, a punto estuvo de derramar la bandeja que llevaba, y apoyó una mano para sostenerse sobre la placa candente de la cocina, soltó un grito, se recuperó y consiguió no romper nada. Bérengère se encogió de hombros, menuda idea ser tan bajito: ¡no se les ve detrás de las bandejas! Y volvió a su preocupación principal: Joséphine Cortès. Los caza con su aspecto de monjita asustada. ¡Ahora resulta que hay que hacer votos de castidad para seducir a los hombres!

Reprendió a una empleada que colocaba naranjas confitadas sobre una bandeja, una por una.

—¡Pero viértalas! ¡Si no seguirá ahí cuando todo el mundo se haya ido!

La joven la miró, atónita.

—¡Ah! ¡Olvidaba que no habla francés! *You're too slow! Hurry up! And put them directly on the plate!**

---

* «¡Es usted demasiado lenta! ¡Deprisa! ¡Póngalas directamente en la bandeja!».

—OK, señora —dijo la chica sonriendo como una tonta.

¿De qué sirve tener servicio si tiene que hacerlo todo una misma?, gruñó Bérengère saliendo de la cocina y colocando sobre la mesa una nueva jarra de zumo de naranja sin buñuelos flotantes.

Ése fue el momento que eligió Jacques Clavert para abandonar su habitación y saludar a los invitados.

Bajó las escaleras lenta, majestuosamente, realzando sus pasos con la amplitud de movimientos de un experto bailarín de tango, dando a la gente la oportunidad de admirarle con detalle. Se detuvo en el último escalón. Hizo una señal a Bérengère para que se reuniese con él. Esperó a que se pusiera a su lado. La enlazó y la pellizcó para que dejase de apretar los dientes. Ella emitió una risita de sorpresa y se apoyó en él. Jacques se aclaró la garganta y pronunció estas palabras:

—¡Buenas noches, queridos amigos! Me gustaría agradeceros que estéis presentes en esta velada... Agradecer también vuestra fidelidad, que renováis cada año. Deciros hasta qué punto me emociona veros en torno a los buñuelos de crema de nuestra querida Bérengère...

Aplaudió a su mujer volviéndose hacia ella. Bérengère se inclinó, preguntándose qué más iba a decir.

—... esos notables *buñuelos* que saboreamos deseándonos un *buñuel* año lleno de felicidad y de *buñuelos* sentimientos, con nuestras copas en la mano...

Hubo unas risitas que Jacques Clavert saboreó, orgulloso del efecto que producía.

—Me gustaría agradecer a mi mujer esta delicia anual..., ese esfuerzo culinario emérito... Pero quería también anunciaros una triste noticia... Pues, por desgracia, los *buñuelos* tiempos en que formábamos una buñuela entente han pasado a mejor vida. Los dos estamos agotados de nuestra vida conyugal. Y para ahorrarnos sufrimientos y conservar la sonrisa, hemos decidido separarnos en *buñuelos* términos. Querría pues informaros que, desde ahora y de común acuerdo, Bérengère y yo viviremos cada uno por nuestro lado. Y aseguraros que conservaremos de nuestra vida común un *buñuelísimo* recuerdo...

En ese momento surgió de la asistencia reunida al pie de la escalera un guirigay sordo de comentarios disparados en todas direcciones, ¿está loco, ha perdido la cabeza, ha bebido?

Jacques Clavert esperó a que se calmara el murmullo y prosiguió:

—No debéis preocuparos: Bérengère conservará el piso y se ocupará de los niños, yo me mudaré a la calle Martyrs, el barrio de mi infancia, que me trae *buñuelos* recuerdos. Quería anunciároslo con Bérengère a mi lado para acallar cotilleos y maledicencias, esos sobresaltos bien conocidos de nuestra vida social. Bérengère ha sido, todos estos años, una *buñuela* esposa, una madre ejemplar, y un ama de casa perfecta...

Le pellizcó de nuevo la cadera atrayéndola hacia sí para que conservase en el rostro la sonrisa crispada que había provocado con el primer pellizco y continuó:

—¡Pero todo lo *buñuelo* tiene un final! Yo me aburro, ella se aburre, nos aburrimos de estar juntos. ¡Así que mejor coger la libertad al vuelo que dejar volar el hastío que nos ahoga! Nos separamos con gracia, dignidad y respeto. Ya está, mis *buñuelos* amigos, ya sabéis todo o casi todo. Del resto sólo nos queda lo *buñuelo*. Como en tantas otras separaciones. Gracias por haberme escuchado y bebamos juntos a la salud de este nuevo año...

Un silencio glacial sucedió al jaleo precedente. Los invitados se miraron entre ellos, incómodos. Carraspeando. Consultando la hora, suspirando que era el momento de marcharse. Todas las cosas buenas tienen un final y los niños tienen clase mañana...

Hubo un movimiento en masa hacia el guardarropa. Se fueron marchando uno por uno, inclinándose ante los anfitriones. Bérengère balanceaba la cabeza como si comprendiese el sentimiento general de rápida retirada. Jacques Clavert se congratulaba: había saldado sus cuentas con los buñuelos y con su mujer.

Gaston Serrurier fue el último en partir, llevándose de la mano a Joséphine Cortès.

Se inclinó ante Bérengère, entregándole discretamente un papel doblado en cuatro. Susurró: «Ten cuidado, no la dejes por ahí, resultaría muy incómodo si cayese en manos malintencionadas...».

Era la factura.

En la calle, se giró hacia Joséphine y preguntó:

—Habrá usted venido en coche, supongo...

Ella asintió con la cabeza y se pasó el dorso de la mano sobre la frente para borrar un insistente dolor de cabeza.

—Voy a dejar mi coche aquí, volveré a buscarlo mañana. Creo que he bebido demasiado.

—Y usted no es de las que suelen beber demasiado.

Sonrió circunspecta, y asintió.

—Me siento un poco achispada esta noche. He bebido mucho porque estoy muy triste. No adivinaría usted hasta qué punto estoy triste.

—Triste y achispada. Vamos..., ¡sonría! Es el primer domingo del año.

Joséphine intentó caminar por el borde de la acera sin caerse. Extendió los brazos para conservar el equilibrio. Vaciló. Él la sujetó y la llevó hasta su coche.

—Voy a acompañarla a su casa...

—Es usted muy amable —respondió Joséphine—. ¿Sabe?, creo que me gusta mucho. Sí, sí... Cada vez que le veo, me infunde usted valor. Me siento guapa, fuerte, especial. Lo que en mi caso es... extraordinario. Incluso cuando me escupe usted el humo en plena cara, como el otro día en el restaurante... Tengo una idea para un libro. Pero no sé si debería contársela porque cambia constantemente. Tengo ideas, pero se evaporan. Se lo contaré cuando esté segura...

Se dejó caer sobre el asiento delantero del coche de Gaston Serrurier.

Tenía ganas de que la paseara por la noche de París. Sin destino preciso. Que recorriese los muelles. Tenía ganas de ver los reflejos negros del Sena, los brillos de la torre Eiffel, los blancos destellos de los faros de los coches. Que encendiese la radio y que se escuchara una suite italiana de Bach. Habría hecho como Catherine Deneuve en *El amor es un extraño juego*. Habría bajado la ventanilla, sacando la cabeza, cerrando los ojos, dejando que el viento jugara con su pelo y...

Se despertó a la mañana siguiente con un yunque, un martillo, una forja que le golpeaba la cabeza. Notó una presencia a su lado. Era Zoé.

Miró la hora. Las seis de la mañana.

—¿Estás enferma? —preguntó Zoé, con una vocecita inquieta.

—No —murmuró Joséphine incorporándose con dificultad.

—¿Puedo hablar contigo?

—Pero ¿no tenías que estar durmiendo en casa de Emma?

—Nos hemos peleado... ¡Ay, mamá! Tengo que hablarte... He hecho algo terrible, terrible...

Joséphine se recuperó inmediatamente. Se puso dos almohadas en la espalda, guiñó los ojos para mitigar la luz de la lámpara de la cabecera, acogió el peso de Du Guesclin sobre su cuerpo, le rascó, le acarició, le aseguró que era el perro más guapo del mundo, le devolvió a los pies de la cama y declaró:

—Te escucho, cariño. Pero antes, ve a buscarme una aspirina... O mejor dos... Me va a estallar la cabeza.

Mientras Zoé corría hasta la cocina, intentó recordar lo que había pasado la noche anterior... Enrojeció, se frotó las orejas, recordó vagamente a Serrurier dejándola al pie del edificio y esperando a que entrara en el vestíbulo para arrancar. ¡Dios mío! Había bebido demasiado. No estoy acostumbrada. No bebo nunca. Pero es que... Philippe y Dottie, Dottie y Philippe, la mesita de noche, su habitación, así que es verdad, duermen juntos, ella se ha instalado en su casa con todas sus cosas. Hizo un mohín y sintió cómo los ojos se llenaban de lágrimas.

—¡Aquí está, mamá!

Zoé le ofrecía el vaso y dos aspirinas.

Joséphine se tragó los comprimidos. Hizo una mueca. Cruzó los brazos. Declaró que estaba dispuesta a escuchar tratando de parecer lo más solemne posible. Zoé la miraba comiéndose las uñas como si no pudiese hablar.

—Preferiría que me hicieses preguntas... Sería más fácil. No sé por dónde empezar.

Joséphine reflexionó.

—¿Es grave?

Zoé asintió.

—¿Grave para siempre?

Zoé hizo una seña de que ésa no era una buena pregunta. No podía responderla.

—¿Es algo que has hecho?

—Sí.

—¿Algo que no me va a gustar?

Zoé asintió bajando la cabeza.

—¿Algo terrible?

Zoé le lanzó una mirada de derrota.

—¿Es terrible o puede volverse terrible? Zoé, tienes que ayudarme...

—¡Ay, mamá! Es terrible.

Hundió el rostro entre las manos.

—¿Es algo entre Emma y tú? —preguntó Joséphine intentando atrapar el pie de Zoé para acariciarlo.

Debía de tratarse de una disputa pasajera. Zoé no se enfadaba nunca con nadie. Intentaba siempre hacer las paces.

—No puedes haber hecho algo tan terrible, mi amor. Es imposible...

—Ay, sí, mamá...

Joséphine atrajo a su hija contra sí. Respiró sus cabellos, sintió el olor del champú de manzana verde, pensó ¡era tan fácil cuando era un bebé! La acunaba, la besaba, le cantaba una canción y la pena desaparecía.

Entonó con voz suave había una vez un barquito chiquitito, había una vez...

Zoé se puso tensa y protestó.

—¡Mamá! ¡Ya no soy un bebé!

Y después soltó de golpe:

—Me he acostado con Gaétan.

Joséphine se sobresaltó. Así que era cierto...

—Pero me habías prometido que...

—Me he acostado con Gaétan y desde entonces, mamá, desde entonces..., él está raro.

Joséphine inspiró profundamente y reflexionó.

—Espera, querida... ¿Por qué estás triste? ¿Porque te has acostado con él traicionando tu promesa o porque, desde entonces, él está..., como dices, «raro»?

—¡Por las dos cosas, mamá! Y para colmo, Emma dice que ya no quiere ser mi amiga...

—¿Y por qué?

—Porque no conté con ella... antes de hacerlo. Dice que la he ignorado en este asunto... Y yo digo que no tuve elección porque no lo pensé realmente, porque no sabía que iba a pasar...

El yunque, la forja y el martillo volvieron a golpear en la cabeza de Joséphine, que intentó recuperarse otra vez y decidió examinar los problemas uno por uno.

—¿Por qué te acostaste con él, cariño? ¿Recuerdas lo que habíamos hablado?

—Es que no calculé nada, mamá. Estábamos en el sótano y...

Le contó lo de la vela blanca, la botella de champaña, la oscuridad, los pasos en el pasillo, el miedo, y después el deseo...

—Fue algo natural... No tuve la impresión de hacer algo malo...

—Te creo, cariño...

Zoé, aliviada, se acurrucó contra su madre. Frotó la nariz contra su pecho, suspiró. Resopló. Se incorporó y...

—¿Estás enfadada conmigo?

—No, no estoy enfadada. Sólo lamento que hayas ido tan deprisa...

—¿Y por qué él está tan raro desde entonces? No llama, siempre soy yo la que llamo, y parece ausente. Me contesta porque se siente obligado, pero nada, ni una palabra amable, ni una palabra dulce... No sé qué hacer...

Si pudiese ayudarla..., pensó Joséphine mirando cómo Zoé se mordía los labios, fruncía el ceño y se contenía para no llorar.

—Quizás no estoy hecha para el amor...

—¿Por qué dices eso?

—Tengo miedo, mamá... Me gustaría que me pasara el tiempo por encima sin que me diese cuenta... Seguir teniendo siempre quince años... El secreto está en repetirse a todas horas no creceré, no creceré...

—No digas eso, Zoé. Al contrario, debes pensar que la vida va a traerte un montón de cosas nuevas, cosas diferentes... que no conoces, y por eso tienes miedo. Siempre se tiene miedo ante lo desconocido...

—¿Tú crees que los hombres, cuando te han conseguido, ya no te quieren más?

—¡Que no! Y además, Gaétan no te ha «conseguido»... Gaétan está enamorado de ti.

—¿Lo crees de veras?

—¡Claro!

—Yo quiero a Gaétan y no quiero que sea un idiota...

—Pero si no es un idiota, cariño... Estoy segura de que tiene un problema. Quizás es que le ha pasado algo tan terrible que no se atreve siquiera a decírtelo. Siente vergüenza, se imagina que le vas a abandonar cuando te enteres... Pregúntale. Dile sé que te ha pasado algo grave que no quieres contarme... y verás, te lo contará y te sentirás aliviada.

—Porque, ¿sabes?..., con Emma, antes de pelearnos, fuimos a un café con un grupo de amigos y allí... oí a los chicos hablar de chicas. Y hablaban de chicas de una forma... ¡HORRIBLE! Hablaban de amigas nuestras. Decían ésa es un putón, se la puede tirar cualquiera. La otra tiene una cara asquerosa, pero está buenísima. Estábamos justo al lado y ¡decían unas cosas! Y lo peor es que no me atreví a decir nada. Emma y yo nos fuimos y volvimos a su casa. Y entonces pensé en Gaétan y me dije que, a lo mejor, habla de mí así, a lo mejor le cuenta nuestra noche a todos sus amigos. Qué mal.

—¡Que no! Cómo puedes pensar que...

—¡Nosotras nunca hablamos así de los chicos! Te lo juro, era horrible. Y no eran ellos los cerdos, eran las chicas. Todas unas guarras, de usar y tirar. ¡No había ningún tipo de sentimiento, mamá, ninguno! Yo me sentí asqueada. Y entonces le conté a Emma lo de Gaétan y entonces, de pronto, va y me dice que está muy cabreada porque no le dije nada antes..., que no la considero una amiga, una amiga de verdad, y nos peleamos... Mamá, no entiendo nada del amor, nada de nada...

¿Y yo qué?, pensó Joséphine. Soy una ignorante, una auténtica cateta. Debería existir un código de buena conducta, unas reglas que seguir. Para Zoé y para mí, sería lo ideal.

Nosotras no tenemos armas para internarnos en los laberintos del amor y comprender su estrategia. Nos gustaría que el camino fuera recto, que fuera siempre bonito, bonito y puro. Nos gustaría darlo todo y que el otro lo tomase. Sin cálculos ni suspicacias.

—Mamá, ¿qué es lo que quieren los hombres?

Joséphine se sentía terriblemente impotente. Un hombre no te quiere por tus virtudes, un hombre no te quiere porque estás siempre ahí, un hombre no te quiere si eres un soldado fiel. Un hombre te quiere por una cita a la que no acudes, un beso que rechazas, una palabra que no pronuncias. Serrurier lo había dicho ayer mismo, ante todo no hay que ser previsible.

—No lo sé, Zoé... No hay reglas, ¿sabes?...

—¡Pero tú deberías saberlo, mamá! Tú eres vieja...

—¡Muchas gracias, cariño! —dijo Joséphine riéndose—. ¡Eso me devuelve el ánimo!

—¿Quieres decir que nunca se sabe? ¿Nunca?

Joséphine asintió, desconsolada.

—¡Pero eso es horrible! Hortense no se plantea esos problemas...

—¡Deja de compararte con Hortense!

—¡Ella no sufre! Entre Gary y su trabajo, no lo ha dudado. Ha hecho las maletas y se ha marchado. Ella es fuerte, mamá, es extraordinariamente fuerte...

—Hortense es Hortense...

—Y no nos parecemos a ella...

—¡Para nada! —sonrió Joséphine, que empezaba a encontrar la situación bastante divertida.

—¿Puedo dormir contigo hasta que suene el despertador para ir a clase?

Joséphine se apartó y dejó sitio a Zoé que fue a acostarse contra ella. Se enrolló un mechón de pelo en el pulgar. Se metió el dedo en la boca y declaró:

—Estoy harta de los chicos que no respetan a las chicas. Y lo peor es que yo me quedé callada como una estúpida. ¡No quiero que vuelva a ocurrir! Los tíos no son mejores que nosotras. ¡Nosotras también tenemos algo entre las piernas!

* * *

Mientras Joséphine y Zoé dormían en París, con la nariz de una pegada al cuello de la otra, Hortense se levantaba en Londres. Café solo, tres terrones de azúcar, pan integral, mantequilla, zumo de limón y estiramientos de gato desconfiado. Tenía un mes y medio para realizar los dos escaparates. Un mes y medio y un presupuesto de camella famélica buscando arbustos en el desierto. Miss Farland había aprobado su idea, se había guardado su bolígrafo bailarina de striptease de Pigalle, tamborileó con sus largos dedos de uñas rojo vampiro sobre la mesa y soltó: tres mil libras, tiene usted tres mil libras para sus escaparates...

—¡Tres mil libras! —había exclamado Hortense, con la boca como una O indignada—, ¡pero si eso es una miseria! Tendré que contratar a un ayudante, construir un decorado, alquilar una furgoneta para transportarlo todo, encontrar los maniquíes, los vestidos, un fotógrafo, tengo un montón de ideas, pero con tres mil libras ¡no podré hacer nada!

—Si no está contenta, ceda su lugar... ¡Hay un montón de pretendientes!

Había señalado con el mentón la pila de candidaturas sobre su mesa.

Hortense se había tragado su indignación. Se había levantado con estilo y una gran sonrisa, y se había marchado con un paso que deseaba que fuese tranquilo. Al salir se había cruzado con la mirada socarrona de la secretaria. La había ignorado, había cerrado suavemente la puerta del despacho, había respirado profundamente y había empezado a dar patadas al marco del ascensor.

—Tres mil libras —suspiraba cada mañana, anotando un nuevo gasto en la ya larga lista.

No se le pasaba el enfado. Murmuraba tres mil libras bajo la ducha, tres mil libras lavándose los dientes, tres mil libras poniéndose sus vaqueros agujereados, tres mil libras empolvándose la nariz. Tres mil libras, una afrenta. Una propina para la señora de los aseos. Desde que era niña sabía que, sin dinero, no eras nada, y que, con dinero, lo eras todo. Ya podía su madre repetirle lo contrario, hablarle del corazón, del alma, de la compasión, de la solidaridad, de la generosidad y otras chorradas de las que no creía una palabra.

Sin dinero, a una no le queda otra que sentarse en una silla y llorar. No puedes decir no, no puedes decir elijo, no puedes decir quiero. Sin dinero no eres libre. El dinero sirve para comprar la libertad por metros. Y cada metro de libertad tiene su precio. Sin libertad, uno inclina la cabeza, deja que la vida pase por encima y dice gracias. ¿Qué habría hecho Chanel en su lugar? Habría encontrado un hombre que la financiara. No por amor al dinero, sino por amor al trabajo. Como yo. Deme dinero que yo le dejaré impresionado y haré maravillas. ¿A quién podría decir eso? Nunca he tenido un amante rico. Boy Capel tenía caballerizas, bancos, títulos, grandes casas llenas de flores, de criados y de jerséis de cachemira que no picaban. Mi amante es el nieto de la reina, pero siempre lleva la misma camiseta, la misma chaqueta ajada e imita a las ardillas en el parque.

Y además estamos peleados.

Entonces escribía columnas de cifras para calcular los gastos. Los maniquíes, el precio del alquiler del estudio, los honorarios del fotógrafo, las fotos que había que transformar en carteles gigantes, la ropa y los accesorios, el decorado, los derechos del vídeo de Amy Winehouse, etc. Buscaba en vano una cifra que poder tachar. No la encontraba. Todo costaba dinero. ¿Y quieren que no lo tenga en cuenta? Volvía a la hipótesis del amante rico. ¿Nicholas? Tenía ideas, relaciones, pero ni un céntimo y brazos enclenques de urbanita. No podría ni servirme de transportista. ¿Y los otros, los anteriores? Los había maltratado demasiado para pedirles un favor. Ni siquiera estaba segura de que sus compañeros de piso quisieran ayudarla. Desde su comentario ante el suicidio de la hermana de Tom, estaban algo distanciados de ella. Tendría que aprender a ser buena, se dijo.

Y estuvo a punto de atragantarse.

¿Quién? A quién visitar y decirle confíe en mí, deme dinero, lo conseguiré. Apueste por mí, no se arrepentirá.

¿Quién podría escuchar eso sin tacharla de pedante y pretenciosa? No soy pretenciosa, soy Gabrielle antes de Coco, pronto tendré mi marca, mis desfiles, mis fanáticos, reinaré en las primeras páginas de las revistas con frases que aparecerán en letras de molde. Lo tengo todo pensado. «La moda no es una fobia, una locura, un despilfarro frívolo, sino la traducción de una sinceridad, de una autenticidad de sentimientos, de una exigencia moral que da aplomo y gracia a la mujer. La moda no es superficial, la moda tiene raíces profundas en el mundo y en el alma. La moda tiene un sentido...». Los periodistas se asombrarán. Repetirán mis opiniones. Las escribirán en sus artículos. Es esa clase de prestigio moral, esa forma de comentario dirigido lo que tendría que vender a un pichón. Un pichón inteligente, fino, sofisticado, con una buena cuenta bancaria.

Y ésos no se encontraban al doblar una esquina.

A ese pichón sofisticado deberá gustarle mi idea del detalle. Explicarle que las mujeres encuentran su belleza fundiéndose en un conjunto y destacando dentro de él gracias a un ínfimo detalle, un detalle que las caracteriza. Debo venderle una hermosa historia al pichón, un bello argumento que aúne el esnobismo de la cultura con la idea de la belleza. Le dejaré con la boca abierta y me abrirá su cartera de par en par.

Cuando pensaba de esa forma, sentía confianza. Enderezaba los hombros, alzaba el mentón, entornaba los párpados y se imaginaba cubierta de ofertas de trabajo. Pero cuando buscaba un nombre para apuntar, en tanto que pichón sofisticado con una buena cuenta bancaria, le entraba el pánico... ¿Dónde encontrarlo? ¿Por qué calle de Londres paseaba? ¿Acaso su nombre estaba en la guía?

Ella no tenía amigos. Nunca había creído en la amistad. Nunca había invertido en ese sentimiento. ¿Existía una página en Internet donde alquilar amigos por meses, el tiempo de triunfar con dos escaparates? El tiempo de hacerles currar como esclavos y después despedirles con una sonrisa en los labios. Gracias, chicos, ahora ya podéis volver a casa... Los amigos están para hacer favores gratuitamente. Y necesitaba amigos con urgencia.

Pensó de nuevo en sus compañeros de piso. Sam se había ido, pero Tom, Peter, Rupert... Decidió que no era buena idea. Nunca se dejarían tratar como esclavos. ¿Y el nuevo? ¿Jean el Granulado? Él estaría encantado de que le pidiera un favor. Era tan feo... Casi deforme. De hecho, podría aparcar en las plazas para discapacitados de los aparcamientos.

Desde que se había mudado con ellos, se había dejado crecer un bigotito rubio bajo su nariz de roedor. Había algo en ese chico que la incomodaba. Tenía la impresión de haberle visto antes. Una reminiscencia del pasado que no le traía nada bueno. Un aire conocido... Y sin embargo, no sé quién es. Se negaba a hablar en francés con ella, con el pretexto de mejorar su inglés. Tiene un acento que huele a sardina de Vieux-Port.

—¿De dónde vienes?

—De Aviñón...

—Pues hubiera apostado a que eras de la parte de La Canebière...

—¡Habrías perdido!

Eso último se le había escapado en francés. Había estallado con unas sílabas coloridas y atronadoras. De pronto la casa empezó a oler a bullabesa y a pastís. Su frente había enrojecido y sus granos habían parpadeado como una tragaperras que da un premio. No sabía lo que le resultaba familiar, si los granos o el acento. O los dos, quizás...

No sería él quien invertiría en sus escaparates. No tenía un céntimo. Trabajaba para pagarse los estudios: camarero contratado en las fiestas, limpiador en Starbucks, pinche en

McDonald's, paseador de perros de ricos. Era el rey de los trabajitos, de los que volvía colorado, sudoroso y parpadeando.

A veces, cuando Hortense le daba la espalda, tenía la impresión de que la miraba fijamente. Se volvía de repente y él miraba a otra parte. Quizás sea yo la que me siento incómoda con él... La vida es injusta. ¿Por qué algunos nacen guapos, encantadores, vagos y otros feos y requetefeos? A mí me tocó la lotería al nacer. Tatachán, tendrás el talle fino, las piernas largas, el cutis de nácar, un cabello denso y con reflejos brillantes, los dientes blancos y unos ojos que fulminen a los chicos... Abracadabra, tendrás el pelo graso, agujeros de obús en la cara, la nariz de un roedor y los dientes como palillos. Ella se lo agradecía a la providencia y, a veces, cuando se ponía sentimental, a sus padres. A su padre, sobre todo. Cuando era pequeña, se encerraba en su armario y respiraba el olor de sus trajes, inspeccionaba la longitud de las mangas, el forro de una chaqueta, el acabado del bolsillo para el pañuelo. ¿Cómo había podido elegir a una mujer tan insignificante como su madre? Esa pregunta la sumió en un abismo de reflexión del que emergió inmediatamente. No tenía tiempo que perder.

Entonces pensó en Gary, en el encanto de Gary, en la elegancia de Gary, y se quedó pensativa, masajeando el pequeño vacío de angustia que se le formó a la altura del plexo. Gary, Gary... ¿Qué estaría haciendo? ¿Dónde estaba? La odiaba. No quería volver a verla. ¿O la había olvidado ya? Le daba igual que la odiara, pero no quería que la olvidase. Después se repuso. No iba a dejar que un chico estropease su buen humor y su energía. ¡No, gracias! Ya pensaría en Gary más tarde, cuando hubiese solucionado el problema del pichón forrado.

Volvió a su presupuesto y se rascó la cabeza, perpleja.

Nicholas. Tenía que empezar por él. Necesitaría su ayuda. Sus consejos. Al fin y al cabo, no había llegado porque sí a ser director artístico de la prestigiosa revista *Liberty*, con su hermosa fachada Tudor en Oxford Street.

Le llamó, se citó con él en el bar del Claridge. Pidió dos copas de champaña rosado. Él la observó, asombrado. Ella añadió invito yo, tengo algo que pedirte, y le expuso su problema. Mencionó la posibilidad de un préstamo. Él la cortó inmediatamente.

—No tengo ni un penique para invertir en tu empresa.

Era brutal, pero claro.

Hortense encajó el golpe, reflexionó unos segundos y volvió al ataque:

—Tienes que ayudarme, eres mi amigo.

—Sólo cuando te conviene... Si no, soy una especie de felpudo en el que te limpias los zapatos.

—Eso es falso.

—Es cierto. Hablemos de eso, si quieres... Hablemos de todas las veces que me has tratado como...

—¡Para inmediatamente! Tengo demasiados problemas que solucionar como para empezar a arreglar viejas cuentas que no me interesan. Te necesito, Nicholas, tienes que ayudarme.

—¿A cambio de qué? —preguntó él llevándose la copa de champaña a los labios.

Hortense le miró con la boca abierta.

—A cambio de nada. No tengo dinero, me cuesta sobrevivir con la paga mensual de mi madre y...

—Piensa un poco...

—¡Oh, no! —gimió—. No irás a pedirme que me acueste contigo...

—Efectivamente. Y con un fin pedagógico.

—¿Así es como lo llamas?

—La última vez que comimos juntos, dejaste entender que era una piltrafa. Quiero saber por qué y que me enseñes a mejorar. Me has hecho daño, Hortense...

—No era mi intención...

—¿Piensas realmente que no soy nada del otro mundo en la cama?

—Pues... sí.

—Gracias. Muchas gracias... Ahora soy yo el que va a hacer un trato contigo: tú pasas algunas noches conmigo, me enseñas el arte de hacer gozar a una chica y yo te abro las puertas de mis talleres, dejo que te lleves prestados vestidos y abrigos, bufandas y botines, te doy ideas y te ayudo. En resumen, volvemos a ser una pareja y, si mejoro, consigo conservarte.

—¡Pero si ese tipo de cosas no se pueden aprender! —suspiró Hortense, desanimada—. Se nace con esa ciencia, con esa curiosidad por el cuerpo del otro, ese apetito...

—Y tú pretendes que yo no lo tengo...

—¿Quieres realmente saber lo que pienso? Te lo advierto, me vas a odiar...

—No, prefiero que no... Guárdate tus opiniones para ti sola.

—Creo que será lo mejor.

—¿Me lo dirás un día?

—Te lo prometo. Lo más tarde posible...

Nicholas se puso tenso, intentó guardar la compostura, la expresión de que todo aquello le traía sin cuidado, renunció y soltó:

—De acuerdo, te ayudo, te abro las puertas de mis reservas y te facilito las cosas, pero no se lo cuentes a nadie... En *Liberty* no deben saber que te he ayudado y que la mitad de su vestuario aparece fotografiado en Harrods...

Hortense se le echó al cuello, le besó con ganas, murmuró a su oído te quiero, ¿sabes?, te quiero a mi manera y, de todas formas, yo no quiero a nadie, así que date por satisfecho... Él se defendió, intentó rechazarla, ella le abrazó, apoyó la cabeza sobre su hombro hasta que él se dejó llevar y le pasó el brazo alrededor del talle.

—¿Acaso era tan malo? —prosiguió.

—Un poco torpe... Un poco aburrido... Parece que folles con un manual técnico en la mano, uno, le toco el seno derecho, dos, el seno izquierdo, tres, pellizco, acaricio, después...

—Creo que lo he entendido, pero... ¿podrías decirme lo que debo hacer?

—¿Darte lecciones sin pasar a la acción?

Asintió con la cabeza.

—De acuerdo. Entonces, lección número uno, muy importante: el clítoris...

Él enrojeció violentamente.

—No. Ahora no. Aquí no... Una noche que hayamos bebido un poco y estemos muy cansados de trabajar... ¡Eso nos servirá de distracción!

—¿Sabes qué, Nico? ¡Te adoro!

Pidió otras dos copas de Ruinart rosado y suspiró. ¡Dios mío! Me voy a arruinar. ¡Bueno! Dejaré de comer durante una semana. O iré a Tesco, a las cajas automáticas. Compraré pescado y marcaré patatas. Y lo mismo con las frutas y verduras, cereales y huevos, ¡marcaré patatas para todo! ¡Pataplum, cambiaré las etiquetas!

Establecieron un plan, un plan de batalla para que todo estuviese listo a tiempo. Para encontrar un fotógrafo y modelos que aceptasen trabajar sin salario. Para transportar decorados, ropa, fotos y demás... Habrá que alimentar a esa gente que va a trabajar para ti de gorra, le hizo notar Nicholas. Recortaron gastos inútiles y Nicholas llegó a la misma cifra que Hortense: seis mil libras. Faltaban tres mil.

—¿Ves? —murmuró Hortense, abatida—, tenía razón.

—Y yo no puedo ayudarte, ni tengo padres ricos ni un tío forrado.

—¿Pedimos una tercera ronda? Ya puestos...

Y pidieron por tercera vez una copa de Ruinart rosado.

—Sí que han elegido bien el nombre de este champaña —dijo Hortense, maldiciendo.

—Oye —resopló Nicholas considerando la lista de gastos irreducibles—, ¿tú no tenías un tío rico que vivía en Londres? Ya sabes, el marido de tu tía, la que fue..., esto..., en el bosque...

Hortense golpeó la mesa con las dos manos.

—¿Philippe? ¡Pues claro! ¡Qué tonta soy! ¡Me había olvidado completamente de él!

—¡Pues bien! Sólo tienes que llamarle...

Y eso fue lo que hizo al día siguiente. Se citaron en Wolseley, en el 160 de Piccadilly Street, para comer.

Philippe ya estaba instalado cuando Hortense abrió la puerta del restaurante donde era obligatorio comer en Londres. Él la esperaba leyendo el periódico. Le observó de lejos: era un hombre guapo de verdad. Muy bien vestido. Una chaqueta de tweed verde oscuro con finas rayas azules, un polo

Lacoste verde botella de manga larga y cuello levantado, un pantalón de pana marrón glacé, un bonito reloj clásico... Estaba orgullosa de ser su sobrina.

No abordó el tema enseguida. Preguntó primero por Alexandre, por sus estudios, sus amigos, sus pasatiempos. ¿Qué tal estaba su primo? ¿Se había adaptado bien al liceo francés? ¿Le gustaban los profesores? ¿Hablaba de su madre? ¿Estaba triste? La suerte de Alexandre le importaba bien poco, pero pensaba enternecer a su tío y preparar el terreno para plantear su petición. A los padres les encanta que se les hable de su progenitura. Se inflan como gallinas cluecas. Están convencidos de haber puesto el huevo más hermoso del mundo y les gusta que se lo digan. Fue añadiendo todo tipo de mimos, lisonjas y mieles. Que si quería mucho a su primo aunque se vieran poco, que si le parecía guapo, inteligente, diferente de los otros niños, más maduro. Philippe la escuchaba sin decir nada. Hortense se preguntó si aquello era buena señal. Después leyeron el menú, pidieron dos platos del día, dos *roast landaise chicken with lyonnaise potatoes*. Philippe le preguntó si quería un vaso de vino y qué podía hacer por ella, pues sabía perfectamente que no le había llamado para hablarle de Alexandre, pues su primo era la menor de sus preocupaciones.

Hortense decidió no tener en cuenta la alusión a su indiferencia. Eso la desviaría de su objetivo. Explicó que había sido elegida entre miles de candidatos para decorar dos escaparates en Harrods, que había tenido una idea y...

—... tengo la impresión de que no lo conseguiré. ¡Todo es tan complicado y tan caro! Tengo muchas ideas, pero me topo siempre con problemas financieros. Lo más terrible del dinero es que de golpe todo se hace pesado, muy pesado. Una idea parece maravillosa y después haces un presupuesto y la idea pesa toneladas. Por ejemplo, para transportar el material, necesitaré un coche. ¡Qué digo un coche, una furgoneta! Y también tendré que dar de comer a toda esa gente. Voy a pedir a mi casero, que tiene un restaurante indio, que me haga una gran cacerola de pollo al curry a precio reducido, a cambio de citarle en los títulos de crédito... Pero... Hay tanto trabajo, tanta organización...

—¿Cuánto te falta? —dijo Philippe.

—Tres mil libras —soltó Hortense—. Y si pudiese tener cuatro mil, sería maravilloso.

La miró sonriendo. Extraño animal, pensó, audaz, desvergonzada, guapa... Sabe que es guapa, pero le da igual. Se sirve de ello como herramienta. Un *bulldozer* que allana las dificultades de la vida. Lo que pierde a las mujeres guapas, lo que las vuelve insípidas y a veces estúpidas, es saber que son hermosas. Se amodorran sobre su belleza como sobre una tumbona. Iris se amodorró toda su vida. Y eso la perdió. Hortense no se amodorra. Puede leerse en su rostro la determinación, la seguridad, la ausencia de duda. Esa duda tan preciada que añade un ligero temblor a la belleza...

Hortense esperaba, incómoda. Detestaba estar en la situación del que pide. Es tan humillante pedir... Esperar la buena voluntad del otro. ¡Me mira como si me sopesara! Me va a dar un discursito, como mi madre. El esfuerzo, el mérito, la constancia, los grandes valores del alma. Me sé la cantinela de memoria. No me extraña que se lleve bien con mamá. Por cierto, ¿en qué punto estarán? ¿Todavía se ven, o se flagelan en recuerdo de Iris y promueven la abstinencia? No me extrañaría de ellos esa actitud estúpida. Interpretan

El Cid en tecnicolor. Honor, conciencia, deber. Los amores entre viejos apestan. Meten el sentimiento por todas partes y lo vuelven mugriento. Tengo ganas de marcharme y dejarle plantado... ¡Pero qué mosca me picó cuando acepté! ¿Qué decía Salvador Dalí sobre la elegancia? «Una mujer elegante es una mujer que te desprecia y que no tiene vello bajo los brazos». ¡Y yo estoy aquí a sus pies suplicándole con un matojo debajo de cada brazo! Si no abre la boca en dos segundos y medio, me levanto y le digo que ha sido un error, un terrible error, que lo siento y que nunca más, nunca...

—No te voy a dar ese dinero, Hortense.

—Ah...

—No porque no crea en ti, al contrario, pero no te haría ningún favor. Si te dijese que sí, sería demasiado fácil. Y hay que ser alguien realmente fuerte para resistirse a la facilidad.

Cansada, abatida, Hortense le escuchaba. No tenía fuerzas para contestarle. Bla, bla, bla, ahora es su turno de servirme miel en forma de moral. ¡Me lo merezco! Sabía que era una mala idea, porque no era mía. Hay que fiarse siempre de uno mismo, no escuchar a los demás. No sólo me dice que no, sino que encima me sermonea.

—¡Ahórrate las lisonjas! —gruñó sin mirarle.

—Además —prosiguió Philippe haciendo caso omiso de la explosión de mal humor de su sobrina—, pienso sinceramente que si bien los regalos pequeños consolidan la amistad, los grandes la comprometen... Si te doy ese dinero, te creerás obligada a ser amable conmigo, a hablarme de Alexandre, que te importa un rábano, incluso a estar con él, y empezarán los malentendidos... Mientras que si no me debes nada, no te sentirás obligada a fingir, ¡y seguirás siendo la niña malcriada que tanto me gusta!

Hortense permanecía erguida e intentaba recuperar su orgullo sin perder la compostura.

—Lo entiendo, lo entiendo muy bien... Seguramente tienes razón. Pero necesito tanto ese dinero... Y no sé a quién dirigirme. ¡Yo no conozco a ningún millonario! Mientras que tú... estás forrado. ¿Por qué las cosas son tan fáciles cuando se es viejo y tan duras cuando se es joven? ¡Debería ser al contrario! Debería hacerse todo lo posible para animar a los jóvenes...

—¿No puedes pedir un préstamo a tu escuela? ¿O a un banco? Tienes un buen expediente...

—No tengo tiempo. Le he dado muchas vueltas a la cabeza, no encuentro la solución...

—No hay problema sin solución. Eso no existe.

—¡Eso es muy fácil de decir! —exclamó Hortense, a quien la lección empezaba a parecerle demasiado larga.

Miró su pollo asado y pensó en el pichón forrado que se le escapaba. Seguro que está pensando en Iris. Ella le amaba como quien ama a un cheque en blanco. Eso no es muy gratificante para un hombre.

—¿Estás pensando en Iris cuando me sueltas toda esa palabrería?

—No es palabrería.

—¡Pero yo no soy como ella! ¡Yo trabajo duro! Y no pido nada a nadie. Salvo a mamá, pero estrictamente lo mínimo...

—Iris también, al principio, trabajaba duro. En Columbia era una de las alumnas más brillantes de su grupo y después... todo se volvió demasiado fácil. Pensó que le bastaba con sonreír y aletear las pestañas. Dejó de trabajar, de tener ideas. Se dedicó a manipular, a hacer trampas... Al final terminó engañando a todo el mundo, ¡incluso a sí misma! A los veinte años era como tú, y después...

¡Qué deprisa cambian las cosas!, pensó Hortense. Cuando llegué era un hombre apuesto y, de pronto, parece triste. Ha bastado con que mencione el nombre de Iris para que su hermosa seguridad se desvanezca y para que retroceda a tientas hacia el pasado.

—Yo fui el primer responsable. La ayudé a acomodarse en la vida, fomenté sus ilusiones. ¡La tenía en tan alta estima! Acepté todas sus mentiras. Creí que la amaba... No hice más que estropearla. Hubiera podido ser alguien formidable.

Murmuraba, como si hablara consigo mismo, frívola, tan frívola...

Hortense dio un respingo y protestó:

—Todo eso es pasado. No me interesa. Lo que me interesa es el presente. Ahora. Lo que voy a hacer dentro de una hora. A quién me dirijo, cómo me las arreglo... ¡Lo demás me da igual! No es problema mío. Cada uno es responsable de su vida, Iris dejó escapar la suya, peor para ella, pero yo ¡debo encontrar tres mil libras o me corto las venas!

Philippe la escuchaba y se decía tiene razón. No debe pagar por la frivolidad de su tía. Ella es diferente, pero yo no quiero ser el artífice indirecto de su infelicidad.

El camarero vino a preguntarles si deseaban postre. Hortense no lo oyó. Ni siquiera había tocado su pollo asado. Ante su expresión de desánimo, Philippe dejó de pensar en Iris y volvió al presente:

—Te voy a decir lo que vas a hacer...

Hortense le miró fijamente, huraña.

—Escribirás una carta de intenciones. Bien estructurada: punto a, punto b, punto c... Menciona Saint-Martins, explica tu trayectoria, cómo fuiste elegida entre cientos de candidatos, cómo tuviste la idea, cuál es tu idea, cómo esperas desarrollarla, cuál es tu presupuesto, y yo te pondré en contacto con un inversor que, eventualmente, te hará ese préstamo o ese donativo, eso dependerá de tu habilidad para venderte... Tu suerte estará en tus manos y no en las mías. Emocionante, ¿no?

Hortense asintió. Una sonrisa pálida volvió a sus labios. Y después una auténtica sonrisa de calabaza de Halloween. Se relajó, se destensó. El desafío que le proponía le daba nuevas fuerzas. Buscó los cubiertos para atacar su pollo asado al estilo de las Landas y se dio cuenta de que el camarero se había llevado cubiertos y plato. Se quedó sorprendida, se encogió de hombros y cogió un colín que mordió con avidez. Tenía hambre y ahora estaba segura de poder obtener las tres mil libras que le faltaban.

—Siento lo que te dije sobre Iris, quizás he sido un poco violenta...

—Vamos a dejarnos de florituras entre nosotros, ¿de acuerdo?

—De acuerdo..., ¡se acabaron las florituras!

—Sólo tendrás que encontrar un argumento que halague al mecenas, hacerle creer que va a introducirse, gracias a ti, en el mundo del arte. A la gente que tiene mucho dinero le gusta pensar que tiene también mucho gusto y sentido de lo artístico. Presenta tus escaparates como una exposición, más que como una simple imagen de moda...

—Lo sé —respondió Hortense—, ya había desarrollado toda una argumentación que pretendía utilizar con Pichón Sofisticado. Se la endosaré...

Philippe sonrió, divertido.

—Porque, como ves, Philippe, yo no soy frívola, sino ligera... ¡Ligera en apariencia y rabiosa en el fondo! Nada me detendrá.

—Me encanta saberlo.

Fue a ver a Nicholas a *Liberty*. En medio de la agitación de su despacho, le pareció más guapo, más importante, más seductor. Casi misterioso. Se detuvo, atónita, y le dedicó una mirada afectuosa.

Él no se dio cuenta, debido a su excitación: había encontrado a un fotógrafo que aceptaba trabajar gratis.

—¿Tan malo es? —dijo Hortense.

—No, está intentando hacerse un book... Como es chino, le cuesta mucho conseguir visado y nunca puede viajar a Milán o a París, y eso le perjudica... La idea de ver su nombre en Harrods, trabajar para una francesa y además chica de Saint-Martins le motiva mucho, así que sé amable con él.

—¡No voy a morderle! ¡Haces que parezca un monstruo!

—Te espera en el pasillo.

Hortense se sobresaltó.

—¿Es ese gnomo peludo que mide un metro diez subido a una escalera?

—¡Eso es exactamente lo que quería evitar que dijeras! Es un fotógrafo muy bueno, que nos va a hacer unas fotos estupendas, y sin cobrar ni un céntimo... Así que compórtate.

Hortense le miró con aire circunspecto.

—¿Estás seguro de que es bueno?

Nicholas suspiró.

—Hortense, ¿crees de verdad que tienes tiempo de discutir cada una de mis decisiones? No. Así que confía en mí...

E hizo entrar a Zhao Lu, que les estrechó la mano con efusión, se quedó mirando a Hortense, maravillado, comiéndose con los ojos a esa señorita tan guapa que le contemplaba desde lo alto y sin dejar de repetir *it's wonderful, it's wonderful** en cada frase que pronunciaba.

Esa noche, al volver a casa, Hortense estaba rendida, pero feliz. La jornada había sido buena, pataplum, Philippe iba a presentarle a un pichón forrado, cataplum, había encontrado a un fotógrafo, chimpum, habían seleccionado dos modelos altas y elegantes que aceptaban trabajar por la fama. Pataplum, cataplum, chimpum, el proyecto tomaba forma.

Encontró a Jean el Granulado solo en la penumbra del salón. Estaba viendo la tele, con los pies sobre la mesa baja. O más bien, constató Hortense, dormía delante de la tele. Ese chico se pasaba el día durmiendo. ¡Qué dejadez!, pensó al verlo así.

Al enterarse de la marcha de Sam, habían puesto un anuncio en gumtree.com. Y habían empezado las visitas. Se había presentado una pareja de lesbianas, hola, somos dos lesbianas guays, buscamos un piso majo para compartir, ¿os molesta que seamos lesbianas? ¿No? Perfecto. También somos algo nudistas. Nos encanta pasearnos en pelotas y tam-

* «Es maravilloso, es maravilloso».

bién nos gusta mucho que un hombre nos mire cuando... esto... ¿No os molesta? Sobre todo si es un indio. ¿Alguno de vosotros es indio?

Una estudiante de derecho que llevaba sandalias y una falda larga plisada que había recorrido la casa diciendo ¡qué sucio!, ¡qué sucio está esto! Sacaba un pañuelo del bolsillo y limpiaba los pomos de las puertas antes de entrar.

O ese otro que no se había desplazado y había respondido al anuncio por Internet.

«Encantado de saber que hay un gran armario empotrado en la habitación, pero no lo voy a necesitar puesto que soy cien por cien gay. Estoy loco por la moda y tiro la ropa después de habérmela puesto. No mencionáis en el anuncio si sois gays o no, porque si hay algún gay entre vosotros, estaría encantado. Tengo veinticinco años, vengo de Mali, vivo en Londres desde hace cuatro años. Acabo de romper con mi novio. ¿Os molestaría que trajese chicos a casa? Voy a necesitar divertirme para olvidar. Tengo unos colgantes rosas muy bonitos de mi país que podríamos poner en el salón. También tengo una colección de revistas porno que os prestaré encantado. ¡Respondedme si estáis interesados, chicos!».

Peter ponía cara de enfadado. Se limpiaba las gafas redondas y declaraba que no lo encontraba nada gracioso. Descartaron también a los candidatos que proponían venir con ratas, comadrejas, pitones o loros; a los vegetarianos, a una chica con burka y a otra que sólo comía curry y no se lavaba.

Cuando Jean el Granulado se presentó, fue aceptado enseguida. Les salvaba de los lunáticos, de las chicas exhibicionistas y del malí en celo.

Hortense decidió que no tenía ganas ni de despertarle ni de darle conversación. Se metió en su cuarto a pensar en todo lo que le quedaba por hacer.

Tenía que escribir la carta para Philippe...

* * *

Jean el Granulado, según su partida de nacimiento, se llamaba Jean Martin.

Jean Martin no dormía. Jean Martin estaba viendo la televisión. Cuando Hortense había entrado, había cerrado los ojos y los había vuelto a abrir en cuanto ella le había dado la espalda.

La Peste.

Lo pagaría. Todavía no sabía cómo, pero esa chica iba a pagarlo.

Pagaría primero por su propia maldad, y por todos los que le llamaban bubón ambulante o col rellena. Su infierno había empezado a la edad de catorce años, cuando apareció el primer grano purulento. Primero, una ligera hinchazón que pica, después una costra roja que se extiende, se infla, surge una punta blanca, llena de pus, y el pus que se derrama, infectando otras partes de la piel y transformando su cara en una cadena de cráteres infectados. Hasta los catorce años, era un chico al que las mujeres de la familia besaban, mimaban, llenaban de cariño. Al que miraban con arrobo su prima, la vecinita y las chicas del colegio. No es que fuese guapo, era incluso un poco «abollado», pero era el hijo único del señor y la señora Martin, fabricantes de nougat en Montélimar, empresa familiar que se transmitía de padres a hijos desde 1773, año en el que el nougat se había convertido en el florón de la ciudad, en una especialidad mundialmente apreciada. Montélimar, ciudad del nougat, tres mil toneladas de producción anual. Jean Martin dirigiría el negocio como lo hicieron, antes que él, su padre, su abuelo, su bisabuelo, conduciría un Mercedes, viviría en «la» hermosa casa y se casaría con una chica de buena posición. ¿Quizás una alianza con otra familia de confiteros? Jean Martin era un buen partido.

Y entonces estalló el primer bubón.

No le volvieron a mirar a la cara y la gente se acostumbró a desviar la vista. Su madre le miraba con lástima y murmuraba mi pobre hijo, mi pobre hijo cuando creía que él no la oía. En su familia se ignoraba a los dermatólogos. Decían que eso pasaría, que era la edad, que con la primera chica... —su padre y sus amigos reían con malicia y se daban codazos— se le pasaría, los granos desaparecerían como por encanto. Pero ninguna chica se dejaría besar por un apestado, protestaba Jean Martin en su interior. Se encerraba en el cuarto de baño, se plantaba delante del espejo, seguía el rastro de lava amarillenta, el tachonado de puntos rojos y se lamentaba. Cuando le picaba demasiado, se rascaba hasta sangrar y se sentía bien..., pero dejaba en su piel heridas de cicatrices indelebles.

Entonces se masturbaba vigorosamente... En vano.

Leyó todo lo que pudo encontrar sobre el acné. Se aplicó sobre la cara gelatina de cerdo, arcilla verde, agua del mar Muerto, peróxido benzoico, pomadas con plomo negro, con cobre amarillo, se friccionó con alcohol yodado, con alcohol de 90º, tragó isotretinoína y se puso enfermo...

Y volvió a masturbarse vigorosamente.

Todos los chicos tenían novia, menos él.

Todos los chicos iban a fiestas, menos él.

Todos los chicos exhibían sus torsos desnudos, menos él.

Todos los chicos se afeitaban y después se rociaban de loción, menos él. El aftershave le quemaba la piel.

Se hinchaba, enrojecía, ardía, se cubría de costras, se pelaba y volvía a empezar. Tenía heridas supurantes en el rostro, el torso y la espalda. Ya no salía de su casa.

Se concentró en sus estudios. Sacó el bachillerato con matrícula. Hizo un año de preparación para ingresar en la Escuela Superior de Comercio. Sus padres, maravillados por el éxito escolar de su hijo, le regalaron una moto y cogió la costumbre de correr a tumba abierta con el rostro al viento para secar los granos.

Por la noche, veía la televisión junto a su madre, que era una asidua del cineclub del canal France 3. Durante un ciclo de «cine inglés contemporáneo», se quedó subyugado. Por fin, veía chicos como él en la pantalla: feos, colorados, cubiertos de granos. Los actores ingleses no se parecían en nada a los actores americanos de piel tersa y sonrosada; se parecían a él, Jean Martin. Decidió estudiar en Inglaterra. Sus padres se opusieron: debía permanecer en Montélimar y dirigir la fábrica de nougat. Era hijo único, le recordaban en cada comida. Debía aprender la profesión.

Le aceptaron en la prestigiosa LSE, London School of Economics, y se fue de su casa dando un portazo. Sin un céntimo. Su vida iba a cambiar.

Y su vida cambió. En fin, creyó que había cambiado. Mejoró. Le miraban de frente, le hablaban normalmente, le daban palmaditas en la espalda. Aprendió a sonreír con sus dientes torcidos. Le invitaron incluso al pub. Prestaba sus apuntes, un poco de dinero, su abono de metro. Le sisaban barras de nougat que su madre le enviaba a escondidas. Él no protestaba, se sentía feliz, tenía amigos. Pero seguía sin tener amigas. En cuanto se acercaba a besar a una chica, ella se apartaba, se contraía, decía no, no puede ser, tengo novio, es celoso...

Se concentró de nuevo en sus estudios. En sus barras de nougat y en Scarlett Johansson. Estaba loco por ella. Era rubia, guapa, con una tez delicada y rosada, una sonrisa deslumbrante, él pensaba un día seré rico, me curará un gran dermatólogo y me casaré con ella. Se dormía agarrado a una barra de nougat. El esfuerzo de estudiar en la universidad y los trabajillos que aceptaba para pagarse las clases, el alquiler, la comida, el teléfono, el gas y la electricidad le dejaban agotado. Sin tiempo para pensar en sus problemas de piel, y seguía masturbándose vigorosamente.

Hasta la noche en la que se cruzó con Hortense. En una recepción en casa del señor y la señora Garson para su hija, Sybil. Él servía en la barra, Hortense se había acercado al bufet y había derramado las botellas de champaña en la cubitera. Él había protestado y ella le había asesinado con su desprecio. Le había hablado como no se le habla ni a un perro. Él había recibido cada frase como un gancho de izquierda en el mentón.

Ya se había peleado con otros chicos en Montélimar, había recibido golpes, golpes tremendos, pero nunca le habían hecho tanto daño como las palabras pronunciadas por Hortense. Palabras subrayadas con una mirada de desdén, una mirada que apenas resbaló sobre él, como si fuera basura, que le negaba el estatus de ser humano. La miró fijamente, grabó su cara en su memoria y prometió no olvidarla jamás. Si un día volvía a encontrarse con esa Peste, se vengaría. A su lado, el conde de Montecristo sería un pelele. No la tocaría físicamente, ¡eso no! No quería ir a la cárcel por culpa suya, pero la arruinaría, la destruiría, la aplastaría moralmente. No tenía prisa. Tenía todo el tiempo del mundo.

Y sin embargo... Cuando la había visto, esa noche, cuando derramó la primera botella de champaña, no pudo creer lo que estaba viendo: esa chica era una copia exacta de Scarlett Johansson. Su Scarlett. Se había quedado mirándola, atónito. Dispuesto a no decir nada. A dejar que vaciara todas las botellas de champaña. Scarlett en persona, con su pelo castaño cobrizo, sus ojos verdes rasgados, y una sonrisa que mataría a un gato de un infarto. La misma naricita respingona, los mismos labios ligeramente hinchados, pidiendo a gritos un beso, la misma piel enviando rayos de luz, el mismo porte de reina. Scarlett...

Ella le había insultado. Su sueño le había insultado.

La primera vez que había visitado la casa en Angel, ella estaba en París. Al final, le eligieron a él. Habían chocado esos cinco *high five, low five,* y tema cerrado. Habitación por setecientas cincuenta libras, más gastos.

Una noche, al volver de un trabajito —todos los días paseaba a dos adorables Jack Russel que le lamían la cara cada vez que iba a buscarles para llevarles al parque—, se había encontrado frente a frente con Hortense. Había estado a punto de desmayarse.

¡La Peste!

Por lo visto ella no le había reconocido.

Desde entonces tenía una cita con el destino. Como Montecristo. Y, como Montecristo, iba a tomarse todo su tiempo para destilar su venganza. Esa chica tenía sin duda una falla. Un recodo secreto en el que hundir la daga que la atravesaría. La dejaría exangüe, desfigurada por el dolor y, sólo entonces, él se quitaría la máscara y le escupiría en la cara.

Hasta ese día soñado, ese día que volvería a iluminar su insulsa vida cotidiana, debía permanecer incógnito.

Empezó dejándose bigote. Declaró que venía de Aviñón, para que el nougat de Montélimar no le traicionara, y decidió no pronunciar ni una palabra en francés para disimular su acento. Esperaría el tiempo que hiciese falta. Se dice que la venganza es un plato que se come frío. Él lo congelaría para poder comérselo helado.

* * *

Gary ya no reconocía su vida. Era como si se hubiese convertido en una cometa de cola larga y multicolor que volaba alto, muy alto en el cielo, y él tuviese que correr detrás de ella. Como si todo lo que una vez había sido importante ya no lo fuera. O se borrara. Él seguía al borde del camino, con las manos vacías, el corazón inquieto, sintiendo por primera vez en mucho tiempo ataques de miedo, de un miedo terrible, que le dejaban jadeante, dubitativo, al borde del llanto.

El miedo. Sabía bien lo que era. Cuando su madre y él se abrazaban fuerte uno contra otro y ella le murmuraba que le quería, que le quería más que a nada, con ese tono de quien se siente en peligro, de quien habla en voz baja para que no le oigan. Añadía que sabía que él había adivinado el secreto, el secreto de la dama que veía en las monedas y los billetes con una corona de reina, que sobre todo no había que decirlo, nunca, nunca, que los secretos no había que compartirlos con nadie y que ese secreto, sobre todo, no se debía ni mencionar. Incluso las palabras para nombrarlo eran peligrosas y ella se ponía un dedo en los labios repitiéndolo: peligrosas. Los dos, encerrados en el mismo secreto, en el mismo peligro. Pero por encima de todo, por encima de todo, él debía saber que le querría siempre, que le protegería con todas sus fuerzas, que no debía olvidarlo, nunca, y entonces le abrazaba con más fuerza aún y él sentía aún más miedo. Temblaba, todo su cuerpo temblaba, ella le abrazaba para alejar el peligro, le estrujaba contra ella y formaban un solo cuerpo, frente al peligro. Él no sabía de qué tenía miedo, pero sentía cómo el peligro le cubría como un gran manto blanco que le asfixiaba. Y las lágrimas se acumulaban, hasta el borde de los ojos. Era una emoción demasiado grande que no podía controlar porque no podía identificarla, nombrarla con palabras para hacerla retroceder... El gran manto blanco lo cubría todo y les ataba a ambos, presos del silencio.

El miedo, él lo había conocido también cuando ella iba a encontrarse con el hombre de negro, en cualquier sitio, en cualquier momento, en medio de una frase, en medio de un baño caliente, de un yogur natural, con azúcar, que ella le daba de comer con cucharita. Bastaba con que el teléfono sonase, ella descolgaba y cambiaba de voz; su voz sonaba avergonzada y temblorosa, decía sí, sí, se vestía a toda velocidad, le envolvía en un gran abrigo y se marchaban dando un portazo y, a veces, olvidaba las llaves en el interior. Llegaban a un hotel, casi siempre un hotel de lujo, un hotel con botones en la entrada, botones sentado en un banco, botones cerca del ascensor, un botones en cada esquina. Ella le instalaba en recepción sin volverse hacia el señor de uniforme detrás del gran mostrador, que la miraba con cierto desagrado, y le daba a leer un prospecto que cogía de una mesa y le decía ¡toma!, aprende a leer o mira las imágenes, vuelvo enseguida, no te muevas de aquí, ¿de acuerdo? No te muevas bajo ningún pretexto, ¿me has entendido? Y se alejaba como una ladrona, volvía con los ojos llenos de lágrimas y afirmaba como si estuviese hablándose a sí misma, como si discutiera con su conciencia, afirmaba te quiero, ¿sabes?, te quiero con locura, es sólo que... y ¡hala! Volvía a marcharse. El señor de uniforme la miraba alejarse sacudiendo la cabeza, le miraba con lástima y él se quedaba allí esperándola. Sin moverse. Con el estómago encogido de miedo a que no volviese nunca más.

Volvía. Colorada, hastiada, avergonzada. Le cubría de besos, le cogía en sus brazos y volvían a casa. A veces, terminaba de darle el yogur natural con azúcar, otras, preparaba un baño caliente y ponía música triste o le acostaba, se quedaba a su lado y se dormía completamente vestida a su lado.

Él había crecido, pero siempre era la misma historia. Estaban los dos sentados delante de la televisión, viendo un programa, con una bandeja en las rodillas, reían, jugaban a responder a las preguntas, cantaban las canciones, el teléfono sonaba, ella le tiraba el abrigo, atravesaban Londres y entraban en un hotel. Le sentaba en un gran sofá, le daba sus instrucciones, él asentía y esperaba a que se hubiese ido. Ya no se quedaba en el interior leyendo prospectos idiotas que hablaban de islas soleadas. Salía y se marchaba a ver las ardillas del parque. Siempre había un parque cerca del hotel. Se sentaba sobre la hierba. Dejaba que se acercaran, les daba pastelitos que guardaba en el bolsillo del abrigo. No eran ariscas. Venían a comer en su mano. O cogían el trocito de pastel y se marchaban saltando. Dando saltitos pequeños y calculados, saltos muy altos, muy decididos, mirando a derecha e izquierda para asegurarse de que no les robara el trocito de pastel algún rival. Él se echaba a reír mirando cómo se alejaban, trepando como hábiles indios a lo largo de los grises troncos y desaparecían entre las ramas. Pronto dejaba de verlas, se confundían con la corteza de los árboles. Entonces las imitaba, saltaba envuelto en su gran abrigo, botaba colocando los brazos en forma de ganchos, y giraba los ojos en todos los sentidos como si fueran a atacarle. Para olvidar el miedo en el estómago. Para olvidar la pregunta que giraba enloquecida en su cabeza, ¿y si ella ya no volvía? Entonces volvía deprisa, deprisa, al hotel, y retomaba la lectura de su prospecto idiota.

Ella siempre volvía. Pero él seguía teniendo miedo.

Un día, el hombre de negro dejó de llamar. O se fueron a Francia. Ya no recordaba bien el orden en que había sucedido. Y no volvieron a repetirse las llamadas de teléfono. Se acabó lanzar los abrigos, salir corriendo y los yogures naturales con azúcar sin terminar sobre la mesa. Ella estaba en casa, día y noche. Cocinaba pasteles, estofados, volovanes, hojaldres de pollo, patés, bizcochos y tartas de fruta. Todo tipo de platos que vendía a empresas de catering para las recepciones. Decía que se ganaba la vida así. Él sabía muy bien que mentía. Ella siempre interpretaba la verdad a su manera.

Él iba al colegio en Francia. Hablaba francés. Había olvidado las llamadas intempestivas, los conserjes ofuscados, los prospectos estúpidos, los yogures naturales con azúcar. Le gustaba su vida en Francia. Y a su madre parecía gustarle también. Olía bien, tenía buen color, había vuelto a estudiar piano en el conservatorio de Puteaux. Dormía sin gritar en sueños. Su vida se había tranquilizado. Parecía la vida de una persona cualquiera.

Sólo echaba de menos a las ardillas...

Y ahora volvía a tener miedo.

Desde que Hortense había hecho las maletas precipitadamente, había cogido el abrigo y había desaparecido sin pedirle opinión. No te muevas, espérame aquí, lee los prospectos o mira las fotos. Hemos pasado una noche formidable, es cierto, pero tengo otra cosa que hacer. Espérame aquí, no te muevas. Se había quedado paralizado. No podía moverse. Sentía un gran vacío en su interior, un vacío amenazador que iba a arrollarle.

Y nada venía a colmar el vacío que sentía crecer dentro de sí.

Desde que Hortense se había marchado...

Interrumpiendo bruscamente la noche que apenas acababan de empezar. Su larga noche juntos, su noche de locura... Ella contaba con que él la esperase pacientemente mientras practicaba escalas en su piano blanco. Te quiero, te quiero, pero tengo otra cosa más importante que hacer.

Él vio la cola multicolor de la cometa alejarse en el cielo. El hilo se le había escapado y ya no podía tirar de esos colores, el rojo, el azul, el amarillo, el verde, el violeta, y devolverlos a su vida.

Su vida se había vuelto completamente blanca. Y ya no sabía nada. No estaba seguro de nada. Ya no sabía si tenía ganas de tocar el piano. Se preguntaba si lo había soñado. Si había soñado que se convertía en pianista. Se preguntaba también si había querido convertirse en pianista para complacer a Oliver. Para inventarse un padre que, debía reconocerlo, echaba muchísimo de menos. Nunca había imaginado que un día necesitaría un padre, lo había descubierto de forma brutal un día bajo la ducha, justo después de que Simon le hubiese preguntado si se creía que era Jesús o qué. Tú tienes un padre, como todo el mundo.

Y sintió la necesidad dolorosa de tener un padre como todo el mundo.

Llamó a Oliver.

Escuchó una voz en el contestador. «Éste es el contestador de Oliver Boone, ahora no estoy. Deje un mensaje. Para asuntos profesionales, diríjase a mi agente en el número...».

Colgó.

Lo mezclaba todo. Todo el blanco de su cabeza. Todo lo que nunca había querido pensar. ¿Acaso era eso hacerse adulto? ¿Acaso era eso dejar la infancia, la adolescencia? ¿No saber ya nada de uno mismo?

¿No tener más que blanco en la cabeza?

Entonces se dijo que tenía miedo, seguramente, pero que no sería un cobarde. Había sido un cobarde en el pasado. Cobarde, indiferente o despreocupado, no lo sabía con certeza. Recordó el nombre de Mrs. Howell, la señora que acogió a su madre cuando era estudiante, cuando conoció a su padre. Recordó que vivía en el barrio viejo de Edimburgo.

Nunca más sería cobarde, impertinente o despreocupado.

Se informó de los horarios de trenes con destino a Edimburgo, compró un billete sólo de ida, no sabía si volvería de ese viaje, y se marchó un día desde la estación de King's Cross a primera hora de la tarde. Cuatro horas y media de viaje. Cuatro horas y media para prepararse a dejar de ser un cobarde.

En el tren, recordó lo que le había dicho su madre sobre Mrs. Howell. Muy poco. Tenía cuarenta años cuando él nació, bebía un poco, no tenía ni marido, ni hijos, le preparaba los biberones, le cantaba canciones, su madre y su abuela se habían criado en el castillo de su padre. Había consultado Internet. Había encontrado el nombre, el teléfono y la dirección de Mrs. Howell, 17 Johnston Terrace. Había llamado, había preguntado si había una habitación libre. Había esperado conteniendo la respiración y con el corazón latiéndole en las sienes. No, había respondido una mujer de voz temblorosa, estoy al completo. Ah, había contestado, decepcionado. Y después, muy deprisa, en un suspiro, por miedo a no llegar al final de la pregunta:

—¿Es usted Mrs. Howell?

—Sí, hijo. ¿Te conozco?

—Me llamo Gary Ward. Soy el hijo de Shirley Ward y de Duncan McCallum...

Era la primera vez que pronunciaba el nombre de su padre. La primera vez que ponía, uno detrás de otro, el nombre de su madre y de su padre, y sintió un nudo en la garganta.

—¿Mrs. Howell? ¿Está usted ahí? —había preguntado con voz ronca.

—Sí. Es que... ¿De verdad eres Gary?

—Sí, Mrs Howell, y ahora tengo veinte años. Y me gustaría ver a mi...

—Ven enseguida, ven corriendo.

Y había colgado.

El tren atravesaba campos que se extendían hasta perderse de vista y las ovejas formaban manchas blancas sobre el verde de los prados. Pequeñas manchas blancas, inmóviles. Le pareció que el tren no atravesaba más que verde manchado de blanco inmóvil. Después bordeó el mar. En una hermosa estación de estructura metálica, leyó el nombre de la ciudad, Durham, y al salir de la estación, vio el mar, la orilla bordeada de altos acantilados blancos, de caminitos sinuosos. Castillos de ladrillo de estrechas almenas, de muros altos, y castillos de piedra gris provistos de fachadas con grandes ventanas. Se preguntó cómo sería el castillo de su padre.

Porque tenía un padre...

Como todos los chicos. Tenía un padre. ¿No era maravilloso?

¿Cómo lo llamaría? ¿Padre, papá, Duncan, señor? O simplemente no lo llamaría...

¿Por qué Mrs. Howell había dicho que tenía que venir enseguida, corriendo?

¿Qué había pensado su madre al escuchar el mensaje que había dejado en su móvil? «Me voy a Escocia, a Edimburgo, a ver a Mrs. Howell, quiero conocer a mi padre...». La había llamado a propósito cuando sabía que ella no podía responder, cuando estaba en uno de esos colegios donde enseñaba a los niños a comer «bien». Había sido una cobardía, lo reconocía, pero no tenía ganas de explicar por qué quería encontrar a su padre. Le habría hecho demasiadas preguntas. Era el tipo de mujer que lo analizaba todo, quería comprender, no por curiosidad malsana, sino por amor al alma humana. Decía sentirse maravillada por los mecanismos del alma humana. Pero a veces eso le pesaba. A veces hubiese preferido una madre despreocupada, egoísta, superficial. Y además, se dijo intentando contar las ovejas blancas para así conservar las ideas en orden, nunca se habría atrevido a decirle lo que pensaba realmente, necesito un padre, un hombre con huevos y una polla, un hombre que beba cerveza, suelte tacos, eructe, mire el rugby en la tele, se frote las manos en los pelos del pecho y se eche a reír por gilipolleces. Estoy harto de vivir rodeado de mujeres, hay demasiadas mujeres a mi alrededor. Y además hay demasiado tú, todo el rato, estoy harto de formar pareja con mi madre, harto... Quiero pelos y polla. Y una pinta de cerveza.

Y eso no es nada fácil de decir.

Había metido jerséis, calzoncillos, camisetas, calcetines gruesos y una camisa blanca en su bolsa de viaje. Un frasco de champú, un cepillo de dientes. Su iPod. Y una corbata... por si quiere llevarme a un restaurante con clase. Pero ¿tengo una corbata? ¡Ah, sí! La que llevo para ir a ver a Superabuela.

¿Sabe «mi padre» que soy nieto de la reina?

Había tecleado McCallum en la página web genealogy/scot-land.com y había leído la historia de la familia McCallum. Una historia oscura. Incluso muy oscura. El castillo había sido construido en tierras de Chrichton, cerca de Edimburgo. En el siglo dieciséis. Se decía que estaba maldito. Una lúgubre historia de un monje que había llamado a la puerta del castillo, una noche de tormenta, pidiendo hospitalidad a cambio del reposo del alma del señor del lugar. Angus McCallum le había matado de una puñalada: el monje le interrumpió en pleno festín tras una cacería agotadora.

—Y del reposo del cuerpo, ¿has oído hablar? —le había lanzado mientras miraba cómo se derrumbaba.

Antes de morir, el religioso había maldecido al castillo y a sus propietarios durante los cinco siglos siguientes: «No quedará de los McCallum sino ruinas y cenizas, cadáveres y cuerpos colgados de las ramas, hijos perversos y bastardos». La leyenda no era muy clara sobre la fecha de expiración de la maldición. Se decía que, desde esa noche fatal, un monje fantasma con capucha negra erraba por los pasillos abovedados y se sentaba a la mesa, desplazando platos y cubiertos, apagando las velas y soltando siniestras carcajadas...

La divisa de los McCallum era: «Sólo cambio al morir».

Se les describía como unos hombres violentos, susceptibles, pendencieros, perezosos y arrogantes. La historia del asesinato de Cameron Fraser, un primo que habitaba en el castillo vecino, era un ejemplo edificante. Los nobles propietarios del condado tenían por costumbre reunirse una vez al mes para tratar asuntos de sus bosques, de sus tierras, de sus granjas. Eran veladas regadas con vino en las que las chicas de la taberna vecina venían a unirse a las libaciones. Una noche de enero de 1675, la reunión habitual se desarrollaba en un ambiente de jovialidad, alcohol y chicas con las blusas abiertas, cuando Cameron Fraser había abordado la cuestión de los furtivos. Defendía la severidad hacia estos últimos. Murray McCallum había declarado que el mejor modo de ocuparse de ellos era seguir ignorándolos. ¡Qué importa que los pobres nos roben unos cuantos animales, cuando tenemos tanta carne que no sabemos dónde hincar el diente! ¡Y para ilustrar su argumento había agarrado el seno de una chica y le había arrancado violentamente el pezón con los dientes! Cameron Fraser, sin conmoverse pero con cierta acritud, había añadido que si su primo McCallum podía mostrarse negligente, era porque sus vecinos y él mismo se encargaban de castigar a los furtivos y que, gracias a ellos, corrían todavía algunas liebres en sus tierras. Si no, hubiera tenido que conformarse con comerse las raíces de sus robles. Los asistentes habían soltado una carcajada al unísono y Murray McCallum, ultrajado, había invitado a su primo a reunirse con él en la sala de armas, donde le había retado a un violento cuerpo a cuerpo y le había estrangulado. «¡Crimen de honor, monseñor! —había declarado al juez—. Él insultó el nombre de los McCallum». Al acusado se le consideró inocente del asesinato, pero culpable de homicidio, lo que significaba su absolución...

Ese Murray McCallum era un ser abyecto: abría por las noches las esclusas de los ríos para inundar las cosechas de sus vecinos, violaba a las jóvenes del pueblo. Se murmuraba que en el castillo sólo había criadas viejas, marchitas y desdentadas, o putas. No quería dejar nada a sus herederos e hizo talar todos los robles del parque que vendía para pagar sus deudas de juego y, cuando terminó de talar el parque, empezó con el bosque... Finalmente mató los dos mil setecientos gamos del dominio y los mandó asar durante orgías memorables que se convirtieron en legendarias, en particular la del ogro de Chrichton. Se había desposado con una dulce jovencita que permanecía todo el día recluida en su habitación y de la que se había apiadado un criado. El mozo le llevaba bandejas con los restos de los festines de caza de su esposo. Cuando éste se enteró, sospechó que el criado era el amante de su mujer, lo mató de un disparo y colocó el cadáver en el lecho de su esposa. La condenó a dormir junto a su amante treinta días y treinta noches, el tiempo de arrepentirse.

Tuvo un hijo, Alasdair, de naturaleza tímida y miedosa, que huyó del dominio familiar y se convirtió en capitán de fragata. Era tan torpe que lo llamaron Alasdair la Tempestad; bastaba con que pusiese el pie sobre un barco para que se hundiese arrastrado por las olas o atacado por los piratas. Su hijo, Fraser, permaneció en el castillo familiar y organizó una partida de bandoleros con la que atacaba a los viajeros. Para evitar que le denunciaran, no dejaba supervivientes. Cuando las autoridades pidieron a los habitantes que señalaran al jefe de los bandidos, nadie se atrevió a denunciar a McCallum por miedo a las represalias. Fraser McCallum terminó colgado de un árbol...

No hubo un solo McCallum que destacara por su nobleza y valentía. Por lo visto todos fueron unos haraganes afortunados y ociosos, con la suerte de vivir en una época en la que el hecho de ser señor otorgaba todos los derechos. Uno de los últimos McCallum confesó incluso que no podía evitar hacer el mal: «Sé que moriré en el patíbulo, mi mano tiene malos instintos...».

Durante varios siglos, los señores de Chrichton hicieron que el terror reinara en la campiña y los pueblos cercanos al castillo. Las baladas escocesas cantaban las hazañas de esos hombres crueles, seductores, cínicos. Una de ellas cuenta la historia de un McCallum a quien su mujer adoraba aunque estuviese enamorado de otra. Fue condenado a morir por haber matado a cinco huérfanos a los que disputaba una herencia. Su mujer, el día de la ejecución, fue a implorar perdón al rey y cantó, para enternecerle, una tierna balada que describía las cualidades de su esposo y su amor por él. El rey, emocionado, le concedió el perdón. El ingrato marido, una vez en libertad, huyó a caballo gritando a su pobre mujer: «Un dedo de la mano de la dama a la que amo vale más que todo vuestro hermoso cuerpo enamorado...». Y cuando ella imploró, diciéndole que le rompía el corazón, él respondió que «un corazón roto no es más que un síntoma de mala digestión».

Así eran sus ancestros y aunque, a partir del siglo dieciocho, habían sido obligados por la Corona a obedecer las leyes, la lista de muertes violentas no se interrumpió. Cuando no se batían, o no robaban, o no violaban, se ahogaban. Voluntariamente o no...

El único detalle de esta terrible saga familiar que conmovió a Gary fue la historia de las ardillas de Chrichton. Había en las tierras del castillo ardillas que construían sus nidos en los árboles cerca del estanque. Magníficas ardillas rojas de cola tupida que honraban las tierras de los McCallum. En ninguna otra propiedad había ardillas rojas tan bellas. Un viejo dicho de la familia confería a esos animales un valor profético:

Cuando la ardilla roja deje el nido de Chrichton
el cielo claro del condado de negro se teñirá
y el territorio será invadido por las ratas.

Así que su amor por las ardillas no era una casualidad. La sangre de los McCallum latía en él...

Gary se preguntó si las ardillas se habrían ido ya o estaban a punto de marcharse, y si era por esa razón que Mrs. Howell, presintiendo un trágico final, le había pedido que acudiese con premura.

«Ven enseguida, ven corriendo...».

Intentaba encontrar una razón por la cual su presencia era tan importante.

Aún pensaba en ello cuando el tren entró en la estación de Edimburgo.

Se llamaba Waverley en recuerdo de la novela de Walter Scott, nacido en Edimburgo y en cuyo honor la ciudad había construido un monumento inmenso, una especie de mausoleo dorado, erigido en Princes Street. Edimburgo, capital de Escocia, había sido cuna de numerosos autores, novelistas o filósofos, David Hume, Adam Smith, Stevenson, Conan Doyle... Y del inventor del teléfono, Graham Bell. Cogió su bolsa y bajó al andén. La estación estaba construida en las entrañas de la tierra de tal forma que, para entrar en la ciudad, había que ascender numerosos peldaños de piedra.

Cuando accedió a Princes Street al pie de los muros, sintió que había desembarcado en otro siglo. Se frotó los ojos, atónito: una sucesión de murallas y almenas, una sucesión de castillos en tonos ocres, rojos y grises se levantaba ante él...

Estaban construidos pegados unos contra otros. Contaban la historia de Escocia, de sus reyes y sus reinas, de los complots, de los asesinatos, de las bodas y bautizos. Era un decorado de cine. Si soplaba con todas sus fuerzas, se derrumbarían, dejando que aparecieran detrás las murallas de una ciudad fantasma...

Entró en el primer hotel de Princes Street y pidió una habitación.

—¿Con vista a las murallas? —le preguntó la chica de la recepción.

—Sí —respondió Gary.

Quería dormirse contemplando la belleza majestuosa de esas viejas piedras, que le permitían pensar que era un hijo del país que había vuelto al redil.

Quería dormirse soñando con el castillo de Chrichton y con el padre que le esperaba.

Se durmió, feliz.

Tuvo un sueño extraño: el monje fantasma del castillo venía a sentarse a la mesa del comedor, se quitaba su capuchón negro, se persignaba, juntaba las manos y declaraba la maldición extinta. Duncan McCallum entraba entonces, un gigante tullido de ojos inyectados en sangre, le tomaba en sus brazos y le daba codazos en las costillas llamándole «mi hijo».

* * *

Fue al salir del colegio en el que intentaba educar a los chiquillos nutridos a base de grasa y azúcar para que «comiesen bien» cuando Shirley escuchó el mensaje de Gary. Mantenía el equilibrio, con las carpetas en los brazos y el teléfono en una mano, y pensó que el mensaje no era para ella. Error, debe de ser un error. Lo escuchó varias veces, reconoció la voz de Gary y se quedó inmóvil sobre el borde de la acera. Paralizada. Miraba pasar los coches y se preguntaba si el ruido de la circulación no había enturbiado las palabras del mensaje, obligándola a oír esa cosa asombrosa: su hijo partía en busca de su padre.

Pero ¿para qué? ¿Qué necesidad tiene de ir a buscar a un individuo que nunca ha hecho nada por él mientras que yo, su madre, estoy aquí al borde de la acera queriendo tirarme bajo las ruedas de un coche sólo de pensarlo? Yo, su madre, que le he criado, alimentado, educado, protegido, yo, que lo he hecho todo por él, que me he sacri...

Se paró en seco.

¡Esa palabra no! ¡Te prohíbo pronunciar esa palabra! Esa palabra que pronuncian todas las madres posesivas y celosas.

Se recuperó inmediatamente, estoy delirando, estoy pensando tonterías, cosas en las que no creo... Nunca me he sacrificado por Gary, le he querido con locura. Y todavía le quiero con locura, tengo que razonar...

—Perdone, señora...

Un alumno de la clase que acababa de dejar se detuvo a su altura y le preguntó ¿se encuentra usted bien, señora?, está muy pálida... Ella sonrió con sonrisa cansada.

—Sí, estoy bien, sólo necesitaba tomar el aire...

—¿Por qué no cruza?

—Estaba pensando en una cosa...

—¿En sus clases?

—Esto..., sí. Me preguntaba si había sido bastante persuasiva...

—¡Estuvo bien lo que contó sobre los nuggets! Yo, en todo caso, no volveré a comerlos...

—Y a los demás, ¿crees que les he convencido?

Él sonrió con cierta indulgencia y no contestó.

—No estaba mal mi lema —se defendió Shirley—. «¡Comportaos como corderos y os convertiréis en chuletas!».

—No es por desanimarla pero, si yo fuese usted, insistiría más. Porque a ésos, los nuggets les vuelven locos ¡y con un discurso no les va a convencer de que no los coman más!

—Ah...

—En mi caso, mi madre está muy pendiente de lo que como. Pero a los otros no les preocupa mucho... ¡Sobre todo porque comer bien es caro!

—Lo sé, lo sé —murmuró Shirley—. Es un verdadero escándalo tener que pagar para no envenenarse...

—No debe desanimarse... —dijo el chico, inquieto.

—No te preocupes... Ya encontraré algo...

—Algo muy sangriento... Algo tipo película de miedo.

Shirley hizo un gesto de duda.

—No me gustan mucho las películas de miedo.

—¡Tendrá que hacer un esfuerzo!

Y repitió varias veces ¿está segura de que está bien, no quiere cruzar conmigo? Como si se dirigiese a una viejecita asustada por la densidad del tráfico.

Y, como insistía, ella le siguió y acabó en la acera de enfrente, delante de una tienda que vendía flores, chucherías, pollos asados, bombillas eléctricas y todo tipo de cosas. Buscó sonriendo si había un picador de hielo o una sierra de metales para animar sus charlas.

Algo muy sangriento. ¡Así que debía convertir sus conferencias en *La matanza de Texas*! Le preguntaría a Gary por si se le ocurría algo...

Se detuvo en seco. No se lo preguntaría a Gary. Iba a aprender a vivir sin preguntarle nada a Gary.

Le dejaría partir en busca de su padre sin importunarle. Seguiría su camino sola. Cojeando.

Se materializó en ella un sentimiento de soledad implacable, parecido a un bloque de hielo. Se estremeció, pidió al paquistaní que estaba detrás de la caja registradora un café con leche y un paquete de cigarrillos. Fumar mata. Iba a suicidarse. Lenta, pero ineluctablemente. La soledad también mata. Deberían advertir eso en los paquetes de cigarrillos, en los frascos de champú y en las botellas de vino. Sola, a partir de ahora estaba sola. Antes nunca estaba sola.

Le traía sin cuidado tener un hombre a su lado. Tenía a su hijo.

Pidió un segundo café con leche y miró de reojo el paquete de cigarrillos.

¿Qué aspecto tendría Duncan McCallum ahora? ¿Igual de seductor? ¿Igual de pendenciero? ¿Contaba todavía que se había enfrentado al ruso borracho en las calles de Moscú y le había vencido con un golpe de sable? Y enseñando la mejilla marcada a modo de prueba... A Gary le gustaría tener un padre tan guapo, tan apuesto, tan temerario. Lo revestiría de brillantez. Duncan McCallum se convertiría en un héroe. Puf..., silbó Shirley, un cero a la izquierda. Sí, un cero. Y la voz de la sabiduría se elevó, detente, hija mía, deja de fantasear. Déjale vivir su vida. Retírate y ocúpate mejor de la tuya...

Pues sí que es bella mi vida, respondió Shirley encolerizada. Ya no queda nada dentro. Un bote vacío con un pobre abejorro lisiado que cojea. Ni siquiera tengo cerillas para encender un maldito pitillo. ¿Y de quién es la culpa?, preguntaba la vocecita de la sabiduría. ¿Quién ha mandado a paseo al apuesto amante que se disponía a dejar su corazón a tus pies? Ahora ya no dices nada.

¿Oliver?, susurró Shirley. ¿Oliver? Pues... ha desaparecido.

¿Y cómo ha desaparecido? ¿Por encantamiento, quizás?

Pues no...

Ya no tenía noticias de Oliver.

Ni iba a tenerlas en mucho tiempo.

Al volver de París, él la había llamado, alegre, decidido.

—¿Cuándo nos vemos? Tengo dos o tres ideas...

—No volveremos a vernos nunca más.

Y después de inspirar profundamente había añadido:

—Me he enamorado en París... Algo imprevisto.

Él había intentado bromear:

—¿Enamorada por una noche o es algo más serio?

—Más serio... —había respondido mordiéndose los labios para no repetir su mentira.

—Ah... Comprendo. Nunca debí dejarte marchar. También es culpa mía... Hay ciudades así, son tan románticas que es imposible no sucumbir. Roma y París, no hay que dejar que las chicas vayan allí... O en todo caso, con carabina. Una vieja inglesa con la barbilla peluda.

Parecía tomarse la ruptura a la ligera. Ella se sintió herida.

Desde entonces no dejaba de pensar en él.

Desde entonces, ya no iba a bañarse a los helados estanques de Hampstead.

Hacía de eso tres semanas. Contaba los días. Contaba las noches. Y su corazón se retorcía hasta hacerla gritar.

¿Y si fueses a dar una vuelta por los estanques helados?, sugería la vocecita. ¿Para qué?, murmuraba Shirley. Él ya me ha olvidado... ¡Vamos! ¡Vamos! Coge la bicicleta y pedalea... ¿No contestas? ¿Tienes miedo? ¿Miedo yo?, se encrespaba Shirley. ¿Sabes con quién estás hablando? Con una antigua agente del MI5, los servicios secretos de Su Majestad. Conozco el peligro, sé cómo neutralizarlo. Me sé todos los trucos para detener a un agente doble o a un terrorista que huye por las calles de Londres. ¿Y me preguntas si tengo miedo de un hombre con unos penosos pantalones de pana raídos a la altura de las rodillas? ¡Oh, eso suena bastante pretencioso! ¡Pretencioso no, realista! Por ejemplo, yo, Shirley Ward, sé desactivar una bomba en un horno microondas en veinte segundos... Y conozco también el truco del apretón de manos que impregna la palma de la mano del sospechoso con una sustancia magnética que permite seguirle sin que se dé cuenta de nada. ¡Ja, ja! ¡Ya no dices nada, vocecita de la sabiduría! ¡Quizás, pero no es ese miedo del que estoy hablando! Hablo de otro miedo más difuso, más íntimo, el miedo a la relación de pareja... Bah... Yo no le temo a nada. Inmovilizo a un hombre atacándole por detrás, un puñetazo entre los omoplatos... Ve a hundirte en las aguas heladas de Hampstead. ¡Es más valiente que atacar a un hombre por detrás!

Shirley hizo una mueca. Lo pensaría. No estaba segura de que fuese una buena idea. Pagó sus dos cafés con leche, sopesó con la mirada el paquete de cigarrillos y decidió dejarlo sobre la mesa.

No se suicidaría de inmediato.

La vocecita de la sabiduría la había hecho montar en cólera y eso le había sentado estupendamente. Decidió volver a casa y buscar una idea para rivalizar con *La matanza de Texas*.

* * *

¿Cuándo sabemos que hemos encontrado nuestro lugar en la vida?, se preguntaba Philippe mientras bebía su café matinal frente al parquecito.

No lo sabía.

Pero sabía que era feliz.

Durante mucho tiempo había sido un hombre «de éxito». Poseía todos los signos exteriores de la felicidad, pero solo, frente a sí mismo, sabía que le faltaba algo. No dedicaba mucho tiempo a pensar en ello, pero sentía un ligero pinzamiento en el corazón que empañaba el instante presente.

No tenía ninguna noticia de Joséphine. Dejaba que el tiempo hiciese su trabajo. Y esa espera que, hacía apenas unas semanas, le dolía, ahora la aceptaba. Ya no sufría con su ausencia, la comprendía, a veces sentía ganas de decirle que la felicidad podía ser simple, muy simple...

Lo sabía porque, sin razón alguna, él era feliz.

Se levantaba, contento, desayunaba, oía la voz jovial de Alexandre que se marchaba al liceo, ¡adiós, papá, *taluego*! El ruido de un secador de pelo en el cuarto de baño donde se arreglaba Dottie, las arias de ópera que entonaba Becca, las preguntas de Annie desde la cocina que, cada mañana, preguntaba ¿qué hago para comer hoy? La casa, antaño vacía y silenciosa, retumbaba de ruidos de pasos, risas, cantos, exclamaciones felices. Él saboreaba su beicon, leía el periódico, iba al despacho, o no iba, sonreía cuando el Sapo le llamaba y lloraba por la falta de beneficios. Le daba igual. No esperaba nada.

Ya no necesitaba esperar.

Lo aprovechaba todo, lo probaba todo, lo saboreaba.

Tomaba el té a las cinco con Becca. Un té de China con pequeños sándwiches de berro, en un servicio de té de Worcester de brillantes colores. Comentaban las noticias del día, lo que depararía la velada, los últimos comentarios de Alexandre, la interpretación de un tenor en una grabación antigua, la comparaban con otro, Becca canturreaba, él cerraba los ojos.

Había ajustado cuentas con el pasado. Había decidido que no podía cambiarlo, pero que podía cambiar la forma como lo veía. Evitar que le pesase, que le doliese, que ocupase todo el espacio y le impidiese respirar. Ya no interpretaba ningún personaje. Siempre había interpretado un personaje. El de buen hijo, buen alumno, buen marido, buen profesional... pero ninguno de esos personajes era él mismo. ¡Qué extraña era la vida! He tardado más de cincuenta años en encontrar mi lugar, en dejar de parecer lo que los demás esperaban de mí. Ha bastado con la entrada en escena de dos mujeres. Becca y Dottie. Dos mujeres que no interpretan, que no pretenden, que no simulan ser otra persona. Y la vida se hace simple, y va calando la felicidad.

Bebe su café matinal frente al parque. Un ramo de petunias rosas se abre sobre la mesa junto a la ventana y, más lejos, en el balcón, dos bolas de boj verde llenan dos grandes macetas de piedra. En una esquina, la regadera metálica de cuello alargado que utiliza Annie para las plantas. Dos columnas de piedra ornan la fachada de la casa construida por Robert Adam, el gran arquitecto inglés del siglo dieciocho. Sobre el techo de las casas: chimeneas de ladrillo rojo, ennegrecidas por el humo, y las antenas de televisión. Ventanas de pequeños cristales que se levantan con un golpe de muñeca. Techos de pizarra negra. Tuberías de desagüe que recorren las fachadas...

La felicidad o la teoría de los clavos de Bossuet. Le gustaba ese pasaje de la *Meditación sobre la brevedad de la vida*: «Mi trayectoria dura, a lo sumo, ochenta años... ¿Qué he de contar? ¿El tiempo en el que obtuve alguna satisfacción o conseguí algún tipo de honor? ¡Pero qué diseminado está ese tiempo a lo largo de mi vida! Es como un grupo de clavos sobre un gran muro; a cierta distancia, se diría que ocupan mucho espacio; recógelos y no habrá ni para llenar la mano».

¿Cuántos clavos tenía en su mano?

Ha entreabierto una ventana y una leve humedad penetra en la habitación. Le gusta ese cielo azul y frío que se calienta cuando el sol atraviesa las nubes, la humedad que vibra en el aire y se borra poco a poco ante el calor del día que asciende... Le gusta Londres. Londres es una gran ciudad rebosante de vida, de negocios, de ideas, con arterias ruidosas, paseos silenciosos y parques.

Contempla los árboles de la calle, los parquímetros que se activan con el teléfono, enviando un SMS, *Pay by phone*. El camión rojo del cartero viene a dejar las cartas y paquetes. La vecina se marcha al campo, está cargando el coche. Lleva una blusa rosa y sube una bicicleta encima del maletero. En cada farola hay bicicletas atadas a cadenas gruesas y la rueda delantera quitada. Para que no la roben. Los pájaros cantan. Un hombre en traje gris aparca en el sitio de la vecina y lee atentamente el reglamento del parquímetro. Debe de ser extranjero, no está familiarizado con el aparcamiento de la ciudad. Saca su teléfono para pagar. Después mira al cielo poniendo mala cara. Es un hombre que debe de poner mala cara constantemente. Tiene la boca torcida. Vuelve a subir al coche. Se oye el graznido de los patos. Se contonean un momento sobre la hierba para después marcharse. El hombre está sentado al volante, las manos sobre las rodillas. Parece meditar.

—Me voy a hacer la compra, ¿desea alguna cosa? —pregunta Annie.

—No, gracias... Hoy no vendré a comer...

Come con Hortense y un inversionista. Ha recibido el texto que ella había preparado. Remarcable. Claro y conciso, con una frescura que da ganas de participar en su proyecto...

—Limpiaré la casa a la vuelta...

—No se preocupe, Annie. ¡La casa brilla como un espejo!

Ella se ufana, contenta, y gira los talones dentro de su larga falda gris de pensionista de convento.

La otra noche la sorprendió riéndose a carcajada limpia. Las lágrimas corrían sobre sus mejillas e hipaba delante de Dottie y Becca, ¡parad, parad, me voy a hacer pis encima! Él había cerrado suavemente la puerta de la cocina; le hubiese incomodado que la sorprendiera así.

Dottie se cuela en el salón.

Philippe siente la presencia de Dottie, pero no se vuelve.

Desde que vive con él, ella se ha acostumbrado a desplazarse sin hacer ruido como si fuese necesario que pasara desapercibida. Esa economía de movimientos la hace a la vez conmovedora e irritante. Parece decir soy feliz aquí, Philippe, no me eches, y subraya involuntariamente que su presencia, que debía ser temporal, se prolonga. A él le gustaría recordarle que sus sentimientos hacia ella no han cambiado, que la quiere mucho, pero que no se trata de amor, que es lo que habría hecho el antiguo Philippe. En su vida anterior reinaba el orden.

Cada noche, cuando se quedan los dos solos en la habitación, cuando llega el único momento en el que podría hablarle, ella se acurruca contra él con un abandono tal, una confianza tal, que Philippe deja para más adelante una explicación franca. Duerme como una niña. Incluso parece que no ocupe sitio en la cama. Ha dejado de tomarle el pelo desde que se instaló en su lujoso piso. Los muebles buenos, las buenas comidas, la plata, los candelabros, los ramos de flores, el olor a cera han acabado con su aplomo de cheli londinense; se convierte poco a poco en otra mujer, llena de mesura, de dulzura, de asombro perpetuo con la expresión terca en el rostro de quien ha encontrado su lugar y no quiere ni oír hablar de dejarlo.

A veces, cuando Philippe le pregunta si quiere acompañarle al cine o a la ópera, Dottie expresa su alegría con movimientos tímidos y bruscos, da saltitos, corre a buscar su abrigo y su bolso y espera erguida en la entrada, como si dijera ya está, estoy lista, por miedo a que cambie de opinión y no la lleve con él. Cuando suena el teléfono, lanza miradas furtivas, intentando saber con quién está hablando, y si las palabras «París», «Francia» o «Eurostar» surgen en la conversación, en sus ojos puede leerse el temor a que se aleje y que a su regreso no haya sitio para ella.

A él no le gusta leer esa angustia, le pregunta ¿quieres que te ayude a encontrar trabajo? Ella dice no, no, ya tiene algún indicio. Lo dice precipitadamente, balbuceando, y él añade con voz más dulce no tengas prisa, Dottie, no aceptes cualquier cosa, y ella esboza la pobre sonrisa de una víctima que acaba de escapar de una catástrofe.

No soy lo bastante guapa para él, lo bastante inteligente, lo bastante culta, eso seguro, piensa Dottie desde que vive en casa de Philippe. La modestia, el temor, la angustia van a menudo a la par que el sentimiento amoroso y Dottie no escapa a esa regla inicua. Sufre en silencio, pero no expresa nada. Se esfuerza en ser alegre, despreocupada, pero esas cualidades no se pueden simular y suenan falsas cuando se fingen.

Cuando Becca y Annie la incluyen en su conversación sobre la cocción del pato o un bordado, se ríe con ellas, se envuelve en su suave ternura, pero cuando se enfrenta sola a Philippe, se vuelve torpe y decide que es mejor callar.

Y deslizarse, deslizarse...

Cuando la mirada distraída de Philippe se posa sobre ella sin verla, se acurruca sobre sí misma, siente ganas de llorar. Y, sin embargo, no tiene fuerzas para marcharse, para recuperar su independencia y su temeridad. Está siempre a la espera... ¿Acaso no son felices los cinco en ese hermoso piso de Montaigu Square? Él acabará un día por dejarse absorber por esa felicidad que ella teje pacientemente junto a Becca y Annie.

Acabará olvidando a la otra...

La que vive en París salta sobre los charcos con los pies juntos y da clases en la universidad. Joséphine. Sabe su nombre, se lo preguntó a Alexandre. Y su apellido. Un apellido que suena a clarín. Cortès. Joséphine Cortès. La imagina guapa, culta, fuerte. La asocia al encanto y la elegancia parisinos, la seguridad de las francesas que parecen libres, de vuelta de todo, que saben acaparar el corazón de un hombre. Joséphine Cortès ha escrito tesis, libros eruditos, una novela de éxito que ha sido traducida al inglés. No se atreve a leerla. Joséphine Cortès cría a sus dos hijas sola desde que murió su marido, devorado por un cocodrilo. Todo parece grande y romántico en aquella mujer. Frente a ella, Dottie se siente una liliputiense, una ignorante. Se mira en el espejo y se ve demasiado rubia, demasiado pálida, demasiado delgada, demasiado tonta. Le gustaría tener el pelo de «la otra», el aplomo de «la otra», sus maneras, su desenvoltura. Otorga a Joséphine todas las cualidades y tiembla.

A veces, en los ojos de Philippe, cree percibir el reflejo de «la otra».

Y si él cruza su mirada con la de ella, hay un instante de exasperación en sus ojos. Luego se recompone y pregunta ¿qué tal? Y ella sabe que ha pensado en Joséphine Cortès.

Forman, los cinco, una extraña familia, pero una familia al fin y al cabo.

A Dottie le gusta pensar que tiene un papel en esta historia. Un papelito de nada, pero un papelito al fin y al cabo. Y no tiene muchas ganas de encontrar trabajo.

Acude a entrevistas. Puestos de contable los hay a montones. Espera, se dice que quizás, quizás, él le pedirá un día que se quede para siempre.

Que se quede en casa.

Si encontrara trabajo, tendría que volver a su casa, ¿no?

Cada día pasado en esa casa equivale, para ella, casi a una petición de matrimonio. Un día, se dice, un día, volverá, extenderá los brazos y, si no estoy, me buscará. Ese día, me echará de menos... Ella espera ese día como una chiquilla enamorada espera su primera cita.

Acaba de colocarse tras él, apoya delicadamente los brazos alrededor de sus hombros. Le dice que sale, que tiene una cita para un puesto en Berney's.

Philippe oye cómo se cierra la puerta. Se queda solo. Ese año no irá a Venecia ni a Basilea ni a la Documenta de Kassel... ¿Para qué acumular obras de arte? Ya no sabe si sigue teniendo ganas.

El otro día, Alexandre enseñó a Becca, en Internet, una foto de *My lonesome cowboy* de Takashi Murakami, un artista japonés contemporáneo, y le dijo el precio, quince millones de dólares. Becca derramó el té y murmuró ¡Dios mío! dos veces seguidas, con los ojos encendidos por una especie de rayo de cólera furiosa.

Philippe tuvo ganas de explicarle por qué esa escultura de tamaño natural de un joven personaje sacado de un manga, que derrama un hilo de esperma que se levanta en el aire y dibuja un lazo, era importante, por qué abolía las fronteras entre el arte de los museos y el arte popular, por qué, también, era una réplica insolente al arte contemporáneo occidental, pero no dijo nada. Alexandre parecía incómodo. Becca se encerró en sí misma y nadie dijo nada más.

Becca ha cambiado desde que vive con ellos.

Él sigue sin saber nada de su vida. No sabe su apellido. Es simplemente Becca. No puede calcular su edad. Sus ojos son tan jóvenes cuando ríe, cuando escucha, cuando hace preguntas...

Becca posee el arte de la felicidad. Cuando se dirige a alguien, le mira fijamente a los ojos, le envuelve de luz, recuerda su nombre, lo pronuncia con esmero. Se mantiene erguida, para coger el pan, pasar la sal o rectificar un mechón de pelo, utiliza gestos hermosos. Gestos en arabescos lentos, majestuosos, gestos que se instalan en su cuerpo, que la instalan en la vida. Canta, cocina, sabe anécdotas de los reyes de Francia y de Inglaterra, de los zares y los grandes sultanes turcos. Ha viajado por el mundo entero y ha leído más libros de los que se necesitarían para cubrir las paredes de la casa.

Ya no lleva sus pasadores rosas y azules...

Hubo que vestirla de pies a cabeza. Usaron la ropa de Iris. Resulta extraño ver esa ropa en otra persona... A veces él se sorprende murmurando el nombre de su mujer cuando percibe la silueta de Becca que gira al final de un pasillo. Becca tiene la misma gracia. Esa que no se aprende. Sabe cómo abotonar un jersey, cómo anudarse un fular en torno al cuello, elegir un collar... La otra noche, en el restaurante, la vio abrir el bolso Birkin de Iris y fue como si siempre le hubiese pertenecido.

Una vez desembarazada de sus harapos, Becca mostró un cuerpo grácil, ligero, musculoso. Y Dottie exclamó ¡pero si tienes la talla de una jovencita! El cuerpo de una bailarina, seco como un bastón.

Y la mirada de Becca se había extraviado...

¿De dónde viene? ¿Qué le ha pasado en la vida para acabar en la calle? De tanto de vivir en la calle, había adoptado ciertas expresiones, pero ya no las utilizaba... Ya no decía *luv*, sino Alexandre. Bebe el té con delicadeza y se mantiene recta en la mesa. Tiene un vocabulario rico y refinado. Y canta arias de ópera.

En su vida anterior, él hubiese querido saber.

En su otra vida, no la hubiese recogido.

En su otra vida, la palma de su vida contenía pocos clavos...

* * *

Sujeto, verbo, complemento de objeto directo.

Sujeto, verbo, complemento de objeto directo.

El sujeto realiza la acción, el verbo expresa la acción, el complemento de objeto directo sufre la acción.

Así iba a comenzar sus clases con el gelatinoso Kevin. Esa forma clara de presentar la gramática pondría orden en el cerebro embotado del chico. Después seguiría con otras sutilezas.

Henriette da clases.

Kevin posee un ordenador.

Podría complicarse más el asunto e introducir complementos de objeto indirecto, de lugar, de tiempo y de forma. Que ella lo explicaría con la misma simplicidad. Localizamos el complemento indirecto preguntando: a quién, a qué, de quién, de qué, después del verbo. El complemento circunstancial de lugar preguntando dónde, el complemento de tiempo preguntando cuándo y el complemento de modo preguntando cómo.

Preguntando, y respondiendo, la cabeza se estructura. Y la vida también. Si metemos papilla en la cabeza de un niño, te escupirá papilla a la cara.

Simple como el agua clara de una botella de la marca Évian.

Había encontrado, revolviendo en su trastero en busca de ropa vieja, una gramática de la época en que iba al colegio. La había hojeado y, oh, milagro, la gramática había vuelto a convertirse en una ciencia nítida, casi tentadora. «Lo que está bien concebido se enuncia claramente y las palabras para decirlo surgen con facilidad». ¡Cuánta razón tenía ese viejo Boileau!

Sujeto, verbo, complemento.

Sujeto, verbo, complemento.

Abandonaría las denominaciones confusas, «grupo nominal», «grupo verbal», «función», «complemento de objeto directo primero», «complemento de objeto indirecto segundo», etc. y volvería a los viejos tiempos en los que a un gato se le llamaba gato. A los tiempos de su gramática, de la maestra que golpeaba en la pizarra con una larga regla de madera. Y sobre los dedos de los alumnos cuando no aprendían. En la bendita época en la que la disciplina reinaba en la escuela. Uno y uno son dos, una palabra era una palabra y no un fonema. Se aprendían las capitales y las provincias. Y los delantales grises se levantaban cuando la señorita Collier entraba en clase.

Sujeto, verbo, complemento. El orden y la disciplina vuelven a los colegios. Francia se levanta. Los niños agitan la bandera y están orgullosos de su país. Como en tiempos del general De Gaulle. Ése sí que era un ejemplo de gramática y de civismo. Henriette veneraba al general De Gaulle. Un hombre que hablaba su lengua sin faltas ni incorrecciones. ¡El lenguaje unido a la rectitud de cuerpo y espíritu! No podía decir lo mismo del espíritu deforme de su alumno...

Henriette Grobz se tomaba en serio la recuperación escolar de Kevin Moreira dos Santos. Había comprendido que había en ese niño un filón extraordinario. Una maldad que podría explotar en su beneficio. Parecía dotado para el crimen. Le faltaban todavía algunas herramientas, que ella se encargaría de entregarle sin demora. Kevin no tenía remordimientos, ni el menor cargo de conciencia ante la idea de hacer el mal. De hecho, ignoraba la diferencia entre el Bien y el Mal. No se preocupaba más que de su propia comodidad. Lo que le convenía era el Bien, lo que le molestaba era el Mal. Tenía mil ideas para salvar dificultades, ahorrarse esfuerzos, aprovecharse del prójimo, obtener lo que quería al instante y, si bien se mostraba reacio ante la idea de estudiar, en cambio era ingenioso en cuanto se trataba de mejorar su bienestar cotidiano, y entonces era capaz de desplegar una gran energía.

Ese día, de nuevo, Henriette no quedó decepcionada.

Cuando se presentó para impartir su lección semanal, Kevin gruñó algo que no entendió. No le daba nunca los buenos días ni se levantaba cuando ella entraba en la habitación. No dejaba de mascar su chicle durante las lecciones ni de hacer la sierra musical con su goma entre los dientes.

Cuando ella fue a sentarse en su sitio habitual, entre el codo de Kevin y la pared, él pareció contrariado e intentó disimular lo que estaba haciendo en la pantalla del ordenador.

—Llegas pronto, vieja chiva... Vuelve más tarde, estoy ocupado.

—Ya estoy aquí y me quedo... Preparo mis cosas y espero a que estés listo...

Sacó los cuadernos de Kevin, los deberes que había hecho en borrador para que él los copiase, un libro de gramática, otro de geografía.

—Que te largues, te digo...

—¿Qué te pasa, angelito mío? ¿Te molesto?

—Has dado en el clavo, vieja bruja... ¡Fuera!

Acostumbrada a la grosería del chico, Henriette se sentó y volvió la cabeza.

—Mucho mejor... ¡Sólo quiero verte la espalda!

Henriette oía que los dedos del chico se agitaban sobre el teclado. Simuló agacharse para coger un libro de la cartera que reposaba a los pies de Kevin y asistió en directo a un atraco. Kevin entraba en la página del banco de su madre, tecleaba una serie de cifras y un código secreto, accedía a la cuenta de la señora Moreira dos Santos y la consultaba.

—Y después... ¿qué haces? —preguntó Henriette levantando bruscamente la cabeza.

—No es asunto tuyo...

—Vale, pero sí de tu madre.

El chico se mordió la lengua. Pillado, le había pillado. En plena acción.

—No le gustaría demasiado que yo le contase lo que acabo de ver... —susurró Henriette, aprovechando la ventaja.

Él se había puesto a mover nerviosamente su enorme trasero. La silla crujía.

—¿De qué te has enterado?

—Me he enterado de tu estratagema... Y me parece brillante, si quieres que te diga la verdad... Considérame una aliada, no una chivata..., salvo si me obligas.

Él se la quedó mirando con desconfianza.

—Vamos... No tienes nada que perder y todo que ganar... Podemos hacer negocios juntos...

—No te necesito para ganar pasta...

—Sí, pero necesitas comprar mi silencio. Así que hacemos un trato, tú me explicas y yo me callo... O...

Kevin tenía los dedos enredados en la goma y ya no sabía qué decir.

—¿Si te lo «essplico» tendrás cerrado el pico, vieja chiva? Te callas o te rompo una pierna cuando bajes por la escalera para ahorrarte el ascensor... O te denuncio cuando conectes el aspirador al enchufe del descansillo...

—No diré nada. Absolutamente nada...

—¿Sabes de lo que soy capaz?

—Lo sé.

—Y me divertiría mucho, además...

—No lo dudo... —sonrió Henriette, sabiendo que había ganado y que él estaba multiplicando las amenazas para suavizar la confesión que iba a verse obligado a hacer.

Y pensó, te he cazado como a una rata, mi querido Kevin, y de ahora en adelante harás lo que yo quiera.

Entonces, él «essplicó».

Visitaba con regularidad la cuenta de su madre. Cuando la veía bien repleta, escamoteaba la tarjeta de crédito de su progenitora y le mangaba diez, veinte o treinta euros. Dependiendo de sus necesidades. Si la cuenta estaba raquítica, no la tocaba. Aquello duraba desde hacía mucho tiempo y su madre no se había dado cuenta de nada. El truco consistía en retirar sólo pequeñas cantidades.

—Sencillo, ¿no? —dijo con cierto tono jactancioso en la voz—. Visito su cuenta a sus espaldas y le siso pequeñas sumas.

Sujeto, verbo, complemento de objeto directo, pensó Henriette, las combinaciones más simples son las mejores.

—Sí, pero ¿cómo te las has arreglado para tener los códigos secretos, el de la cuenta en línea y el de la tarjeta de crédito? Ella debe de desconfiar, con un chico como tú...

—¡Que si desconfía! ¡Pero si duerme con la cartera debajo de la almohada!

—¡Pero con eso no conseguirá detenerte! Tú eres más astuto...

—¡Déjate de cobas, vejestorio! No funcionan conmigo...

—Bueno —suspiró Henriette—, has decidido ser desagradable... Entonces yo se lo cuento todo y tú acabas en un internado el año que viene. Ni siquiera tendrás el consuelo de romperme una pierna...

Kevin Moreira dos Santos reflexionó. Se puso a mascar chicle vigorosamente.

—No me chivaré —repitió Henriette con voz dulce—. Te voy a confesar algo: me apasionan las estafas y los estafadores, creo que son las personas más ingeniosas del mundo...

Kevin dudó ante la palabra «ingenioso». La miró, desconfiado. Ingenioso, ¿qué es esa palabreja, una especie de ingeniero, un desgraciado que trabaja para otros después de estudiar muchos años?

—¡Que no! Ingenioso significa listo, inteligente, imaginativo... Bueno, ¿me dices cómo lo haces? No tienes alternativa, estás hasta el cuello. Te tengo bien agarrado.

—Vale, de acuerdo —resopló bajando los hombros.

Era la primera vez que cedía ante ella y Henriette se felicitó por haber llegado con un cuarto de hora de antelación. Ese día sus relaciones iban a cambiar, pasaría de ser explotada a ser asociada y si bien no reinaba todavía la concordia entre ellos, no desesperaba de hacerse respetar algún día.

—Ella guarda sus papeles secretos en un cofre y lleva siempre la llave encima... En el sostén. Un día, la abracé, no está acostumbrada, así que se sorprendió mucho y le quité la llave. Le di besitos, caricias, le hice cosquillas, ella lloraba de alegría, la dejé anonadada, le metí el dedo entre las dos tetas, tanteé la cazoleta derecha, la izquierda y... ¡No se enteró de nada! Y después llegó una vecina con un lío de una fuga de agua en el sótano. La vieja se largó y yo le eché mano al cofre... Nunca cambia los códigos, por miedo a liarse. Tiene el cerebro de un mosquito. Después fue fácil sisarle la tarjeta... Cuando distribuye el correo, por la mañana, por ejemplo, los días que no tengo cole. Y además, el cajero está justo a la izquierda al salir del edificio... Tardo dos minutos, ¡menos cuando hay cola!

Parecía orgulloso de su artimaña y feliz por poder presumir de sus logros. ¿Para qué lograr algo si no se puede presumir de ello? La mitad del placer consiste en la exhibición de la fuerza, de la inteligencia.

Henriette memorizaba. Sujeto, verbo, complemento. Kevin engatusa a su madre. Kevin roba la llave, el código, la tarjeta. Kevin roba a su madre. Un juego de niños. ¿Por qué hacerlo complicado cuando puede ser sencillo?

Se inspiraría en Kevin para robar a Marcel. Chaval tenía razón: una estafa a gran escala la descubrirían enseguida En cambio, una buena estafa de las de siempre sería más segura.

Engatusar, conseguir los códigos, robar el dinero. Desviar las sumas robadas de la cuenta de Marcel a la suya. Tenían el mismo banco. Cuando se había casado con Marcel Grobz, él había abierto, para ella, una cuenta aparte por si acaso... Por si acaso se moría de repente y la herencia quedaba bloqueada. Ingresaba cada trimestre una suma importante que, bien colocada, fructificaba. En el momento del divorcio, no había cancelado la cuenta. Se la había dejado para que nunca se viese en situación de necesidad. ¡Imbécil! A ella no le hacía ninguna falta su compasión. Pero ¿qué se creía ése? ¿Que estaba tratando con una débil mujer? ¿Una viejecita acabada, que no valía ni para dejarla tirada en un rincón? No sabía a quién se estaba enfrentando... Será para su jubilación, le había explicado Marcel al juez, no ha trabajado y no tiene derecho a ninguna compensación social. El juez lo había aprobado. Henriette se quedaba con el piso, Marcel le pasaba una cómoda pensión y ella conservaba una cuenta de jubilación que él agrandaría si hiciese falta. Esa cuenta figuraba dentro de una larga lista de cuentas de Marcel Grobz en el banco. Junto a las privadas y las profesionales. Al final del todo. A nombre de Henriette Grobz.

Sería un juego de niños sustraer sumas de la cuenta personal de Marcel e ingresarlas en la cuenta durmiente de Henriette.

El personal del banco sabe que Marcel es muy generoso. Firmaba cheques a menudo con motivo de la boda de un empleado, el nacimiento de un niño o las exequias de un pariente. Sonreía y decía no me dé las gracias, no es nada, he recibido tanto de la vida que quiero compartirlo... Nadie se extrañaría si se efectuaran esas transferencias. Y Marcel tenía muchas cosas de las que preocuparse como para verificar sus cuentas privadas. Dejaba esa tarea a su contable, la fiel Denise Trompet, veinte años de antigüedad en la empresa Grobz, a quien Henriette había rebautizado como la Trompeta en homenaje a la única cosa que destacaba en su cara plana: una naricita respingona. Blanda como una galleta rancia fuera de su envoltorio de plástico, sosa y marchita, no había conocido el amor más que en la colección de libros Harlequin que se metía en el bolso para leer en el metro. Soñaba con el Príncipe Azul que se la llevaría y le declararía su pasión, con una rodilla en tierra, los ojos brillantes y una sonrisa de hidalgo. Tenía unos dientes amarillentos, una boca arrugada, y un pelo escaso, que se rizaba de forma ultrajante, y que se le alborotaba en cuanto alguien abría la puerta de su despacho... A los cincuenta y dos años no tenía nada que inspirara el menor sentimiento, y su gesto abatido parecía confirmar esa realidad.

Engatusar. Ése sería el papel de Chaval. Él engatusaría a la Trompeta. Le susurraría cumplidos, la llevaría a contemplar claros de luna desde lo alto de la cúpula de Montmartre, le invitaría a un vaso de limonada, posaría su boca firme sobre sus labios arrugados... Chaval tendría que pagar con su persona. Pondría objeciones, sin duda, pero ella le convencería espoleando sus sueños de reconquistar a Hortense. Dinero, Dinero, Dinero, canturrearía al oído de

Chaval. Dinero, en nombre de ese Dios que te convierte en todopoderoso, que hace que las jovencitas se inclinen ante ti..., y seduciría a la Trompeta. Él conseguiría los códigos y ella, Henriette, desvalijaría a Marcel. Con habilidad. Y sería rica, muy rica. Y desterraría la pesadilla que la perseguía desde la infancia: ser pobre.

Henriette desterraría la pesadilla.

Sujeto, verbo, complemento.

Kevin Moreira dos Santos, sin quererlo, había encontrado la solución. Sólo faltaba enviar a Chaval al asalto de la Trompeta.

—¡Eh, vieja chiva! ¿Te has dormido o qué? Como si no tuviese otra cosa que hacer... ¡Suelta los deberes!

Henriette se sobresaltó y sacó los deberes que Kevin sólo tendría que copiar.

* * *

—Marcel... Creo que me estoy volviendo neurasténica —suspiró Josiane mientras Marcel abría la puerta de entrada tras una larga jornada de trabajo. Él resopló, dejó su vieja cartera llena de documentos, y se volvió a incorporar quejándose, Dios, ¡qué bajo está el suelo! E imaginó la suavidad de las zapatillas que se iba a calzar y el whisky con sabor a turba que no tardaría en servirse.

—No es el momento, Bomboncito, no es en absoluto el mejor momento...

La jornada había sido dura. La mesa del despacho rebosaba de informes, sellados en letras rojas con el membrete «URGENTE». En cualquier sitio donde posaba la vista, veía parpadear esas letras rojas, y Cécile Griffard, su nueva secretaria, no paraba de pasarle notas y mensajes especificando que se esperaba respuesta en los minutos siguientes. Agotado, se había preguntado por primera vez en su vida si no habría alcanzado los límites de su capacidad. Entre sus negocios y Junior, que exigía tiempo y un nivel de conocimientos cada vez más elevado, se sentía sobrepasado. Esa tarde, antes de dejar el despacho, apoyó la cabeza sobre la mesa, con las manos en la nuca, y permaneció un rato sin moverse. Su corazón latía a toda velocidad y ya no sabía por cuál de los documentos «urgentes» debía empezar. Cuando volvió a incorporarse, se le había quedado pegado un trozo de celo en la mejilla, lo había despegado y se había quedado mirándolo.

—Nunca es un buen momento para un ataque de neurastenia... —insistió Josiane.

—No me digas que vuelves a las andadas, Bomboncito. No me digas que la otra te ha vuelto a hacer una jugarreta.*

—¿La Escoba? No, no es eso... No es la misma languidez, la misma tristeza sin razón aparente. Esta vez sé lo que no funciona dentro de mí... Lo he estudiado bien, ¿sabes?, no te lo cuento en plan profano.

—Cuéntame, pichoncito..., dime qué te ofusca... Soy el Tarzán de los brazos peludos, ¡no lo olvides! Salto de rama en rama para agarrarme a tu enagua.

Se había quitado la gabardina y abría los brazos para abrazarla.

Josiane no sonreía. Permaneció postrada en su silla, lejos de él.

---

* Cf. *El vals lento de las tortugas, op. cit.*

—He perdido sustancia, mi viejo oso... Me siento inútil, vacía, tú tienes tu vida en el despacho, viajas, haces negocios, Junior está inmerso en sus libros... Habrá que encontrarle un profesor particular, ¿sabes? Se aburre conmigo. Se aburre en el parque, se aburre con los niños de su edad... Intenta ocultármelo porque es sensible y bueno. Se esfuerza, pero yo huelo su aburrimiento tan claramente como huelo el amoniaco, rezuma por todos sus poros, chorrea en su mirada... Intenta hacerme compañía, hablarme de lo que le interesa, simplificándolo hasta el extremo, pero yo no consigo estar a su altura... Supone demasiado esfuerzo, no tengo bastante materia gris. Tengo poca sesera...

—¡Qué tonterías dices! Es cierto que él galopa hacia delante y que nos deja aplatanados... Mírame: yo he tenido que retomar los estudios para entenderle cuando habla. Pero me esfuerzo... Aprendo, aprendo. Y además creo que es magnánimo con nosotros, que nos quiere como somos, un poco lerdos...

—Sé que nos quiere, pero eso ya no le basta. Languidece, Marcel, languidece, y pronto también él se volverá neurasténico...

—Bomboncito, sabes que haría cualquier cosa por vosotros dos... ¡Os daría la luna si fuese lo suficientemente alto para agarrarla!

—Lo sé, gordito mío, lo sé. No es culpa tuya. Soy yo la que estoy hecha un lío. Ya no sé cuál es mi papel en esta aventura. He esperado tanto este niño, lo he deseado, he rezado, he encendido cirios hasta quemarme los dedos... Quería darle toda la felicidad del mundo, pero la felicidad que le ofrezco no le basta... ¿Sabes la última? Quiere *speaker english*. Ha recibido una carta de Hortense que le decía: «Hola, Miguita, mis escaparates van tomando forma y me gustaría convidarte, a ti y a tus padres, a venir a verlos porque tú me echaste una mano importante con ellos. Prepárate y vente. Te recibiré con todos los honores que corresponden a tu rango». ¡Ha decidido ir y hablar un inglés fluido para enterarse de todo cuando esté allí! Está programando su visita. Devora la historia de los monumentos, de los reyes y las reinas, las líneas del metro y del autobús, ¡para dejar a Hortense con la boca abierta! Creo que está enamorado...

Marcel sonrió y se le humedecieron los ojos. He engendrado a un ogro, pero he olvidado calzarme las botas de siete leguas...

—Os quiero tanto a los dos... —dijo desinflándose—. Si os pasara algo, me desintegraría...

—No quiero que te desintegres, osito mío... Me gustaría que me escucharas...

—Te escucho, Bomboncito...

—En primer lugar, hay que ocuparse de Junior. Encontrarle un profesor a tiempo completo. Eso si no son dos o tres, porque todo le interesa... ¡Qué le vamos a hacer! Puedo aceptar que se salga de la norma, ahora que sé que hay otros como él en Singapur y en las Américas. Lo acepto. Ante el Buen Dios que me ha enviado este niño...

—En buenos berenjenales nos mete el Buen Dios —gruñó Marcel—. Sé bien lo que me digo...

—Qué tonto eres, osito mío... Quiero decir que lo acepto y que quiero acompañarle en su camino. Permitirle el placer de estudiar cosas de las que yo nunca he oído hablar... Sé muy bien que no soy precisamente una lumbrera, así que paso a segundo plano. Le quiero como a mis entrañas, cedo y le devuelvo su libertad... Pero yo, Marcel, yo... Quiero volver a trabajar.

Marcel soltó una exclamación de sorpresa y declaró que el asunto se volvía serio, que tenía que servirse un whisky en el acto. Se deshizo el nudo de la corbata, se quitó la chaqueta, buscó con la mirada sus zapatillas y fue a servirse un vaso. Necesitaba toda la comodidad posible para escuchar lo que venía a continuación.

—Vamos, Bomboncito, ya no diré nada más, te escucho...

—Quiero volver a trabajar. En tu empresa o en otro lado. En tu empresa sería mejor. Podemos arreglarlo entre los dos. A tiempo parcial, por ejemplo. Cuando Junior estudie con su perceptor...

—Preceptor, pichoncito mío...

—¡Lo mismo da! Cuando estudie, por las tardes, por ejemplo, yo iré al despacho. Puedo ocuparme de un montón de cosas, no soy tan inteligente como mi hijo, pero no lo hice mal cuando era tu secretaria...

—Eras perfecta, pero ése es un trabajo de jornada completa, pichoncito mío...

—O en el almacén con Ginette y René. No me asusta el trabajo duro... Además, echo de menos a esos dos, eran como mi familia. Casi no les vemos y cuando les vemos, no tenemos mucho que decirnos. Yo estoy aquí, con los brazos cruzados jugando a los pijos, y ellos, currando duro en la empresa. He aprendido de vinos, buenas palabras, buenas maneras y he acabado por intimidarles. ¿Te has dado cuenta de esos largos silencios en la conversación cuando nos reunimos los cuatro? ¡Podría oírse cómo las moscas se frotan las patas! Antes eran reuniones con risas espontáneas, nos calentábamos el gaznate, cantábamos viejas canciones, tarareábamos cosas de Les Chaussettes Noires y Patricia Carli, nos poníamos rulos en la cabeza, llevábamos vestiditos de cuadritos ceñidos en la cintura, nos dábamos manotazos en las costillas... Ahora comemos con los codos pegados al cuerpo y bebiendo un vino bueno que tú has elegido, pero ya no hay el mismo ambiente...

—Envejecemos, Bomboncito, envejecemos, así de sencillo. Y el negocio ha crecido, ya no existe la misma despreocupación. ¡Nos hemos convertido en una multinacional! Los contenedores llegan de todas partes del mundo. Yo ya no le doy al pico con René como antes, ya no nos tomamos nuestra copita de blanco bajo la glicina, no tenemos tiempo... ¡Hasta Ginette se queja de que ya no ve a su hombre!

—Y yo ya no formo parte de la aventura... Ya no formo parte de ninguna aventura. Ni de la tuya ni de la de Junior, me paso el día con cara de funeral en mi preciosa casa. ¡Es verdad! Me aburro tanto que he despedido a la señora de la limpieza para robarle el puesto. Eso me calma los nervios. Me paso el día haciendo que todo brille, ordenándolo todo. Le echo lejía a todo... Si continúo así, Marcel, te lo advierto, le perderé el gusto hasta al pan...

—¡Ay, no mentes la desgracia! —protestó Marcel—. Encontraremos una solución, te lo prometo. Pensaré en ello...

—¿Me lo prometes?

—Te lo prometo, pero déjame tiempo para organizarme, ¿de acuerdo? No me calientes la cabeza... Tengo una cantidad de preocupaciones en este momento..., ¡no te puedes hacer una idea! Todo está muy liado y no tengo a nadie que me ayude...

—¿Ves? Yo podría serte útil...

—No estoy seguro, Bomboncito. Son problemas muy particulares...

—¿Quieres decir que no tengo suficiente mollera para entenderlo?

—¡Claro que no, no te enfades!

—No me enfado, pero deduzco que no tengo suficiente seso... Exactamente lo que pensaba. ¡Terminaré volviéndome majareta y acabaré con una neurastenia mortal!

—¡Que no! Josiane, te lo ruego...

Josiane se calmó. Marcel, su gordito Marcel, debía de sentirse completamente desmoralizado para que empezase a llamarla por su nombre de pila. Cambió el tono por uno más dulce:

—Vale, de acuerdo, me trago la bilis y dejo de gruñir... —consintió a regañadientes—, pero no te olvides de pensarlo, ¿eh? ¿No te olvidarás?

—Por estas que son cruces... Pensaré en ello...

—¿Y qué es lo que te preocupa, entonces?

Él se pasó la mano por su cráneo calvo, arrugó su piel manchada, murmuró ¿es necesario que te lo cuente aquí, ahora mismo? Preferiría una pequeña distracción. La vida se está poniendo muy dura y si pudiese tener un respiro, lo apreciaría, ¿sabes?... Ella asintió. Tomó nota de volver a hablar de ello. Se acercó a su oreja derecha y sopló dentro con un ruidito de silbato... Marcel se dejó llevar con un gran suspiro, la estrechó, pensó en contarle alguna anécdota del trabajo para demostrarle que había comprendido la lección y...

—No adivinarías nunca quién ha venido a verme hoy...

—Si no puedo adivinarlo, mejor decírmelo ya, mi lobo peludo —le susurró en el oído, mordisqueándole el lóbulo.

—Si no te pica la curiosidad no tiene gracia... Oye, ¿no has adelgazado un poco? —preguntó mientras le magreaba las caderas—. No encuentro tus dulces michelines... No estarás haciendo un régimen...

—Pues no...

—No quiero que te vuelvas angulosa, pichoncito mío. Te quiero blandita. ¿Me oyes? Quiero poder seguir disfrutando de mi golosina...

—Había pensado que si no me encontrabas trabajo, ¡me haría top model!

—¡Con la condición de que yo fuera el único fotógrafo! Y de poder echar un vistacito debajo de tu falda.

Unió el gesto a la palabra y deslizó la mano bajo su falda.

—Eres mi rey, mi fiera, mi galán..., ¡el único con derecho a llevarme al circo! —susurró Josiane, languideciendo.

Marcel se estremeció de placer y hundió la nariz entre los senos de su adorado Bomboncito.

—¿Junior está en su habitación?

—No se le puede molestar, está estudiando inglés con un método que le he encontrado... Inmersión total. Tiene hasta las ocho...

—¿Nos metemos en la cama para decirnos palabras de amor?

—Nos metemos, Filomeno...

Y entraron en su habitación a paso de gigante, lanzaron por los aires colcha, falda, pantalón y otras prendas y empezaron a jugar al tren que descarrila, a la pequeña boa huérfana, a la araña estrellada del mar del Norte, al pingüino bajo el hielo, al loco que hace malabares con repollos y a la jirafa tarumba con acordeón. Por fin, rendidos, ahítos, se enlazaron efusivamente, se felicitaron de tanta elocuencia sexual, se relamieron, se friccionaron, se hincharon de felicidad y volvieron a desinflarse como dos neumáticos reventados.

Marcel ronroneaba y recitaba versos escritos tres mil setecientos años atrás sobre los muros del templo de la diosa Ishtar de Babilonia, en Mesopotamia: «¡Que sople el viento, que se estremezcan los árboles en el monte! Que mi potencia se derrame como el agua del río, que mi pene esté tenso como la cuerda de un arpa...».

—Qué rico es tu verbo, gordito mío, tan rico y abundante como tu miembro generoso —suspiró Josiane.

—¡Ay! ¡No soy de los que cejan en su objetivo! —exclamó Marcel—. Yo nunca me duermo en los laureles...

—Eso seguro, ¡tienes buen empuje y nunca levantas el sitio!

—Qué le voy a hacer, mi tortolita, tu cuerpo me vuelve lírico. Me inspira, hace que me estremezca como un diapasón, enloquece mis arpegios. El día que cuelgue los calcetines de la ventana, ya sólo me quedará ahorcarme...

—No mientes la desgracia, amado mío...

—Es que ya no soy un jovencito y la idea de que te veas privada de un poco de picante en la piel me helaría hasta lo más profundo de los huesos... Entonces tendrías que encontrar sustento en otra parte y...

Pensó en el apuesto Chaval, que había mimado antaño a su Bomboncito. Creyó perder el aliento y palideció ante el recuerdo de la desgracia. Lanzó una risita vengativa y la estrechó contra sí para asegurarse de que nadie volvería a quitársela.

—Anda, ¿a que no adivinas quién ha venido a verme al trabajo?...

—Bueno, ¿quién ha venido al trabajo hoy? —repitió Josiane estremeciéndose de placer bajo el peso de su regio amante, el rey de Bengala.

—Chaval. Bruno Chaval.

—¿Cómo? ¿El advenedizo engominado? ¿Ése que se largó a la competencia y amenazó con arruinarnos?*

—El mismo. ¡Ha perdido frescura el pescadito! Ahora rezuma desgracia. Le han echado de su último trabajo. No quiso decirme por qué. Si quieres mi opinión: apesta a embrollo. Ése no huele a limpio. Huele más bien a váter de gasolinera comarcal. Está buscando una colocación, le gustaría que volviera a contratarle, para el puesto más insignificante incluso. ¡Está dispuesto a echarle una mano a René!

—Suena a asunto feo, mi osito, está preparando un golpe bajo... Ese Chaval tiene un gran concepto de sí mismo. No se mancharía las manos por un plato de sopa...

—Es verdad que le conoces bien, pichoncito... ¡Le trataste en otros tiempos, y no en posición vertical!

—Fue un error... Todos cometemos errores. Fue cuando tú estabas casado con la Escoba y demostrabas la valentía de un boquerón... ¿Y qué le has dicho?

—Que no podía hacer nada por él..., que fuese a ver a otra alma caritativa... ¡Y una hora más tarde me lo encontré dando carrete a la Trompeta en su despacho! No sé de lo que estaban hablando, pero le daban al pico que no veas...

—¡Ése acabará de gigoló! Date cuenta de que sólo le falta eso: hacerse el machote en la cama de alguna señora... Con su esbeltez y su mirada oscura...

---

* Cf. *Los ojos amarillos de los cocodrilos, op. cit.*

—Ése es un papel que yo nunca podría interpretar —suspiró Marcel mientras hacía cosquillas a su Bomboncito.

Feliz. Era feliz. Su ascenso cromático hacia la felicidad le había librado de todas sus preocupaciones y descansaba, beatíficamente, al lado de su mujer, dispuesto a parlotear durante horas. Existía entre ellos una complicidad tan perfecta que no podía permanecer sombrío mucho tiempo en compañía de Josiane; respiraba con dicha el perfume de sus cabellos suaves y espesos, aspiraba los pliegues de su cuello, probaba el sudor de su cuerpo, hundía la nariz por doquier en su carne blanda y grasa. La vida le había regalado al fénix de las mujeres, a su media naranja, y las preocupaciones se borraban como cifras escritas con tiza en una pizarra.

Se olvidaba de todo cuando tenía a su Bomboncito entre sus brazos.

Y sin embargo, no le faltaban las preocupaciones.

La cabeza le daba vueltas ante las dificultades que iban acumulándose. Ya no sabía cómo abordar todos los problemas...

Siempre había contado con su sentido común de chico de barrio, su ingenio para adaptarse a las circunstancias, su admirable sentido de los negocios que le permitía manipular a uno para aplastar mejor al otro, para salir de las situaciones más peligrosas. Marcel Grobz no era una hermanita de la caridad. No tenía estudios superiores, pero poseía el don del análisis y la síntesis, la intuición para anticiparse al golpe, y siempre cogía a sus adversarios desprevenidos. No hacía ascos a nada: ni a la abultada comisión bajo mano en el último minuto, ni a un cambio de alianzas, ni al enorme embuste proferido con el tono y la expresión de sinceridad máxima. Era a la vez un gran calculador y un fino estratega. No se perdía nunca en conjeturas evanescentes salvo para engañar al enemigo. Dejarle creer que era débil para aplastarle después. Sabía manejar la insinuación pérfida, la información falsa, la negación inocente, para imponerse después con toda su fuerza de general romano.

Había comprendido que el dinero lo compraba todo y no le repugnaba firmar cheques para comprar la paz. Cada cosa tiene su precio y si el precio era razonable, ponía el dinero sobre la mesa. Fue así como había optado por un armisticio con Henriette. Quiere dinero, ¡pues lo tendrá! La cebaría para obtener la paz. Confiaba en su habilidad para recuperar con sus negocios ese dinero gastado en una mujer arisca y dura que se había aprovechado de él. ¡Qué le importaba! Había sido lo suficientemente estúpido como para dejarse atrapar, así que ahora pagaría... El dinero lo dominaba todo, él dominaría al dinero. No se dejaría arrastrar por ese ávido amo.

Pero últimamente, los negocios se habían vuelto difíciles. Para todos. En China tenía verdaderos problemas de normativa y calidad. Debería haber estado allí de forma permanente, vigilar las cadenas de fabricación, instalar sistemas de control, imponer los test. Pasar por lo menos diez días al mes allí. Debido a su felicidad familiar, cada vez pasaba menos tiempo en China. Confiaba en sus socios chinos y eso no era lo más razonable. No era razonable en absoluto... Necesitaba un brazo derecho eficaz. Un hombre joven, soltero, a quien no le asustaran los viajes. Cada vez que intentaba contratar a un comercial para que le ayudase, el sujeto, antes de sentarse, preguntaba por el número de semanas de vacaciones, la tarifa de las horas extras, el montante de gastos profesionales y la cobertura de la mutua de salud. Protestaba si los desplazamientos eran demasiado frecuentes o si no viajaba en primera clase. ¡Y yo que he levantado fábricas en las cuatro esquinas del mundo viajando con las rodillas pegadas al mentón!, gemía dando vueltas y vueltas al problema sin encontrarle solución. Antes, en tiempos de la Escoba, viajaba por todo el globo. China, Rusia, países del Este... Vivía con la maleta a cuestas. Hoy, ir y volver de Sofía le parecía dar la vuelta al mundo. Y eso que su empresa se había expandido sobre todo fuera del país. Doce mil personas trabajaban para él en el extranjero, cuatrocientas en Francia. ¡Localiza el problema!

Los problemas estaban surgiendo sobre todo en China. El precio de la mano de obra, antes barato, aumentaba un diez por ciento cada año y numerosos empresarios se marchaban a otros países para deslocalizarse otra vez. El nuevo destino elegido era Vietnam. Pero a Vietnam ¡había que ir! Estudiar las costumbres del país, el idioma, volver a empezar y aprenderlo todo desde cero...

Otro problema en China: la falsificación. Habían construido una fábrica justo al lado de una de las suyas que copiaba sus modelos para venderlos a bajo precio a sus competidores europeos. Él había protestado ¡y le habían demandado simulando que había sido él quien había copiado! Sin olvidar las exigencias de los aduaneros franceses, que inventaban cada día nuevas normas de seguridad para los productos procedentes de China. Se había visto obligado a fabricar palés de cartón o de madera tratada para evitar las epidemias.

La crisis golpeaba también a los chinos. Muchas fábricas cerraban por falta de pedidos. O se hundían por los impagos de los americanos. Cerraban y se olvidaban de pagar lo que debían. Los dueños desaparecían y era imposible contar con la justicia china para encontrarlos.

Y ya no podía más...

Había intentado implantarse en Rusia... Había abierto una fábrica, envió prototipos para fabricar, invirtió dinero. ¡Y todo había desaparecido de la noche a la mañana! ¡Hasta las plantas del hall de la entrada! Su inversión se había volatilizado y, al cruzarse con el responsable que había contratado, éste había cambiado de acera para evitarle. No podía luchar solo. Rusia se había convertido en el Salvaje Oeste. Era la ley del Colt.

Tampoco podía reducir el tamaño de su negocio: únicamente las grandes empresas sobrevivían. Las pequeñas iban cerrando una tras otra.

Notaba que ya no tenía visión de futuro. El cansancio, la edad, las ganas de descansar... En su próximo cumpleaños, apagaría sesenta y nueve velas. Ya no era un hombre joven, aunque se sintiese en plena forma...

A los sesenta y nueve años un hombre no es viejo, se repetía para convencerse. Ni mucho menos. Recordó a su padre a su edad y se comparó con él. ¡Seco como una pasa, el pobre! La cara amarillenta y arrugada, los labios encasquetados en las encías a falta de dientes que los mantuvieran en su sitio, y los ojos caídos como lágrimas negras. Mientras que él rebosaba de vida y de vigor. Aunque resoplara al subir las escaleras... La semana anterior, se había sentido mal justo antes de llegar al tercer piso. Se había agarrado al pasamanos y se había apoyado en el siguiente escalón, llevándose la mano al corazón.

No se lo había contado a Josiane.

La cabeza había empezado a darle vueltas, el corazón se le había encogido produciéndole un extraño dolor punzante en el lado derecho, se había quedado con una pierna en el aire, esperando a recuperar el aliento, y había continuado subiendo mientras contaba los escalones para que se le pasara el mareo. ¡No! No iría a ver a un médico. Con esa gente, llega uno en buen estado y se va con los pies por delante. Su padre había vivido hasta los noventa y dos con su piel de albaricoque sin consultar ni a uno solo. El único hombre de medicina que consentía en visitar era su dentista. Y eso porque bromeaba con él, porque era simpático, un experto en vinos y le gustaban las mujeres a más no poder. Pero de los demás huía como de la peste, y no le había ido mal.

En la cama, con Bomboncito, nunca había sentido punzadas en el corazón. Ni el menor ahogo... ¿Acaso eso no es una prueba mejor que cualquier electrocardiograma?

Y sin embargo, eso no impide...

Tenía que encontrar un ayudante. Un hombre joven, listo, hábil, enérgico, dispuesto a trabajar duro, a viajar quince días al mes. El mirlo blanco.

Se había puesto a pensar cuando Chaval había ido a verle...

No se lo había dicho a Josiane, pero... no le había dicho que no a Chaval. Le había dicho venga a verme otro día, no sé si necesito a alguien, y sobre todo no sé si puedo confiar en usted. El otro había protestado, había entonado el mea culpa, había hablado de un error de juventud, le había recordado sus buenos servicios... y era cierto que no era mal trabajador, el pijo ese, antes de perder la cabeza y marcharse a la competencia. Dudaba. Dudaba. ¿Se puede confiar en un hombre que te ha traicionado una vez? ¿Puede uno perdonar y archivar esa traición en el cajón de los errores de juventud, de la ambición de un joven fogoso e impaciente, siempre hambriento de más poder y dinero?

No era mal tipo, Chaval. Nada malo, cuando trabajaba para él como jefe de ventas. Un agudo sentido del negocio y un buen instinto contable. Hasta Josiane le halagaba en aquella época. Ahora era muy distinto. Se pondría hecha una fiera si se enterase de que Chaval volvía.

Así que, claro, no le convenía que Bomboncito quisiese recuperar un puesto en la empresa.

No le convenía en absoluto...

Marcel estaba inmerso en esos sombríos pensamientos cuando Junior llamó a la puerta.

—¡Eh! ¡Eh! ¿Puedo entrar o molesto? *May I come in or am I intruding?*

—¿Qué dice? ¿Qué dice? —preguntó Josiane vistiéndose a toda velocidad.

—Dice que quiere entrar...

—Un minuto, amorcito —gritó Josiane poniéndose la falda, la blusa, las medias y tratando de abrocharse el sujetador—. Date prisa —conminó a Marcel.

—¿Estáis en la cama? ¿Vestidos o desvestidos? —inquirió Junior.

—Esto... ¡Dile algo! Has sido tú el que me ha traído aquí...

—¡Ahora me dirás que te he violado! —bromeó Marcel volviendo a la realidad.

—¡Ya vamos, ya vamos, Junior! —repitió Josiane, que había perdido las bragas entre las sábanas y las buscaba a tientas.

—No corráis, por mí no hay prisa... *Take it easy, life without love is not worth living! And I know perfectly well how much you love each other...**

—¡Ay, Marcel! ¡Se ha tragado el método entero! ¡No es posible! ¿Entiendes lo que dice?

—Sí, y es un encanto... Nos desea toda la felicidad del mundo.

—¡Pero date prisa! ¡Le asustarás si te quedas desnudo como una enorme lombriz sobre la cama!

Marcel se levantó a desgana y buscó sus cosas con la mirada.

—Ha estado muy bien, Bomboncito, pero que muy bien...

—Sí, pero se acabó. Pasamos a otra cosa. Volvemos a ser respetables.

—No me hubiese importado quedarme en la cama...

—*Stay father, stay... I know everything about human copulation, so don't bother for me...***

—¡Junior! ¡Habla en nuestro idioma! Vas a poner triste a tu madre...

—*Sorry, mother!* Es que tengo la cabeza llena de palabras inglesas. Estarás orgullosa de mí, he terminado el método. Sólo me falta un poco de práctica para tener un acento perfecto. Hortense se va a quedar estupefacta... ¿Habéis terminado de poneros los trapos o puedo entrar?

Josiane suspiró: entra, y apareció Junior.

---

* «Tomaos vuestro tiempo. La vida sin amor no vale la pena y sé perfectamente cuánto os queréis...».

** «Quédate, papá, quédate. Lo sé todo sobre la copulación de los humanos, así que no os preocupéis por mí...».

Se apoyó al pie de la cama y declaró:

—En efecto, huele a copulación frenética...

Josiane le miró enfadada, y él rectificó:

—No era más que un comentario naturalista, os pido disculpas... ¿Todo bien, entonces?

—¡Muy bien, Junior! —exclamaron al unísono los padres, sorprendidos en flagrante delito.

—¿Y qué es lo que os ha empujado a esa maraña corporal, la necesidad de alejar una angustia, o una pulsión natural?

—Las dos cosas, Junior, las dos cosas —declaró Marcel mientras se vestía rápidamente.

—¿Tienes problemas en el trabajo, padre?

Junior había clavado su mirada en la de su padre y Marcel respondió sin darse cuenta. Confesó:

—La cosa está dura en estos momentos, ¿sabes? Hay crisis en todas partes y me cuesta, me cuesta...

—Y sin embargo, el sector del mueble no es como el del automóvil. El mueble cuesta más barato y a la gente, cuando hay crisis, le gusta refugiarse en su coqueto hogar. No tienes más que ver, *daddy*, que los programas de decoración en la tele nunca tuvieron tanto éxito como ahora.

—Lo sé, Junior...

—Estás en un sector del mercado interesante: todo para la casa y para todos los bolsillos. Tienes buenos diseñadores, buenos fabricantes, un buen circuito comercial...

—Sí pero, para sobrevivir, hay que crecer, construir fábricas nuevas, comprar pequeños negocios que fracasan... ¡y yo no puedo estar en todas partes! Tendría que clonarme... ¡Y eso todavía no han descubierto cómo hacerlo!

Hablaba con la mirada clavada en los ojos de su hijo. Leía en ellos el desarrollo de sus problemas y la esperanza de una solución. La mirada de Junior le serenaba. Volvía a llenarle de energía, de creatividad, de ganas de luchar de nuevo. Era como si se estableciera una alianza invisible. Cuanto más se regeneraba el adulto en los ojos del niño, más valor recuperaba.

—Hay que mirar siempre más lejos y con más ambición, *daddy*... El hombre que no avanza está condenado.

—Soy muy consciente de ello, hijo mío. Pero, desgraciadamente, debería multiplicarme o pasarme la vida en los aviones... y eso ¡ya no me apetece nada!

—Necesitarías encontrar un socio. Es eso lo que te falta y te atormenta...

—Lo sé. Pienso en ello...

—Lo encontrarás. No te desanimes.

—Gracias, hijo mío... Mis grandes éxitos, en otro tiempo, los conseguí apoyándome en informes realizados por mis comerciales. Mira, por ejemplo, las casas de madera importadas de Riga... Dieron un gran empujón a la empresa. ¡Pues bien! Fue una idea de otro. Yo no hice más que apropiármela... Me la pusieron en bandeja. Necesitaría docenas como ésa. Y me faltan, me faltan... Estamos todos agobiados por el trabajo. No tenemos tiempo de pensar, de espiar, de anticiparnos.

—No renuncies. No abandones China, aunque tengas problemas allí. Serán los primeros en levantarse. Su sistema es mucho más ágil, mucho más flexible que el nuestro. Somos un país viejo, lleno de prohibiciones, de normativas. ¡Mientras que ellos viven a mil por hora, se inventan, se reinventan! Cuando los negocios recuperen un buen ritmo, ellos tirarán de la economía mundial y entonces no te arrepentirás de haberte quedado...

—Gracias, Junior, haces que me sienta con más huevos para luchar...

—Es una pena que todavía sea pequeño..., en fin, según las normas de nuestra sociedad..., porque me encantaría trabajar contigo una temporada, para echarte una mano. Estoy seguro de que formaríamos un equipo formidable...

—Me lees el pensamiento, Junior, me lees el pensamiento.

Josiane asistía al diálogo entre padre e hijo, con la boca abierta y los ojos como platos.

Muda.

Y si necesitaba una prueba más de que iba a ser definitivamente descartada por los dos hombres de su vida, acababa de obtenerla. ¡Ni un solo segundo se habían vuelto hacia ella para incluirla en su conversación! Hablaban de hombre a hombre, mirándose a los ojos, y ella se sintió, una vez más, cruelmente inútil.

Cuando entró en la empresa de Marcel, antes de convertirse en su amante, había intentado subir en el escalafón. Abandonar su puesto de secretaria que no despreciaba, eso no, pero del que estaba cansada. Trabajaba hasta tarde, mantenía el negocio abierto en agosto, atendía a los proveedores, proponía ideas nuevas para enriquecer y diversificar la empresa. Chaval u otro la dejaban trabajar, confeccionar los informes, establecer los presupuestos y, en el momento de enseñar el resultado a Marcel Grobz, se atribuían el mérito ellos solos. Y ella se quedaba allí, anonadada, balbuceando pero si he sido yo la que..., he sido yo..., y Marcel apenas levantaba una ceja para escucharla.

Era ella la que había encontrado el filón de las casas de madera de Riga, en Letonia. Casas de cien metros cuadrados importadas por veinticinco mil euros, vendidas a cincuenta mil, entrega y montaje incluidos. Con ventanas térmicas y planchas de madera de nueve centímetros de espesor. Robusto abeto rojo que crece lentamente a más de mil quinientos metros de altura y ofrece una densidad de setecientos cincuenta kilos por metro cúbico, frente a los cuatrocientos del abeto tradicional. Podía recitar todas las ventajas de esos chalés con los ojos cerrados. Sin consultar una sola nota. Había hablado de ello con Chaval que la había felicitado y le había prometido que, llegado el momento, sería ella quien presentaría el proyecto a su jefe. ¡Gusano! Se había llevado todo el mérito. Como de costumbre. La habían vuelto a timar como a una principiante. Marcel había disparado su volumen de negocio con los chalés de Riga y Chaval había recibido una importante comisión por haberle dado el soplo.

Eso había sucedido hacía mucho tiempo... Por aquel entonces ella se dejaba hacer. Era incapaz de defenderse. Acostumbrada a recibir tortazos y a echarse a los pies del maltratador. Una mala costumbre heredada de la infancia. Josiane no necesita estudiar, ¡sólo tiene que aprender a mover las caderas! Mi hija tiene talento de puta, decía su padre, mientras le daba una palmadita en la grupa. Contonéate, hija mía, contonéate. Las mujeres no necesitan ganarse el embutido, les chupan el embutido a los demás, que viene a ser lo mismo.

Y toda la familia se echaba a reír y a meterle algodón en las copas del sujetador para atraer al macho. Sus tíos la atrapaban en alguna esquina para «enseñarle las verdades de la vida», mientras sus tías y su madre reían maliciosamente añadiendo está aprendiendo el oficio, ésta no será una remilgada.

Ella no tenía fuerzas suficientes para resistirse.

Aquellos tiempos habían terminado. Se lo había jurado a sí misma, el día que volvió de la maternidad, con su niño querido en sus brazos. Ya nadie la arrastraría por el barro.

Y hete aquí que todo volvía a empezar. Que seguía mirando cómo los trenes pasaban lanzándole grava a la cara.

Tenía que reaccionar.

Estaba completamente fuera de juego...

Y no le gustaba esa idea.

Bajó la cabeza, reflexionó, fijó un punto en la habitación, eligió el borde de una cortina y se dirigió a él en un aparte..., tengo que salir de ésta, tengo que encontrar una idea que me saque de este callejón sin salida. Si no, pereceré, envejeceré a toda velocidad, me veré reducida al potaje de la cena, a escucharles hablar sin decir nada y, a mi edad, eso no es buena idea. Cuarenta y tres años... Todavía tengo cosas que hacer, ¿verdad? Todavía tengo cosas que hacer...

Porque después seré demasiado vieja para todo, hasta para chupar embutido.

Sus ojos se llenaron de lágrimas. Sintió ganas de volver a acostarse y no volver a levantarse nunca. Se enjugó el rabillo de los ojos y ahuyentó esa marea negra de ideas que te lanzan contra la pared.

Siempre te las has arreglado, chica, siempre te las has arreglado... No bajes la persiana, piensa, estrújate el cerebro. No te quejes... Esos dos pijoteros te quieren. Eres la luz de su vida. Pero es más fuerte que ellos. La testosterona gana siempre.

Resiste, resiste... Invéntate un camino nuevo. Ve por el sur si el norte es imposible.

Entonces se le ocurrió la idea. Sonrió a la cortina: llamaría a Joséphine. Joséphine tenía siempre el consejo que necesitaba.

Le contaría su amargura y Joséphine escucharía.

Juntas, encontrarían una solución.

Se irguió, se dijo que debía de tener la nariz roja, irritada por las lágrimas. No quería dar pena. Se levantó, fue hacia el cuarto de baño para empolvarse la cara y gritó dando una sonora palmada: «¡A comer, chicos!».

* * *

Serrurier quería un nuevo libro.

Llamaba. Joséphine leía su número en la pantalla del teléfono y no respondía. Escuchaba el mensaje. «Perfecto, perfecto... Debe de estar usted trabajando. Trabaje, Joséphine, trabaje... Yo esperaré a leerlo...».

Y su corazón se sobresaltaba.

Escribir. Escribir.

Sentía miedo por todas partes. En el vientre cuando se acercaba al ordenador, en la cabeza cuando intentaba ordenar una historia, en las manos, inertes sobre el teclado. Miedo de día, miedo de noche. Miedo, miedo, miedo.

Una reina tan humilde había surgido con naturalidad. No estaba escribiendo, estaba haciendo un favor a Iris. Obedecía sus órdenes. Como siempre la obedecí... Era algo natural.

Y después, fue fácil. Con la ayuda de mis años de estudios, me apoyé en una época que conocía de memoria. Florine, Guillaume, Isabeau, Étienne el Negro, Thibaut el Trovador, Baudoin, Guibert el Piadoso, Tancrède de Hauteville eran personas cercanas; vertí sobre ellos un poco de calor que daba vida a mi saber. Conocía el decorado, los tesoros de los castillos, los vestidos y ornamentos, las formas de hablar, de cazar, de combatir, de dirigirse al señor o a su amada, el olor de las cocinas y de las viandas que se preparaban en ellas, los terrores y los peligros, los deseos y las proezas.

¿Y si volviese al siglo doce?

Participaba, para el CNRS, en la redacción de una obra colectiva sobre el papel de las mujeres en las cruzadas. Podría contar la historia de una de esas mujeres que habían partido a hacer la guerra. Ellas, esas mujeres admirables, no tuvieron miedo.

Jugueteaba con la idea y la abandonaba. No tenía ganas de quedarse en su especialidad. Tenía ganas de sacar la lengua a sus colegas, que la miraban por encima del hombro y calificaban su novela de librito para chicas frívolas. «¡Vender tanto! ¡Qué trivialidad! Agita los bajos instintos de la gente, ¡les proporciona historias de mercadillo! Ha encontrado el filón y lo explota, ¡lamentable!». La forma como la habían tratado en el examen del HDI la había humillado. La herida no se cerraba. Se prometía en voz baja voy a demostrarles que sé hacer otra cosa...

Inventar una historia. Inventar...

Y era entonces cuando empezaba a temblar de miedo...

Se dirigía a las estrellas, por la noche, suplicaba a su padre que la ayudase. Buscaba la estrellita al final de la Osa Mayor, llamaba papá, papá... Se acaba el dinero, tengo que ponerme a trabajar. Dame una idea, deslízala en mi cabeza como una carta en el buzón y me pondré a trabajar. A mí me gusta el esfuerzo, me gustó escribir mi primer libro, me gustaron las horas de angustia, de investigación y la alegría que me procuraba la escritura, te lo suplico, envíame una idea.

No soy escritora, soy una principiante que ha tenido suerte. No doy la talla, yo sola...

Pero las estrellas seguían mudas.

Volvía a acostarse, los pies entumecidos, las manos heladas, y se dormía pensando que, por la mañana temprano, descubriría una misiva del cielo en su mente.

Retomaba el libro que debía supervisar para una publicación de la editorial universitaria. Releer, ordenar, escribir un prólogo al trabajo de sus colegas. Se decía, voy a empezar por aquí y quizás el miedo desaparezca y pueda pasar de la obra colectiva a mi libro en solitario.

Cada día se sentaba a su mesa.

Y cada día encontraba mil excusas para no ponerse a trabajar. Ordenar la casa, pagar impuestos, rellenar formularios de la Seguridad Social, llamar al fontanero, al electricista, sacar al perro, cepillarle, ir a correr al borde del lago, releer un capítulo escrito por un colega, llenar el frigorífico, cortarse las uñas de los pies, intentar una receta nueva, ayudar a Zoé a hacer los deberes. Se acostaba por la noche, descontenta, se veía gorda y fea en el espejo y se prometía mañana me pongo con ello... Mañana me pongo a trabajar, seguro. Escribo mi prólogo y empiezo un libro. Y dejo de holgazanear. Mañana...

Y al día siguiente, hacía bueno. Du Guesclin le mostraba la puerta, y ella le llevaba a correr. Corría alrededor del lago esperando que surgiese la idea bajo sus pies. Aceleraba para que también algo se acelerase en su cabeza. Se detenía, sin aliento, doblada en dos por el flato. Volvía con las manos vacías. Empezaba la tarde, Zoé estaba a punto de llegar, le hablaría de la jornada en el instituto, del último correo de Gaétan, preguntaría ¿crees que el señor Sandoz tiene alguna oportunidad con Iphigénie? Me gustaría mucho que ella le dijese que sí... Y, oye, mamá, me he cruzado con la pareja de gays, ¡estaban discutiendo otra vez! ¡Esos dos se están peleando continuamente! Era importante escucharla, no me voy a poner ahora a trabajar, no tendría suficiente tiempo, mañana, seguro, mañana me pongo a trabajar...

Mañana...

Retomaba el libro de las mujeres y las cruzadas. Historias de mujeres admirables, relatadas por actas jurídicas, por cronistas como Joinville o inmortalizadas por la iconografía. Necesitaba escribir diez folios para presentar a esas mujeres y encontrar en ellas un denominador común.

Las cruzadas, en los siglos doce y trece, eran auténticos viajes organizados, con itinerarios y etapas. Era necesario volver a las fuentes, hoyar la tierra de los antepasados, cargar con la cruz como Jesús, ver la tumba vacía y, después del Apocalipsis, Dios secaría las lágrimas de aquellos que cumplían con la peregrinación. La alegría estaba en el final del viaje. Viaje exterior y viaje interior. Iban más allá de los temores, se embarcaban hacia lo desconocido.

El primer artículo trataba del atractivo de Oriente entre las mujeres que nunca habían viajado, que nunca habían salido de su pueblo o de su casa y realizaban un largo periplo para descubrir nuevos paisajes y civilizaciones desconocidas.

Para ellas era una oportunidad de escapar de la rutina. La edad no tenía importancia. Brígida de Suecia había partido con sesenta y ocho años. Habían hecho el viaje mujeres de toda condición. Desafiaban al qué dirán y embarcaban.

Joséphine anotó al margen: «Nos vemos obligados a constatar que las mujeres de aquel entonces no estaban totalmente subordinadas a su marido, que eran fuertes, audaces. No todas se quedaron en su casa, encerradas en sus cinturones de castidad. ¡Otra idea preconcebida!».

Una de ellas, Ana Comneno, luchó al lado de su esposo, llevaba cota de malla, casco, tiraba al arco, accionaba catapultas, se comportó como un hombre sobre el terreno y todavía tuvo tiempo de contar estas aventuras en un relato:

«Muchas damas abrazaron la cruz y muchas hijas partieron con sus padres. Se produjo entonces un movimiento de hombres y mujeres tal que no se recordaba haber visto antes algo semejante. Una multitud de gente desarmada más numerosa que los granos de arena y las estrellas, llevando palmas y cruces sobre sus hombros: hombres, mujeres, niños que dejaban sus países. Uno habría dicho al verles que eran ríos que brotaban de todas partes».

Joséphine volvió a anotar: «El relato de Ana Comneno resulta interesante pues hace alusión a la primera cruzada (1095-1099). Es la primera en registrar la presencia de mujeres...».

Y la única.

Dejó el bolígrafo y reflexionó.

La historia ha sido en su mayoría escrita por hombres que se han atribuido el papel más importante. Debía de molestarles caminar hombro con hombro junto a débiles mujeres. Prefirieron omitir ese detalle en sus relatos de machos guerreros...

Un segundo artículo trataba de las condiciones del viaje.

Para partir a la cruzada se necesita: «Buen corazón, buena boca y buena bolsa».

Buen corazón porque hay que llegar hasta el final del viaje. Algunas mujeres prometían llegar hasta Jerusalén pero acababan renunciando por miedo, como la reina Juana de Nápoles, que pagó a un peregrino para que fuese en su lugar. Y la señalaron con el dedo por ello.

Buena boca significaba que había que saber guardar secretos, no alardear ante los musulmanes, ser discreto.

Buena bolsa, pues el viaje costaba caro. Solía recurrir a la imagen de las tres bolsas, «una llena de paciencia, otra llena de fe y la otra de dinero».

Un tercer artículo trataba del papel político de la mujer durante las cruzadas.

A menudo reemplazaban a sus maridos en el gobierno de los reinos que habían creado en Oriente. Tomaban parte en los combates, se comportaban como hábiles negociadoras. Fue un gran momento de emancipación de las mujeres.

La autora contaba la historia de Marguerite de Joinville, reina de Francia, esposa de Luis IX, llamado san Luis. Mujer de gran belleza, siguió a su esposo y engendró varios hijos en Oriente. Fue ella la que hizo llevar la corona de espinas de Cristo, custodiada por el emperador de Constantinopla, a París, a la Sainte-Chapelle, inaugurada en 1248.

Dirigió junto al rey una gran expedición hacia Tierra Santa. Toda la familia real se embarcó en el puerto de Aigues-Mortes en tres navíos a vela, el *Reine,* el *Demoiselle* y el *Montjoie,* repletos de víveres, de cereales y vino. Dos mil quinientos caballeros, escuderos, mozos de armas, ocho mil caballos. El rey y la reina renunciaron al lujo y se vistieron como simples peregrinos.

En un momento en que el barco se escoró encallado, abatido por una gran tormenta, sus sirvientes le preguntaron: «Señora, ¿qué hacemos con vuestros hijos? ¿Debemos despertarlos?». La reina respondió: «No los despertéis ni los levantéis, dejadlos ir hacia Dios mientras duermen».

Joséphine releyó varias veces la anécdota, conmocionada por la grandeza de alma de Marguerite. Un instante de locura, un instante de duda. Confió en Dios y puso su suerte en sus manos.

De repente, sus miedos cotidianos le parecieron minúsculos y sus plegarias al Cielo, desprovistas de toda espiritualidad.

En Damieta, en Egipto, la reina tuvo un papel político mayor. Embarazada, tuvo que custodiar la ciudad hasta que llegaran refuerzos y defenderla sola, pues el rey estaba enfermo. Durante el sitio, dio a luz a un hijo, llamado Tristán, «por el inmenso dolor de los tiempos en los que nació». En su lecho de parturienta, conjuró a los cruzados: «Señores, por el amor de Dios, no dejéis que tomen esta ciudad pues sabéis que el rey nuestro señor estaría perdido. Tened piedad de esta pobre criatura [su hijo Tristán] que aquí yace... Aguantad hasta que pueda levantarme».

Se levantó y tomó parte en la defensa de Damieta, comportándose como un auténtico caudillo guerrero.

Esas mujeres no sólo afrontaban batallas, tempestades, dolor, frío y hambre sino también, si su señor o su hijo flaqueaban, los azuzaban. Como aquella madre que, ultrajada por la cobardía de su hijo, le insultó gritándole: «¿Quieres huir, hijo mío? ¡Pues vuelve a entrar en el vientre del que saliste!».

Joséphine leía y pensaba...

¿Acaso no tenían nunca miedo?

Seguramente temblaban, pero se lanzaban hacia delante.

Como si ponerse en movimiento borrara el miedo.

Joséphine escribió en una hoja de papel: «Sobreponerse al miedo. Ir hacia delante... Escribir lo que sea, pero escribir».

Contempló las palabras sobre el papel y las repitió en voz alta.

Sí, pero, pensó, el mundo era más simple en la Edad Media. Creían en Dios. Les empujaba una pasión. Era un sueño bonito, una misión noble.

El miedo, en aquellos tiempos, era considerado como la manifestación del Diablo. Había que creer en Dios, portador de luz y de alegría, para evitar los demonios del miedo. Ése era el mensaje de los Padres del Desierto, esos anacoretas que se retiraban para reencontrarse con el mensaje evangélico. Sus enseñanzas eran nítidas. Enseñaban lo que nos falta hoy: confianza, alegría, el amor por el riesgo y la serenidad. Aquel que cree tiene confianza y actúa; el que está del lado del Maligno está triste, tiene un «alma negra», melancólica.

Hoy, el miedo nos paraliza. Hoy ya no creemos en nada...

¿Quién habla todavía de trascendencia? Creer en Dios, creer en el amor al prójimo son palabras que provocan la risa de las buenas gentes...

Ella fantaseaba, iba a buscar una tableta de chocolate con leche y almendras a la cocina, volvía a sentarse a la mesa, comía un cuadradito, dos cuadraditos, tres cuadraditos de chocolate, leía el periódico, acariciaba el vientre que Du Guesclin le ofrecía a sus pies. ¿Tú sabes cómo se hace, perro viejo? ¿Lo sabes? Du Guesclin entornaba los ojos, la mirada perdida en un placer inmóvil y lejano. Te da igual, ¿eh? Tu escudilla está llena y cuando me enseñas la puerta, te llevo a pasear...

Volvía a coger un cuadradito, dos cuadraditos, tres cuadraditos de chocolate, lanzaba un suspiro, abría un cajón y escondía la tableta.

Releía la frase que había copiado: «Sobreponerse al miedo. Ir hacia delante... Escribir lo que sea, pero escribir».

Silbó a Du Guesclin y salió. Anduvo, anduvo por París, escuchó, miró, buscó el detalle que le proporcionaría el impulso, el principio de una historia, volvió, con los hombros gachos, a su edificio, pasó delante de una tienda de telefonía, una panadería, un banco, una óptica, una tienda de ropa, se detuvo frente a los escaparates, callejeó, callejeó. En la esquina de su calle, observó a una mujer que esperaba a la puerta del banco. Una mujer bastante gordita con bonitos collares, un conjunto de seda bajo su abrigo de piel entreabierto, un bolso de Chanel, el pelo teñido de negro azabache y unas gruesas gafas negras. Acicalada como para una cita romántica. ¿A quién esperaba? ¿A su marido? ¿A su amante? Joséphine dejó que Du Guesclin olisqueara la acera y siguió observando a la mujer gordita, feliz de esperar. Serena. Sonreía a los transeúntes, charlaba con algunos. Hablaba del tiempo, de las previsiones, del febrero desapacible. Debía de vivir en el barrio. Joséphine la miró fijamente y se dijo pero claro, ya la he visto antes, su cara me es familiar. Espera todas las tardes en la esquina de la calle...

Una mujer salió del banco. Dijo mamá. Dijo perdóname, salgo con retraso, un cliente que no quería marcharse, que me contaba su vida, no me he atrevido a echarle... Parecía, cosa curiosa, mayor que su madre. Pelo corto, canoso, el rostro anguloso, sin maquillaje, vestida con un abrigo grueso que le apretaba. Caminaba con los brazos colgando, como si fueran dos aletas de un león marino. Parecía una adolescente desgarbada a quien sus compañeros llamaran Bolita.

Madre e hija partieron cogidas del brazo y entraron en el restaurante vecino. Una gran cafetería restaurante decorada con flores rojas. Joséphine las veía a través de la cristalera. Un camarero les señaló una mesa con un gesto de familiaridad, «su» mesa.

Ellas se sentaron y leyeron el menú en silencio. La madre comentaba, la hija asentía, después la madre pidió, desdobló la servilleta y la anudó en torno al cuello de la hija, que se dejó hacer, dócil. Después la madre cogió pan, lo untó de mantequilla y se lo ofreció a la hija como un pájaro que da de comer a su polluelo.

Joséphine asistía a la escena, atónita. Y encantada.

Ya tengo el principio de una historia...

La historia de una chica antaño hermosa, deseable, y de una madre que no quiere envejecer sola y engorda a su hija para retenerla a su lado...

Sí, eso es...

Cada noche, la madre espera a su hija a la salida de su trabajo. La lleva al restaurante y la ceba. La hija come, come y engorda. No tendrá novio, ni marido, no tendrá hijos, permanecerá junto a la madre el resto de su vida.

Envejecerá como una chiquilla, nutrida, peinada, vestida por su madre. Gorda, cada vez más gorda.

Y la madre seguirá siendo coqueta, vivaracha, amable con todos, feliz de vivir...

—He encontrado una historia —le dijo muy excitada Joséphine a Zoé cuando ésta volvió por la tarde.

Mañana empiezo...

No, mañana no. Luego. En cuanto hayamos terminado de cenar y Zoé se haya metido en su habitación para trabajar. Aprovecho el impulso, cojo a las dos señoras gruesas y escribo lo que sea, pero escribo.

Cenaron en silencio, absortas las dos en sus propios pensamientos.

¿Cómo terminará mi historia?, se preguntaba Joséphine. ¿Moriría la hija de una congestión? ¿Se enamorará de algún comensal que también va cada tarde al restaurante porque es un solterón? Y la madre, furiosa...

Iphigénie llamó a la puerta. Señora Cortès, señora Cortès, habrá que pensar en mi petición, acabo de recibir una carta del administrador pidiéndome que deje el local... No me abandone. Joséphine la miraba como si no la reconociese e Iphigénie gritó señora Cortès, no me está escuchando, ¿dónde está usted? Con mis dos señoras gordas, tenía ganas de responder Joséphine, no me aparte de ellas, si sigue hablándome las voy a perder, se van a borrar.

—¿Escribimos esa petición, señora Cortès?

—¿Tiene que ser ahora mismo? —preguntó Joséphine.

—Y si no es ahora, ¿cuándo? Lo sabe usted muy bien, señora Cortès, si no lo hacemos ahora, no se hará nunca...

Zoé se terminó el yogur, dobló la servilleta, la lanzó al cesto de la mesita y gritó ¡canasta! Recogió la mesa, dijo voy a hacer los deberes en mi habitación. Joséphine cogió papel y lápiz, empezó a redactar el texto de la petición y dijo adiós a las dos señoras gordas que doblaron la esquina de la calle y desaparecieron.

Iphigénie tenía razón, si no es ahora, ¿cuándo?

Había encontrado la grieta en su coraza. La grieta minúscula que le impedía continuar avanzando y la mantenía anclada en sus miedos.

Era la palabra «mañana». El enemigo. El freno.

Serrurier la invitó a comer.

—Debe de trabajar usted encarnizadamente, nunca contesta al teléfono.

—Me gustaría...

Se lanzó y le hizo la pregunta que la atormentaba, mientras jugaba con las espinas de su lenguado a la normanda. Habían pedido lenguado los dos, era el pescado del día.

—¿Usted cree que soy escritora?

—¿Lo duda usted, Joséphine?

—Me digo que no soy lo bastante...

—¿Lo bastante qué?

—Lo bastante brillante, lo bastante inteligente...

—No hay que ser inteligente para escribir...

—Sí, claro...

—No... Hay que ser sensible, observar, abrirse, entrar en la cabeza de la gente, ponerse en su lugar. Lo hizo usted muy bien en su libro anterior. Y si tuvo el éxito que tuvo...

—Iris estaba allí. Sin ella...

Serrurier sacudió la cabeza y soltó los cubiertos como si le quemaran entre los dedos.

—¡Pero qué crispante puede llegar a ser usted! ¡Deje de denigrarse! Le voy a poner una multa. Cien euros cada vez...

Joséphine sonrió para disculparse.

—Con eso no impedirá que tenga miedo...

—¡Escriba! ¡Escriba lo que sea! Coja la primera historia que tenga a mano y láncese...

—Es fácil decirlo... Ya lo he intentado, pero la historia se desvanece antes de que haya tenido tiempo de escribir la primera palabra...

—Escriba un diario, escriba en él todos los días... Cualquier cosa. Oblíguese a ello. ¿Ha escrito alguna vez un diario?

—Nunca. No me consideraba suficientemente interesante.

—Cien euros... ¡Me voy a hacer rico gracias a usted! Reprendió al camarero, el mismo de siempre, colorado y tembloroso, asegurando que el lenguado estaba seco, «¡pescado del día!, ¡pescado del día!, ¡este pescado tiene cien años!» y volvió al tema:

—¿Ni siquiera a los dieciséis años? Esa edad en la que tenemos la impresión de que todo lo que nos pasa es tan importante... Nos enamoramos de una silueta, de un hombre o una mujer con quien nos cruzamos en el autobús, de un actor o una actriz de cine...

—Yo nunca me he enamorado de un actor...

—¿Nunca?

—Me parecían demasiado lejanos, inaccesibles, y como pensaba que yo era insignificante...

—Cien euros. ¡Estamos ya en doscientos! Va a tener que ponerse a escribir sólo para pagarme... Mi madre estaba locamente enamorada de Cary Grant. ¡A punto estuve de llamarme como él! Cary Serrurier, hubiese sonado raro, ¿verdad? Mi padre se negó e impuso el nombre de su abuelo, Gaston. Me vino de perlas, era también el de un célebre editor. De hecho me pregunto si no me convertí en editor por culpa de ese nombre. Sería interesante estudiar la relación entre el nombre de la gente y su profesión... Si todos los Arthur se convierten en poetas por culpa de Rimbaud, los...

Joséphine ya no le escuchaba. Cary Grant. ¡El diario del Jovencito que encontró en el cuarto de la basura! Era una historia formidable. ¿Dónde había guardado esa libreta negra? En un cajón de su escritorio... Debía de seguir allí, oculta en el fondo, ¡detrás del montón de tabletas de chocolate!

Se irguió, sintió ganas de besar a Serrurier, pero no de decirle que acababa de prestarle un enorme servicio, por miedo a que el Jovencito y Cary Grant se desvanecieran como las dos señoras gordas.

Miró el reloj y exclamó:

—¡Dios mío! Tengo que ir a la facultad, a una reunión. Estoy trabajando en una recopilación de textos para una publicación universitaria...

—¿Una cosa de la que se venderán mil quinientos ejemplares? ¡No pierda el tiempo con eso! Mejor vaya a trabajar para mí. Doscientos euros, Joséphine, ¡me debe usted doscientos euros!

Ella le miró con infinita ternura. Su mirada brillaba de agradecimiento y de alegría. Él se preguntó qué podría haber dicho para ponerla en ese estado, se preguntó si no se estaría enamorando de él y le hizo una señal para que se largase inmediatamente.

* * *

A Gary le despertó a las ocho en punto de la mañana una gaita que interpretaba una marcha nupcial justo debajo de su ventana. Cogió una almohada y se la pegó a la oreja, pero los estridentes acordes del instrumento le desgarraban los tímpanos. Se levantó, fue hasta la ventana, vio a un hombre en kilt tocando y a unos turistas depositando monedas a sus pies y haciéndole fotos. Maldijo al gaitero, a su kilt y a la gaita, se frotó los ojos y volvió a acostarse, sumergido bajo las almohadas.

No consiguió volver a dormir y decidió levantarse e ir a desayunar. Después llamaría a Mrs. Howell...

Se citaron en la Fruit Market Gallery a la hora del té. No tiene pérdida, está justo detrás de la estación. Es un espacio donde los artistas exponen, uno puede vender sus libros, y también se come estupendamente. Me gusta mucho ese sitio... Te será fácil reconocerme, soy una mujercita un poco endeble y llevaré un abrigo violeta con una bufanda roja.

Decidió ir a pasear por la ciudad. Por su ciudad, pues él era medio escocés. Todo le parecía bonito y su padre surgiría tras la esquina de una calle para estrecharle en sus brazos.

Caminaba a buen paso, el rostro erguido, descifrando la historia de la ciudad en los muros de las casas. Había placas conmemorativas por doquier, evocando batallas pasadas y victorias de sus habitantes contra los ocupantes. Franqueó los muros de los castillos, penetró en la vieja ciudadela, ascendió por las numerosas escaleras que hacían las veces de calles, encajadas entre dos casas, recorrió el Royal Mile, pasó frente al Nuevo Parlamento escocés, desembocó en la Grass Market Place, que parecía ser un punto de reunión. Una gran plaza donde se alineaban uno tras otro los pubs y ofrecían todos el mismo menú: *cullen skink, haggis, neeps, tatties*... Cada piedra antigua era testimonio de los enfrentamientos con los ingleses, que finalmente habían vencido, pero seguían siendo el enemigo hereditario. Llamar inglés a un escocés sería insultarlo. Así que Gary jugó a ser un turista francés.

A la hora de la comida, pidió un *stovis* en un pub y una pinta de cerveza. Degustó la carne triturada en un puré de patatas, se bebió la cerveza y, a medida que se acercaba la hora de la cita, empezó a notar un nudo que se le formaba en el estómago. En unas horas lo sabría. Estaba deseando escuchar lo que Mrs. Howell iba a contarle.

Tenía un padre, tenía un padre... Su padre estaba vivo y le necesitaba.

Nunca más sería frívolo ni cobarde.

Después reanudó su paseo que le llevó hasta el Dean Village donde se sintió transportado a la Edad Media. Un riachuelo de reflejos plateados serpenteaba bajo los puentes blancos y enmohecidos, las casas eran bajas y los arbustos surgían, rebosantes, tras los viejos muros de piedra. Volvió a pie hasta la ciudad vieja y se presentó, puntual, en la Fruit Market Gallery, se instaló en una gran mesa redonda, un poco apartada, y fijó la vista en la puerta de entrada.

Apareció. Una mujercita frágil, perdida dentro de un gran abrigo violeta y una larga bufanda roja. Le reconoció enseguida, se sentó frente a él y le miró, atónita. Él se había levantado para poder recibirla dignamente y ella le observó un buen rato murmurando es increíble, increíble, es como si viera a tu padre de joven... ¡Dios mío! ¡Dios mío! Y se llevaba las manos al rostro. Se había preparado para esa cita, había puesto sombra azul en los párpados, sobre sus ojos claros.

Pidieron un té y dos tartaletas de manzana con chantilly.

Ella seguía sin decir nada y le contemplaba moviendo la cabeza.

—Gary McCallum... Me he quedado de piedra, ¡eres igualito a tu padre!

—¿Tanto me parezco? —preguntó él, emocionado.

—No podrá renegar de ti, eres un McCallum, eso seguro... Creí que volvía a tener veinte años cuando te vi. Cuando bailaba en las fiestas que se celebraban en el castillo... He oído el sonido de los violines y de las flautas, y al *caller* que invita a la gente a bailar... Todos los hombres llevaban el kilt de su clan con una bonita chaqueta negra...

—Hábleme de él, Mrs. Howell, estoy tan impaciente...

—Perdóname, me quedo aquí mirándote sin decir nada, como si fuera una pared vieja. Es que me traes tantos recuerdos... Yo trabajé en el castillo, cuando era joven, no sé si tu madre te lo dijo...

Gary asintió. Por encima de todo, quería que ella le contase la historia. Su historia.

—Todas las mujeres de mi familia han trabajado en el castillo. Era una tradición. Al nacer, ya teníamos asignado un puesto de camarera, cocinera, sirvienta, ama de cría, limpiadora... En aquellos tiempos había todo un ejército de criados en Chrichton, y yo hice lo mismo que mi madre, mi abuela y mi bisabuela, entré al servicio de los McCallum. Fue el año que nació tu padre, Duncan. Dieron una fiesta magnífica. Todos lo pasaron muy bien. ¿Has oído hablar de la maldición que pesa sobre el castillo?

—Leí la historia cuando investigaba...

—Entonces, estás al corriente... Nos afectaba a todos porque... ¿sabes?, los McCallum tenían la costumbre de preñar a las criadas y se decía que todos teníamos sangre McCallum en las venas. Que llevábamos también la maldición del monje... Yo tengo una antepasada que dio a luz a un bastardo en las cuadras. Murió de parto y sólo tuvo tiempo de hacer una cruz sobre la frente del niño y murmurar una plegaria para alejar el maleficio... Nadie se rebelaba. Las cosas eran así y punto. Las más astutas se deshacían del niño, las demás lo conservaban... y volvían al trabajo. Yo cometí la audacia de resistirme. Me había enamorado de un inglés, Mr. Howell, y cuando el padre de tu padre se enteró, me despidió. Había pactado con el enemigo hereditario, debía marcharme. Me marché a reunirme con Mr. Howell en Londres y viví allí hasta su muerte. Pero me estoy yendo por las ramas, es un poco confuso esto que te cuento...

—No, continúe —la animó Gary, que comprendía que era la primera vez que esa mujer del abrigo violeta se confiaba a alguien.

Ella sonrió con gratitud y prosiguió:

—Cuando murió mi marido, volví a Edimburgo. Echaba de menos la ciudad. Compré esa casita que transformé en pensión y alquilé habitaciones a los estudiantes. Así conocí a tu madre, Shirley... Era una jovencita muy guapa, rebelde, audaz. No paraba de hacer trastadas y tuve que intervenir a menudo para poner paz en su habitación. Tenía agallas, eso puedo decirlo sin calumniarla...

Gary sonrió ante la idea de su madre sembrando el pánico en la pequeña pensión de Mrs. Howell.

—Cuando se enamoró de tu padre, intenté decirle que ese asunto no le traería nada bueno, que la sangre de los McCallum estaba viciada pero, por supuesto, no me escuchó. Hacía lo que le daba la gana y, además, estaba enamorada y no hay nada que hacer contra una jovencita enamorada... Además, en aquella época, yo había empezado a beber. Volver a mi país había sido difícil y me encontraba muy sola... ¡Hasta mi familia me rechazaba! Debes saber que a los escoceses no les gustan nada los ingleses. Si quieres insultar a un escocés, ¡llámalo inglés!

—¿Hasta ese punto?

Ella asintió con la cabeza y continuó:

—Hay que decir que los ingleses han hecho todo lo posible para humillar a la orgullosa sangre escocesa. ¿Sabías que, durante un tiempo, los mapas del tiempo que ves en la televisión estaban dibujados de tal forma que Escocia se veía reducida al tamaño de un confeti? Durante los partidos de rugby que enfrentan a Inglaterra contra Francia, los escoceses han ido siempre a favor de los franceses y contra los ingleses... Es un odio ancestral que no termina de desaparecer. Hoy tenemos nuestro propio Parlamento, redactamos nuestras leyes, tenemos nuestra moneda y algunos sueñan con la independencia completa... Yo estaba muy mal vista por mi apellido inglés... Y muy aislada. Así que bebía, bebía por las noches para olvidar que estaba tan sola... Él, tu padre, también estaba solo. Ligaba con chicas, se pasaba horas y horas en los pubs, iba a cazar gamos y a pescar en el río. ¡Nunca trabajó! Vendió poco a poco todas las tierras que rodeaban el castillo... Te llevaré a ver el castillo y te sentirás orgulloso. Aunque ahora sólo quedan las piedras. Piedras viejas, grises e inestables. Los muros se derrumban y me pregunto cómo él puede seguir viviendo allí sin que le caiga una ojiva sobre la cabeza...

—¿Nunca se ha casado?

—¡Nunca! Los tiempos han cambiado, las chicas ya no son tan obedientes y sumisas. Estudian, trabajan, viajan. Ya no sueñan con convertirse en señoras del castillo...

En su mirada temblorosa, Gary pudo leer una tímida aprobación de esas mujeres que rechazaban el yugo de los McCallum y sus semejantes. Bebió un sorbo de té, pero no tocó la tartaleta de manzana cubierta de una espesa capa de crema. Tenía unos dedos transparentes, muy arrugados, y los paseaba sobre la mesa, dibujando círculos, como si juntara sus recuerdos reducidos a miguitas.

—Sigue viviendo como sus antepasados, pero ya no tiene su riqueza. Recientemente se enteró de que tenía cáncer. El médico le prohibió beber y le aconsejó someterse a tratamiento. Se negó. Continúa yendo a los pubs donde le pagan la bebida como a un viejo payaso que contribuye al color local. Canta canciones escocesas, grita como un descosido... Es triste, ¿sabes?, pero eso no es lo peor...

—¿Se va a morir? —preguntó Gary apoyando los codos sobre la mesa con fuerza, para que dejasen de temblar.

Ella asintió.

—Se va a morir y el castillo de los McCallum pasará a su primo. Un primo descendiente de alemanes e ingleses. Trabaja en la City de Londres y sólo piensa en hacer dinero. No tiene ningún vínculo con la tierra de sus antepasados. Eso vuelve loco a tu padre, que se debate como una mosca atrapada en una tela de araña para detener al destino.

—¿Y por eso me ha hecho usted venir? ¿Por eso me dijo que era urgente?

—Sí, hijo mío..., si no se recupera, si no deja de beber, morirá y el castillo desaparecerá. Pasará a manos de su primo que lo convertirá en un hotel para americanos o rusos ricos... ¡El castillo más hermoso de la región! ¡Una vergüenza para nuestro país!

—¡Habla usted como una auténtica escocesa!

Sonrió tímidamente. Dejó de amontonar migas con los dedos y le miró fijamente a los ojos.

—Uno nunca reniega de eso... Cuando has sido escocés una vez, lo eres para siempre.

Gary se irguió, cada vez más escocés.

—Por eso pensé que si te veía, si reconocía a su propia sangre, quizás..., pero no estoy segura. Con los McCallum no se puede prever nada. Cargan con un destino siniestro, muy siniestro, y no tienen ni un gramo de sentido común...

—¿Y cuándo voy a verle? —preguntó Gary, que se estaba impacientando.

Se decía que iba a salvar a su padre, a hacerle entrar en razón, a curarle. Se imaginaba instalado en el castillo, viviendo con Duncan McCallum, aprendiendo a conocerle y a conocer la historia de su país. Sentía de pronto un deseo rabioso de tener raíces, de llevar los colores de su clan y de devolver el honor a su familia. ¿Y por qué no hacer del castillo un gran centro cultural, sede de festivales donde se reuniesen los mejores músicos del mundo? Su abuela le ayudaría seguramente... Podría continuar estudiando piano y daría nueva vida a los dominios de Chrichton.

—Luego... Te llevaré al pub donde se pasa las noches... El otro día, después de que llamases, me lo encontré allí y le dije que tenía un hijo. Un buen chico del que se sentiría orgulloso, a quien podría pasar el testigo, y que podría escapar de la maldición del inglés que quería transformar su castillo en hotel para turistas.

—¿Y qué dijo?

—Me escuchó... sin decir nada. Cuando estuvo demasiado borracho para volver solo, le conduje hasta el castillo y le acosté en la entrada, en un viejo sofá desvencijado donde termina la mayoría de las noches... Su cara no expresaba ni felicidad ni contrariedad, lo que demuestra que me escuchó y que está dispuesto a verte...

—¿Se acuerda de mi madre?

Ella dijo que no con la cabeza.

—Pero recuerda que tiene un hijo...

—Sabe que soy inglés...

¡Y nieto de la reina!

—No. No le dije nada. Supuse que el orgullo, la satisfacción de verte, de saber que tiene un hijo, pasará por encima de todo...

—¿Y si yo hubiese sido un pretencioso horrible y despreciable? —preguntó Gary con una sonrisa.

—No hubieses llamado, hijo mío, no hubieses llamado... El tono de tu voz cuando me llamaste, tenía mucho de súplica...

—Apenas hablamos...

—Sí, pero yo oí lo que no me dijiste...

Gary posó su mano grande sobre la mano menuda de Mrs. Howell y los ojos de ésta se llenaron de lágrimas.

—Si pudiera, si pudiera... —murmuró mirando al vacío como si quisiera descifrar el porvenir.

Llevó a Gary a ver el castillo en un coche viejo al que le costaba subir las cuestas. Gary cerraba los ojos y los volvía a abrir. Miraba por la ventanilla, con el cuello orientado hacia el horizonte. Había imaginado tantas veces ese castillo en los últimos días...

No quedó decepcionado.

El castillo de Chrichton se irguió de pronto a la vuelta de una curva. Inmenso, majestuoso, arrogante. Dominaba con sus murallas blancas que en algunas zonas se habían teñido de gris y moho. Los techos se habían hundido y los arbustos se levantaban sin trabas hacia el cielo a través de las almenas.

—Pero ¿por qué hay todos esos muros alrededor del castillo? —preguntó, intrigado—. Nunca había visto algo así en ninguna parte...

Era como si hubiesen colocado el castillo detrás de cinco o seis anillos fortificados.

Mrs. Howell suspiró.

—Es el resultado de todas las guerras fratricidas de los McCallum... Cada vez que un primo o un pariente les amenazaba, rodeaban el castillo con una nueva hilera de piedra... Y desafiaban al enemigo, atrincherados detrás de sus murallas.

Aparcaron delante de la entrada principal y caminaron. Franquearon una por una las filas de almenas. Soplaba un viento violento y Gary tuvo la impresión de que sus mejillas iban a despegarse y echarse a volar. Soltó una carcajada y giró, giró en medio de las piedras grises. ¡Adiós, Gary Ward! Y hola Gary McCallum. Cambiaba de apellido, cambiaba de vida, acababa de encontrar, en esas viejas piedras grises derruidas, el color, todos los colores de la cometa. Giró, giró y se dejó caer sobre la hierba riéndose de cara al cielo pesado y amenazante que parecía cubrir la propiedad con un manto siniestro.

Quiso verlo todo.

Abrieron la puerta de entrada, rezando para que Duncan no estuviese borracho sobre el canapé.

—No temas... A estas horas ya está bebiendo en el pub...

Corrió por los pasillos, levantó nubes de polvo, abrió pesadas puertas, rompió telarañas a puñetazos, vio inmensas habitaciones desiertas y, al fondo, chimeneas altas ennegrecidas por el fuego. Ya no había muebles, sino viejas armaduras cuyos yelmos parecían seguirle con la mirada.

Cuando Mrs. Howell le señaló con la barbilla la puerta de la habitación de su padre, él dio un paso atrás y dijo:

—Antes tengo que verle...

Y volvieron a la ciudad.

Le encontraron en el Bow Bar. Un bar de grandes ventanales, con las paredes exteriores pintadas en azul de Prusia. Gary dejó que Mrs. Howell entrara antes que él. Oía los latidos de su corazón en el pecho. Siguió al abrigo violeta y la bufanda roja. El techo del bar, de vigas color bermellón, y el parqué, amarillo anaranjado, lo deslumbraron. Cerró los ojos, cegado por los colores.

Se dirigió hacia un hombre acodado en la barra, casi acostado sobre una enorme pinta de cerveza. Le dio un golpecito en el hombro y dijo:

—¿Duncan McCallum?

—*Yeah!* —rugió el hombre volviéndose.

Era un gigante, tan alto como ancho, la cara rubicunda e hinchada. Sus ojos parecían inyectados en sangre y no podía distinguirse su color. El tabaco le había amarilleado los dientes y le faltaba uno delante. Su vientre sobresalía de un viejo kilt verde y azul, el chaleco y la chaqueta negros estaban manchados y los calcetines altos lucían dos ridículos pompones rojos que colgaban a los lados. Un payaso viejo, había dicho Mrs. Howell, un payaso viejo y herido...

—*Hey!* ¡Inglesa! —exclamó Duncan McCallum—. ¿Quieres llevarme otra vez a casa?

Luego clavó la mirada en Gary y rugió de nuevo.

—¿Y tú? ¿Tú quién eres?

Gary carraspeó, incapaz de hablar.

—¿Estás con la vieja inglesa?

—Yo... yo...

—¡Se ha comido la lengua, o se la habrá cortado la vieja! —exclamó Duncan McCallum volviéndose hacia el camarero detrás de la barra—. No hay que fiarse de las mujeres, ni siquiera de las viejas, ¡te cortan la lengua, si es que no te cortan otra cosa!

Y se echó a reír tendiendo su jarra de cerveza hacia Gary.

—¿Bebemos, chico, o piensas quedarte mudo, ahí de pie?

Gary se acercó y Mrs. Howell murmuró:

—Duncan, te presento a tu hijo, Gary... ¿Recuerdas que tienes un hijo?

—¡Que si lo recuerdo, vieja! Me lo recordaste la otra noche, cuando estaba demasiado borracho para volver a casa...

Después sus ojos se posaron en Gary y se cerraron como dos troneras de castillo. Se dirigió de nuevo al camarero detrás de la barra:

—¡Porque yo tengo un hijo, Ewan! ¡Un hijo de mi sangre! ¿Qué dices a eso?

—Digo que está muy bien, Duncan...

—Un McCallum... ¿Cómo te llamas, hijo?

—Gary...

—¿Gary qué?

—Gary Ward, pero...

—Entonces no eres mi hijo... Los McCallum no cambian de apellido como las mujeres cuando se casan... ¡Siguen siendo McCallum toda su vida! Ward, Ward, es un apellido inglés, me parece... Recuerdo a una inglesa que decía que la había dejado embarazada, una chica ligera de cascos, ¿es tu madre?

Gary ya no sabía qué responder.

—Es tu hijo —repitió Mrs. Howell con un hilo de voz.

—¡Si se llama Gary Ward, no tengo nada que ver con él!

—¡Pero si no le reconociste cuando nació! ¿Cómo quieres que se llame?

—¡McCallum! ¡Como yo! ¡Qué cosas tiene la vieja!

Y se dirigió a los hombres presentes en el pub, que estaban viendo un partido de fútbol en la televisión, frente a sus jarras de cerveza.

—¡Eh, chicos! Parece ser que tengo un hijo... ¡No debe de ser el único! ¡La semilla de los McCallum ha preñado a muchas mujeres! Bien contentas que estaban de abrirse de piernas...

Gary enrojeció, sólo tenía ganas de marcharse. Mrs. Howell adivinó su malestar y le sujetó de la manga.

—Tienes un hijo, Duncan McCallum, y lo tienes delante... ¡Deja de comportarte como un borracho y háblale!

—¡Cierra el pico, vieja! Eso lo decido yo... Ninguna mujer ha decidido nunca por un McCallum.

Y se dirigió de nuevo a los parroquianos.

—¡Duncan McCallum, cállate! —le espetó Mrs. Howell—. ¡Te haces el gallito cuando se trata de vociferar en las tabernas, pero cuando hay que enfrentarse a una enfermedad te portas como una mujercita! No eres más que un cobarde y un bocazas. ¡Te vas a morir, deja de hacer el payaso!

Entonces él se achantó, le echó una mirada amenazadora con el cuerpo encorvado sobre su cerveza. Ya no dijo nada más.

—Señor —murmuró Gary acercándose—. Sentémonos y hablemos...

Él se echó a reír.

—¿Sentarme contigo, Gary Ward? ¡Yo nunca he bebido con un inglés! ¡Tenlo en cuenta y aparta tu mano de mi brazo o te parto la cara de un puñetazo! ¿Quieres que te cuente cómo me pegué con un ruso borracho en las calles de Moscú?

Gary se quedó con la mano suspendida y suplicó a Mrs. Howell con la mirada.

—¿Ves esta cicatriz, aquí?

Y le acercó la mejilla como si fuera un titiritero que suelta su perorata.

—¡Yo, en cambio, le rebané el cuerpo! ¡De arriba abajo! ¡Le partí en dos! Y luego le corté la coleta que tenía entre las piernas y me la llevé de recuerdo...

—No eres más que un asno ignorante, Duncan McCallum. No mereces tener un hijo... Venga, Gary, nos vamos.

Cogió a Gary de la mano y salieron, nerviosos, pero dignos.

Se apoyaron en el escaparate del pub. Mrs. Howell sacó un cigarrillo y lo encendió. Lo fumó entornando los ojos y recogiendo la ceniza en la mano. Lo sostenía en vertical para que se consumiese lentamente y repetía lo siento, lo siento, no debí decirte que vinieses, no ha sido una buena idea...

Gary no sabía qué pensar. Contemplaba el punto rojo del cigarrillo y seguía la voluta gris. El enfrentamiento había sido demasiado rápido, ya no conseguía recordar lo que había dicho su padre y sentía todo el blanco de la tristeza que le invadía de nuevo.

—Volveremos mañana —dijo Mrs. Howell—. Se lo habrá pensado mejor y no se mostrará tan orgulloso. Ha debido de impresionarle verte... y a ti también, hijo mío. Lo siento...

—No se disculpe, Mrs. Howell, no se disculpe.

Miró la fachada azul de Prusia, ya no era tan brillante como cuando había entrado en el pub. Sentía como si se estuviese desmontando a pedazos.

Había sido un estúpido al creer que se podía cambiar a un hombre. A un McCallum, encima.

Le dijo adiós a Mrs. Howell y volvió a su hotel de Princes Street.

No volvería al día siguiente...

Le despertaría la gaita y la marcha nupcial y volvería a Londres en el primer tren.

¡Que los McCallum se fuesen al infierno y su castillo se derrumbase!

Esa misma noche, Duncan McCallum puso fin a sus días con un disparo en la boca, tumbado sobre el desvencijado sofá de la entrada. Así cumplía la vieja divisa de sus antepasados: «Sólo cambio al morir».

Antes, había escrito y enviado por correo una carta en la que nombraba a Gary Ward, su hijo, nacido de su relación con Shirley Ward, único heredero del castillo de Chrichton.

* * *

Se acercaba la medianoche y Harrods estaba desierto. Las recargadas farolas doradas estaban apagadas, las escaleras mecánicas, inmóviles, un ejército de señoras de la limpieza pasaba el aspirador y el trapo. Hortense y Nicholas, arrodillados en el suelo, contemplaban sus escaparates. Un vigilante nocturno asomaba la cabeza a intervalos regulares y preguntaba *still here?** Hortense asentía con la cabeza, muda.

Había realizado aquello que había imaginado en París, tras haber recorrido cien veces las calles y las avenidas cercanas a Étoile con Gary. A veces, partes de una idea y ésta se pierde por el camino... Traicionas la chispa maravillosa que ha encendido la imaginación. Hortense le había sido fiel y la idea se había encarnado, majestuosa e intacta. Las modelos fotografiadas por Zhao Lu, elegantes, impecables, parecían animadas por una gracia y un gusto insolentes. Los detalles, semejantes a nubes gráciles, se posaban sobre las inmensas fotografías y transformaban cada silueta en *it girl*.

—¿Te sientes capaz de explicar a la gente, mañana, qué es ese famoso *it* que propones? —preguntó Nicholas, pensativo.

—Es una cosita que lo cambia todo... A veces, un pequeño detalle que luces con desenfado, con despreocupación,

---

* «¿Todavía aquí?».

que te llena de confianza, te vuelve indiferente al efecto que produces en la gente. Una cosa que sólo te pertenece a ti, que has inventado, integrado... Un detalle que te convierte en rey o reina. Lo tienes o no lo tienes... Yo simplemente les doy la clave para que se lo apropien...

—¿Y sabes cómo te vestirás mañana, para la inauguración?

Hortense se encogió de hombros.

—¡Claro! Yo he nacido con el *it*... ¡Con cualquier cosa estoy vestida! Iré a la página donde puedes alquilar todo lo que quieras para una velada ¡y estaré irresistible!

—Perdóname —ironizó Nicholas ante tanta seguridad—, había olvidado con quién estaba hablando.

Hortense se volvió hacia él y soltó en un suspiro:

—Gracias... Sin ti no lo hubiese conseguido...

—*You're welcome, my dear!** Ha sido un placer, ¿sabes?... ¡Un montaje precioso!

Me gustaría que Gary estuviese aquí mañana por la noche. Él lo comprendería... Comprendería que una no puede emprender una empresa como ésta pensando en un chico que te ocupa la mente, los brazos, las piernas, la boca y te deja exhausta. Para crear no puedes tener a nadie ocupándote la mente. Sólo puedes pensar en eso. Día y noche. Cada segundo de cada minuto de cada hora de cada día. Cuando me besó, aquella noche en París, me convertí en una pobre chica perdida que cae en brazos de alguien que la conduce a un lugar peligroso... ¡Pataplum! Lo borro de mis pensamientos y no pienso más en él. Le he enviado una invitación y no me ha respondido. ¡Peor para él! Yo quiero conseguir un

* «De nada, querida».

contrato magnífico, que Tom Ford me dé trabajo, llegar a la cima del rascacielos más alto del mundo, quiero tener un *corner* en Barney's o Bergdorf Goodman... y me gustaría que él estuviese aquí mañana, que me felicitase con un resplandor de su mirada. Él me acompañó por las calles de París, estaba allí cuando nos cruzamos con Junior y se hizo la luz. ¡Tiene que estar aquí!

Junior. Él sí que vendrá. ¡Y no solo, por desgracia! Le acompañarán Marcel y Josiane...

Le preocupaba que diesen la nota en la inauguración. Cuando Marcel Grobz decidía ponerse elegante, ¡una podía temer lo peor! El día de su boda con Henriette, su abuela, llevaba una chaqueta de Lurex verde manzana y una corbata escocesa de cuero. Henriette había estado a punto de desmayarse...

Nicholas murmuró algo que ella no entendió inmediatamente. Algo relacionado con la banda sonora que «vestía» su puesta en escena.

—Creo que deberías cambiar la música... Tus escaparates son impecables, no puedes meter ahí la voz y la imagen de Amy Winehouse... Necesitarías a Grace Kelly o Fred Astaire, algo así.

—¿Estás mal de la cabeza?

—Quiero decir, una canción elegante y con clase, no el último éxito de una chica alcohólica, colocada, llena de tatuajes y que se viste con harapos...

—No vamos a cambiarlo todo en el último minuto...

—Cuando un gran modisto presenta una colección, lo cambia todo en el pasillo, cuando ya la sala está llena de gente pataleando... ¡Un poco de ambición, querida! ¡Estás apuntando al cielo, recuérdalo! No te pares en el último escalón...

—¿Y qué propones? —preguntó Hortense, halagada de que la compararan con un gran modisto.

—Estaba pensando en una vieja canción de Gershwin... Rod Stewart incluyó una versión en un álbum. Podríamos utilizar esa grabación... Conozco a su mánager, te lo puedo arreglar.

—¿Y a quién no conoces tú, Nicholas? —suspiró Hortense, vencida.

—Se llama *They Can't Take That Away From Me*. Fred Astaire la cantó por primera vez, en una película antigua en blanco y negro, un poco endeble...

—¿Y cómo es?

Y Nicholas, en medio de las fotos y los colgantes que se mecían suavemente, se puso a cantar y a esbozar unos pasos de baile.

The way you wear your hat...
The way you sip your tea...
The memory of all that...
No, no, they can't take that away from me...
The way your smile just beams...
The way you sing our key...
The way you hold my dreams...
No, no, they can't take that away from me... *

---

* «La forma en que vistes tu sombrero... / La forma en la que sorbes el té... / No, no me la pueden quitar... / La forma en que brilla tu sonrisa... / La forma en la que cantas nuestra canción... / La forma en la que atesoras mis sueños... / No, no me la pueden quitar...».

Una señora gorda que pasaba por la calle, vestida con un plumón rojo, el pelo peinado con rastas y los brazos llenos de bolsas, le vio y se puso a bailar sobre la acera haciendo girar sus paquetes. Después le hizo una ostentosa reverencia con la mano antes de alejarse.

Hortense miraba a Nicholas y pensaba me gusta este chico, ¡lástima que tenga un torso tan largo!

—¡De acuerdo! —gritó para cortar de raíz su entusiasmo.

—¡Gracias, princesa! Me ocuparé de ello mañana por la mañana y te encontraré la banda sonora...

Y además, tenía gusto, ideas y sentido del trabajo. ¡Pero un torso alargado!

Él había enviado invitaciones a todos los periodistas, estilistas, corresponsales de Londres, París, Nueva York, con algunas palabras de su puño y letra. Para Anna Wintour, que justo estaba en Londres a finales de febrero, había escrito «en homenaje a una gran dama de la moda que encarna la elegancia y el estilo absolutos...». Si después de ese cumplido no viene, ¡es que se ha tragado no un palo, sino una colección entera de paraguas!, decidió Hortense.

Philippe estaría allí, por supuesto. Y el inversor que le había presentado... Este último tenía tendencia a ser pegajoso. No la dejaba en paz, la llamaba para sugerirle ideas. Mi querida Hortense, qué le parecería si... Hortense escuchaba y tiraba la idea a la basura. Se había ofrecido a transportar los decorados. Podría alquilar una furgoneta y ponerse un mono de trabajo ¡sería divertido jugar a las mudanzas! ¡Cretino!, musitaba Hortense oculta tras una gran sonrisa.

Jean el Granulado también se había ofrecido a ayudarla, pero le había rechazado. Sin embargo, ¡no le hubiesen venido mal dos brazos suplementarios! Había estado a punto de aceptar y lo desechó en el último momento: era demasiado feo. No quería que la vieran con él. Se habría visto obligada a invitarle al cóctel de inauguración y hubiera dado mala impresión.

Se chupó las yemas de los dedos desollados por los clavos, los alfileres y las capas de cola. ¿Quién más vendría? No tenía noticias de su madre ni de Zoé. Pero estarían allí, eso seguro. Su madre se desmayaría de orgullo y Zoé se pavonearía diciendo a todo el mundo es mi hermana, es mi hermana...

También vendría Shirley. Le había pedido prestada su furgoneta.

—Pero ¿para qué? —había preguntado Hortense.

—Voy a ir a todos los mataderos, estoy preparando un espectáculo gore para el colegio... ¡Voy a conseguir carcasas, despojos chorreantes de sangre, botes de gelatina industrial y un montón de cosas repugnantes! Les voy a enseñar lo que meten en la comida industrial. Si no dejo asqueados a esos chiquillos, ¡tiro la toalla y me alimento de nuggets el resto de mi vida!

—¡No me la vayas a ensuciar!

—No, la voy a tapizar de plástico...

Hortense le había pasado las llaves con mueca de disgusto.

—¡Y me la devuelves intacta y puntualmente!

—¡Te lo prometo!

Shirley tenía un aspecto que amenazaba tormenta.

Cuando ella le había preguntado ¿sabes dónde está Gary? Shirley había respondido ni idea balanceando las llaves de la furgoneta.

Miss Farland iría. Para presumir. Fui yo quien la descubrió, diría a los presentes, ha sido gracias a mí que... y untaría una tonelada de confitura sobre su propio mérito. Resulta patética con su boca rojo vampiro y sus andares de canario anoréxico. Se había puesto inyecciones de bótox para la inauguración y estaba hinchada como el trasero de un lactante. ¡Ni siquiera podía sonreír!

También había invitado a algunas chicas del Saint-Martins. Para verlas verdes de envidia. A sus profes.

A sus compañeros de piso, con la excepción de Jean el Granulado. Eso le mortificaría, pero a ella le importaba un pimiento.

Veamos, veamos, no me olvido de nadie...

Quizás Charlotte Bradsburry asome su naricita para husmear. Escribiría un artículo devastador que le daría publicidad.

Agyness Deyn también acudiría. Nicholas conocía a su novio y éste había prometido llevar a su chica... Y quien dice Agyness dice una nube de paparazzis. Simplemente habrá que procurar que no me eclipse, calculó Hortense, arreglármelas para no perder el primer plano en las fotos...

Qué raro que su madre no la hubiera llamado para decirle a qué hora llegaría con Zoé a la estación de Saint-Pancras. No era propio de ella.

—¿Estás al día con las invitaciones? —preguntó Hortense.

—Están todas enviadas, han respondido casi todos —dijo Nicholas.

—Recuerda que la heroína soy yo. Si ves a alguna asquerosa que intenta acoplarse, la echas rápidamente...

—Entendido, Princesa... ¿Vamos a comer algo? Me muero de hambre...

—¿Crees que podemos dejarlo todo aquí?

—¿Qué quieres decir?

—¿Nadie destrozará mis escaparates?

—¿Estás loca o qué?

—Tengo un mal presentimiento...

—Querrás decir que tienes un montón de enemigos que van a por ti...

—No me gustaría que un rival lleno de odio viniese a rociar mis modelos con pintura roja...

—¡Que no! La tienda está llena de vigilantes y todo está cerrado con llave...

Hortense salió a su pesar.

—Casi tengo ganas de quedarme a dormir...

—Me decepcionas, Hortense... ¿Tienes miedo?

—Te digo que tengo un mal presentimiento... ¿Me prestas tu móvil para llamar a mi madre?

—¿No tienes el tuyo?

—Sí, pero yo pago y tú no. Es un teléfono profesional...

—Y si digo que no...

—Nunca te explicaré el misterio de la vida sexual entre el hombre y la mujer... ¡y tu papel en esa jungla despiadada!

Le entregó el móvil.

Joséphine ya no sabía qué hacer.

No iría a Londres para la inauguración de Hortense.

Tenía su historia y no quería soltarla.

Había encontrado la libreta negra del Jovencito y la leía atentamente tomando notas, dejándolas macerar para que eclosionara una historia, como alguien que cada mañana al despertar espera que de un capullo brote una flor. Corre descalzo hasta la jardinera, la observa, espera y después se va diciendo seguro que mañana brotará. Estaba a punto de asistir al nacimiento de su novela y no tenía ninguna gana de perder el hilo viajando a Londres. Temía que Cary y el Jovencito se desvaneciesen como había ocurrido con las dos señoras gordas.

Cada noche, se quedaba mirando al teléfono y diciéndose tengo que llamarla, tengo que decírselo... pero temblaba de miedo.

Esa noche, la víspera de la apertura, a las doce en punto, ya no podía posponerlo más. Apoyó la mano sobre el teléfono y...

Shirley le había contado lo duro que había trabajado Hortense.

También le había dicho que Gary no estaría, que se había ido a Escocia para encontrar a su padre, que no sabía cuándo volvería.

—¿Y tú qué tal?

—¿Quieres la verdad? Estoy jodida, pero me cuido... Estoy haciendo clases de respiración, voy en bici, visito mataderos...

—¿Has vuelto a Hampstead?

—No... Evito el agua helada. En Londres hace un frío que pela.

—Deberías ir...

—¿Vienes para la exposición de tu hija?

—¡Pues me parece que no!

Shirley había soltado un grito:

—Joséphine, ¿seguro que eres tú la que está al teléfono?

—Sí...

—¿Eres tú la que no lo deja todo tirado para venir a postrarte y honrar a Hortense?

—Tengo la idea para un libro, Shirley. No un ensayo universitario, sino una novela inspirada en una historia real. La amistad romántica entre un joven francés y una estrella de cine americano... ¿Recuerdas aquella libreta negra que encontré en el cuarto de la basura? Está tomando forma poco a poco. La historia crece dentro de mí. Debo seguir concentrada.

—Pues sí que... ¡Han cambiado a mi amiga! ¿Es la influencia positiva de Serrurier?

Joséphine había soltado una risita incómoda.

—No. Lo he decidido yo solita... ¿Crees que Hortense se lo tomará a mal?

—¿Acaso no se lo has dicho todavía?

—No me atrevo, estoy aterrorizada.

—Lo comprendo... ¡Little Princess se va a enfadar!

—Tengo miedo de que crea que ya no la quiero.

—¡Oh! Si es por eso ¡todavía tienes margen!

—Entonces ¿qué hago?

—Coges el teléfono y la llamas... Oye, ¿no fuiste tú la que el otro día me dio la lata diciéndome aquello de «es ahora, o nunca»?... ¿Un pensamiento filosófico de nuestra querida Iphigénie? Pues venga, descuelga el teléfono y díselo... ¡Ahora!

—Tienes razón...

Pero no lo conseguía. Me llamará mala madre, madre egoísta, corazón de piedra, voy a hacerle daño y no podré sobrevivir. La quiero tanto, es sólo que... Tengo miedo de perder mi historia...

Iba a marcar el número de Hortense cuando sonó el teléfono.

—¿Mamá?

—Sí, cariño...

—¿Estás bien? Tu voz suena rara...

Joséphine se aclaró la garganta y respondió que sí, sí, estoy bien, todo va muy bien por aquí...

—¿A qué hora llegas mañana? ¿Nos encontramos en Harrods?

—Esto...

—¡Oh, mamá! ¡Ya verás, es magnífico! ¡Todo ha sucedido exactamente como quería! He seguido mi idea al pie de la letra, no la he soltado, he trabajado día y noche. Te vas a quedar con la boca abierta.

—Esto...

—¿Y Zoé? ¿Has mandado una nota al colegio? ¿Qué has dicho? ¿Que tenía paperas? ¿Que se ha muerto la abuela?

—No he dicho nada...

—Entonces ¿cuándo llegáis? Os alojaréis en casa de Shirley, supongo...

—Hortense, cariño, sabes cuánto te quiero, lo importante que eres para mí...

—¡Ay, mamá! ¡Déjate de zalamerías! Son más de las doce, me caigo de sueño... ¡Pues claro que sé que me quieres y todo eso!

—¿Estás segura?

—¡Más que segura! ¡Me empapuzas con tu amor!

Joséphine registró esas palabras, que no le parecieron muy amables y que borraron sus últimos escrúpulos.

—No voy a ir... Ni Zoé tampoco...

—Ah...

Hubo un prolongado silencio.

—¿Estáis enfermas?

—No...

—¿No estás enferma y no vienes? ¿Te has roto una pierna o las dos?

—No... Hortense, cariño...

—*Cut the crap!* ¡Suéltalo, coño!

Estupefacta por la violencia de la réplica, Joséphine alejó el auricular, tragó y consiguió decir:

—No iré porque por fin he encontrado una idea para una novela, y está desarrollándose, todavía no he empezado a escribirla, pero no tardaré y si me voy, me arriesgo a perderla para siempre...

—¡Pero eso es formidable! ¡Estoy contentísima por ti! ¿Por qué no me lo has dicho enseguida?

—Tenía miedo de tu reacción...

—¿Estás loca o qué? Como si no te entendiese... Si supieras lo que he trabajado... Tengo los dedos ensangrentados, las rodillas destrozadas, un ojo al rojo vivo, ya no duermo, ya no me tengo en pie ¡pero es magnífico!

—Estoy segura, cariño —dijo Joséphine, aliviada.

—¡Y si se te hubiese ocurrido la idea de venir a verme mientras trabajaba, te hubiese mandado al infierno como no te puedes hacer una idea!

Joséphine soltó una carcajada de alivio.

—Mi niña querida, tan fuerte, tan brillante...

—¡Okay mamá, stop! Nicholas se está impacientando, estoy llamando con su teléfono ¡y se está poniendo verde! Mañana por la noche, piensa en mí...

—¿Cuánto tiempo van a estar expuestos tus escaparates?

—Un mes...

—Intentaré ir a verlos...

—No te preocupes, continúa escribiendo, está genial, ¡debes de sentirte superfeliz! ¡Ciao!

Y colgó.

Joséphine, atónita, oyó el tono de la línea que sonaba en el vacío, dejó el teléfono y tuvo ganas de bailar por todo el piso.

Hortense no estaba enfadada, Hortense no estaba enfadada... Iba a escribir, escribir, escribir, mañana y pasado y todos los días siguientes...

Ya no podía dormir. Estaba demasiado excitada.

Abrió la libreta negra del Jovencito y empezó a leer por donde lo había dejado.

«28 de diciembre de 1962.

»Ahora lo sé... Esto no es una emoción pasajera. Es un amor que va a consumirme. Supongo que tenía que pasar. No huyo asustado. Acepto ese amor que me quema la garganta. Cada noche, espero a que él me lleve a tomar esa copa a su hotel y cada noche, hay alguien que le invita y yo vuelvo a casa solo, con ganas de encerrarme en mi cuarto y llorar. Ya no trabajo, ya no duermo, ya no como, sólo vivo para los instantes que paso cerca de él... A veces, me salto clases para volver al rodaje. ¡Y en menos de seis meses tengo que presentarme al examen de la Politécnica! Por suerte, mis padres no lo saben. No quiero perderme ni un minuto de su presencia. Aunque no me hable, al menos le veo, respiro el mismo aire que él.

»Me da igual amar a un hombre, porque se trata de "ese" hombre. Me gusta cuando sonríe, cuando ríe, cuando me cuenta cosas de su vida. Haría lo que fuera por él... Ya no tengo ningún miedo. Lo he pensado a fondo durante las fiestas de Navidad. Fui a la misa del gallo con mis padres y recé, recé para que ese amor no terminase nunca, aunque este amor no sea "normal". Cuando veo a mi padre y a mi madre viviendo un amor "normal" ¡no tengo ganas de parecerme a ellos! Nunca se ríen, nunca escuchan música, tienen una expresión cada vez más amargada... Por Navidad ¡me han regalado libros de matemáticas y física! Él me ha dado un precioso par de gemelos en una caja muy bonita; son de un sastre inglés, parece ser que muy conocido. Me lo dijo su ayudante de vestuario.

»La asistente me observaba de reojo. Se había dado cuenta de todo. Trabaja con él desde hace mucho tiempo y me previno. *To see him is to love him, to love him is never to know him,** ten cuidado, mantén las distancias. Soy incapaz de guardar las distancias. Se lo dije y ella movió la cabeza diciéndome que iba a sufrir.

»—Él te muestra sólo lo que quiere mostrarte, ¿sabes? Lo que muestra a todo el mundo. Se ha inventado el personaje de Cary Grant, ese hombre encantador, irresistible, tan elegante, tan divertido, pero detrás de todo eso, hijo, existe otra persona y a ésa nadie la conoce... Ésa puede ser aterradora. Lo peor es que él ni siquiera tiene la culpa de ser esa otra persona. Es la violencia de la vida la que le ha hecho así.

»Y me miró como si corriese un gran peligro.

»Me da igual el peligro.

---

* «Verle es amarle, y amarle es no llegar a conocerle nunca».

»Cuando él me mira, existo y me lleno de valor.

»Y no puedo creer que sea un monstruo...

»Es demasiado... Tendría que inventarme una palabra exclusiva para él.

»La primera cosa que hizo, tras haber abandonado su verdadero nombre y haberse convertido en Cary Grant, fue comprarse un perro al que llamó Archie Leach. Irresistible, ¿no? ¡Un hombre así no puede ser un monstruo! Se lo conté a Geneviève y me dijo qué raro, un hombre que le pone su nombre a un perro. Pues a ese perro le lleva atado con una correa... y puso cara de desdén.

»Si oigo que hablan mal de él, enseguida me entran ganas de defenderle. La gente es tan envidiosa... El otro día, había un fotógrafo de plató que le decía a un técnico de iluminación ¿sabías que había sido *escort boy* cuando llegó a Nueva York? Eso es parecido a gigoló, ¿no? No tienes más que verle, le gusta todo el mundo. Para mí que ese tío no le hace ascos a nada... Sentí ganas de escupirle en la cara. Me vengué... El que hablaba era un tipo odioso. Me trata como a un perro. Berrea ¡café! ¡Azúcar! ¡Zumo de naranja! Y ni siquiera me llama por mi nombre, se limita a decir ¡eh, tú! Así que, al final de la jornada, cuando berreó para pedir un café, yo escupí dentro y se lo di con una gran sonrisa...».

* * *

Al llegar a su casa, Gary encontró la invitación de Hortense entre el montón de correo. Se quedó mirándola un rato y decidió asistir.

Quería ver esos dos escaparates que le habían suplantado en el corazón de Hortense. ¡Y le conviene que sean realmente buenos porque si no le monto una escena!, se dijo jugueteando con la invitación, agitándola en el aire.

Se sorprendió sonriendo de su propia ocurrencia y se dijo que su viaje a Escocia no había sido inútil. Había salido de esa niebla blanca que le asfixiaba. Se había acercado a un abismo, pero no había caído en él. Tenía la impresión de haber conseguido una victoria. No sabía muy bien sobre quién, pero había ganado. Se sentía más calmado, más indiferente, más ligero. Se había librado de un trozo de sí mismo que le ataba a su infancia... Eso es, se dijo, satisfecho, mirándose en el espejo de la entrada, acercándose mucho y frotándose el mentón, he mandado al cuerno a mi pasado.

Al final no había sido ni cobarde ni despreocupado. O quizás lo había sido... Pero le daba igual. Yo he ido, yo me he desplazado, ha sido él quien me ha rechazado, no tengo nada que reprocharme. ¡Puedo volver a ser cobarde y despreocupado si me da la gana!

¡Y ahora rumbo a la bella Hortense!

Pero, cuando se acercó a Brompton Road, en Knightsbridge, la muchedumbre se agolpaba delante de los escaparates de Harrods y dudó de entrar.

Tuvo el tiempo justo para batirse en retirada y esconderse detrás de un grupo de turistas: había visto a Marcel, Josiane y Junior en la acera. Junior caminaba delante, las manos hundidas en los bolsillos de un blazer azul marino con escudo rojo y verde a juego con su corbata. Parecía furioso, el ceño fruncido, sus cabellos rojos alborotados y avanzaba con resolución. Sus padres le gritaban que esperase, que iban a perderle.

—¡Pues me pierdo! ¡Me voy derecho al Támesis! Tengo unas ganas terribles de ahogarme...

—¡Pero si no tiene importancia, Junior! No tiene importancia —decía Marcel, intentando sujetar por la manga a su hijo que se soltó con un gesto brusco.

—No tiene importancia para ti... ¡Pero yo he quedado en ridículo! No volverá a mirarme nunca más. Tengo diez puntos de penalización... ¡De vuelta a mi estatus de Enano!

—¡Que no! ¡Que no! —aseguraba Josiane, sin aliento a fuerza de correr detrás de su pequeño.

—Sí. Ridiculizado. Ésa es la palabra exacta...

—¡No vas a hacer una montaña de un grano de arena!

—Haré lo que me dé la gana, pero el hecho está ahí: yo hablaba y nadie me entendía. Decían *what?*, decían *pardon?* Y ya podía seguir desgranando mis mejores frases en inglés, ellos no se enteraban de nada...

—Ahora estás hablando de forma comprensible —dijo Marcel, atrapando a su hijo por la cintura con sus poderosos brazos.

Junior se dejó arrastrar hacia su padre y estalló en sollozos.

—¿De qué sirve haberse tragado dos métodos de «cómo hablar inglés corriente», uno con el ojo izquierdo y otro con el derecho? ¿Eh? ¿De qué sirve? ¡He hecho el papel del patito feo y completamente negro, en un estanque lleno de cisnes blancos! He hecho el ridículo, el ridículo.

—¡Que no! No tienes buen acento, eso es todo. Es normal. La gente de los libros no parlotea como la gente de la calle... Ya verás, dos días aquí, y hablarás como un gentleman y te preguntarán incluso si perteneces a la familia real...

Pasaron delante de Gary sin verle.

Gary sonrió y pensó que volvería más tarde.

Miró la hora, las ocho, y llamó a su amigo Charly que vivía en Bazil Street, justo detrás de los grandes almacenes.

Charly estaba a punto de romper con su novia, Sheera, y estaba haciéndose un porro para infundirse valor. Gary le vio hacer, divertido. Él había dejado de fumar porros. Le volvían terriblemente sentimental; era capaz de cantar viejas canciones mientras se secaba las lágrimas con la manga, evocar su primer osito de peluche y su funda de almohada rota o contarle su vida al primero que pasara por allí.

Sonó el móvil. Miró quién le llamaba. ¡Mrs. Howell! Era la tercera vez que llamaba. No respondió. No tenía ganas de explicarse. De acuerdo, no había estado bien haberse marchado sin avisarla, pero no quería volver a oír hablar una sola palabra más de su padre, ni de Escocia, ni de los escoceses. No necesito a ningún padre, necesito un piano, a Oliver... y, muy pronto, ¡la Juilliard School de Nueva York! Antes de ir a Escocia, había enviado su solicitud de ingreso y esperaba saber si estaba admitido o no. A partir de ahora, miraría hacia delante. Cambiaba de rumbo. Había crecido sin padre, no era el único. Continuaría sin necesitarle. Conservaba la imagen de su abuelo y, si necesitaba hablar entre hombres, se dirigiría a Oliver.

Oliver, qué ganas tenía de verle. Había telefoneado a su agente, quien le había dicho que él había vuelto de una serie de conciertos y que podía ir a verle a su casa. Le llamaría por teléfono, pero antes quería finiquitar el capítulo escocés contándole su periplo a su madre. No debió de gustarle que se fuese a Edimburgo sin avisarla. ¡Ajá! Gary Ward, te estás haciendo mayor y has de reparar lo que has roto. Ella lo entendería. Siempre lo entiende.

Charly le tendió el porro ennegrecido y Gary lo cogió.

—Lo intento por última vez —dijo sonriendo—, pero si después me pongo a llorar sobre tu hombro, me metes en un taxi y me prohíbes ir a Harrods...

—¿Y qué se te ha perdido en Harrods?

—Pues la bella Hortense... La contrataron para decorar dos escaparates y es la noche de su vida. Va a estar toda la prensa...

—¡Je, je! ¡Te arriesgas a encontrarte también a Charlotte!

—¡Ay! Es cierto... ¡Me había olvidado por completo de ella!

Charly se había enamorado completamente de Charlotte cuando Gary se la había presentado. Hacía desmesurados esfuerzos para seducirla y había avisado caballerosamente a Gary. Gary no se había opuesto, sabiendo que el chico tenía pocas posibilidades. Charlotte detestaba a los rubios mofletudos, sólo le gustaban los morenos altos y flacos.

Dio varias caladas al porro y sintió que le invadía la euforia.

—¡Oye, sí que sienta bien esto! Hacía tiempo...

—A mí me da valor... Cuando fumo desdramatizo... ¡y lo necesito, si quiero hablar con Sheera!

—Debería valorar el hecho de que rompas con ella en persona. Que no te libras de ella a través de un email o un SMS... Sólo por eso, debería ser digna y amigable.

—¿Acaso conoces alguna ruptura en la que la chica que has largado sea digna y amigable? Yo no.

Gary se echó a reír, no podía parar.

—Oye, no sólo no lloro, sino que empiezo a balancearme... ¿De dónde sacas esta hierba?

—De un tío anarquista que la cultiva en invernadero... La vende. Pero a mí me la da por la cara... Soy su sobrino preferido.

Gary cerró los ojos y saboreó.

Charly puso música. Una vieja canción de Billie Holiday que hablaba de amores difuntos y melancolía, que prometía amor eterno al hombre que se iba.

—¡Apágalo —dijo Gary— o nunca tendrás el valor de romper con ella!

—Al contrario, eso me mete en ambiente... Escucho la voz de esa mujer que sufre y permanezco inflexible.

Gary soltó otra risotada y constató de nuevo que fumar le ponía ahora feliz y contento.

Se levantó y se despidió de Charly gritando: «¡Harrods, allá voy!».

Cuando llegó, la fiesta había terminado. Los camareros contratados recogían las mesas, guardaban las sillas y tiraban los ramos de flores. Los invitados se habían ido. Sólo quedaba Hortense que, rendida, con la cabeza entre las piernas, estaba sentada en el suelo. Gary vio primero un par de Repetto negras, unas piernas largas, y después un vestido tubo negro Azzedine Alaïa y una amplia bufanda de seda negra y blanca.

Se acercó sin hacer ruido y gruñó *hello, beauty!*

Hortense levantó la cabeza, le vio, esbozó una sonrisa un poco cansada y dijo:

—¡Has venido!

—*Yeah!* Quería verle la cara a mis rivales... Pero ¿por qué llevas gafas negras? ¿Has llorado? ¿Te ha ido mal?

—No... Al contrario. Un éxito sin paliativos... Pero tengo un orzuelo purulento en el ojo derecho. Debe de ser el cansancio o Jean el Granulado que me ha pegado un virus, furioso por no haber sido invitado.

—¿Y quién es ése?

—Un minusválido y nuestro nuevo compañero de piso...

Gary señaló con el dedo los escaparates iluminados en la noche y dijo:

—Así que... ¡me abandonaste por esos dos!

—¿Qué te parecen? —preguntó Hortense, ansiosa.

Gary recorrió los escaparates iluminados con la mirada, se detuvo en cada silueta, en cada detalle y asintió con la cabeza, lleno de admiración.

—¡Formidable! Es exactamente lo que tenías en mente en París, ¿te acuerdas?...

—¿Lo crees de verdad?

—¿Por qué? ¿Acaso lo dudas? ¡Sería la primera vez!

—Estoy muy contenta..., ¡tenía tantas ganas de que vinieses!

—Y aquí estoy...

—Junior ha venido también. ¡Habla inglés como un viejo duque estirado! Marcel ha hecho un montón de fotos y me ha felicitado hasta que me han pitado los oídos. Me ha dicho que si quería, lanzaba una línea de ropa Casamia de la que podría ocuparme yo...

—Y...

—No me he atrevido a decírselo, pero es un poco... barato lo que él hace... He sido bastante imprecisa. Sobre todo porque...

Cogió su bolsito, lo abrió y lanzó al aire una lluvia de tarjetas de visita.

—¿Has visto todas las tarjetas que me ha dejado la gente? ¡Quieren verme todos!

Gary calculó por encima que habría más de una docena.

—¡Han quedado encantados, Gary! ¿Te acuerdas de la idea del fular anudado alrededor del cuello? Había utilizado un modelo de Vuitton maravilloso... Pues bien, un tío de Vuitton me ha propuesto trabajar en el diseño de los próximos fulares. ¿Te das cuenta?

Y deletreó V-U-I-T-T-O-N.

—¡Y no sólo él! ¡Tengo al menos dos ofertas de trabajo en Nueva York! ¿Te das cuenta? Nueva York...

—No me extraña... Es bonito, tiene clase... Estoy orgulloso de ti, Hortense, realmente orgulloso de ti.

Hortense le miraba, sentada en el suelo, los codos sobre las rodillas, sus gafas negras en la punta de la nariz y pensaba que era alto, guapo, fuerte, generoso. La escuchaba, la miraba de forma diferente, como si ya no necesitasen pelear. Como si Gary hubiese comprendido algo muy importante. Había en su actitud una especie de desapego, de seguridad masculina desconocida para ella.

—Has cambiado, Gary... ¿Qué te ha pasado?

Gary sonrió, le tendió la mano y ordenó:

—¡Venga! ¡Nos vamos! Te invito a cenar...

—Pero es que tengo que...

Gary levantó una ceja contrariado.

—Ordenarlo todo... —mintió Hortense.

Nicholas había ido a acompañar a Anna Wintour. Le había dicho espérame, vuelvo y vamos a celebrar nuestro éxito. Porque ha sido un éxito, Princesa. Ya verás, te van a llover las propuestas, sólo te costará elegir una...

¡No podía abandonarle! Miró de nuevo a Gary y leyó en sus ojos la urgencia de seguirle. Había vuelto, se había tragado su orgullo, le tendía la mano. Ella dudaba. Su mirada iba de los escaparates al impermeable que Nicholas había colgado en una esquina, y era como si el impecable Burberry le apremiara a quedarse. ¡Te estás jugando tu futuro, Hortense! ¡No lo hagas! Nicholas se pondrá furioso y nunca más querrá levantar el meñique por ti. Se volvió hacia Gary, entró en su mirada, que se oscurecía hasta hacerse negra. Si le digo que no, no le vuelvo a ver... Se tambaleaba de un lado a otro. Sí pero... Necesito a Nicholas, le necesito todavía. Sin su ayuda, sin sus relaciones, su espíritu práctico, esa noche no hubiese tenido el éxito que ha tenido... Esta noche han venido todos pero, si soy honesta, ha sido más por él que por mí. Nicholas tiene un nombre, un nombre que asciende, que me abre miles de puertas. Yo soy todavía una desconocida... Luchaba, avergonzada, y dejó caer de nuevo la cabeza entre las piernas.

—¡No me digas que tienes que recoger los restos de la fiesta! —comentó Gary, socarrón—. Ya lo harán otros... Hortense, sé sincera. Todo el mundo se ha ido... No tienes nada que hacer aquí. ¿Estás esperando a alguien?

Hortense sacudió la cabeza, incapaz de responder. Incapaz de decidir.

—Esperas a alguien y no te atreves a decírmelo...

—No —murmuró Hortense—, no...

Mentía tan mal que Gary comprendió y retrocedió.

—En ese caso, querida, te dejo... O más bien os dejo a los dos...

Hortense frunció la nariz, incapaz de decidirse. Se golpeó la cabeza con los puños y pensó siempre el mismo problema, siempre el mismo problema, siempre había que elegir, ¡siempre! Detestaba elegir, lo quería todo.

Gary se dirigió hacia la salida.

Hortense miraba fijamente la espalda de Gary dentro de su vieja chaqueta de rastrillo, sus vaqueros negros, su larga camiseta gris cuyas mangas sobresalían, su pelambrera hirsuta. El Burberry, por su parte, tenía el aspecto rígido y satisfecho de haber ganado. Has elegido lo mejor, Hortense, tienes todo el tiempo del mundo para vivir tu amor, ese chico te esperará, tenéis veinte años, vuestra vida acaba de empezar. Sólo estáis en fase de prueba... ¿Te quiere? ¿Y qué? ¡No será eso lo que te propulsará hacia delante! ¿Quién se ha pasado horas y horas montando tus escaparates? ¿Quién te ha prestado su ropa, abierto su agenda, llamado a todos hablando de ti y convirtiéndote en una futura estrella? Nicholas está dispuesto a todo por ti, mira cómo ha sabido encumbrarte, destacar tus cualidades, tu capacidad de trabajo, si has estado a punto de ruborizarte... En este mismo instante, le está hablando de ti a Anna Wintour, está consiguiendo para ti un periodo de prácticas en el *Vogue* americano, la biblia de la moda, ¿y le vas a dejar plantado por un jovenzuelo desaliñado? *No way!*

Hortense seguía a Gary con la mirada. Él se alejaba, se alejaba.

No pudo soportarlo.

—¡Espera, Gary! ¡Espérame! ¡Ya voy! —gritó mientras se levantaba.

Recogió su Perfecto, su bolsito Lanvin y le alcanzó cuando ya llegaba a la acera de Brompton Road.

Le cogió la mano y declaró:

—He cambiado de opinión, no vamos a cenar... Vamos a mi casa. Te deseo demasiado...

—¡Pero es que tengo hambre!
—Tengo una pizza en la nevera...

Gary se despertó temprano, tumbado bajo el edredón al lado de Hortense. Ella dormía boca arriba, con un brazo echado hacia atrás. Le besó la punta del seno y ella gimió dulcemente gruñendo quiero dormir más, ¡más! Estoy muerta y Gary sonrió. Se separó, arrastrando el edredón consigo, ella gruñó tengo frío, tiró del edredón hacia sí y él decidió salir lentamente del sueño. Esa noche había soñado con su padre. Se esforzó en recordar el sueño, pero sólo conseguía visualizar el fin: Duncan McCallum, sentado en un claro, le tendía la mano...

Era la hierba que había fumado el día anterior, que decididamente le volvía sentimental.

Alejó el sueño de su mente y se levantó.

Iría a desayunar con su madre.

Garabateó una nota para Hortense, la dejó a la vista en su lado de la cama, todavía templado, y se marchó sin hacer ruido.

* * *

Pero ¿en qué lío me he metido?, se decía Shirley esa mañana mirando al hombre que dormía en su cama.

Vio la cazadora y los pantalones negros tirados por el suelo. Botas y un calzoncillo. No habían hablado, se habían precipitado uno contra el otro... Ella le había llevado a su habitación, le había quitado la cazadora, los pantalones negros, se había desnudado rápidamente y se habían metido en la cama.

Había pasado toda la semana circulando en la furgoneta. Preparando su sesión gore para el colegio, iba de un matadero a otro, levantaba pesados bidones de gelatina, barreños de despojos, de huesos, preparando el escenario de la película de horror que iba a presentar a sus alumnos para asquearles de esa comida industrial que les volvía locos. Había tomado como ejemplo los nuggets... Empezó por enseñarles uno completamente limpio y reluciente dentro de su caja. Se lo pasó a todos y después añadió con voz dulce:

—¿Queréis saber ahora lo que hay DE VERDAD en esos rectángulos que os gustan tanto? ¡Pues bien! Os lo voy a mostrar. Siguiendo atentamente lo que hay en la composición, o que está escrito en letra muy pequeña en la caja y que vosotros no leéis nunca...

Los treinta chiquillos la miraban con cierto aire insolente que decía di lo que quieras, vieja, no serás tú la que nos convenza... Shirley se remangó, hundió las manos en los tarros, exhibió trozos ensangrentados de tripas, hígado, riñones, pieles de ave arrancadas, pulmones de buey, vejigas de cerdo o de ternera que exprimió entre los dedos para escurrir ríos de excrementos, patas de pollo, crestas de gallo, pies de cerdo, filamentos sanguinolentos que mezcló con litros de gelatina, de cola, para triturar todo después en una gran batidora que le había prestado un descuartizador. Todo ello simulando seguir atentamente la lista de ingredientes del dorso del paquete de nuggets. Los chiquillos miraban, estupefactos, oían el horroroso sonido de la piel arrancada, los huesos triturados, sus rostros palidecían, enverdecían, amarilleaban, se tapaban la boca... Shirley espolvoreó la mezcla con azúcar en polvo, volvió a triturarla en la batidora y sacó una pasta rosa, espesa, gelatinosa, que vertió en pequeños moldes que cubrió de salsa a base de colorantes. Operaba mientras miraba de reojo a la clase... Algunos se habían tumbado sobre la mesa, otros levantaban la mano para salir. ¡Y qué olor! Era insoportable. Acres efluvios de carne masacrada, de sangre mancillada que sofocaba el olfato. Y eso no es todo, exclamó clavando en los alumnos una mirada de torturadora mientras vertía el espesante y forraba el resultado pintándolo con un espeso caramelo líquido, dando el triunfante golpe de gracia: «¡Y esto es lo que os tragáis cuando coméis nuggets! Para que lo sepáis: ya sean de pollo o de pescado, son la misma cosa. En el mejor de los casos, tienen un 0,07 por ciento de pescado o de pollo de verdad. Y en el peor, ¡un 0,03! Así que ahora, vosotros decidís si queréis seguir envenenándoos... La alimentación moderna ha dejado de elaborarse para simplemente fabricarse. Fabricarse exactamente como acabo de enseñaros. No me he inventado nada. Todos los componentes están escritos en letras y cifras minúsculas en el dorso de los paquetes. Así que vosotros elegís... ¡Comportaos como corderos y os convertiréis en chuletas!».

Le gustaba mucho su eslogan y no perdía una sola oportunidad de colocarlo.

Sólo el chico que la había abordado en la calle la contemplaba con una gran sonrisa. Los demás salieron corriendo de la clase para ir a vomitar. Cuando terminó su demostración, él le hizo una señal desde la primera fila. Levantó el pulgar en señal de victoria.

Había ganado. Tardarían un tiempo en volver a comer sus rectángulos de pescado o de pollo.

Estaba agotada y cubierta de sangre.

Terminado el espectáculo, se quitó el delantal, recogió, limpió las manchas de huesos machacados sobre la mesa de demostración, la plegó, apiló los boles y frascos, guardó la batidora en su caja y abandonó la sala sin decir nada.

Le devolvería la furgoneta a Hortense y volvería a su casa.

Pero poco después, con la cabeza apoyada en el volante, se hizo una pregunta, una pregunta muy simple: ¿por qué he sido tan violenta? Habría podido hacer la misma demostración con más miramientos, explicándoles poco a poco cada etapa... En lugar de eso los he aplastado, masacrado, he blandido kilos de despojos, bidones de espesantes, les he aturdido con el ruido de la batidora, he exhibido mis manos rojas de sangre, no les he permitido un segundo de reposo... Siempre esa violencia que me impide hacer las cosas con calma. Actúo siempre como si estuviese amenazada...

En peligro.

Fue a devolver la furgoneta a Hortense, le prometió que estaría presente en la inauguración y volvió a su casa. Por el camino no dejó de pensar en la escena de los nuggets.

Un día acabaría pareciéndose a esos iluminados subidos en cajas en la esquina de Hyde Park, que predicen el fin del mundo y el castigo divino, con el dedo apuntando al cielo, lanzando invectivas a los paseantes. Cada vez más violenta, radical, agria...

Y sola.

Sola entre esqueletos de pollo criados en cadena, pollos a los que les sacan los ojos para que pierdan la noción del día y de la noche, a los que les cortan las alas y las patas... Acabaría como ellos. Ciega, con las patas y las alas cortadas. Poniendo el mismo huevo una y otra vez, el mismo discurso que ya nadie escucharía...

Cogió la bicicleta en dirección a Hampstead.

Tenía que volver a verle.

Dio la vuelta a los estanques. Fue hasta el pub donde se habían besado. Justo antes de que se fuera a pasar la Navidad en París.

Esperó. Se bebió una cerveza mientras veía un partido de cricket en la tele.

Volvió a dar la vuelta a los estanques.

Vio cómo se encendían las luces en las casas y los lofts de los artistas, y se reflejaban en el agua inmóvil y tornasolada. Él debía de vivir en uno de esos lofts...

Sintió un escalofrío. Decidió volver a casa. Se subió a la bicicleta.

Pedalear la calmaba. Reflexionaba. Millones de mujeres están solas en este mundo y no estrujan huesos ensangrentados de buey. Se detuvo en un semáforo. Hizo chirriar los frenos como una llamada para Oliver. Vio a dos mujeres solas al volante de su coche. ¿Ves?, no eres un caso único, cálmate. Sí, pero yo no quiero estar sola, quiero un hombre, quiero dormir con un hombre, estremecerme debajo de un hombre...

Estremecerme debajo de un hombre...

Las manos del hombre de negro sobre su piel... La palma de sus grandes manos calientes... El peligro inventado en cada encuentro... El aliento que ella retenía, la lenta voluptuosidad que él ordenaba, la turbación de sus abrazos, de sus caricias como golpes que venían a morir sobre su piel y la rozaban, la crueldad calculada que brillaba en sus ojos, los suaves mordiscos en su carne, las amenazas susurradas, las órdenes secas, el abismo que se abría, las advertencias que ella ignoraba desafiando el castigo anunciado y el fulgurante placer que seguía... Él no le hacía daño, la mantenía a distancia, fingía frialdad para abrasarla aún más de deseo, tanteaba el largo surco de su espalda como lo haría un rudo marchante de caballos, le inclinaba la nuca, le tiraba del pelo, examinaba la parte superior de la garganta, le palpaba el vientre. Ella se dejaba manipular para precipitarse mejor en ese peligroso espacio que él creaba entre los dos. Ella lo preveía, con el corazón palpitante, imaginándose lo peor. Aprendía a descifrar en sus dedos hábiles el giro brusco del deseo. Traspasar más y más fronteras, ir más allá de la propia turbación, de todos los matices de la turbación. Sentir hasta el desfallecimiento su fragilidad fingida a merced del hombre todopoderoso.

Fue como un flash que la cegó y la dejó con los dos pies en el suelo, petrificada, rígida, apretando la mandíbula, incapaz de volver a subir a la bicicleta. Y ni el ruido constante de la lluvia sobre el pavimento ni el de la circulación conseguían devolverla a la realidad.

Fingía que lo había olvidado...

Que ya no quería nada de eso...

Pero echaba de menos «eso». Muchísimo.

Llevaba «eso» en la piel.

Esa boca, esas manos, esa mirada habían representado durante mucho tiempo la voluptuosidad imperiosa de su vida.

Atravesó Piccadilly. Subió a la acera. Se disponía a entrar en su edificio, a dejar la bicicleta en la entrada, bajo la escalera, cuando le vio.

Unas espaldas cuadradas en una cazadora negra...

—¿Qué haces aquí? —preguntó ella, sin hola, ni ¿qué tal? Ni nada.

Con un gesto brusco del hombro y cara de perro.

—Salgo de una cita...

Entonces se lanzó contra él, le besó y besó.

Y le arrastró hasta su casa, sin decir nada.

Y ahora, él estaba en su cama.

Ese hombre al que no debía ver nunca más.

En qué lío me he metido...

Puso agua en el hervidor.

Él dormía en su cama.

Pasó revista a las latas de té. Su mano se posó sobre «el rey de los Earl Grey» de Fortnum & Mason.

Homenaje al rey...

Ella podía ser muy dulce cuando preparaba la ceremonia del té.

Habían hecho el amor lenta, tiernamente. Él le cogió la cabeza entre las manos y la contempló. Dijo me gusta, me gusta... Ella no quería que la contemplase, quería que la retorciese, que la mordiese, que le murmurase amenazas y abriese el precipicio... Le hundió los dientes en el cuello, tiró violentamente de sus labios, él retrocedió dijo chis, chis... Ella le golpeó los riñones, le ofreció el vientre para que él le hundiese el puño. Él la envolvió en sus brazos, la acunó, repitió chis..., chis como cuando se canta a un bebé para calmarle. Ella se calmó, intentó seguirle en su lento ascenso hacia el placer, le abandonó por el camino...

¿Por qué hay esa violencia dentro de mí?, se preguntó mientras calentaba la tetera. Como si el placer tuviese que obtenerse por la fuerza, como si yo no tuviese derecho a él más que usando la fuerza, como si fuese «ilegítima»...

Cortó con cuidado un muffin con ayuda de un tenedor. Para no despedazarlo, para que la miga se despegase con suavidad y no se secara.

Chis..., chis..., murmuraba el hombre manteniéndola inmóvil contra sí. Acariciándole suavemente la cabeza.

Y ella se debatía, decía no, no, así no, así no...

Él se detenía, extrañado. La miraba con su mirada dulce y ella ya no sabía con quién estaba...

Ilegítima, ilegítima...

Violencia. Soy yo quien la pide, quien la reclama, quien fuerza al hombre a ponerme un cuchillo en la garganta...

Sentir el corazón estremecido por el peligro. Sentir el escalofrío que corre bajo la piel... Empecé mi vida como una delincuente. Fugándome, fumando en los pasillos de palacio extrañas hierbas que me mareaban, me hacían saltar muros, correr en la noche, bailar como una desquiciada, coger a un chico, o dos, follar en un triste coche mientras, en el asiento de atrás, retozaba otra pareja. Sin parar. Crestas punk, imperdibles enormes en camisetas desgarradas, botas claveteadas, medias agujereadas, quemaduras de cigarrillos, botellas de alcohol a morro, uñas negras, ojos cubiertos de kohl y de rímel corrido... Los polvos apresurados, las palabrotas, los cortes de mangas, las drogas que se prueban como si fueran pastillas de menta. Un padre a quien rechazas considerándole demasiado blando, demasiado en la sombra, una madre a quien no puedes besar y te dices no importa, sólo es una imagen. Una imagen que destruyes para presumir delante de los demás. Esos que nos devuelven un reflejo deforme de nosotros mismos. Pero acabamos creyendo en ese reflejo, acabamos diciéndonos que sólo merecemos eso, que no valemos gran cosa... Proyectada a los veinte años contra Duncan McCallum, ese bruto que me empotraba detrás de una puerta, me levantaba la falda y... me tiraba después como a un fardo inútil.

Gary me había traído la dulzura, el orgullo de tener un niño, un niño pequeño a quien yo protegía, que me libraba de mis demonios. Con él conocí la ternura. Lo que no soportaba de un hombre se lo ofrecí a mi niño. De la violencia no conservé más que la fuerza con la que rodeaba a mi hijo, mi amor...

Salvo cuando el hombre de negro...

El hombre que estaba en su cama la había besado, acariciado con sus manos tan suaves, tan femeninas, la había poseído dulcemente...

Ilegítima, ilegítima.

Escogió una mermelada de naranja, la probó..., demasiado amarga para un despertar, cogió de un estante una confitura de frutos rojos, una bandeja de madera negra lacada, puso en ella la tetera, los muffins, la confitura, un poco de mantequilla, dos servilletas blancas. Dos cucharitas y un cuchillo de plata. Plata de su madre... Ella le había regalado un servicio de mesa cuando cumplió veinte años, con el escudo de la Corona grabado.

Ilegítima, ilegítima...

Entró en la habitación. Él se había incorporado en la cama y le dedicó una gran sonrisa.

—Me alegro mucho de haberte encontrado...

Ella dejó la bandeja, paralizada ante esa frase amistosa.

—Yo también —respondió, esforzándose en parecer contenta.

—Así que a ese hombre que conociste en París ¿lo has olvidado?

No respondió. Untó un muffin con mantequilla, extendió la confitura y se lo ofreció con una sonrisa, algo crispada. Él apartó las sábanas y la invitó a echarse a su lado. Ella se negó haciendo un gesto brusco con la cabeza. No quería estar demasiado cerca.

—Prefiero quedarme aquí y mirarte —dijo torpemente.

Y bajó la mirada hacia esas manos gráciles. Manos de artista...

—¿Pasa algo malo? —preguntó él mordiendo el muffin.

—¡Oh, no! —contestó ella enseguida—. Sólo que... ayer noche te secuestré de una forma un poco brutal.

—¿Y te avergüenzas? No debes. Fue delicioso...

Ella se sobresaltó con la palabra «delicioso». La apartó de su mente.

—Hiciste bien —prosiguió él—. Habríamos empezado a hablar, y no hubiésemos terminado así..., y hubiese sido una lástima...

Sonreía con su gran sonrisa de hombre tranquilo.

Ella apartó también esa sonrisa y se inclinó a los pies de la cama para servir el té.

Fue entonces cuando oyeron un ruido de llaves en la entrada, ruido de pasos, la puerta de la habitación se abrió y apareció Gary.

—*Hello!* He traído cruasanes... He recorrido todo Londres para encontrarlos, todavía están calientes... No son como los de París, ¡claro! Pero...

Se quedó mirando la cama. Vio a Oliver, el torso desnudo, con una taza de té en la mano.

Se calló, sintió un sobresalto, le miró, miró a su madre y gritó:

—¡Él no, él no!

Tiró los cruasanes sobre la cama y se fue dando un portazo.

* * *

Corrió.

Corrió hasta quedarse sin aliento a su casa. Fue empujando peatones por Piccadilly, Saint James's, Pall Mall, Queen's Walk, pasó delante de Lancaster House, estuvo a punto de que le atropellara un autobús cuando cruzaba, giró a la derecha, giró a la izquierda, buscó la llave en el bolsillo, abrió la puerta del piso, la cerró tras de sí, casi sin aliento...

La espalda apoyada en el marco de la puerta.

Marcharse, marcharse de aquí...

Marcharse a Nueva York...

Allí encontraría un profesor de piano, allí esperaría los resultados y, si todo iba bien, entraría en la Juilliard School... Empezaría una nueva vida. Por su cuenta. No necesitaba a nadie...

Hortense se había ido.

No había dejado ninguna nota.

Se dejó caer sobre un taburete de la cocina. Se mojó la cara con agua. Bebió directamente del grifo, se roció, se mojó el pelo. Puso la nuca bajo el chorro. Se limpió con un trapo. Tiró el trapo al suelo hecho una bola.

Fue a poner un disco de jazz. Dusko Goykovich. *In My Dreams*.

Consultó su cuenta bancaria en Internet. Tenía suficiente dinero para marcharse. Esa misma tarde iría a ver a su abuela. En este momento estaba en Londres. La bandera ondeaba en el mástil de Buckingham Palace. Le bastaría con un cuarto de hora. Le explicaría que adelantaba su marcha. Ella lo aprobaría. Ella tuvo la idea de la Juilliard School. Siempre le había apoyado. Qué extraña es nuestra relación, pensó mientras escuchaba el piano de Bob Degen y tocaba la partitura sobre el borde de la pila, yo la respeto, ella me respeta. Es un acuerdo tácito. Ella no me muestra nunca sus sentimientos, pero yo sé que está ahí. Inmutable, majestuosa, reservada.

Sabía también que ella vigilaba su cuenta bancaria, el uso que hacía de la pensión que le pasaba cada mes. Apreciaba el hecho de que no dilapidara su dinero, de que viviese frugalmente. Le había encantado la anécdota de «sólo tengo un torso» cuando le habían ofrecido dos camisas por el precio de una. Había soltado una carcajada y a punto estuvo de darse una palmada en los muslos. ¡Su Majestad riendo a mandíbula batiente! Ella respetaba el dinero. Por mucho que él le explicara que eso era lo normal, que ese dinero no le pertenecía, que en cuanto se ganara la vida se sentiría orgulloso de pagar su primera cena en un restaurante y, mira, Superabuela, la primera persona a la que invitaré serás tú, ella sonreía, divertida, o te regalaré un sombrerito de esos que te gustan tanto, amarillo pálido o rosa. Ella repetía *you're a good boy…** asintiendo con la cabeza.

---

* «Eres un buen chico».

I'm a good boy y me largo de aquí.

Reservo con un clic una plaza de avión para mañana por la tarde...

Clic, clic. El vuelo de las diecinueve y diez para Nueva York...

Un solo de batería y el señor Gary Ward estaba a bordo. Una plaza en clase turista. Último minuto, precios regalados, perfecto, ¡perfecto!

Escribiría un correo a su madre... Para que no se preocupase. A Oliver no le diría nada. No necesito a nadie...

No quería saber cómo había acabado en la cama de Shirley...

¡Vaya, vaya!, se dijo, la he llamado por su nombre. Es la primera vez. Shirley, Shirley, repitió. ¡Hola, Shirley! ¿Qué tal, Shirley?

Se desnudó, se duchó, se puso unos calzoncillos limpios, se hizo un café solo, dos tostadas bien crujientes, dos huevos fritos. ¡Qué aventura!, se decía observando cómo el beicon se retorcía en la sartén, pones un pie fuera de la infancia y apareces inmerso en una serie de acontecimientos extraordinarios... Es terrible y excitante a la vez. Habría días que sí, y días que no, días en los que me sentiré en mi sitio y otros en los que creeré que ha sido un error, echaré de menos Londres... ¡*Bye bye,* Shirley! ¡*Bye bye,* Duncan! ¡*Hello,* Gary!

Y la trompeta de Dusko le respondió.

Dio la vuelta a las lonchas de beicon, añadió un poco de mantequilla para que se dorasen, sacó una botella de zumo de naranja del frigorífico y bebió a morro. Vivir mi vida como quiera, no depender más que de mí mismo... Chasqueó la goma de los calzoncillos. Sonrió: tenía una erección...

La noche con Hortense había sido suntuosa.

Puso el beicon y los huevos en un plato.

Llevaría a Hortense con él... Ella le había dicho que tenía ofertas de trabajo allí. Había dicho también Gary, me parece que..., me parece que te qu... ¿Me parece que qué?, había preguntado Gary sospechando el resto.

¡Pero ella no lo había dicho!

Sólo se había acercado más a él. Estaba progresando...

Hay que confesar que esta noche lo hemos pasado bien... ¡Francamente bien! La llamaré después de ir a ver a Superabuela.

Se puso ketchup en el plato, se comió de un bocado los huevos y las tostadas. Se bebió el café de un trago. Dio una voltereta sobre la alfombra «Hello Sunshine!» del salón, una alfombra ridícula con un enorme sol amarillo sobre un cielo cubierto de estrellas plateadas... Una alfombra kitsch que había encontrado en el mercadillo de Camden. Hortense la odiaba.

Fue a sentarse al piano, intentó tocar lo que acababa de escuchar. Un solo de piano que le había dejado sin habla. Acarició las teclas marfil y negras. Tendría que buscarse un piano en Nueva York...

* * *

Hortense se había despertado. Había leído la nota de Gary. Shirley no había asistido a la inauguración en Harrods. Tenía que haber pasado algo importante para que no viniese. ¡Menuda velada!, pensó hundiéndose entre las almohadas, y ¡qué éxito! Dio palmadas con los pies bajo el edredón aplaudiéndose. Bravo, Hortense, ¡bravo, chica! Y bravo también a ti, Nicholas, admitió con la boca pequeña.

¡Nicholas!

El Burberry de Nicholas interrumpió sus aplausos.

Debía de estar rojo de rabia.

Tengo que ir a verle y a pedirle perdón. Se mordió los labios buscando algo que contarle... Mentir. Odio mentir. Pero en este caso... Estoy obligada.

Se puso su vestido Alaïa, buscó sus Repetto negras bajo la cama, se cepilló el pelo, cogió prestado el cepillo de dientes de Gary y se fue corriendo a Liberty.

Él estaba sentado, rígido y frío, detrás de su amplia mesa de despacho. Le hizo una señal a su ayudante para que saliese. No descolgó el teléfono que estaba sonando y dijo:

—Te escucho...

—No pude hacer otra cosa...

—¿Ah, no? —contestó con un punto de ironía en la voz.

—Se me reventó el orzuelo, empezó a supurar una especie de pus amarillo que me cegaba, me quemaba, no veía nada, me entró el pánico y me fui corriendo al hospital. Estuve tres horas esperando antes de que un médico me hiciera caso... Me puso una inyección de antibióticos en el trasero, una barbaridad para curar elefantes moribundos, y volví a mi casa, rendida.

Se quitó las gafas y exhibió el ojo hinchado y enrojecido.

—Mmmm... —hizo Nicholas carraspeando y preguntándose si no se estaría inventando esa historia de hospitales—. Y no pensaste en llamarme...

—Me quedé sin batería...

Le enseñó su móvil. Él se negó a verificarlo. Ella suspiró, aliviada. Había mordido el anzuelo.

—Y esta mañana, he preferido venir que llamarte... Estaba segura de que estarías un poco... enfadado.

Se acercó al sillón en el que estaba sentado, se inclinó y susurró:

—Gracias, mil gracias... ¡Fue magnífico! Y todo gracias a ti...

Él se apartó, molesto. Ella se frotó el ojo para enternecerle.

—¡No hagas eso! —gritó—. ¡Te entrará pus en el ojo, te saldrá un absceso y habrá que extirpártelo! ¡Qué asco!

—¿Aceptas ir a cenar, esta noche, con una chica asquerosa? —preguntó ella aprovechando la ventaja.

—Esta noche no estoy libre...

—¿Y si yo te lo suplico?...

—Ceno con Anna Wintour...

—¿Solos los dos? —preguntó Hortense, estupefacta.

—No..., no exactamente. Pero me ha invitado a una gran cena que da en el Ritz. Y pienso ir...

—Conmigo.

—Tú no estás invitada...

—Pero dirás que soy tu novia. Me presentarás...

—¿Presentar a una chica con un ojo purulento? ¡Ni hablar!

—Me pondré las gafas.

Él dudó. Jugueteó con el nudo de su corbata naranja. Se inspeccionó las uñas.

—Di que sí —suplicó Hortense—. Di que sí y vuelvo al hospital a que me vuelvan a pinchar en el trasero para tener un ojo presentable...

Nicholas levantó la mirada al cielo.

—Hortense... Hortense... No ha nacido todavía el hombre capaz de resistírsete. A las nueve en punto en el Ritz. Te esperaré en la entrada... ¡y ponte guapa! ¡Que no tenga que avergonzarme!

—¡Como si pudiese ser de otra forma!

Volvió a su casa esbozando pasos de baile por los pasillos del metro. Tarareando «apartaos, gusanos, apartaos, lombrices, dejadme pasar». No había tenido que elegir, lo tenía todo. ¡Y más que todo! Un hombre de ojos apetitosos, una carrera que se desplegaba ante ella...

Miró a la gente con conmiseración. ¡Pobrecillos! ¡Pobres miserables! Y con ternura, pronto sólo oiréis hablar de mí, preparad los oídos...

Estuvo a punto de ayudar a una anciana a cruzar la calle y se arrepintió justo a tiempo.

Jean el Granulado dormitaba en el sofá delante de la televisión.

Ella atravesó el salón de puntillas.

Entró en la cocina para hacerse un té Detox. Una gran tetera para eliminar la fatiga de la víspera. Un litro y medio de Detox me dejará como nueva, dispuesta a enfrentarme a la gran sacerdotisa. ¿Qué me pongo? Voy a tener que impresionarla sin amenazarla. Debo vestirme con sutilidad. Peinarme con sutilidad, maquillarme con sutilidad. Y ser única...

Descanso hasta las siete y media, mientras pienso en la indumentaria, me ducho, me lavo el pelo, me arreglo y me voy en taxi hasta el Ritz.

Se llevó la tetera, olvidó su bolsito Lanvin en la cocina americana que daba al salón. No debo despertar al Granulado. He de subir de puntillas hasta mi habitación, tumbarme y soñar con mi glorioso porvenir.

Revivir la pasada noche... Gary, Gary...

Dejó escapar un suspiro de placer.

En el salón, Jean Martin abrió un ojo y vio la manoletina de Hortense que desaparecía por la escalera. Ella había invitado a todos los chicos de la casa a su presentación, a todos menos a él. Cruzó los brazos, hundió el mentón en el pecho, hizo una mueca, iba a pagar muy caro todo eso...

Lo pagaría. La factura engordaba y engordaba. Hortense estaba tejiendo su propio sudario...

Sonó el teléfono en el bolsito Lanvin.

Lo oyó, sorprendido. Hortense la Cruel había olvidado el móvil en la cocina.

Ofertas de trabajo que vibraban dentro del bolsito...

No se levantaría.

A las ocho de la tarde, oyó cómo ella se metía en la ducha.

El teléfono sonó varias veces más.

Acabó levantándose, agarró el bolsito, sacó el teléfono y escuchó los mensajes.

Felicitaciones, cumplidos, dos peticiones de citas para un trabajo... Un tipo de Vuitton y otro.

Y un mensaje de un chico, un tal Gary, que decía «Hortense, guapísima, me voy a Nueva York mañana por la tarde en el vuelo de las siete y diez. Ven conmigo. Me dijiste que te proponían un trabajo allí. Acabo de hablar con mi abuela, estoy saliendo del palacio real, ¡ja, ja, ja! Me financia un piso y los estudios. Yo iré a la Juilliard School y tú conquistarás la ciudad. ¡La vida nos pertenece! No vale la pena que me contestes... ¡Sólo piensa sí y sal corriendo! Te esperaré en el aeropuerto, te he reservado un billete.

Hortense, no seas idiota y ven. Y escúchame bien, te voy a decir una cosa, una cosa que no repetiré nunca más, salvo si coges el avión conmigo: Hortense, I LOVE YOU!».

El chico había gritado las últimas palabras antes de colgar.

Jean Martin esbozó una sonrisita y borró uno por uno todos los mensajes.

CUARTA PARTE

¡Dos meses!

Habían pasado dos meses desde su comida con Gaston Serrurier...

Había salido corriendo...

Había corrido entre los coches, corrió por los pasillos del metro, se había quedado de pie en el vagón, apoyada contra un asiento plegable, impaciente por llegar a su casa, abrir el cuaderno negro. Impaciente por volver a encontrar en esas páginas torpes el aliento de un adolescente que descubría el amor y se libraba a él sin cálculo. Sus tentativas por atrapar la mirada del hombre al que ama, el corazón que se estremece, la vergüenza de no saber contenerse...

Y en dos meses ¿qué había hecho? Había releído y corregido una decena de capítulos redactados por colegas y escrito un prefacio de diez páginas para el libro de las mujeres durante las cruzadas... Triste botín. Diez páginas en dos meses, es decir, ¡cinco páginas por mes! Se pasaba horas inmóvil delante de la pantalla de su ordenador, cogía una hoja de papel en blanco, garabateaba palabras, «ardor», «fuego», «fiebre», «embriaguez», insectos peludos, círculos, cuadrados, el hocico rosado de Du Guesclin, su vidrioso ojo de bucanero, y su mano iba en busca del cuaderno negro en el cajón, se decía sólo unas páginas y vuelvo a las cruzadas, a las catapultas, a los arqueros, a las mujeres con armadura.

Leía una, contenía el aliento, asustada. El Jovencito se ofrecía, a corazón desnudo. Ella tenía ganas de gritarle ¡imprudente! No lo des todo, da un paso atrás... Se inclinaba sobre el texto, veía un mal presagio en los finales deformes de las palabras. Como alas carcomidas.

No había tenido tiempo de echarse a volar.

El cuaderno había terminado en la papelera. Sin alas.

Y siempre la misma pregunta: ¿quién era el autor? ¿Un vecino del edificio B, del edificio A? Cuando uno se instala en un piso, comprueba si hay amianto, plomo en la pintura, termitas, verifica los metros cuadrados, el gasto eléctrico, el aislamiento... Nunca verifica el buen estado de los vecinos. Si son enfermizos o gozan de buena salud. Si tienen un espíritu sano o acosado por los fantasmas. No sabemos nada de ellos. Ella se había relacionado sin saberlo con dos criminales: Lefloc-Pignel y Van den Brock.* Reuniones de propietarios, conversaciones en el portal, buenos días, señor, buenos días, señora, feliz Navidad y próspero año, ¿y si cambiásemos la moqueta de las escaleras?

¿Qué sabía de los recién llegados? El señor y la señora Boisson, Yves Léger y Manuel López. Se los había cruzado en el portal o en el ascensor. Se saludaban. El señor Boisson, pulido, frío, desplegaba el periódico. Parecía que se hubiera tragado los labios. La señora Boisson saludaba con sequedad, sus cabellos cenicientos recogidos en un moño, el cuello camisero abrochado con dos botones. Parecía una urna fune-

---

* Cf. *El vals lento de las tortugas, op. cit.*

raria. Los dos llevaban el mismo abrigo. Debían de comprarlos a pares. Un abrigo beige adamascado para el invierno, un abrigo beige más ligero cuando llegaba la primavera. Eran como hermano y hermana. Cada domingo, venían a comer sus dos hijos. El pelo aplastado, envarados en su traje gris, uno rubio albino, orejas rojas, despegadas; el otro triste, castaño, nariz en forma de champiñón y ojos azul apagado. Como si la vida les hubiera evitado. Un, dos, un, dos, subían las escaleras levantando mucho las rodillas, con un paraguas colgado del codo. Era imposible adivinar su edad. Ni su sexo.

El señor Léger llevaba grandes carpetas de dibujo bajo el brazo. Vestía chalecos rosa, violeta o de un bonito marfil que acababan en una puntita sobre su vientre redondo. Se deslizaba como un patinador nervioso, con sus carpetas bajo el brazo. Gruñía cuando se apagaba la luz de la escalera o cuando el ascensor, algo viejo, tardaba en arrancar. Su compañero, mucho más joven, silbaba cuando cruzaba el vestíbulo, saludaba a Iphigénie con un «Buenos días, señora», algo teatral, y aguantaba la puerta para dejar pasar a las personas mayores. La señora Pinarelli parecía apreciarle. Ni el señor Boisson ni el señor Léger le recordaban la fogosidad inocente del Jovencito...

Zoé, Josiane, Iphigénie, Giuseppe y todos los demás la interrumpían continuamente.

Rompían el flujo tranquilo de su fantasía, compartiendo con ella sus estados de ánimo, sus desgracias, sus decepciones, esos accidentes de la vida que Hortense habría considerado una verdadera colección de bobadas. Joséphine escuchaba. No sabía comportarse de otra forma.

Josiane, sentada en el salón, se lamentaba mientras se comía la tarta de manzana que había traído. Hecha con todo mi amor, había precisado sacando el pastel de debajo de un gran paño blanco. Du Guesclin, firme ante ella, acechaba cualquier pedazo que pudiese caer. Debía de estar pensando que si se quedaba inmóvil se volvería invisible y podría hacerse con las migas sin llamar la atención.

Al día siguiente, 6 de mayo, Junior cumplía tres años y Josiane había renunciado a celebrar una fiesta.

—¡No tiene amigos! Una fiesta sin amiguitos ¡es como un ramo hecho con tallos! Sería triste. ¡Y no voy a invitar a las dos víboras con gafas que hemos contratado como profesores! ¡Yo que soñaba con fiestas con magos, cuentacuentos, globos de todos los colores y chiquillos corriendo por todos lados!

—¿Quieres que vaya yo?—preguntó Joséphine, a disgusto.

Josiane no respondió y continuó lamentándose.

—¿Y ahora qué hago? ¿Eh? Marcel ya no me necesita. Vuelve del trabajo cada vez más tarde y habla casi exclusivamente con Junior... Y Junior tiene los días completamente ocupados con sus estudios. ¡Come un sándwich leyendo un libro! Ni siquiera me pide que le pregunte la lección... ¡Aunque creo que sería incapaz! Espera a que llegue su padre y, por las noches, yo hago de carabina entre mis dos hombres. Ya no sirvo para nada, Jo... ¡Mi vida ha terminado!

—No, mujer... —aseguraba Joséphine—. No ha terminado, está cambiando. La vida no es algo fijo, cambia a todas horas, debes adaptarte si no quieres acabar como una vaca enorme que se pasa el día rumiando el mismo pasto.

—Me gustaría ser una vaca enorme sin pizca de cerebro debajo de la permanente… —suspiró Josiane masticando su tarta de manzana, la mirada en el vacío.

—¿No puedes encontrar una ocupación, un trabajo?

—Marcel no quiere que vuelva al despacho… Le noto reticente. El otro día fui a ver a Ginette al almacén y ¿a quién me encontré por allí? ¡No lo adivinarás nunca! ¡A Chaval! Fisgoneando y presumiendo. Y he de decirte que parecía satisfecho. ¡Y no es la primera vez! Me pregunto si Marcel le ha vuelto a contratar. Él me jura que no, pero me resulta raro que se pasee por la empresa…

—Busca en los anuncios de los periódicos…

—¡Con los tiempos que corren y un paro galopante! ¡Es igual que decirme que me dedique al patinaje artístico!

—Estudia algo…

—No sé hacer otra cosa que ser secretaria…

—Cocinas muy bien…

—¡Pero no me voy a convertir en una cocinillas!

—¿Y por qué no?

—Eso es fácil de decir —rumió Josiane jugueteando con los botones de su rebeca rosa—. Y además qué quieres que te diga, Jo, estoy amodorrada… Me he convertido en una mujer gorda, en una mantenida. Antes estaba seca como un palo y luchaba…

—¡Haz un régimen! —sugería Joséphine sonriendo.

Josiane sopló, desesperada, sobre un mechón rubio que se interponía en su mirada.

—Creía haber encontrado un trabajo con Junior. Ser madre es una bonita ocupación… ¡Había imaginado tantos sueños! ¡Él me los ha confiscado todos!

—Imagina otra cosa... Hazte astróloga, dietista, abre una tienda de bocadillos, haz joyas, véndelas pasando por Casamia. Tienes un hombre que puede ayudarte, no estás sola, inventa, inventa... ¡Pero no te quedes sentada todo el día torturándote!

Josiane había dejado de triturar los botones de su rebeca y murmuró:

—Has cambiado, Joséphine, ya no escuchas a la gente como lo hacías antes... Te estás volviendo como todo el mundo, egoísta y con prisas...

Joséphine se mordió los labios para no responder. El cuaderno del Jovencito la esperaba sobre su mesa, sólo tenía un deseo: abrirlo, sumergirse en él, encontrar un hilo conductor para contar esa historia. Tendría que ir a WH Smith, de la calle Rivoli, a comprar una biografía de Cary Grant. Y luego, volvía siempre la misma pregunta: ¿por qué ese cuaderno había acabado en la basura? ¿Su autor había empezado una vida nueva y quería hacer punto y aparte con su pasado? ¿Temía acaso que el cuaderno cayese en manos extrañas que divulgaran su secreto?

—Me voy —dijo Josiane levantándose y arreglándose la falda—. Está claro que te aburro...

—Claro que no —protestaba Joséphine—, quédate un rato más... Zoé está a punto de llegar y...

—Tienes suerte... Tú, al menos, tienes dos...

—¿Dos? —decía Joséphine, preguntándose a qué se refería Josiane.

—Dos hijas... Hortense se ha marchado, pero te queda Zoé. No estás sola... Mientras que yo...

Josiane volvió a sentarse, reflexionó un momento y después se le iluminó la cara y murmuró:

—¿Y si tuviese otro hijo?

—¡Otro hijo!

—Sí... No un genio, sino un niño que respetase las etapas de la vida, a quien yo pudiese seguir paso a paso... Tendré que hablarlo con Marcel, no es seguro que quiera, a su edad... Tampoco es seguro que a Junior le guste la idea...

Estaba inmersa en sus pensamientos. Ya se imaginaba con un bebé agarrado al pecho con un hilillo de leche en la comisura de los labios. Mamando con glotonería mientras ella cerraba los ojos.

—Pues claro... Otro niño... Un niño que me quedaría para mí, para mí sola.

—¿Crees de verdad que...?

Josiane ya no la escuchaba. Se levantó, abrazó a Joséphine, dobló el paño, cogió su molde para tartas y se marchó dándole las gracias, rogándole que perdonase su cambio de humor. Prometiéndole un pastel de chocolate para la próxima vez...

¡Uf!, se dijo Joséphine cerrando la puerta del piso detrás de Josiane. Al fin sola...

Sonó el teléfono. Giuseppe. Estaba preocupado. Ya no nos vemos, Joséphine, ¿qué pasa? ¿Te han devorado en la universidad? Ella se echó a reír y se rascó la cabeza. Estoy en Parigi, ¿cenamos esta noche? Ella dijo no, no, no he terminado el prólogo, tengo que entregarlo dentro de una semana... ¡Al diablo tu prólogo! He descubierto un pequeño restaurante italiano en Saint-Germain, ¡venga, te llevo! Di que sí. Hace demasiado tiempo que no te veo... Ella dijo no. Oyó un largo silencio. Se inquietó y añadió más adelante, más adelante, cuando haya terminado..., ¡pero yo me habré marchado, *amore mio*! Y ella pensó ¡pues peor para mí! No podía decirle la verdad, estoy preñada de un libro que crece dentro de mí, que ocupa todo mi espacio, él le habría hecho un montón de preguntas a las que no quería, no podía responder. Entonces murmuró perdóname, como si la hubiese cogido en falta... Él preguntó por las niñas. Ella suspiró, aliviada por cambiar de tema de conversación. Están bien, están bien.

Y después pensó no sé nada de Hortense, nada de verdad, sólo torpes correos que dicen ¡estoy desbordada! ¡No tengo tiempo! Todo va bien. ¡Te llamaré cuando tenga un momento!

Pero nunca llegaba ese «momento».

Se preguntó si Hortense estaría enfadada con ella.

—¿Y bien, señora Cortès? —insistió Iphigénie desde el umbral de la portería—, ¿a qué espera para hacer que firmen esa petición? Ya la hemos escrito, no tiene más que apretar una tecla y ¡hala! La hacemos circular...

—Vamos a esperar a la próxima reunión de la comunidad, el administrador se verá obligado a hablarnos de su sustitución y sabré si el peligro es real...

—¿Cómo? —gritó Iphigénie, con los brazos en jarras mientras los niños desaparecían detrás de la cortina de la portería, temiendo la cólera materna—. ¿Acaso no me cree? ¡No se toma en serio lo que le digo!

—Que sí, que sí... Es que no quiero embarcarme en esta...

Cary Grant le sonreía. Ella se preguntó cómo calificar esa sonrisa maliciosa y jovial. Buscó la palabra justa, la tenía en la punta de la lengua. Burlona, graciosa, guasona, socarrona... Había una palabra, otra palabra.

—Confiese que le ha entrado miedo de meterse en esta aventura, señora Cortès, ¿eh?

—Que no, Iphigénie, espere un poco más y le prometo...

—¡Promesas, promesas!

—No me escaquearé...

—¿Ha memorizado bien lo que le dije?

—Sí. «Es ahora, o nunca...». Lo he comprendido, Iphigénie.

—A mí me parece que sería más efectivo si llegara a la reunión con la petición en el bolsillo.

¡Traviesa! Una sonrisita traviesa...

Silbó a Du Guesclin, saludó con la mano a Clara y Léo detrás de la cortina y se despidió de Iphigénie con una sonrisita... traviesa.

Retomó el cuaderno negro y lo abrió.

Enchufó el hervidor, inclinó el libro hacia el pitorro para exponerlo al vapor, deslizó la hoja del cuchillo entre las páginas, despegó cada página, introdujo papel secante y siguió procediendo con lenta determinación, sin precipitarse, por miedo a perder palabras, a borrar frases preciosas...

Se sentía como un egiptólogo inclinado sobre los restos de una momia.

La momia de un amor difunto.

«4 de enero de 1963.

»Por fin me ha contado cómo se convirtió en Cary Grant.

»Estábamos en su suite... Me había servido una copa de champaña. Había sido un día espantoso. Estaban rodando una escena de la que no estaba satisfecho. Pensaba que le faltaba ritmo; algo fallaba en el guión, habría que rehacerlo. Stanley Donen y Peter, el guionista, se tiraban de los pelos e intentaban convencerle de que era perfecta, pero él repetía que no, que no funcionaba, que el tempo no era el adecuado. Y chasqueaba los dedos para marcar el ritmo.

»—Si la gente va al cine, es para olvidar. Olvidar los platos sucios de la pila. Hace falta ritmo...

»Citaba *Historias de Filadelfia* como un ejemplo perfecto de ritmo sostenido durante toda la película.

»Parecía furioso. No me atreví a acercarme.

»Una vez más, me había saltado las clases para estar con él. Le oía hablar, discutir, y admiraba su determinación. Tenía ganas de aplaudirle. Debía de ser el único. Los demás no hacían más que refunfuñar.

»Los demás... Hablan a mis espaldas, dicen que estoy enamorado de él, pero me da igual. Cuento los días que me quedan antes de que se vaya y... ¡no quiero pensar en ello!

»Estoy ebrio de felicidad. He pasado de ser el chico más idiota del mundo a ser el chico más sonriente del mundo. Siento algo en el pecho, pero en todo el pecho, no sólo en el corazón... Algo que palpita. A todas horas. Y me digo, no puedes estar enamorado de una sonrisa, de un par de ojos, ¡de un hoyuelo en el mentón! ¡Y de un hombre, además! ¡Un hombre! ¡Imposible! Y sin embargo no puedo evitar correr por las calles, tener la impresión de que todo lo triste y feo desaparece, que la gente parece más feliz, ¡que las palomas de la acera son seres vivos! Miro a la gente y siento ganas de besarles. Incluso a mis padres. ¡Incluso a Geneviève! Soy mucho más amable con ella, me he olvidado de su bigote...

»Bueno, sigo con nuestra velada...

»Estábamos los dos en su suite. Sobre una mesita baja, había una botella de champaña en una cubitera y dos preciosas copas altas. En casa también hay copas así, pero mamá no las utiliza nunca, tiene miedo de que se rompan. Las deja en su vitrina, sólo las saca para limpiarlas y volverlas a colocar.

»Él fue a ducharse. Yo le oía, un poco intimidado. Me quedé en el borde del sofá. No me atrevía a apoyarme en el respaldo. Tenía todavía en la cabeza su discusión con el director y su cólera.

»Cuando volvió a aparecer se había puesto un pantalón gris y una camisa blanca. Una bonita camisa que se había remangado... Arqueó una ceja y me preguntó ¿estás bien, *my boy*? Yo asentí con la cabeza, como un tonto. Supuse que él estaba pensando en la escena y tuve ganas de decirle que tenía razón. Pero no lo hice, habría sido presuntuoso por mi parte. ¿Qué sé yo de cine?

»Debió de leerme el pensamiento porque dijo:

»—¿Conoces una película que se llama *Los viajes de Sullivan*?

»—No...

»—¡Pues bien! Si tienes ocasión, ve a verla. Es de Preston Sturges, un gran director de cine, e ilustra exactamente lo que pienso del cine...

»—Y...

»—Es la historia de un director brillante que triunfa haciendo comedias ligeras. Un día tiene ganas de hacer una película seria sobre los pobres, los desheredados. Están en plena crisis de 1929 y las carreteras están llenas de vagabundos que viven en la calle, en la miseria. Él habla con su productor y le informa de que quiere disfrazarse de mendigo, investigar la vida de esa gente y hacer de ello un tema para su película. El productor le responde que no es buena idea. "No le interesará a nadie. Los pobres saben lo que es la pobreza y no quieren verla en la pantalla, sólo los ricos que viven entre lujos fantasean sobre ese tema". Él se empecina, se echa a la carretera, se mezcla con vagabundos, la policía lo detiene y acaba en la trena. Y allí, una noche, proyectan una película para los prisioneros, una de sus comedias ligeras y divertidas, y nuestro director de cine, asombrado, oye a sus compañeros de prisión echarse a reír, reír a carcajadas, olvidando su suerte... Y comprende lo que había querido decirle el productor.

»—Y usted piensa que el productor tenía razón...

»—Sí... Por eso presto tanta atención al ritmo. No me gustaría interpretar una película que muestra que el mundo es feo, sucio y repugnante. Llamar a eso "divertimento" es una estafa... Es mucho más difícil hacer comprender eso mismo mediante una comedia. Las grandes películas son las que muestran la villanía del mundo haciendo reír. Como *Ser o no ser* de Lubitsch o *El gran dictador* de Chaplin... ¡Pero son más difíciles de hacer! Eso exige perfección rítmica. Por eso el ritmo es tan importante en una película y no hay que perderlo nunca.

»En ese momento, no estaba hablando conmigo, estaba hablando consigo mismo. Comprendí con qué seriedad afrontaba esa profesión que parecía tomarse tan a la ligera.

»Le pregunté cómo había conseguido convertirse en lo que era. Tener el valor para oponerse, para imponer su criterio. Quería saberlo por él y quería saberlo por mí. Le dije ¿cómo se convierte uno en Cary Grant? Fue una pregunta algo idiota.

»Me miró con su magnífica mirada, esa que te entra por los ojos y los atraviesa, y me dijo ¿de verdad quieres saberlo? Y yo dije sí, sí... como si estuviese al borde de un abismo y me fuese a caer.

»Tenía veintiocho años cuando se fue de Nueva York a Los Ángeles... Estaba harto de estar estancado en Broadway. Sabía que la gente de la Paramount buscaba caras nuevas. Necesitaban nuevas estrellas. Ya tenían a Marlene Dietrich y a Gary Cooper, pero este último les traía de cabeza. Se había ido un año de vacaciones a África y enviaba telegramas lacónicos, amenazando con retirarse y no volver nunca. Convocaron a Archibald Leach para una audición. Y al día siguiente, Schulberg le anunció que estaba contratado, pero que tenía que cambiar de nombre. Quería uno que sonase como Gary Cooper. O Clark Gable.

»Una noche, se reunió alrededor de una mesa con su amiga Fay Wray, la que interpretaba *King Kong*, y su marido, y se pusieron a pensar... Se les ocurrió Cary Lockwood. Cary le pareció bien, pero Lockwood no le convencía demasiado. Schulberg fue de la misma opinión. Entonces le dio una lista de apellidos y, entre ellos, estaba Grant.

»En un abrir y cerrar de ojos, se convirtió en Cary Grant. ¡Adiós, Archibald Leach! ¡Hola, Cary Grant! Empezó a obsesionarse con Cary Grant. Quería que fuese perfecto. Pasaba horas mirándose al espejo buscando el modo de mejorar cada centímetro de su piel. Se cepillaba los dientes hasta que le sangraban las encías. Siempre llevaba un cepillo en el bolsillo y, en cuanto se fumaba un cigarrillo, lo sacaba. En aquella época fumaba un paquete diario y tenía miedo de tener los dientes amarillos. Se puso a régimen, perdió peso, redujo el consumo de alcohol e imitó a los actores que admiraba: Chaplin, Fairbanks, Rex Harrison, Fred Astaire. Les copiaba, se apropiaba detalles suyos. Por ejemplo, me contó que intentó habituarse a llevar las manos en los bolsillos con aire distendido ¡cuando en realidad estaba tan nervioso que le sudaban las manos y no conseguía sacarlas del bolsillo!

»Nos reímos y reímos...

»Adoro su risa... No es una risa de verdad, es una especie de explosión sarcástica, contenida. Casi un chillido.

»Me dijo ¿quieres que te enseñe, *my boy*? ¡Y me hizo una imitación de sí mismo con las manos enganchadas en los bolsillos! Todos esos esfuerzos para tan poca cosa, añadió, porque por encima de él estaba siempre el gran maestro de la elegancia, Gary Cooper, que le miraba por encima del hombro y le trataba con frialdad.

»Tengo la impresión de que, en aquella época, un actor no era gran cosa. Un objeto decorativo que se metía en una película. Un florero bonito. Les recortaban la nariz, les acortaban los dientes, les ahuecaban las mejillas, les arrancaban cabello, vello, cejas, les ponían capas y capas de maquillaje, les buscaban pareja, les casaban, les imponían papeles y los anunciaban como pastillas de jabón. Ellos no podían rechistar.

»Él no quería ser una pastilla de jabón, así que se perfeccionaba. Solo ante el espejo. Fabricando a Cary Grant. Llevaba un cuadernito en el que apuntaba palabras nuevas que aprendía: *avuncular, attrition, exacerbation*. Trabajaba el acento, los gestos, su aspecto y no lo hacía mal. ¡Salvo cuando Josef von Sternberg le cambiaba la raya de lado sin pedirle opinión! Era su quinta película y él ya estaba acostumbrado a llevar la raya muy marcada a la izquierda, cuando, justo antes de rodar una escena, Sternberg cogió un peine y le hizo la raya a la derecha. Él odió que le hiciera aquello. Asegura que Sternberg lo hizo a propósito para desestabilizarle...

»—¡No se le puede hacer nada peor a un actor justo antes de gritar acción! Pero yo me vengué, conservé la raya a la derecha el resto de mi vida ¡sólo para fastidiarle!

»La película se titula *La Venus rubia,* con Marlene Dietrich, y tampoco la he visto.

»Creo que voy a ir a la Filmoteca, a darme un hartón. ¡No sé de dónde voy a sacar el tiempo para ver todas esas películas! Nunca aprobaré los exámenes, ¡nunca! Pero me da igual.

»Nos interrumpió una llamada telefónica. Alguien que llamaba desde Bristol. Me di cuenta de que le estaban hablando de su madre y él respondía OK, OK. Parecía preocupado.

»Nunca me ha hablado de su madre y yo no me he atrevido a hacerle ninguna pregunta.

»Estábamos mirando los tejados de París por la ventana y le dije me gusta cuando me cuenta su vida, me infunde valor.

»Él sonrió, con aire algo cansado, dijo que no se debía vivir por poderes, que la vida tenía que construírsela uno mismo. Tuve la impresión de que quería decirme algo, pero que no sabía cómo hacerlo.

»Continuó su relato.

»En la Paramount no le tomaban en serio. Le contrataban por su físico. Interpretaba papeles secundarios. Los protagonistas se los ofrecían primero a Gary Cooper y, si los rechazaba, a George Raft o Fred MacMurray. Él era sólo una silueta elegante que pasaba por la película, con las manos en los bolsillos. Siempre encarnaba el mismo personaje alto, guapo y elegante. Tenía treinta años, y empezaba a cansarse. Sobre todo porque empezaba a llegar gente nueva como Marlon Brando.

»—Yo miraba a los actores y actrices, observaba y aprendía. Cuando actúas, no es la sinceridad lo que cuenta, sino el ritmo... Debes imponer tu ritmo, y entonces es cuando llenas la pantalla. Pero no me dejaban espacio para hacerlo...

»Hasta que Cukor le contrató junto a Katharine Hepburn para una película llamada *La gran aventura de Silvia*. Otra que no he visto. Fue la película que le lanzó. ¡Fue un fracaso para todo el mundo salvo para él! Estaba magnífico en ella...

»—¿Y sabes por qué estuve bien en ese papel, *my boy*? Porque podía ser a la vez Archie Leach y Cary Grant... y de pronto, me sentí cómodo. Me sentí liberado. Toda mi vida intentando ser yo en la pantalla y comprendí que era la cosa más difícil del mundo... Porque hay que tener confianza en uno mismo. Me atreví a hacer gestos, a levantar las cejas, a adoptar actitudes que sólo me pertenecían a mí. Había creado un estilo...

»De la noche a la mañana, se convirtió en un actor que contaba. La Paramount quiso que firmara un nuevo contrato cuando terminó el antiguo..., y entonces él hizo algo increíble: lo rechazó y se estableció por su cuenta. Corrió ese riesgo. Era un acto de una audacia terrible en aquella época.

»Había vuelto a encontrar la energía del pequeño Archie, el chiquillo de la calle que se había unido a una troupe de actores ambulantes en Bristol con catorce años, había desembarcado en Nueva York con dieciséis, lo había intentado en el teatro, había viajado hasta Hollywood, ése era el hombre que le gustaba, no la marioneta fabricada por la Paramount. Así que les dio puerta.

»—Si me hubiese quedado, hubiese seguido haciendo de segundón... De esa forma, o desaparecía y me hundía en el anonimato, o me convertía por fin en el actor que soñaba ser... ¿Tú tienes ganas de estudiar en esa escuela para la que te estás preparando?

»—Pues no muchas... Pero es una escuela muy buena, la mejor de Francia.

»—¿Es tuya la idea?

»—No... Fueron mis padres los que...

»—Entonces pregúntate de qué tienes ganas tú... porque, por lo que me cuentas, lamento decirte que parece que sólo haces el papel de figurante en tu propia vida... No decides nada, eres pasivo...

»Me dolió un poco diciéndome eso.

»—Usted también fue pasivo mucho tiempo...

»—¡Por eso es por lo que no hay que hacerlo! Porque en algún momento hay que agarrar la vida con las manos y decidir.

»Parece tan sencillo cuando él lo dice...

»Me contó otra vez la historia del lugar detrás de la niebla.

»Él había encontrado su lugar detrás de la niebla.

»Aquella velada fue mágica.

»Cenamos los dos. Llamó al servicio de habitaciones y nos sirvieron como a príncipes. De la lechuga sólo come las mejores hojas, el resto las aparta. Eso me dejó estupefacto. En casa se come todo, incluso las hojas amarillentas. Yo le imité, dejé a un lado las hojas más feas. Debo decir que no había muchas. Tuve la sensación de estar rodeado de lujos. Al salir del hotel, me pareció que ya no caminaba igual. Llevaba las manos en los bolsillos y silbaba.

»Cuando entré en casa, mis padres me esperaban en pijama y bata en el salón. Con cara de pocos amigos. Les conté que había ido al cine con Geneviève y que la película era tan buena que la habíamos visto dos veces. Voy a tener que prevenirla, para que no meta la pata.

»12 de enero de 1963.

»He hablado con Geneviève, le dije que había pasado la velada con ÉL y que ella me había servido de coartada... Ella bajó la vista y me dijo ¿estás enamorado? Yo contesté ¿estás majara? Entonces me miró fijamente a los ojos y me dijo ¡demuéstramelo! Bésame. Yo no tenía ninguna gana, pero me obligué, no fuera a ser que me denunciase. Noté su bigotito..., sólo posé mis labios sobre los suyos, ni presioné ni metí la lengua ¡ni nada de nada! Después ella apoyó la cabeza sobre mi pecho y suspiró diciendo ¡ahora estamos comprometidos! Y yo sentí un reguero de sudor frío en la espalda...».

—¡Mamá! ¡Mamá! —gritó Zoé al volver del instituto—. ¿Dónde estás? ¿Qué haces?

—Leo los cuadernos del Jovencito...

—Ah... ¿Y por qué parte vas?

—Acaba de besar a Geneviève...

—¡Puaj! ¿Y por qué ha hecho eso?

Joséphine empezó a explicárselo y Zoé la escuchó, con la mejilla apoyada en la palma de su mano. Al hablar del Jovencito con Zoé, Joséphine aprendía a conocerle. Iba penetrando en su cabeza. No le juzgaba. Le convertía en un personaje. Se impregnaba de él. Y pensaba es así como hay que escribir. Comprender al personaje, recopilar detalles, dejarlos reposar y, un día, habrá algo que le hará cobrar vida. Y yo sólo tendré que seguirle.

—¿Te molesta hablarme de eso? —dijo Zoé.

—No. Al contrario, me gusta hablarlo contigo... Es como si hablase conmigo misma. ¿Por qué me lo preguntas?

—Porque a veces estás de mal humor. Tengo la impresión de que te molesto... Ya no eres como antes. Antes, se te podía decir cualquier cosa en cualquier momento y tú escuchabas...

—¿Estoy menos disponible?

—Sssí... —dijo Zoé apoyándose en su madre.

—¿Francamente refunfuñona?

—Me gusta esa palabra, «refunfuñona»... La voy a escribir en mi cuaderno... ¿No tienes ganas de saber quién es ese Jovencito?

—Sí, lo pienso... Analizo a los habitantes masculinos del edificio...

—¿Y qué has descubierto?

—En el edificio B, aparte del señor Dumas, no veo quién puede ser.

—¿El señor que se pone polvos blancos en la cara?

—Sí...

—¿Y en el A? ¿El señor Merson? Es demasiado joven... ¿Pinarelli?

—Tendrá unos cincuenta años...

—¡Eso es lo que dice! Si no... ¿El señor Boisson? No es muy dicharachero. ¡No puedo imaginármelo enamorado de Cary Grant! ¿Y si fuera el señor Léger...? Ya sabes, el mayor de los dos hombres que se han mudado a casa de Gaétan.

—Yo he pensado lo mismo...

—Y además —añadía Zoé, con voz misteriosa—, está el señor Sandoz... Trabajó en el cine cuando era joven... Me lo ha dicho. Quizás sea él... Por eso está tan triste. Ha perdido un gran amor.

—¿Y ahora estaría enamorado de Iphigénie? Eso no tiene sentido, Zoé...

—Que sí, mamá... Iphigénie es todo un personaje. Tiene una personalidad fuerte. A él le gustan las personas que le imponen. Sigue siendo un crío... Oye, mamá, podríamos ver *Charada* esta noche, he terminado todos los deberes...

Vieron *Charada*. En cuanto aparecía Audrey Hepburn, Zoé exclamaba ¡qué guapa es! No debía de comer nada para estar tan delgada... ¡Voy a dejar de comer! Y esperaba la escena en la que Bartholomew, el personaje interpretado por Walter Matthau, decía ¡la última vez que llevé una corbata a la tintorería sólo me devolvieron la mancha! Se partía de risa y se trituraba los dedos de los pies.

La mente de Joséphine vagaba. Veía a Audrey Hepburn perseguir a Cary Grant sin desanimarse. Con gracia y humor. ¿Cómo conseguía declararle sus sentimientos sin hacerse pesada? Todo resultaba atractivo en esa mujer.

Joséphine se había cruzado con Bérengère Clavert en la calle. O más bien, había sido atropellada por Bérengère Clavert, que iba corriendo de una venta privada en Prada a otra en Zadig y Voltaire.

—¡Estoy agotada, querida! ¡No paro! Es genial eso de vivir sola, no tener ya a un hombre en casa... Jacques es perfecto, lo paga todo y me deja absolutamente en paz. Salgo todas las noches y me divierto como una loca. ¿Y tú? No pareces muy en forma... ¿Sigues enamorada de Philippe Dupin? Deberías dejarlo correr... Todavía vive con..., ya sabes, la chica que...

—Sí, sí —había contestado al instante Joséphine, que no quería oír el resto.

—Vive en su casa y la lleva a todas partes. ¿La conoces?

—Eh..., no.

—¡Parece ser que es muy guapa! ¡Y joven, además! Te lo digo para que dejes de perder el tiempo... El tiempo, a nuestra edad, ¡no hay que derrocharlo! Te dejo, todavía tengo que pasar por muchas tiendas. ¡Las rebajas privadas me vuelven loca!

Había hecho un gesto parecido a un beso y se había empotrado dentro de un taxi con sus paquetes, sin perder un segundo.

Joséphine pasaba altibajos de felicidad e infelicidad. No había vuelto a saber nada de Philippe. A veces se sentía destrozada, se decía me ha olvidado y vive con otra, y después se animaba a esperar y casi tenía la certidumbre de que la amaba. Decidía voy a ir a verle... Pero no iba. Tenía demasiado miedo de perder a Cary Grant y al Jovencito.

El día que se cruzó con Bérengère, se quedó destrozada.

La película terminó y Zoé se desperezó.

—¿Sabes? Comprendo al Jovencito... Cary Grant era realmente seductor, aunque yo lo encuentro algo viejo...

—Cuando uno está enamorado, no ve esos detalles. Ama, sin más.

Zoé pasó de un canal a otro con el mando a distancia. Se detuvo en un viejo episodio del comisario Maigret, filmado en el patio del número 36 del quai des Orfèvres, bajó el volumen y dijo:

—¿Y si fueses a hablar con Garibaldi? Quizás tenga una ficha del Jovencito... Le das los cinco o seis nombres en los que estás pensando. Sabes su edad, sabes dónde ha nacido, la profesión de su padre... Acuérdate de la Bassonnière y su tío, que tenía fichado a todo el mundo...*

—¿Y por qué iba a estar fichado?

—No lo sé... Pero no te cuesta nada preguntarle.

—Tienes razón, le llamaré mañana... ¡Venga, vamos! ¡A la cama! —concluyó Joséphine—. ¡Mañana hay clase!

Zoé se agachó, acarició a Du Guesclin, le rascó las orejas. El perro se quejó, se apartó. Zoé dijo ¿te pasa algo, perrito? ¡Cómo! ¿Ya no quedan donuts en el frigo?, imitando la voz de Homer Simpson, y Joséphine se dijo tiene quince años, tiene un amante y habla como Homer Simpson.

Se quedó acurrucada bajo la manta, en el sofá.

Garibaldi... No le había vuelto a ver desde ese día terrible en el que a Philippe y a ella les convocaron en el número 36 del quai des Orfèvres para informarles de la muerte de Iris. Joséphine se agarró al pliegue de la manta.

Nueve meses dentro de poco...

Zoé volvió cepillándose el pelo, se tumbó encima de su madre; Joséphine la abrazó. Era la hora de las confidencias. Zoé empezaba siempre por pequeñas confidencias sin importancia, luego pasaba a temas más importantes. Le gusta-

* Cf. *El vals lento de las tortugas, op. cit.*

ban esos momentos de abandono de su hija. Se preguntó cuándo Zoé dejaría de considerarla su confidente. Ese día llegaría y ella lo temía.

—¿Sabes? Mi profe de lengua, la señora Choquart..., nos llamó aparte a mí y a las chicas de mi grupo y nos dijo que no fuéramos pánfilas, que somos capaces de hacer cosas estupendas y que es demasiado fácil vivir diciéndose habría podido si hubiese querido...

Estiró una pierna, se rascó la pantorrilla, y volvió a acurrucarse en una esquina de la manta pegada a Joséphine.

—Y después añadió ¡os miro y sois tan guapas! Así que os prevengo, ¡no quiero volver a veros dentro de diez años fofas y depresivas! Nunca he tenido una profe tan guay. Me hace pensar que puedo envejecer tranquila, porque se puede tener el pelo blanco como ella sin ser vieja en absoluto. Uno es viejo cuando está triste y pone tristes a los demás. Tú, por ejemplo, nunca serás vieja, porque no pones triste a nadie...

—Gracias, me siento aliviada...

Joséphine esperó a que continuara con las confidencias. Inclinó la cabeza y apoyó la barbilla sobre el pelo de Zoé para animarla a sincerarse.

—Mamá, ¿sabes?, Gaétan...

—Sí, mi amor...

—Tenías razón. Ha terminado diciéndome lo que le preocupaba... Le ha costado un poco. No quería hablar.

—¿Y?

—Te aviso, es supersórdido...

—Te escucho, aprieto los dientes...

—Es por Domitille. La han pillado traficando en el instituto...

—¿Traficando con qué?

—Eh... No sé si debería decírtelo.

—Vamos, cariño, no me voy a enfadar.

—Hacía mamadas en los baños por cinco euros...

Joséphine tuvo un sobresalto.

—Ya lo hacía el año pasado en París, pero ahora la han pillado. Se ha enterado todo el mundo... En el instituto y en el barrio. La familia está revolucionada. A la abuela casi le da un infarto. Gaétan estaba al corriente desde hacía mucho, por eso no estaba bien, y casi no me hablaba. Temía que se supiera y... ¡bingo! Todo el mundo lo sabe. ¡Pero todo el mundo! Hasta la panadera..., ¡que se burla cuando le vende el pan! Dice ¡cinco euros! ¡Oh, perdón! Por eso él no quiere volver al instituto y Charles-Henri, el mayor, solo piensa en venir a París interno. ¡Imagínate el ambiente que hay en su casa!

—Desde luego...

—El abuelo ha intentado hablar con ella..., con Domitille, y a ella lo único que se le ocurrió decir es me da igual, yo no siento nada, nada de nada..., y yo prefiero sentir algo distinto cada día que no sentir nada de nada...

—¡Pobre Gaétan!

—Yo sabía que ella hacía cosas con chicos ¡pero nunca me habría imaginado que fuera eso!

* * *

En el hogar Mangeain-Dupuy, en la casita de Mont-Saint-Aignan, había llegado la hora de dar explicaciones.

La señora Mangeain-Dupuy, la abuela, había reunido un consejo de familia en el salón. Isabelle Mangeain-Dupuy, Charles-Henri, Domitille y Gaétan estaban sentados alrededor de la mesa. El señor Mangeain-Dupuy, el abuelo, había preferido ahorrárselo. Ésas son cosas de familia y tú eres perfecta para arreglarlo, había dicho a su mujer, secretamente feliz de no tener que preocuparse del asunto.

—Yo me paso por los ovarios lo que piense la vieja —había advertido Domitille posando su minifalda sobre una silla coja—, esto es un muermo, quiero irme a París. Aquí no hay más que pijos, una pandilla de gilipollas almidonados y gallitos porque se han fumado un porro...

Se había maquillado de forma escandalosa, en tonos rojos y negros, se había incrustado los auriculares del iPod en las orejas y se meneaba sentada en la silla, con la esperanza de que su madre viese el tatuaje en los riñones y se muriese de verdad de un ataque al corazón.

Charles-Henri había levantado la mirada al cielo y Gaétan había bajado la cabeza. Ya no quería volver al instituto. Le daba igual si perdía un año... Él también quería volver a París. Aquí todo se sabía, era un nido de cotorras.

Isabelle Mangeain-Dupuy intentaba mantenerse erguida y pensaba en el hombre de su vida. Él la llevaría lejos de todo este embrollo y vivirían felices juntos. La vida nunca es triste cuando una está enamorada... Y ella estaba enamorada.

Gaétan observaba la estúpida sonrisita en los labios de su madre y sabía lo que pensaba... En su último descubrimiento en Meetic. ¡Menuda calamidad ese invento, ahí no hay más que gilipollas! O a lo mejor es ella la que tiene el don de enamoriscarse de horteras. El más reciente se llamaba Jean-Charles. Al principio, cuando había visto su foto, su sonrisa perfecta, su cara amable y sus sonrientes ojos azules, había tenido una primera impresión positiva... Por fin había dado con un tío majo. Necesita desesperadamente un tío majo que la quiera y se ocupe de ella. No está hecha para vivir sola.

El tío se hacía llamar «Carlito». Pensaba que eso tenía más clase que Jean-Charles. ¡Es evidente que «Carlito» sonaba mucho mejor! Hacía dos meses que su madre le conocía y él había viajado tres veces desde el sur para verles. En cuanto Gaétan había visto la camiseta de Carlito, se había desilusionado. Una camiseta violeta en la que ponía «No soy ginecólogo, pero si usted quiere, puedo echar un vistazo». Él se instaló en casa con su pantalla plana y su Wii y un buen día se marchó sin avisar. Cuando su madre le llamaba, siempre estaba el contestador. Un día que había querido invitarles a comer sushi, el cajero se le había tragado la tarjeta de crédito. Pero según dijo no había que preocuparse, ¡me voy a recuperá! Tenía unos colegas en el sur que le pasaban trabajitos cuando llegaban los turistas, en cuanto empezaba la temporá, y en el sú la temporá empieza a partir del mes de abrí... Pero hacía más de un mes que la temporada había empezado y ninguno de sus «mejoreh amigoh de la infancia» le había llamado para contratarle.

Les había invitado a su casa para las vacaciones de Semana Santa. Habían ido todos menos Charles-Henri, al que se le ponían los pelos de punta en cuanto aparecía el tal Jean-Charles. Había dicho que vivía en una residencia con piscina en Cannes. Habían llegado a un cuchitril apestoso con el ascensor estropeado, la pila hundida, muy lejos del centro. Cuando hablaba, siempre se comía letras. Mamá decía que no era culpa suya, que era su acento... No me gusta su acento. No me gustan sus gafas Prada, ni siquiera son auténticas. ¿Y qué? Me la suda que sean falsah. ¿Pa qué las quiero auténticah? Lo principá es que lo pone.

Su frase preferida era «¿Pa qué?».

—¿Quieres que vayamos a dar una vuelta? —decía mamá.

—¿Pa qué?

—¿Vamos a bañarnos?

—¿Pa qué?

Lo peor era cuando conducía. Cuando no gritaba ¡eh, jodeh! ¡Alelá! adelantaba vociferando ¡apártate, vieja! ¡Vuelve al cementerio! Lo que más le gustaba era contar esa vez que sus amigos le habían llevado a montar las escaleras del Festival. ¡Estaba Jamel Debbouze! Bueno, dependía del día, otras veces era Marion Cotillard, Richard Gere, Schwarzenegger... Lo más divertido era cuando iban en coche por Cannes y decía, leyendo las placas de las calles, ése es el bulevar Nosequé, allí está la playa privada del Gran Hotel... ¡Un poco más y nos presentaba el hipermercado y las multisalas de cine! Así que cuando mamá me dice que está triste de haber vuelto de Cannet y que quiere regresar, yo pienso en voz baja ¿pa qué?

¿Y pa qué sirve esta reunión familiar? Mi madre se va a llevar una buena bronca y eso no va a resolver nada. A veces entiendo a papá... Cuando estaba él, todo funcionaba correctamente. Todo estaba en su sitio, aunque no siempre era muy divertido. Estoy harto, pero que muy harto. Sólo me gustaría ser normal en una familia normal...

Estaban todos sentados, pero la abuela seguía de pie. Para dominarnos, pensó Gaétan, enfadado. Ella dio un golpe en la mesa y empezó diciendo que aquello no podía durar. Que iban a mudarse a la gran casa familiar, que ella iba a encargarse de todo y de poner orden en sus vidas.

—Hasta ahora no he dicho nada, pero las últimas extravagancias de Domitille me empujan a actuar. No quiero que el nombre de nuestra familia se ensucie y, aunque sea ya demasiado tarde, estoy dispuesta a poner coto a la desidia general que reina en esta casa...

Pasó un dedo sobre la mesa y exhibió la capa de grasa que había allí impregnada.

—Isabelle, tú eres incapaz de llevar una casa y de educar a tus hijos... Yo os voy a educar en la excelencia, la disciplina, los buenos modales. No será una tarea fácil, pero, a pesar de mi edad y de mi salud delicada, cargaré con esa cruz. Por vuestro bien. No quiero que terminéis siendo unos crápulas, libertinos y desechos de la sociedad...

Charles-Henri escuchaba y parecía estar de acuerdo.

—Yo —dijo—, de todas formas, me voy a París el año que viene a preparar un examen de ingreso... No me quedaré aquí.

—Tu abuelo y yo te ayudaremos. Tú has comprendido que el éxito llega trabajando, esforzándose, y te felicito por ello...

Charles-Henri asintió, satisfecho.

—En cuanto a ti, Isabelle —continuó la abuela—, tienes que cambiar de actitud... Siento vergüenza cuando me preguntan por ti. Ninguna de mis amigas tiene una hija como tú. Sé que has pasado por momentos terribles, pero todos los hemos sufrido, así es la vida. Eso no te disculpa de nada...

—Pero es que... —protestó Isabelle Mangeain-Dupuy.

—Llevas un apellido que debes honrar. Debes recuperarte. Aprender a comportarte de forma apropiada. Ser un ejemplo para tus hijos.

Dirigió la vista a Domitille que, tumbada sobre su silla, miraba fijamente la punta de sus botas y mascaba chicle ostensiblemente.

—¡Domitille, quítate ese chicle de la boca y ponte recta!

Domitille la ignoró y mascó con mayor vigor.

—¡Domitille, vas a tener que cambiar! ¡Te guste o no!

Después se volvió a Gaétan.

—A ti, hijo... No tengo nada que reprocharte. Tus notas son excelentes y tus profesores no ahorran elogios contigo. En casa encontrarás un ambiente propicio al trabajo y al estudio...

Y fue entonces, en el silencio que siguió al cumplido dirigido a Gaétan, cuando se oyó, insegura, la vocecita de Isabelle Mangeain-Dupuy.

—No iremos a vivir a vuestra casa...

La abuela tuvo un sobresalto y preguntó:

—¿Cómo?

—No iremos a vivir a vuestra casa. Nos quedaremos aquí. O en otro lado... pero no en vuestra casa...

—¡Eso no tiene discusión! No permitiré que continúes con tu vida de depravación.

—Soy mayor de edad, quiero vivir libremente... —murmuró Isabelle, huyendo de la mirada de su madre—. Nunca he vivido libremente...

—¡Pues sí que has hecho buen uso de tu libertad!

—Tú lo decides todo por mí, siempre lo habéis decidido todo por mí... Ni siquiera sé quién soy. A mi edad... Quiero convertirme en alguien que está bien consigo mismo. Quiero que conozcan mi interior...

—¿Y por eso te dedicas a buscar hombres en Internet?

—¿Quién te ha dicho...?

—Domitille. Tu hija.

Domitille se encogió de hombros y siguió masticando.

—Quiero conocer hombres para saber quién soy, quiero que me amen por mí misma... ¡Oh! ¡No lo sé! Ya no sé nada...

La señora Mangeain-Dupuy miró a su hija debatirse, con una expresión de maliciosa ironía. Era una mujer fría que hacía del deber una religión. Esperaba obtener la adoración de su hija y sus nietos a cambio de su calculada bondad.

—La vida, hija mía, no consiste en conocer hombres, como tú dices. La vida es un largo camino de deber, de rectitud, de virtud, y creo que tú has perdido de vista todos esos grandes valores desde hace mucho tiempo...

—No iré a vuestra casa —repetía obstinadamente Isabelle Mangeain-Dupuy sin atreverse a mirar a su madre a la cara.

—¡Yo tampoco! —aseguró Domitille—. Esto es un muermo, y será aún más muermo en vuestra casa...

—No tenéis elección... —afirmó la señora madre golpeando la mesa con las dos manos para anunciar que la discusión había terminado.

Gaétan escuchaba, desolado. Un día tendría que terminar todo esto... Un día tendría que terminar...

* * *

Al día siguiente de su conversación con Zoé, Joséphine llamó a Garibaldi.

Había llegado a apreciar a ese hombre, su pelo negro y liso, sus cejas como dos paraguas oscuros que se abrían y se cerraban, su rostro flexible que se retorcía en todos los sentidos. Él había dirigido la investigación de la muerte de la señorita de Bassonnière, y después la de Iris, con tacto y habilidad. Cuando fue a hablar con él al número 36 del quai des Orfèvres, tuvo la impresión de que la escuchaba con los ojos, los oídos y... el alma.

Había dejado su placa de policía sobre la mesa y sus almas habían hablado. Por encima de las palabras, en los silencios, las dudas, el temblor de la voz. Se habían reconocido.

A veces es posible hablar de alma a alma con un desconocido.

No se habían vuelto a ver desde la muerte de Iris. Pero ella sabía que podía llamarle y pedirle un favor.

Reconoció su voz cuando descolgó.

Le preguntó si le molestaba. Él respondió que estaba en su despacho, haciendo una pausa entre dos casos. Intercambiaron algunas banalidades, y después él preguntó en qué podría serle útil. ¿Estaba de nuevo sobre la pista de un peligroso asesino? Joséphine sonrió, respondió que no, era otra historia, más dulce, más romántica.

—No tiene nada que temer de Van den Brock* —afirmó Garibaldi—. Espera en prisión la apertura de su proceso y tiene pinta de que tardará aún algún tiempo... Además, seguramente estará encerrado una buena temporada.

—Es curioso, no pienso nunca en Van den Brock...

---

* Cf. *El vals lento de las tortugas, op. cit.*

—¿Y de Luca Giambelli tiene noticias?

Joséphine contestó que no. La última vez que había oído hablar de él, fue para enterarse de que había pedido ingresar en una clínica psiquiátrica por problemas de conducta.

—Y allí sigue —respondió Garibaldi—. Me he informado. Me preocupo por su seguridad, señora Cortès. Guardo un excelente recuerdo de nuestra colaboración...

—Yo también —dijo Joséphine notando cómo sus orejas empezaban a arder.

—Usted nos ayudó mucho con sus comentarios pertinentes...

—Exagera usted —dijo Joséphine—. Fue usted quien...

—Es usted una observadora excelente y sería una investigadora extraordinaria... ¿Qué puedo hacer por usted en este momento?

Joséphine le contó la historia del descubrimiento del cuaderno negro y de su misterioso autor.

—Yo le he bautizado el Jovencito... Me parece conmovedor. Me gusta mucho también el personaje de Cary Grant. No conocía su vida, es apasionante...

Le confesó que pensaba escribir una novela sobre el encuentro de esos dos hombres. El gusano y la estrella. Aún no sabía cómo plantearla, pero para ello sería muy útil identificar al Jovencito y conocerle.

—Hoy en día ya no será tan joven —apuntó Garibaldi.

—No... y eso limita el campo de mi investigación. De hecho, fue Zoé la que me dio la idea de llamarle a usted...

—¿Qué datos tiene sobre ese hombre?

—Conozco su edad, su lugar de nacimiento, la profesión de su padre... Creo que vive en el edificio o que viene a menudo. Puedo darle los nombres de quienes sospecho... Me preguntaba si... o más bien Zoé se preguntaba si podría usted investigar. No sé si eso es posible...

—Tendría que recurrir a un compañero del SI —dijo Garibaldi.

—¿Del Servicio de Información? —tradujo Joséphine.

—Sí.

—¿Y eso es legal?

Garibaldi vaciló y después declaró:

—Legal no es la palabra exacta... Digamos que podría considerarse un intercambio de favores...

—¿Es decir?

Esperó un momento antes de contestar.

—No está usted obligado a responderme...

—Un momento, se lo ruego...

Ella oyó el ruido de una puerta que se abría, una voz, Garibaldi que respondía. Esperó dando vueltas por el salón. Du Guesclin había ido a buscar su correa y la había dejado caer a sus pies. Ella sonrió y le enseñó el teléfono. Volvió a poner la correa sobre el mueblecito de la entrada. Du Guesclin, decepcionado, fue a tumbarse, resoplando, delante de la puerta, el morro apoyado sobre las patas delanteras, la mirada fija en ella, llena de reproche.

—¡Es que tengo otras cosas que hacer, mi viejo Doug! —le dijo en un susurro.

—¿Señora Cortès?

—Sí, aquí estoy...

—Me han interrumpido... Entonces... Imaginemos que yo le haya hecho un favor a un compañero del SI... Imaginemos que haya trabajado con él en un asunto de tráfico de drogas, por ejemplo, y que, durante el registro en casa de un traficante, le he visto coger unos fajos de billetes que estaban en una mesa y metérselos en el bolsillo...

—Sí... —dijo Joséphine siguiendo el hilo de los pensamientos de Garibaldi.

—Imaginemos que le he dicho que cerraría los ojos si volvía a ponerlo todo en su sitio e imaginemos que le propuse prestarle ese dinero, imaginemos que él hubiese aceptado y que me estuviese agradecido...

—¿Y ocurren a menudo este tipo de...?

—He dicho «imaginemos»...

Joséphine dio marcha atrás y se disculpó.

—No se disculpe... No se gana mucho dinero en la policía. Y a menudo uno está tentado de coger droga o dinero para sobrellevar mejor el día a día. La droga, para revenderla, y el dinero, porque uno atraviesa un periodo difícil, está en pleno proceso de divorcio o se ha comprado un piso y no puede hacer frente a la hipoteca...

—¿Y usted ya ha hecho algo así?

—¿Quedarme con dinero o con droga? No, nunca.

—Quería decir... Ha sorprendido a algún compañero que...

—Eso es asunto mío, señora Cortès. Digamos que me las arreglaré e intentaré encontrar a su hombre a partir de sus informaciones...

—¡Eso sería fantástico! —exclamó Joséphine—. Podría ir a verle y...

—Suponiendo que él quisiera hablar de ello... Si tiró ese cuaderno a la basura, es porque quería desembarazarse de su pasado...

—Siempre puedo intentarlo...

—No se rinde usted fácilmente, señora Cortès.

Joséphine sonrió.

—Parece tímida, discreta, poco segura de sí misma, pero en el fondo, es usted terca, tenaz...

—Exagera un poco, ¿no?

—No lo creo. Tiene usted la audacia de los tímidos... Dígame los nombres en los que está pensando y yo le diré si averiguo algo...

Joséphine reflexionó y enumeró unos nombres:

—El señor Dumas... Vive en el edificio B, en la misma dirección que yo..., pero ése no creo que...

—Espere, voy a coger un papel y lo anoto.

Les interrumpió nuevamente una voz que pedía una información a Garibaldi. Ella le oyó responder, esperó a que terminase para proseguir:

—El señor Boisson...*

—¿Como una Coca-Cola?

—¡Salvo que no tiene nada de chispa! Tampoco creo que sea él...

—¡Hay que desconfiar de los volcanes extinguidos! —dijo Garibaldi.

—Vive en mi edificio, en el lado A. Pero me cuesta imaginarle viviendo una historia de amor parecida a la del Jovencito... Parece totalmente encerrado en sí mismo y debe de ser alérgico a la fantasía.

—¿Quién más?

—El señor Léger. Yves Léger. Se ha mudado al piso de Lefloc-Pignel con un amigo más joven. Lleva chalecos de todos los colores y unas carpetas de dibujo enormes... Él, al menos, tiene un aspecto vivaz.

---

* *Boisson*, en francés, bebida. (*N. del T.*)

—Es el que más se parece a nuestro hombre...

—Eso es lo que pienso yo también. Pero bueno... No por el hecho de ser homosexual tiene que...

—Es verdad —admitió Garibaldi.

—Y el señor Sandoz... Ya sabe, el señor que nos ayudó a reformar la portería de Iphigénie, la portera... No sé dónde vive, pero según Iphigénie miente sobre su edad y...

—¡No sería el único!

—No creo que sea...

—Ya veremos...

—Y finalmente, el señor Pinarelli... También de mi edificio. Tampoco creo que sea él...

Garibaldi se echó a reír.

—¡De hecho, usted no cree que sea ninguno de los hombres que ha mencionado!

—Ése es el problema... Ninguno parece tener el perfil.

—¿Y si fuera otro? Alguien que hubiese tirado ese cuaderno en la basura de su edificio para no dejar pistas. Es lo que haría yo. Me parecería lo más prudente si quisiera hacer desaparecer algo...

—Eso sería un problema...

—No quiero desanimarla, pero me parece lo más verosímil...

—Quizás tenga usted razón... pero creo también que había pocas posibilidades de que alguien encontrase la libreta. Si Zoé no se hubiese puesto a llorar al pensar que no volvería a ver su cuaderno negro, yo no habría ido a registrar la basura... No es una actividad a la que me dedico todas las noches.

—Es cierto...

—¿Cuántas personas en París rebuscan en la basura para buscar el cuaderno de su hija?

—Hay mucha gente que busca en las basuras de París, ¿sabe?... —respondió él con un ligero tono de reproche.

—Lo sé —dijo Joséphine—, lo sé... Pero una libreta negra no se come...

—Dígame, señora Cortès, explíqueme lo que va a hacer cuando le haya identificado... Si logro encontrarle.

—Me gustaría verle, hablar con él, saber qué pasó con su sueño. Tengo miedo por él cuando le leo. Tengo miedo de que sufra muchísimo. Y me gustaría saber si por fin ha encontrado su lugar detrás de la niebla...

Le contó la historia del amigo Fred y el rascacielos. Tuvo ganas de preguntarle a Garibaldi si él había encontrado su lugar detrás de la niebla.

—Su historia con Cary Grant era un sueño. Si supiese usted la esperanza que ese encuentro hizo nacer dentro de él... Necesito detalles para nutrir mi historia, y nunca hay nada mejor que la realidad.

—Eso es lo que le dije cuando nos conocimos. La realidad supera a menudo a la ficción... Acabo de terminar un caso. Una joven asesinada en un supermercado por un completo desconocido. Apuñalada delante de la cajera. Cuando detuvieron al asesino, sólo dijo «no merecía vivir, era demasiado guapa». ¿Usaría usted eso para una novela policíaca?

Joséphine meneó la cabeza y murmuró:

—No, imposible.

—¡Y haría bien! Es un móvil demasiado débil para un crimen.

—Pero esta vez no se trata de un crimen. Al contrario... Es la historia de un descubrimiento y yo pienso que todos crecemos gracias a los descubrimientos que hacemos.

—Si los sabemos aceptar... Mucha gente deja de lado grandes descubrimientos por miedo a que cambien sus vidas, a que los lleven por un camino desconocido.

Hizo una pausa y añadió:

—¿Qué es lo que le conmueve de esa historia?

—Me da impulso, me da valor...

—¿Se reconoce en ella?

—¡Aunque no haya conocido a Cary Grant ni a nadie parecido! Nunca he conocido a nadie que me diese confianza en mí misma... Más bien al contrario.

—¿Sabe?... Al final acabé leyéndola, su novela.

—*¿Una reina tan humilde?*

—Sí. Y está la mar de bien... Yo, un poli de cuarenta años, que leía sólo a James Ellroy y sus novelas negras y torturadas. Andaba por la calle con Florine y los demás, y choqué contra una farola, me pasé la estación de cercanías, llegaba tarde al trabajo, ya no sabía ni dónde vivía. En resumen, que usted me hizo feliz. Ni siquiera creía que eso fuese posible.

—¡Oh! —murmuró Joséphine, maravillada—. ¿Así que fue usted el que los compró todos?

Él se echó a reír con ganas.

—He pasado noches en blanco por su culpa. Tiene usted talento, señora Cortès...

—Lo dudo mucho... Tengo tanto miedo..., si supiera el miedo que tengo... Tengo ganas de ponerme a escribir, pero no sé por dónde empezar. Es como si estuviese embarazada de una historia. Crece, insiste, golpea desde dentro. Apenas me ocupo de los demás, en este momento...

—¡Y sin embargo me parece que tiene usted un don especial para eso!

—¡No me reconocería! Ahora mismo mando a paseo a todo el mundo.

—Eso es el principio de la independencia...

—Quizás... Sólo espero sacar algo de ello.

—La voy a ayudar. Se lo prometo...

—Gracias —susurró Joséphine—. ¿Puedo decirle otra cosa?

—La escucho...

—Cuando Iris... Cuando se fue... Tuve la impresión de que me cortaban una pierna, de que no podría volver a caminar... Estaba paralizada, sorda, muda. Desde que estoy leyendo esa libreta negra, es como si...

Él permanecía en silencio. Esperaba que ella escogiera las palabras y quizás incluso que admitiera esa declaración ante sí misma.

—Como si mi pierna volviese a ponerse en marcha y pudiese volver a caminar... Con mis dos piernas. Por eso es tan importante...

—Lo comprendo, y me gustaría mucho ayudarla, créame. Voy a hacer todo lo posible.

—¿Y usted?, ¿se encuentra bien?, ¿es feliz?

Era la cosa más estúpida que podía preguntar a un hombre al que apenas conocía. Pero no sabía cómo darle las gracias, gracias por haberla escuchado, gracias por comprender, gracias por estar ahí. Es la primera vez que hablo de Iris, es algo así como si la pena disminuyese y me dejara un poco de espacio para respirar. Tenía miedo de parecer demasiado intensa, demasiado dramática.

—No tenía noticias suyas desde... —apuntó él—. Me he preguntado a menudo qué tal estaría...

—Preferiría no hablar de ello.

Él carraspeó, tosió, recuperó su voz de inspector de policía y terminó la conversación diciendo:

—Bueno, recapitulemos, señora Cortès. Nuestro hombre tenía diecisiete años en 1962, nació en Mont-de-Marsan, tenía un padre licenciado en la Politécnica, presidente de Carbones de Francia, y está domiciliado en su misma dirección...

Joséphine asintió.

—Ahora voy a tener que dejarla —dijo Garibaldi—. La llamaré en cuanto sepa algo.

Hizo una pausa. Ella esperó. Y luego él añadió:

—Me gusta hablar con usted... Es como si uno tocara... lo esencial.

Se había quedado un momento en silencio antes de decir «esencial».

Joséphine colgó, feliz por esa complicidad.

Hablar con ese hombre le inspiraba. No estaba enamorada, pero cuando se sinceraba con él, se elevaba, se desplegaba, le salían alas. Cuando estaba enamorada no sabía qué decir, cómo estar, se arrugaba y parecía un gran saco vacío incapaz de mantenerse derecho.

Joséphine marcó el número de Shirley en Londres para contarle su conversación con Garibaldi. Intentó explicarle el vuelo de sus dos almas unidas.

—También, a veces, puede pasar por el corazón... —añadió.

—Y otras por el cuerpo —dijo Shirley—. ¡Una buena copulación y también despega uno!

—Y cuando todo se une, cuando el alma, el corazón y el cuerpo se abrazan y alzan el vuelo, entonces es un gran amor... Pero eso no pasa muy a menudo.

—¿Y eso te pasó con Philippe? —dijo Shirley.

—¡Ay, sí!

—Tienes suerte. Yo tengo la impresión de que sólo me relaciono con el cuerpo de los hombres... Que sólo eso me habla. No debo de tener ni corazón ni alma.

—Porque desconfías de la entrega. Hay algo en ti que se resiste. No te rindes por completo. Piensas que ofreciendo tu cuerpo, serás libre, no estarás amenazada y no te falta razón, en cierto sentido. Pero te olvidas del alma...

—¡Pamplinas! —gruñó Shirley—, deja de psicoanalizarme...

—Tienes una idea equivocada del hombre y del amor. En cambio yo todavía espero al Príncipe Azul en su caballo blanco.

—¡Pues yo me quedo con el caballo y te dejo al Príncipe Azul!

—¿No crees en el Príncipe Azul?

—¡Creo en el Príncipe Azote!

Shirley se echó a reír.

—Un Príncipe Azul no significa que sea perfecto en todo —insistió Joséphine—. No es un cursi, es la armonía perfecta.

—¡*Bullshit*, chica! De los hombres yo sólo me quedo con el cuerpo. Para el resto, el corazón y el alma, tengo a mi hijo, a mis amigas, las cantatas de Bach, los libros, los árboles del parque, una puesta de sol, un buen té, el fuego en la chimenea...

—¡Y en eso es en lo que nos diferenciamos!

—¡Tanto mejor! ¡Lo prefiero a estar embarullada en un sentimiento empalagoso!

—Hablas como Hortense...

—Hortense y yo vivimos en la realidad. ¡Tú vives en tus sueños! En tus sueños, el Príncipe Azul te lleva volando en sus brazos; en la vida cotidiana, está casado, jura que ya no se acerca a su mujer y que duerme en el salón, y te da plantón continuamente.

* * *

Esa noche se celebraba el *spaghetti party*.

Hortense detestaba los espaguetis y el uso erróneo de la palabra *party* en esa ocasión.

Era todo menos un momento de franca diversión.

Era más bien un examen de evaluación.

Una vez al mes, cenaban juntos, hablaban de la casa, de los gastos, de los impuestos, de la electricidad y la calefacción, de la prohibición de fumar en el interior, de la limpieza de la terraza, de las llaves que no se debían dejar en cualquier lado, del buzón que había que vaciar regularmente, de la separación de la basura y *tutti quanti*. Peter, con sus gafitas redondas en la punta de la nariz, seguía un orden del día riguroso y todos debían participar para comentar lo que no funcionaba. O prometer enmendarse escuchando, con la cabeza gacha, la reprimenda del maestro.

Era la gran noche de Peter. Era él quien llevaba las cuentas de la casa, discutía con el propietario y redactaba la lista de quejas y obligaciones. Era un hombre bajito, estrecho de hombros y de ambiciones, que de pronto se convertía en Napoleón. Balanceaba la cabeza bajo su bicornio. Se daba golpecitos en el hígado. Amenazaba a unos, sermoneaba a los otros apuntándoles con el dedo. Hortense se mordía los labios para no echarse a reír ante esa situación tan grotesca, porque todos temblaban delante de Peter...

Ella odiaba los espaguetis atiborrados de queso y de nata que cocinaba Rupert, los juegos de palabras de dudoso gusto de Tom, detestaba los decretos que salían de los labios delgados de Peter.

Todo el mundo se llevaba su reprimenda.

Hortense, ¿estás al día con la *council tax*? Ya sé que no la pagas pero ¿has pedido a tu escuela el documento que te dispensa de ella? ¿Sí o no? ¿Has pagado tu parte de televisión este mes? Pero si no la veo nunca, protestaba Hortense, vosotros estáis todo el día pegados viendo partidos de fútbol. ¡Hortense!, amenazaba Peter, con el dedo extendido. Bueno, vale, participo, participo... Blablabla la calefacción, blablabla la asistenta, blablabla quién paga esto, quién paga aquello... ¿Crees acaso que nado en la abundancia? Soy la única estudiante de esta casa, la única que tiene un presupuesto ajustado, la única que depende de su madre ¡y Dios sabe lo que me fastidia!

Tom movía sus calcetines agujereados apoyados sobre la mesita baja y aquello apestaba. Hortense arrugaba la nariz. Daba un golpe con el talón a los calcetines. Rupert comía patatas fritas a la pimienta y dejaba caer las migas sobre la moqueta. ¡Alerta, cucarachas! Y Jean el Granulado tenía un nuevo bubón sobre el mentón. Un gran bulto rojo. Aún no había explotado cuando me lo crucé ayer por la tarde. ¡Ése le faltaba para la colección! Ese chico es realmente repulsivo. Además, desde hace algún tiempo, me mira con un brillo de júbilo en los ojos. Se diría que está contento por algo... Pero ¿qué se cree? ¿Que me voy a olvidar de que es deforme, que voy a acabar por acostumbrarme y a hablarle como a un ser humano? Ni en sueños, chico, ¡déjate de películas y aterriza! Tenía la impresión de que la seguía. Siempre estaba detrás de ella. Debe de tener una fijación. Está harto de hacerse pajas todas las noches, solo, debajo del edredón. ¡Y ese bigotito ridículo!

Peter hablaba del orden, las cosas que no había que dejar por ahí. ¡No irá a recordarme la historia del Tampax! No. Hacía alusión a los vasos vacíos, a los platos sucios, a las bolsas de pan de molde rotas, a los móviles. Había encontrado uno en la basura la otra noche. ¡Para lo que suena el mío! ¡Podría plantarlo en una maceta y esperar a que brotase! ¡Es increíble! Mi velada fue un auténtico éxito y no se ha concretado ni una sola oferta. Nadie me ha llamado. Blablaba, todos los cumplidos de la inauguración no eran más que humo... No le quedaban más que las tarjetas de visita que había guardado en un viejo bote de confitura sobre su mesa. Las observaba con la mirada torva. Así que su móvil, esté ordenado o no, no importaba demasiado...

¡Y Gary sin llamar!

Nada. Ni el menor mensaje. Dos meses de silencio denso.

Una se tumba, a la ligera, atolondrada, bajo el cuerpo de un hombre, suspira, por una vez, que le gusta ese cuerpo sobre su cuerpo, suspira aún más fuerte, se abandona... ¡Y él se larga como un ratero arrancándote el bolso de un tirón!

Debía de esperar que fuese ella la que llamase, la que se arrastrase a sus pies...

¡Te has equivocado de pareja, querido! ¡No sería ella la que marcaría su número para suplicarle que volviese! ¡Qué estúpida! ¡Pensar que he estado a punto de perder a Nicholas en este asunto! Así que es cierto que el amor vuelve idiota. Había creído que apoyaba un dedo del pie sobre ese famoso continente que los cretinos llaman amor. Había estado a dos milímetros de decirle te quiero. Dos milímetros más y se hubiese hundido en el ridículo. Pero el suspiro que había emitido entre sus brazos fue tan fuerte, que había evitado que se le escapara esa confesión. ¡No lo volvería a decir en la vida! ¡No quería volver a oír en la vida su voz sumisa, rota, murmurando esas palabras! No le llamaría, ni a él ni a su madre. No vaya a pensar que corro detrás de la madre para tener noticias del hijo. De la familia Buckingham Palace, evito al hijo y a la madre, me parece bien aguantar los sombreritos ridículos de la abuela en la tele, las extravagancias de los príncipes, su calvicie precoz y sus estúpidas novias..., pero los otros dos ¡tachados de la lista! ¡Menuda mentalidad! ¡Menuda familia! Los reyes son unos patanes pretenciosos. Hicieron bien en guillotinarlos en Francia. Se creen con todos los derechos porque tienen un cetro bajo el brazo y se cubren de armiño...

Hortense había vuelto a su vida cotidiana, una vida similar a la del resto. Metro, trabajo, cama. Asistía a sus clases, sufría los retrasos de las averías del metro, trabajaba, comía espaguetis atiborrados de queso, olía calcetines sucios... El impulso y la fuga habían desaparecido. Estaba asqueada.

Víctima de sus sueños abortados.

Es lo peor que existe, un sueño abortado. Hace un ruido horrible, de neumático que se pincha y resuena sin parar en la cabeza.

Pssss...

Sus sueños habían hecho pssss. Había puesto en escena, en sus escaparates, a una mujer elegante, una mujer provocadora que destaca del resto. Una mujer única, a veces excéntrica, pero siempre elegante y consciente de su poder de seducción frente a los hombres. Era un sueño bonito.

No parecía haber gustado mucho...

Entonces se repetía, apretando los puños, apretando los dientes, seré diseñadora, seré diseñadora, debo aprender más y más. Es mi primer fracaso, no será el último. Del fracaso se aprende. ¿Quién fue el imbécil que dijo eso? Tenía razón... Debo continuar aprendiendo. El secreto de las telas, por ejemplo. Encontrar a un fabricante de telas que me contrate... Y cuando alguien lance la palabra «terciopelo», yo podré aportar ciento treinta propuestas distintas y entonces, se fijarán en mí... Me elegirán para trabajar en una gran casa de modas. Si me concentro mucho, mucho, terminará pasando.

Su amiga Laura, en fin, la que pensaba que era su amiga, le había hecho entrar en razón. Pero bueno, Hortense, piensa un poco, eso no sucede en la vida real, ¡uno no se hace famoso de la noche a la mañana! ¿Y por qué no?, había rugido Hortense. ¿Dónde está escrito que no se puede? Escúchame, había dicho Laura, tú no eres la única que quiere triunfar. Después, con un cierto tono de superioridad, había añadido es una buena idea estudiar los tejidos... Conozco a una chica que trabaja con los materiales, que está aprendiendo a hacer degradados, a pasar del cuero al fieltro, y después a la muselina, trabaja en la línea juvenil de Galliano, te la presentaré si quieres...

Hasta ahí, podía aguantarlo. No le gustaba el tono empleado por Laura, pero la chica parecía compadecerse de ella.

Hortense estaba a punto de decir gracias, qué maja eres, cuando la víbora escupió su veneno mezclado con una tonelada de miel:

—¿Has oído hablar de esa chiquilla que, con trece años, es la nueva reina de la moda en Nueva York?

—No... ¿Por qué habría tenido que oír hablar?

—¡Porque todo el mundo habla de ella! ¡Es increíble lo que le está pasando!

Había hecho una pequeña pausa para alargar el suspense. Había jugueteado con un mechón de pelo entre sus dedos, llenos de anillos. Tamborileó sobre la mesa como si interpretara la sonata *Claro de Luna*.

—Se llama Tavi...

Desgranó algunos arpegios. Sol, do, mi, sol, do, mi. Sol, do, mi.

—Tiene un blog que apasiona al planeta fashion..., ¡cuatro millones de visitas! Todo el mundo habla de ella... Te daré la dirección del blog si quieres...

La, do, mi, la, do, mi...

—Buf...

—Se ha hecho amiga de todos los creadores... Se la ha visto con Marc Jacobs, Alexander Wang, Yohji Yamamoto... Vende sus camisetas a precio de oro y acaba de firmar su primer contrato con una gran casa de modas. ¡Con trece años! ¿Te das cuenta?

—Buf... —había repetido Hortense, con la mandíbula abierta, devorada por los celos.

—Es cierto que es joven...

Otro momento de suspense. La, re, fa, la, re, fa. Y Laura continuó:

—¡Mucho más joven que tú! Quizás por eso todo el mundo habla de ella. Quizás no sea su talento, sino porque es joven...

—¡Ya está! —había gritado Hortense—. ¡Ahora dime que soy una vieja pasada de moda! ¡Que por eso no me llama nadie!

—Pero si no he dicho eso...

—No lo has dicho, pero lo has insinuado... ¡Eres la reina de las hipócritas! ¡Ni siquiera tienes el valor de ser mala!

—Si te lo tomas así... Yo sólo intentaba entenderlo, quería ayudarte, eso es todo.

Hortense se había enfadado de verdad.

—¿Y Suri Cruise? —había seguido gritando—. ¡Suri Cruise! ¡La hija del tapón ese de la Cienciología y de su mujer, que ya nadie se acuerda de quién es! ¡No te olvides de ésa! ¡Con tres años, ya es un icono! ¡Sale con tacón de aguja y monopoliza los flashes! ¡Está a punto de eclipsar a todas las papisas de la moda! ¡Así que tu chiquilla de trece años es una antigualla! ¿Sabes lo que eres, Laura la víbora? Eres una pasiva-agresiva... ¡Esa gente me da náuseas!

—¿Una qué? —balbuceaba la víbora embadurnada de veneno.

—Pasiva-agresiva... ¡Son las peores! Personas que te untan de mermelada para clavarte mejor los dientes con una gran sonrisa...

—Pero yo...

—¡Y yo, a las víboras, las aplasto! Las trituro, les arranco los colmillos uno por uno, les saco los ojos, les...

Toda la cólera, la decepción y la pena que intentaba contener desde hacía dos meses se había convertido en bilis de odio y le llegó el turno de escupir su veneno. La cólera de haber creído que iba a llegar a la cima, plantar su bandera, ondear sus colores... La decepción frente a su teléfono que no sonaba, el dolor de constatar que Gary la ignoraba y que su hermosa noche de amor no había sido para él más que una hermosa noche de revancha. Uno a uno, mi bella Hortense, debía de pensar sacando pecho en su traje de pianista.

Ella había tachado a Laura Cooper de su restringida lista de amigas y le había reconfortado pensar que la víbora iba a salir corriendo, para encontrar un manual de psicología, donde buscar qué quería decir «pasivo-agresivo». Feliz lectura, chica, toma notas y, a partir de ahora, cuando pase por delante de ti ¡apártate!

Afortunadamente, le quedaba Nicholas. Fiel en su puesto. Torso demasiado largo, amante lamentable, pero abnegado, creativo, ingenioso, generoso, trabajador. Bonitos adjetivos que no acortaban, ¡lástima!, su torso demasiado largo...

Él intentaba hacerle olvidar su desengaño multiplicando las salidas. Silbaba siempre que ella entraba en su despacho. Apreciaba su chaqueta de hombre larga y ceñida como un abrigo, sobre un ajustado vestido vaquero azul oscuro. La felicitaba.

—No es idea mía, la he sacado del *Elle* de esta semana... Yo ya no tengo ideas, estoy acabada.

—Que no... Que no —protestaba Nicholas—. Volverás a despegar. ¡Estoy seguro de ello!

Él mismo confesaba que no comprendía nada. *Un-be-lie-va-ble!* Increíble, repetía moviendo la cabeza. Criticaba a la gente que te prometía la luna y luego te daba la espalda.

Hacía todo lo posible e imposible para aturdirla.

¿Que quería trabajar los tejidos? Le encontraría un taller para que hiciese unas prácticas.

¿Que deseaba hacer deporte para desahogarse? La inscribía en su club que tenía una piscina maravillosa. Un club muy elegante, no aceptan a todo el mundo, has debido de causarles buena impresión...

O les has amenazado, traducía Hortense, conmovida ante el hecho de que se preocupase tanto para arrancarle una sonrisa de sus labios de condenada.

La había llevado al local al que iba todo Londres, el Whisky Mist. En la carta de cócteles, había un *Ibiza Mist* de doce mil libras.

—¡Quince mil euros por una bebida! —había exclamado Hortense, atónita.

—Más que por una bebida, por un concepto —había explicado Nicholas.

—¿Un concepto?

—Sí... Pides un *Ibiza Mist* y entonces...

Imitaba el redoble de un tambor.

—Sales del local, vienen a buscarte en un Bentley, te llevan al aeropuerto en dirección a Ibiza, después en helicóptero hasta una isla privada con chef particular, piscina y cóctel... Simpático, ¿no?

—¿Hay muchos conceptos de ese estilo?

—Por veinticinco mil libras, puedes volar hasta una de las villas de Hugh Hefner en Miami. Con champaña, piscinas, jacuzzi, *bunnies* y apolos a voluntad. La vida es bella, ¿no?

Hortense miraba a Nicholas, los ojos en el vacío.

Él le suplicaba:

—Sonríe, Hortense, sonríe, no me gusta verte triste...

Ella sonreía y su pobre sonrisa dubitativa parecía una mueca de infelicidad.

Él la cogía de la mano, la llevaba hasta la sala VIP diciendo ya verás, te va a encantar... ¡No hay más que tarados y extravagantes! ¡Mira!

Ella arqueaba una ceja. Rayas de coca sobre una mesa, parejas que se abrazaban apasionadamente, senos al aire, tapones de champaña saltando, gritos, aullidos de falsa alegría, de falsa excitación. Chicas desaliñadas, risueñas, ruidosas, esqueléticas, sacos de huesos artificiales, maquilladas con paleta de albañil novato.

Hortense se sentía pesada como una cerda enorme.

—¿Y bien? —había exclamado Nicholas, triunfante—. Felliniano, ¿verdad?

—Esto me pone aún más triste.

—Espérame aquí, voy a buscar algo para beber... ¿Qué quieres?

—Un zumo de naranja —decía Hortense.

—¡Oh, no! ¡Eso no! Aquí no hay...

—Entonces un vaso de agua...

—¡Cócteles a voluntad! Vamos a rehacer tus sueños y tus proyectos... Confía en mí, tengo un montón de ideas.

Le daba las gracias y pensaba ¿por qué no estoy enamorada de él? ¿Por qué pienso en Gary?

Él se alejaba saludando a derecha e izquierda, exclamando *Of course! I call you.** Él conoce a todo el mundo

---

* «¡Claro! ¡Te llamaré!».

aquí, yo no conozco a nadie. Soy Hortense Nobody. Dos años en Londres y sigo siendo una desconocida.

Un tipo se había acercado y se había dirigido a ella sorbiendo un líquido azul turquesa con una larga pajita:

—¿Tú no eres amiga de Gary Ward?

—¿Gary qué?

—¿No te he visto ya con Gary Ward?

—Si es un truco para entrar a las chicas ¡pisa el freno! No he oído hablar nunca de ese tío...

—¡Ah, bueno! Creía que... Porque sabes que él está...

Hortense le había dado la espalda y había buscado a Nicholas con la mirada.

Volvía blandiendo dos bebidas color papagayo de las islas. Le señaló un lugar donde sentarse. Hortense apoyó la cabeza en su hombro y le preguntó si no le parecía que estaba demasiado gorda.

—Dímelo, sé honesto, ¿sabes?, ya me da lo mismo... No podría caer más bajo.

Así que ésa no era la noche en la que iba a hincharse a espaguetis a seis mil calorías el bocado.

—¿No comes, Hortense? ¿No te gustan mis espaguetis? —se inquietó Rupert mientras tragaba pasta sin parar.

—No tengo hambre...

—Haz un esfuerzo —insistía Peter—. Rupert se ha preocupado de cocinar y tú te haces la difícil... No está bien, Hortense, ¡no está bien! ¡Piensa en los demás! No eres la única importante en este mundo...

—No sé en qué iba a ayudar al tercer mundo atiborrándome...

—No son espaguetis corrientes, han sido cocinados con amor por Rupert. Él no estaba obligado a...

—¡Joder! —gritó Hortense rechazando su plato y derramando el vaso de tinto malo sobre la mesita—. ¡Deja de culparme, ayatolá!

Y salió corriendo hacia su habitación y gritando que los odiaba a todos. A TODOS.

—Pero ¿qué le pasa? —preguntó Tom volviendo a colocar sus calcetines agujereados sobre la mesa—. ¿Tiene algún problema?

Peter cogió más queso rallado y explicó, muy serio:

—Se creía que la iban a inundar de propuestas después de su show en Harrods y ¡nada de nada! *Niente!* Así que, a la fuerza, la princesa está asqueada... Mejor para ella, así aprenderá a vivir...

Jean el Granulado sonrió delicadamente y declaró que los espaguetis estaban deliciosos, ¿queda un poco más?

* * *

Shirley ya no entendía nada.

Veía cómo su vida se escapaba y dudaba entre compararla con un campo de escombros o un nuevo amanecer. Tenía la impresión de que los acontecimientos se sucedían a su pesar. En forma de borrascas. Encargados de hacer limpieza.

La vida barría su felicidad. Esa felicidad que había tardado tantos años en construir. Le proponía otra presentándole un hombre cuyo manual de instrucciones no conocía.

Seis meses atrás, caminaba erguida, las manos apoyadas en las caderas, y se felicitaba por ello. Casi presumía...

Tenía un hijo, un chico estupendo, equilibrado, honesto, recto, inteligente, gracioso, tierno, su amor, su cómplice. Un cuerpo que podía hundir en las heladas aguas de los estanques de Hampstead sin que estornudase ni tosiese. Una fundación a la que consagraba su tiempo y el dinero procedente de su madre, ese dinero que había rechazado durante tanto tiempo..., y amantes, cuando tenía ganas de exorcizar negros demonios. Los restos de un pasado que no comprendía muy bien, pero que aceptaba diciéndose yo soy así ¿y qué? Todos tenemos demonios...

El que no abrigue un diablillo en su seno que me tire la primera piedra...

Había dedicado tanto tiempo a fabricarse esa felicidad, a construirla con sus propias manos, a consolidarla, a ampliarla, a adornarla con frisos, guirnaldas, hermosas vigas imputrescibles... y la vida derribó de una patada ese edificio que tanto estimaba.

Como si la felicidad no debiese durar.

Como si no fuese más que una etapa, una pausa, antes de afrontar una nueva prueba...

Todo había empezado con las preguntas de Gary sobre su padre. Una noche, en la cocina, junto al lavavajillas. Ella había sentido cómo se acercaba Doña Vida, le ponía una mano sobre el hombro, le decía prepárate, querida, empieza el follón. Había encajado el golpe como un boxeador chato. Se había acostumbrado a esa idea. La había amansado, le había quitado las espinas, había hecho de ella una hermosa rosa, tersa, grande, abierta, aromática. Le había costado trabajo. Un trabajo sobre ella misma. Soltar riendas, comprender, sonreír, soltar riendas, comprender, sonreír.

Y volver a empezar.

Después vino lo del viaje a Escocia. No le había gustado enterarse a través de un mensaje en el contestador. Él me telefoneó sabiendo que estaba ocupada, que no podía contestarle... Huía. Huía de mí.

La irrupción de Gary una mañana, en su casa... La bolsa de cruasanes arrojada a la cama y esa exclamación. ¡Él no! ¡Él no!...

Y finalmente, la repentina marcha a Nueva York.

Esta vez había recibido un correo electrónico. Odiaba esa nueva tecnología que permite a los hombres desaparecer creyéndose liberados. Desaparecer de su vida conservando el papel de bueno.

Las palabras escritas por Gary eran nobles y hermosas.

Pero no le gustaban. No le gustaba que su hijo le hablase como un hombre.

«Shirley...».

¡Y ahora la llamaba por su nombre de pila! Nunca la había llamado por su nombre.

«Me voy a Nueva York. Esperaré allí a saber si me han admitido en la Juilliard School. No quiero quedarme aquí. Han pasado demasiadas cosas que no me gustan...».

¿Qué era eso de «demasiadas cosas»? ¿El encuentro con su padre? ¿Oliver en su cama? ¿Un problema con una chica? ¿Una nueva disputa con Hortense?

«Superabuela está al corriente. Me ayudará al principio...».

Superabuela había sido consultada. Ella sí. Superabuela había dado su consentimiento.

«Necesito vivir solo. Has sido una madre perfecta, admirable, un padre y una madre a la vez, me has educado con sabiduría, tacto y humor y siempre te valoraré por eso... Si me he convertido en lo que soy es gracias a ti y te lo agradezco. Pero ahora tengo que marcharme y tienes que dejar que me vaya. Confía en mí. Gary».

¡Punto final! Enviada a paseo en unas pocas líneas.

Había una posdata.

«En cuanto me haya instalado, te daré mi dirección y un número de teléfono. Por el momento, puedes enviarme mensajes a mi dirección de correo. La consulto regularmente. No te preocupes. *Take care...*».*

Fin del mensaje. Fin de una época en la que había sido feliz.

Más feliz que con cualquier hombre.

Y ahora ¿qué hago?, murmuró mirando los coches en la calle, los transeúntes bajo los paraguas azotados por el viento, aspirados por la boca del metro, hormiguitas apresuradas. Borrascas de lluvia, borrascas de vida.

A la vida no le gusta la inmovilidad.

Y Oliver había entrado en escena.

Con su aire de rey modesto, su risa de ogro dulce...

Una risa de varias octavas que desbordaba sobre las palabras, que formaba un torrente de gruñidos joviales, irresistible. Le oías reír desde lejos y sonreías y te decías, envidiándole un poco, ¡por ahí va un hombre feliz!

Su forma de hacer el amor como quien hace buen pan...

Sus manos que la amasaban a base de caricias, de promesas, de paz en la tierra a los hombres y mujeres que se amen...

* «Cuídate».

Sus besos tiernos, atentos, casi respetuosos, mientras que en lo más profundo de su ser ella añoraba una demanda exigente, la marca de una antigua herida que no pedía otra cosa que volver a abrirse, extenderse... Así no, así no... Esas palabras no terminaban de calar en los besos de Oliver, en sus miradas extrañadas, bondadosas, en sus abrazos en los que ella se atascaba, esperando otra cosa, otra cosa que no se atrevía a pedir...

Que no sabía pedir...

Daba vueltas y vueltas. Se crispaba. Tenía ganas de herirle, de clavarle banderillas, pero él abría ampliamente los brazos, abría ampliamente su vida para que Shirley ocupase un lugar en ella.

Oliver reclamaba su alma.

Y ella tenía un problema con su alma.

No quería compartirla con nadie. No era culpa suya. Había aprendido a defenderse, a dar golpes, nunca había aprendido a entregarse. Se daba en monedas pequeñas, desconfiada como una tendera que devuelve el cambio y no concede ni un penique de crédito.

Se dejaba abrazar, tumbar sobre la gran cama, intentaba seguirle con todas sus fuerzas, hablar su mismo lenguaje. Se levantaba, furiosa, se cepillaba el pelo hasta hacer sangrar el cuero cabelludo, se duchaba con agua hirviendo, con agua helada, se frotaba, furiosa, con el guante de crin, apretaba los dientes, le lanzaba miradas de odio.

Él se marchaba. Volvería esa noche. La llevaría a escuchar un concierto de preludios de Chopin, ya sabes, el que tanto te gusta, el opus 28, después irían a cenar a ese pequeño restaurante en Primrose Hill, que había visto la otra tarde al volver de una grabación, y contemplarían Londres desde lo alto de las colinas mientras bebían un buen vino añejo francés, ¿Borgoña o Burdeos? A mí me gustan los dos, concluía lanzando su risa de octavas.

La inhalaba antes de marcharse. Necesito sentir tu olor, tu buen olor... Ella le rechazaba, le echaba a la calle riéndose, para disimular su confusión.

Se apoyaba contra la puerta. Miraba al cielo. ¡Por fin sola! ¡Qué pegajoso!

Se ha ido, se ha ido. Ha comprendido que no le quería... No volvería...

Y entonces sentía ganas de echar la puerta abajo y correr por las escaleras para atraparle.

Entonces... le quiero, se decía en voz alta, extrañada. ¿Eso es el amor? Quiero decir, ¿el amor verdadero? ¿Acaso debo aprender a amar? ¿A amarle a él? ¿Renunciar al cuerpo a cuerpo del que me levanto indemne para enfrentarme a otro peligro, aún más inquietante? ¿Ese que consiste en amar a alguien en cuerpo y alma? Y mi cólera... ¿sacará provecho de ello? ¿Querrá desaparecer? ¿Debo quitármela de encima? ¿Cómo?

Permanecía erguida en la calle, al abrigo de la lluvia, con la espalda pegada a la vitrina de una librería Waterstone's en Piccadilly, mirando fijamente a los peatones, preguntándose ¿cómo lo hacen ellos? ¿Se plantean todas estas preguntas? ¿Estoy enferma, torturada?,¿soy retorcida? ¿Qué es lo que me ha hecho tan desconfiada, tan reticente?

Se mordía los dedos, se mordía los puños, se golpeaba la cabeza con los puños y repetía incansablemente ¿por qué? ¿por qué?

Voy a tener que hablar con Joséphine. Sin trampas. Confesarle el acontecimiento. Ese baño de sol que hace rugir la tormenta...

Cuando Joséphine le había hablado del diálogo de alma a alma con ese hombre, el inspector Garibaldi, ella se había echado a reír, una risa demasiado brusca para ser honesta, había apartado de sí al Príncipe Azul, y escogido al Príncipe Azote... Pero las palabras de Joséphine habían abierto una brecha en sus certidumbres.

Sonó el teléfono cuando Joséphine estaba limpiando el oído derecho de Du Guesclin. Otitis, había diagnosticado el veterinario dejando caer la dolorida oreja del perro. Tendrá que hacerle unas curas diarias. Mañana y tarde, ella le limpiaba el oído con una solución antiséptica, y después le pulverizaba con un antiinflamatorio amarillento que coloreaba el pabellón rosado de la oreja y lo convertía en una membrana azafrán. Du Guesclin permanecía estoico y la miraba con su único ojo, como si dijera: vale porque eres tú... ¡Si no, te hubiese mordido hace mucho tiempo!

Joséphine besó el hocico de su perro y descolgó el teléfono.

—Joséphine, tengo que hablar contigo, es urgente... —suspiró Shirley.

—¿Ha ocurrido una desgracia? —preguntó Joséphine al escuchar la voz grave de su amiga.

—Algo parecido...

—Entonces, voy a sentarme...

Cogió una silla con la que podía continuar masajeando con la punta del pie el vientre de Du Guesclin, tendido de espaldas, para hacerse perdonar el episodio del oído.

—Venga. Te escucho...

—Creo que me he enamorado...

—¡Pero eso es formidable! ¿Cómo es él? —preguntó Joséphine sonriendo.

—Ése es el problema.

—Ah... —dijo Joséphine que pensó inmediatamente en el hombre de negro—. ¿Es brutal, imprevisible, te amenaza?

—No. Todo lo contrario...

—¿Quieres decir que es dulce, amable, exquisito, bueno..., con manos de ángel, ojos que envuelven, oídos que escuchan y una mirada que derrite?

—Exacto... —dijo Shirley, lúgubre.

—¡Es maravilloso!

—¡Es horrible!

—¡Estás enferma!

—Lo sé desde hace mucho tiempo... Por eso te llamo. ¡Ay, Jo! ¡Ayúdame!

Joséphine miraba la mesa de la cocina, que parecía una enfermería: algodones sucios, frascos abiertos, pañuelos de papel arrugados. Doug no tenía fiebre. Tendría que limpiar el termómetro.

—Sabes que yo no soy ninguna experta —murmuró Joséphine.

—Sí, al contrario... Me dijiste tantas cosas bonitas la última vez que hablamos..., y yo me reí de ellas. Tú amas con el alma, el corazón y el cuerpo. Y yo, no sé. Tengo miedo de dejarle entrar, miedo a que me despoje, tengo miedo...

—Vamos, continúa...

—Tengo miedo a perder mi fuerza... Esa que me habita desde siempre. Me siento desarmada frente a él. Los hombres no son así.

—¿Ah, sí? —dijo Joséphine, extrañada.

—¡Me entran ganas de morderle!

—Porque se dirige a la otra Shirley y a ésa hace mucho tiempo que la perdiste de vista... Él se ha dado cuenta enseguida de que existe.

—¿Y tú también?

—Claro, y por eso te quiero...

—No entiendo nada... A ésa no la conozco.

—Piensa en la que eras antes de que la vida te obligase a interpretar un papel, ve a dar una vuelta donde está la niña pequeña... Siempre se aprende yendo a preguntar a la niña.

—No me estás ayudando mucho...

—Porque no quieres escucharme...

—¡Me odio, cuánto me odio!

—¿Por qué?

—¡Por ser tan ridícula, tan retorcida con esto! Soy feliz y estoy furiosa. Me había prometido tantas veces no volver a enamorarme...

Joséphine sonrió.

—Esas cosas no se deciden, Shirley, te caen encima...

—¡No estamos obligados a ponernos debajo!

—Me temo que es algo tarde...

—¿Tú crees? —preguntó Shirley, asustada.

Seguía sin voz. Abatida. La cabeza como un bombo.

Tendría que cambiarlo todo. Cambiarlo todo en su cabeza, en su corazón, en su cuerpo, para dejar sitio al alma. Cambiar sus costumbres. Y las costumbres no se cambian tirándolas por la ventana. Hay que desenredarlas, punto por punto. No volver a tener miedo de que el amor desborde el cuerpo y se convierta en amor sin más. Y que enlace corazón, cuerpo y alma.

Voy a tener que aprender a rendirme...

Esperando que la rendición no sea una estrategia del alma para salir huyendo.

* * *

Philippe se quedó tumbado, inmóvil, perdido en sus pensamientos. A su lado dormía Dottie, acurrucada en una esquina de la cama, y él oía el sonido leve y regular de su respiración. Y era como si estuviese aún más solo. Pensó que siempre había estado solo. Que siempre lo había considerado algo natural...

Que nunca había sufrido por ello.

Pero, de repente, en mitad de la noche, su soledad le parecía insoportable.

Su libertad también le parecía insoportable.

Su hermosa casa, sus cuadros, sus obras de arte, su éxito. Era como si todo eso no sirviese de nada.

Como si su vida fuera inútil...

Insoportable.

Algo se abría bruscamente en él, una brecha inmensa que le daba vértigo, y tuvo la impresión de que su corazón dejaba de latir. Que se hundía en el precipicio y no terminaba de caer.

De qué sirve vivir, pues..., se preguntaba, si no se vive para nada. Si vivir es simplemente añadir un día al anterior y decirse, como tanta gente, qué rápido pasa el tiempo... En un fogonazo, entrevió la imagen de una vida lisa, plana, que se hundía en el vacío, y otra llena de altibajos e incertidumbres en los que el hombre se comprometía, luchaba por mantenerse en pie. Y, curiosamente, era la primera la que le aterrorizaba...

No era la primera vez que se abría en él el gran precipicio.

Le ocurría de forma cada vez más frecuente, siempre durante la noche, siempre con el ruido de la suave respiración de Dottie a su lado. Las otras veces daba vueltas y vueltas en la cama, a veces incluso rodeaba a Dottie con un brazo y la atraía hacia sí, con delicadeza, para no despertarla, para no tener que hablar con ella, simplemente para poder agarrarse a ella, y así, lastrado con el peso de su cuerpo, hundirse de nuevo en el sueño.

Pero esta vez, el precipicio era demasiado grande, demasiado profundo, ya no podía alcanzar a Dottie.

Se deslizaba por la brecha.

Quería gritar, pero de su boca no salía ningún sonido.

En un fogonazo, atisbó la lucha por vivir, el valor que eso exige, y se preguntó si tendría ese valor. La imagen de esa carrera sin final que lleva a la humanidad hacia su destino. Voy a morir, se dijo, voy a morir y no habré hecho nada que exija un poco de valor y determinación. No habré hecho más que seguir dócilmente el curso de mi vida, tal y como estaba trazado desde mi nacimiento, el colegio, buena formación, una bonita boda, un hermoso hijo y después...

Y después... ¿qué he decidido que exija un poco de valor?

Nada.

No he tenido ningún valor. He sido un hombre que trabaja, que gana dinero, pero no he corrido ningún riesgo. Ni siquiera en el amor he corrido riesgos. Digo que amo, pero eso no me cuesta nada.

Sintió una oleada de terror que le oprimía el corazón y empezó a transpirar un sudor helado.

Estaba colgado del borde del abismo y, al mismo tiempo, caía sin poder detenerse.

Se levantó con cuidado para ir a beber un vaso de agua en el cuarto de baño y se vio en el espejo. Las sienes húmedas, los ojos muy abiertos, llenos de miedo, llenos de un vacío que daba miedo... Voy a despertarme, estoy dentro de una pesadilla. Y sin embargo, ¡no es así! Estaba despierto dado que bebía un vaso lleno de agua.

Mi vida pasa y yo la dejo pasar.

Y de nuevo se sintió preso del terror. Descubría con espanto un futuro de noches semejantes, de días semejantes, en los que no pasaba nada, en los que no hacía nada, y no sabía cómo detener esa visión que le dejaba helado.

Apoyó las dos manos sobre el lavabo del cuarto de baño y miró al hombre del espejo. Y tuvo la impresión de ver a un hombre que se borraba, que perdía el color...

Esperó, con el corazón en un puño, a que el día se filtrase a través de las cortinas.

Los primeros ruidos de la calle...

Los primeros ruidos en la cocina. Annie preparaba el desayuno, abría la puerta del frigorífico, sacaba la botella de leche, el zumo de naranja, los huevos, la mantequilla, las confituras, arrastraba los pies dentro de sus zapatillas gris ratón, ponía la mesa, el cuenco para los cereales de Alexandre...

Dottie se levantó, se puso un jersey sobre su pijama rosa sin hacer ruido y salió de la habitación cerrando la puerta suavemente.

Dijo buenos días a Becca en el pasillo...

Él también tendría que levantarse.

Olvidar la pesadilla.

No olvidaría la pesadilla, lo sabía.

Pasó la mañana en el despacho. Comió en el Wolseley con su amigo Stanislas. Le habló de su vértigo nocturno. Le confesó que se sentía infeliz, inútil. Stanislas le replicó que nadie era inútil en este mundo y que si estábamos sobre la tierra era porque existía una razón.

—El azar no existe, Philippe, siempre hay una razón para todo.

Stanislas pidió un segundo café cargado y añadió que debía encontrar esa razón. Cuando la hubiese encontrado, sería feliz. Ni siquiera se preguntaría si era feliz. Sería feliz sin más, y su búsqueda de la felicidad le parecería fútil, superflua, casi idiota. Y le citó una frase de san Pablo: «Señor, déjame aquí abajo mientras me creas útil».

—¿Tú crees en Dios? —preguntó Philippe, pensativo.

—Sólo cuando me viene bien —sonrió Stanislas.

Cuando volvió por la tarde, Dottie y Alexandre se habían marchado a la piscina. Annie descansaba en su habitación. Becca estaba en la cocina preparando una sopa de calabaza. La había dejado sobre la pila y la escaldaba derramando grandes cacerolas de agua caliente para ablandar la piel y poderla pelar fácilmente.

—¿Sabe usted cocinar, Becca? —preguntó Philippe al verla.

Becca estaba muy recta, erguida con soberbia seguridad. Exhibió una amplia sonrisa en la que Philippe percibió un punto de insolencia y enfado.

—¿Y por qué no iba a saber cocinar? —respondió mientras vertía otra cacerola de agua hirviendo—. ¿Porque no tengo casa?

—No quería decir eso, Becca, lo sabe usted muy bien.

Ella dejó la cacerola y esperó a que la calabaza se reblandeciese con un cuchillo de hoja afilada y cortante en la mano.

—Tenga cuidado de no cortarse —añadió Philippe precipitadamente.

—¿Y por qué tendría que cortarme? —respondió Becca, que seguía tiesa, como sobre una montaña, mirándole directamente a los ojos, desafiándole a que respondiese.

Llevaba un vestido gris con un cuello ancho bordado y un collar de perlas blancas.

—Está usted muy elegante —sonrió Philippe, negándose a recoger el desafío que le lanzaba Becca.

—Gracias —dijo Becca, inclinándose, sin apagar el brillo de irritación en su mirada.

Tenía que ocuparse en algo porque si no su corazón iba a ponerse a galopar. Y cuando se embalaba, su corazón la llevaba siempre hacia la desgracia, hacia pensamientos negros que le daban ganas de llorar. Y si había algo que le disgustaba, era llorar por ella misma. Le parecía que, ella misma, carecía de interés, si se la comparaba con todas las demás personas en el mundo, mucho más desgraciadas que ella. Esa mañana, al levantarse, había encendido la pequeña radio que tenía bajo la almohada para distraerse del insomnio y había oído que mil millones de personas en el mundo estaban muriendo de hambre. Y que cada año había cien millones más... Había contemplado el alba gris a través de los visillos blancos y había murmurado ¡qué asco de vida! ¡Qué asco de dinero!

Había salido, había ido hasta la tienda biológica en la esquina de la calle y había comprado una calabaza. Porque era redonda, hinchada, naranja y alimentaría al mundo. Prepararía una sopa de calabaza para la cena. Ocuparía sus manos... Fijarse en todos los pequeños detalles de la cocción de la calabaza para olvidar los detalles de su desgracia.

La pasada noche, su amor había vuelto para verla.

Ella había tendido los brazos, pensaba que venía a buscarla y estaba dispuesta a seguirle. El futuro no le reservaba nada más, así que mejor marcharse enseguida. Sería como en la película con Gene Tierney y Red Harrison, cuando el fantasma del hombre amado, muerto hace mucho tiempo, viene a buscar a Mrs. Muir completamente gris y arrugada, al final de la película, y ella rejuvenece de pronto, le coge de la mano y se alejan los dos hacia la luz... Guapos como estrellas de cine. A veces su amor muerto venía en plena noche. La despertaba. Era tal y como le había conocido, joven, guapo, apuesto. Le recordaba que ella era vieja y estaba sola. Tenía la impresión de ahogarse, quería desembarazarse de su cuerpo y lanzarse a sus brazos...

Era vieja, pero su amor, en cambio, permanecía vivo. Su amor que se había ido hacía tanto tiempo... Su amor que la hacía bailar, saltar, elevarse muy por encima de sí misma. Subía tan alto cuando la miraba... Juntos inventaban danzas magníficas, saltos, sobresaltos, batidas y la vida se hacía grande, hermosa y no temía ser vieja, estar sola.

Y después él se había marchado.

Ya no había hombre que la hiciese saltar por los aires. Ya no había hombre que le tocara el corazón e hiciese nacer un sentimiento, un vínculo, la sensación de pertenecer a alguien. Y entonces, tenía la terrible convicción de no ser nada... Cuando se marchó, había recibido el golpe a bocajarro. ¡Bang! Muerta. Nadie se había dado cuenta, pero ella sabía que se estaba desangrando poco a poco. Era una herida invisible, una herida que no podía evocar otorgándole toda su importancia, porque aquello le pasaba a todo el mundo. Así que no hablaba de eso.

Y había continuado desangrándose.

Erguida, blanca, menuda. Había acabado en la calle. Sobre una silla de ruedas. Vieja, desgraciada. Y tan banal. Banal como la desgracia de cualquiera. Inútil. Como si para servir de algo, para formar parte de la vida, hubiese que ser joven y saltarín, lleno de proyectos. Y sin embargo una vive todavía cuando es vieja y se ha dejado de saltar.

Se parecía a la calabaza de la pila. Se había reblandecido y se dejaba pelar sin decir nada. Hasta que conoció a Alexandre en el parque...

Esa noche su amor había venido a verla.

Le había dicho que había sido él quien le había enviado a Alexandre y a Philippe. Para que dejase de estar sola. Que todavía podía ser útil en el mundo, que no debía perder la esperanza. Que era una mujer de gran corazón y que debía esperar, luchar. Desesperar era cosa de cobardes. Desesperar era demasiado fácil. Era la inclinación natural de los débiles.

Y se había ido sin llevársela.

Suspiró y se secó los ojos con el dorso de la mano.

Ya no tenía lágrimas, pero había conservado la costumbre de verificar si no le quedaban una o dos, secas como piedras, dispuestas a caer haciendo un ruidito de arena rodando por la pila.

Suspiró y apagó el brillo irritado en su mirada.

Se volvió a Philippe y dijo:

—He tenido un sueño extraño esta noche...

Cogió la calabaza, la sacó de la pila y empezó a pelarla teniendo cuidado de no ensuciar su vestido gris. No quería ponerse delantal. Le recordaba a las mujeres que servían en los refugios para pobres... Llevaban delantal y lanzaban la comida con la ayuda de grandes cazos llenos hasta el borde de un caldo infame.

La piel era espesa, dura. El cuchillo resbalaba y no se hundía. Otro cuento de vendedora, se decía. Nadie quería su calabaza venida de Argentina, cultivada sobre buen abono orgánico, así que la ha camelado hablándole del agua hirviendo. Y yo la he creído. Tenía tantas ganas de creerla...

Philippe se acercó, cogió una tabla de cortar, un cuchillo y dijo déjeme hacer a mí, se necesita la mano de un hombre para pelar una calabaza.

—¿Ha pelado muchas en su vida? —preguntó Becca sonriendo.

—Es la primera, pero lo conseguiré.

—¿Con su mano de hombre?

—Exactamente.

La cortó en rodajas finas que dejó sobre la tabla, y de pronto era fácil pelar cada rodaja. Podía sostenerse bien con la mano y el cuchillo ya no resbalaba. Quitaron las pepitas que se pegaban al cuchillo y a los dedos, probaron algunas e hicieron la misma mueca.

—¿Y después? —preguntó Philippe, orgulloso de su trabajo.

—Se ponen las rodajas en una cacerola y se doran con un poco de leche, mantequilla salada y chalotes... Se remueve y se espera. La vendedora me había dicho que si vertía agua hirviendo la piel se ablandaría...

—Y usted la creyó...

—Tenía ganas de creerla...

—Los vendedores dicen cualquier cosa para vender su mercancía...

—Ha sido por culpa de mi sueño, necesitaba creerla.

—¿Era un sueño triste?

—¡Para nada! Y además no era un sueño... Era mi amor que volvía. A veces viene, por la noche, me roza, se inclina sobre mí y lo siento. Abro los ojos suavemente. Está sentado a mi lado y me mira con amor y contrición... ¿Ha visto usted la película *El fantasma y la señora Muir*?

—Sí, hace mucho tiempo... En un ciclo sobre Mankiewicz en el Barrio Latino.

—Pues bien... Así es como vuelve. Como el capitán en la película...

—¿Y usted le habla?

—Sí. Como en la película. Hablamos de los viejos tiempos. Hablamos también de usted... Dice que le he encontrado gracias a él. Le gustaba darse importancia, pensar que, sin él, estaría perdida. No se equivocaba en cierto sentido... Yo le escucho y me siento feliz. Y espero a que me lleve con él. Pero se va solo... Y me siento triste. Y me voy a comprar una calabaza para hacer sopa...

—Y no consigue pelarla...

—Quizás porque todavía estaba pensando en él, y no estaba inmersa al cien por cien en pelar la calabaza... Esas cosas exigen mucha atención.

Sacudió la cabeza para resoplar y librarse de su sueño, y añadió con una vocecita que había perdido ya toda su insolencia y su cólera:

—No sé por qué le estoy contando esto...

—Porque es importante, porque la ha ablandado...

—Quizás sea eso...

—Todos tenemos nuestra pesadilla... La que viene a atraparnos en plena noche, cuando hemos bajado la guardia.

Entonces él hizo algo inaudito. Algo que no se esperaba. Después se preguntó cómo había podido hacer eso. Cómo había tenido valor para ello. Se sentó en una silla mientras Becca doraba los chalotes en una gran cacerola y vigilaba que cociesen uniformemente, removiéndolos con una gran cuchara de madera.

Le habló de su pesadilla.

—Yo también he soñado algo esta noche, Becca. Salvo que no era un sueño, porque estaba despierto. Era más bien una angustia que me provocaba un nudo en las tripas...

—Tenía usted miedo de quedarse solo y viejo...

—E inútil. Era terrible. Pero no es un sueño, es como si lo constatara, y esa constatación me llena de un terror gélido...

Levantó la mirada hacia ella como si pudiese curarle de ese sueño.

—Así que el fantasma era usted... —dijo Becca dando vueltas con la cuchara de madera.

—Un fantasma en mi propia vida... Un fantasma vivo. Es terrible verse en forma de fantasma...

Se estremeció y encogió los hombros.

—¿Y todo el amor de Dottie no basta para curarle? —añadió Becca introduciendo las finas láminas de calabaza naranja en la cacerola.

—No...

—Lo sabía... Palidece usted a su lado. Ella le ama y usted no retiene nada de su amor...

Añadió sal, pimienta, dio vueltas con la gran cuchara de madera. Aplastó las láminas, que se fundieron suavemente, salpicando de burbujas naranja las paredes de la cacerola.

—No está usted iluminado por el amor.

—Y sin embargo amo a una mujer... Pero no hago nada.

—¿Por qué?

—No lo sé. Me siento viejo..., caduco.

Ella golpeó el dorso de la cuchara contra la cocina y exclamó:

—¡No diga eso! Usted no sabe lo que es ser viejo de verdad.

—...

—Es entonces cuando tenemos derecho a sentirnos inútiles, puesto que nadie nos concede atención, porque ya no tenemos importancia. Nadie espera a que volvamos por la noche, le contemos cómo nos ha ido el día, nos quitemos los zapatos y nos quejemos de que nos duelen los pies... Pero antes, hay tantas cosas por hacer... No tiene usted derecho a quejarse.

Le miró con severidad.

—Hacer algo de su vida no depende de nadie más que de usted...

—¿Y cómo lo hago? —preguntó Philippe levantando hacia ella una mirada intrigada.

—Yo lo sé —dijo Becca sin dejar de girar la cuchara de madera—. Sé muchas cosas de usted. Le he estado observando... He estado viendo cómo vive.

—Sin decirme nada...

Becca adoptó una expresión maliciosa.

—No hay que decirlo todo inmediatamente. Hay que esperar a que el otro esté listo para escucharte, porque si no las palabras caen en saco roto...

—¿Me lo dirá un día?

—Se lo diré... Prometido.

Dejó la cuchara de madera sobre la cacerola y se volvió hacia él.

—¿Dónde vive la mujer que ama?

—En París...

—Pues bien..., lárguese a París, dígale que la quiere...

—Lo sabe...

—¿Ya se lo ha dicho?

—No. Pero lo sabe... y, además, es...

Se detuvo, frenado por lo costoso de las palabras que debía pronunciar para explicarse. Es la hermana de mi mujer, Iris... Iris está muerta y Joséphine ha muerto con ella. Tengo que esperar a que, de algún modo, vuelva a la vida.

—¿Es complicado? —adivinó Becca, que seguía sus pensamientos bajo sus profundas cejas.

—Sí...

—¿No puede hablar de ello?

—Ya he hablado mucho, ¿no cree? En mi familia, no se habla... Nunca. Es de mala educación. Uno se guarda las cosas para sí mismo. Las guardamos en lo más profundo y las encerramos bajo siete llaves. Y entonces otro empieza a vivir en tu lugar, otro que lo hace todo bien, que lo hace todo como hay que hacerlo sin quejarse nunca... Otro que acaba por ahogarte...

Becca alargó la mano, la posó sobre las suyas, cruzadas sobre la mesa. Una mano transparente, arrugada, con gruesas venas violáceas.

—Tiene usted razón. Hemos hablado mucho... Hablar es bueno. A mí me sienta bien... Quizás por eso él ha venido esta noche. Para que hablemos nosotros dos... Siempre tiene una buena razón para visitarme.

Las rodajas de calabaza formaban burbujas que saltaban fuera de la cacerola y manchaban el esmalte blanco de la cocina. Becca se volvió para bajar el fuego y limpió las manchas con un trapo.

Philippe permaneció sentado, las manos juntas sobre la mesa.

—La calabaza no huele a casi nada, Becca...

—Ya verá, está deliciosa. Una cucharada de nata agria y nos chuparemos los dedos... Antes la cocinaba a menudo...

* * *

Un relámpago de terror la paralizó. Estaba completamente a su merced. Tenía todo entre sus manos: su futuro, su vida entera. Pero, de golpe, un deseo inmenso, explosivo, devastador, barrió su miedo. Sólo deseaba una cosa: sentirle dentro. Que la tomase, la poseyese, la rompiese y la llenase con su virilidad, aniquilando sus últimas defensas.

Se abrió y él se abalanzó sobre ella atrapando su boca en un beso cálido, húmedo y voraz. Rodeó sus caderas con sus piernas para obligarle a entrar en lo más profundo y desatar así el placer que ella reclamaba con todo su ser.

Pero él se negó a complacerla tan rápidamente y se dedicó a atormentarla con un lento movimiento de vaivén, marcando un ritmo que únicamente él imponía. Cada uno de sus balanceos desencadenaba una nueva sensación más deliciosa que la anterior, llevándola cada vez más alto. La obligaba a implorar, a gemir, a llorar, y sólo cuando se rindió completamente a su ley, consintió colmarla con profundos envites violentos que la catapultaron a un éxtasis indescriptible, mientras él se sumergía también escuchando, fascinado, el canto salvaje y dichoso que había provocado.

Denise Trompet apoyó el libro sobre sus rodillas. *Acuerdos privados,* de Sherry Thomas. El balanceo del metro acompañaba el movimiento corporal de los dos protagonistas. Philippa Rowland y lord Tremain se habían vuelto a encontrar. Habían comprendido por fin que se amaban, que estaban hechos el uno para el otro. ¡Sí que habían tardado! Pero ya no existía duda alguna. A partir de ahora vivirían juntos y tendrían un montón de niños. Philippa la rebelde perdería su orgullo y lord Tremain, vencido por el amor, renunciaría a su venganza.

Releyó la escena saboreando cada palabra y, cuando sus ojos se detuvieron en los *«profundos envites violentos que la catapultaron a un éxtasis indescriptible»*, no pudo evitar pensar en Bruno Chaval. Él venía a su despacho, se sentaba frente a ella, dejaba una flor, un bombón de la casa Hédiard, un ramillete recogido en un parterre del parque Monceau y la contemplaba con una mirada poderosa, atenta. Le preguntaba qué tal estaba, si había dormido bien, qué había visto esa noche en la televisión, ¿estaba muy lleno el metro esta mañana? Ese tropel de cuerpos le debe de resultar muy incómodo a alguien tan grácil como usted...

Hablaba como en el libro.

Ella bebía cada una de sus palabras para no olvidar ninguna y poder repetírselas cuando él se hubiese ido.

No se quedaba mucho tiempo, decía que el señor Grobz le esperaba en su despacho y se levantaba con una última mirada arrebatadora. A ella se le desbocaba el corazón. Le costaba mucho disimular el temblor de los brazos.

Cogía un bolígrafo o un clip, bajaba la cabeza para ocultar sus mejillas ardientes y balbuceaba una estupidez. Era exactamente como en los libros que leía: «*Tan pronto el calor cubría todo su cuerpo, como se sentía invadida por una ola de sudor frío. Le costaba respirar. Él se mantenía erguido, sus largas piernas cruzadas con despreocupación. Se parecía al Adán de Miguel Ángel en todo su esplendor, como si hubiese salido del techo de la capilla Sixtina y pasado por una sastrería de Savile Row el tiempo justo para ponerse un traje de corte perfecto. Una sonrisa de carnívoro. Ojos verde oscuro semejantes a la malaquita de los montes Urales. Su mirada se detenía en la parte de bronceada piel que asomaba en el escote de su camisa blanca. Tenía los hombros cuadrados, los brazos largos y musculosos. Y cuando se inclinaba para hablarle, ella sentía su cálido aliento sobre el pelo...*».

Ella trastabillaba cada vez que Bruno entraba en su despacho. Anhelaba la dulce brisa que le templaría el cuerpo.

Le quería. Ese descubrimiento se había impuesto en su interior, no con la brusquedad de una tormenta de verano, sino más bien con la lenta insistencia de la lluvia de primavera. Y sufría un martirio cuando él la dejaba. Todo su cuerpo le deseaba...

Todo el mundo le llamaba Chaval en el despacho, pero ella se había enterado de su nombre de pila. Fue como un dulce secreto que encerró en su corazón. Bruno. Bruno Chaval. Bruno, Bruno, murmuraba en la cama mientras buscaba el sueño en su pequeña habitación del ático. Soñaba que él la levantaba en brazos y la depositaba sobre un lecho blando y suave, cubierto con una espesa colcha de terciopelo azul real con bordados dorados. Adivinaba: «*el bulto duro que le deformaba el pantalón y arrastraba su feminidad hacia el cuerpo del hombre, ofreciéndole lo más preciado de sí misma, lo más estimado, sometida completamente a su deseo*».

El metro se detuvo en la estación de Courcelles. Denise Trompet bajó tras haber guardado su libro en el bolso que llevaba apretado bajo el brazo por miedo a que algún ratero se lo arrancase.

Franqueó las puertas del vagón, feliz y triste a la vez. Feliz de verse proyectada durante unos segundos en esa unión carnal, fogosa, apasionada. Triste por no haber conocido nunca esa fusión de sentidos y sentimientos. Ya no tendría hermosos hijos ni ningún lord Tremain se fijaría en ella. La vida no lo había querido así...

Tienes cincuenta y dos años, Denise, se repetía subiendo las escaleras de la boca del metro, mientras guardaba el abono de transporte en su funda de plástico. Abre los ojos, tienes la carne blanda, la cara arrugada, no tienes nada con que inspirar un sentimiento romántico, la época en la que podías gustar a un hombre ha pasado. Olvídate de esas emociones. No son para ti.

Es lo que se repetía cada noche al desnudarse en el pequeño cuarto de baño del piso de la calle Pali-Kao donde vivía, en el distrito veinte de París.

Y, sin embargo, él venía a verla con regularidad.

Había aparecido un buen día.

Había iluminado con su hermosa prestancia una mañana de invierno, fría y lúgubre, y una bocanada de deseo le había hecho perder la razón. Un calor repentino había inundado sus mejillas. Fue como si su cerebro hubiera dejado de funcionar, y su corazón había empezado a cabalgar desbocado. El aire se había espesado a su alrededor, y se le hizo difícil respirar. Desde la primera mirada, había sentido sobre ella un poder infinito que iba mucho más allá de lo que la decencia permitía.

Él tenía cita con el señor Grobz y se había equivocado de puerta. Se había detenido en el umbral al darse cuenta del error, se había disculpado como un auténtico caballero. Se había inclinado.

Ella había aspirado discretamente su perfume de madera de sándalo y toronjil, aromas que siempre había asociado a la felicidad.

Ella le había indicado la ubicación del despacho del señor Grobz, él se había marchado como a disgusto.

Y desde entonces volvía, dejaba un regalo sobre su mesa, giraba a su alrededor, inundándola de su olor sutil a sándalo y toronjil. ¡Como en los libros!, suspiraba ella, ¡como en los libros! Las mismas actitudes, el mismo perfume suave y embriagador, la misma camisa blanca entreabierta sobre una piel bronceada, la misma contención sutil y cruel. Y su vida se convertía en una novela.

—Dime ¿a quién perteneces, Denise?

—A ti, Bruno, a ti...

—Tu piel es tan suave... ¿Por qué no te casaste nunca?

—Te estaba esperando, Bruno...

—¿Me esperabas, tierna flor?

—Sí —suspiró bajando la mirada y observando nuevamente en su entrepierna, a través de su pantalón de cretona gris, una protuberancia que la paralizó de deseo.

Y sus labios se unieron en el éxtasis...

Estaba, como decía púdicamente, buscando empleo y esperaba volver a la empresa. Había trabajado allí antes, pero entonces ni la miraba. Tenía mil proyectos, viajaba, presidía reuniones, conducía un bonito descapotable. Era un hombre con prisa, casi brutal en su forma de dirigirse a ella, reclamando un papel, una fotocopia, una factura olvidada con el tono seco de un superior. Ella temblaba ante tanta virilidad, pero no tenía ninguna razón para sentirse turbada.

Él la ignoraba.

Pero el tiempo y el dolor de estar sin trabajo habían horadado en él *«un valle de lágrimas»*. Ya no era el comercial joven y apuesto que correteaba por los pasillos, sino una *«pálida sombra temblorosa que buscaba una razón para existir»*. Se había dulcificado y sus ojos verde oscuro semejantes a la malaquita de los montes Urales se habían posado sobre ella... A veces dejaba caer, como para disculparse, soy otro hombre, Denise, he cambiado mucho, ¿sabe usted?, la vida me ha devuelto a mi humilde lugar, y ella se reprimía de confortarle. ¿Quién era ella para imaginarse que podría gustar a un hombre tan guapo?

Y en ella estallaba el sufrimiento, corrosivo, destructor. El tipo de sufrimiento que nunca habría creído poder sentir. Se tambaleaba. El amor de Bruno no era para ella. Sólo un milagro podría cambiar esa situación. Y sin embargo, se imaginaba con él a su lado, leal, fiel, y que la amaría lo suficiente como para aceptar verse salpicado por el innoble escándalo. El escándalo que, en otro tiempo, había destruido a su familia y que fue noticia en las revistas...

¿La amaría lo bastante? ¡Ay! Si pudiese estar segura de su respuesta...

Y su corazón se encogía ante esa dolorosa duda...

Y sin embargo, su vida había empezado bien, hacía cincuenta y dos años...

Era la única hija del señor y la señora Trompet, charcuteros en Saint-Germain-en-Laye. Un barrio florido, acomodado, alegre, cuyos habitantes vestían con elegancia y hablaban de forma correctísima. Cuando entraban en la tienda, decían buenos días, señora Trompet, ¿cómo está usted? ¿Qué exquisiteces nos tiene preparadas esta mañana? Mi yerno el banquero y sus padres vienen a cenar, y si tuviese usted ese delicioso cerdo de pata negra confitado, con gusto me llevaría un buen pedazo.

Su padre y su madre, procedentes de Auvernia, poseían un renombrado establecimiento, El Cerdo de Oro, que preparaba platos cocinados, carnes rellenas, tripas cocinadas, patés de oca y de pato, tarrinas, mousses de hígado de ave, salchichas de Morteau y de Montbéliard, jamón curado, jamón blanco, jamón en gelatina, jamón al perejil, salchichas planas, cabeza de cerdo y manjar de lechal, morcilla blanca, morcilla negra, salami, mortadela, hermosos foie gras para Navidad y todo tipo de maravillas que su padre cocinaba, vestido con un delantal blanco inmaculado mientras su madre, en la tienda, vendía los artículos, con una enorme sonrisa dentro de una blusa rosa que revalorizaba sus grandes ojos verde esmeralda, sus dientes nacarados, su piel dorada, sus cabellos cobrizos que caían en suaves rizos sobre sus hermosos hombros redondeados. Los hombres la devoraban con los ojos, las mujeres la apreciaban porque no se creía Brigitte Bardot.

Venían de todas partes para comprar en la tienda de los Trompet. Gustave Trompet, tras haber esperado durante mucho tiempo un heredero varón, había puesto todas sus esperanzas en su hija, la pequeña Denise, alumna brillante en el colegio. Señalaba con el dedo el blasón de su región, que presidía la puerta de su tienda, el escudo de Auvernia, dorado con un estandarte rojo y ribeteado en verde, y declaraba, orgulloso como su ancestro Vercingétorix, mi pequeña Denise me sucederá, le encontraremos un buen marido, trabajador, que iremos a buscar a Clermont-Ferrand, y los dos llevarán el negocio.

Se frotaba las manos soñando con la generación de pequeños charcuteros que iba a formar. La señora Trompet le escuchaba mientras se alisaba los pliegues de la blusa rosa, Denise contemplaba a la bienintencionada pareja que le preparaba un futuro radiante, hecho a base de nobles valores y de dinero a espuertas.

Al volver del colegio, las tardes en las que no tenía deberes, se le permitía sentarse detrás de la caja y devolver el cambio. Pulsaba las teclas de la caja registradora, escuchaba el clic del cajón al abrirse, enunciaba con voz firme la suma debida y tendía su manita para coger los billetes y monedas que guardaba cuidadosamente en el cajón. Cuando cumplió trece años, recibió como regalo de cumpleaños un colgante, una cadena de oro con una llave...

Denise no había heredado la belleza materna, sino más bien el físico poco agraciado de su padre, su cabello escaso, sus ojos demasiado juntos y su corta estatura, achaparrada. No importa, querido, decía la madre, así tendrá menos tentaciones, su marido podrá dormir tranquilo... ¡y nosotros también!

El futuro se anunciaba próspero y feliz hasta el día fatal en que estalló el escándalo. Un competidor, celoso de su éxito, denunció al señor Trompet por comprar carnes sin factura. Le llevaron ante la brigada financiera una mañana de febrero de 1969. Apenas se sentó frente a los policías, lo confesó todo. Sí, había hecho trampas, sí, eso no estaba bien, sí, sabía que la ley lo prohibía. No tenía alma de estafador, sólo había querido ganar algún dinero extra para ampliar la tienda y ofrecérsela aún más hermosa a su yerno y a su hija.

Aquello fue un escándalo enorme. Se habló de ello en la prensa y en las revistas locales.

Sobre el tema corrieron rumores de lo más insensatos. Tráfico de facturas falsas, desvío de fondos, eso es lo que dicen los periódicos, pretendían las lenguas viperinas, ¡pero es bastante peor! Y bajaban la voz para murmurar habladurías innobles. Oficialmente es tráfico de carne, ¡pero usted no sabe qué tipo de carne! Al señor Trompet le gustaban las jovencitas, y para satisfacer ese vicio siempre necesitaba dinero, ¡cada vez más dinero! ¡Porque eso de mantener a unas niñas prácticamente púberes es caro! ¡Niñas, niñas y vaya usted a saber si no había niños también! ¡Unas personas que parecían tan correctas! Ya dicen que el hábito no hace al monje y ni el delantal blanco, al charcutero honesto. La señora Trompet cerraba los ojos para conservar esa tienda, pero ahora se sabe de dónde venían esas enormes ojeras. La pobre mujer lloraba cada noche a moco tendido. Y parece ser que, incluso, ¡intentó vender a su propia hija, la pequeña Denise! El vicio no tiene límites.

Les señalaron, les calumniaron, les arrastró un torrente de insensateces; tuvieron que vender su hermosa tienda para pagar la multa y mudarse.

De la noche a la mañana, los Trompet se arruinaron.

Se instalaron en el distrito veinte de París. Compraron un ultramarinos árabe. ¡Un ultramarinos árabe! Con sólo oír esas palabras, la señora Trompet se echaba a llorar. Ellos, que habían conocido la prosperidad, la clientela elegante, los coches caros aparcados en doble fila, los escaparates desbordantes de vituallas. ¡Qué calamidad! Obligados a vivir en un barrio repleto de mujeres en babuchas, de chiquillos mocosos, de hombres en chilaba, en una calle que llevaba el nombre de un pueblo argelino, Pali-Kao, perpendicular al bulevar de Belleville. Metro Couronnes.

Denise Trompet tenía catorce años cuando se produjo el drama. Una tarde, al volver del colegio, tiró la llave y la cadena de oro a una alcantarilla.

Sus padres le prohibieron tener amigos en el barrio y dirigirles la palabra a los vecinos. No nos tratemos con este tipo de gente. ¡Conservemos nuestra dignidad! Tampoco ella tenía ganas de socializar. Se sentía una extranjera en esta tierra de Bab-el-Oued. Aislada, hundida en el ostracismo, despojada de sus proyectos de futuro, se sumergió en las novelas rosas y se inventó un mundo de príncipes, princesas y amores tormentosos. Leía hasta perder el aliento, hasta perder el sueño, por la noche, bajo las sábanas, a la luz de una linterna. Aquello la ayudaba a soportar su suerte y el declive familiar.

Porque el escándalo había llegado a Clermont-Ferrand. Las familias de su padre y de su madre cortaron toda relación con ellos. Ya no tenía ni abuelos ni abuelas, ni tías ni tíos, ni primos ni primas. Sola en Navidad, sola durante las vacaciones de verano. Bien protegida bajo las sábanas mientras sus padres atrancaban las puertas de su piso por si los «extranjeros» les atacaban...

Aprobó el bachillerato y decidió estudiar contabilidad. Obtuvo la mejor nota de su escuela. La nariz hundida eternamente o bien entre cifras o en las extraordinarias aventuras de sus personajes preferidos.

Su primer empleo fue en una oficina de la avenida de la Ópera. Su padre volvió a tener esperanzas. La avenida de la Ópera es un buen barrio. El barrio de los negocios. Se imaginaba a un directivo joven y apuesto enamorándose de su hija. Su madre repetía «buen barrio» moviendo la cabeza. Venderían su comercio de la calle Pali-Kao y se acercarían al centro de París, recuperando algo del lustre de antaño.

Los domingos por la tarde, salían los tres a dar un paseo por el cementerio del Père-Lachaise y leían en las lápidas la vida de esos ilustres infelices enterrados a seis pies bajo tierra. Ya ves, no somos los únicos que sufrimos injustamente, decía su padre, nosotros también, un día, tendremos nuestra revancha. Espero que sea antes de la tumba, decía tímidamente la señora Trompet.

La tumba precedió a la rehabilitación.

Ningún hombre puso sus ojos en Denise ni pidió su mano. Se marchaba cada mañana a trabajar, cogía el metro en la estación de Couronnes, abría su novela y se veía arrastrada por aventuras palpitantes. Volvía por la tarde, sin haber esbozado el inicio de un romance. Su padre se desesperaba. Su madre meneaba la cabeza. Si hubiese heredado mi belleza, pensaba mirando a su hija, ahora habríamos salido de apuros... Con la charcutería, podíamos confiar en casarla, pero sin un céntimo, nadie querrá nada de ella. Y nunca nos iremos de aquí.

La señora Trompet tenía razón.

Denise Trompet se convirtió en una solterona y perdió con los años el poco brillo que le confería la juventud. Sus padres murieron cuando tenía cuarenta y dos años y se quedó sola, en la calle Pali-Kao, cogiendo cada mañana el metro en la estación Couronnes.

Había cambiado de empresa. Había entrado a trabajar en Casamia. El trayecto de la línea 2 no tenía trasbordo, podía sumergirse en su libro a sus anchas. Su existencia estaba partida en dos: por un lado, las exultantes aventuras de sus héroes, castillos, camas con dosel y, por el otro, una calculadora, nóminas y listados de cifras áridas y grises. A veces pensaba que tenía dos vidas: una en color en pantalla grande y otra en blanco y negro.

Y ya no sabía muy bien cuál era la verdadera.

—¿Y bien, y bien? —preguntaba impaciente Henriette golpeando con el tacón bajo la mesa del café en el que se citaban regularmente para hacer balance de su negocio—. ¿En qué punto está con la Trompeta?

—Estoy progresando, estoy progresando... —murmuraba Chaval con desánimo.

—¡Pero bueno! ¡Con todo el tiempo que lleva dedicándose a ella, ya debería tenerla tumbada en su cama, aturdida a base de furiosos golpes de cadera!

—Es que no me inspira nada...

—¡No piense en ella! ¡Piense en el dinero! En la pequeña Hortense, en su trasero firme y redondo, en sus senos erectos...

—¡Señora Grobz! ¿Cómo puede hablar usted así de su nieta?

—Es ella la que me obliga, por comportarse como una desvergonzada... El vicio llama al vicio...

—¿Tiene noticias suyas? —preguntó Chaval, ansioso.

—¡Por supuesto que las tengo! ¡Y a usted le conviene darse prisa! Hortense no esperará mucho tiempo...

—Es que la Trompeta es fofa y flácida. Sólo con pensar en besarla me dan ganas de vomitar...

—Piense en el dinero que se embolsará sin tener que hacer nada... Podremos desplumar tranquilamente a Marcel. No se dará cuenta de nada. Y tiene una confianza ciega en su contable. Tiene usted que saber qué quiere...

Precisamente, pensó Chaval, no estoy en absoluto seguro de que quiera tirarme a la Trompeta. Tengo otros proyectos.

Pero no se atrevía a decírselo a Henriette.

Ésta le miró fijamente con sus ojos amenazadores y prosiguió:

—A esas mujeres, que se alimentan de melindres, hay que violarlas... Forma parte de sus fantasías. En esas novelas el amor no es algo que uno recoge, ¡hay que arrancarlo con los dientes!

—¡Eh, tranquila!

—Pues sí... Para ayudarle en su misión, he leído muchos de esos libros insulsos y he comprendido el mecanismo. Las protagonistas tiemblan ante el macho, lo imaginan fogoso, conquistador, brutal. El deseo físico del hombre las aterroriza, pero arden en deseos de conocer el coito sin atreverse a confesarlo. ¡Todo está ahí! En ese delicioso escalofrío de miedo y de deseo... Avanzar, retroceder, avanzar, retroceder. Por lo tanto hay que forzarlas. Tomarlas al asalto o emborracharlas. A menudo se entregan bajo los efectos del alcohol...

Chaval bebió un trago de agua mentolada y la miró, poco convencido. Prefería jugar a la lotería.

—¿Ha intentado usted emborracharla furtivamente?

—No me atrevo a salir con ella. Voy a arruinar la poca reputación que me queda... ¿Qué pensarán de mí si me ven con esa compañía?

—Pensarán que es una relación de negocios... Y además, no es usted tan conocido para que le persigan los paparazzis, Chaval...

—Precisamente. Cuando ya no te queda nada, te vuelves más puntilloso, cuidas más los detalles...

—¡Pamplinas! ¡Tonterías! ¿Sabe usted lo que va a hacer? Va a invitarla a un sitio elegante, romántico, el bar de un gran hotel, por ejemplo, si pudiese haber un fuego de chimenea crepitando en el hogar, sería perfecto...

—¿Un fuego de chimenea en pleno mes de mayo?

—¡Va demasiado lento! ¡Hemos dejado pasar el invierno con sus vacilaciones! ¡Olvídese del fuego! Pide champaña, la hace beber, posa la mano sobre su rodilla, la acaricia suavemente, murmura palabras dulces, susurra sobre sus cabellos... Les encanta que les susurren en los cabellos, también he anotado eso, y le roba un beso apasionado en el momento de dejarla... No tiene más que elegir un sitio oscuro, una esquina, un callejón donde nadie pueda verles...

—¿Y después? —dijo Chaval, torciendo la boca con una mueca de asco.

—Lo que pase después, es cosa suya... En mi opinión no está obligado a pasar inmediatamente a los furiosos golpes de cadera. Puede posponer el asunto. ¡Pero no demasiado tiempo! Necesitamos las claves...

—¿Y cómo las consigo? No creerá que me las va a dar así sin más...

—Hágale preguntas pertinentes. Sobre lo que hace en su despacho, dónde guarda sus secretitos, los secretitos de la empresa, claro... ¡Sin dejar de pasear su aliento sobre ella! Y besándole delicadamente el dorso de la muñeca, suspirando, llamándola su camafeo, su libélula, le daré una lista de palabras dulces si quiere...

—¡No! —se negó él—. Lo haré a lo brutal y misterioso... Me va mejor.

—¡Como quiera! Mientras consiga las claves... Algunas mujeres las escriben en papelitos y los guardan en una libreta, un cajón o la cremallera de un bolso. O las escriben en el dorso de una carpeta de cartón. Usted la engatusa, la acaricia, hace que pierda la cabeza y me trae esas cifras mágicas...

Chaval hizo un gesto de vacilación y Henriette se hartó:

—¿Y cómo cree usted que conseguí al padre Grobz? Pagué con mi persona, mi buen Chaval. ¡No puede uno triunfar sin ensuciarse las manos! No le pido gran cosa, sólo los códigos, después tendrá libertad para dejarla tirada. Puede recurrir a cualquier pretexto virtuoso, aunque sea ridículo, ella se tragará el anzuelo con voracidad, ebria de felicidad por haber sido arrancada, aunque tan sólo sea unos instantes, de su triste vida de solterona... ¡y le quedarán los recuerdos! Encima usted habrá hecho una buena acción. No me escucha, Chaval, no me escucha. ¿En qué está pensando mientras le hablo?

—En la Trompeta...

Mentía. Chaval pensaba que había quizás otro modo de recuperarse. Desde que había vuelto a poner los pies en la empresa de Marcel Grobz, vislumbraba la posibilidad de abrirse camino. El viejo estaba asfixiado. Ya no podía con todo. Estaba solo. Necesitaba sangre nueva, la de un directivo vigoroso, viajero, dinámico, que pusiera en sus manos ideas, proyectos, cifras. Y él, Chaval, prefería sumergirse en el mundo de los negocios a hacerlo en la carne blanda y flácida de la Trompeta. Era una intuición, todavía no llegaba a ser una certeza. Pero pronto lo sabría... Había oído decir, paseando por los despachos, que Casamia buscaba nuevos productos para incluirlos en su catálogo. Había que innovar y diversificar sin descanso. Golpear a la competencia a base de gangas, novedades, nuevas promociones. Debía hacerse de nuevo indispensable. ¿Cómo? Aún no lo sabía. Pero si pudiese dejar sobre la mesa de Marcel Grobz un proyecto bien construido, el viejo podría contratarle de nuevo.

Josiane no debía enterarse. Josiane tenía un don para descubrir ideas y lo había demostrado muchas veces. En alguna ocasión él se las había apropiado, atribuyéndose todo el mérito, las primas y las felicitaciones del jefe. Si ella se diese cuenta de que andaba rondando por ahí, pondría en guardia a su osito querido... En lugar de neutralizar a la Trompeta, haría mejor calmando la desconfianza de Josiane. Llamándola, proponiéndole hacer las paces, engatusándola...

La vida se había vuelto la mar de complicada desde que había aceptado la proposición de Henriette. Ya no sabía dónde tenía la cabeza. Padecía migrañas cada noche. Su madre tenía que hacerle una infusión especial y le frotaba las sientes con bálsamo del tigre.

—¡Chaval! —tronó Henriette levantando la rodilla con tanta fuerza bajo la mesa que ésta se desplazó y él tuvo el tiempo justo para sujetar su agua mentolada—. ¡No me está contestando! Hace tiempo que no le veo muy concentrado. Le recuerdo que, si hablo con Marcel Grobz, podría soplarle que es usted un viejo asqueroso que se ha acostado con Hortense. Debe de estar a años luz de imaginarse tal cosa, ¡pobre ingenuo! Estoy segura, que le miraría de forma diferente, que no volvería a dejar que se pasease por allí... Para mí sería un juego de niños verter el veneno de la sospecha.

Y se detuvo, extrañada.

—¡Ya estoy hablando como en esos libros de saldo! Esa prosa estúpida es contagiosa... Pero no se confíe, todavía estoy dispuesta a morder y a hacer daño...

Chaval sintió miedo. Pensó que ella sería capaz. Que entre tirarse a la Trompeta o enfrentarse a la denuncia de esa vieja urraca malvada, prefería tirarse a la Trompeta.

Pero dudaba...

Al fin y al cabo, podría hacer las dos cosas.

Una puesta de sol sobre Montmartre para embaucar a la Trompeta, mordisquearle el lóbulo de la oreja pensando en las nalgas redondas de Hortense, sonsacarle las claves para después recuperar sus galones de fiel ayudante proponiendo un proyecto a Marcel Grobz.

Las sienes le palpitaban por culpa de la migraña.

Miró el reloj, sólo eran las dos y media de la tarde. Demasiado pronto para volver a casa y acostarse.

* * *

*WQRX FM, 105,9, classical music, New York. The weather today, mostly clear in the morning, partly cloudy this afternoon, a few showers tonight, temperature around 60ºF...**

Las ocho. El radio-reloj le sacó de su sueño y alargó un brazo para apagarlo. Abrió los ojos. Se repitió, como cada mañana, estoy en Manhattan, vivo en la calle 74 Oeste, entre Amsterdam y Columbus, me han admitido en la Juilliard School y soy el más feliz de los hombres...

El sueño esbozado en la cocina de su casa de Londres se había hecho realidad. El informe que había enviado a la Juilliard School, 60 Lincoln Center Plaza, New York, NY 10023-6588, había sido aceptado, el CD que había grabado, una fuga y un preludio de *El clave bien temperado* de Bach, escuchado y apreciado.

Se había presentado a una audición en el gran anfiteatro, el andante de la *Quinta Sinfonía* de Beethoven. Sabía que su informe había sido seleccionado, que tenía muchas posibilidades de ser aceptado si conseguía pasar esa última prueba.

Y le habían aceptado...

---

* «WQRX FM, 105,9, música clásica, Nueva York. El tiempo para hoy: nubes y claros por la mañana, parcialmente nuboso por la tarde, suaves lloviznas al anochecer, temperatura alrededor de los 15 ºC...».

En septiembre empezaría a asistir al primer curso de la famosa Juilliard School. *Imagine yourself* —decía el prospecto de la escuela— *motivated, innovative, disciplined, energetic, sophisticated, joyous, creative...** Él sería todo a la vez. Motivado, innovador, enérgico, disciplinado, creativo y alegre. ¡Alegre!

Daba saltos por la calle. ¡Me han aceptado, tíos, me han aceptado! *Hi, guys! I'm in, I'm in!* ¡Yo, Gary Ward, no puedo creer lo que ven mis ojos, no puedo creer lo que tocan mis dedos, no puedo creer a mi pobre cabeza! Me han aceptado...

*Start spreading the news... I want to be a part of it, New York, New York! If I can make it there, I'll make it everywhere!***

Había corrido hasta la Levain Bakery, se había obsequiado con el desayuno más copioso de su vida. Quería comerse todo lo que había en el menú. Las *cookies,* las *crispy pizzas,* los *sweet breads,* la gran ciudad y la gran vida. Quería besar a todo el mundo, anunciar a los desconocidos con los que se cruzaba que ahora era un estudiante serio, un pianista que pronto sería famoso, un artista con el que habría que contar...

Start spreading the news...

Después de haber sido admitido, se le permitió visitar la escuela con una estudiante veterana que le había explica-

---

* «Imagínate a ti mismo... motivado, innovador, disciplinado, enérgico, sofisticado, alegre, creativo...».

** «Que se empiece a extender la noticia... Quiero formar parte de esto, Nueva York, Nueva York. Si puedo hacerlo aquí, ¡podré hacerlo en cualquier sitio!».

do cómo funcionaba la Juilliard School y todo lo que podía hacer en ella. Se había quedado atónito. Había clases de todo, absolutamente de todo. Teatro, ballet, comedia, música clásica, jazz, baile moderno, estaban representadas todas las artes escénicas y aquello provocaba un ruido de panal feliz. En pequeños estudios aglutinados como alvéolos a lo largo de los pasillos, los estudiantes tocaban el piano, el arpa, el contrabajo, el clarinete, el violín, otros se ejercitaban en la barra enfundados en medias negras, otros practicaban claqué. Oyó a tenores ejercitar su voz, desafinar, recuperarse, a aprendices de actores declamando versos, arcos deslizándose sobre las cuerdas, tacones y puntas golpeando sobre el parqué de madera, tenía la impresión de estar en medio de un vasto mundo que cantaba, bailaba, improvisaba, amaba, sufría y volvía a empezar...

Iba a formar parte de ese mundo...

I want to be a part of it! New York! New York!

Recordaba que había sentido mucho miedo al desembarcar en Nueva York. Solo. Hortense no apareció en el aeropuerto de Londres. La había esperado hasta el último minuto, hasta el último aviso para el embarque; había subido al avión, cabizbajo, mirando todavía la gran sala del aeropuerto para verificar que ella no llegaba gritando ¡Gary! ¡Gary! ¡Espérame! Y se rompía un tacón porque corría demasiado deprisa. Entonces él habría dicho pero ¿qué son esos tacones rosas para viajar? ¿Y ese sombrero de paja en pleno invierno? ¡Y un bolso de charol verde manzana! ¡Estás ridícula, Hortense!

Ella habría levantado el mentón y habría soltado algo como ¡pero bueno!, ¡es el último modelo de Lanvin! ¡Quiero llegar allí como una mujer magnífica! Y él se hubiese reído, la habría estrechado entre sus brazos, se le habría caído el sombrero y hubiesen alborotado la fila de espera entre gente que protestaba porque llegaba en el último minuto y ni siquiera pedía perdón.

No había llegado en el último minuto con un sombrero de paja en pleno invierno y tacones rosas.

Él sostenía su billete entre los dedos...

Lo había doblado, se lo había metido en el bolsillo de la chaqueta y la primera cosa que había hecho al mudarse a su pequeño apartamento en la calle 74 había sido pegar el billete en la pared de la cocina para recordarse cada mañana, mientras se bebía el café, que Hortense no había venido...

Había preferido quedarse en Londres.

If I can make it there, I'll make it everywhere...

Los primeros días habían sido difíciles.

Todavía era invierno. El viento helado le cortaba las mejillas en cada esquina, la lluvia caía sin detenerse nunca y, de pronto, se producían borrascas de nieve que le dejaban tiritando en el borde de la acera, enfundado en su chaqueta negra y su camiseta gris. Los taxis amarillos le salpicaban, los peatones arrebujados le empujaban, el conductor del autobús se negaba a dejarle subir porque no tenía *metrocard* ni cambio, se quedaba en la acera, los pies calados dentro de sus finos zapatos de piel, se subía el cuello de la camisa, se quedaba allí, tiritando, preguntándose cómo funcionaba esa ciudad, si habitaban en ella seres humanos y por qué le rechazaba.

Había ido a comprarse zapatos gruesos, una parka y una gorra chapka con orejeras que se ataba debajo de la barbilla cuando soplaba la tempestad. Con esa enorme nariz roja, parecía un payaso, pero le daba igual. El clima no tenía nada de templado en esa ciudad y hasta llegó a echar de menos la llovizna bien educada de Londres.

Aquí todo era más grande.

Más grande, más fuerte, más violento, más salvaje y mucho más excitante...

El director de estudios musicales, que los había recibido para felicitarles por haber aprobado el examen de ingreso, les había avisado: los estudiantes tienen el deber de ser excepcionales. Deben ser tenaces, trabajadores, creativos. Enseguida comprenderán que esto es aún más duro que todo lo que podrían haber imaginado y, en lugar de estremecerse de miedo, deberán redoblar su esfuerzo y su trabajo. En Nueva York, siempre hay alguien que se ha levantado un poco antes que ustedes, alguien que ha trabajado hasta algo más tarde durante la noche, alguien que ha inventado algo que ustedes no han descubierto y es a esa persona a quien deberán ganar por la mano. Para seguir siendo los mejores. En la Juilliard School no nos basta con pensar música, debemos ser la música, vivirla apasionadamente, y si piensan que no van a ser capaces de superarse sin quejarse nunca, entonces dejen el sitio a otro.

Había entrado en su pequeña habitación de hotel, en el Amsterdam Inn, cerca del Lincoln Center, y se había tumbado sobre la cama completamente vestido.

No lo conseguiría nunca.

Volvería a Londres. Lo conocía bien, tenía sus referencias, sus amigos, su madre, su abuela, retomaría las clases de piano, había muy buenas escuelas allí, ¿para qué necesitaba desarraigarse y venir a esta ciudad de locos en la que nadie dormía nunca?

Se durmió con el billete de Hortense en la mano, lo cambiaría y volvería a Londres.

Al día siguiente se puso a buscar un apartamento. Quería dejar de ser un turista, quería formar parte de la ciudad. Y para eso necesitaba una dirección, su nombre al lado del timbre, un contador de gas y de electricidad, una nevera llena, amigos y poder inscribir su nombre en las *Yellow Pages*. Y una *metrocard*. ¡Nunca más dejaría que le echasen de un autobús! Se aprendió el trayecto de todas las líneas de memoria. *Uptown, Downtown, East, West, Cross Over*. Aprendió también las líneas de metro, A, B, C, D, 1, 2, 3, las «local» y las «express». Se equivocó una vez y acabó en el Bronx.

Estaba de acuerdo en levantarse antes que nadie, trabajar aún más entrada la noche, componer un fragmento que nadie había compuesto nunca y ganar a todos por goleada.

Buscó no demasiado lejos de la Juilliard School. Recorrió las calles con la nariz levantada, compró los pequeños periódicos de barrio distribuidos en las tiendas de comestibles, los bares, las tiendas de ropa. Sacó un boli del bolsillo, subrayó los anuncios que le parecían acordes con su presupuesto, llamó. Visitó un apartamento, diez, veinte, frunció el ceño, se encogió de hombros, trató a los propietarios de estafadores en voz baja. Volvió a su hotel, desanimado. No encontraría nunca, demasiado caro, demasiado feo, demasiado sucio, demasiado pequeño. Le dijeron que no desesperara, que, gracias a la crisis, los precios habían bajado, que podría regatear. Volvió a los anuncios por palabras, a visitar apartamentos y acabó encontrando uno en un edificio de ladrillo rojo y ventanales verdes en la calle 74. Rojo y verde, eso le gustó. El apartamento era pequeño, sucio, tendría que cambiar la moqueta, una habitación, un cuarto de estar, una planta de yuca, abandonada y amarillenta, una cocina en un rincón, un cuarto de baño del tamaño de un armario, un quinto sin ascensor, pero daba a la calle y a dos árboles verdes. El precio era razonable. Había que cogerlo enseguida. Firmó sin discutir.

Arrancó la moqueta. Fue a comprar otra, verde manzana, que pegó sobre el viejo parqué podrido. Pintó las paredes de blanco. Limpió los marcos de la ventana, los cristales, rompió uno. Lo reemplazó. Alejó a las cucarachas vaporizando un líquido ardiente sobre los rodapiés y las partes húmedas. Se le metió en los ojos, corrió al drugstore a comprar una loción calmante. Se dio cuenta de que había olvidado las llaves en el interior. Tuvo que pasar por la ventana de su vecina.

Llevaba una camiseta en la que se leía «*I can't look at you and breathe at the same time*».* Se dijo que aquello era una señal, la besó para darle las gracias.

Se llamaba Liz, tenía los ojos marrones, un flequillo verde y azul, un pirsin en la lengua y una gran boca que se pasaba el tiempo riendo.

Se convirtió en su novia.

Estudiaba cine en Columbia y le hizo descubrir la ciudad. Las galerías de Chelsea, los cines de arte y ensayo al final del SoHo, los clubes de jazz en el Village, los restaurantes baratos, las tiendas de ropa de ocasión. Las llamaba *thrift shops* y lanzaba salivazos. Se marchaba a finales de mayo para probar suerte en Hollywood donde uno de sus tíos era productor. *Too bad*, decía riendo con su gran boca, *too bad*,

---

* «No puedo mirarte y respirar al mismo tiempo».

pero no parecía apenada. Se marchaba a conquistar el mundo del cine, aquello justificaba cualquier sacrificio.

Él no protestaba. A veces seguía pensando en Hortense...

En su última noche con Hortense.

Y cuando le pasaba eso, no conseguía respirar.

Había encontrado una tienda de pianos donde el propietario, que se llamaba Kloussov, le dejaba tocar los Steinway de segunda mano en la trastienda. Había partituras viejas desparramadas, sonatas de Beethoven, Mozart, Schubert, Brahms, Chopin. Se levantaba muy temprano, se marchaba corriendo a la tienda y se instalaba sobre un viejo taburete desvencijado. Se creía Glenn Gould, se inclinaba y tocaba y gruñía toda la mañana. El hombre le miraba tocar sentado detrás de una larga mesa negra en la entrada de la tienda. Era un señor gordo con el cráneo calvo y rojo, que llevaba siempre una enorme pajarita de lunares. Entornaba los ojos y ronroneaba oyendo las manos que subían y bajaban sobre el teclado, se movía, se bamboleaba, parecía afectado por una especie de baile de san Vito, la cara se le ponía al rojo vivo y hablaba lanzando salivazos, soltando vapor por el cráneo.

—Muy bien, chico... Estás progresando, estás progresando. Tocando se aprende a tocar. Olvídate del solfeo y de las clases, parte tu corazón en dos, expándelo sobre el piano, haz llorar a las cuerdas. En el piano, no son los dedos los que cuentan, no son los ejercicios que te obligan a hacer cada día, es el vientre, las tripas... Podrías tener diez dedos en cada mano, que si no tienes el corazón dispuesto a sangrar, dispuesto a susurrar, dispuesto a estallar, no sirve de nada tener técnica... Hay que razonar, hay que suspirar, hay que dejarse llevar, hay que hacer bailar el corazón con los diez dedos. ¡No ser bien educado! ¡Nunca ser bien educado!

Se levantaba, se ahogaba, le faltaba aire, tosía, sacaba un gran pañuelo del bolsillo, se secaba la frente, la nariz y el cuello y le ordenaba:

—Vuelve a hacer sangrar tu corazón...

Gary posaba los dedos sobre el teclado y tocaba un impromptu de Schubert. El viejo Kloussov volvía a caer sobre su silla y cerraba los ojos.

Los clientes eran escasos, pero eso no parecía molestarle.

Gary se preguntaba de qué vivía. Sobre las doce, iba a comer *meat sandwichs* en la Levain Bakery, su preferido era el de pavo asado-pepino-gruyère-mostaza de Dijon en una baguette recién hecha. Se zampaba dos seguidos y salivaba con tanta fuerza que provocaba la risa de la chica detrás del mostrador. Él la miraba manosear la pasta de las cookies y quiso aprender a amasar. Ella le enseñó. Lo hizo tan bien que le propuso contratarle por las tardes. Necesitaba un ayudante de panadero. Le pagaría. Gary no tenía permiso de trabajo, ella le enseñó cómo escapar por la puerta trasera si venía la policía de inmigración. Pero no hay peligro, somos famosos, porque salimos en el programa de Oprah Winfrey... Ah, sí, dijo él, prometiéndose enterarse de quién era esa Oprah Winfrey a quien la policía tenía tanto respeto.

Su día a día empezaba a organizarse. El piano, el amasado y, por la noche, la risa enérgica de Liz, su flequillo verde y azul bajo las sábanas blancas. Su extraño clavo en la lengua cuando se besaban...

Hizo amigos durante su trayecto cotidiano.

Un día que pasaba delante de Brooks Brothers, en la calle 65, entre Broadway y Central Park West, leyó que había una oferta. ¡Tres camisas por el precio de una! No había que perder la ocasión: en la Juilliard las necesitaría. ¡Y no necesitaban plancha, además! Se secaban en una percha sin arrugarse. Entró. Eligió dos blancas y una a rayas, azul y blanca. El vendedor se llamaba Jérôme. Gary le preguntó por qué tenía un nombre francés. Le respondió que su madre era una admiradora de Jérôme David Salinger. ¿Has leído *The Catcher in the rye*?* No, respondió Gary. Pues menuda falta de criterio, dijo Jérôme que más tarde confesó que todos sus amigos le llamaban Jerry. Y, para ahondar en la herida, le preguntó si conocía al pintor Gustave Caillebotte. ¡Sí!, respondió orgulloso Gary. Entonces ¿conoces el museo de Orsay en París? Claro, lo he visitado muchas veces porque he vivido en París, dijo Gary, que tenía la impresión de ganar puntos. Este verano, contestó el chico, voy a ir a París, al museo de Orsay, porque soy un fanático de Gustave Caillebotte, creo que su talento está infravalorado... Cuando se habla de los impresionistas nunca se le cita. Y soltó un largo alegato sobre ese pintor que los franceses habían despreciado durante mucho tiempo y que sólo conoció el éxito en vida en los Estados Unidos.

—Influyó en uno de nuestros pintores más importantes, Edward Hopper...Y fue un coleccionista americano quien compró casi todas sus telas. ¿Conoces *Calle de París, día lluvioso*? Ese cuadro me vuelve loco...

Gary asintió con la cabeza para no decepcionar a su nuevo amigo.

---

* *El guardián entre el centeno.*

—Está en un museo de Chicago. Es una obra maestra... Era un gran coleccionista. A su muerte, legó sesenta y siete cuadros al Estado, Degas, Pissarro, Monet, Cézanne, ¡y el Estado francés los rechazó! Le parecían «indignos». ¡Qué mentalidad! ¿Te das cuenta?

Jérôme parecía enfadado.

Gary quedó impresionado y Jérôme se convirtió en un amigo.

Bueno..., un amigo al que saludaba al pasar delante de la tienda, por las mañanas. Sentado sobre un taburete, detrás de la caja, leía un libro sobre el desconocido Caillebotte.

—¡Hola, Jérôme! —soltaba Gary poniendo un pie dentro de la tienda.

—¡Hola, inglés!

Y se marchaba.

Eso le daba otra referencia. Se sentía cada vez menos extranjero en aquella ciudad...

Un poco más lejos, en Le Pain Quotidien, estaba Barbie. Negra como el regaliz, tres palmos de altura, el pelo trenzado en *dreadlocks* con perlas multicolores. Parecía un tirabuzón. Cantaba en el coro de la Elmendorf Reformed Church los domingos por la mañana, en el Upper East Side. En la parte más alta de Harlem. Insistía para que fuese a escucharla, él se lo prometía... pero, los domingos por la mañana, él dormía. No ponía el despertador y se quedaba en la cama hasta las once y media.

La risa enérgica de Liz le espabilaba para ir a comprar la edición dominical del *New York Times* que leían en la cama con un gran bol de café y cookies disputándose las páginas *Arts and Leisure*. Era un rito.

Barbie le esperaba en la iglesia cada domingo y los lunes, ponía mala cara.

Le entregaba los cruasanes y las napolitanas de chocolate sin mirarle.

Le devolvía el cambio con la cabeza gacha. Pasaba al cliente siguiente.

Entonces él compraba dos napolitanas, envolvía una en papel de seda y volvía a ofrecérsela como si fuese un ramo de flores. Inclinándose. Adoptando una expresión contrita. Ella sonreía bajando la cabeza para disimular su sonrisa. Le perdonaba.

Hasta el domingo siguiente...

—Pero ¿es que quieres convertirme o qué? —preguntaba él con la boca llena de cruasán de mantequilla y bebiendo su café doble muy fuerte.

Ella se encogía de hombros y decía que Dios sabría encontrarle. Que uno de estos días, aparecería ante él e iría a cantar con ella, todos los domingos. Le presentaría a sus padres. No conocían a ningún pianista inglés.

—Soy un animal curioso. Eso es, ¿verdad? —decía él sonriendo, la boca llena de grasa.

Ella se cambiaba el color de las perlas una vez al mes y, si Gary no se daba cuenta, también ponía mala cara.

Un auténtico quebradero de cabeza, Barbie.

De hecho, se llamaba Barbara.

Y además, estaba el parque. Central Park. Había conseguido un mapa del parque y lo recorría todos los días al volver de la tienda de pianos.

Y cada día, descubría una faceta nueva.

Era un resumen del mundo entero. Hombres encorbatados, mujeres con traje sastre de directiva, obesos en bermudas, esqueléticos en pantalón corto, niños de uniforme, gente que hacía jogging, bodybuilding, taxis rickshaw, jugadores de béisbol, jugadores de petanca, marineros de juerga, mendigos haciendo ganchillo, tiovivos, quioscos de algodón de azúcar, saxofonistas, un monje budista agarrado a su móvil, cometas y helicópteros en el cielo, puentes, lagos, islas, robles seculares, cabañas en los árboles, bancos de madera con placas conmemorativas atornilladas. Placas que decían «Aquí Karen me dio un beso que me hizo inmortal», o «Abraza la vida con gratitud y te lo devolverá multiplicado por cien»... y ardillas. Cientos de ardillas.

Pasaban a través de los agujeros de las cercas de alambre, se detenían para roer bellotas, se perseguían, se peleaban, hacían rodar latas de bebida, intentaban montar encima, caían, volvían a empezar... Cogían las latas con las dos manos.

Tenían unos dedos finos y largos, como los de un pianista.

La primera que descubrió estaba enterrando un trozo de comida debajo de un árbol. Se acercó. La ardilla continuó cavando, indiferente. Después, agotada, subió hasta una rama y se tumbó en ella con las cuatro patas estiradas. Gary se echó a reír y le hizo una foto.

Después vería un montón más.

Los sábados y domingos eran los días de fiesta para las ardillas, que se convertían en la atracción del parque. Los niños las perseguían riendo, y retrocedían, aterrorizados, si se acercaban demasiado. Las parejas, tumbadas sobre las extensas praderas, les tiraban migas de pan y ellas pasaban por grupos, recogiendo alimento y cumplidos, con la cola extendida, la mirada vigilante. Partían a dejar su botín en las ramas de los árboles, en la espesura o debajo de un montón de hojas y volvían a pedir más, infatigables.

Los sábados y domingos eran las reinas. Había turistas que les ofrecían dólares para fotografiarlas, cosa que ellas rechazaban marchándose, contrariadas, con saltitos desdeñosos, ¿por quién las tomaban?

Los sábados y domingos, no daban abasto, y acumulaban provisiones para la semana...

Pero el lunes...

El lunes bajaban, apresuradas, de sus árboles y buscaban a sus amigos del fin de semana. Las praderas estaban desiertas, ya no había amigos. Saltaban, lanzaban grititos, sus cabezas giraban como sirenas de ambulancia, esperaban y esperaban y volvían a marcharse con la cola gacha, subían a sus árboles, decepcionadas. Ya no las querían, ya no gustaban. Desde lo alto de su refugio, espiaban las vastas praderas verdes. Ni jugadores de béisbol, ni niños, ni lanzamiento de cacahuetes. El espectáculo había terminado. Su momento había pasado. Así era la vida... Uno se cree eterno y después, te olvidan.

Así que los lunes, al volver de sus buenos ratos sobre el taburete de piano desvencijado, Gary les distribuía pan de molde y anacardos para reconfortarlas. Se decía que ellas también se sentían solas a veces. Ellas también necesitaban amigos... Las ratas de deslumbrante cola y los humanos somos iguales.

Les tendía la mano. Buscaba una que se convirtiese en su amiga. La buscaba entre todas las ardillas grises. Una maliciosa y atrevida que fuese su amiga...

Y pensaba en las ardillas rojas del castillo de Chrichton.

No había vuelto a recibir ninguna llamada de Mrs. Howell y le traía completamente sin cuidado.

Todo aquello le parecía lejano, muy lejano. Como si ese recuerdo afectara a otro hombre. A un hombre de antaño. Ya no tenía nada que ver con aquel hombre. Se dejaba caer sobre la hierba, hacía rodar sobre el césped los últimos cacahuetes que le quedaban...

Llamó a su abuela.

Le dijo todo va bien, Superabuela, sobrevivo en la gran ciudad. Y no me gasto todo tu dinero. No le dijo que no le gustaba demasiado ese dinero, pero lo pensaba. Admitía que esa pensión le había sido muy útil, pero sabía también que un día le devolvería hasta el último penique.

—¡Estarás orgullosa de mí! Trabajo con el piano por las mañanas y amaso pasta todas las tardes...

—¡No tienes papeles! ¡Eres un ilegal! —exclamó Superabuela.

—Ah..., sabes que se necesita permiso para trabajar aquí. Oye, Superabuela, te veo pero que muy informada. ¡Se diría que estás al día!

—¿Sabes?, durante la guerra yo también conocí restricciones. Tenía una tarjeta de racionamiento como todo el mundo... y ponía mucha menos mantequilla en los *cakes*.

—Y por eso tus súbditos te veneran, Superabuela. Tienes un corazón que late debajo del protocolo...

A ella se le escapó una risita contenida, pero se repuso inmediatamente.

—¡Te podrían llevar hasta la frontera y prohibirte la estancia! Y entonces se acabaron la escuela, los proyectos, el futuro...

—Sí, pero hay una puertecita escondida que da al patio... Si llegan ¡puedo huir corriendo!

Ella se aclaró la garganta y añadió qué amable eres llamándome. ¿Has hablado también con tu madre?

Todavía no conseguía hablar con su madre, le enviaba correos. Le contaba su vida cotidiana. Añadía que un día podría volver a hablar con ella de viva voz. Cuando hubiese superado del todo su enfado.

No sabía muy bien por qué estaba enfadado.

Ni siquiera sabía si estaba enfadado con ella.

* * *

Joséphine no soltaba la libreta negra del Jovencito.

Continuaba despegando delicadamente las páginas una por una con el vapor del hervidor y la hoja fina de un cuchillo, cuidando de que la tinta no se borrase por efecto de la humedad. Aislaba cada página con cuidado, la colocaba entre dos papeles secantes y esperaba a que estuviera seca para pasar a la siguiente...

Era un trabajo de arqueólogo.

Cuando por fin conseguía una página legible, la descifraba lentamente. Saboreando cada frase. Contemplaba las tachaduras, las manchas de tinta, intentaba leer las palabras tachadas. Cuando el Jovencito borraba palabras, era difícil descifrar lo que había querido esconder. Contaba las pocas páginas que le quedaban diciéndose que todo terminaría pronto. Que Cary Grant se volvería a Los Ángeles en avión.

Y se quedaría sola, como el Jovencito...

Él también sentía llegar el final. Su tono se hacía melancólico. Todo empezaba a contraerse dentro de él. Contaba los días, contaba las horas, ya no asistía a clase, esperaba, por la mañana, a que Cary Grant saliese del hotel, le seguía, se fijaba en el cuello de su impermeable blanco levantado, sus zapatos brillantes, le servía un bocadillo, un café, se mantenía alejado sin perderlo de vista.

Hubo una segunda velada en el hotel.

Esta vez avisó a Geneviève; le serviría nuevamente de coartada. Diría que habían ido al cine juntos. Ella se enfadó, no me llevas nunca al cine, te prometo que te llevaré cuando él se haya marchado, ¿y cuándo se marcha?

«Yo cerré los ojos para no oír esa pregunta».

Esa frase ocupaba toda una página. Había dibujado debajo el rostro de un hombre con una venda en los ojos. Parecía un condenado.

«Me ha vuelto a invitar a ir a su hotel. Estaba tan sorprendido que le dije:

»—Pero ¿por qué pierde usted tanto tiempo conmigo? Usted es una gran estrella y yo no soy nadie...

»—Pues claro que eres alguien. Eres mi amigo.

»Y posó su mano sobre mi mano.

»Bastó con que me sonriese para que todo mi nerviosismo se transformase en confianza, para que desapareciese mi reserva, para tener el valor de hacerle todas las preguntas que me hago cuando no está.

»Le gustaría conocer a Geneviève. No pude impedir que se me escapara una sonrisa. Me los imaginé uno frente a la otra. Ella, con su aspecto de virgen modosita, su bigotito, su cabello pelirrojo, rizado, reseco como una bala de heno.

Y él, tan elegante, ¡tan relajado! Entonces me reí y dije ¡oh, no! Y él respondió ¿y por qué no, *my boy*? Confía en mí. La observaré con atención y te diré si puedes ser feliz con ella... Yo me callé y no dije nada más. Yo quiero ser feliz con él...

»—Soy un experto en matrimonios, ¿sabes? He estado casado tres veces. Pero siempre son las mujeres las que me dejan. A menudo me pregunto por qué... Quizás mis matrimonios fracasan por culpa de lo que le pasó a mi madre... Es muy posible. ¡Quizás sea también que soy terriblemente aburrido! Lo raro es que, cuando estoy casado, sueño con estar soltero, y cuando estoy soltero, sueño con estar casado...

»Se levantó y fue a poner un disco de Cole Porter. Una canción que se llama *Night and Day* y llenó una copa de champaña para cada uno.

»—Hice el papel de Cole Porter en una película. Me parece que estuve fatal, ¡pero me gusta tanto su música!

»Entonces me lancé, le dije que a todo el mundo le parecía extraño que fuéramos amigos. Que en el rodaje se reían de mí y de mi afecto por él. Lo solté a toda velocidad, me sentía incómodo...

»—¿Y qué? ¿Prestas atención a lo que dicen los demás? No debes. ¡Si supieses lo que he oído decir sobre mí!

»Debió de leer mi ignorancia en mi cara porque prosiguió:

»—Escúchame bien... Siempre intenté ser elegante, vestirme bien, he tenido éxito, he amado a mujeres. Mujeres formidables... Y sin embargo sé que mucha gente piensa que me gustan los hombres. ¿Qué quieres que haga?

»Se detuvo, con los brazos abiertos.

»—Creo que es el destino de todos los que tienen éxito. Se dice de todo sobre ellos. Yo me niego a dejarme hundir por ese tipo de cosas. Y me niego también a que gente estúpida dicte cómo debo vivir. ¡Que piensen lo que quieran, que escriban lo que les plazca! Lo que importa de verdad es que yo sepa quién soy... Lo que piensen los demás da completamente igual y tú deberías hacer lo mismo...

»Volvió a poner la canción, canturreó *night and day, you are the one, only you beneath the moon or under the sun...*, dio unos pasitos de baile y se dejó caer sobre el sofá.

»Continuó hablándome. Esa noche estaba elocuente... Parecía feliz.

»¿Quizás sea porque se acerca el final del rodaje y pronto podrá volver a ver a Dyan Cannon? No me gusta esa mujer. Tiene demasiado pelo, demasiados dientes, demasiado maquillaje. La observé detenidamente durante la semana que pasó en París y no me gustó. Además, adopta con él aires de propietaria... ¿Quién se cree que es? ¿Cree que es la única que le quiere? Eso me parece arrogante y pretencioso por su parte.

»Me dijo que nunca había hecho nada para gustar a los demás. Nunca había sentido la necesidad de justificarse, de explicarse. Su heroína es Ingrid Bergman».

En el margen de la libreta, había dibujado la cara de Ingrid Bergman con su pelo corto. No se parecía a ella en absoluto. Y había escrito al lado:

«¡No está mal! Tengo que mejorar. ¿Y si estudiase Bellas Artes en lugar de ir a la Politécnica? ¿Quizás a él le parecería más interesante si me convirtiese en artista?

»—Es una mujer fascinante, obstinada, dulce, que siempre ha tenido el valor para vivir de acuerdo con lo que piensa, y que ha tenido que enfrentarse a una sociedad inhibida, imbécil y muerta de miedo. Yo siempre la he apoyado, contra viento y marea. No soporto la hipocresía...

»No sé qué pasó entre ellos, pero la defendió con uñas y dientes.

»Volví a armarme de valor y le hice una pregunta sobre su madre. Pensé que podía hacerlo, él me había tendido un puente hablándome de ella primero...

»No sabía cómo plantear la pregunta.

»—¿Y su madre cómo era? —dije con torpeza.

»—Era una mamá adorable... ¡y yo era un bebé adorable!

»Se echó a reír. Puso cara de "bebé adorable" haciendo una mueca adorable.

»—Me ponía vestidos de niña, con bonitos cuellos blancos, me hacía unos tirabuzones que alisaba con una plancha, ¡me quemaba las orejas! Me parece que yo era su muñeca... Me enseñó a comportarme educadamente, a hablar bien, a quitarme la gorra si me cruzaba con alguien, a lavarme las manos antes de sentarme a la mesa, a tocar el piano, a decir buenos días, buenas tardes, muchas gracias, cómo está usted...

»Y entonces se detuvo, cambió bruscamente de tono y dijo:

»—Todos tenemos cicatrices, *my boy*, algunas están en el exterior y se ven, otras están en el interior y son invisibles, y ése es mi caso...

»¡Es increíble la historia con su madre! Al escucharle se me saltaban las lágrimas. Me dije que yo no había vivido nada de nada, que era minúsculo comparado con él. Me la contó interrumpiéndose continuamente, levantándose, sirviéndose champaña, poniendo un disco, volviéndose a sentar, sin parar de moverse.

»Así que ahí va, tengo que acordarme de todo porque nunca he oído una historia como ésta...

»Él tenía nueve años cuando pasó, vivía con sus padres en Bristol.

»Su madre, Elsie, había perdido un hijo justo antes de que llegase él. Un chico, muerto al año de nacer. Ella pensaba que había muerto por su culpa. Porque había sido negligente. Entonces, cuando nació el pequeño Archibald Alexander, tuvo tanto miedo de perderle que le protegió como a la niña de sus ojos. Siempre tenía miedo de que le pasase algo. Le adoraba, y él la adoraba. Su padre decía que lo mimaba demasiado, que tenía que soltarle un poco, y se peleaban por culpa suya. Además, siempre andaban mal de dinero y Elsie se quejaba. Su padre trabajaba en una lavandería y ella se quedaba en casa con el pequeño Archie. Elias se marchaba al pub para no oírla...

»Su madre le llevaba al cine a ver buenas películas.

»Mientras su padre iba detrás de otras chicas.

»Y entonces, un día, cuando tenía nueve años, al volver del colegio hacia las cinco, abre la puerta de casa y llama a su madre, como hace cada día. La llama y su madre no responde. Es muy extraño. Siempre está cuando vuelve del colegio. La busca por toda la casa pero no la encuentra. Ha desaparecido. Y sin embargo, cuando se marchó por la mañana no le dijo nada. Ni tampoco la noche anterior. Es cierto que se ha vuelto algo extraña... Se pasa la vida lavándose las manos, cierra la puerta con llave, esconde comida detrás de las cortinas, pregunta pero ¿dónde he metido mis zapatillas de baile? Cuando nunca la había visto bailar. Se pasa las horas delante del infiernillo de carbón, mirando fijamente las brasas, sin moverse. Pero esa mañana, cuando se fue, le dio un beso y le dijo hasta esta tarde...

»Dos de sus primos, que viven con ellos, suben por la escalera. Les pregunta si saben dónde está su madre y sus primos le responden que está muerta. Que ha sufrido un ataque al corazón y la han enterrado enseguida. Y entonces llega su padre y le dice que su madre se ha marchado a descansar al borde del mar. Estaba cansada. Pronto volverá...

»Y él se queda allí, al pie de la escalera. Intentando comprender lo que le han dicho. No puede saber lo que es verdad y lo que no. Sólo sabe que su madre ya no está.

»Y la vida continúa y ya no se habla más de ello.

»—De pronto se hizo un vacío dentro de mí. Un vacío terrible... A partir de ese momento, estuve continuamente triste. Nadie volvió a sacar el tema. Y yo no pedí explicaciones. Así eran las cosas. Se había marchado... Me acostumbré a que ya no estuviese allí. Me sentí responsable y creció dentro de mí un sentimiento de culpa. No sé por qué, pero me sentí culpable. Culpable y abandonado...

»Su padre desapareció también. Se fue a vivir con otra mujer a otra ciudad. Le dejó a cargo de su abuela, que bebía, le pegaba y le ataba a un radiador cuando salía a beber al pub. No volvió al colegio. Vagaba por las calles, sisaba, hacía todo tipo de trastadas. Así fue como, a los catorce años, entró a formar parte de la troupe de acróbatas del señor Pender. Encontró otra familia. Aprendió a dar saltos, a hacer piruetas, contorsiones, muecas, a caminar sobre las manos, a quitarse el sombrero para recoger algunos peniques. Se marchó con la troupe a América, compartió con ellos la tourné, y cuando la troupe volvió a Inglaterra, él se quedó en Nueva York...

»Y luego, un día, casi veinte años después, ya convertido en una estrella, una gran estrella, recibió una carta de un abogado que le anunciaba que su padre había muerto y que su madre vivía en un manicomio, muy cerca de Bristol...

»Se quedó de piedra, me dijo. Como si el mundo se hubiese derrumbado a su alrededor.

»Tenía treinta años. Si se desplazaba, le seguían un centenar de fotógrafos y otro de periodistas. Llevaba trajes elegantes, camisas con las iniciales bordadas en el bolsillo e interpretaba películas de éxito.

»—Me conocía el mundo entero, menos mi madre...

»A su madre la había encerrado en un asilo su padre. Elias había conocido a otra mujer, quería vivir con ella, pero no quería pagar un divorcio, era demasiado caro. Había hecho desaparecer a su mujer. Como un pase de prestidigitador. ¡Y nadie se había vuelto a preocupar del asunto!

»Me contó su encuentro con su madre. En el pobre y vacío cuartito del asilo. No sólo lo contaba, interpretaba la escena, volvía a revivirla. Imitaba las dos voces, la de su madre y la suya.

»—Me precipité hacia ella, quería abrazarla y ella interpuso su codo entre los dos... "¿Quién es usted? ¿Qué quiere de mí?", gritó. "¡Mamá, soy yo! ¡Archie!". "Usted no es mi hijo, no se le parece nada, ¡no tiene la misma voz!". "Pero si soy yo, mamá, ¡soy yo! ¡Sólo que he crecido!".

»Se tocaba el pecho diciendo "¡soy yo! ¡soy yo!" poniéndome como testigo.

»—No quería que la estrechase entre mis brazos. Fueron necesarias varias visitas para que aceptara que me acercase, varias visitas para que dejase el asilo y se instalase en una casita que le había comprado... No me reconocía. No reconocía al pequeño Archie en el hombre en el que me había convertido...

»Se agitaba, se sentaba, se volvía a levantar. Parecía destrozado.

»—¿Te das cuenta, *my boy*?

»Al cabo de los años, las cosas mejoraron, pero ella se mantuvo siempre un poco distante, como si no tuviese nada que ver con ese hombre que se llamaba Cary Grant. Aquello le volvía loco.

»—He pasado la mayor parte de mi vida dudando entre Archibald Leach y Cary Grant, sin estar seguro de ser el uno o el otro y desconfiando de los dos...

»Hablaba con los ojos perdidos en el vacío, con un leve reflejo turbio en la mirada. Hablaba en voz baja, como si se confesase a alguien que yo no veía. Debo decir que a mí se me puso la carne de gallina en aquel momento. Me pregunté con quién estaba exactamente, no estaba seguro de que fuese con Cary Grant. Volví a pensar en la frase que me había dicho su ayudante de vestuario, *to see him is to love him, to love him is never to know him*.

»—Y yo deseaba tanto tener una relación auténtica con ella... Me hubiese gustado que habláramos, que nos contásemos nuestros secretitos, que me dijera que me quería, que se sentía feliz de haberme vuelto a encontrar... Me hubiese gustado que estuviese orgullosa de mí. ¡Ay, sí! ¡Que estuviese orgullosa de mí!

»Suspiró. Levantó los brazos y los volvió a bajar.

»—Pero nunca lo conseguimos ¡y Dios sabe que lo he intentado! Quería que se viniese a vivir conmigo a América, pero nunca quiso dejar Bristol. Le hacía regalos y los rechazaba. Nunca le gustó la idea de que la mantuviese. Un día, le regalé un abrigo de pieles, me miró y me dijo "¿Qué quieres de mí?" y yo dije "pues nada, nada de nada... Es sólo que te quiero...", ella dijo algo como "¡venga ya!", e hizo un gesto con la mano, enviándome a paseo... No quiso quedarse con el abrigo. Otro día, le llevé un gato, un gatito muy pequeño. Teníamos uno en casa antes de que la encerraran en el asilo. Se llamaba Buttercup. Ella lo adoraba. Cuando llegué con el gato en una jaula, me miró como si estuviese loco.

»—¿Y eso qué es?

»—¿Te acuerdas de Buttercup? Éste se le parece mucho... Pensaba que te gustaría, que podría hacerte compañía... Es bonito, ¿no?

»Me fulminó con la mirada.

»—¿Qué son esas gilipolleces?

»Y agarró al gato por el cuello y lo lanzó al otro lado de la habitación.

»—¡Debes de estar completamente loco si crees que yo quería un gato!

»Cogí el gato y lo volví a meter en su jaula. Ella me miraba con aspecto colérico.

»—¿Cómo pudiste hacerme eso? ¿Cómo pudiste encerrarme en aquella casa de locos? ¿Cómo pudiste olvidarme?

»—¡Pero si no te olvidé! ¡Te busqué por todas partes! Nadie se sintió más desesperado que yo cuando te fuiste, mamá...

»—¡Deja de llamarme mamá! ¡Llámame Elsie, como todo el mundo!

»Acabé sintiéndome incómodo a su lado. Ya no sabía qué hacer. La llamaba todos los domingos y, cada vez, justo antes de marcar su número, sentía que se me secaba la garganta, que tenía un nudo, que no podía hablar... Me aclaraba la garganta como un loco. En cuanto colgaba, mi voz se volvía clara y normal... Eso explica muchas cosas, ¿eh, *my boy*?

»Yo le escuchaba y seguía sin saber qué decir. Jugaba con la copa de champaña, la hacía girar entre mis manos. Estaba toda pringosa por lo que sudaba. El disco se paró, no volvió a ponerlo. El viento se colaba por la ventana y hacía ondear las cortinas. Pensé que íbamos a tener tormenta y que no había cogido paraguas.

»—Más tarde, *my boy*, comprendí muchas cosas... Comprendí que mis padres no eran responsables, que era el resultado de su educación, de los errores de sus padres, y decidí no conservar de ellos más que lo mejor. Olvidarme del resto... ¿Sabes, *my boy*?, tu padre y tu madre acaban siempre presentándote factura y haciéndotela pagar. Y lo mejor es que pagues y que perdones. La gente suele pensar que perdonar es una debilidad, yo pienso exactamente lo contrario. Cuando perdonas a tus padres, te fortaleces...

»Pensé en mis padres. No les había dicho nunca que les quería o que les odiaba. Eran mis padres, punto y final. No me hacía preguntas sobre ese tema. De hecho, no hablamos mucho. Fingimos... Papá me indica la dirección y yo la sigo. No me rebelo. Obedezco. Es como si no hubiese crecido nunca, como si fuese todavía un niño pequeño en pantalón corto...

»—Todo ese periodo fue un periodo horrible. Tenía la impresión de vagar entre la niebla. Tenía hambre, tenía frío, estaba solo. No hacía más que tonterías. No comprendía que ella me hubiese abandonado... Pensé que era peligroso querer a alguien, porque esa persona se volvería contra mí y me daría una bofetada en la cara. Y claro, eso no me ayudó en mis relaciones con las mujeres. Cometí el error de pensar que cada mujer a la que quería iba a comportarse como mi madre. Siempre tenía miedo de que me dejara...

»Levantó la mirada hacia mí, pareció extrañado de encontrarme allí. Hubo como un segundo de sorpresa en sus ojos. Aquello me incomodó. Carraspeé, hice ¡ejem, ejem! Él sonrió, hizo ¡ejem, ejem! Y nos quedamos los dos uno frente al otro, sin hablarnos.

»Al cabo de un momento, me levanté, murmuré que lo mejor sería que me fuese, que era tarde. No me detuvo.

»Yo estaba un poco aturdido. Pensé que quizás él había hablado demasiado, que yo no me merecía toda esa confianza. Que al día siguiente se arrepentiría de haberme contado todo eso.

»Salí del hotel. Era de noche, soplaba el viento, el cielo estaba negro, amenazador. El portero me ofreció un paraguas, le dije que no. Me levanté el cuello y me sumergí en la noche de París. Estaba demasiado triste para coger el metro. Tenía que marcharme. Volver a pensar en todo lo que me había dicho.

»Y entonces estalló la tormenta...

»No tenía paraguas; cuando llegué a mi casa, estaba empapado».

Joséphine dejó la libreta negra y pensó en su madre.

También a ella le hubiese gustado que su madre la mirase, que estuviese orgullosa de ella, que compartiesen secretitos.

Eso no había pasado nunca.

Ella también pensaba que querer a alguien era asumir el riesgo de recibir un buen bofetón en la cara. Ella se había llevado sus buenos bofetones en la vida. Antoine se había marchado a vivir con Mylène, Luca estaba en un sanatorio, Philippe vivía días felices con Dottie en Londres.

Ella no luchaba. Se dejaba despojar. Pensaba es la vida, la vida es así...

Volvió unas páginas atrás en la libreta:

«Cometí el error de pensar que cada mujer a la que quería iba a comportarse como mi madre. Siempre tenía miedo de que me dejara...».

Henriette la había dejado a merced del mar embravecido cuando era pequeña. Atrapada por el fuerte oleaje, había elegido entre ella y su hermana. Eligió dejarla morir y salvar a Iris. A ella eso le había parecido normal. Ante aquello que se le presentaba como una evidencia, ella se había contraído.

Todo el éxito de Cary Grant no había logrado borrar el dolor del pequeño Archibald Leach.

Todo el éxito de *Una reina tan humilde*, el éxito de su HDI, su brillante historial universitario, sus conferencias por el mundo entero, no borraban el dolor de saber que su madre no la quería, que no la querría nunca.

Cary Grant había seguido siendo el niño de nueve años que busca a su madre por toda la casa.

Ella había seguido siendo la niña de siete años tiritando sobre una playa de las Landas.

Cerró los ojos. Apoyó la frente sobre las páginas de la libreta negra y lloró.

Había perdonado a su madre. Su madre era la que no la perdonaba.

Poco tiempo después de la muerte de Iris, había llamado a Henriette.

—Joséphine, es preferible que no me vuelvas a llamar. Yo sólo tenía una hija, y la he perdido...

Y la fuerza de las olas la había aplastado de nuevo.

Uno no se cura de tener una madre que no le quiere, se dice que no es digno de ser amado, que no vale un pimiento.

No corre a Londres para echarse en los brazos del hombre a quien ama.

Philippe la amaba. Ella lo sabía. Lo sabía en su cabeza, lo sabía en su corazón, pero su cuerpo se negaba a avanzar. No podía tomar impulso, empezar a dar zancadas, correr hacia él.

Seguía tiritando sobre la playa.

Iphigénie pasó el aspirador por el piso, llamó a la puerta de su despacho, preguntó ¿se puede, molesto? Joséphine se incorporó, se secó los ojos, y simuló buscar un libro.

—¡Pero señora Cortès! ¿Está usted llorando?

—¡Que no! No es nada, Iphigénie, sólo una alergia...

—¡Está usted llorando, señora Cortès! ¡No hay que llorar! ¿Qué le pasa?

Iphigénie dejó el mango del aspirador y abrazó a Joséphine, la estrechó contra su delantal.

—¡Trabaja usted demasiado! ¡Se pasa el día en su despacho con sus libros y sus cuadernos! ¡Eso no es vida!

La acunó, repitiendo eso no es vida, eso no es vida, pero ¿por qué llora, señora Cortès?

Joséphine sorbió, se limpió en la manga del jersey, dijo no es nada, se me pasará, no se preocupe, Iphigénie, es que he leído algo muy triste...

—Yo sé muy bien cuándo usted no está bien, ¡y puedo decirle que no está usted nada bien! ¡Nunca la había visto en ese estado!

—Lo siento, Iphigénie.

—¡No se disculpe encima! Todos podemos tener nuestras penas. Está usted demasiado sola, ¡eso es todo! Está usted demasiado sola... Voy a hacerle un café, ¿quiere un café?

Joséphine dijo sí, sí.

Iphigénie la contempló desde el umbral de la puerta, suspiró y se marchó a prepararle el café haciendo su ruido de trompeta enfadada. Volvió con una gran taza y tres terrones de azúcar en la mano y preguntó ¿cuántos terrones quiere en el café?

Joséphine sonrió y dijo los que usted quiera.

Iphigénie meneó la cabeza y puso los tres terrones en la taza.

—El azúcar consuela.

Removió con la cucharilla meneando la cabeza.

—¡No me lo puedo creer! Una mujer como usted, ¡llorando como una chiquilla!

—Pues sí... —dijo Joséphine—. Iphigénie, ¿y si hablásemos de algo más alegre? Si no, voy a echarme a llorar otra vez y sería una pena, con un café tan bueno.

Iphigénie sacó pecho, satisfecha de haber conseguido un buen café, y explicó:

—Hay que verter el agua sobre el café en polvo antes de que hierva... Ése es el secreto.

Joséphine bebió bajo la atenta mirada de Iphigénie. Venía dos veces por semana a limpiar la casa. Cuando se marchaba, la casa estaba resplandeciente. Me siento bien en su casa, lo hago como si fuese la mía, ¿sabe?... ¡No lo haría con todo el mundo!

—Diga, señora Cortès, ya que hacemos una pausa en el trabajo, usted y yo, hay una cosa que he estado pensando... ¿Recuerda nuestra conversación, el otro día, sobre el hecho de que nosotras, las mujeres, dudábamos siempre de nosotras mismas, que pensábamos que no valíamos, que éramos incapaces de hacer nada...?

—Sí —respondió Joséphine bebiéndose aquel café demasiado dulce.

—Pues bien, estaba pensando que si nosotras dudamos, si pensamos siempre que no lo vamos a conseguir, ¿cómo van a confiar en nosotras los demás?

—No tengo ni idea, Iphigénie.

—Escúcheme bien... Si yo no creo en mí misma, ¿quién lo hará? Si yo no confío al cien por cien en mí, ¿quién lo hará? Hay que transmitir a la gente la idea de que somos formidables, si no, no se dan cuenta...

—Es bastante cierto lo que está diciendo, Iphigénie, ¡bastante cierto!

—¡Ajá! ¿Ve usted?

—¿Y se le ha ocurrido a usted sola? —preguntó Joséphine mojando los labios en su café, realmente demasiado dulce.

—Sí. Y sin embargo, no he estudiado en la Politécnica, como el señor del segundo.

Joséphine se sobresaltó.

—¿Politécnica? ¿Quién ha estudiado en la Politécnica?

—Pues... el señor Boisson. Cuando reparto el correo, me fijo mucho en no equivocarme, leo atentamente lo que pone en el sobre y he visto que recibía convocatorias a reuniones de antiguos alumnos o cosas así. En el sobre estaba el nombre de la escuela y de la asociación de antiguos...

—¿El señor Boisson ha estudiado en la Politécnica?

—Sí, y yo no. Pero eso no me impide pensar. Pensar en las cosas de la vida cotidiana... Y para eso, simplemente hay que sentarse en una silla cuando los niños se acuestan y preguntarse por qué una mujer como usted, una mujer inteligente, sabia, piensa que no vale gran cosa y que todo el mundo puede pisotearla...

—¿El señor Boisson? Ha estudiado en la Politécnica —repetía Joséphine—. Y su mujer, Iphigénie, ¿cómo se llama?

—De eso no sé nada. ¡No vaya a pensar que abro las cartas! ¡Qué ocurrencia! Leo lo que está escrito encima. Pero no se quede en eso, señora Cortès, piense en lo que le he dicho justo antes. Si usted no está segura de sí misma al cien por cien, ¿quién lo estará? Piénselo...

—Tiene usted razón, Iphigénie. Voy a pensar en ello...

—Porque es usted una persona formidable, señora Cortès. Usted es la única que no lo sabe... Así que métaselo en la cabeza y repítase cada noche al acostarse soy una mujer formidable, soy una mujer formidable...

—¿Cree usted que funciona así?

—No tiene nada que perder intentándolo y yo pienso que no es una idea tan tonta. ¡Pero lo que es seguro es que no he estudiado en la Politécnica!

—¡Por suerte, Iphigénie! No estaría usted aquí para cuidarme...

—¡Venga! No quiero volver a verla llorar... ¿Me lo promete?

—Se lo prometo... —suspiró Joséphine.

Tenía que hablar inmediatamente con Garibaldi.

* * *

Las diez de la mañana...

Sentada en su enorme cocina, Josiane miraba los cristales de las ventanas. Los había limpiado antes de ayer, había llovido, podría hacerlos hoy otra vez. Había encontrado en Franprix una nueva marca de toallitas para cristales que prometía milagros. O darle antical a los grifos. Quitar la cal de los filtros. Limpiar los estantes. Desengrasar el horno. Ya está hecho ¡hace tres días! ¿Quitar las cortinas del salón y llevarlas a la tintorería? Sí, pero... acababan de volver de allí... ¡Ah!, se sobresaltó, llena de esperanza, ¡hace una semana que no le saco brillo a la plata! Podría ocuparme la tarde...

Se levantó, cogió su gran delantal, se lo ciñó a la cintura y abrió el cajón donde guardaba la cubertería de plata. Brillaba como el sol de mediodía.

Volvió a sentarse, decepcionada.

¿Ir a la peluquería? ¿A darse un masaje? ¿A mirar escaparates? ¿Ver la tele? Movió la cabeza. Esas actividades no la animaban. ¡Al contrario! Salía de la peluquería huraña. No abría los paquetes de ropa por estrenar que acababa de comprar. Colgaba los jerséis y las faldas con las etiquetas en su armario y no los volvía a tocar.

Y delante de la televisión, se dormía.

Había intentado hacer punto...

Necesitaba acción. Montañas que escalar, problemas que resolver. Había pensado en aprender chino, o inglés, pero había comprendido inmediatamente que aquello tampoco le bastaría. Quería actividades prácticas. Movimiento, una meta concreta que alcanzar...

Echó un vistazo a la ternera salteada con verduras que se cocía al fuego en una gran cacerola de cobre. ¡La puerta del horno! Podría desmontarla, limpiar el espacio entre las dos placas de vidrio. Estará llena de grasa. Eso debe de ser un trabajo duro... ¡Con un poco de suerte le llevará media jornada! Y así se acercaría la hora de la comida. Pondría la mesa, miraría cómo Junior devoraba su ternera salteada leyendo un libro, quitaría la mesa, lavaría los platos a mano, los secaría, limpiaría cuidadosamente los bordes de la pila...

No oyó los pasos de su hijo al entrar en la cocina. Junior se encaramó a un taburete y la sacó de su fantasía de ama de casa.

—¿Estás bien, madrecita? Te noto apesadumbrada... ¿Tienes sombras en el alma?

—Digamos que podría estar mejor, mi bebé querido...

—¿Quieres que hablemos tú y yo?

—¿Tu profesor no está?

—Le he enviado a su casa, no había terminado los deberes... y además descuida su papel de profesor. Y el papel esencial de un profesor es despertar la alegría de trabajar y de saber...

—¡Oh, Junior! ¿Cómo puedes hablar así de un hombre tan sabio? —se ofendió Josiane mirándole con reproche.

—Digo la pura verdad, madrecita. Ese hombre está agotado. Va a haber que sustituirle. Patina desde hace un tiempo, yo saco mejores notas que él cuando recibimos los exámenes...

—¿Y el otro también flaquea?

Junior tenía dos profesores: uno por las mañanas, otro por las tardes. Dos jóvenes recién salidos de prestigiosas escuelas que llegaban, puntuales, para dar sus clases, con carteras llenas de libros y cuadernos, bolígrafos de todos los colores y fichas cuadriculadas. Se quitaban el abrigo en la entrada y penetraban en la habitación de Junior como en un santuario. Con cierto nerviosismo en el estómago. Se limpiaban los zapatos, se ajustaban el nudo de la corbata, tosían, se aclaraban la garganta y llamaban a la puerta esperando la orden para entrar. El niño les impresionaba.

—¡No! ¡Ése aguanta bien! Nuestras conversaciones son apasionantes. Me espolea el cerebro con sus comentarios y me plantea miles de preguntas. Tiene un espíritu vivo, bien documentado, una memoria excelente y razona muy bien. Nos divertimos mucho juntos... Pero dejemos de hablar de mí, dime lo que te apena...

Josiane suspiró. No sabía si debía decirle la verdad a su hijo o hablar de cansancio, del cambio de estación, de una gripe pasajera. Pensó por un momento en acusar al polen de los árboles.

—Y no intentes ocultarme nada, madrecita. Leo en tu cara como en un libro... Te aburres, ¿verdad? Das vueltas por la casa y ya no sabes qué limpiar. Antes tenías una profesión, participabas en la vida de la empresa, te marchabas por las mañanas, con paso firme y expresión de orgullo, volvías por la tarde, con la cabeza desbordante de proyectos. Tenías tu lugar en la sociedad. Ahora, por culpa mía, te ves encerrada en casa, limpiando, haciendo la compra, cocinando, y te aburres...

—Eso es exactamente, Junior —respondió Josiane, sorprendida por la perspicacia de su hijo.

—¿Y por qué no vuelves a trabajar en Casamia?

—Tu padre no quiere. Quiere que me ocupe de ti, ¡exclusivamente de ti!

—Y eso te fastidia...

Le miró, incómoda.

—Te quiero con locura, mi bebé adorable, pero ya no me necesitas, hay que ser realista...

—He ido muy deprisa...

—Demasiado deprisa...

—No he cumplido con mi papel de bebé. Lo sé. Me lo reprocho con frecuencia. Pero qué quieres que te diga, mamá, ¡es tan aburrido ser un bebé!

—No sé. No me acuerdo —respondió Josiane riéndose—. ¡Hace ya tanto de eso!

—Entonces... Dime... Para mí es delicado interrogarte. Deberías ayudarme...

—Pues estaba pensando... —dijo Josiane, no demasiado segura de poder confesar la verdad.

—Que te gustaría tener un segundo bebé...

—¡Junior!

—¿Y por qué no? Sólo hay que convencer a papá... No sé si tiene muchas ganas. Se hace viejo...

—Eso es.

—Y no te atreves a decírselo...

—Tiene tantas preocupaciones...

—Y tú no paras de dar vueltas en redondo estrujándote el cerebro. ¡Estás llena de ideas sombrías!

—Me lees el pensamiento, hijo mío.

—Pues hay que inventar algo. Inventar una nueva forma de vivir. Inventar es pensar métodos insólitos.

—¿Es decir? —preguntó Josiane, no muy segura de entenderlo.

—Ir allí donde nadie te espera... El conocimiento se adquiere mediante la experiencia, el resto no es más que información. Pocos seres son capaces de expresar con calma una opinión distinta a los prejuicios de su entorno. La mayoría es incluso incapaz de llegar a formular tales opiniones. Pero tú sí que puedes, madre...

—Junior, ¿puedes hablarme de forma más simple? Es un poco confuso...

—Perdóname, madre. Voy a tratar de ser más claro...

Y pidió al Albert Einstein que había dentro de él que dejara hablar a Junior Grobz.

—Yo sé por qué a tanta gente le gusta trabajar la madera. Es una actividad en la que enseguida ves el resultado. Comprendo por qué tienes tantas ganas de ocuparte de la casa, quieres sentirte útil y obtener un resultado.

—¡Pero me temo que ya he acabado con todo lo que se podía hacer en la cocina!

—¿Y qué querrías hacer, madre adorada?

—Lo que acabas de decir: ser útil. Antes me sentía útil... Útil en la empresa, útil para tener un hijo, pero ahora el hijo me ha sobrepasado y yo estoy aquí, sin saber qué hacer.

—Las grandes mentes se han enfrentado siempre a la cerrada oposición de las mentes mediocres y tú tienes miedo de formular tu deseo..., así que te pregunto de nuevo, madre, ¿qué querrías hacer?

—Me gustaría volver a trabajar. Tu padre necesita que le ayuden. Casamia ha crecido, se ha convertido en un monstruo que necesita nuevos proyectos sin cesar y me doy perfecta cuenta de que eso le agota. Ya no puede hacerlo él solo. Me gustaría que me devolviese mi puesto en la empresa. Que me pusiese al frente de un departamento que se llamara...

—¿«Prospectivas y nuevas ideas», por ejemplo?

—Ese puesto me iría como anillo al dedo. Y lo demostré en el pasado. Nadie se enteró porque dejé que me robaran las ideas, pero no había nadie mejor que yo para descubrir nuevas salidas... Me gustaba. Me gustaba analizar los proyectos de los demás, estudiar lo que se podía poner en práctica o no, lo que era productivo o no... Esa búsqueda me gustaba.

—Estoy seguro de ello, madre. Es tu intuición la que habla, y la intuición suele tener razón. La mente intuitiva es un don sagrado y la mente racional, un fiel servidor. Hemos creado una sociedad que honra al servidor y olvida el don... Raros son los que ven con sus propios ojos y experimentan con su propia sensibilidad. ¡Lánzate! Descubre proyectos y preséntalos a mi padre. Él sabrá reconocer que tienes razón y te dará el puesto que deseas...

—No es tan sencillo, Junior. He intentado contárselo, pero no quiere escucharme. Me dice sí, sí, para tranquilizarme, pero no hace nada para ayudarme. Podría, por supuesto, proponerle mis servicios a otro, pero tendría la impresión de traicionarle...

—Todo es relativo, madre. Si pongo la mano sobre una sartén ardiendo, un minuto me parecerá una hora. Si me siento al lado de una chica guapa una hora, ese rato me parecerá un minuto. Eso es la relatividad. Descubre un proyecto nuevo bien elaborado, déjalo sobre su mesa sin decir que procede de ti y él querrá saber de dónde viene y te buscará... Todas sus dudas quedarán barridas, y no tendrá más remedio que inclinarse ante ti...

—¡Junior! ¡Vas demasiado rápido incluso cuando piensas!

Le miró a los ojos para intentar comprender cómo ese niño de tres años podía pronunciar ese tipo de discursos, y después renunció. Nunca conseguiría entender a su hijo. Tendría que acostumbrarse a ello. Precisamente se lo contó el otro día a Ginette... Y ésta le había dicho acéptalo, acepta ese don del cielo y deja de querer frenarle. No es igual que los demás ¿y qué? ¿Te imaginas un mundo en el que todos fuésemos parecidos? ¡Nos suicidaríamos! Tantos padres quejándose de que sus hijos son malos estudiantes, perezosos, ignorantes. Tú tienes un pequeño Einstein, cuídale, anímale. No intentes ponerle a la altura de los demás. La igualdad es un concepto estúpido. Todos somos diferentes...

Suspiró, se frotó las manos. Retomó el diálogo con su hijo.

—Tienes razón, Junior... Pero todavía tengo que encontrar un buen proyecto. Y estoy aislada en la cocina...

—¿Cómo lo hacías antes?

—Visitaba los salones especializados, las ferias, las exposiciones... Hablaba con arquitectos, diseñadores, inventores independientes, seleccionaba ideas... Pensaba que, entre todo ese desorden, habría seguramente cosas que aprovechar.

—Y tenías razón... La imaginación es más importante que el saber.

—Pero ¿cómo partir en busca de esa imaginación si estoy encerrada en casa cuidando de ti?

—Te ayudaré, madre. Iré contigo. Tú no tendrás más que decir que lo haces para instruirme, y yo te apoyaré. Recorreremos juntos las grandes ferias comerciales y encontraremos ideas nuevas que entregaremos en el despacho de padre...

—¿Harías eso por mí?

—¡Claro! ¡Y mucho más, si me lo pidieses! Te quiero tanto, madre querida... Eres mi roca, mis raíces, mi escudo contra el mundo... Quiero ayudarte. Estoy en la tierra para eso, no lo olvides.

—Pero si ya nos has hecho felices, Junior. Tu nacimiento fue una bendición, una fuente de alegría infinita. Deberías habernos visto a los dos, arrodillados ante el niño divino que venía a coronar nuestro amor. Te contemplamos como a un tesoro... Ibas a cambiar nuestras vidas. Y las cambiaste...

—Y aún no he terminado, ya verás. ¡Vamos a hacer grandes cosas juntos! Me encanta el trabajo de campo, hablar con personas nuevas con ideas originales, transformar sus proyectos en realizaciones concretas. Estudiar entre cuatro paredes acaba por aburrirme.

—Pero no debes agotarte. ¡Todavía eres pequeño! Tienes demasiada tendencia a olvidarlo. Ya no duermes la siesta...

—Es inútil, madre, inútil. No duermo mucho, pero duermo deprisa... El sueño es una pérdida de tiempo, una droga para holgazanes.

—Hace mucho tiempo que he renunciado a comprender cómo funcionas, Junior. Lo confieso, estoy completamente desbordada... ¡pero muy feliz de tener esta conversación contigo! Es una bonita oportunidad que me da la vida...

—El azar no existe, madre. El azar es Dios paseándose de incógnito. Ha visto que tenías ideas sombrías y me ha enviado hacia ti...

—Y entre los dos, vamos a ayudar a tu padre... Nos necesita tanto, ¿sabes? El mundo va tan deprisa, hoy en día, y él no quiere reconocerlo, pero está envejeciendo...

—El mundo es peligroso. No tanto por culpa de los que hacen el mal, sino por culpa de los que miran y dejan hacer...

—No dejaremos que nadie le haga ningún mal, ¿verdad, Junior?

—¡Te lo prometo, mamá! Yo voy a ponerme inmediatamente a buscar ideas y proyectos para Casamia y tú, por tu parte, redacta una lista de ferias a las que podamos ir a dar una vuelta.

—¡Asunto arreglado! —exclamó Josiane levantándose y cogiendo a su hijo en brazos—. ¡Junior! ¡Qué felicidad haberte tenido! ¿Cómo he podido tener un niño como tú? Soy tan simplona e ignorante... Es un gran misterio...

Junior sonrió y le dio una palmadita en el hombro para indicarle que no pensase demasiado en ello.

—Lo que es incomprensible es que el mundo sea comprensible —añadió en voz baja, dejando que el gran Albert Einstein retomara la palabra.

* * *

Joséphine llamó a Garibaldi al día siguiente de su conversación con Iphigénie. No estaba en su despacho, le dejó un recado al compañero que le respondió. Cuando deletreó su nombre, Joséphine C-O-R-T-È-S, el compañero hizo una pausa y dijo:

—Ah... Es usted, señora Cortès...

Con un tono de respeto y dulzura. Como si la conociese. Como si Garibaldi le hubiese hablado de ella en términos afectuosos. Y la voz se convirtió en la voz cálida de un amigo. Decía Joséphine Cortès y un poco de luz caía sobre el despacho frío y gris de Garibaldi.

—Está fuera, en una misión... Una gran operación de tráfico de drogas. Trabajamos en ello día y noche, por turnos. Pero le diré que ha llamado usted y él le devolverá la llamada, eso seguro...

Joséphine le dio las gracias y colgó, con lágrimas en los ojos.

Luego se reprochó su sentimentalismo y reaccionó. ¡Deja de lloriquear por cualquier tontería, pobrecita mía! Garibaldi te hace un favor porque le gustas, ¡eso es todo! ¿Qué te imaginas? ¿Que cuando habla de ti le tiembla la voz? Suspiró. Era agotadora esa facultad de sentirlo todo, de experimentarlo todo. De dejarse penetrar por la entonación de una voz, por un comentario irónico, por un gesto de las cejas. No conseguía poner barreras entre ella y los demás. Se decía, esta vez lo voy a intentar, saldré armada, con casco, acorazada, no dejaré que nadie me dé un navajazo. Pero no funcionaba nunca... Cualquier cosa la hería o la hacía feliz. Cualquier cosa la abatía o levantaba en ella una oleada de esperanza y calor. Soy un inmenso papel secante, se dijo para animarse a sonreír. A reírse de ella y de su sentimentalismo. Un inmenso papel secante lleno de manchas.

Volvió a pensar en sus lágrimas después de haber leído la libreta del Jovencito.

Había llorado al leer el pasaje en el que Cary Grant evocaba a su madre.

Pensó en la reflexión de Iphigénie: «Si no cree en sí misma, ¿cómo quiere que los demás crean en usted?».

Nunca olvidaría a la niña pequeña abandonada a merced de las olas. Cargaba en su interior con el cadáver de una ahogada.

Se había vuelto hacia donde estaba su madre, había conseguido nadar hasta ella, había gritado espérame, espérame, se había agarrado a ella, pero su madre la había rechazado de un codazo. No lo había dicho, pero fue como si la hubiese oído decir ¡tú no! ¡Tú no! ¡Déjame!

Déjame salvar a tu hermana.

Iris. La gente adoraba a Iris. Era inevitable. Una niña que acaparaba toda la luz. Que atraía todas las miradas. Sin hacer nada. Sin más. Los niños como ella tenían derecho a todo, tenían todo el poder. Porque eran el sueño de los demás, porque los transportaban lejos. Amar a Iris era participar de su luz, conseguir uno de sus rayos y hacer de él una velita...

Frente a Iris, ella era impotente.

Entonces, en las aguas del mar embravecido, ella se había soltado. Había cerrado los ojos y se había dejado llevar por las olas.

Y había ido a parar a la orilla, abandonada por la marea. Catapultada sin que ella hubiese hecho nada. Había salido del agua tambaleándose, escupiendo, castañeteando los dientes. Sola. Sola... Su padre la había cogido en brazos mientras le gritaba a su madre que era una criminal. Ella oyó esas palabras, pero no las entendió. Había sentido el deseo de calmarle, de consolarle, pero no había tenido la fuerza.

La vida había continuado sin que se hubiese hablado del tema nunca más. En cuanto a ella, no sabía, se decía es mamá la que tenía razón o es papá, también se decía que la verdad depende del punto de vista en el que uno se coloca.

Ese tipo de cosas debía de vivirlo mucha gente. Ella no era una excepción. No hay que exagerar nada. Y todos nosotros continuamos viviendo, fingiendo que vivimos..., salvo que no sabemos que fingimos.

Rescataba pequeños momentos de alegría, pequeños retazos de felicidad. Los pedazos grandes no podía tragarlos. Se sentía feliz con esos pedazos pequeños. Le bastaban sobradamente.

Como el saber que gustaba a Garibaldi...

La historia de Cary Grant y su madre la comprendía.

Todo el mundo le quería, todo el mundo le consideraba formidable, era la mayor estrella de Hollywood, pero seguía siendo el chiquillo de nueve años al que su madre había abandonado. Archibald Leach suplicaba que su madre pusiese sus ojos en él. Elsie veía a Cary Grant y no le reconocía.

Interponía el codo cuando él se acercaba...

Rechazaba el abrigo de pieles.

Lanzaba al gato al otro lado de la habitación.

Le prohibía llamarla mamá.

Se negaba a vivir en una gran casa en Los Ángeles, a su lado.

Adoptaba una actitud distraída cuando él la llamaba por teléfono.

Decía tú no eres Archie, no eres mi hijo.

Él insistía. Llamaba todos los domingos estuviese donde estuviese...

Sentía un nudo en la garganta. Temblaba siempre.

Ya no sabía quién era...

¿Archie Leach, Cary Grant?

Había crecido, había triunfado, pero era como si hubiese crecido y triunfado dentro de otro ser... Fabricando otro personaje llamado Cary Grant.

Lo había fabricado él mismo.

Observándose en el espejo, calculando el grosor de su cuello, la talla de su camisa, metiendo las manos en los bolsillos, rectificando su acento, poniendo a punto gestos, muecas, actitudes, aprendiendo palabras cultas que escribía en un cuaderno...

Se las había arreglado solo.

Solo...

Los hombres que consiguen escapar a su infancia son siempre hombres solitarios. No necesitan a nadie, avanzan con las manos en los bolsillos, algo estirados, un poco temblorosos, con un pequeño nudo en la garganta, pero avanzan.

Levantó la cabeza. Agradeció al Jovencito que le hubiese contado la historia de Cary Grant. Cada vez que volvía a pensar en la tempestad en la playa de las Landas, añadía una pieza al rompecabezas.

Cary Grant acababa de colocar una nueva pieza del gran rompecabezas. Una pequeña frase que había formulado sin darse cuenta, «había salido del agua... sola».

Sola...

Pensó en sus hijas.

En la muerte de Antoine...

Se preguntó si Hortense y Zoé tendrían pesadillas pensando en el final de Antoine.

Se preguntó si Zoé se estrechaba contra ella y hablaba como la niña pequeña que ya no era para olvidar la muerte de su padre. Lo mezclaba todo, Gaétan, esa noche en el sótano, los brazos de su madre, la oreja de su osito que mordisqueaba... Se mantenía en equilibrio, con un pie en la infancia y un pie en el futuro. Sin saber exactamente de qué lado inclinarse. Dudaba.

Hortense había salido de la infancia dando un portazo hacía mucho tiempo. Miraba hacia delante con resolución y dejaba atrás todo lo que pudiese molestarle. Una especie de amnesia que la protegía. Se había construido una coraza. ¿Cuánto tiempo estaría protegida? Siempre hay un momento en el que la coraza vuela en pedazos...

Yo también siento un nudo en la garganta cuando voy a hablar con Hortense. Doy vueltas alrededor del teléfono antes de marcar su número.

Yo también tengo miedo de que me rechace y me lance el gato a la cara.

Y, sin embargo, soy una madre formidable...

Soy una madre formidable.

Y marcó el número de Hortense.

Estaba en casa. Furiosa. Hay tres centímetros de agua en el cuarto de baño y nadie hace nada, estoy harta de este sitio, ¡harta! ¿Y sabes qué? El otro tarado, el ayatolá ese...

—¿Peter? —sugirió Joséphine.

—¡Ese estúpido! Ha decidido domarme. ¡Enseñarme a vivir! Dice que esta vez soy yo la que tengo que llamar al propietario para echarle la bronca... Se ha convertido en un padre moralista y me da lecciones sobre todo. No lo aguanto más. Creo que voy a largarme... La otra noche, intentamos reconciliarnos. Salimos juntos y, al entrar en la discoteca, ¿sabes qué me dijo?

—No —dijo Joséphine, sorprendida de que su hija le contase tantas cosas.

Hortense debía de estar muy enfadada, y necesitaba verter su rabia en los oídos de alguien.

—Me dijo todos estos tíos te están mirando, Hortense, y tú, en cambio, serás buenecita y te quedarás a mi lado... sin moverte. ¡Pero bueno! ¿Se cree que le pertenezco? ¿Que voy a salir con él? ¿Con sus gafitas redondas, su altura de tapón y su aspecto estreñido? Te digo que está enfermo, completamente enfermo...

—¿Sabes algo de Gary? —preguntó Joséphine.

—No. Ya no nos vemos...

—Eso es normal —dijo Joséphine, que sabía por Shirley que Gary estaba en Nueva York.

—¿Acaso te parece normal? ¡Encima le defiendes! ¡Es lo que me faltaba por oír! Decididamente, en este momento tendría que meterme en la cama y taparme los oídos... ¿Es una conspiración o qué?

—Hortense, cariño, cálmate... Sólo quería decir que es normal que ya no os veáis porque él está en Nueva York y tú en Londres... Quería saber si habláis por teléfono de vez en cuando...

—¿En Nueva York? ¿Qué coño hace en Nueva York? —preguntó Hortense, atónita.

—Está viviendo allí... Debe de hacer algo más de dos meses...

—¿En Nueva York? ¿Gary?

—¿Shirley no te ha dicho nada?

—Tampoco he vuelto a ver a Shirley. Por culpa de Gary. He tachado a la madre y al hijo de mi vocabulario...

—Se marchó de la noche a la mañana...

—¿Y por qué?

—Esto..., creo que... Me incomoda un poco contártelo, mejor que te lo cuente Shirley...

—¡Mamá! No te pongas melindrosa... ¡Así ganaré tiempo, y ya está!

Joséphine le contó el viaje de Gary a Edimburgo en busca de su padre, el regreso a Londres, su irrupción en casa de Shirley por la mañana temprano y...

—Se encontró a Shirley en la cama con Oliver, su profesor de piano...

—¡Guau! ¡Eso debió de ser un shock!

—Y desde entonces, no le dirige la palabra a Shirley. Creo que le envía correos. Se marchó a Nueva York, le han aceptado en la Juilliard School...

—¡Qué guay!

—Ha alquilado un apartamento, parece ser que está muy a gusto allí...

—Pasamos la noche juntos después de la fiesta de mis escaparates y, por la mañana, se fue a ver a su madre. Sentía una especie de urgencia...

—Debía de querer contarle su viaje a Escocia... No había tenido tiempo.

—Y yo que creía que seguía en Londres y que me ninguneaba...

—¿No te avisó?

—No. Ni una palabra, ¡ni un mensaje de texto! Habíamos pasado la noche juntos, mamá, una noche de ensueño, y se largó corriendo por la mañana para ir a ver...

—Quizás te dejó un mensaje y no lo recibiste... A veces pasa, ¿sabes?

—¿Lo crees de veras?

—Sí. En todo caso, a mí me pasa... Alguien me dice que me ha enviado un mensaje y yo no recibo nada.

—Es verdad que, desde hace algún tiempo, no tengo demasiados mensajes. Pensaba que estaba pasando una época mala, y esperaba que pasara... Debe de ser algo de Orange...

—¿También existe Orange en Inglaterra?

—Sí, yo tengo Orange aquí... ¿Tú crees que me llamó y que no recibí su mensaje?

—No se habría marchado sin decírtelo... Sobre todo después de haber pasado la noche contigo. Gary es un buen chico.

—Lo sé, mamá, lo sé... Estuvo tan bien esa noche... Todo salió tan bien...

Joséphine oyó sorprendida cómo a Hortense se le quebraba la voz. Hizo como si no lo hubiese oído.

—Envíale un correo, Hortense...

—Lo pensaré... Oye, ¿y por qué me llamabas?

—Porque te echo de menos, cariño... Hacía mucho tiempo que no escuchaba tu voz. Cada vez que te llamo, me dices que tienes prisa, que no tienes tiempo y eso me pone triste...

—¡Oh, mamá! No empieces a ponerte sentimental..., que me enfadaré, te mandaré al cuerno y entonces sí que te pondrás triste. Pero me alegro mucho de hablar contigo... ¿Y tu libro? ¿Avanza? ¿Has empezado a escribir?

Joséphine le contó la historia del Jovencito y de Cary Grant. Hortense le dijo que era una historia hecha para ella, con emociones que brotan como la hemoglobina... No lo dijo con mal tono, sino con el tono desenvuelto de quien observa los sentimientos desde la distancia, por miedo a que la toquen y la hundan.

* * *

Denise Trompet bailaba de alegría en su pequeña habitación de la calle Pali-Kao. Miraba su imagen en el espejo adornado con conchas blancas que había traído de un viaje con sus padres a Port-Navalo. Sus únicas vacaciones en casi treinta años. Ellos no cerraban nunca la tienda, era perder dinero. Pero un verano se habían atrevido. Se habían ido los tres en autobús a Port-Navalo, un antiguo puerto pesquero y refugio de piratas en el golfo de Morbihan.

Le habían regalado ese espejo, promesa de belleza y felicidad. Y un pequeño estuche de maquillaje... Tienes que pintarte un poco, había dicho su madre, afligida por ver a su hija tan poco atractiva.

Esa noche se pintaría.

Esa noche salía con Bruno Chaval.

Esa noche él la llevaría a ver la puesta de sol desde lo alto de la loma de Montmartre.

Esa noche la estrecharía entre sus brazos y los dos, abrazados, contemplarían el esplendor del astro solar desaparecer en el horizonte como un disco ardiente rosa y naranja.

Eligió un vestido rosa y naranja. Unos escarpines dorados. Un bolso dorado. Se maquilló en tonos cálidos de sol poniente. Transformó su cabello lacio en un atrevido rizado, lo cubrió de laca poniendo la cabeza boca abajo para aumentar el volumen, y volvió a bailar en su pequeña habitación.

Se habían citado en la plaza del Tertre. Se encontrarían entre los caballetes de los pintores y las fachadas multicolores de los cafés. Él la cogería de la mano, la abrazaría...

Esa noche, sus labios se rozarían...

La noche anterior, al acostarse, había leído su libro preferido, *Acuerdos privados*. Había memorizado largos fragmentos. Los recitó cerrando los ojos, con el cuerpo invadido por una suave calidez:

Pero en cuanto sus labios tocaron los suyos, un relámpago de placer recorrió su cuerpo, como cuando un niño prueba un trozo de azúcar por primera vez en su vida. Su beso era tan ligero como un merengue, tan refrescante como la primera lluvia de primavera.

Estupefacta, aturdida, bebió su aliento hasta que el beso no le bastó. Cogió entonces su rostro entre sus manos y le besó con un ardor que ignoraba poseer, que traspasaba el entusiasmo y se acercaba más bien al frenesí.

Esa noche, esa noche...

Bajó las escaleras de cuatro en cuatro, saludó al comerciante árabe que había comprado el negocio de sus padres. Habitualmente no le dirigía nunca la palabra.

—¿Va todo bien, señorita Trompet? —dijo él extrañado.

—Estupendamente... —respondió ella saltando como una gacela hacia la boca del metro.

Bajaría en la estación de Anvers y subiría lentamente las escaleras que conducían hasta la basílica. Desecharía el funicular para no impregnarse el cuerpo del olor a hacinamiento de la pequeña cabina, y llegar fresca, rosada, dispuesta, hasta su bien amado. Sería como una lenta procesión hacia la felicidad. Franquearía uno por uno los escalones de la felicidad. ¡Por fin! ¡Por fin! Esta noche la besaría...

Se vio reflejada en un escaparate y se encontró casi guapa. ¡Ah, el amor!, canturreó, es la mejor crema de belleza... El talismán secreto para doblegar al hombre ante ti, para que te embriague con sus besos y se arrodille a tus pies. ¿Querrá venir a vivir a la calle Pali-Kao o deberemos mudarnos cuando vivamos juntos? Sería mejor mudarse. Sí, pero él no tiene trabajo... Al principio tendremos que ser razonables. No hacer locuras. Ahorrar, abrir una cuenta vivienda, después vender la casa de Pali-Kao y comprar un piso digno de ambos, en un buen barrio. Yo trabajaré por los dos mientras espero a que encuentre trabajo. Es un hombre brillante. No puede aceptar cualquier cosa...

Hacía planes, esbozaba un presupuesto, imaginaba sobres de gastos (vacaciones, coche, alimentación, tasas, impuestos, varios, accidentes, imprevistos, catástrofes), pensaba, preparaba, preveía algunos meses difíciles antes de establecerse finalmente.

Y ascendía los tramos de la escalinata.

Y se frenaba para saborear la emoción.

He esperado cincuenta y dos años, puedo esperar un poco más antes de cumplir mi sueño. Bruno Chaval, señora de Bruno Chaval, tendré que acostumbrarme a firmar mis documentos con mi nuevo nombre. Papá y mamá hubieran estado orgullosos de mí.

Él la esperaba. Alto, magnífico, en la cima de la escalinata. Negligentemente apoyado contra una columna en la que ella vio cierto aire dórico. Él no se movió y ella tuvo que avanzar hasta él. Él bajó su mirada hacia ella y preguntó:

—¿Feliz?

Ella suspiró «sí», enrojeció y le siguió cuando él se despegó de la columna.

Caminaron hasta la basílica. A ella le hubiese gustado que él la cogiese de la mano, pero parecía muy preocupado por la etiqueta y se mantenía a una distancia respetable. No quería comprometerla con un gesto embarazoso.

Se sentaron en los escalones y contemplaron el sol, que culminaba su carrera hacia el horizonte.

—Esta noche se pone a las veintiuna doce —dijo la Trompeta, que había consultado una efeméride.

—Ah... —dijo Chaval, cuidando de que sus codos no se tocaran—. ¿Y cómo sabe usted eso?

—¡Soy una mujer ilustrada! —dijo ella, ruborizándose—. Me apasionan los números... Puedo recitarle las tablas de multiplicar al revés y hacer cualquier operación de memoria, sin lápiz ni papel. Una vez gané un concurso, organizado por Espaguetis Lustucru...

—¿Y qué ganó?

—Un viaje a Port-Navalo. Fui con mis padres. Estaba tan contenta de poder ofrecerles ese viaje gracias a mis conocimientos... Tres días de asueto. ¡Fue formidable! ¿Conoce Port-Navalo y el golfo de Morbihan? Está a ciento veinte kilómetros de Nantes, a ciento treinta de Quimper, a cuatrocientos sesenta de París...

—No. Nunca he puesto un pie allí...

Y odio el grito de las gaviotas y el olor a alga podrida, pensó, haciendo una mueca de asco.

Podríamos ir en nuestra luna de miel, pensó Denise Trompet enrojeciendo. Veríamos la puesta de sol en el golfo mientras los yates vuelven al puerto. Arriarían las velas blancas, los impermeables amarillos sostendrían el timón y las escotillas. Una suave brisa marina juguetearía sobre nuestras nucas temblorosas. Él me estrecharía contra sí con su poderoso brazo y murmuraría ¡no quiero que te evapores! Tendría un aire muy serio, y yo gemiría acurrucándome contra él. No me perderás nunca, mi amor, se prometería a sí misma temblando.

Él esperó a que se hiciese de noche para acercarse un poco.

Le pasó el brazo alrededor del hombro con precaución y ella desfalleció.

Se quedaron inmóviles durante un rato. Ya no quedaba mucha gente en la escalinata. Alguien rasgando una guitarra y parejas de enamorados. Soy como todo el mundo, se dijo Denise Trompet, al fin soy como todo el mundo...

—¿Feliz? —preguntó de nuevo Chaval.

—Si supiera... —dijo Denise con un suspiro de dicha.

—Y mañana, el sol ¿a qué hora se pone?

—A las veintiuna veintitrés.

—Decididamente es usted una mujer realmente ilustrada —dijo rozándole la oreja.

Ella casi se desmayó de placer.

Él la abrazó un poco más fuerte pensando en el cuerpo de la divina Hortense.

—Bruno... —murmuró Denise, armándose de valor.

—¿Sí?

—Soy tan...

—No diga nada, Denise, aprovechemos este momento de paz y de belleza. Recojámonos en silencio...

Ella calló, tratando de imprimir en su corazón los mil matices de su felicidad.

Y entonces, de pronto, él se levantó como impulsado por un resorte. Tanteó sus bolsillos y exclamó:

—¡Dios mío! ¡Las llaves! ¡Ya no las tengo!

—¿Está seguro?

—Esta tarde, en su despacho, las tenía... Recuerdo haberlas notado en el bolsillo mientras hablaba con usted...

Ella se despegó entonces de la atracción de ese torso fabuloso que parecía esculpido por el mismo Bernini y de esos bíceps prominentes que hubiesen podido ser los de un marino acostumbrado a izar velas durante todo el día... La dulzura de su piel la volvía loca y le hacía pensar en una taza de leche cremosa recién salida de la ubre de la vaca y todavía ligeramente humeante...

—¡Debemos ir a buscarlas! No puedo volver tarde y despertar a mi madre... ¡Está tan débil!

—Pero si acabamos de sentarnos y yo pensaba que...

... que la llevaría a cenar a uno de esos restaurantes para turistas que la hacían soñar cuando paseaba con sus padres los domingos por la tarde. Cuando estaban de buen humor, cuando se dibujaba una esperanza en el horizonte de su monótona vida, abandonaban el cementerio del Père-Lachaise y subían hasta Montmartre. Se había imaginado que podría hacer un peregrinaje en secreto. Unir en el mismo pensamiento a Bruno y a sus padres...

—¡Vamos! —ordenó Chaval con voz de emperador romano acostumbrado a hacerse obedecer—. Llévame a tu despacho para recuperar mis llaves, mi melocotoncito.

Era un subterfugio que se le había ocurrido. Alternaba el «tú» y el «usted» y ella perdía la cabeza... Astucia definitiva, que dejaba inconsciente a su «melocotoncito».

Él tendió la mano, la cogió por el cuello del abrigo y con un gesto brusco la atrajo hacia sí. Ella lanzó un grito, después gritó de nuevo cuando él clavó sus dientes en la delicada piel de su cuello. Dulce mordedura. La estrechó aún más fuerte, ávido de tocarla realmente, de acariciar su carne satinada, de seguir las curvas maravillosas de su cuerpo de mujer...

Ella murmuró sí, sí y partieron en busca de un taxi para llegar lo más rápido posible a la avenida Niel.

Él había ideado una estrategia...

Desde que habían llegado los días cálidos, la Trompeta vestía blusas escotadas; él había detectado, en el marchito surco de sus senos, la presencia de una cadena chapada en oro de la que colgaba una llave. Una llave plana, gris, simple, que no pegaba con los eslabones dorados de la cadena. Una tarde, a la hora de cerrar los despachos, mientras él la observaba, ella se había quitado subrepticiamente la cadena y había utilizado la llave para cerrar un cajón.

Pensó que debía de ser una llave importante.

Quería estar seguro.

El olor insulso de la Trompeta y la vista de la puesta de sol le habían puesto nervioso. Tenía que actuar...

Eran más de las diez de la noche cuando entraron en la empresa. No había ninguna luz en la casa que ocupaban René y Ginette. Debían de estar durmiendo. Nadie les molestaría.

Denise marcó el código para desactivar la alarma y Chaval observó la posición de las cifras que marcaba: 1214567. Podría serle útil.

Ella había sacado un manojo de llaves del bolso y abría una tras otra las puertas de la empresa.

—No encienda la luz... Si no creerán que estamos robando...

—¡Pero si no estamos haciendo nada malo! —protestó Denise.

—Lo sé —declaró Chaval—, pero la gente no lo sabe, imagínese que alguien da la alarma, ¡podría perjudicarla! Cualquiera está dispuesto a ver maldad en cualquier cosa, ¿sabe?...

Ella se estremeció y a punto estuvo de renunciar.

Él sintió que se acobardaba y la atrajo hacia sí bruscamente.

—No hacemos ningún mal, mi melocotoncito...

Siguió a Denise hasta su despacho, emocionado ante la idea de perpetrar su mala acción. ¿Cómo actuaría? Se la estaba jugando. Era muy importante que ella no pensase en ningún caso que sólo le interesaba la llave. Le recorrió un escalofrío y sintió el principio de una erección. Estaba llegando al final. En la penumbra apenas la distinguía, y sustituyó el rostro de la Trompeta por el de Hortense. Pensó en las piernas largas de Hortense, en sus tacones golpeando la acera, en la caverna ardiente que le trituraba el sexo. Lanzó un gritito y estrechó a la Trompeta contra sí. Le tiró brutalmente del cabello hacia atrás, buscó su boca.

—¡Aquí no! ¡Ahora no! —protestó ella girando la cabeza.

—¿Me rechaza? ¿A mí, que tiemblo por usted desde hace tanto tiempo?

—Aquí no —repitió intentando liberarse.

—Me perteneces, Denise, tú no lo sabes, pero me perteneces...

Deslizó un dedo entre sus senos blandos y su índice tocó la llavecita que reposaba en el surco.

Toqueteó la llave, simulando extrañeza.

—¿Y esto qué es? ¿Un talismán hostil para alejarme de ti? ¿Una forma sutil de decirme que no me aventure más lejos? ¿Que mi deseo te hiere y te ofende? ¿Por qué no decírmelo enseguida, pues? ¿Por qué jugar con mis sentimientos? ¡Ay! ¡Eres como todas las mujeres! Fría y calculadora... ¡Me has utilizado!

Ella enrojeció y protestó diciendo que no era nada de eso.

—Sí, sí —insistió él—, veo claramente que rechazas mis caricias... ¡Es esta llave, traidora! La que me trae la desgracia...

Paseó su cálido aliento sobre el pecho de Denise, recorrió su nuca, sus orejas, resoplando, tratando de recordar las ideas de Henriette.

La Trompeta languidecía entre sus brazos; él la soltó bruscamente, como aturdido por la traición. Ella se dejó caer, con los brazos inertes, sobre una silla, y gimió.

—Te dejo, mi melocotoncito, creí que había algo entre nosotros y me rechazas.

—Pero yo...

—Esa llave que llevas es el símbolo de tu rechazo... Te acobardas, no hablas, ¡pero esa llave habla por ti! ¿Quién te la ha dado? ¿Quién?

—¡Es la llave del cajón donde guardo los papeles y los informes importantes! —exclamó Denise—. ¡Nada más! ¡Se lo prometo!

—¿La llave de un cajón secreto que guarda tu virtud?

—¡Oh, no! No la mía —suspiró la Trompeta—. Yo no necesito llave, lo sabe usted muy bien...

Dudaba en tutearlo. No se tutea a un sueño.

—¿Y por qué esa llave se interpone en el camino de mis sueños?

—No lo sé, no lo sé —protestó la Trompeta, enloquecida.

—Pero tú sabes que eso me ofende...

—Pues no debería. La llevo ahí para no perderla. Es la llave de mi cajón... De nada más. ¡Se lo juro!

Unió el gesto a la palabra y le mostró a Chaval que la llave abría ese cajón, nada más.

—¿Ese cajón donde guardas tus pequeños secretos, las cosas que me ocultas? Los nombres de tus amantes, por ejemplo, y sus números de teléfono...

—¡Oh, no! —enrojeció la Trompeta—. No tengo amante...

—¿Quién me lo asegura?

—Se lo prometo...

—Y entonces ¿por qué esa llave? ¿Es el regalo de un antiguo amor? De un hombre que te codició, te deseó y quizás incluso te abrió y te poseyó fogosamente...

Ella le miró, desamparada, sin saber qué más decir.

—Pero si... yo no he tenido ningún amante. Es usted el primero...

—¡Imposible! ¡No te creo! ¡Me estás ocultando algo! Esa llave me incomoda desde que puse los ojos en ti. Se yergue entre tú y yo y me impide devorarte. ¡Dámela!

Había lanzado la orden con un tono brutal.

—¡No! ¡No puedo!

—Entonces... ¡adiós! ¡No volverás a verme!

Se dio la vuelta y se dirigió lentamente hacia la puerta.

—No puedo, no puedo —repetía Denise Trompet, dividida entre el deber y el amor. La fidelidad a un hombre que la había apreciado siempre, Marcel Grobz, y las ganas de pertenecer a otro que la torturaba con la ceguera de sus celos.

Como en las novelas.

Estaba viviendo una de sus novelas...

Entonces la cólera le cegó. Se dejó llevar contra la obstinación y la dureza que ella le oponía y se incorporó, le sujetó el cuello de la blusa con las dos manos y, con un solo gesto, la desgarró de arriba abajo con un chirrido que atravesó el silencio de la habitación.

—¡Ya está! Así, si le preguntan, ¡podrá decir que no me permitió usted nada!

Ella jadeaba. Su pecho se elevaba a un ritmo acelerado, entrecortado. De nuevo la estrechó contra él. La sensación de su piel contra la suya era increíblemente familiar y sin embargo diabólicamente excitante, como si hubiese pasado todo el día contemplándola, pataleando de impaciencia, esperando a que el día llegara a su fin...

¡Demasiado tarde!

Se ahogó en la brutalidad de su abrazo, se maravilló con el contacto brutal de su piel. La besó. Su boca dejó una lluvia de besos a lo largo de su clavícula... Dejó escapar de nuevo una especie de suspiro desesperado sobre el valle de sus senos. Ella le tendió la llave tan deseada con un suspiro. Ella sabía perfectamente que estaba cometiendo una estupidez, pero también sabía que a partir de ahora no podría negarle nada.

—Tome esa llave, es suya... —dijo Denise, vencida.

—No, ya no la quiero...

—Tómela y compruebe usted mismo que no le he mentido...

—¿Harías eso en nombre de nuestro amor? —dijo Chaval posando en ella una mirada intensa.

—Sí —dijo valerosamente la Trompeta—. Se la doy. Como prueba de mi amor por usted...

Le tendió la llave y Chaval se la guardó en el bolsillo.

Su boca subió por el mentón hasta la comisura de los temblorosos labios. Dudó, retrocedió un poco.

—Como me ha hecho usted esperar, será castigada... No la besaré esta noche y no le devolveré la llave hasta mañana por la mañana... La interrogaré toda la noche y me desvelará sus secretos.

Percibió en su caja torácica las enloquecidas palpitaciones de su corazón preso de la duda. ¿Qué quería decir? ¿Le había ofendido sin saberlo?

Él se permitió un último gesto de ternura, deslizó los dedos por sus cabellos, murmuró apoyando sus labios sobre la nuca:

—Sus cabellos del color de la noche, suaves y sedosos, frescos como la rosa de la mañana... Los volveré a acariciar cuando la haya perdonado...

El contacto de su mano con su pelo le procuró un absurdo consuelo. Sus dedos se movían suavemente, le rozaron la sien, después se deslizaron sobre su oreja y su barbilla en una caricia indiferente. Posó el pulgar sobre la comisura de su boca, pasó sobre el labio inferior, presionó ligeramente...

Ella se contentó con cerrar los ojos y volver la cabeza.

Mañana volvería. Mañana le habría perdonado...

Mañana, en cuanto amanezca, se dijo Chaval, haré una copia de la llave. Se la daré a la señora Grobz indicándole el código de la alarma y el cajón que hay que registrar. Que después se las arregle ella. Que busque un pretexto para venir a rondar la empresa... Yo habré cumplido mi misión. Y me llevaré mi porcentaje.

Era casi medianoche cuando salieron sigilosamente de la empresa.

Chaval acompañó a Denise Trompet hasta el metro y simuló la frialdad del hombre ofendido.

—Castigada, estás castigada —murmuró rozándole los cabellos con su cálido aliento y dejando que se le abriera la camisa sobre el torso moreno y poderoso—. No la veré hasta mañana... ¡Y eso si se porta usted bien! Vaya deprisa a coger el metro. ¡Obedézcame, ése es mi deseo!

Ella le miró con devoción, juntó las manos, murmuró «hasta mañana» y corrió con la ligereza de una chiquilla a coger el último metro que la llevaría hasta la calle Pali-Kao.

Él la vio bajar las escaleras, dócil, feliz de haber sido sometida, y un extraño pensamiento pasó por su cabeza. Había sido tan fácil engañar a la Trompeta... Hacerle perder la cabeza. Ella había olvidado completamente el pretexto de las llaves perdidas. Debería inventarse algo. Sería fácil. La credulidad de esta chica despertaba en él un deseo brutal de jugar con ella, de manipularla. ¿Por qué detenerse allí? Esa mujer podría serle útil. No sabía todavía para qué. Podría hacerla trabajar para él. Ganaría todas las partidas... Si bastaba con susurrarle al oído y llamarla «mi melocotoncito» para que perdiese la cabeza, sería de tontos no aprovecharse de ello...

Volvió a notar el sexo endurecido en el pantalón.

Y esta vez, Hortense Cortès no tenía nada que ver.

* * *

Hortense, encerrada en su habitación, reflexionaba.

Gary se había ido a Nueva York sin avisar, eso no era normal, no era nada normal. Había algo que no encajaba. Así que pondría en marcha el plan Pensamiento Profundo. Distanciarse del problema y observarlo como a un viejo puf reventado.

Se sentó en posición de loto sobre la cama, se concentró en la azalea escarlata que se marchitaba sobre el borde de la ventana, único recuerdo de sus escaparates, y respiró. Nadi Shodana. Una respiración que le había enseñado un profesor de Saint-Martins para aprender a concentrarse en su trabajo. Nadi Shodana la llenaba de una energía límpida, de una hermosa lucidez, respiraba y se hacía la luz.

Además de la respiración, había puesto a punto una estrategia para reflexionar.

Partía siempre del mismo principio: soy Hortense Cortès, única en el mundo, deslumbrante, inteligente, valiente, brillante, excitante, pasmosa, fenomenal. Establecido ese principio, se planteaba la cuestión de la forma más clara posible.

Ese día, el tema de reflexión era: ¿por qué Gary Ward no avisó a Hortense Cortès de que se marchaba a Nueva York?

¿Cuál era la pieza que no encajaba?

Estableció varias hipótesis:

1) Sorprender a Shirley y a Oliver en la misma cama le había conmocionado... Volvía de Escocia. Debió de irle mal por allí porque si no se lo hubiese contado a ella, Hortense. No habría podido contener la alegría en el interior del pecho, le habría desbordado por todas partes. Habría dicho *guess what?** Tengo un padre. Es alto, guapo, está loco de alegría de haberme encontrado, hemos bebido cerveza juntos y me ha regalado un kilt con los colores de su familia. Se habría levantado, se habría enfundado el kilt familiar y bailado la danza de la felicidad sobre esa alfombra horrible con el gran sol amarillo y la constelación de estrellas. No se había puesto el kilt, no había bailado ninguna danza, así que no tenía nada que contar, ni extraordinario, ni nada de nada.

Hortense espiró profundamente, bloqueando la ventanilla derecha de la nariz. ¡Su padre! ¿Qué necesitad tenía de verlo? Los padres sólo sirven para retrasarte, entorpecerte, llenarte de dudas, de culpabilidad, de cosas que apestan.

Inspiró de nuevo, orificio izquierdo.

Él corre hasta casa de su madre y encuentra a Oliver completamente desnudo, y a Shirley desnuda a su lado. O encima de él. O los dos entremezclados en un nudo lúbrico. ¡Como si le cayera una viga encima! Las madres no follan. Las madres no tienen pechos, ni sexo, ni menos aún amantes. Y lo que está claro es que no tienen por amante a su querido profesor de piano.

Da un portazo y se va. Corre como un loco, está a punto de que le atropellen, esquiva un autobús, llega a su casa sin aliento, se moja la nuca en el agua fría de la pila, se levanta y grita ¡Nueva York, Nueva York!

---

* «¿Adivinas qué?».

Pero de ahí a atravesar el Atlántico sin avisarla...

Faltaba un engranaje.

Cambió de orificio, inspiró haciendo un ruidito ronco de glotis, sintió cómo la respiración le cubría los omoplatos y pasó a la segunda hipótesis.

2) Gary encuentra a Shirley y a Oliver en la cama. Recibe una viga sobre la cabeza, titubea, sangra, intenta ponerse en contacto conmigo, no respondo, deja un mensaje, espera a que vaya a vendarle la cabeza, a que corra al aeropuerto para marcharme con él. Yo no contesto. Despechado, me odia de nuevo y se marcha a Nueva York, cubierto de soledad. A Gary le gusta ofenderse. Le gusta sufrir en silencio para mostrar después las marcas de los clavos en las palmas de las manos. Desde entonces, me ignora. Espera a que le llame.

Lo que no encaja es Orange. Mi servicio de mensajes está estropeado. Eso explicaría que no tenga muchos mensajes.

Larga espiración. Cambio de orificio. Inspiración refrenada.

3) O bien...

Entonces... extrapolo, divago, vaticino, acuso, me vuelvo paranoica. Y señalo con el dedo al ayatolá.

Para «domarme», o porque está celoso, escucha mi contestador y borra los mensajes, uno por uno. Gary me avisa de que se marcha a Nueva York y me propone acompañarle... ¿Y por qué no? Esa locura no sería extraña en él. Esa locura romántica...

Peter oye Hortense querida, he comprado un billete para volar por los aires, ven pronto, las nubes vistas desde el avión son suaves y blancas, te quiero, mueve el culo. El ayatolá babea de celos y borra el mensaje, todos los mensajes, no dejándome más que los insignificantes como un frugal cebo, para adormecer mi desconfianza.

Larga expiración. Cambio de orificio. Larga inspiración de aire que irriga de nuevo la espalda, sube a la cabeza, abre mil ventanas sobre el universo y la previene de los vientos fétidos que soplan. El Nadi Shodana es un poderoso faro que alumbra las zonas de sombra, aleja las miasmas y a los enemigos de larga barba negra.

La pieza que no encaja se llama Peter y lleva gafitas redondas.

Había una o dos cosas que no le había contado a su madre respecto a Peter, para no preocuparla.

Primero: le había sorprendido, una noche, con la nariz frente a una raya de coca. Eran casi las doce, debía de pensar que todo el mundo dormía. Estaba inclinado sobre la mesita del salón y se empolvaba la nariz alegremente. Ella había subido las escaleras de puntillas, se había tumbado en su gran cama y se había dicho ¡vaya, vaya! El ayatolá se desmelena... Había guardado cuidadosamente esa información en un rincón de su cabeza. Un día podría servirse de ella.

Segundo: durante la velada con Peter, cuando él le había ordenado quedarse como una buena chica a su lado, ella, por supuesto, se había marchado y, al final de la noche, en el móvil, había encontrado tres mensajes de texto que decían ¿Dónde estás? Como te encuentre, te voy a joder...

Estoy siendo acosada por un ayatolá cocainómano.

Relajamiento de todo el cuerpo con una larga y poderosa espiración, aliento de vida que limpia, una nueva inspiración por el orificio derecho...

Resoluciones.

A partir de ahora, vigilaría el móvil. No lo dejaría en cualquier parte, en el salón, en el quicio de la ventana, en la cocina, sobre la mesa delante de la tele, sobre la estantería del cuarto de baño...

A partir de ahora, lo llevaría siempre en la mano.

Y sobre todo, sobre todo, abandonaría esta casa. Una pena. Le gustaba el barrio, su pequeña habitación en el ático, el cielo a través del tragaluz, la rama del plátano golpeando contra el cristal, el restaurante francés en la esquina de la calle, la camarera que le guardaba siempre un poco de guiso; le gustaba la parada de autobús en equilibrio sobre tres escalones, el laberinto de callejuelas, de tiendas de punto y la cajera del Tesco que cerraba los ojos cuando ella tecleaba patatas para todo...

Se marcharía.

Fin del Nadi Shodana.

Empezaría enseguida a mirar los anuncios por palabras en gumtree.com.

Y, se dijo, en esa frase, es el «enseguida» lo que cuenta.

Se puso unas sandalias de satén rosa compradas en el mercadillo de Brick Lane. Si se vestía de princesa, encontraría un palacio.

Se dijo también que era urgente encontrar unas prácticas para el verano.

Pataplum, las encontraría.

Ella era Hortense Cortès, única en el mundo, deslumbrante, inteligente, valiente, brillante, excitante, pasmosa, fenomenal.

—¿Y ya no tienes noticias suyas?

Hortense y Shirley se habían citado en la orilla de Southbank para comer un bol de pasta china en Wagamama. Hacía buen tiempo, se habían instalado en la terraza y balanceaban sus piernas al sol.

—Sólo correos... No quiere hablar conmigo. Todavía no. Sólo correos...

—¿Y qué cuenta?

—Que la vida es bella, que tiene un apartamento en un edificio de ladrillo rojo y ventanas verdes, en la calle 74 Oeste...

—¿Tienes su dirección exacta?

—No. ¿Por qué?

—Por saberlo...

—Está entre Amsterdam y Columbus...

—¿Un buen barrio?

—Muy bueno. Hay dos árboles bajo su ventana.

Un tipo en monopatín pasó ante ellas, se detuvo en seco, les miró comer su bol de pasta y soltó *eat the bankers** antes de volver a marcharse, furioso.

—¿Y qué más?

—Un amigo que se llama Jérôme en Brooks Brothers, una amiga que parece un tirabuzón que le vende napolitanas de chocolate y otra que tiene el pelo verde y azul...

—¿Se acuesta con ella?

---

* «¡Comeos a los banqueros!».

—No lo dice.

Shirley hablaba con voz cansina removiendo su pasta al curry. Recitaba los correos de su hijo palabra por palabra. Hortense se preguntó cuántas veces los había leído y si se los había aprendido de memoria.

—Le encanta Nueva York, es primavera, los copos de polen caen sobre el parque, parece nieve, la gente tiene los ojos enrojecidos, estornuda, llora, hay pájaros que cantan sí-sí-sí y él les responde no-no-no porque él no estornuda, no llora, camina con paso firme. Tiene muchas amigas ardillas, están tristes los lunes porque nadie se ocupa de ellas.

—¿Las ardillas de Central Park están tristes los lunes? —dijo Hortense, asombrada.

Shirley asintió con la cabeza, la mirada en el vacío.

—¿Eso es todo? —continuó Hortense.

—Toca el piano en una trastienda, trabaja por las tardes en una panadería, se gana la vida. En una palabra, es feliz... —dijo con voz siniestra.

Hortense pensó en una frase de Balzac que le repetía su madre para hacerles reír: «Ah, dijo el conde, que se alegraba de ver triste a su mujer». Shirley parecía triste de saber que su hijo estaba contento.

—¿Habla de mí? ¿Pregunta por mí?

—No.

—Debe de acostarse con el flequillo verde y azul. No importa, es porque yo estoy lejos.

Era una regla no formulada. No se decían nunca cuándo se volverían a ver, ni siquiera si se volverían a ver. No se confesaban nunca que se querían el uno al otro. Que tenían ganas de cogerse la cabeza y besarse en la boca hasta hacerse daño. Por orgullo. Eran testarudos. Se decían adiós cada vez con aire desenvuelto, un aire de no me importa si no te veo mañana. Pero lo sabían. Lo sabían...

Así que la chica del flequillo verde y azul no tenía importancia. Le daba igual.

Un hombrecillo canijo pasó delante de ellas. Llevaba a su espalda un cartel publicitario de una crema contra las hemorroides. Hortense dio un codazo a Shirley, pero Shirley no sonrió. Parecía sumergida en una pena inmensa. Una pena que la rodeaba de muros grises, que le impedía ver un hombrecillo aplastado bajo un anuncio para culos ardientes. Hortense tenía unas ganas tremendas de marcharse. Las cintas de las sandalias de satén rosa le apretaban los tobillos, no tenía que habérselas dejado puestas para patearse las calles. Balanceó las piernas para aliviar los tobillos.

—Mamá me contó lo de Gary. Cuando os encontró, a Oliver y a ti...

—Oliver fue el último episodio. Gary se había apartado de mí hace mucho tiempo... Se aleja y yo no lo soporto.

—Eso está claro, tienes un aspecto horrible.

—Estoy como Ariadna en el laberinto. He perdido el hilo...

—Así que el hilo era Gary, ¿no?

—Pues sí...

Shirley suspiró, aspiró un fideo largo, amarillo.

—Es peligroso tener un solo hilo en la vida —dijo Hortense—. Cuando lo pierdes, vagas por el laberinto...

—Eso es exactamente, vago por el laberinto... ¿Cómo terminó Ariadna?

—«Moriste en el linde de donde fuiste abandonada...» si lo recuerdo bien.

—Es lo que me va a pasar a mí...

Hortense no había visto nunca a Shirley en ese estado. Tenía ojeras marrones, la tez cenicienta, el pelo pegado en greñas sucias y grasientas.

—Soy viuda, Hortense, viuda de mi hijo...

—¡Menuda idea también, la de casarte con tu hijo!

—Nos llevábamos tan bien...

—Quizás, pero no es normal... Sería mejor que siguieses retozando con Oliver. Te sentaría bien. ¿Sabes?, no es un crimen tener una vida sexual al margen de tu hijo.

—¡Ay! Oliver...

Shirley aspiró un segundo fideo amarillo encogiéndose de hombros.

—Oliver es otro problema...

—¡Tú ves problemas por todas partes, Shirley! Según Gary, ese hombre parece un buen tipo.

—Lo sé... Pero...

Volvió a suspirar. Aspiró un tercer fideo amarillo. Hortense tuvo ganas de agarrarla por los hombros y sacudirla.

—¿Pretendes comértelos uno por uno, los fideos?

—Me gustaría saber mi secreto...

—¿Por qué no funcionas bien?

Shirley no respondió.

—Me gustaría saber mi secreto... —repitió, obstinada.

—Deberías hacer algo con tu pelo, está de un triste...

—Y no sólo mi pelo...

—¡Reacciona, Shirley! ¡Esto no puede ser, eres deprimente!

—Ya no tengo ganas, no tengo ganas de nada...

—¡Pues tírate al Támesis!

—Lo he pensado...

—Bueno, te dejo. ¡Adiós! No me gusta la gente deprimida. Además, parece ser que es contagioso...

Tuvo la impresión de que Shirley apenas la escuchaba. Parecía perdida en su laberinto, con su bol de fideos en la mano.

Hortense se levantó, dejó tres libras encima de la mesa y la abandonó en la terraza del Wagamama, aspirando los fideos uno por uno.

Shirley la vio alejarse. Alta, delgada, cimbreante sobre sus sandalias altas y rosa. Golpeando el aire con el bolso para alejar al paseante que quisiera acercarse. El largo brazo de Gary vino a posarse sobre los hombros de Hortense. La melena morena de Gary se inclinó sobre los cabellos ondulados de Hortense. Se alejaban con las cabezas juntas. Volvió a ver la pequeña cocina de Courbevoie, donde Gary y Hortense venían a lamer los platos cuando ella hacía pastel de chocolate. Había unos visillos blancos recogidos, vaho en los cristales, un suave y relajante olor a pastelería, una sonata de Mozart en la radio. Ellos se sentaban a la mesa, codo con codo, tenían diez años, volvían del colegio, ella les anudaba un trapo alrededor del cuello, les arremangaba y le daba a cada uno una gran ensaladera manchada de chocolate negro fundido que ellos limpiaban con la lengua, los dedos, las manos, pringándose de negro hasta las pestañas. Se echó a llorar. Lágrimas ardientes que recorrían sus mejillas, que caían en el bol de fideos amarillos, lágrimas con gusto a pasado.

* * *

Habían adoptado esa costumbre extraña y deliciosa...

Algunas noches por semana.

Becca le esperaba en la cocina, sin delantal.

Philippe se unía a ella.

Se pasaba la mano por el pelo y preguntaba bueno, ¿qué hacemos hoy?

Becca le había comunicado a Annie que, a partir de entonces, ella se encargaría de hacer la cena. Annie podría echarse la siesta, bordar bonitos manteletes para colocarlos debajo de los platos y así tendrían círculos de todos los colores. Annie aceptó. Ya no tenía ganas de pasarse las tardes cocinando. Le pesaban las piernas, tenía que dejarlas descansar, sentada en un taburete.

Becca iba a hacer la compra, repartía la verdura, la carne, el pescado, el queso, los pepinillos, las fresas y las cerezas sobre la mesa. Abría un libro de cocina y componía el menú. Divagaba en torno a mil combinaciones descabelladas. ¿Pollo a la fresa? ¿Conejo con colinabo? ¿Lenguado al caramelo y chocolate? ¿Y por qué no? La vida es triste porque se repite cada día. Basta con cambiar los ingredientes y empieza a cantar. La llave giraba en la puerta de la entrada, Philippe gritaba *Hello! Hello!* Se quitaba los zapatos de cordones, la chaqueta y la corbata, se ponía un jersey que se pudiese manchar y cogía un gran delantal.

Pelaba, cortaba, lavaba, quitaba pepitas, rallaba, cortaba en láminas, desplumaba, hervía, guisaba, gratinaba, cubría, glaseaba, pochaba, reducía, batía, removía, espolvoreaba y...

Hablaba.

De todo, de cualquier cosa. A veces de él.

Ella escuchaba, con un ojo sobre las vituallas y el otro en el libro de recetas.

Se ponían manos a la obra.

Era ella la que abría el baile.

Philippe decía que eso le recordaba su infancia. La gran cocina normanda, los pucheros de cobre casi rojos, las cacerolas colgadas de las paredes, los viejos azulejos de cerámica, las cabezas de ajos y cebollas en guirnaldas sobre las ventanas, los visillos de vichy azul y blanco. Era hijo único y se refugiaba en las faldas de Marcelline, cocinera y mujer para todo.

Becca elegía los utensilios, preparaba los huevos y la harina, la mantequilla y el perejil, los calabacines y las berenjenas, los pimientos y la harina, abría una botella de aceite y decidía que, al fin y al cabo, cocinar era fácil, que los franceses le daban demasiada importancia. Él protestaba, afirmaba que en ninguna otra lengua había tantas palabras para celebrar el arte de la mesa, porque es así como se llama, mi querida Becca. Ella respondía blablabla palabrería, él replicaba *sauce aurore, gribiche, ravigote, rémoulade, velouté, escabèche,* ella le cerraba el pico con un *koulibiac,* él no tenía ni idea...

Ella estaba encantada.

Aprendía palabras francesas complicadas leyendo su libro de cocina.

Aprendía a hablar con él fundiendo la mantequilla y dorando el ajo sin pelar.

Cada día intimaban más.

Cada confesión llevaba el nombre de un plato.

Ella lo apuntaba en la pizarra de Annie en la cocina.

Aquello formaba una especie de cantinela.

Ella le hablaba de su amor perdido…

Que volvía por las noches.

Cuando todo el mundo dormía. No quería cruzarse con nadie.

Ella le llamaba ese animal…

Él protestaba:

—No le llame así, Becca. Está usted enamorada de él…

—¡Ay, sí! Le amé y le quiero todavía —respondía mordiéndose el dedo—. Pero sólo le veo yo, por las noches… Como la señora Muir y el fantasma.

—Yo también soy un fantasma para la mujer que quiero…

—Quitarse la sábana blanca sólo depende de usted… ¿Y si esta noche hiciésemos coliflor gratinada? Con bechamel. Una salsa blanca sobre una verdura blanca con leche blanca y queso blanco, ¿le apetece?

Él asentía.

Se ponían manos a la obra sin interrumpir las confidencias.

—Un día, iré a París… Estoy esperando a que me llame, a que me diga que ha salido de su niebla…

—Huevos revueltos, entonces, para acompañar a esta planta de huerto de la familia de las crucíferas…

—Ha aprendido bien la lección, Becca…

—Aprenda esto otro, Philippe: no pierda más tiempo. El tiempo pasa deprisa… Se escapa entre los dedos. A veces, sólo es cuestión de segundos y esos segundos, más adelante, pueden convertirse en una eternidad…

—Un día, ella me llamará y yo saltaré al Eurostar…

—Y ese día será usted el más feliz de los enamorados.

—¿Ha estado usted muy enamorada, Becca? —se atrevió a preguntar él poniéndose esparadrapo en un dedo.

Había picado tan fino el perejil para la ensalada que se había cortado, la encimera estaba manchada de rojo.

—¡Oh, sí! No he dejado de amarle ni un minuto... Hasta que me dejó en ese cruce del Soho. Una ambulancia aplastó su moto, resulta irónico, ¿no? Se marchó en tres pasos. Un paso para decirme adiós con una gran sonrisa, otro paso para ponerse el casco y otro paso para desaparecer por la esquina de la calle. Un, dos, tres, un, dos, tres, fue como un paso de baile...

Balanceó la cabeza, hizo un círculo con los brazos por encima de la cabeza y dobló los riñones.

—No volví a verle. Nunca más...

—¿Ni siquiera en el hospital?

—No fui yo quien fue a identificarle, no me sentía con fuerzas; quería conservar la imagen del hombre vivo, saltarín, que hizo latir mi corazón durante tanto tiempo. Era mi maestro y mi inspiración. Yo bailaba para él, para dibujar lo que tenía en la cabeza. Me hacía saltar por los aires, ya no volví a bajar nunca... Hasta ese día terrible en el que me estrellé contra el suelo...

—¿Y no volvió usted a bailar?

—Ya tenía edad de retirarme de los escenarios. A los cuarenta años hay que guardar las zapatillas, eres demasiado vieja...

Ella volvió la cabeza, miró por la ventana, esbozó una triste sonrisa.

—Yo he envejecido varias veces en mi vida...

Se volvió hacia él, volvió a mirarle a los ojos.

–Teníamos planeado abrir una escuela de baile. Él era coreógrafo, yo era su estrella. Venían del mundo entero para ver sus creaciones. Yo bailaba en el Royal Ballet, querido. ¿Por qué cree usted que el intendente de la reina me abre las puertas de su refugio por las noches? Él me recuerda. Me vio bailar en el escenario, me aplaudió...

Se inclinó e hizo una reverencia de bailarina en tutú, aleteando las pestañas.

—Vivimos años tan hermosos, inventamos bailes tan bellos...; él no quería que bailásemos, quería que se viese bailar a la música... Había estudiado composición en San Petersburgo, era ruso, su padre era un gran pianista. Separaba cada movimiento como una nota de música. Le gustaban todas las músicas, ésa era su riqueza... Abrazaba al mundo entero. Quería que, cuando yo dejase de bailar para el Royal Ballet, abriésemos una escuela donde se formaran estrellas y coreógrafos. Una especie de academia de danza... Habíamos conseguido el dinero, habíamos encontrado un local en el Soho. Iba a firmar el contrato cuando lo atropellaron...

—¿No tuvieron hijos?

—Ésa fue mi gran desgracia. Perdí a un niño al nacer... Lloramos tanto juntos... Él decía no llores, era un ángel anunciador, ha abierto el camino para la llegada de otro... Levantaba los ojos al Cielo como si rezara. Me decía *douchka*, no llores, no llores... Cuando se marchó, me dejó sin razón alguna para vivir ni para bailar...

—Y usted se hundió...

—Caí de nuevo a la tierra. Aquello era el infierno...

Sonrió mientras vertía la leche.

—Uno no se da cuenta de que se hunde. Cree que duerme, que es una pesadilla... Deja de pagar el alquiler, se olvida de comer, de peinarse, de dormir, de despertar, pronto dejas de tener hambre, de tener sed, el cuerpo flota bajo la ropa, te extraña seguir vivo. Los amigos te evitan. Cuando tienes problemas, la gente tiene miedo de infectarse. La desgracia es contagiosa... O quizás fui yo quien se alejó de ellos por miedo a molestar...

Ante sus ojos pasó la vieja película de esos años terribles. Philippe adivinó que ella se concentraba para intentar descifrar las imágenes.

—Después todo va más deprisa. El teléfono deja de sonar, te lo cortan. Pasan los meses. Pensamos un día de éstos se acabará esta vida a la que sólo estamos unidos por un hilo... Y no se detiene como pensábamos.

—Déjeme adivinar.

—No puede adivinarlo, usted siempre ha estado protegido... Estamos amenazados si avanzamos sin red...

—Y a mí me paraliza la red...

—Porque lo ha decidido así... Piense, Philippe. La red está fuera de usted... Sólo depende de usted romperla. Yo estaba atrapada dentro.

Philippe abrió las manos para expresar que no lo entendía muy bien. La coliflor se cocía en el agua hirviendo. Ella la pinchó con un cuchillo para saber si estaba hecha.

Él insistió:

—Debe explicármelo... No puede afirmar algo tan grave y pasar a otra cosa con una pirueta...

—Venga conmigo...

Le cogió de la mano y le llevó al salón.

Su mirada se posó en cuatro lámparas majestuosas montadas sobre dos floreros de bronce de Jean Dunand, subió hasta los cuadros colgados en las paredes. Un autorretrato de Van Dongen, un óleo de Hans Hartung, un dibujo al carboncillo de Jean-François Millet, una composición gris, roja y verde de Poliakoff. Se quedó callada. Él se dejó caer en un sofá y sacudió la cabeza.

—No comprendo lo que intenta decirme...

—Yo he aprendido muchas cosas en la calle. He aprendido que todas las pequeñas cosas pueden hacerme feliz. El refugio en casa del intendente de la reina, una buena sopa caliente, una manta encontrada en la basura...

—Esos objetos que usted me enseña en silencio también me hacen feliz...

—Esos objetos le emparedan, le impiden vivir. Uno no puede moverse aquí. Está usted rodeado. Por eso tiene esa pesadilla... Dónelos y se sentirá mejor...

—¡Son toda mi vida! —protestó Philippe.

Cada día, ella señalaba un nuevo objeto, un cuadro, un sillón, un dibujo, una acuarela, un péndulo en forma atormentada en bronce tallado y, cada día, decía con voz suave:

—Esto es lo que cree que es su vida y esto es lo que le ahoga... Empiece por deshacerse de este fardo de muebles, cuadros, obras de arte que acumula sin verlos siquiera...

—¿Lo cree de verdad? —decía él con una vocecita que se resistía.

—Usted ya lo sabe... Lo sabe desde hace mucho tiempo. Yo le escucho cuando habla, pero oigo sobre todo lo que usted no me dice... y lo que usted no dice es más importante que las palabras que pronuncia...

Ese día habían vuelto a la cocina. Ella había cubierto la coliflor cocida con una salsa bechamel. Habían asado un trozo de ternera con cebollitas blancas, y descorcharon una botella de vino ligero.

Annie, Dottie y Alexandre habían aplaudido. Elogiaron la comida limpiándose los labios con pesadumbre de expertos gastrónomos.

Él no escuchaba. Pensaba en lo que le había dicho Becca...

Y un buen día de mayo...

Entró en la cocina donde Becca pelaba hinojo para hacerlo a la brasa, se colocó detrás de ella, frente a la ventana encima de la pila. Ella no se volvió, continuó cortando los hinojos en dos.

—¿Recuerda usted lo que me había dicho a propósito de mis cuatro lámparas del salón?

—Perfectamente...

—¿Lo sigue pensando?

—Con una de esas lámparas, podría darse de comer a decenas de hambrientos. ¡Y vería usted igual de bien con tres!

—Es para usted. Se la doy... Haga lo que quiera con ella.

Ella le había respondido con irónica indulgencia:

—Sabe usted muy bien que eso no funciona así... ¡No me voy a poner en la esquina de la calle con mi lámpara y cambiarla por comida y mantas!

—Entonces propóngame algo y hagámoslo juntos... Le entrego mis lámparas y mis cuadros. No todos, pero los suficientes para que pueda hacer algo con ellos...

—¿Está hablando en serio?

—Lo he pensado bien. ¿Cree usted que no me siento incómodo en este piso tan bonito? ¿Cree que no veo la miseria que hay en el exterior? ¿Tan mal piensa de mí?

—Oh, no... ¡Eso seguro que no! No viviría en su casa si pensara que es usted un tipo asqueroso.

—Entonces hágame una propuesta...

—Es que no tengo nada concreto en la cabeza. Se lo dije así, sin pensar...

—Piénselo entonces...

Ella levantó los ojos al cielo, se secó las manos con el trapo colgado de la barra del horno, y suspiró.

—¿Qué quiere usted exactamente, Philippe? Resulta desconcertante...

—Busco la paz. La paz de saber que vivo de acuerdo conmigo mismo, que sirvo para algo, la paz de hacer feliz a una o dos personas, y el orgullo de decirme que llevo una vida honorable... Usted puede ayudarme, Becca.

Ella le escuchaba, seria, grave. Sus ojos azules se habían vuelto negros y fijos.

—¿Haría usted eso? ¿Renunciaría a todos esos bártulos?

—Creo que estoy listo... Pero hágalo despacio, sin brusquedad...

* * *

Joséphine se cruzó con el señor Boisson en la farmacia.

Esperaba en la cola de clientes, los ojos bajos sobre las pálidas mejillas blancas. Ella estaba justo detrás. Du Guesclin esperaba en la acera vigilando el carrito. Es para ti que voy a hacer la cola, para tu oído dolorido, así que espérame, pórtate bien, ¡y no gimas!

Sostenía la receta del veterinario en la mano cuando vio la nuca del hombre que tenía delante. Le gustaba fijarse en las nucas de las personas. Pretendía poder leer en ellas el alma de su propietario. Esa nuca la había conmovido. Parecía la nuca de un hombre derrotado. Cabello al uno, cortado con navaja, la piel enrojecida, irritada en algunas zonas, las orejas finas, traslúcidas, la cabeza inclinada hacia abajo. El hombre había tosido, se había vuelto hacia un lado y ella había reconocido al señor Boisson. Esa boca de labios cerrados que no sonreía nunca. Pensó durante un instante ponerle la mano en el hombro y decirle nos conocemos, usted no lo sabe, pero nos conocemos... Hace varios meses que vivo con usted, que leo sus penas y sus emociones..., pero se había contenido. Al fin y al cabo, resultaba extraño encontrarse tan cerca de ese hombre cuyo corazón oía latir en cada palabra de su libreta negra. Había tenido tantas ganas, a menudo, de aconsejarle, de consolarle...

Se había contentado con mirarle fijamente la nuca sin decir nada. Él continuaba tosiendo y se escondía detrás de la mano. Ella se había fijado en unos gemelos muy bonitos de piedras blancas. ¿Un regalo de Cary Grant?

Él había avanzado para que le atendieran. Llevaba su abrigo beige de tela ligera, versión primavera-verano. Idéntico al de la señora Boisson. Había entregado una lista de recetas larga como un listín telefónico; la farmacéutica le había preguntado si lo necesitaba todo enseguida o si podía volver por la tarde. Él había respondido que esperaría y se había colocado a un lado. Joséphine se había cruzado con su mirada y le había sonreído... Él la había mirado, extrañado. Se había levantado el cuello como para pasar desapercibido. Ella se había fijado en que era muy delgado, casi esquelético.

Garibaldi había confirmado la hipótesis esbozada por Iphigénie.

El Jovencito se llamaba Boisson.

Le había leído por teléfono la ficha que le había entregado su contacto en el Servicio de Información.

—No hay gran cosa, señora Cortès. En mi opinión, esa ficha existe porque él formó parte durante dos años del gobierno de Balladur, y después otros dos del de Alain Juppé. Le leo lo que tengo... Paul Boisson. Nacido el 8 de mayo de 1945 en Mont-de Marsan. Padre director general de Carbones de Francia. Madre sus labores. Antiguo alumno de la Escuela Politécnica, promoción de 1964. Eso significa que entró en la Politécnica en 1964...

—¿Y cuándo terminó? —había preguntado Joséphine.

—En junio de 1967, y fue contratado inmediatamente por Carbones de Francia, sin duda enchufado por su padre. ¡Su hombre no es ningún aventurero! Sigue las huellas de su papá sin protestar...

—Debía de estar desesperado...

—No ha dado mucho que hablar. No es miembro de ningún partido político, asociación o sindicato. ¡No posee siquiera ni un carné de biblioteca! ¿Le da asco la vida o qué?

—Pobrecillo —se había compadecido Joséphine.

—En 1973, durante una reunión de antiguos alumnos, conoce a Antoine Brenner, estrella emergente de la UDR.* Un hombre muy guapo... Alto, deportista, elegante. A su protegido le gustan los hombres seductores. ¿Me equivoco?

Joséphine no había respondido.

—Este último se fija en él y vuelven a verse. Trabajan juntos en diferentes cometidos y parecen amigos, aunque continúan tratándose de usted y nunca se ven en familia. Cuando a Antoine Brenner le nombran ministro de Medio Ambiente en 1993, llama a nuestro hombre para que se convierta en su jefe de gabinete. El señor Boisson pasará en

* Union des Démocrates pour la République, partido político de inspiración gaullista. (*N. del T.*)

el ministerio dos años que parecen felices. Por lo visto siente una devoción total por Brenner. Después, en mayo de 1995, con el nuevo gobierno de Juppé, a Antoine Brenner le nombran viceministro, encargado de asuntos europeos, y conserva a su lado a Paul Boisson. Después, sus caminos se separan y al señor Boisson le nombran... Ahora le ruego que no se ría...

—Soy una estatua de mármol...

—Director técnico de la sociedad Tarma, con sede en Grenoble...

—¡Eso no tiene nada de gracioso!

—Especializada en transporte por cable de personas y materiales...

—¡Sigue sin hacerme gracia!

—Le traduzco: una sociedad de teleféricos para estaciones de esquí... ¡El señor Boisson es todo menos ambicioso o intrigante! Pasa de los fastos de la República a la chatarra de los teleféricos, algo que no tiene nada de fascinante... y que no es, en ningún caso, un ascenso.

—No me extraña, es un sentimental...

—Precisamente, hablemos de su vida sentimental...

—Su mujer se llama Geneviève, supongo...

—Su primera mujer. Se casó a los veintidós años con Geneviève Lusigny... Muerta de leucemia, diez años más tarde. Matrimonio sin hijos. Casado en segundas nupcias con Alice Gaucher en 1978, profesión sus labores, con la que ha tenido dos hijos...

—Y a la que conozco de vista...

—Nada más que decir. Una vida monótona, una carrera monótona, un páramo monótono, un destino monótono... Tampoco debe de ser un vecino muy conflictivo. ¡Ni una sola queja contra él por alboroto nocturno! Qué quiere que le diga, señora Cortès, su Jovencito vivió intensamente los tres meses de rodaje de *Charada* y después ha hibernado... ¡Se retiró de la vida a los diecisiete años! No veo de dónde va a sacar una novela de todo esto...

—Eso es porque no ha leído usted su diario íntimo, ni la vida de Cary Grant...

—En todo caso, me siento feliz de haberla ayudado y, si necesita alguna otra cosa, no dude en llamarme. Siempre estaré aquí...

Joséphine había comprado las gotas para Du Guesclin, había vuelto a su casa y había abierto la libreta negra. Tras las palabras vacilantes del Jovencito, veía ahora la nuca curvada y frágil del señor Boisson, tosiendo en su guante.

«Hoy, 18 de enero, es su cumpleaños. Cumple cincuenta y nueve años. Ha habido una fiesta en el plató. Una gran tarta con veinte velas. ¡Veinte velas! Porque, dijo el productor, para nosotros, Cary ¡es y será siempre un hombre joven! Él agradeció el cumplido con un pequeño discurso muy divertido. Empezó diciendo que había llegado a la edad venerable en la que ya no es él quien va detrás de las mujeres, ¡sino las mujeres las que van detrás de él! Y que eso era muy agradable... Todo el mundo se rio. Añadió que con casi sesenta años seguía siendo un bobo y se preguntó cómo había conseguido hacer carrera. Había rechazado recientemente el papel de Rex Harrison en *My fair Lady*, después el de James Mason en *Ha nacido una estrella*, el de Gregory Peck en *Vacaciones en Roma*, el de Humphrey Bogart en *Sabrina*, el de James Mason en *Lolita* y lo dejo ahí, concluyó, porque si no van a pensar que estoy pasado de moda. Todo el mundo aplaudió y protestó. Volvió a meterse al público en el bolsillo...

»Desde que me hizo aquella confesión, ya no es el mismo. Parece que me rehúye. Me hace señas desde lejos, pero siempre se las arregla para no quedarse a solas conmigo. Yo me estrujé el cerebro para hacerle un regalo... y creo que le hice el regalo más estúpido del mundo. Le regalé una bufanda. Una hermosa bufanda de cachemira que compré en Charvet... Me gasté todos mis ahorros.

»¡Una bufanda!

»¡Para alguien que vive en Los Ángeles!

»Los del equipo sonrieron con socarronería al ver mi regalo.

»Él me lo agradeció, la dobló y la devolvió a la caja.

»Yo balbuceé una excusa. Él sonrió y me dijo *don't worry, my boy!* A veces hace fresco en Hollywood... Y además me la pondré en París.

»Se irá pronto, lo sé. Lo he visto en su planning. No le quedan más que dos días de rodaje...

»Por fin he conseguido acercarme a él. Debía de tener un aspecto terrible porque apoyó su mano en la mía y dijo:

»—¿Tienes algún problema, *my boy*? ¿Hay algo que no anda bien?

»—Se marcha usted pronto...

»—No debes ponerte triste... ¿Estás triste de verdad?

»—¿Por qué me lo pregunta?

»—No debes, *my boy*... Tengo que marcharme, volver a mi vida, y tú, a la tuya. ¡Estás al principio de un largo camino! Pero ¡mira lo que me obligas a hacer! ¡A ponerme serio! ¡Vamos, vamos!

»Sentí que mi corazón se encogía lentamente.

»—Entonces se marcha usted, ¿verdad?

»Alzó una ceja de extrañeza, tal y como hace frente a la cámara. Tuve la impresión de que interpretaba un papel.

»—Sí, yo me marcho y tú te quedas... Y nuestra amistad será un recuerdo maravilloso... Para ti y para mí.

»Yo debía de tener un aspecto especialmente miserable, y eso debió de molestarle.

»—*Come on, smile!**

»—Yo no quiero recuerdos, no tengo edad para los recuerdos... Quiero quedarme con usted. ¡Lléveme con usted! Seré su secretario, le llevaré las maletas, conduciré su coche, plancharé sus camisas, haría lo que fuera por usted... Aprenderé, sólo tengo diecisiete años, a mi edad se aprende deprisa.

»—¡Vamos, vamos! No dramatices... Ha sido un encuentro bonito, un momento hermoso... No lo estropees.

»Cuando oí esas palabras fue como si saltase al vacío, como si cayese, cayese y buscase un árbol, una raíz a la que agarrarme, se va a marchar, se va a marchar y yo me voy a quedar. ¿Y mi futuro? Estudiaré en la Politécnica y me casaré. Con quien sea, porque ahora me da completamente igual. Me quedaré con Geneviève, ella, al menos, lo sabe, lo ha adivinado, podré respirar en ella el perfume de mi amor difunto. Podré contarle una y otra vez cuando estaba con él, cuando hablaba con él, cuando bebía champaña con él, cuando contemplaba los tejados de París con él... Estudiaré en la Politécnica y me casaré con Geneviève. Porque él se va y no siente tristeza alguna, ningún desgarro.

---

* «¡Vamos, sonríe!».

»—*Come on, my boy!* —repitió, molesto.

»Tuve la impresión de haber cometido una terrible falta de buen gusto y me sentí casi sucio.

»Se marchó con su chófer para volver al hotel y yo me quedé allí como un idiota, los ojos empañados de lágrimas.

»Me odié... ¡Qué falta de chispa! ¡Qué falta de elegancia!

»Le vi marcharse. En ese momento ya no sabía nada de él. Era como si todo lo que habíamos vivido, todas esas confidencias maravillosas que me había hecho no hubiesen existido nunca. Él pasaba página, pasaba a otra cosa.

»Por primera vez, sentí que sobraba. Me sentí apartado. Tuve la impresión atroz de que mi tiempo había pasado.

»Y era horrible.

»Antes de irme vi, en la esquina de una mesa, la caja que contenía mi bufanda.

»La bufanda seguía allí dentro...

»23 de enero de 1963. El día más triste de mi vida. No sé cómo tengo todavía fuerzas para escribir...

»Cuando volví de su fiesta de cumpleaños... En mi casa me esperaba un drama. El director del curso preparatorio había llamado a mis padres para informarles de mis numerosas ausencias. Su hijo no trabaja, se ausenta a menudo, sin excusas, sin motivos válidos, debemos expulsarle. Mi padre estaba furioso. Apretaba tan fuerte los dientes que pensé que iba a triturarlos. Mamá lloraba diciendo que estaba perdido, que nunca saldría nada bueno de mí, ¡que debería alistarme en el ejército! Me encerraron en mi cuarto y pasé dos días sin salir, sin ver a nadie, sin poder hablar por teléfono. ¡Y pensar que eran sus dos últimos días en París!

¡Eso me ponía enfermo! ¡Enfermo! No podía salir por la ventana. ¡Vivimos en un sexto! Nada, no podía hacer nada...

»Estaba prisionero.

»Papá fue a ver al director. No sé lo que le dijo, pero parece ser que me ha dado una última oportunidad. ¡Menuda oportunidad!

»Se me permitió salir, pero se me prohibió formalmente volver al rodaje.

»De todas formas, no hubiese ido, sabía que había terminado...

»Sólo me preguntaba si él se habría marchado o habría prolongado su estancia en París. Si vagaría por el quai aux Fleurs. Era su paseo favorito.

»Así que, ayer por la tarde, corrí hasta su hotel a la salida de clase, corrí y corrí...

»El conserje me dijo que se había marchado, pero que había dejado una carta para mí. Me entregó un sobre que llevaba el membrete del hotel.

»No lo abrí enseguida.

»Mi corazón latía con fuerza...

»La leí, por la noche, en mi habitación.

»"*My boy,* recuerda esto: nosotros somos los únicos responsables de nuestras vidas. No debemos culpar a nadie de nuestros errores. Somos los únicos artífices de nuestra felicidad y somos a veces el principal obstáculo para esa felicidad. Tú estás en el amanecer de tu vida, yo estoy en el crepúsculo de la mía, sólo puedo darte un consejo: escucha, escucha la vocecita en ti antes de decidir cuál será tu camino... Y el día que escuches esa vocecita, síguela ciegamente...

No dejes que nadie te desvíe de tu camino. Nunca temas reivindicar lo que sale de tu corazón.

»"Eso es lo más duro que tendrás que afrontar, porque estás demasiado convencido de que no vales nada y no puedes imaginarte un futuro brillante, un futuro que lleve tu huella... Eres joven, puedes cambiar, no estás obligado a repetir el esquema de tus padres...

»*"Love you, my boy..."*.

»La leí varias veces. No podía creer que no le volvería a ver. No me dejó nada, ni una dirección, ni un apartado de correos, ni un teléfono. No tenía ningún modo de volver a encontrarle.

»Lloré, lloré mucho...

»Pensé que mi vida había terminado.

»Y estoy convencido de que ha terminado.

»25 de diciembre de 1963. *Charada* acaba de estrenarse en los Estados Unidos. He leído las críticas de los periódicos. Es un éxito inmenso. Miles de personas hicieron cola desde las seis de la mañana a las puertas del Radio City Music Hall en la Sexta Avenida para conseguir sitio. Hacía frío, llovía y ellos esperaban...

»He leído en el periódico una entrevista a Stanley Donen que hablaba de él. "No hay otro actor como Cary Grant. Es único. No hay ni una nota discordante en su interpretación. Proyecta sencillez y confianza en sí mismo; si parece algo tan fácil, es porque él está extremadamente concentrado. Porque lo ha preparado todo... No siente ningún tipo de miedo cuando interpreta. Sus guiones están siempre llenos de miles de anotaciones. Lo detalla todo minuto a minuto. El detalle, ahí está la excelencia. Su talento no es un don de Dios, es una suma enorme de trabajo...".

»Y tuve la impresión de que se me escapaba definitivamente...

»También leí un comentario de Tony Curtis. "Se aprende más viendo a Cary Grant beber una taza de café que en seis meses en un curso de teatro...".

»¿Qué he aprendido yo de él?

»¿Qué he aprendido yo de él?».

Eran las últimas páginas de la libreta negra. Joséphine la cerró y pensó que ella había aprendido mucho con Cary Grant.

Zoé estaba encerrada en su habitación con Emma, Pauline y Noémie. Estaban preparando la exposición oral de Diderot que ella debía presentar al día siguiente ante la clase y la señora Choquart.

No quería quedar mal. Quería mucho a la señora Choquart.

Tumbada en su cama, pensaba en Diderot.

Y en Gaétan.

¡Gaétan! Desde que se sinceraron, construían un amor perfecto. Ella hacía una lista de «Quiero..., no quiero». Era un juego. Cuanto más larga era la lista, más tenía la impresión de que su amor era grande, fuerte, eterno. No quiero que nuestro amor disminuya. Quiero que esté siempre al principio, esas canciones que resuenan en la cabeza, el corazón que se sale del pecho, la vida en rosa, de verdad. No quiero cansarme. Quiero amarle el mayor tiempo posible. No quiero altibajos. Quiero seguir a cien mil metros de altitud. *Twist and shout, come on, come on, baby now*. Quiero ser la imagen del amor, del amor verdadero, como Johnny Depp y Vanessa Paradis *in love* por la vida.

Sus amigas garabateaban sobre sus fichas de lectura.

Habían elegido Diderot como tema para su exposición oral, para destacar su anticonformismo y su lengua mordaz.

Creo que siento adoración por Diderot, pensaba Zoé releyendo sus notas. Carga contra todos. Carga contra Lully, Marivaux, dice cosas terribles de Racine como ser humano, «bribón, traidor, ambicioso, envidioso, malvado». Sí, pero añade... «... dentro de mil años provocará lágrimas; será la admiración de los hombres en todos los rincones del mundo. Inspirará la humanidad, la conmiseración, la ternura; preguntarán quién era, de qué país, y envidiarán a Francia. Hizo sufrir a algunos seres que ya no están, los cuales nos interesan apenas. Sin duda habría sido mejor que hubiese recibido de la naturaleza las virtudes de un hombre de bien junto a los talentos de un gran hombre. Es un árbol que ha secado a algunos otros plantados a su alrededor; que ha asfixiado plantas que crecían a sus pies; pero que ha erigido su copa hasta las nubes; sus ramas se extendieron a lo lejos; su sombra abrigó a los que vinieron y vendrán a reposar en torno a su majestuoso tronco; produjo frutos de gusto exquisito y que se renuevan sin cesar».*

Le gustaba el verbo de Diderot. Le gustaba el uso del punto y coma en Diderot.

---

* *El sobrino de Rameau.*

—¿Empezamos por los *Salones*? —preguntó Emma.

—Sí... ¿Fragonard?

—Y yo enseño una reproducción cuando hable Pauline...

—«Es una enorme y hermosa tortilla de niños —leyó Pauline—, los hay a cientos, todos entrelazados unos con otros. El resultado es plano, amarillento, de tinte idéntico, monótono y aspecto algodonoso. Las nubes repartidas entre ellos también son amarillentas y terminan de dar exactitud a la composición. El señor Fragonard es diabólicamente soso. Bonita tortilla, bien mullida, bien amarilla y nada quemada». Malvado, ¿no? —concluyó Pauline, que tenía un fondo bueno y detestaba criticar.

—Debió de quedarse hecho polvo Fragonard.

—Me parece que me voy a comprar todos los tomos de los *Salones* porque adoro cada palabra, cada frase, me gustaría que no terminase nunca, ¡y no termina nunca porque es un libro enorme! —exclamó Zoé.

—¡Anda que tú y tus libros! —se rio Emma—. Parece que nunca tengas bastantes...

—Zoé no sabe qué es la moderación —dijo Noémie encendiendo un cigarrillo.

—¡En mi habitación no! —exclamó Zoé—. ¡Mamá no quiere que fume!

—Abriremos la ventana del todo...

—Entonces ¿puedo liarme uno? —preguntó Emma.

Zoé no respondió. Sola contra tres, no podía oponerse.

Gaétan le había prometido un correo largo para esta noche...

Diderot, Gaétan, un correo largo... Era la chica más feliz del mundo.

Cuando sus amigas se marcharon, abrió la ventana de par en par, se cambió de blusa, se miró en el espejo y le gustó lo que vio. Era buena señal. Un día, nos miramos en el espejo cantando con un cepillo y contoneándonos, y al día siguiente nos echamos un vistazo y nos sentimos como una uva pasa.

Fue a sentarse delante del ordenador y abrió el correo.

El de Gaétan era el primero...

Para las cosas serias, él prefería escribir que hablar. Decía que hablar era difícil. Que eso significaba estar frente al otro, que te está mirando mientras lo sueltas todo. En cambio, escribiendo podía uno imaginarse solo, hablando consigo mismo, sin nadie que te escuche.

Él también tenía exámenes de fin de curso.

Esa mañana había hecho el de geografía.

«No me ha ido demasiado bien, pero no importa. La geografía no es lo mío. He hecho lo que he podido, he estudiado, ¡no sirve de nada quejarse! Ahora sé que soy capaz de trabajar mucho y eso me gusta. ¿Qué más se puede pedir? Soy capaz de aprobar, ¿no? ¿Te cuento lo demás? Pues claro que te lo cuento. Esta mañana me he levantado y mamá ya estaba de pie; y me ha dicho que quería hablar conmigo antes de que me fuera. Y entonces me ha dicho cosas que me han dejado sin habla. Cosas que nunca me había dicho, que me cambian, que... Guau. Ella me mira, se estaba tomando su café, me dice que ya no quiere que me preocupe por ella, que está bien, que me quiere y que quiere que yo sea feliz y que, precisamente, no puede ser feliz si yo no lo soy. Y eso es guay. Es como si me hubiese liberado. Y que mamá me cuente eso es guay, tipo superguay, no sé. No puedo explicarlo, es como si pudiese crecer de verdad. Es atómico. Por supuesto, eso no impide que siga flipando con mamá. Pero no de la misma forma, no como si ella dependiese de mí... Aunque yo sé que depende de mí. Porque Charles-Henri se lo monta él solito y se marcha, y Domitille también. La mandan a un internado el curso que viene... Está decidido. Ella dice que no piensa ir, que se fugará las veces que haga falta, pero bueno, está decidido. Entonces, sólo quedaremos mamá y yo. Y aunque ella dice que puede seguir adelante sola, yo sé que siempre me necesitará... No puede arreglárselas sola, ella no lo sabe, pero yo sí lo sé. No soy sólo responsable de mi vida. Si dejo a mamá, está acabada.

»O sea que quiero que volvamos a París. No quiero seguir aquí con los abuelos detrás y todo el pueblo mirándote cuando haces alguna tontería. No tienen otra cosa que hacer, la gente de aquí, aparte de chismorrear cosas sobre los demás... No hacen más que criticar cuando alguien se pasa de la raya. Y nosotros nos pasamos bastante de la raya... Y dime, Zoé, es normal hacer estupideces, ¿no? Incluso cuando eres un adulto, como mamá... Así que nos vamos los dos. Vamos a volver a París. No sé muy bien dónde iremos porque mamá no tiene mucho dinero. Dice que está dispuesta a trabajar de dependienta en una tienda, que tiene la preparación necesaria, que podría vender, por ejemplo, bisutería o relojes. Le gustan mucho los relojes. Creo que la tranquilizan. El mecanismo de los relojes, quiero decir... Así que va a buscar trabajo de vendedora de relojes y viviremos los dos en un piso pequeño. Y así podremos vernos y seré feliz...».

El corazón de Zoé dio un vuelco. ¡Iba a venir a París! *Twist and shout, come on, come on!* Le vería todos los días.

Podrían vivir en su casa. En la habitación de Hortense... O en el despacho de mamá cuando Hortense estuviese aquí. Hortense no venía muy a menudo. Su vida estaba en Londres. O en otro lado. A menudo repetía que París se había terminado para ella...

Tendría que hablar con su madre.

Y le dijo que no.

Un no categórico.

Un no que Zoé no había oído nunca en boca de su madre.

—Ni hablar, Zoé.

—Pero el piso es demasiado grande para nosotras dos...

—Ni hablar —repitió Joséphine.

—Pero si lo hiciste con la señora Barthillet y Max...*

—Eso fue hace mucho tiempo... He cambiado.

—¡Te has vuelto egoísta!

—No. Escúchame bien, Zoé... Tengo un libro que está creciendo en mi cabeza. Unas ganas de escribir que se van concretando día a día y necesito espacio, silencio, vacío, soledad...

—¡Ellos no ocuparán espacio! No molestarán nada. Su madre quiere trabajar y él irá al instituto conmigo... ¡Oh, mamá! ¡Di que sí!

—No, no y no... ¡Esos tiempos se acabaron!

—Y entonces ¿dónde irán? —preguntó Zoé con la cara llena de lágrimas.

—No lo sé y no es mi problema. No quiero sacrificar este libro... Es importante para mí, cariño. Muy importante... ¿Lo entiendes?

---

* Cf. *Los ojos amarillos de los cocodrilos, op. cit.*

Zoé movió la cabeza. No lo entendía.

—Pero aun así podrías escribir...

—Zoé... Tú no sabes. No sabes lo que quiere decir «escribir». Quiere decir poner en ello todas tus fuerzas, todo tu tiempo, toda tu atención en una sola cosa. Pensar en ello todo el rato. No ser interrumpida, ni un segundo, por cualquier otra cosa... No es sentirse inspirada de pronto y escribir unas notas sobre un papel, quiere decir trabajar, trabajar, trabajar, sembrar ideas, esperar a que crezcan y recolectarlas cuando están listas. No antes, para no arrancarlas de raíz, ni después porque estarán resecas. Significa estar al acecho, obsesionada, maniaca... Es imposible vivir para los demás.

—¿Y yo, qué?

—Tú formas parte de esta aventura. Pero los demás no, Zoé, los demás no...

—Hay que vivir sola, entonces, cuando escribes, completamente sola...

—Sería lo ideal, eso seguro. Pero yo te tengo a ti, te quiero más que a nada en el mundo, ese amor me llena de alegría, de fuerza, ese amor forma parte de mí. A ti puedo hablarte, tú oyes, tú comprendes, tú sabes escuchar... Pero los demás no, Zoé, los demás no...

—Entonces —dijo Zoé agachando la cabeza y tragándose las lágrimas—, ¿vas a escribir de verdad la historia del Jovencito?

Joséphine la cogió en sus brazos y susurró sí, voy a escribirla, la voy a escribir.

—¿Y ahora sabes quién es el Jovencito? —preguntó Zoé, con el mentón apoyado en el hombro de su madre.

Y Joséphine susurró sí, lo sé.

Iría a verle, hablaría con él, le pediría autorización para contar su historia. Le explicaría cómo, gracias a Cary Grant y a la libreta negra, ella había salido de la niebla, le describiría las aguas furiosas de las Landas, Henriette y Lucien Plissonnier, la cesta de picnic sobre la playa, Iris, la sombrilla, las ganas de crecer, las ganas de convertirse en otro, en alguien que caminase derecho, que hubiese encontrado su lugar detrás de la niebla.

Y después llamaría a Serrurier, y le diría...

Que tenía una idea, mejor que una idea...

El principio de un libro. Un libro entero que estaba construyéndose en su cabeza. Que se montaba pieza a pieza.

De hecho, había encontrado la primera frase...

No la diría.

Se la guardaría para ella. Para que las palabras conservasen toda su fuerza, para que no se evaporasen...

«Escribir como nadie con las palabras de todo el mundo».*

Las palabras que vamos a escribir no hay que decirlas, tienen que seguir siendo nuevas. Cuando se leen, tienen que dar la impresión de que es la primera vez que alguien se sirve de ellas, que nadie ha escrito palabras así en un papel...

* Colette.

QUINTA
PARTE

Shirley dejó el enchufe sobre el mostrador y preguntó el precio.

Era el último que quedaba en el estante. No tenía etiqueta ni código de barras. El embalaje era viejo y tenía los cantos doblados. Parecía casi un artículo de segunda mano.

El hombre, detrás del mostrador, llevaba una camiseta negra con una cabeza de lobo enseñando los dientes. Se tomó su tiempo, miró atentamente a la mujer que tenía enfrente, fijó la mirada en su bolso, su reloj, los dos brillantitos de las orejas, la chaqueta de piel y dijo:

—Quince libras...

—¡Quince libras por un enchufe! —exclamó Shirley.

Repitió: quince libras.

No había el menor brillo en sus ojos. Él tenía un enchufe, él fijaba el precio; si no le convenía, podía marcharse. Shirley se fijó en su vientre inflado, ceñido bajo la camiseta con la cabeza de lobo. Parecía que estaba embarazado de un barril de cerveza.

—¿Tiene usted un catálogo para que verifique el precio?

—Quince libras...

—¡Quiero hablar con el dueño!

—Yo soy el dueño...

—¡Lo que es, es un estafador!

—Quince libras...

Shirley cogió el enchufe en la mano, lo tiró al aire varias veces, lo volvió a dejar sobre el mostrador y se dio la vuelta.

—¡Que te den por culo, gilipollas!

¡Quince libras!, resopló bajando por Regent Street.

Quince libras después de haberme observado y haberse dicho a ésta la voy a desplumar. ¿Por quién me toma? ¿Por una turista despistada que quiere enchufar el secador o el ordenador? ¡Soy inglesa, vivo en Londres, conozco los precios y que le jodan! Si necesito un adaptador ¡es porque no puedo enchufar el rizador de pelo que mi amiga francesa me regaló estas Navidades! El rizador cuesta treinta euros, ¡no necesita un adaptador de quince libras! Andaba dando grandes zancadas, tenía ganas de arañar a todos los hombres que, según le parecía a ella, caminaban con una arrogancia de machos todopoderosos. No soportaba nada que fuese todopoderoso. No soportaba las órdenes que caen en forma de apremios sobre la cabeza del pobre siervo.

Ese hombre la había tratado como a una pobre sierva.

Hervía de cólera, se convertía en lava ardiente, amenazaba con hacer estallar el cráter y destruirlo todo a su paso.

El volcán de la cólera había despertado esa misma mañana...

Había pasado por el despacho de su fundación Fight the Fat y había leído un informe que probaba, apoyándose en cifras, que ciertos alimentos para bebés llevaban más azúcar, grasa y sal que la comida basura para adultos. Cebaban a los lactantes para poder hacerles tragar, más adelante, todas las porquerías que les ofrecían. Había empezado a soltar improperios.

Estaba roja de rabia. Un rojo furioso. Un rojo cegador.

—¿Qué hacemos? —había gritado a Betty, su ayudante y secretaria.

—Redactamos la lista de esos alimentos y la colgamos en nuestra página web con un enlace para las demás páginas de consumidores —había respondido Betty, que no perdía nunca los nervios y a menudo encontraba soluciones—. La información se difundirá, les señalarán con el dedo y les pondrán en la lista negra.

—¡Qué cabrones! ¡Qué cabrones! —repetía Shirley llevándose las manos a la cabeza—. ¡Esos tíos son unos criminales! ¡Atrapan a sus víctimas desde la cuna! Y después nos extraña que el número de obesos no deje de aumentar. ¡Deberíamos obligarles a tragarse su mierda! ¡Estoy segura de que a sus hijos no les hacen comer esos potitos!

Tenía que calmarse.

Tenía que impedir que su cólera la destruyese.

La cólera destruye. Ataca a la persona contra la que va dirigida, pero ataca también a quien la lleva dentro. Ella lo sabía. Lo había comprobado a menudo.

Quería aprender a dominarse. A distraer la cólera, a desviarla hacia una ocupación que la calmara.

Había pensado en el rizador... Lo había encontrado esa misma mañana mientras ordenaba las estanterías del cuarto de baño. Sin estrenar, en su envoltorio navideño. Y la nota de Joséphine: «Para mi guapa amiga de pelo corto y a veces rizado».

Bajo a comprar un adaptador, me concentro en mis mechas y relativizo.

El hombre de la camiseta con la cabeza de lobo había terminado de abatirla. Temblaba de rabia, tenía ganas de llorar, perdía el equilibrio. Ya no encontraba su lugar en el mundo.

Entró en un Starbucks, pidió un Venti Caffè Moccha, con leche entera y crema batida: 450 calorías, 13 gramos de grasa perjudicial, en el octavo puesto del palmarés de comida basura 2009 publicado por el muy digno Center for Science in the Public Interest. Ya puestos a destruirnos ¡no nos privemos de nada!, pensó viendo llegar el café con la leche asesina.

—¿Puede darme una pajita o eso hay que pedirlo aparte? —le gritó a la chica de la caja.

Pero ¿qué me pasa? Lo mezclo todo, lo mezclo todo, se conminó, arrepentida por haber herido a la pobre chica que debía de ganar apenas para pagar el alquiler. Tiene veinte años y parece cansada para el resto de su vida.

—Discúlpeme —murmuró cuando la camarera le entregó la pajita—. Usted no tiene la culpa. Estoy enfadada...

—No importa —dijo la chica—, yo también estoy enfadada.

—... y lo paga usted.

—No es ni la primera ni la última —había respondido la chica, desengañada—. Si es usted de las que piensan que la vida es bella ¡tendrá que darme la receta!

Pues sí, se dijo Shirley yendo a sentarse a una mesa, antes la vida me parecía más bien bella... Pero desde hace algún tiempo, la he pintado de negro, la vida me abrasa como la sal sobre una herida abierta... Me descarna, me pica, me despelleja, me desincrusta.

¿Por qué razón lloramos cuando derramamos lágrimas por cualquier tontería? Por lo que nos acaba de suceder o por una vieja herida que se reabre y supura.

A ella le supuraba todo el cuerpo. Desde que había recibido la carta de su tía Eleonore.

Fue hace dos días...

Una mañana...

Acababa de pelearse con Oliver. Él le había traído el desayuno a la cama y se había disculpado, las tostadas estaban demasiado hechas. Ella había rechazado la bandeja.

—Deja de disculparte, deja de ser bueno...

—No soy bueno, soy atento...

—Entonces deja de ser atento. No lo soporto más...

—Shirley...

—¡Para! —había gritado con lágrimas en los ojos.

—¿Por qué gritas? ¿Qué te he hecho?

Él extendió los brazos hacia ella, ella le rechazó, él meneó la cabeza con gesto de desolación.

—¡Y deja de poner cara de pobre hombre!

—No lo entiendo...

—¡No entiendes nada! Eres... Eres...

Ella balbuceó, agitó las manos para atrapar las palabras, no las encontró, y se puso aún más furiosa.

—¿Estás cansada? ¿Tienes algún problema?

—No. Estoy muy bien, ¡es sólo que ya no te soporto!

—Pero ayer...

—¡Vete! ¡Vete!

Él se levantó, se puso la chaqueta y abrió la puerta.

De un salto, ella se lanzó sobre él y se agarró a sus hombros.

—¡No te vayas! ¡No me dejes sola! ¡Ay, no me dejes sola! ¡Todo el mundo me deja, estoy sola!

Él la cogió por los hombros, la empujó contra la pared y le preguntó con dureza:

—¿Sabes contra quién estás enfadada?

Ella volvió la cabeza.

—No lo sabes, lo pagas conmigo, pero yo no tengo la culpa... Así que ve a descubrir al verdadero culpable y deja de agredirme...

Le vio marcharse. No se dio la vuelta. Atravesó la puerta sin una última mirada, sin un último gesto que pudiera darle una pista de la gravedad de su marcha. Y pensó le voy a perder, le voy a perder... Se dejó caer sobre la cama sollozando, ya no entendía nada.

Fue esa mañana cuando recibió la carta de su tía Eleonore.

Decía ayer ordené papeles viejos, llevaba varios meses prometiéndome que lo haría, y encontré esto. No sé qué harás con ello, pero es para ti.

Dos fotos en blanco y negro y un sobre azul.

En la primera foto se veía a su padre con unos pantalones por encima de la rodilla, durante una excursión con amigos a la orilla de un lago. Había dejado la mochila sobre la hierba, estaba apoyado en ella y mordía con ganas un bocadillo. Tenía la mejilla izquierda hinchada por el bocado y se reía al mismo tiempo. Gran nariz, gran boca, gran carcajada. Un mechón de pelo largo que le caía sobre los ojos, piernas largas y musculosas, gruesas botas de marcha. Un pañuelo alrededor del cuello. Ella miró la fecha de la foto; él tenía diecisiete años. En la segunda foto estaban ella y él, en un parque de Londres.

Se veía a lo lejos gente sentada en los bancos leyendo o descansando. Ella debía de tener unos seis años y levantaba los ojos hacia el hombre, que le mostraba un árbol. Ella, pequeñita, con dos trenzas rubias, él alto e inmenso, vestido de tweed. Vivían en palacio, en el apartamento reservado al gran chambelán. Él la llevaba a Hyde Park para enseñarle el nombre de los árboles, de los olores, de las flores; observaban a las ardillas. Un día, habían visto a dos boxers persiguiendo a una ardilla, acorralarla contra una verja y mientras uno le cortaba el paso, el otro la degollaba.

Shirley había contemplado fascinada la violencia de la escena. Había sentido un largo escalofrío que le recorrió las piernas, giró en su vientre y estalló en una bola de fuego. Había cerrado los ojos para que el placer durara más. Su padre le tiraba de la mano prohibiéndole mirar. La gente se indignó e insultó al propietario. Éste se encogió de hombros y llamó a sus perros, que estaban despedazando a la ardilla sin oírle.

Cada vez que su padre la llevaba al parque, ella vigilaba a los perros que vagabundeaban, esperando una nueva escaramuza.

Y también había una carta azul en un sobre delgado de color cielo.

Dirigida a Shirley Ward en casa de Mrs. Howell, Edimburgo.

Había reconocido la letra de su padre. Fina, redonda, casi femenina.

Se había quedado inmóvil durante un instante antes de abrir el sobre. Presentía que tenía un secreto entre las manos. La resolución de su secreto. Había cogido el sobre, había ido a hacerse otra taza de té y, mientras calentaba la tetera, había cerrado los ojos y convocado al fantasma de su padre. Su áspera chaqueta de paño grueso en la que hundía su mejilla cuando la estrechaba entre sus brazos, el olor de su jabón, del agua de colonia Yardley que utilizaba por la mañana después de afeitarse. Ella apoyaba la cabeza en su hombro. Se imaginaba mil peligros. Hombres que la amenazaban, la secuestraban, la amordazaban, la maltrataban y la arrastraban por el polvo. Fingía que lloraba, él la estrechaba más fuerte, ella cerraba los ojos.

Bebió un sorbo de té ardiente y desdobló la carta. La había escrito justo después de que ella se fuera a Escocia.

«Mi querida niña:

»No te he enviado a Edimburgo para castigarte. No tengo derecho a castigarte. Te he hecho vivir una vida extraña desde que naciste. Una vida de la que soy el único responsable. Comprendo tu rabia, pero no puedo permitir que pongas en peligro a alguien que te quiere con tanta ternura...».

Hablaba de su madre, a la que no osaba mencionar. Incluso cuando escribía, la sombra de su madre le intimidaba. Ella se había tragado un primer sollozo.

«Hemos llevado una vida extraña, tú y yo».

Había tachado esa frase. Debió de pensar que se repetía.

«Tú eras una niña formidable y te has convertido en una jovencita estupenda. Estoy orgulloso de ti...».

Después había un gran espacio en blanco. Había dejado espacio para unas líneas. Como si esperase llenarlo más tarde. Había seguido más abajo.

«Me gustaría decirte tantas cosas, pero no sé...

»¿Cómo puedo explicarte algo que ni yo mismo comprendo?».

Había otro espacio.

Y después estas sencillas palabras...

«Recuerda simplemente que has sido, que eres y que serás siempre mi niña querida, la que llevaba en brazos cuando volvíamos del campo los domingos por la tarde... Me gustaban tanto esos momentos...».

Y el recuerdo rodó como una avalancha...

Ella era pequeña, volvían del campo, de una de las residencias de la reina; estaba tumbada en el asiento trasero del coche, tapada con una manta. Miraba la luna en el cielo negro que le hacía un guiño a través de las nubes. Cuando llegaban a palacio, ella levantaba los ojos hacia el enorme y severo edificio, hacia la lucecita roja que brillaba en sus aposentos, al final, a la izquierda. Él abría la puerta, se inclinaba sobre ella. Ella respiraba su olor a tweed gastado y a lavanda. Él apoyaba una mano sobre ella para verificar si dormía. Ella simulaba dormir para que la cogiera en sus brazos y la llevara hasta su cama. Hasta la lucecita roja de su apartamento.

Y emprendía lentamente el ascenso de las escaleras...

Ella se dejaba llevar con los ojos semicerrados. Se preguntaba si él, a veces, no se daba cuenta de que cerraba los ojos demasiado fuerte como para que fuese verdad.

Dos brazos expertos en levantar un cuerpo dormido, en sujetar al mismo tiempo la cadera y la nuca, poniendo mucha atención para que la manta no cayera y ella conservara en el cuerpo el calor del coche, vigilando que sus pies, colgando, no se golpearan contra el marco de una puerta. Ella cerraba los ojos, notaba el aire más frío, los pasos sordos y pesados de su padre; se imaginaba cada escalón que subían, cada esquina de pasillo que atravesaban, y cada paso la acunaba con una leve sacudida, con la certeza de que estaba en brazos de un gigante. Ella se repetía su historia preferida, de la que nunca se cansaba, un bosque, gritos, disparos, malvados, y su padre avanzando decidido, audaz, estrechándola contra sí.

Prolongaba aquel falso sueño, se quejaba cuando él la dejaba sobre su cama, balbuceaba palabras de niña para hacerle creer que dormía de verdad. Él le secaba la frente, decía ahora duerme, con una voz grave, imperiosa. Ella temblaba y se dejaba desnudar, manipular como una muñeca de trapo, una marioneta invadida por el placer...

¡Dios! ¡Cuánto le quería en esos momentos! Él ya no era el hombre humilde que se esfumaba detrás de la reina, que inclinaba la nuca, que se retiraba caminando hacia atrás para no darle la espalda a Su Alteza.

Ella le había devuelto su omnipotencia.

Durante el tiempo de ese largo y pesado caminar a través de los pasillos de palacio, ella se convertía en una niña frágil sobre la que él reinaba. Leía, a través de sus ojos entornados, la sonrisa de orgullo en sus labios, la sonrisa que decía duerme, hija, duerme, yo velo por ti, ¡yo te protejo! Y ambos se unían en ese ardor común. Ella, pensando que era el hombre más fuerte del mundo, él, considerándola una princesa que debía cuidar. Ella tomaba la bravura que irradiaba su frente para hacerse con ella un adorno de mujer; él se convertía en su campeón.

Detestaba cuando él se inclinaba. Cuando no era más que una sombra por los pasillos de palacio...

Detestaba al padre que caminaba detrás de la reina, al padre que no era un hombre ya que aceptaba no ser más que un súbdito.

Releyó la carta que él nunca había enviado.

Sin aliento, la nariz roja, las mejillas ardientes. Y fue como si su corazón se rasgara.

Recordó...

Tenía ganas de gritarle a su padre, ¡yérguete, sé un hombre! ¡No un siervo!

Pero no decía nada.

Ella se dedicaba a la guerrilla en los pasillos rojos de Buckingham Palace.

Irguiéndose, él me habría legitimado...

Así que ése era mi secreto...

¿Cómo he podido ignorarlo durante tanto tiempo?

No había pensado en ello. Pensar duele demasiado. Siempre contaba la misma historia de su madre, que la amaba pero no podía demostrarlo. Fingía sentirse a gusto con ello.

Pero yo me moría de ganas de que me lo demostrara, de que se lo demostrase a él. Entonces me vengaba, le vengaba, salía de la sombra con estrépito. Sólo podía amar así... ¿La ternura, la dulzura, las miradas que acarician? Las rechazaba. Eso eran cosas de vasallos...

Lloraba, no podía parar, lloraba sobre la niña que se dejaba quitar las botas, secar los pies, poner calcetines cálidos, extender las piernas hacia el fuego que él había encendido para calentarla. Lo habría dado todo para que diese una patada a los troncos de la chimenea, la cogiese de la mano, atravesase los largos pasillos de palacio, derribara la puerta, se plantase en la habitación de su bien amada, la madre de su hija, y dijese tiene hambre, tiene frío, ocúpate de ella... También es tu hija.

No lo hacía.

Se arrodillaba, se inclinaba, le secaba los pies, los besaba, los acercaba al fuego. Apoyaba una mano sobre sus piernas...

Su mano, de la que ella amaba cada centímetro, cada dureza, cada uña demasiado corta, su mano que le alisaba el pelo, le pellizcaba las orejas, pasaba y repasaba por su frente para saber si tenía fiebre.

Ella había terminado detestando la ternura y la bondad, había terminado asimilándolas a la cobardía, precipitándola hacia los rufianes.

Había nacido el deseo, deformado por esa imagen de padre inclinado.

Partía hacia los hombres como quien partía a la guerra, ligera, despreocupada, llevada por ese deseo que no autorizaba más que los encuentros breves, los encuentros con canallas.

Había ido a ver a su tía Eleonore.

Entre Eleonore y ella había habido siempre una tensión sorda, como el zumbido insistente de un moscardón.

Eleonore Ward era una mujer fuerte, con senos de valkiria y la cara grande, rosácea. Había trabajado toda su vida en una fábrica. No se había casado nunca. «No se me presentó la oportunidad», decía suspirando.

Cuando pasaban las Navidades juntos, les miraba a su padre y a ella sin amabilidad, decía que tenían suerte, que no sabían lo que era trabajar en una cadena, el aire pestilente, el olor acre que reseca la garganta, el ruido que embrutece y los ojos que se cierran a fuerza de querer tenerlos abiertos. Todos los días lo mismo, una no sabe si es lunes o martes o miércoles o jueves. Simplemente siente alivio cuando llega el viernes porque podrá pasarse el sábado y el domingo durmiendo.

Vivía en Brixton, al sur de Londres. En una casita de ladrillo rojo frente a un *council estate*.* Ocupaba un pequeño apartamento en el sótano. Shirley no iba a verla con frecuencia. Al cabo de un rato empezaba a asfixiarse en ese sótano lúgubre y tenía que salir a toda prisa.

Bajó varios escalones, pasó entre cubos de basura y contenedores de reciclado desbordantes de latas, cartón y botellas. Un paraíso para las ratas, pensó, fijándose dónde ponía los pies.

Eleonore abrió la puerta. Tenía el pelo blanco, amarillento en las puntas, pegado a la cabeza con horquillas, parecidas a las ramas de un árbol de Navidad. Llevaba un vestido verde con un chaleco amarillo limón que se veía a la legua que era acrílico, y las gafas atadas con un esparadrapo. Había agujeros de cigarrillo en la parte delantera del chaleco amarillo.

Shirley entró en una cocinita que daba a un cuarto de estar. Detrás de los cristales, vio un jardín, quiso mostrarse amable y dijo:

---

* Edificio de viviendas sociales.

—Un jardín es algo realmente agradable...

—No es un jardín, han cubierto el suelo de cemento para no tener filtraciones...

Se frotó la nariz y añadió:

—Eres muy amable al venir... Yo ya no salgo mucho. Soy como los viejos, tengo miedo. ¿Sabías que ahora instalan cámaras en el interior de los pisos? Un circuito de videovigilancia. Para localizar a futuros terroristas...

—Eso me parece monstruoso, están construyendo una sociedad a lo Gran Hermano...

—¿Y ése quién es?

—Es de una novela... Cuenta lo que nos puede pasar si ponemos cámaras de vigilancia en todos lados...

Eleonore se encogió de hombros cuando escuchó la palabra «novela».

—¡Había olvidado que eras una intelectualoide!

—¡No soy una intelectualoide!

—¿No oyes cómo hablas?

Eleonore había dejado de ir al colegio a los catorce años. Se había empleado en una fábrica de yute, en Dundee, al norte de Edimburgo, ciudad de la que era originaria su familia. Cuando ella era joven, los habitantes de Dundee entraban en la fábrica de yute o emigraban. No había otra posibilidad. Cuando terminaba de trabajar por las noches, escupía filamentos de yute y no podía comer nada. Más tarde, cuando su hermano se había instalado en Londres, le había seguido. Era la hermana mayor, debía cuidar de él. El chico estudiaba en la universidad. Después le admitieron en uno de los regimientos de la reina, los Coldstream Guards. Al principio, había permanecido en un cuartel de Londres, y más tarde le destinaron al extranjero. Se había distinguido en algunas campañas militares y había destacado como un elemento honesto, sólido y seguro. Así fue como había entrado en palacio y se había convertido en el secretario particular de la reina, el *Principal Private Secretary*. Era la esperanza y el honor de la familia. En Londres, Eleonore había encontrado trabajo en otra fábrica, un taller de confección en Mile End. Trabajaba todo el día, y cuando volvía por la noche hacía la limpieza, cocinaba, lavaba y planchaba. Cuando él se fue a vivir a palacio, ella permaneció en Londres. No quería volver con su familia. Se había acostumbrado a vivir sola. Él iba a verla los domingos. Tomaban té escuchando el péndulo del gran reloj. Él tuvo que trabajar duro para fundirse con el decorado del palacio, borrar su acento, sus maneras rudas, aprender etiqueta, aprender a inclinarse.

—¡Pues a mí me parece bien que pongan cámaras en casa de la gente! Si no haces nada malo ¿de qué tienes miedo?

—¡Pero eso es monstruoso!

—Dices eso porque vives en barrios de ricos, ¡porque no vuelves a casa muerta de miedo con la bolsa de la compra! Por aquí estamos todos de acuerdo... ¡Sólo los ricos se dedican a moralizar sobre eso!

Shirley decidió no discutir. La última vez se habían peleado. Shirley afirmaba que su padre era gran chambelán, su tía le respondía que no era más que secretario particular. ¡Ni más ni menos que un sirviente! Le habían elegido por su docilidad. ¡Y pensar que yo trabajé tan duro por un hombre dócil! ¡Y de dócil a servil no hay mucha diferencia!, refunfuñaba, mirando fijamente la tetera, haciendo un cuenco con las manos alrededor del pitorro por miedo a que goteara y manchara el mantel.

—Papá no era servil, ¡era un hombre educado y discreto! —había protestado Shirley.

—¡Un lacayo! ¡Yo tenía fuerzas, tenía rabia! ¡Pero a mí no me pagaron los estudios! Porque era una chica y, en mi época, ¡las chicas no contaban para nada! Y él ¿qué hizo después de tantos años de estudios? ¿Eh? ¡Convertirse en un criado! ¡Menudo éxito!

—Eso es falso, eso es falso —repetía Shirley—, era gran chambelán y todo el mundo le respetaba...

Habían terminado refunfuñando cada una por su lado, habían visto un estúpido culebrón en la tele y cuando Shirley se había marchado, su tía le había acercado la mejilla sin levantarse.

Eleonore le ofreció una taza de té y pastelitos secos; se sentaron a la mesa. Preguntó por Gary. Dijo que los jóvenes necesitaban viajar porque la vida pasaba deprisa y después termina una encerrada en una ratonera con un jardín de cemento.

—Te agradezco la carta y las fotos...

Eleonore levantó la mano por encima de la cabeza como si aquello no tuviese ninguna importancia.

—Pensé que tú lo necesitarías más que yo...

—Llegó en un momento en el que me estaba haciendo un montón de preguntas...

—No sabrás dónde podría encontrar un buen podólogo, los pies me están matando... ¡Sólo aguanto mis zapatillas!

La habitación estaba sumida en la oscuridad. Eleonore se levantó para encender la luz. Shirley le pidió que le hablase de su padre. Por favor, Eleonore, es importante.

Ella contestó que no sabía gran cosa, que él no se sinceraba.

—Y, de hecho, tú tampoco... Era como si cada uno tuvieseis vuestro secretito que guardabais celosamente. Erais distantes. O bien yo no era bastante buena para vosotros...

Shirley insistió:

—¿Qué quieres decir con eso de «distantes» y «secretito»?

Eleonore suspiró, es complicado, es complicado explicar ese tipo de cosas... Era más bien una impresión que tenía, porque en realidad tu padre y yo nunca hablábamos.

—Era un buen hombre... Un buen hombre dócil, que cerraba la boca.

—¿Y yo? ¿Cómo era yo?

—¡Tú, tú eras mala!

—¿Mala?

—¡Tenías rabietas a todas horas!

—...

—Yo no entendía por qué. Empezaban por cualquier cosa, te decían «no hagas eso, no hagas lo otro» y tú comenzabas a gritar. No eras una niña fácil, ¿sabes?...

Apuntó con un dedo acusador a Shirley. Una hebra del árbol de Navidad se cayó y ella la volvió a colocar con un dedo deformado por la artritis.

—Pero ¿puedes darme un ejemplo? ¡Es fácil decir eso sin explicarlo!

—Bueno, tú preguntas, yo contesto...

—¡Quiero saberlo! ¡Haz un esfuerzo, mierda! ¡Eleonore! ¡Eres mi única familia!

—Recuerdo un día... Estaba lloviendo, habíamos ido los tres de paseo, y te puse la capucha con un gesto brusco para que no te mojaras. ¡Lo que gritaste! Gritabas *Don't ever do that again! Ever! Nobody owns me. Nobody owns me!** Tu padre te miraba con tristeza, decía es culpa mía, Eleonore, es culpa mía... Y yo decía ¿cómo que es culpa tuya? ¿Es culpa tuya que su madre haya muerto de parto? ¿Es culpa tuya que te las tengas que arreglar solo para educarla? ¿Es culpa tuya que te impongan horarios imposibles en palacio? Era un hombre que cargaba con todos los pecados del mundo a sus espaldas... Era demasiado bueno. Y tú, creo que nunca he conocido a una niña tan violenta. Y sin embargo le querías. Siempre le defendías... Nadie podía tocar a tu papá...

—¿Eso es todo?

—Bueno... ¡No era agradable! ¡Te ponías roja y furiosa por cualquier cosa! Nunca vi a una cría así...

Y después llegó la hora de su culebrón.

Eleonore había encendido la tele y Shirley se había marchado.

Había dejado cuatro billetes de cincuenta libras sobre la cómoda.

Es fácil recordar el pasado después. Cuando no hay nadie que lo verifique...

Sentada en el Starbucks, recordaba a la niña siempre enfadada y observaba a la gente. La camarera, inclinada sobre el lavavajillas, ordenaba las tazas y los platos, se volvía a levantar, se secaba la frente.

Shirley se levantó. Buscó la mirada de la chica para despedirse de ella. No encontró más que su espalda. Renunció.

---

* «¡No hagas eso nunca más! ¡Nunca! ¡No pertenezco a nadie! ¡No pertenezco a nadie!».

Caminó por Brewer Street en busca de una ferretería. Encontró una en Shaftesbury. Entró. Se dirigió a un mostrador, encontró un adaptador por 5,99 libras y lo llevó orgullosamente a la caja, pagó y se lo metió en el bolsillo.

* * *

Henriette se había apuntado en un curso de informática en la calle Rennequin.

Iba por las tardes. Las clases tenían lugar en una tienda que vendía accesorios para ordenadores e imprimía prospectos. Por las tardes, no había más que viejos que hacían mil veces la misma pregunta, paseaban sus dedos y sus ojos gastados sobre el teclado, murmuraban que era demasiado difícil y se quejaban. Ella pataleaba, odio a los viejos, odio a los viejos, no seré nunca vieja.

Se apuntó a las clases nocturnas. Los alumnos eran más desenvueltos, aprendía más deprisa. Era una inversión. No debía malgastar el dinero.

Chaval le había entregado la llave del cajón donde la Trompeta guardaba sus claves. Le había dado la clave de la alarma. Sabía que la cambiaban más o menos cada tres meses. No convenía retrasarse.

Esperaba la noche en la que podría colarse en la empresa. Una noche en que Ginette y René hubiesen salido... Pasaba una y otra vez delante del número 75 de la avenida Niel, espiando sus idas y venidas. Así supo que salían a cenar todos los jueves a casa de la madre de Ginette. René protestaba al subir al viejo Renault gris aparcado en el patio, gruñía ¡tu madre! ¡Tu madre! ¡No tenemos por qué ir a verla todos los jueves! Ginette no respondía. Se sentaba delante, con un paquete sobre las rodillas con un bonito lazo rosa como el que ponen en las pastelerías. Henriette, escondida detrás de la verja, esperaba.

Chaval descubría los placeres de ser dueño y señor de una pobre mujer.

Él ordenaba, ella obedecía, él amenazaba, ella temblaba, él sonreía, ella languidecía. Él la volvía loca y ella se postraba con una devoción que le daba ganas de maltratarla.

No la tocaba, no la abrazaba, no la besaba, se contentaba con entreabrir su camisa blanca sobre su torso bronceado y ella bajaba los ojos. La estoy domando, pensaba, la estoy domando mientras se me ocurre qué puedo hacer con ella. Es tan dócil que me puedo permitir pensar en cualquier cosa.

Lástima que fuese vieja y fea, la hubiese puesto a hacer la calle. Aunque, quizás... Algunas viejas trabajan muy bien. Se había informado. Había una que se ofrecía cerca de la puerta Dorée. Había estado con ella. Había disfrutado de sus servicios cerrando los ojos para no ver la nuca arrugada que bajaba y subía a lo largo de su miembro. La había interrogado mientras se subía la bragueta. Se hacía llamar la Pantera, cobraba treinta euros por una mamada, cincuenta si había penetración. Era conocida sobre todo por sus trabajos orales. Hacía una decena larga cada noche, había precisado escupiendo sobre un pañuelo.

—¿No te lo tragas?

—Sí, ¿y qué más? ¿Quieres un *doggy bag* para llevártelo a casa?

Pensó en domar a la Trompeta. ¿Unas horas suplementarias al salir del trabajo para ayudar a su amorcito necesitado? Acariciaba esa idea con complacencia. Vestida de puta, quizás llegaría a gustarle...

Después pensaba en el acuerdo con Henriette... Todavía no habían hablado sobre su porcentaje. ¡Error! ¡Grave error! Había que tener a la vieja vigilada. No soltaría la mosca fácilmente. Podría conseguir un 50 por ciento sin problemas...

¡Y sin hacer nada!

Henriette, la Trompeta... Se iba a hacer de oro gracias a esas mujeres.

La vida le sonreía por fin. Despertaba de su embotamiento. Se había sorprendido, esa misma mañana, canturreando en el cuarto de baño. Su madre le había oído y había abierto la puerta.

—¿Cómo está mi niño?

—Tengo proyectos, mamá, buenos proyectos que nos van a hacer ricos... ¡Por fin saldremos del arroyo! Compraremos un bonito coche e iremos al mar los domingos... Deauville, Trouville y todo eso...

Ella había vuelto a cerrar la puerta, confiada, y había ido a comprar una botella de espumoso para bebérsela esa misma noche, con unas lenguas de gato. Él se había puesto muy contento. Le gustaba ver feliz a su madre...

Se había plantado delante del espejo, en slip. Había contoneado los riñones, había puesto la mano sobre su vientre plano, había sacado bíceps, tríceps y cuádriceps. ¿Qué pudo pasar para que me quedara tan blanducho y débil cuando poseo una mina gracias a mi físico privilegiado? Antes no dudaba, no temblaba, gustaba, entusiasmaba, y la vida se entusiasmaba conmigo...

Jugaba con las mujeres y me sentía bien.

Había abandonado de mala gana su imagen en el espejo, se había apoyado en el borde del lavabo y había reflexionado... Tendré que llamar a Josiane. Debe de aburrirse con su retoño. La halagaré, le diré que no había mejor sabueso que ella. Ella se hinchará de orgullo y me encontrará proyectos que presentar al viejo.

Esta vez, yo impondré el porcentaje desde el principio. Ella será el último engranaje de mi obra.

Kevin Moreira dos Santos estaba decaído.

Sus notas caían en picado. La amenaza del internado se hacía más real. La víspera, su padre había anunciado durante la cena que el próximo mes de septiembre iría a los Agustinos de Marne-la-Vallée.

—¿Es una broma o qué? —había preguntado él empujando el plato.

—No es ninguna broma, es un hecho —había contestado el padre mientras cortaba una rebanada de pan con su navaja para meterla en la sopa—. Te aceptan en sexto con la condición de que asistas a clase de recuperación durante el verano. Ya te he matriculado. Asunto arreglado, no se hable más.

La vieja chiva había desertado. Se había cabreado un día que él le había, digámoslo así, hablado mal. Se había levantado de la silla y había dicho ya basta, he aguantado demasiado, tiro la toalla...

Él se había reído. ¡Pero cómo habla la vieja! ¡Pero cómo habla! ¿Qué quiere decir eso de tiro la toalla? ¿Vas a bañarte o qué?

—Quiere decir que me largo...

—Entonces se acabó el ordenador —había contestado Kevin, seguro de sí mismo, haciendo vibrar la goma entre los dientes.

—Ya no necesito tu ordenador, maldita rata pegajosa. Me voy a comprar uno nuevo. He aprendido a utilizarlo. Los vientos soplan en tu contra y a mi favor... ¡Izo velas!

Kevin se había quedado con la boca abierta y se había dado un golpe en la nariz con la goma. Había gemido, lastimero.

—Se te ha comido la lengua el gato, ¿eh?

A Kevin no se le ocurrió ninguna réplica hiriente.

Y Henriette apretó aún más las tuercas.

—Y recuerda una cosa, sé cómo te haces rico a costa de tu madre. Así que si, por ventura, necesito de tus servicios, te pondrás manos a la obra. ¡Y sin rechistar! Si no, te denuncio... ¿Está claro?

Sujeto, verbo, complemento.

Estaba claro.

Junior y Josiane habían desplegado sus dossiers sobre la mesa del comedor y discutían amablemente para decidir quién hablaría primero.

—Creo que he encontrado algo formidable —dijo Junior—. ¿Y tú?

—Tengo dos o tres cosillas sin importancia...

—Venga, enséñamelas —dijo Junior.

—No, tú primero...

—No, tú...

—No haré nada de nada, ¡empieza, Junior! ¡Soy tu madre, debes obedecerme!

Junior blandió un portafolio naranja y sacó un proyecto.

—Una pared floral... —explicó.

—¿Una qué? —dijo Josiane inclinándose para mirarlo.

—Es una idea que he encontrado en la página jóvenes inventores punto org...

—¿Sabes utilizar un ordenador? —preguntó Josiane, atónita.

—Pero bueno, ¡mamá! ¡Eso es cosa de niños!

—¡Precisamente, tú aún eres un bebé!

—Bueno... ¿Hablamos seriamente o nos perdemos en vanas querellas?

—De acuerdo, de acuerdo. Deja, al menos, que me sorprenda...

—Así pues, prosigo... Existe una página para jóvenes inventores y tienen un montón de ideas...

—¡Salvo que aún no se han realizado! —exclamó Josiane—. Y se tarda años en pasar de la idea al producto terminado...

—No me dejas terminar, querida madre... He encontrado la idea en la página de jóvenes inventores y DESPUÉS, he investigado para saber si se había puesto en práctica. Y... y... Efectivamente... Por un industrial normando retirado, el señor Legrand, una especie de genio que trabaja solo, inventa, trastea, patenta y ¡funciona! Ha resuelto todos los problemas: el peso, la resistencia, la estética, la siembra. Está listo, sólo espera un pedido grande. Estaba en contacto con Alinéa cuando llamé...

—¿Has llamado TÚ?

—Para ser sinceros, fue Jean-Christophe quien hizo las preguntas, habíamos ideado una estrategia...

Jean-Christophe era el profesor de las tardes, el que caía en gracia a Junior.

—¿Y bien? ¿Qué dices? —concluyó Junior.

Josiane reflexionó. Era una idea estupenda pero...

—Un muro floral... ¿Y cómo funciona?

—Imagínate un colchón neumático fino, muy fino, con unas aberturas...

Josiane asintió.

—En ese colchón fino, se implanta un sistema de irrigación, una capa de mantillo, semillas... Las semillas crecen y brotan por los agujeros previstos para ello, cada diez o veinte centímetros, formando así una cortina de flores o vegetación. Puedes colgar el muro floral donde quieras. Puedes ponerlo en el salón, en tu habitación, en el despacho, en el interior o en el exterior...

—Pero eso es formidable, Junior...

—¡Ese hombre tiene decenas de muros florales listos para llevar! Ha ideado varios temas: bosque europeo, bosque tropical, rosaleda, prado, palmeras, bambú, etcétera.

—¿Quieres decir que podemos empezar inmediatamente?

—Afirmativo.

—Pero ¿cómo has podido convencerle para que no firmara con Alinéa?

—He doblado su porcentaje... Y conoce Casamia.

—¿Y sigue siendo interesante a ese precio?

—Por supuesto...

—Eres increíble, amor mío...

—¡No he hecho más que utilizar mis neuronas! ¿Sabías que nacemos con centenares de millones de neuronas y que, a partir de los doce meses, empezamos a perderlas si no las utilizamos? ¡Yo no quiero perder ninguna! Tienen que funcionar todas... De hecho, madre, he decidido estudiar piano... ¿Crees que me daría puntos para seducir a Hortense?

—Esto...

—¿Todavía piensas que soy demasiado pequeño para ella?

—Pues...

—¡Me agotas! ¡Te pasas la vida poniéndome límites! ¡Una madre está obligada a propulsar a su hijo hacia delante, no a cortarle las alas! Siento decirte que eres una madre castrante. Freud, sobre ese tema...

—¡Me trae al fresco lo que diga ese vienés! ¡Y si me permito ser escéptica es porque tienes diecisiete años menos que ella y eso me parece mucho!

—¿Y qué? ¡Menudo problema! Cuando tenga veinte años, ella tendrá treinta y siete, estará en la flor de la edad, hermosa y resplandeciente... Y me casaré con ella.

—¿Y qué te hace creer que dirá que sí?

—Porque me habré convertido en un hombre brillante, rico, asombroso. No se aburrirá nunca conmigo. A una chica como Hortense hay que trabajarle el cerebro... Llenarle la cabeza de ideas. Cuando estábamos en Londres, nos pinchábamos mutuamente, era un juego amoroso entre ambos, ella me decía *I'm a brain!* Y yo le respondía *I'm a brain too,** eso la hacía reír... Ella y yo estamos hechos de la misma pasta. Nuestro viaje de bodas lo haremos en globo, sobrevolaremos Mongolia y Manchuria, vestidos con largos trajes azafrán, yo le leeré a Nerval y...

—Junior —interrumpió Josiane—, ¿y si volviésemos al muro floral?

—¡Careces completamente de romanticismo, madre!

Sonó el teléfono. Josiane descolgó. Experimentó un ligero escalofrío y su rostro oscureció. Junior levantó una ceja y preguntó quién era el intruso. Intuía un embrollo, un tipo malintencionado.

* «¡Soy un cerebro!». «Yo también».

—Chaval... —susurró Josiane—. Quiere proponerme un trato...

—Pon el manos libres —dijo Junior.

Josiane lo hizo. Oyó a Chaval proponerle una colaboración y concretar una cita. Junior asintió con la cabeza. Josiane aceptó. Y colgó.

—Ese hombre está tramando algo turbio —dijo Junior enrollándose un rizo pelirrojo en el dedo—. Me gustaría saber qué es. Vayamos juntos...

—Pero tú harás de niño... —dijo Josiane—. En caso contrario, desconfiará...

—Te lo prometo.

—Me pregunto qué quiere de mí... Sé que anda rondando por la avenida Niel. Que intenta recuperar su puesto al lado de tu padre... Me necesita para aparecer limpio de polvo y paja.

Junior no respondió. Estaba completamente concentrado en los motivos de la llamada de Chaval y sus neuronas giraban a un millón de revoluciones por segundo.

—Debe de pensar que soy una pava... —murmuró Josiane recordando viejos tiempos en los que Chaval la llevaba de la correa como a un perrito faldero.

—No te preocupes, es él quien acabará desplumado, no nosotros...

Siete cuarenta y cinco de la mañana. Como todos los días, Marcel Grobz sube a su coche conducido por Gilles, su chófer. Gilles le ha comprado los periódicos para que tenga tiempo de hojear la prensa antes de su primera cita en Bry-sur-Marne, el inmenso almacén de Casamia. Tras haber adquirido la fábrica más importante de muebles de China,

Marcel Grobz tuvo que cambiar la estructura de la sociedad y mudarse. El negocio se había vuelto demasiado grande para guardarlo entre los muros de la avenida Niel. En Bry-sur-Marne estaban centralizados los servicios comerciales, los laboratorios de ideas y los pedidos pendientes de entrega. En la avenida Niel no quedaban más que los despachos de los directivos y sus secretarias, una sala de reuniones y los servicios jurídicos y contables. Y un almacén que se ocupaba de las entregas urgentes y de las devoluciones, que dirigía René.

Las nueve. Reunión de directores de departamento. Esa mañana, Marcel Grobz aprueba la estrategia global de los próximos meses: compras, presupuestos y grandes ejes de desarrollo. Entre las prioridades: aceleración del proceso de centralización de la empresa y del servicio de atención al cliente. Marcel Grobz está convencido de una cosa, cuidar de modo particular la atención al cliente les dará puntos frente a la competencia. Ya nadie se ocupa de las personas, las tratan como si fueran números, las hacen esperar, hasta que están al borde de la apoplejía... La actual crisis debe acercarnos a nuestros clientes. Debemos comprometernos a asegurarles el mejor servicio al mejor precio.

Las doce. Marcel Grobz baja a la sala de pruebas para ver los nuevos productos. Inspecciona cada artículo, verifica su procedencia, lee las fichas técnicas. Valida los envíos a provincias, al extranjero, a París.

Las trece treinta. Vuelta a la sede de la avenida Niel, tras haber devorado un bocadillo de jamón, mantequilla y pepinillos en el coche. Gilles le ha preparado un termo de café solo. Se desabrocha el cinturón del pantalón, se quita los zapatos y cierra los ojos unos minutos.

Al llegar a la puerta de Asnières, Gilles le despierta. Marcel rebufa, se pasa la mano por la cara, pregunta si no ha roncado demasiado. Gilles sonríe y le responde que no tiene importancia...

Catorce horas quince. Marcel Grobz recibe en su despacho a la responsable de desarrollo sostenible con el fin de aprobar los acuerdos de la misión Handicap, que prevé la contratación de cierto número de asalariados disminuidos.

Quince horas. Conferencia telefónica diaria con el responsable en China, el responsable de seguros, el abogado y un médico. Recientemente, la marca Casamia ha vendido sillones de relajación fabricados en China y algunos de sus clientes se han quejado de la aparición de eczemas provocados por una partida contaminada por un fungicida. Marcel Grobz insiste en que todos los clientes sean escuchados e indemnizados. Han recibido ya quinientas cuarenta y cuatro quejas, y las indemnizaciones se sitúan entre trescientos y dos mil euros, según los casos.

Dieciséis horas. La tarde prosigue con el comité de inversiones. Examen de las tiendas que pierden volumen de negocio, estudio de las posibilidades de promoción o cierre. Marcel se resiste a despedir. Prefiere pensar que encontrarán productos que animen las cifras de venta. Examen de informes de nuevos productos. Lectura de tests. Proyecciones en cifras. Discusión con los responsables.

Diecisiete horas treinta. Reunión con los inversores del grupo. Si bien Marcel sigue siendo el accionista mayoritario, ellos poseen un 35 por ciento del negocio y tienen derecho a ser escuchados. Facturación del año en curso. Resultado operativo corriente. Proyecto de una convención que reúna a los ciento veinte grandes líderes de la cadena. En una coyuntura llena de tensiones, la responsabilidad de Marcel Grobz es mantener la estabilidad y la salud financiera del grupo. En el sur de Europa algunas tiendas no garantizan un nivel de actividad suficiente durante los próximos cinco años, habrá que cerrarlas, a menos que...

Y Marcel Grobz se escuda de nuevo en el descubrimiento de nuevos productos que impulsarán las ventas. En la mirada de los inversores, lee la inquietud vinculada a la gran recesión que se anuncia, y no sabe qué responderles.

Diecinueve horas. Regreso a la avenida Niel y análisis relajado de los problemas actuales y futuros. La expansión de la economía digital, el creciente poder de Internet, el aumento del número de consumidores que prefieren comprar en la red. Firmar la correspondencia. Está solo. Una luz cruda ilumina el tablero de su mesa. Pasa un dedo sobre la superficie, lo mira y se lo limpia en la manga. Apoya la barbilla en la mano, mira al espejo que tiene enfrente. Ve a un hombre corpulento, la corbata torcida, dos botones de la camisa desabrochados, el vientre desbordante, las manos gruesas, una corona de cabellos rojos sobre el cráneo rosado. Reflexiona. Se echa hacia atrás en la silla, se estira. Piensa debería hacer algo de deporte, debería adelgazar... Y encontrar un brazo derecho. Yo ya no puedo hacerlo todo. No tengo ni la edad ni la fuerza.

Veintiuna horas. Marcel Grobz abandona su despacho y vuelve a su casa.

Otra jornada que ha pasado sin que me diera cuenta, se dice mirando la hora en el reloj. Y mañana, vuelta a empezar...

Está cansado. Se pregunta cuánto tiempo podrá mantener este ritmo.

Ya nunca sube por las escaleras.

Coge el ascensor.

La carta había llegado esa mañana por correo. Iphigénie había reconocido el membrete del administrador y la había colocado sobre la mesa de la cocina. No podía respirar, se agarró las costillas y notó que le flaqueaban las piernas. Era como si una manada de caballos salvajes la hubiese atropellado.

Esperó a la pausa de la comida, coció las salchichas y calentó el puré de Clara y Léo. Comían en casa. Salía más barato que el comedor del colegio.

Abrió la carta casi desgarrándola.

La leyó una vez y la releyó.

La manada de caballos salvajes le pasó de nuevo por encima.

Debía abandonar la portería. Tenía tres meses para encontrar un nuevo empleo, porque el podólogo no la había contratado, y un nuevo alojamiento. Todo empezó a dar vueltas.

Clara y Léo dejaron de dibujar raíles en el puré y preguntaron:

—¿Estás bien, mamá?

—Sí, sí...

—Entonces ¿por qué tienes agua en los ojos?

Mylène Corbier mostró su pasaporte al aduanero de Roissy.

—Bienvenida a París —dijo el aduanero levantando la vista hacia la hermosa rubia que se escondía detrás de las gruesas gafas negras.

Ella meneó la cabeza.

—¿Puede usted quitarse las gafas?

Lo hizo. El ojo derecho parecía una enorme remolacha.

—¿Se ha golpeado usted con el ala del avión? —preguntó el aduanero.

Mylène suspiró.

—Si sólo fuera eso...

Un último recuerdo del señor Wei.* O más bien de su guardaespaldas. La había llevado al aeropuerto para asegurarse de que se marchaba sola y no se llevaba nada. Hubiera podido esconder una maleta en una consigna. Él quiso registrarle el bolso antes de que pasase la aduana. Ella se había negado —había escondido sus brazaletes de diamantes y su polvera Chaumet entre pañuelos de papel usados—. Él la había empujado. Ella se había defendido, había tropezado y se había golpeado contra el borde metálico de un escalón. El guardaespaldas se había encogido de hombros y se había alejado, temiendo un escándalo.

Había cogido el vuelo de las trece cuarenta que llegaba a las diecisiete cuarenta a Roissy. Once horas de vuelo. Once horas para rematar su desilusión. En el aeropuerto de Pekín, la azafata china se había sorprendido de que viajase sin equipaje. Grupos de franceses que volvían a su país se enseñaban fotos en sus teléfonos móviles. El personal de limpieza, discreto, barría el menor papelito del suelo. La terminal 2 estaba resplandeciente. Se podría comer en el suelo, se dijo tomando nota de cada detalle. Ya no volvería. Su hermoso apartamento se quedaría vacío. Sus muebles se venderían. ¿Qué pasaría con su línea de productos de belleza? El señor Wei la necesitaba para expandirla. Se pondría furioso...

---

* Cf. *El vals lento de las tortugas, op. cit.*

El aduanero le devolvió el pasaporte, ella sonrió sin pasar por la recogida de equipajes.

El señor Wei se había dignado a devolverle el pasaporte, pero nada más. Y después le había ladrado. No necesitaba nada más para viajar hasta el lecho de su anciana madre enferma. Lons-le-Saunier no es París... No necesitaba llevarse nada, ni tendría ningún gasto. Tú dejas todo aquí, así yo estoy seguro de que vuelves, había exclamado, furioso. Debo impedirte hacer tonterías, ya lo sabes... ¿No eres feliz aquí? Piensa en todo el dinero que te hago ganar. Tu hermoso piso, tus muebles, tu pantalla plana... Todo gracias a mí... Ella había agachado la cabeza. Sus dedos se habían cerrado sobre su pasaporte como si se agarraran a un pedazo de libertad. Se marchaba pobre como Job, después de haber permanecido dos años en Pekín. Además de las joyas, había conseguido esconder diez mil dólares en su faja Sloggy.

Había celebrado su marcha en el avión. Había pedido un whisky bien cargado con la excusa de que era su cumpleaños. La azafata le había preguntado con un guiño cómplice qué edad tenía, ella había contestado treinta y seis. Y ahí se paraba. No cumpliría nunca los cuarenta y dos. Ella le había traído treinta y seis caramelos en forma de mariposas de todos los colores y le había deseado buena suerte.

Y ahora ¿qué voy a hacer?, pensó colocándose en la cola del autobús que llevaba a París. Nadie me espera... Ni en París ni en Lons-le-Saunier.

Buscaría trabajo de manicura o de esteticista. Volvería a su antiguo salón de Courbevoie, preguntaría si había un puesto para ella. Ahí fue donde conocí a Antoine Cortès. No había tenido suerte con él. Habría otros. Les soltaría la cantinela de sus éxitos en China, eso quizás les daría ideas.

Empezó a canturrear mientras seguía a los turistas que subían al autocar de Air France arrastrando sus enormes maletas. Canturreaba con voz ronca y sensual mientras palpaba los billetes escondidos bajo la faja.

* * *

Dottie encontró a Becca en la cocina. Estaba preparando la cena, había abierto su libro en la página de los *crumbles*. Fruncía el ceño mientras leía una receta, las manos enharinadas. Dottie se preguntó si era un buen momento para hablar con ella.

—¿Philippe no está?

—Ha llevado a Alexandre al dentista...

—¿Ha dicho cuándo volvería?

—No...

—¿Puedo hablar contigo, Becca?

—No es precisamente un buen momento, me estoy lanzando a hacer un postre... ¿Es grave?

—Sí.

—Ah...

Becca colocó un cuchillo entre las páginas del libro para no perder la receta, apartó las manzanas, la harina y el azúcar moreno, dejó las dos manos suspendidas en el aire como dos candelabros blancos y posó sus ojos azules sobre Dottie.

—Te escucho...

Dottie se armó de valor y dijo:

—Me voy a tener que marchar, ¿verdad?

Los dos candelabros, sorprendidos, no se movieron.

—...

—Él ya no me mira. Ya no me habla. Ya no me toma en sus brazos por las noches cuando tiene pesadillas. Ya no siento cómo me rodea con sus brazos... Antes era yo quien le consolaba... Me estrechaba contra sí para que le amarrara al suelo, yo me decía me necesita, me necesita unas horas durante la noche, y esas horas, Becca, me hacían feliz durante el resto del día...

Hizo una pausa y murmuró:

—Ya no me necesita.

—...

—Se ha tranquilizado gracias a ti, Becca. Yo no sirvo para nada. No tengo nada que ver con el hecho de que se encuentre mejor...

—...

—Tenía tantas esperanzas, tantas...

—...

—Le quiero, Becca. Quiero a ese hombre. Pero él no me ha mentido. No se ha burlado. Nunca ha pretendido que me quería... ¡Ay, Becca! ¡Estoy tan triste!

—...

—Es la otra mujer, ¿verdad? Esa Joséphine...

Becca escuchaba como sólo ella sabía hacerlo. Con sus oídos, sus ojos, su corazón, su ternura. Y sus dos manos como candelabros blancos.

—¿Has encontrado trabajo? —le preguntó con voz dulce, sin reproches.

—Sí...

—Y no has dicho nada...

—Quería quedarme aquí...

—Lo había adivinado... y él lo sabe también, seguramente. No se atreve a decírtelo. Ya sabes que los hombres no son ningunos campeones enfrentándose a las cosas...

—¿La ha vuelto a ver?

—No es sólo esa mujer, Dottie... Está cambiando. Y lo está haciendo solo... Es un buen hombre.

—Lo sé, lo sé, ¡ay! Becca...

Se echó a llorar y Becca le abrió los brazos apartando las manos para no cubrirla de harina.

Dottie, abrazada a Becca, se dejó llevar.

—¡Le quiero tanto! Pensaba que terminaría olvidándola, que se acostumbraría a mí... Yo intentaba ser liviana para ocupar el espacio de una pluma. ¡Ay! Sé muy bien que no soy tan buena como ella, tan guapa, brillante, elegante... Yo no soy tan perfecta... pero pensaba que tenía una oportunidad...

Se sonó, se apartó de los brazos de Becca. Después, de pronto, estalló, dio un grito, dio golpes sobre la mesa, golpes a los armarios, golpes al frigorífico, golpes a las sillas, a las manzanas, al azúcar y a la harina.

—¿Y por qué me disculpo, encima? ¡Me paso el día disculpándome! ¿Por qué pienso que no valgo nada? ¡Que no le llego ni a la suela del zapato! ¡Que él es tan bueno conservándome a su lado, haciéndome un pequeño sitio en su cama! Yo lo he cambiado todo para gustarle. ¡Todo! He aprendido a apreciar los buenos cuadros, las palabras adecuadas, los cubiertos de pescado, la espalda recta, el vestido negro para ir a un concierto, los aplausos con las yemas de los dedos, la sonrisa educada ¡y no es bastante! ¿Qué es lo que quiere? ¿Qué es lo que quiere? ¡Sólo tiene que decírmelo y se lo daré! Se lo daría todo para que me llevase con él. Quiero que me ame, Becca, ¡quiero que me ame!

—Esas cosas no se deciden. Te quiere mucho...

—Pero no me ama. No me ama...

Becca puso en su sitio las manzanas, recogió la harina y el azúcar, se enjuagó las manos y los antebrazos bajo el grifo y se secó con el trapo colgado de la barra del horno.

—Así que voy a tener que volver a mi casa... Sola... ¡Ay! Qué poco me gusta la idea... Ese instante en el que voy a encontrarme en mi pequeño apartamento sin él, sin vosotros. En el que encenderé la luz al volver por la noche y no habrá nadie... Me sentía tan feliz aquí...

Se sentó y lloró sin hacer ruido, la nariz aplastada contra la mano, los hombros caídos.

Becca hubiese querido ayudarla, pero sabía que no cambiaría el curso del deseo y el deseo no quería saber nada de Dottie.

Le tendió un cuchillo.

—Ayúdame. Pela las manzanas, córtalas en cubos grandes... Cuando el corazón flaquea hay que ocupar las manos. Es el método más eficaz de aliviar la tristeza.

—Tendrás que llevar un aparato, ¿te molesta mucho? —preguntó Philippe a Alexandre cuando volvían a casa en coche.

—Tengo que hacerlo... —suspiró Alexandre, observando el perfil de su padre—. ¿Tú llevaste uno?

—No.

—¿Y mamá?

—No creo... Nunca se lo pregunté...

—¿No se hacía en vuestra época?

—¿Quieres decir hace cien años?

—No he querido decir eso... —protestó Alexandre.

—Lo sé. Estaba bromeando...

—Mamá será joven para siempre, ahora...

—Le hubiese gustado esa idea...

—¿Cuál es tu mejor recuerdo de ella?

—El día que naciste...

—Ah... ¿y cómo fue?

—Estábamos tu madre y yo en la habitación de la clínica. Habíamos puesto el colchón en el suelo y habíamos pasado la primera noche los dos abrazados y tú en medio. Teníamos mucho cuidado de no aplastarte, nos apartábamos para hacerte sitio y sin embargo nunca estuvimos tan cerca. Esa noche supe precisamente lo que significaba «ser feliz».

—¿Tan bien te sentías? —preguntó Alexandre.

—Me hubiese gustado que esa noche durase eternamente...

—Eso quiere decir que nunca serás tan feliz como entonces...

—Eso quiere decir que seré feliz de forma distinta... pero que esa felicidad permanecerá en la cumbre de todas mis felicidades...

—Me alegro de formar parte de ella, aunque no lo recuerde...

—A lo mejor sí que lo recuerdas y no lo sabes... ¿Y tú? —se atrevió a preguntar Philippe—. ¿Cuál ha sido tu mayor felicidad?

Alexandre reflexionó mordisqueándose el cuello de la camisa. Era una costumbre que había adoptado recientemente.

—Hay varios momentos felices, todos diferentes...

—¿El último, por ejemplo?

—Cuando besé a Annabelle en el semáforo, al volver del liceo... Fue mi primer beso de verdad y creo que, yo también, me sentí el rey del mundo...

Philippe no dijo nada. Esperaba que Alexandre precisara quién era Annabelle.

—Cuando besé a Phoebe, no fue tan fuerte, y con Kris estuvo bien pero también diferente... ¿Crees que podré besar a una chica con el aparato? ¿No le molestarán todos esos hierros en los dientes?

—Te besará por tu forma de escucharla, de mirarla, de contarle historias, por un montón de cosas que verá en ti... y que, a lo mejor, tú ni siquiera sabes...

—Ah... —dijo Alexandre, asombrado.

Se calló. La respuesta de su padre provocó mil preguntas en su cabeza.

Philippe pensó que nunca había tenido una conversación tan larga, tan íntima con su hijo, y se sintió feliz. Un poco como sobre aquel colchón en el suelo de la clínica cuando, durante una noche, había sido el rey del mundo.

Hortense Cortès se odiaba.

Tenía ganas de abofetearse, de clavarse en la picota, de no volver a dirigirse la palabra. De mofarse de una estúpida llamada... Hortense Cortès.

Acababa de dejar pasar la oportunidad de su vida.

Y era totalmente culpa suya.

Nicholas la había llevado a París a ver el desfile de Chanel. ¡Chanel!, había gritado ella, ¿Chanel de verdad? ¿Y el auténtico Karl Lagerfeld en el escenario?

—Y la oportunidad de conocer a Anna Wintour —había añadido Nicholas colocándose su corbata pomelo y rosa—, yo estoy invitado al cóctel después del espectáculo y tú vendrás también...

—¡Oh, Nicholas! —había balbuceado Hortense—. Nicholas, Nicholas... ¿Cómo agradecértelo?

—No me lo agradezcas. Si te doy un empujón hacia delante, es porque sé que puedo hacer algo de ti y que, un día u otro, me aprovecharé de ello...

—¡Mentiroso! ¡Es porque estás locamente enamorado de mí!

—Eso es precisamente lo que decía...

Cogieron un Eurostar a París a las siete y doce de la mañana. Se habían levantado a las cinco para analizar su atuendo y estar a la altura del acontecimiento. Saltaron dentro de un taxi en la estación del Norte. ¡Rápido! ¡Al Grand Palais!

Hortense, el ojo pegado al espejo de su polvera Sisheido azul, preguntó diez veces a Nicholas ¿qué tal estoy? ¿Qué tal estoy?

Diez veces él respondió divina, divina...

Se lo preguntó por undécima vez.

Enseñaron su invitación a la entrada del Grand Palais. Hicieron cola para colocarse en la gran sala bajo la enorme vidriera, girando la cabeza a un lado y a otro para no perderse nada del decorado y de las personalidades presentes. Había tantas que Hortense renunció a reconocerlas. El desfile fue deslumbrante. El decorado representaba la tienda de la calle Cambon, reducida a las medidas de un quiosco de música. Réplicas gigantes de bolsos acolchados, de botones, de lazos, de sombreros Chanel, de collares de perlas colgaban de las paredes del quiosco. Todo era blanco, elegante; las modelos desfilaban, impecables.

Hortense había aplaudido a rabiar.

Nicholas se había inclinado hacia ella y había murmurado:

—Modera tu entusiasmo, querida, van a pensar que he traído a mi prima la del pueblo...

Ella había adoptado inmediatamente un aire de desgana y había bostezado abanicándose con su invitación.

Durante el cóctel, se había abierto paso a codazos y había llegado a la altura de Anna Wintour. Había que actuar deprisa. Anna Wintour no se quedaría allí mucho tiempo, no se mezclaba demasiado con el *vulgum pecus*.

Hortense había franqueado la barrera de seguridad que formaban los dos guardaespaldas. Se había presentado como periodista y había declarado:

—Me gustaría saber si piensa que la recesión va a influir en los desfiles de esta semana de París o, para ser más explícita, si la crisis financiera puede arruinar no sólo el volumen de pedidos de las casas de moda, sino también la moral y la imaginación de los diseñadores.

Estaba muy orgullosa de su pregunta.

Anna Wintour había vuelto hacia ella su mirada ciega tras sus gruesas gafas negras.

—Mmmm... Déjeme pensar... Le responderé cuando esté lo suficientemente segura de haberla entendido...

Y le había dado la espalda haciendo una señal a sus guardaespaldas para que la librasen de esa pesada.

Hortense se había quedado con la boca abierta y una sonrisa idiota en los labios. Humillada. Había sido humillada por Anna Wintour. Su pregunta era estúpida. Larga, pretenciosa, artificial.

Acababa de quedar en ridículo delante de la única persona en el mundo a la que hubiese querido impresionar. Pensó que eso era exactamente «ser ridículo»: querer ser más amable, más original, más inteligente cuando no se tienen los medios, y quedar en evidencia delante de todo el mundo.

El mes de mayo llegaba a su fin, Liz se marcharía a Los Ángeles y a Gary no le desagradaba la idea. Era el tipo de chica que clamaba por su independencia, rechazaba el dominio del macho, tiraba los ramos de flores a la basura, sacaba su lengua perforada si le sostenían la puerta, pero también empleaba el «nos» conyugal sin parar, había, crimen supremo, colocado el cepillo de dientes cerca del suyo y había llevado la parte de arriba de su pijama a su casa.

¿La de abajo? No llevaba.

Él contaba los días que faltaban para el 27 de mayo.

Ese día, la metió en un taxi al aeropuerto, cerró la puerta, esperó a que el vehículo amarillo hubiese girado al final de la calle 74 y lanzó un grito de alegría que hizo que más de un peatón se volviese a mirarle.

Esa misma noche, era viernes, fue a festejarlo con Caillebotte, así era como llamaba a Jérôme. En el Village Vanguard conoció a una mujer magnífica. Una auténtica mujer con patas de gallo y grandes ojos tristes. Morena, hastiada, alta, que bebía whisky a palo seco y llevaba brazaletes de colgantes. La llevó a su casa y la metió en su cama. Aquello provocó un ruido de cascabeles y suspiros. Abrieron los ojos hacia las doce. Ella le gustaba mucho. Había en su mirada un velo de tristeza que la llenaba de misterio. Le confesó que tenía algunos años más que él, él respondió que le parecía bien, que estaba cansado de ser joven. Fornicaron hasta las cuatro de la tarde. Ella le gustaba cada vez más. Se imaginaba besos crápulas, cenas con velas, reflexiones sobre el amor y el deseo, la libertad y la facultad de elegir sus obligaciones, el hombre que lo sabe todo y no comprende nada, el hombre que no sabe nada y lo comprende todo... Hasta que ella le preguntó, mientras se abrochaba el sujetador, si podía acompañarla: tenía que ir a buscar a sus hijos a sus clases de judo. Gary se cayó desde muy alto.

No la volvió a ver.

Todavía recordaba los nombres de los dos chicos: Paul y Simon.

Al cabo de unos días, Caillebotte le invitó al Met,* a la inauguración de una exposición sobre la fundación Barnes. Habrá un montón de impresionistas, le dijo, mientras los ojos se le salían de las órbitas. Gary pasó a recogerle a Brooks Brothers, a la hora de cerrar. Hacía buen tiempo, las nubes dibujaban puntos suspensivos en el cielo, los deportistas daban vueltas como locos aplicados y las ardillas se ocupaban de sus asuntos. Atravesaron el parque conversando. Caillebotte no se estaba quieto, daba saltitos hacia la izquierda, daba saltitos a la derecha, se emocionaba, Gary quebró su entusiasmo declarando que el caillebotte también era un queso, originario del sudoeste de Francia. Caillebotte le fulminó con la mirada. ¿Cómo podía comparar a su pintor favorito con un queso de oveja? Torció la boca con una mueca de asco. Parecía ofendido.

Gary se disculpó, hacía bueno y estaba de un humor chistoso. Se había dejado llevar por las ganas de bromear. ¡Menuda amistad!, dijo entonces Caillebotte dándole su entrada y precisando que sus caminos se separaban. Gary pen-

---

* Metropolitan Museum of Art, llamado Met por los neoyorquinos.

só que era mejor así. Caillebotte empezaba a irritarle. Esa devoción febril por un solo pintor le volvía claustrofóbico.

Entró en el Met silbando. Estaba solo, era libre, el pelo se le había secado sin enredarse, el cuello de su camisa no se doblaba hacia arriba, la vida era bella, pero ¿qué estaría haciendo Hortense en ese momento?

Delante de un hermoso Matisse, *La mesa de mármol rosa*, conoció a una chica extraña. Primero vio la espalda; tenía el pelo largo recogido en una cola de caballo; sintió unas ganas tremendas de morderle la nuca. Tenía un cuello largo, suave y flexible, una forma especial de inclinarlo, de estirarlo como la antena de un coleóptero. Parecía un saltamontes peludo. Estaba fascinado. La siguió de cuadro en cuadro sin abandonar su nuca. Se llamaba Ann. Se acercó a ella. Le habló de Francia y del museo de Orsay. Recurrió a sus recuerdos para impresionarla. ¿Sabías que Henri Émile Benoît Matisse nació el 31 de diciembre de 1869 en Cateau-Cambrésis? Es terrible nacer un 31 de diciembre, te añaden de por vida un año entero que no has vivido. ¡Qué injusticia!

Ella se rio. Él pensó que había ganado. ¿Sabías también que, a los veinte años, cuando Matisse estudiaba derecho...?

—Como yo —dijo ella—. Estudio derecho en Columbia, estoy escribiendo una tesis sobre la Constitución de los Estados Unidos.

—Pues bien..., a los veinte años, tuvo un ataque de apendicitis, tuvieron que operarle y estuvo una semana en cama. Su madre, para distraerle, en aquella época no había televisión, le regaló una caja de lápices de colores y empezó a garabatear. Abandonó los estudios de derecho y se marchó a estudiar Bellas Artes en París...

—Yo dibujo muy mal —contestó—, así que continuaré con mis estudios...

Estudiaba derecho y preparaba su *bar exam*. La invitó a cenar. Ella lo rechazó, tenía que estudiar. La acompañó hasta el campus de Columbia en la calle 116. Dejaba escapar, cuando levantaba el brazo, un olor a vainilla picante que le embriagaba. Se volvieron a ver. Ella llevaba zapatillas Converse de todos los colores y pequeños top a juego. Se acostaba temprano, no bebía alcohol, era vegetariana y le enloquecía el tofu. Lo comía dulce, salado, con confitura de arándanos o con setas negras. Le contaba la historia de los Estados Unidos y de la Constitución. Él esperaba a que ella recuperase el aliento para besarla.

Un día, le confesó que era virgen y que sólo se entregaría a su marido. Formaba parte de un movimiento *No sex before marriage*. Somos muchos los que practicamos la castidad, es un valor hermoso, ¿sabes?

Él consideró que aquello planteaba un problema.

Seguía gustándole su cuello largo de coleóptero inquieto, sus grandes ojos borrosos. Aunque a veces los observaba como elementos independientes... Hubiese querido arrancarlos y pegarlos en un cuaderno. A ella no le gustó demasiado esa broma.

Una noche en la que la había invitado a oír el nocturno de Chopin en mi bemol mayor, que él escuchaba con los ojos cerrados e imponiendo silencio, habiéndola prevenido de que se fijara especialmente en la mano derecha que tocaba el piano como una voz que se eleva, ligera, y la base de la mano izquierda, tan poderosa, ella interrumpió a Chopin para precisar que en 1787 había trece estados confederados y tres millones de americanos. Es muy poco si lo comparamos con los países europeos, por ejemplo...

Ultrajado, él decidió no volver a verla.

Decididamente, pensó, Glenn Gould tenía razón cuando afirmaba «no conozco la proporción exacta, pero siempre he pensado que por cada hora pasada en compañía de seres humanos, eran necesarias x horas pasadas solo. Ignoro el valor de esa x, dos horas y siete octavos o siete horas y dos octavos, pero es una cantidad considerable».

Él iba a dejar de perder un tiempo considerable.

* * *

Joséphine abrió la ventana del salón y se instaló en el balcón. La noche era luminosa, alumbrada por una luna que parecía sonreír con una gran sonrisa de chica feliz. La luna sonríe a menudo mirando a la tierra. Se podría pensar que se está burlando, si no mostrara esa dulce bondad tranquilizadora.

Necesitaba mirar las estrellas, hablar con su padre. Ese mismo día había leído un artículo sobre Patti Smith en *Le Monde*. Había retenido esta frase de Pasolini, citada por la cantante, «no es que los muertos no hablen, es que hemos perdido la costumbre de escucharles». Patti Smith se paseaba por los cementerios y hablaba con los muertos. Joséphine había soltado el periódico y había pensado que había perdido la costumbre de hablar con su padre.

Esa misma noche cogió su edredón y fue a sentarse en el balcón, seguida de Du Guesclin que no se separaba un palmo de ella. Allá donde iba, la seguía. Esperaba detrás de la puerta del servicio, de la del cuarto de baño, y si ella se desplazaba para abrir o cerrar una ventana, encender o apagar la radio, rectificar el pliegue de una cortina, limpiar el interior de la nevera, la acompañaba. Debía de tener miedo de que le abandonara y se aplicaba en seguir sus pasos.

—¿Sabes qué, perrito? Te estás volviendo un poco pesado...

Él la miró con tanto amor que se arrepintió de haberle llamado pesado y le rascó las orejas. Él gimió, ella se excusó, había olvidado su otitis. La inflamación pasaba de un oído a otro y no dejaba de cuidarle, de limpiarle el pabellón irritado, de echarle gotas, de cogerle en brazos para que no se moviese y las gotas penetrasen.

En el cielo negro brillaba un millar de estrellas que relucían como si estuvieran hablando entre ellas. Eso provocaba un ruido de luces ensordecedor. Localizó la Osa Mayor, se concentró sobre la última estrellita al final de la cola y llamó a su padre.

Había que esperar un rato a que respondiese.

Y lo hacía enviando breves destellos.

Le dio las gracias por haberle enviado la libreta negra del Jovencito.

—He comprendido algo... Algo importante... ¿Recuerdas ese día en la playa de las Landas? ¿Ese día en el que me abrazaste y me estrechaste con mucha fuerza, llamando a Henriette criminal? He comprendido que, ese día, salí del agua yo sola. Yo sola, papá... Nadie me ayudó a alcanzar la orilla... Y, después, me he pasado la vida saliendo de aguas embravecidas sola. Pero no lo sabía... ¿Te das cuenta? No daba ninguna importancia a lo que hacía... Así que no podía felicitarme, consolarme, tener confianza en mí...

Creyó ver que la última estrellita se encendía y se apagaba. Destellos largos y breves, como si le hablara en morse.

—Ahora tengo menos miedo... ¿Recuerdas el miedo que sentía cuando me encontré con Hortense y Zoé en el piso de Courbevoie, sin dinero, sin marido, sin la menor idea de lo que iba a pasarme?* Ya no tenía ganas de leer, ni de escribir, ni de estudiar... Me dejaba arrastrar por la vida, por la gente que me maltrataba, por las facturas pendientes. ¿Recuerdas cómo me dirigía a ti, por las noches, en el balcón de Courbevoie, al acecho de una señal, de una respuesta, y recuerdas que tú me hablabas, que me infundías valor? Era un diálogo entre tú y yo... Nunca se lo conté a nadie. Hubiesen pensado que estaba loca...

Le pareció que la estrellita había dejado de parpadear y brillaba de forma continua. Eso la llenó de valor:

—Ahora estoy mejor, papá..., mucho mejor... He dejado de dar vueltas, de dudar, de compararme con Iris, de sentirme inútil. He encontrado una idea. Una idea para un libro. Y está escribiéndose dentro de mí. Yo lo alimento, lo riego, recojo todo lo que encuentro en la vida, todos los ínfimos detalles que nadie ve, que nadie quiere, y los vierto en el libro...

Du Guesclin oyó una alarma de coche en la calle y ladró.

Joséphine sacó un brazo fuera del calor reconfortante del edredón, lo sujetó por el collar y lo llamó al orden.

—¡Vas a despertar a todo el mundo!

Él se calló, miró fijamente un punto en la noche, erguido sobre las patas, dispuesto a saltar al cuello del enemigo.

Joséphine levantó la mirada hacia la noche negra. Un velo blanco y liso se deslizaba sobre el cielo formando una larga capa de seda que atenuaba el brillo de las estrellas.

---

* Cf. *Los ojos amarillos de los cocodrilos, op. cit.*

—Me sienta bien tener un proyecto. Por las noches, cuando me acuesto, me digo que he hecho algo, he utilizado mi inteligencia, mi ciencia para el trabajo. He encontrado una historia... La del Jovencito y Cary Grant, sobre lo que nos da la vida en sus inicios y sobre lo que hacemos de ella en el curso de los años. El valor obstinado de Archibald Leach para convertirse en Cary Grant y las dudas del Jovencito. No sé cómo lo voy a conseguir, pero lo intentaré... Eso me hace feliz. ¿Me entiendes?

Ella sabía que él la comprendía aunque no estaba segura de que la estrella siguiera parpadeando. Él estaba a su lado. La envolvía con sus brazos, apoyaba la mejilla contra la suya.

Y preguntó en voz baja:

—¿Y Philippe? ¿Qué papel tiene en todo esto?

—Philippe... Pienso en él, ¿sabes?

—Y...

—Te diré lo que voy a hacer y tú sólo tienes que parpadear un poco, ¿de acuerdo?

—De acuerdo.

Sentía una extraña emoción al hablarle así. Cuando murió, una noche de 13 de julio mientras los fuegos artificiales y los bailes populares estallaban por toda Francia, en todos los pueblecitos de Francia, ella tenía apenas diez años. Los dos llevaban dentro el recuerdo de aquella tarde en la playa de las Landas, pero nunca hablaban de ello. Habrían tenido que pronunciar frases terribles. Frases que acusan, que levantan lodo, que manchan a los protagonistas. Así que callaban. Él la cogía de la mano, la llevaba, caminaban juntos, mudos. Él había perdido la costumbre de hablar, se le había hecho un nudo en la lengua.

La muerte había deshecho ese nudo.

Inspiró profundamente y exclamó:

—Voy a ir a Londres... Sin decirle nada. Una noche, como una sombra, iré a rondar cerca de su casa. Será una hermosa noche de una oscuridad azul, el salón estará iluminado, él estará sentado leyendo, hablando o riendo, le imagino feliz...

—Y después...

—Recogeré piedrecitas pasando la mano a través de la verja del parque y las lanzaré contra la ventana... Suavemente, un ruido de lluvia de verano... Él abrirá la ventana, se inclinará hacia la oscuridad para ver quién es lo bastante loco para lanzar piedrecitas sobre sus hermosas ventanas iluminadas.

Orientó la cara hacia la noche y representó la escena.

Él abre la ventana y se inclina hacia la calle. No hay nadie en la acera. Gira la cabeza a izquierda y derecha, duda. Están las farolas, su pálido halo luminoso, las macetas de flores, en las que se mezclan helechos y geranios, balanceándose suavemente, formando vacilantes manchas de color.

Escruta la oscuridad. Se dispone a cerrar los dos batientes cuando oye una vocecita:

—Philippe...

Se inclina, escudriña de nuevo, pero esta vez poniendo mucha atención, registrando todas las sombras, todas las manchas negras; sus ojos desmenuzan los arbustos y los árboles, la verja negra que rodea el parquecito, el espacio entre los coches aparcados a lo largo de las aceras. Atisba una silueta en la noche. Un impermeable blanco, una mujer. Una mujer a la que cree reconocer... Parpadea, piensa no es posible, ella está en París, no responde a mis cartas, a las flores que le envío y pregunta:

—¿Eres tú, Joséphine?

Ella se sube el cuello del impermeable blanco, lo cierra con las dos manos. Tiembla al haber oído su voz. Tiene las manos frías, está nerviosa. Le da vergüenza estar esperándole en la calle. Insistir como una mujer que se impone. Después la vergüenza se desvanece. Un escalofrío de júbilo le obliga a apretar los dientes, pero consigue sonreír y lanza en un suspiro:

—Sí.

—¿Joséphine? ¿Eres tú?

Él no da crédito. Ha esperado demasiado para pensar que está ahí. Ha aprendido a ser paciente, humilde, despreocupado, ha aprendido a quitarse tantas cosas de encima..., se dice que no es posible, quiere volver a cerrar la ventana, pero se inclina más para escuchar la oscuridad.

—Soy yo —repite ella ajustándose el cuello del impermeable.

Él piensa que no está soñando. O que se ha vuelto loco. En ese instante, sólo depende de él ser un hombre razonable, un hombre que vuelve a cerrar la ventana y regresa a su sitio en el salón iluminado encogiéndose de hombros. Un hombre que no cree que una mujer pueda esperar en plena noche y lanzar piedrecitas contra los cristales para decirle que ha cruzado el canal de la Mancha para volver a verle.

Se da la vuelta. Ve a Becca y a Alexandre en una esquina del salón, están viendo la televisión. Dottie se ha marchado por la tarde, ha dejado una nota sobre la cómoda de la habitación. Ha encontrado un nuevo trabajo, vuelve a vivir en su casa. Le agradece haberla alojado. Le hubiera gustado quedarse, pero ése no era su sitio, lo sabe. Lo ha comprendido. Una nota melancólica, pero una nota diciendo que se va. Él no siente tristeza al leer esas palabras. Siente alivio. Agradece que se haya marchado sin montar una escena ni derramar lágrimas.

Hace un último intento, el intento de un hombre insensato que cree en las apariciones que lanzan piedras, y se dirige nuevamente a la noche negra, a la acera donde quizás no hay nadie.

—Has venido...

—Aquí estoy...

—¿Tú? ¿Eres tú de verdad?

Se inclina por encima del balcón. Dobla todo el cuerpo, busca, escudriña, inventa quizás.

—Estoy aquí —vuelve a decir ella—. He venido a decirte que ya no tengo miedo.

Así que es ella, es su voz. Ahora está seguro.

—Espérame, bajo...

—Te espero...

Siempre ha sido así, siempre le ha esperado.

Incluso cuando ella no lo sabía.

—Eso es lo que pasará, ¿verdad, papá? Dime. No dices nada, y sin embargo sabes lo que va a pasar...

—No soy un adivino que lee la buenaventura, Joséphine, no puedo revelarte más detalles sobre lo que te espera...

—Compréndelo, no querrá encontrarse conmigo con todo el mundo a su alrededor... Bajará, yo le esperaré en la acera. Me habré puesto esa falda tan bonita que se balancea cuando camino, mi jersey blanco con grandes topos negros, bailarinas para andar sin tropezar y mi impermeable blanco con el que puedo esconderme un poco levantando el cuello. Mi corazón latirá con fuerza. Tendré menos miedo en la oscuridad. Menos miedo de ruborizarme, de que me sude el pelo... Por mucho que digamos que estamos curados, que somos valientes, siempre nos comportamos con cierta torpeza... Él abrirá la puerta de la calle, bajará los escalones dudando, todavía no habrá comprendido que es cierto, y dirá varias veces ¿Joséphine? ¿Joséphine? Y yo avanzaré lentamente. Caminaré hacia él como al final de una película. Me abrazará, me llamará loca y me besará... Un beso cálido, largo, tranquilo, un beso de reencuentro. Lo sé... No le he perdido, papá, acabo de encontrarle. Y voy a ir a Londres... Ahora estoy segura. Siempre es bueno tener algo que imaginamos, que esperamos con el corazón latiendo con fuerza. Es cierto que, a veces, es algo que te sube demasiado alto y te rompes la crisma... Pero creo que él me espera en lo alto de la escalera...

Envió un beso a la noche, se rodeó los hombros con los brazos, se balanceó sobre el suelo duro del balcón, buscó la pequeña grieta que rascaba con el dedo y que la tranquilizaba.

La estrellita al final de la cola parpadeaba débilmente. Él se marchaba. Joséphine se apresuró a decir lo que todavía le rondaba por la cabeza:

—Pero antes, antes... tengo que hablar con el Jovencito. Ahora es viejo... ¡Oh! No tan viejo..., pero es viejo mentalmente, porque ha renunciado. Ha renunciado a la llama que hubiera iluminado su vida... Querría que me explicara por qué. Me gustaría comprender cómo ha podido pasar toda la vida alejado de su sueño sin intentar encontrarlo.

—Sin embargo, eso es lo que tú has estado a punto de hacer —suspiró su padre.

Quiero que me cuente... con sus propias palabras. Quiero que sepa que no ha vivido esa historia en vano, que me ha rescatado de las aguas de las Landas, que todavía puede salvar a otros. A personas que no se atreven, que tienen miedo, personas que se repiten continuamente que es vano esperar. Porque eso es lo que nos han dicho, ¿verdad? La gente que sueña es motivo de burla, se les regaña, se les fustiga, se les hunde la nariz en la realidad, se les dice que la vida es fea, que es triste, que no hay porvenir, que no hay lugar para la esperanza. Y se les golpea la cabeza para que retengan la lección. Se les inventa necesidades que no necesitan y en las que se gastan todo el dinero. Se les mantiene prisioneros. Se les encierra con siete llaves. Se les prohíbe soñar. Crecer, erguirse... Y sin embargo... Sin embargo... Si no tenemos sueños, no somos más que pobres humanos con brazos sin fuerza, piernas que corren sin saber adónde van, una boca que traga aire, ojos vacíos. El sueño es lo que nos acerca a Dios, a las estrellas, lo que nos hace más grandes, más hermosos, únicos en el mundo... Una persona sin sueños es alguien tan pequeño... Tan pequeño, tan inútil... Da pena ver a una persona que sólo tiene lo cotidiano, la realidad de lo cotidiano. Es como un árbol sin hojas. Hay que poner hojas en los árboles. Pegarles un montón de hojas para que se conviertan en árboles altos y hermosos. Y si por casualidad hay hojas que caen, se añaden otras. Más y más, sin desanimarse... Las almas respiran en el sueño. La grandeza del hombre se cuela en el sueño. Hoy ya no respiramos, nos ahogamos. Hemos suprimido los sueños, como hemos suprimido el alma y el Cielo...

Ya no era ella la que hablaba, sino su padre quien le dictaba las palabras, le daba una razón para creer, para esperar, para poner hojas a los árboles.

Pasolini tenía razón. Los muertos hablan a todas horas, somos nosotros los que no buscamos tiempo para escucharles...

* * *

Se encontró ante la puerta del señor y la señora Boisson. Una gran puerta verde pino con dos bonitas bolas de cobre dorado. Un gran felpudo beige con un friso verde. Iba a llamar. Llamar a la puerta del Jovencito. Iphigénie le había puesto la petición en la mano y le había dicho es ahora, señora Cortès, ahora. No mañana ni pasado... Había mirado a Iphigénie, había vuelto a dudar, no sé si estoy preparada, no lo sé. ¡Vamos, vamos!, había dicho Iphigénie. No le cuesta nada. Usted le enseña la carta del administrador, enseña el texto que redactó y sólo pregunta si quieren firmar... Basta con obtener las firmas del edificio A y habremos ganado, señora Cortès, habremos ganado. ¡Qué se cree ese administrador! ¿Que puede hacer la ley de forma abusiva? ¿Que puede meter a su gallina en mi gallinero? ¿Cree que voy a inclinarme y dejarme hacer? ¡Vamos, vamos, señora Cortès!

—¿Ahora, Iphigénie? ¿Ahora? Tengo que prepararme... ¿Qué voy a decirles?

—Explicará el problema y, si la gente está satisfecha con mis servicios, firmarán. Al fin y al cabo no es tan complicado... Yo no tengo nada que reprocharme, saco brillo, encero, arreglo los pasamanos, cambio las bombillas, entrego el correo, recojo los certificados, riego las plantas en verano, baldeo los charcos de lluvia, dejo entrar el sol, me levanto a las seis todos los días para sacar los cubos de basura, los lavo a chorro, limpio los sótanos, ¡todo eso lo saben, a no ser que tengan los ojos llenos de mierda! Lamento ser grosera, pero hay veces que se me quitan las ganas de cuidar el lenguaje.

—Es que...

No estaba preparada para encontrarse con el Jovencito. La petición era cosa suya. La firmaba con las dos manos si era necesario, pero encontrarse cara a cara con el señor Boisson, el personaje de su novela... Dudaba. ¿Y si se negaba? ¿Y si montaba en cólera? ¿Y si le decía que no tenía derecho a leer esa libreta, que él la había tirado a la basura precisamente para que nadie la leyera? ¿Con qué derecho se inmiscuye usted en mi vida privada? ¿Con qué derecho? Y la echaría, derrotada, desposeída, con las manos y el corazón vacíos. No se recuperaría.

—Ya no cree usted en ello, ¿es eso? ¿Piensa que debería marcharme, que es normal que me tiren a la basura como a la piel de un plátano?

—No es eso, Iphigénie, no es eso...

—Entonces ¡venga! ¡Vamos! Yo subiré con usted si quiere, no digo nada, me quedo a su lado, recta como la Justicia...

—¡Oh, no! Ni hablar...

Quiero ir sola. Quiero entrar en su casa, sentarme con él, hablarle con dulzura, lentamente. Quiero que me escuche, y después que me diga..., que me diga... sí, señora Cortès, cuente usted esa historia, cuente mi historia, pero no diga que soy yo. No quiero que me puedan reconocer. Invente a otro hombre que haya tirado su vida a otro cubo de basura...

—Entonces..., entonces —repetía Iphigénie—, ¿sube usted?

Había dicho que sí, voy, y ya veremos.

Ya veré.

Había llamado a su padre. Le había dicho ¿vienes conmigo? ¿No me abandonas? ¡Ay! Hazme una señal, lo que sea, haz que una bombilla se apague de repente, que la televisión se encienda sola, que el botón del ascensor empiece a parpadear, que se declare un incendio en la escalera...

No hubo señal.

Había empezado por el señor y la señora Merson. El señor Merson no estaba, pero la cimbreante señora Merson, con un cigarrillo atrapado entre los labios, había dicho claro, firmaré, es genial, Iphigénie, me encanta que cambie de color de pelo todas las semanas, me alegra el día...

Pinarelli hijo también había firmado. ¿La portera? Me da completamente igual, pero hay que reconocer que hace su trabajo. Podría ser más redondita... pero no se le pide a una portera que se contonee, ¿verdad, señora Cortès?

Yves Léger también había firmado. Estaba hablando por teléfono, no tenía tiempo de discutir, ¿dónde hay que firmar, y para qué? ¿La portera? Es perfecta...

No quedaban más que el señor y la señora Boisson. Iphigénie estaba exultante, ¿ve usted, ve usted? Se lo había dicho, soy oro puro, hago mi trabajo como nadie y ¿sabe qué? Cuando tenga todas las firmas del edificio A, pediré un aumento. ¡Y zas! En toda la boca del administrador, que quiere colocar a su gallinita para echarse siestas indecentes en las horas de descanso, porque se trata exactamente de eso, señora Cortès, ¡ni más ni menos! ¡Siestas indecentes!

—Al señor Boisson le veré mañana... Es tarde, Iphigénie, es la hora de cenar. Van a empezar a cenar...

—Nanananana, ¡se desinfla usted tan cerca del final! ¡Venga, vamos! A los Boisson, el otro día, les hice un favor, les desatasqué la pila, ¡así que me lo deben!

Esperaba con los pies bien plantados. Empezaba a impacientarse.

—¡Pero bueno, señora Cortès, casi lo hemos conseguido!

—Bueno, de acuerdo —suspiró Joséphine, agotada de discutir—. Voy. Pero me espera usted en su casa, me deja usted paralizada con tanta presión…

—Menos mal que la presiono, señora Cortès, ¡porque de repente la encuentro a usted bastante acobardada! ¿De qué tiene miedo? Es lo que me pregunto. ¿Es porque él ha estudiado en la Politécnica? Pero si usted también ha hecho unos estudios largos y difíciles…

—Voy, pero usted me espera en la portería…

—De acuerdo —dijo Iphigénie haciendo su ruido de trompeta atascada—. Pero tengo una especie de presentimiento de que me va a dejar tirada por el camino…

—¡No, Iphigénie! He dicho que voy, y voy…

Iphigénie había bajado volviendo la cabeza para verificar que Joséphine no huía.

Era el momento de la verdad. El momento en el que se jugaba el todo por el todo…

El momento en el que Joséphine tendría derecho o no a escribir ese libro que se desplegaba en su interior. Se encontró ante la gran puerta verde con dos bolas de cobre.

Llamó.

Esperó.

Oyó una voz de hombre que preguntaba ¿quién es?

Respondió soy la señora Cortès, la señora del quinto.

Un ojo se pegó contra la mirilla.

Oyó el ruido de cerradura abriéndose. Una vuelta, dos vueltas, tres vueltas, un cerrojo, dos cerrojos, un pestillo, otro cerrojo más…

Abrió un hombre.

—¿El señor Boisson?

—Sí...

—Tengo que hablar con usted...

Él carraspeó. Llevaba una chaqueta de andar por casa de lana color burdeos con un cinturón de pasamanería burdeos y un fular gris alrededor del cuello. Estaba pálido, una piel tersa, casi transparente, bajo la cual se percibían los huesos. Mantenía la puerta entreabierta y la observaba.

—Es referente a la portera...

—Mi mujer no está, es ella la que se ocupa de eso... Vuelva en otra ocasión.

—Es importante, señor Boisson, sólo necesito su firma. Los demás han firmado, se trata de reparar una injusticia...

—Es que...

—Simplemente una firma, señor Boisson.

Le miraba fijamente. Así que es él, el jovencito que corría de alegría por los pasillos del metro porque descubría el amor... El que besaba el bigote de Geneviève, se saltaba las clases, bebía champaña con Cary Grant, compraba una bufanda de cachemira para un hombre que vivía al sol y suplicaba que le contratase como chófer o como chico para todo...

La hizo entrar en el salón. Una amplia habitación triste, con muebles contorneados, solemnes. Un aparador con vitrina en el que vio, ordenadas de extremo a extremo, copas de champaña. Sillones rígidos de respaldo incómodo y alfombras de Oriente extendidas sobre parqué encerado. La habitación era fría, triste. Había un periódico abierto sobre un sofá. Una única lámpara alumbraba la habitación. Había debido de interrumpirle mientras leía.

—Mi mujer se ha marchado a Lille a ver a su hermana... Estoy solo, habitualmente está ordenado...

—¡Oh! ¡Pero si todo está muy ordenado! —dijo Joséphine—. ¡Debería usted ver mi casa!

Él no sonrió. Preguntó qué podía hacer por Iphigénie y dijo que sí, que estaba muy contento con la portera. Un poco menos con su pelo. Esbozó una sonrisa como si repitiese una cosa de la que no estaba muy convencido. No es muy elegante en una portera llevar el pelo rojo, verde, azul, amarillo... pero, aparte de eso, no tenía nada que decir. ¿Dónde debía firmar? Joséphine le entregó la petición. Él leyó los demás nombres y añadió el suyo. Le devolvió el bolígrafo y la acompañó hasta la puerta.

—Se lo agradezco, señor Boisson, repara usted una injusticia...

Él no respondió, se dispuso a abrir la puerta.

Ahora o nunca, pensó Joséphine. Su mujer no está, se sentirá libre de hablarme.

—Señor Boisson, ¿podría dedicarme un momento?

—Iba a calentarme la cena. Mi mujer me ha dejado preparados unos platos...

—Es importante, muy importante...

Su cara mostró extrañeza.

—¿Hay otro problema en el edificio?

—No, es algo más delicado... Se lo ruego, tiene que escucharme... Es importante para mí.

Esbozó una sonrisa incómoda. La insistencia de Joséphine le irritaba.

—Yo no la conozco a usted...

—Pero yo sí le conozco...

Levantó la cabeza, asombrado.

—¿No nos vimos el otro día en la farmacia? Era usted, ¿verdad?

Joséphine asintió.

—No es lo que yo llamo conocerse —dijo, reticente.

—Y sin embargo yo le conozco... Mucho más de lo que pueda imaginar.

Pareció que dudaba, después le hizo una señal para que volviese al salón. Le señaló un asiento. Él mismo se sentó casi prudentemente sobre un sillón rígido y recto. Juntó las manos sobre las rodillas y dijo que la escuchaba.

—Bueno, pues ahí va... —empezó Joséphine enrojeciendo.

Se lo contó todo. Zoé, su desesperación por haber perdido su cuaderno negro, la búsqueda en la basura y el descubrimiento de la libreta. Él se llevó la mano a la boca y se puso a toser. Una tos seca, desgarradora, que resonaba en sus costillas. Cogió el vaso de agua que tenía sobre una mesita, bebió unos sorbos, se secó la boca con un pañuelo blanco y le hizo una señal con la mano para que continuara su relato.

Le costaba mantenerse tranquilo sobre su sillón y respiraba a trompicones.

—Su relato es magnífico, señor Boisson. Yo tenía la impresión de estar con usted. Les oía hablar a los dos y me sentía emocionada, mucho más emocionada de lo que puede usted imaginarse...

—Seguramente sus palabras exageran lo que piensa...

—Me sentí conmovida. No es una historia banal, reconozca usted que...

—¿Y es por eso que quería verme? ¿Quería saber qué aspecto tenía?

—Eso podía imaginármelo... Ya me había cruzado con usted en la escalera.

—Es cierto... y en la farmacia, el otro día, ¡me miró fijamente! Me sentí muy incómodo...

—Le pido perdón...

—Nadie está al corriente de esta historia, señora Cortès, ¡nadie! Y espero que nadie lo esté...

—No le delataré, señor Boisson. Quería decirle sólo que su historia es formidable... y que me ha aportado mucho.

Él la miró fijamente, asombrado.

—Y sin embargo es una historia bastante triste...

—Eso depende de cómo la interprete...

Sonrió tristemente.

—Es una historia bonita, la historia de una bonita amistad —dijo Joséphine.

—Que duró tres meses...

—Una bonita amistad con un hombre extraordinario...

—Es cierto. Era extraordinario...

—Pocos son los que han vivido este tipo de cosas...

—También es cierto.

Ella sintió que ganaba terreno. Que, abandonándose al recuerdo, él se enternecía.

—Era tan joven...

—Tengo que pedirle otra cosa, señor Boisson...

—Escúcheme, señora Cortès, la encuentro a usted un poco descarada... Llama a mi puerta con el pretexto de una petición...

—Pero no es un pretexto. Iphigénie está realmente amenazada...

—Ahora ya no lo está, ¿verdad? Puesto que he firmado y todos los habitantes del edificio A han firmado... Acabaremos de arreglar este asunto con el administrador el día de la reunión de propietarios. Es pronto, ¿verdad?

Decía continuamente «verdad». Lo usaba como coletilla.

—Sí. Dentro de quince días...

—Entonces nos vamos a despedir, señora Cortès. Se lo ruego, no insista. Estoy cansado, he tenido un día difícil...

Le sorprendió otro ataque de tos en medio de la frase y se llevó el pañuelo a los labios. Bebió un nuevo trago de agua. Joséphine esperó a que recuperara el aliento y preguntó:

—¿Puedo volver mañana?

—Sobre todo quiero que me devuelva esa libreta. Esta vez la quemaré...

—¡Oh, no! ¡No la queme!

—Pero, señora Cortès, haré lo que quiera con ella. Me pertenece...

—Ya no le pertenece sólo a usted, dado que yo la he leído y me ha fascinado cada línea. También me pertenece a mí...

—Exagera usted, señora Cortès. Le pido amablemente que se retire... Y que me prometa devolverme esa libreta para que pueda disponer de ella...

—¡Oh, no! Señor Boisson, no lo haga. Para mí es una cuestión de vida o muerte...

Él arqueó una ceja, con ironía.

—¡Ah! Francamente... Me parece que emplea palabras demasiado fuertes.

—Esa libreta ha cambiado mi vida. Se lo aseguro. No son palabras vanas.

—Estoy cansado, señora Cortès, cansado... Me gustaría cenar y acostarme.

—Tiene que prometerme que volverá a recibirme. Tengo que pedirle un grandísimo favor...

—Otra petición...

—No, algo más personal.

—Escuche, señora Cortès, estoy cansado de repetirle lo mismo una y otra vez. Ya tiene usted mi firma, ahora ¡váyase!

—No puedo...

—¿Cómo que no puede?

Parecía irritado, impaciente por verla marcharse. Se había levantado y le señalaba la puerta.

—Me moriré si me echa...

—¿Es un chantaje?

—No, es verdad...

Él levantó los brazos con un gesto de impaciencia e iba a decir algo cuando un nuevo ataque de tos le dobló en dos. Titubeó y tuvo que sentarse. Le señaló con el dedo una botellita sobre la mesa y murmuró treinta gotas, prepáreme treinta gotas en un vaso de agua. Joséphine cogió el frasco, contó treinta gotas, añadió el agua y le ofreció el vaso. Al lado del frasco estaba la receta con su larga lista de medicinas.

Él acabó de beber y le devolvió el vaso vacío, agotado.

—Déjeme, se lo ruego, remueve usted recuerdos terribles... Eso no es bueno para mí.

—Desde que lo leí, no he pasado un solo día sin pensar en él, sin pensar en usted... Vivo con ustedes, eso es lo que no comprende. No puedo dejarle sin hablarle antes... Usted puede estar callado y responderme por señas.

Parecía tan débil, tan pálido que se diría que era de cera. Que la vida se había apartado de él.

—Señor Boisson, no exagero cuando le digo que esa libreta ha cambiado mi vida... Usted no hable. Seré yo quien le cuente por qué.

Se lo contó. Aquel día en la playa de las Landas, cómo había estado a punto de morir, cómo había salido ella sola, cómo había cojeado toda su vida, siempre insegura, nunca convencida de hacer algo bien, siempre coja. Le contó su vida con Antoine, Hortense y Zoé, Iris, la muerte de Iris...

—Me dijeron que uno de los presuntos criminales había ocupado este piso —murmuró él con la mano en el pecho.

—Es cierto...

Habló de su madre, de Iris, de la belleza de Iris que la eclipsaba, de que también ella pensaba que era una lombriz, tampoco podía saber que era capaz de tenerse de pie... hasta que comprendió, leyendo la libreta negra, que había salido del agua sola. Igual que Archibald Leach se había convertido en Cary Grant, solo. Habló de su libro, *Una reina tan humilde*.

—Ni siquiera mi libro, me negaba a creer que había sido yo la que lo había escrito...

—Mi mujer lo ha leído... Le gustó mucho...

Él quiso volver a hablar, pero se ahogaba, y se abrazó el pecho con las manos.

—No hable. No diga nada. Es ahora cuando me gustaría pedirle un favor, un favor inmenso... Prefiero avisarle porque no me gustaría que tuviese otro ataque de tos...

Él se agarraba el pecho con las dos manos y respiraba con gran dificultad.

—Me gustaría escribir un libro partiendo de su libreta negra. Contar su historia, bueno, la de un joven que se enamora de una estrella, que quiere seguirle, ir a vivir con él...

—¡Pero eso no tiene ningún interés!

—Sí. Lo que le dice Cary Grant, o lo que siente usted... Es formidable. Es algo que engrandece, que transporta...

Él la miró con una sonrisita.

—Yo era ridículo, pero no lo sabía...

—No era usted ridículo, usted le quería y es bonito cómo le quería...

—¿Le molesta si me tumbo? Sentado me ahogo.

Fue a tumbarse sobre un pequeño canapé Napoleón III a rayas verdes y amarillas. Le pidió que le diera dos comprimidos con un vaso de agua. Dos gotas de sudor brillaban en su frente.

Ella esperó a que se instalase, a que bebiese su vaso de agua. Paseó la mirada por el salón. No habían pintado las paredes tras la marcha de los Van den Brock, y había zonas ennegrecidas junto a los tubos de la calefacción. El techo estaba agrietado. Todo parecía abandonado. Él le hizo una señal para que le diese una manta y un cojín que se puso debajo de la nuca. Su respiración se estabilizó, cerró los ojos. Joséphine creyó que iba a dormirse... Esperó. Pensó, no ha protestado cuando le he dicho que quería escribir un libro partiendo de su libreta. ¿Lo habrá oído?

Él volvió a abrir los ojos. Le hizo una seña para que acercase la silla.

—¿Quién es usted? —preguntó asombrado, con un brillo bondadoso en la mirada.

—Una mujer...

Él sonrió. Se puso la manta debajo del mentón. Constató que estaba mejor, estoy mejor cuando me tumbo...

—¿Nunca volvió a verle? —preguntó Joséphine.

Él asintió con un suspiro.

—Volví a verle mucho después. Fui a América con Geneviève... Se va usted a reír, ¡era nuestro viaje de novios! No lo hicimos enseguida, lo retrasamos bastante... y la llevé a ver a Cary Grant... Ridículo, ¿verdad? Estuve rondando su casa. Habíamos conseguido su dirección. Acabamos frente a la verja de su propiedad. Se había casado con esa Dyan Cannon...

—A usted no le gustaba mucho Dyan Cannon...

—No. ¡Y de hecho se divorciaron! No estuvieron casados mucho tiempo. Tuvieron una hija, Jennifer... Yo lo sabía todo de él porque lo leía en las revistas. Es la ventaja de enamorarse de un famoso... Siempre tienes noticias suyas ¡incluso si no quiere dártelas!

—Eso es una ventaja y un inconveniente, porque no consigues olvidarle...

—¡Oh! Pero yo no quería olvidarle. Recortaba todo lo que encontraba sobre él. Y Geneviève también... Hicimos unos cuadernos enormes llenos de fotos y recortes de prensa. Los quemé cuando me casé con mi segunda esposa... Ella no lo hubiera soportado, mientras que Geneviève... Geneviève...

—¿Le quería mucho?

—Nosotros no éramos los únicos que le esperaban ese día. Pero a mí me daba igual, me decía, me verá y me dirá *hello, my boy!* Y seré feliz... Geneviève estaba a mi lado, muy emocionada también... Había terminado siendo tan fanática como yo. Geneviève estuvo formidable, y yo me porté de un modo bastante lamentable con ella. Era una buena persona. Quiero decir que tenía buen corazón...

—Se nota que había complicidad entre ustedes dos...

—Hacía buen tiempo, aquella mañana, siempre hace bueno en California si uno olvida la capa de bruma que mancha el horizonte. Estuvimos mucho rato esperando, debíamos de ser unos diez. Llegó un joven al volante de un coche, tocó la bocina como si hubiese que abrirle inmediatamente, como si no soportase esperar. Bajó y llamó al portal de entrada. La puerta siguió sin abrirse. El guardia debía de estar ocupado... Entonces aparcó y esperó como nosotros. Pensé que estaba fingiendo que era un amigo para pasar delante de nosotros y me coloqué cerca de la verja para ser el primero...

Volvía a ser otra vez el joven que esperaba ante la residencia de Cary Grant. Su rostro se había relajado, sonreía, con la cara bajo el sol californiano.

—Al cabo de casi una hora, Cary salió en coche. Un bonito descapotable verde almendra con alerones plateados y tapizado de cuero rojo. Todavía hacían coches bonitos en aquella época, debían de ser los años setenta, 1972, creo... Hizo una señal con la mano, con mucha amabilidad, debo decir, nos sonrió, una sonrisa enorme y preciosa con su hoyuelo en el mentón y sus ojos cálidos, dulces, bondadosos... Yo estaba allí, me había separado un poco de Geneviève. Quería que me viese solo, creo que incluso pensé que habría quizás una posibilidad de que...

—...

—De que me dijera *hello, my boy!* ¿Qué haces aquí? ¿Qué es de tu vida? Ven conmigo... ¡Y le hubiese seguido! ¡No lo habría dudado ni un segundo! ¡Habría dejado plantada a Geneviève y me hubiese marchado con él! Tuve esa ilusión. Avancé, me miró, agitó la mano y dijo *hello, my boy!* ¿Qué haces aquí? Y creí que iba a desmayarme... Dije Cary, ¿me reconoce usted, me reconoce? ¡Hacía diez años que no le había visto! ¡Y me reconocía! Me quedé con los pies clavados al suelo por el estupor. Duró unos segundos pero para mí duró un año, dos años, diez. Reviví toda mi vida en un abrir y cerrar de ojos, me dije abandono París, abandono los Carbones de Francia, abandono a Geneviève, lo abandono todo y me vengo a vivir con él. Miré su propiedad por encima del muro y me dije aquí está mi nueva casa, mi nueva vida, habrá que arreglar ese trozo de tejado, le falta una teja... Era feliz, feliz, tenía la impresión de que mi corazón iba a explotar, que ya no me cabía en el pecho... Y entonces, aquel joven impaciente avanzó, Cary bajó del coche, le cogió del brazo, le dijo *come on, my boy!* y otras cosas del tipo ¿qué haces aquí? ¿No te han abierto? Baldini debía de estar ocupado, tenemos un problema con la piscina... ¡No me había visto! Pasó a mi lado para coger del brazo al joven impaciente... Me rozó. Sentí su manga en el brazo... Bajé la vista, no quise cruzarme con su mirada, no quise que sus ojos pasaran sin verme. O que me dedicase una sonrisa mecánica, su sonrisa en la pantalla... Fue horrible, no pude volver a coger el volante del coche alquilado. Fue Geneviève quien condujo hasta el hotel. Yo estaba destrozado. Sin aliento, sin vida, sin nada... Me pasé el resto de las vacaciones en la cama, no quise ver nada, ni comer nada, ni hacer nada... Como si hubiera muerto.

Lanzó un suspiro largo y ronco, volvió a toser, sacó el pañuelo y escupió dentro.

—Y es ahora cuando voy a morirme, pero me da igual, si supiese usted lo poco que me importa...

—¡No! ¡Usted no va a morirse! ¡Yo le ayudaré a vivir!

Él soltó una risita crispada.

—¡Qué pretenciosa es usted!

—No. Tengo un proyecto. Un proyecto con usted, con Cary Grant y conmigo...

—Voy a morir. Me lo ha dicho el médico. Cáncer de pulmón. Me quedan tres meses. Seis como mucho... No le he dicho nada a mi mujer. Me da igual. Completamente igual. He sido un fracasado toda mi vida y ni siquiera sé si es culpa mía... No estaba preparado para esa oportunidad, no estaba preparado para gobernar mi vida. Me habían enseñado a obedecer.

—Como a muchos niños de su época...

—Por él hubiese tenido todo el valor del mundo, por mí no he tenido ninguno. Hubiese sido su criado, su chófer, su secretario, quería estar cerca de él, a todas horas... Cuando se marchó de París, fue el final. El final de mi vida. Tenía diecisiete años... Es una idiotez, ¿verdad? Me quedaban mis recuerdos, esa libreta negra que releía a escondidas... Mi mujer, mi segunda mujer, quiero decir, no sabe nada. Lo ignora todo de mí, de hecho. Ni siquiera sé si le preocupa cuando me oye toser. Parecía usted más preocupada que ella hace un rato... Quizás por eso se lo he contado. Y además..., es curioso pensar que una extraña conoce tu secreto más íntimo. Produce cierto escalofrío...

Joséphine pensó en Garibaldi, que había investigado sobre él, y no se sintió orgullosa.

—La vida me ha jugado curiosas pasadas... Intimo con desconocidos y en cambio soy un enigma para mi familia. Resulta curioso, ¿verdad?

Soltó la risita de un hombre que se contiene para no toser.

—Me da igual morirme... Estoy cansado de estar en la tierra, cansado de fingir. La muerte será para mí un alivio, el final de una mentira. Me he pasado la vida fingiendo. Sólo Geneviève sabía quién era yo. Perdí mucho al perderla. Ella ha sido mi única amiga... Con ella no necesitaba aparentar... ¿Quiere que le confiese algo terrible? Ahora todo me da igual, puedo contarlo todo... Nunca hicimos el amor, Geneviève y yo. Nunca...

—...

—Cuando murió, se llevó el pasado con ella. En cierta forma, yo me sentí aliviado. Me dije que por fin iba a poder pasar página... ¡La desaparición del último testigo molesto! Pero Cary Grant seguía vivo, sabía de él por la prensa, se había retirado del cine, trabajaba para Fabergé, se había convertido en el representante ideal de una firma de cosméticos... Se había vuelto a casar. ¡Por quinta vez!

—¿Y nunca más volvió a amar a nadie?

—Nunca más. Me centré en mi vida profesional. Conocí a un hombre que me ayudó mucho en mi carrera, que me aconsejó que volviera a casarme. Pensaba que los hombres solitarios no inspiran confianza. Me casé con Alice, mi actual esposa. No sé cómo conseguí tener dos hijos. Para ser como todo el mundo, seguramente. Eso es todo lo que me quedaba en la vida, ser como todo el mundo... Tengo dos hijos, planos y apagados como yo. Dicen que se parecen a mí. Eso me da escalofríos... No quería que encontraran la libreta negra. ¡Su padre enamorado de un hombre! ¡Qué escándalo! Mi mujer me daba igual, a decir verdad. Puede pensar lo que le dé la gana, me importa poco... ¿Está usted casada?

—Soy viuda...

—¡Oh! Le ruego que me perdone...

—No se disculpe... Soy divorciada y viuda del mismo hombre. Yo tampoco sé por qué me casé... Era una jovencita tímida que creía que no tenía derecho ni a respirar. Me parezco mucho a usted. Por eso quiero escribir su historia y me gustaría que me ayudara contándome lo que no escribió en la libreta negra...

Él miró a Joséphine y le tendió la mano. Ella la cogió; era fría, delgada, fina. La apretó para transmitirle calor.

—Es demasiado tarde —dijo el señor Boisson—, es demasiado tarde...

* * *

Josiane y Junior se dirigían hacia la plaza Pereire. Chaval les había citado a las cuatro de la tarde en el Royal Pereire.

Josiane le había avisado, iré con mi hijo, tiene tres años... ¿Es imprescindible?, había preguntado Chaval. Es innegociable, había respondido Josiane.

Bajaban los dos por la calle de Courcelles. Junior, en su sillita MacLaren azul marino, Josiane, envuelta con una gran pashmina rosa, detrás de él. Ella estaba exultante y conducía la sillita con mano experta.

—¡Qué bonita pareja hacemos! —exclamó, al ver su reflejo en una vitrina.

—Esto es excepcional, recuérdalo —dijo Junior, enfundado en una chaqueta azul cielo. Se miraba fijamente los pies, calzados con unos botines adornados con una cabeza de león en el pie izquierdo y un pulpo raquítico en el derecho—. Pero ¿cómo se puede obligar a llevar cosas tan horrendas a los niños, madre? Es un ultraje a su sensibilidad...

—Al contrario, eso les despierta, les enseña lo que es la vida. El león y el pulpo... El león devora al pulpo, pero el pulpo, retorcido y diestro, intenta huir... Uno tiene la fuerza, el otro la habilidad. ¿Quién ganará?

Junior prefirió no responder y prosiguió:

—Recuerda lo que hemos hablado... Dejas que se acerque, contestas a sus preguntas de forma evasiva, le mareas mientras yo me engancho a su cerebro y le leo el pensamiento... Al principio no desconfiará, tendrá la mente abierta y entraré con facilidad. Pero cuando empiece a exponer su plan sus neuronas se calentarán y formarán una barrera. Entonces me costará penetrar en sus circuitos... No tenemos más que decidir una frase, que yo te diré en lenguaje bebé para indicarte que ya está, que estoy conectado... ¿Qué te parece Tatamayabobo?

—¿Tatamayabobo? ¡Muy bien, jefe!

—Después... Una vez conectado, cada vez que él diga una mentira, yo dibujaré una larga línea roja en el margen de mi libro... No tendrás más que echarle un vistazo distraído mientras hablas, ¿de acuerdo?

—¡Tatamayabobo, Junior! ¡Guzi-guzi, bum-bum, estoy exultante, entusiasmada, saco pecho, jugueteo, retozo, exploto! Soy la gran duquesa de Hohenzollern y paseo a mi principito...

Josiane saboreaba esa nueva complicidad con su hijo. Marchaban los dos al frente para salvar a su querido osito en peligro.

—¡Perfecto, madre! ¡Pero ten cuidado o vas a ser tú la que vuelva a la infancia!

Chaval les esperaba. Gafas de sol, camisa entreabierta, vaqueros negros estrechos, camperas negras, bigotito fino bien dibujado, afeitado apurado. El hombre parecía sereno, próspero. Se acariciaba el escote con una mano de manicura perfecta. Josiane se preguntó qué escondía esa insolente desenvoltura.

Plegó la sillita, cogió a Junior en brazos y le sentó a la mesa.

—¿Y a esta edad habla... éste? —preguntó Chaval señalando a Junior con el dedo.

—No dice frases enteras, pero habla... Y tiene un nombre, ¡se llama Junior!

—¡Hola, tío! —no pudo evitar decir Junior mirando a Chaval fijamente a los ojos. A él tampoco le había gustado ser reducido a un «éste».

—¿Has oído? —se sobresaltó Chaval—. ¡Cómo habla el crío!

—Está en la edad en la que repiten todo lo que oyen... —afirmó Josiane mientras pellizcaba el muslo de su hijo por debajo de la mesa.

Junior cogió el libro que le ofrecía su madre y reclamó lápices de colores. Koroles, koroles... Josiane los buscó en su gran bolso. Junior empezó a gritar que los quería ya. Le habían pedido que se comportara como un bebé, y lo hacía. Los niños están tan mal educados hoy en día... Una mujer de una mesa vecina lanzó a Josiane una mirada de reproche que censuraba claramente su forma de educar al niño. Josiane le dio a su hijo los lápices de colores y él se calmó.

Se produjo un silencio incómodo. Chaval miraba a Junior con repugnancia. Josiane contaba los segundos que pasaban y se impacientaba.

—¿A qué esperas para pedirme algo? ¿A que los elefantes vuelen?

—¿Qué te apetece beber? —preguntó Chaval, incómodo con Junior.

Ese niño tenía una manera extraña de mirarle. Sus ojos se clavaban en él como dos destornilladores.

—Yo tomaré un té y para Junior zumo de naranja...

—¡Lo va a poner todo perdido!

—No. Bebe con mucha educación...

—Oye, ¿es normal que esté tan colorado?

—Está dibujando, se concentra...

Junior estaba penetrando en el cerebro de Chaval. Había franqueado el fórnix y tropezó con el *septum lucidum*, una membrana doble y fina que separa la parte anterior de los dos hemisferios cerebrales. El esfuerzo le congestionaba, empujaba y empujaba, como si estuviese sentado en su orinal.

—¿Y el pelo rojo también es normal?

—Sí, porque, de hecho, es un payaso... ¿No te has dado cuenta? —respondió Josiane, indignada—. Un payaso rojo con las mejillas rojas, el pelo rojo y la nariz roja... y si lo enchufas, parpadea. Es ideal para Navidad, así te ahorras las guirnaldas... A veces lo alquilo para los cumpleaños, ¿te interesa? Te haré descuento...

—Perdóname —dijo Chaval, retractándose—, no estoy acostumbrado a los niños.

—¿Acaso te pregunto yo si es normal tener un hilito de excrementos debajo de la nariz?

—No es una línea de mierda, ¡es un bigotito fino!

—Pues Junior es lo mismo... No es un payaso, es mi hijo adorado, ¡así que te callas! Si continúas comportándote así con la gente, mirándoles por encima del hombro con tu estatura de enano, ¡te aseguro que no irás al cielo!

—No importa, tengo reserva en otro lado...

Junior, contento del tiempo ganado con el lance dialéctico entre Chaval y su madre, progresaba, franqueó el *septum lucidum*, el cuerpo calloso, y estableció por fin un enlace directo con el cerebro de Chaval.

—¡Tatamayabobo! —gritó al alcanzar el objetivo.

Josiane se pasó la mano por la permanente, se humedeció los labios, se envolvió con su pashmina rosa y preguntó:

—¿Así que querías verme para conocer a mi hijo?

—No exactamente —dijo Chaval esbozando una media sonrisa que le deformó la mejilla izquierda—. Me acordé de tu capacidad para encontrar productos para Casamia... Voy a ser honesto contigo, Josy...

Josy... Una luz de alerta se encendió en el cerebro de Josiane. Ese tipo intentaba ablandarla utilizando el tierno nombrecito que antaño murmuraba cerca de la máquina de café para seducirla. Junior trazó una gran raya roja en su libro.

—... me gustaría mucho volver a trabajar en Casamia. Creo que Marcel necesita a alguien. Ya no puede con todo. Tu hombre está agotado.

Josiane permaneció muda y, siguiendo los consejos de Junior, le dejó hablar.

—Necesita un comercial atractivo, disponible, agudo, y ese hombre poco común ¡soy yo!

—¿Y me necesitas para presentarte ante él?

—Querría saber si te mostrarías favorable a esa idea...

—Tengo que pensarlo —dijo Josiane sirviéndose su té Lipton etiqueta amarilla—. La verdad es que no te tengo demasiado cariño...

—Sé bien que si tú te opones, Marcel no me contratará...

—¿Y quién me dice que has cambiado, Chaval? ¿Que has dejado de ser esa basura que intentó destruirnos en cuanto le contrató la competencia?

—He cambiado. Me he convertido en un hombre honesto. Ahora me preocupa la gente...

Junior dibujó tres largos trazos rojos en el margen del libro, apretando con todas sus fuerzas.

—La tomo en consideración, la respeto.

Rojo, rojo, rojo.

—Aprecio mucho a tu marido...

—Nadie te pide que le quieras...

—No me gustaría que le pasara nada malo...

Rojo, rojo, rojo.

—Incluso por un descuido, ya ves. No me gustaría, por ejemplo, que sufriera un infarto por estar sobrecargado... y corre ese riesgo si continúa trabajando como un condenado. Sería una pena...

Rojo, rojo. Los dedos de Junior palidecían a fuerza de apretar el lápiz.

—Así que tú me ayudas para que me contrate y yo te prometo velar por él, aligerar su carga, te lo conservo en buen estado. Me parece un acuerdo justo, ¿no?

Josiane jugaba con la bolsita de té. La presionaba contra la pared de la taza con el dorso de la cuchara, la aplastaba, la doblaba, la desdoblaba...

—Me lo pensaré...

—Y además podrías ayudarme buscándome algún proyecto... Tenías olfato, acuérdate.

—Recuerdo sobre todo que siempre te atribuías el descubrimiento y a mí me dejabas sin nada. ¡Yo me dejaba engañar como una colegiala!

—Te necesito por última vez... Si me ayudas ¡te lo devolveré multiplicado por cien!

Rojo, rojo, rojo. El librito de Junior estaba cubierto de líneas rojas.

—Pero es que no te necesito, Chaval. Las cosas han cambiado... Ahora soy la mujer de Marcel.

—¿Estáis casados?

—No, pero como si lo estuviéramos...

—Podría conocer a una jovencita y ponerte en la calle...

Josiane soltó una risa sarcástica.

—¡Ni lo sueñes!

—Yo de ti no estaría tan segura...

—Estoy convencida de que eso no pasará nunca. ¡Yo no soy Henriette!

—¿Henriette? —tartamudeó Chaval—. ¿Por qué me hablas de Henriette?

Rojo, rojo, rojo. Junior trazaba líneas con rabia, mientras babeaba sin cesar. El libro estaba lleno. Líneas rojas, largas y gruesas, como marcas de lápiz de labios. La señora de aspecto reprobador sentada en la mesa de al lado le miraba sin disimulo. Es realmente curioso ese niño, le susurró a su amigo. ¿Has visto cómo babea y dibuja a la vez? Sólo hace rayas, ¡rayas rojas!

—Simplemente te digo que yo no soy Henriette.

—¿Y qué tiene que ver ella conmigo? —preguntó Chaval, incómodo, rascándose el bigotito.

Rojo, rojo, rojo.

—A ella la echó a la calle... Pero tenía un motivo excelente. Era malvada, una víbora, reseca y reconcentrada. Una bruja con escoba y todo... Yo soy redondita, dulce, amorosa, voluptuosa, generosa... Un buñuelo de crema. Así que no me echará nunca. Elemental, mi querido Chaval.

—Vale, vale —suspiró Chaval, más tranquilo—. Pero... Volvamos a nuestro asunto. Piénsatelo. Piensa en la salud de Marcel, olvida tu resentimiento hacia mí... Hay que hacer tabla rasa con el pasado. Proyectarnos hacia el futuro...

Se pasó la mano por el pelo, y después se acarició el torso en el escote de la camisa. Josiane le observaba, divertida.

Ahora él dependía de ella. Estaba a su merced, de rodillas. ¡Bonita revancha de su pasado! De la pobre chica que había sido...

—Debemos formar equipo... Para salvar a Marcel —repitió él dedicándole una mirada de inquietud, una mirada de gran preocupación al hablar de Marcel—. He aprendido a apreciar a tu hombre, ¿sabes?...

Junior redobló los largos trazos rojos. Es curioso, se dijo Chaval, ese chiquillo debe de ser retrasado mental. Es normal, es el hijo de un viejo. Una mancha de bidet. No es como mi musa, mi diosa esbelta de ojos dorados, de rizos suaves, de talle firme y flexible como la hiedra, con un sexo en abanico que se pliega y se despliega...

Junior levantó entonces la cabeza y, mirando fijamente a los ojos de Chaval, pronunció esta simple palabra:

—¿Hortense?

Y el cerebro de Chaval se descompuso. Una ola de calor invadió pliegues y repliegues. La sustancia gris de la médula espinal se inflamó. La córnea anterior y la córnea superior se estremecieron, irrigando con flujo sanguíneo la piamadre y las meninges. Todo el cerebro de Chaval ardió y Junior pensó que el lápiz iba a fundirse entre sus dedos. Lo soltó sobre la mesa. Había captado dos intensas fuentes de calor: Henriette y Hortense. Pero si Henriette había movilizado la zona reservada al miedo, al escalofrío, al vello que se eriza, el nombre de Hortense había tocado las zonas del placer, del goce físico, de la voluptuosidad incandescente. Chaval temía a Henriette y ardía por Hortense.

Junior decidió seguir su investigación, se concentró con todas sus fuerzas, pasó por el tercer pliegue de la zona de placer y encontró una imagen de Hortense extrañamente deformada. Pintada por Francis Bacon. Dos senos pequeños y firmes, un vientre duro, piernas largas y finas y un sexo inmenso, un largo tubo rojo que serpenteaba, se deformaba, se torcía y en el que flotaban pequeñas esponjas púrpura en forma de muelle. El interior del sexo de Hortense. Así que Chaval había conocido ese largo pasadizo y lo había grabado a fuego en un pliegue de su cerebro. Un espasmo de repulsa invadió a Junior. ¡No es posible! ¡Mi Hortense no ha podido copular con ese desecho de hombre, ese aborto lúbrico y sediento de vicio!

Lanzó un grito prolongado y se dejó caer sobre la mesa gimiendo, golpeándose la frente, desgarrándose las mejillas. Su madre, inquieta, le cogió en brazos, le acunó, repitiendo ¿qué te pasa, mi bebé? Dime, dime... Junior no podía hablar, tenía un ataque de llanto, lanzaba grititos, se debatía y protestaba, ¡ay, no, ay, no! Josiane se levantó, le dio golpecitos en la espalda, le sopló el pelo, le apretó las sienes. No había nada que hacer, él tenía convulsiones, se ahogaba, gruesos lagrimones rodaban por sus mejillas. Ella se despidió de Chaval, instaló a su hijo en la sillita y se alejó lo más rápidamente posible.

Junior, jadeando, había dejado que le ataran en la sillita MacLaren y, por una vez, se sintió feliz de volver a casa sobre dos ruedas. No sentía las piernas.

Josiane esperó a haber doblado la esquina de la avenida Niel con la plaza Pereire para inclinarse sobre su hijo.

—¿Qué ha pasado, amorcito? ¿Qué has visto que te ha puesto en ese espantoso estado?

—Mamá, mamá... Rápido, rápido, tu móvil, tengo que hablar con Hortense... —balbuceó Junior.

—¿Hortense? ¿Qué tiene que ver ella con el asunto que nos ocupa?

—Mamá, por favor, no me preguntes... Mi corazón está sangrando...

—Cálmate, amorcito. Apacigua tu tormento...

—No puedo, mamá, soy demasiado infeliz... Me tiembla todo el cuerpo.

—Pero ¿por qué, amorcito, tesorito mío?

—¡Ay, mamá! En el cerebro de Chaval, he visto a Hortense...

—¿Hortense?

—La vagina de Hortense como un tubo largo de caucho rojo... La ha tocado, mamá, la ha penetrado con su apéndice odioso... ¡Ay, mamá, odio a ese hombre!

—Junior, cálmate. Eso pasó hace mucho tiempo...

—Precisamente, mamá, era aún una jovencita, una chiquilla tierna. ¿Por qué se dejó hacer eso?

—No lo sé, cariño... ¿Sabes?, todos hacemos cosas de las que no nos sentimos orgullosos... Quería demostrarse que podía seducir a un hombre, a uno de verdad...

—¿Cuándo fue? ¿Lo recuerdas?

—Justo antes de que nacieras...

Junior se incorporó, armado de una loca esperanza.

—No me conocía...

—No.

—Es por eso... ¡Ahora no lo volvería a hacer!

—Seguramente no. Por lo que recuerdo, fue ella quien le dejó como una uva pasa. Después ya no volvió a ser el mismo... Le dejó el cerebro como la plastilina. Pero dime, cariño, ¿qué más has visto en la mente de ese hombre lamentable?

—Ese hombre es peligroso, madre —aseguró Junior, recuperándose—. Es la maldad en persona. Está urdiendo un complot contra papá con la ayuda de Henriette. Una artimaña a base de números secretos. De hecho, está jugando a dos bandas. Quiere volver a la empresa, hacerse un sitio, y está conspirando con Henriette... He visto en un pliegue de su cerebro una historia de dinero, una especie de robo con claves, cuentas bancarias, una trompeta...

—¿Una trompeta? —exclamó Josiane.

—Sí, madre, lo afirmo, había una trompeta... ¡Y una chilaba!

—¡Una chilaba! ¿Es miembro de Al Qaeda?

—No lo sé, madre, no lo sé...

Se recuperaba poco a poco. Hortense había cambiado, le perdonaba su error de juventud. Hortense era una conquistadora insaciable. Chaval había sido un trampolín. Nada más... De pronto comprendió que debería esperar antes de imaginar un futuro con ella. Tendría que aprender también a protegerse. Pero, pensó, la vida es como una bicicleta, hay que avanzar para no perder el equilibrio.*

—Eso no impide —murmuró levantando los ojos hacia su madre— que duela estar enamorado, mamá. ¿Siempre es tan doloroso?

—Depende de en quién pongas los ojos, mi niño. Es cierto que Hortense no es una chica fácil de tratar... Pero debes olvidarla y concentrarte más bien en tu padre. ¿Qué vamos a hacer, Junior? Todo esto no está muy claro...

Junior, sentado en su sillita, se miraba los pies. Los frotó uno contra otro. Un león y un pulpo raquítico. Hortense

* Cita de Albert Einstein.

y Chaval. El león devoraría al pulpo raquítico. No tendría ni para empezar.

—Hortense nos ofrece un comodín. Ella podrá embrujar a Chaval, hacerle hablar... Él no se le resistirá. Confesará sus planes. Hay que hablar con ella urgentemente. El curso se está acabando, seguramente volverá a Francia. Convocaremos un consejo de guerra y ella nos ayudará a desenmascarar a los culpables. Porque son dos, al menos... Chaval y Henriette. Ahora estoy seguro. Chaval y Henriette... y quizás un comparsa...

Josiane le acarició la cabeza, pasó los dedos por su pelo rojo revuelto.

—¿Qué haríamos sin ti, mi bebé?

—Madre, estoy agotado. Creo que voy a echar un sueñecito...

Apoyó el mentón sobre su chaqueta azul cielo y se durmió, acunado por el ruido de las ruedas de la sillita.

* * *

A Shirley Ward le gustaba la lluvia.

Le gustaba la lluvia del mes de junio en Londres. La lluvia de las mañanas de junio cuando se levanta el día, cuando las hojas de los árboles se estremecen, las ramas se agitan, la luz del sol se desliza por debajo de las gotas y lanza destellos bajo la lluvia que duda. Entonces hay que entornar los ojos, fijarse en un punto más allá del cristal para estar segura de ver cómo cae la lluvia, esperar, esperar hasta distinguir los trazos verticales de lluvia, los trazos casi invisibles, pensar que las aceras estarán mojadas, que habrá que coger un paraguas o un sombrero para salir...

A Shirley Ward no le gustaban los paraguas. Le parecían rígidos, pretenciosos, peligrosos.

A Shirley Ward le gustaban los sombreros para la lluvia. Tenía toda una colección. Impermeables, de algodón, de fieltro, de punto. Los acumulaba en una gran cesta a la entrada de su piso y elegía uno antes de salir. Lo moldeaba, despacio, antes de cubrirse el cabello con él. Sacaba algunos mechones rubios que formaban un halo de luz alrededor de su cara. Un toque de carmín y lista. Se convertía en una mujer bella. Daba grandes zancadas bajo la lluvia, caminaba por las calles de Londres ignorando los semáforos y a los peatones. Cuando cesaba la lluvia, se quitaba el sombrero, se lo metía en el bolsillo hecho una bola, se alborotaba el pelo y ponía la nariz al sol.

Cuando se vive en Londres es mejor amar la lluvia y los sombreros.

La caricia de la lluvia, el pálido calor del sol, el olor de las hojas verdes que tiemblan y las gotas que se apartan con el dorso de la mano, la mano que lames, distraída, casi extrañada de que no esté salada... A Shirley Ward le gustaba la lluvia, los sombreros de lluvia y los grandes árboles de Hyde Park. Esa mañana iría a pasear por el parque.

Saldría de casa.

Hacía diez días que no salía de casa.

Diez días, encerrada, rumiando un millar de pensamientos y recuerdos que desfilaban, entrecortados, como las imágenes aceleradas de las películas mudas.

Diez días en pijama, alimentándose de almendras saladas, de albaricoques secos, de confitura de naranja amarga, y con una tetera o una botella de whisky al alcance de la mano.

El whisky lo bebía por las tardes. A partir de las siete. Nunca antes. No quería pasar, ante sus propios ojos, por una borracha. Era su recompensa. Lo bebía con hielo. Hacía tintinear los cubitos en el vaso biselado. Ellos le recordaban que estaba viva, muy viva, que tendría que vivir con todos los recuerdos que había despegado, uno por uno, de su memoria.

Con los recuerdos podemos elegir. O los ignoramos y nos enfrentamos a cada nuevo día como si fuese el primero, o los sacamos uno por uno, los miramos de frente y los identificamos... Nos adentramos en la oscuridad para encontrar la claridad.

Removía el hielo en el vaso y escuchaba la canción de los cubitos. Decían que todo le llegaba bruscamente, las alegrías, las penas, las fruslerías. Pedaleaba tranquilamente por la ciudad, y de golpe, una sacudida...

Su hijo se marchaba...

Conocía a un hombre.

Un hombre que abría la caja de su pasado.

Los cubitos habían terminado su canción en el vaso. Se levantaba, iba a la cocina, abría el frigorífico. Necesitaba el sonido de los cubitos para escuchar la queja del pasado. Volvía a sentarse en el sillón, cruzaba una pierna en pijama sobre la otra, la dejaba golpear el vacío. Los cubitos cambiaban de octava, se hacían más ligeros.

Su padre volvía...

Los pasillos rojos de Buckingham. Las moquetas que se pisaban en silencio, las palabras susurradas, no levantar mucho la voz, la gente que habla alto es vulgar. Tan vulgar la gente que habla de los tormentos de su corazón... *Never explain, never complain*.

Y su cólera ante la puerta cerrada y la espalda inclinada.

Se quedaba en pijama un día más, y otro. Quería comprender. Necesitaba comprender.

Balanceaba sus largas piernas. Cambiaba de asiento. Iba a sentarse en el gran sillón de piel junto a la ventana. Miraba bailar en el techo las sombras de los coches y de los árboles de la calle.

Caía la noche...

Cogía la botella de whisky, se servía otro vaso, iba a comer un albaricoque seco y una almendra. Posaba los pies desnudos bien planos sobre el parqué, notaba los nudos de la madera y apoyaba el pie con más fuerza todavía.

Amainar la cólera... Ahora, conocía a su cólera. Podía añadirle palabras. Recuerdos. Colores. Mirarla de frente y enviarla al pasado.

Pasaban los días. Algunas mañanas, llovía y ella entornaba los ojos para asegurarse. Otras mañanas hacía sol, rayos enormes venían a acariciar sus piernas en su cama. Decía *hello, sunshine!* Extendía un brazo, una pierna. Se hacía un té, un biscote con confitura de naranja amarga, volvía a acostarse, colocaba la bandeja sobre sus rodillas, hablaba con el biscote. ¿Podía hacer otra cosa el gran chambelán? ¿Podía hacer otra cosa? Era un hombre desarmado, impotente, que le había escrito: «¿Cómo puedo explicarte algo que ni yo mismo comprendo?».

¿Estamos obligados a explicarlo todo y a comprenderlo todo para amar?

Seguía el curso del sol a través de los dos ventanales. Pensaba que tendría que aprender a vivir con esa cólera. No me queda más que acostumbrarme a ella, a limpiarle la nariz, cuando la asome...

Llegaba la hora del whisky, se levantaba, despegaba los cubitos de la bandeja del congelador, los ponía en el vaso, los hacía tintinear, escuchaba su música, escuchaba la lluvia, balanceaba un pie, y luego otro.

El décimo día la paz descendió, fina como la lluvia.

Me parece que la tormenta ha pasado, pensó, extrañada, y se preparó un buen baño. No sabía exactamente lo que había comprendido, lo que había aprendido. Sólo sabía que iba a vivir el primer día de su nueva vida. Cogía la cuenta y la pagaba.

Sonrió al echar un frasco de sales de baño en la bañera, aquello todavía no estaba muy claro, pero ¿tenía realmente ganas de que fuese transparente? Sólo ganas de reír y de bañarse. Puso el *Vals fúnebre* de Chopin y se metió en la bañera.

Mañana saldría a la calle.

Se pondría su sombrero de lluvia, dejaría a la vista algunos mechones rubios, un toque de carmín y saldría a la calle, al parque, al estanque, como antes...

No creo que todo esté resuelto, pobrecita mía, todavía no has acabado con tus pensamientos sombríos...

Llamó a Oliver.

Le preguntó si podrían verse en el Spaniard's Inn, su pub de Hampstead. Dejó la bici en el jardín, sin antirrobo, y entró. Emocionada, inquieta. Había instalado en su cabeza la aduana de los malos pensamientos.

Él estaba sentado en el fondo del bar oscuro, con una cerveza delante y sus rizos densos despeinados. Tenía una gran mochila de senderismo amarilla y verde en una silla. Se levantó y apoyó tan fuerte los labios contra los suyos que ella creyó desaparecer en ese beso. La dueña del bar, alta y seca, con las mejillas muy rojas y casi sin pelo, había puesto música para llenar el silencio, era Madness.

Él preguntó ¿estás mejor?

Ella no contestó. No le gustaba esa pregunta. ¿Qué se creía? ¿Que estaba enferma y que tenía que curarse? Se separó y apartó la mirada para que él no viese el brillo de enfado en sus ojos.

Se quedaron de pie, uno frente al otro, balanceando los brazos, como dos principiantes incómodos.

Después él añadió ¿no estamos siendo un poco tópicos?

Y ella sonrió, con el corazón por los suelos.

—Entonces ¿ya no me voy? —preguntó él con su enorme sonrisa de leñador.

Ella captó la ternura en su voz. Captó la sumisión. Cómo le envidiaba por poder amar con tanta fuerza, tan fácilmente, sin fantasmas que le arrastraran de los pies.

Abrió los brazos.

Y ella se pegó prudentemente a él.

—¿Crees que podrás quererme algún día?

—Ya estamos con las palabras mayores —suspiró levantando la cabeza hacia él—. ¿Es que no ves que estoy empezando a encariñarme contigo? Eso es una gran victoria, ¿sabes?...

—No, justamente, no lo sé. No sé nada de ti. Es lo que me he estado diciendo todos estos días...

—Yo tampoco sabía nada de mí. Eres tú quien me ha obligado a ver...

—Deberías agradecérmelo...

—Todavía no lo sé... Estoy cansada, muy cansada...

—Has vuelto y me siento feliz... No estaba seguro de que volvieses...

—¿Y qué habrías hecho?

—Nada. Era decisión tuya, Shirley...

Ella se apoyó en su cuerpo, no volvió a moverse. Seguía teniendo fuerzas para luchar. Él se inclinó y la besó inmovilizándole los dos brazos para que no pudiera defenderse. Aquello le pareció tan dulce después de diez días royendo su pena y su cólera, que se concedió ese beso como un descanso y pensó bésame, bésame, líbrame de la preocupación de pensar, ya no quiero pensar en nada, quiero volver al presente, sentir tu boca contra la mía, tus labios firmes, elásticos, abriendo los míos, y tanto peor si esto no es más que un beso, una voluptuosidad pasajera, la tomo y la saboreo. Se besaron largamente, sabiamente, sin prisas, y ella pensaba, pensaba que ese beso se parecía más a una lucha feliz que a un beso de rendición. Él la abrazó aún más, la aplastó con su peso bonachón, la rodeó con sus brazos como al tronco de un árbol pesado, la respiró, la apartó, la retomó, le dio golpecitos en el cráneo, hizo pss... pss... y la besó de nuevo como si no estuviesen en un pub inglés, sino en una enorme cama franca.

Ella vigilaba la evolución de la cólera en su interior.

Sabía que la cólera no se iría así como así.

Empezaba una larga convalecencia.

* * *

Henriette esperó a que René y Ginette subieran al coche, a que Ginette se pusiese el cinturón y sostuviese el paquete de pasteles firmemente sobre las rodillas. Jugando con el lazo rosa que la pastelera había anudado encima. Marcha atrás, marcha adelante, se abre el portal, se cierra el portal. Se iban a cenar a casa de la madre de Ginette. Cenarían, verían *¿Quién quiere ser millonario?* La vía estaba libre.

Aún tendría que esperar a que oscureciera más, a que pudiera fundirse con el gris del día que se acaba, ese gris incierto en el que todos los gatos son pardos... Esperó, sentada en la terraza del café, frente a las oficinas de Casamia. Tenía mucho tiempo. Tenía ganas de saborear ese tiempo que le quedaba antes de pasar al ataque.

Quiero hacerle daño, pensó mirando el patio pavimentado al otro lado de la calle, ese patio pavimentado que, antaño, eran sus dominios. Cuando ella entraba, todas las espaldas se doblaban, la temían. Le gustaba leer el miedo en las nucas inclinadas. El miedo en los ojos de Marcel que no sabía cómo romper la cadena que yo sostenía con mano firme. ¡Ay! Cree haberme vencido.. ¡Cree que puede instalar a esa zorra en mi lugar! Y ahora se pasea con mujer e hijo del brazo... Esto no quedará así. Quiero recibir cada mes mi parte de sus ganancias. Todo lo que hay en estos despachos me pertenece. Esto era mi caja fuerte, mi plan de pensiones. Él me apartó de su lado de un plumazo tachando mi nombre de su nueva sociedad. Fui expoliada. Lo pagará. Y saber tan cercana la hora de su venganza la hacía estremecerse con un extraño bienestar. La saliva volvía a su boca seca, la sangre latía en sus sienes, un rosa tenue teñía sus mejillas pálidas. ¡Vengada! ¡Vengada! Primero iré poco a poco, retiraré algunos cientos de euros y después iré *in crescendo* y haré que se tambaleen sus cuentas. No las mira nunca, y la Trompeta está ocupada en otra cosa. Con los balances de Pekín, de Sofía, de Bombay, de Milán y demás. Balances que hablan varios idiomas, varios bancos, la Trompeta ya no sabe qué comprobar. Las cuentas particulares no las verifica. Piensa que eso es cosa de él. Y él... No tiene suficiente con las veinticuatro horas del día para hacerlo todo, y deja sueltas las riendas. Ese hombre se hunde, se adormece, le falta nervio. Mientras que yo sigo siendo vigorosa, insaciable, renacida por la necesidad de venganza... Yo aprendo a utilizar un ordenador, busco en Google, pulso las teclas, practico escalas, abro Safari, entro en mi cuenta, verifico mis inversiones. Yo he aprendido, y no dejo de aprender. Monto mi empresa en la sombra. Chaval tendrá que vigilar, interrogar a la Trompeta, avisarme en caso de peligro. Será un desafío nuevo. Es una cuestión de honor. Lo único que hago es reparar una injusticia...

El dinero es cálido, es suave, palpita, es lo que te irriga de deseo cuando la piel se vuelve gris y los labios blancos. Atrapar el dinero al vuelo es como lanzar la caña de pescar en aguas tranquilas. El placer está tanto en la espera como en la presa... Los que malgastan el dinero no saben eso. Creen que la embriaguez consiste en gastarlo. No piensan en ese tiempo de espera, ese estremecimiento delicioso cuando el pez va a picar, cuando da vueltas alrededor del anzuelo... ¡De cuántos placeres se privan! Ese dinero que me espera es mi pretendiente, mi enamorado ardiente, mi salvador. ¡Voy a volver a ser una mujer, y una mujer todopoderosa!

Divagaba mientras consultaba el reloj. Vigilando la luz del día que se retiraba. Apretando sus labios delgados y abrazando su bolso, que contenía las llaves de la empresa y el código secreto.

Se levantó.

Había llegado la hora.

Atravesó la avenida, pasó por la puertecita, a la izquierda del portal. Clac-clac-clac, franqueó el patio pavimentado. Pulsó el código de acceso. Entró en los pasillos. Reinaba un silencio peculiar. Un silencio de ciudad fantasma. Abrió la puerta del despacho de Denise Trompet. Vio la mesa. Cogió la llavecita. Abrió el cajón. Registró las carpetas. Leyó las etiquetas. Ardía, ardía. Se detuvo un instante para no cometer errores, para no dejar desorden ni huellas. Se había puesto guantes. Localizó una carpeta con la etiqueta «Marcel Grobz-Personal» y un sacapuntas puesto encima. La abrió. Allí estaban las claves. Anotadas en grandes letras, con rotulador rojo. «Claves personales», había escrito la Trompeta con su caligrafía de mujer concienzuda. Las cogió y las puso sobre la fotocopiadora. El rayo luminoso las barrió. La máquina escupió una hoja impresa. Devolvió la carpeta a su sitio, colocó el sacapuntas bien recto encima de la etiqueta. Cerró el cajón, la puerta del despacho. Volvió a conectar la alarma. Cerró las puertas con llave. Clac-clac-clac, atravesó el patio pavimentado. Se escondió durante un instante bajo la glicina para verificar que nadie la había visto. Respiró el perfume de las flores, henchida de felicidad.

Se escapó por la puertecita contigua al portal.

Un juego de niños...

Se sentía casi decepcionada.

Pensó nos acostumbramos al peligro, a la audacia.

Esta misma noche retiraría una primera cantidad de dinero. Obtendría un primer rescate...

—Me parece que hemos olvidado un detalle, señora Grobz —dijo Chaval, arrodillado al lado de Henriette.

Se habían citado en la iglesia de Saint-Étienne, en la capillita de la Virgen María. Estaban solos. La iglesia estaba vacía. Los cirios ardían cargados de votos silenciosos que ascendían hasta el cielo y ramas de gladiolos marchitos rozaban los pies desnudos de la Virgen Santa. Habría que cambiar esas flores, pensó Chaval, que de pronto se sentía generoso, ahora que iba a ser rico.

—Todo ha funcionado sobre ruedas..., ¿qué más quiere? —preguntó Henriette Grobz, la cabeza inclinada, los dedos cruzados como si rezara.

—Simplemente hemos olvidado precisar mi porcentaje...

—¿Un porcentaje? —exclamó Henriette, sorprendida, estremeciéndose bajo su gran sombrero.

—Sí, señora, un porcentaje. Me parece que yo tengo algo que ver con lo que recupera...

—¡Pero si no ha hecho usted casi nada!

—¿Cómo que no he hecho casi nada? ¿Quién le ha conseguido la llave del cajón? ¿Quién ha desviado a la Trompeta de su sagrado deber? ¿Quién vela con el fin de que todo salga bien? Yo, yo y otra vez yo.

—¿Y quién entró ilegalmente en los despachos? ¿Quién enciende el ordenador y traslada los euros de una cuenta a otra? ¿Quién se arriesga a que la cojan? ¡Yo, yo y otra vez yo!

—Es precisamente lo que digo, estamos los dos metidos en esto... Dos cómplices. Si uno rompe el acuerdo, al otro le pillan como a una rata.

—¡Cuide su lenguaje, Chaval! No me gusta su metáfora...

—Lo repito. Estamos unidos el uno al otro, usted no puede hacer nada sin mí, como yo no puedo hacer nada sin usted. Caminemos pues al mismo paso, igual y fraternal, y compartamos el dinero..., 50-50. Es mi última palabra, no negociable...

Henriette estuvo a punto de ahogarse y volvió su rostro crispado de cólera hacia Chaval.

—¿No le da a usted vergüenza? ¿Extorsionar a una pobre mujer?

—¿Y mi conciencia? ¿Ha pensado en ella? ¿Cuánto vale mi conciencia? Al menos un 50 por ciento, creo...

—¡Su conciencia! —balbuceó Henriette, fuera de sí—. No vale nada... Es perezosa como una culebra y sólo se despierta cuando le pisan la cola... ¡Y aún me contengo!

—Conténgase, querida, conténgase si eso la divierte, pero no soltaré mi presa.

—Me niego a darle la mitad de mis ganancias...

—De nuestras ganancias —precisó Chaval, contento de haberla hecho rabiar.

Pierde pie, la vieja, se ahoga, no había previsto que él se mostrara insaciable. Se inclinó hacia ella y con una voz lenta, falsamente dulce, murmuró:

—No tiene elección... Y ¿sabe qué? No intente engañarme. Iré a verificarlo. Yo también tengo la llave. Mandé hacer dos copias. No soy tonto... Y quien tiene la llave tiene las claves... ¿Creía que la iba a dejar actuar a su antojo? ¿Desplumar al viejo Marcel y desplumarme a mí de paso? ¿Darme algunos cientos de euros para que le compre un perfume a Hortense y la lleve a cenar a un buen restaurante? ¿Darme una limosna de vez en cuando para tenerme contento?

Sí, pensó Henriette apretando los dientes. Era eso exactamente lo que había pensado hacer. Lanzarle una moneda de vez en cuando para tenerle contento.

—Es usted muy ingenua... Así pues, vigilaré cada movimiento de dinero en cada cuenta. La dejo, mi querida señora, voy a comprarme una chaqueta que he visto en Armani y después, pasaré por mi concesionario Mercedes para pedir un descapotable SLK... ¿Conoce usted el descapotable SLK 350 sport? ¿No? Debería echarle un vistazo en Internet, ahora que sabe utilizarlo... Es asombroso. ¡Unas prestaciones y una pureza de líneas! No sé si elegir el gris oscuro o el negro. Aún no lo he decidido Soñaba con él desde hace mucho tiempo... Me gustaría llevar a mi anciana madre a Deauville a dar una vuelta por el muelle, comer ostras, caminar sobre la arena... Tiene su misma edad, no le queda mucho tiempo de vida y me gustaría cuidarla. Quiero mucho a mi vieja mamá...

—¡Nunca! ¡Nunca! ¡Nunca! —martilleó Henriette llena de rabia—. No tendrá porcentaje, Chaval. Estoy dispuesta a recompensarle sus esfuerzos. Acordar una comisión por todo este asunto, pero nada más... Se acabaron los tiempos en los que dependía de un hombre. Y en ningún caso quiero depender de usted.

—Eso ya lo veremos, señora, ya lo veremos... Pero piense bien lo que le digo. Si no cede, se lo confesaré a la Trompeta y diré que todo es culpa suya. Le contaré que lo hice todo por ella, para ser digno de su amor, la convertiré a usted en la única culpable. Y se lo tragará todo... Se las arreglará para que Marcel Grobz cambie los códigos y todo vuelva a la normalidad. Ella me quiere, ¡pobre chica, está loca por mí! Haría cualquier cosa por mí... Piénselo, señora Grobz... La espero aquí mismo mañana por la mañana, a la misma hora...

Con estas palabras, se levantó. Saludó a Henriette Grobz e hizo una genuflexión ante la Virgen María.

El aire fresco y suave depositó una caricia sobre su rostro cuando salió de la iglesia.

Tras su cita con Josiane, pensó que su esperanza de que Marcel Grobz le contratara era vana. Josiane nunca firmaría la paz. Sólo le quedaba el asunto con Henriette para vivir. Recuperaría fuerzas, se compraría un guardarropa, haría una cura de salud, iría a respirar el aire del mar, se apuntaría a un gimnasio, levantaría pesas y, una vez recuperado, pensaría. ¿Para qué buscar trabajo? Pronto tendría a dos mujeres que trabajarían para él. Ya no necesitaría sudar. Invertiría el dinero robado. O montaría su propia empresa. Tenía todo el tiempo del mundo para pensarlo.

No había prisa.

El día antes había consultado las cuentas de Marcel. ¡Había estado a punto de caerse de espaldas! Había tenido que abrir y cerrar los ojos para contar las unidades. Coger papel y lápiz. Copiar. Contar. Pellizcarse, decirse que no estaba soñando. ¡Aquello sumaba cientos de miles de euros! Inmediatamente había olvidado la idea de trabajar. Iba a dejarse mantener tranquilamente por la vieja. Ella pasaría lentamente el dinero de una cuenta a otra y le entregaría la mitad.

Así iban a ser las cosas.

Se detuvo en Hédiard. Compró foie gras y una botella de un buen vino blanco. Pan Poilâne para tostarlo y poner encima una buena loncha de foie gras. Pato u oca. ¿Cuál elegir? De nuevo tenía dónde escoger... Y compraría un bonito ramo de gladiolos para la Virgen María.

No es que de pronto se hubiese vuelto creyente.

Simplemente quería tener toda la suerte de su lado.

* * *

Hortense reflexionaba, tumbada en la cama y haciendo girar los tobillos. Rotación a la derecha, rotación a la izquierda. Eso relajaba los músculos y reforzaba las articulaciones. Había caminado todo el día buscando piso. Todo era demasiado feo o demasiado caro. Empezaba a desesperarse.

Tenía en sus manos sus notas de su segundo curso en Saint-Martins. Una media de 87 por ciento. Era más que Muy Bien. El Muy Bien empezaba en un 80 por ciento. En el margen, su tutor había escrito una sola palabra, «excelente», y un signo de exclamación. Su proyecto de fin de curso —realice un modelo para una cadena de tiendas populares— había sido elegido mejor proyecto del año. Se le había ocurrido la idea fijándose, en el metro, en que la cremallera se había vuelto a poner de moda. Estaba en todas partes, en los bolsos, los zapatos, las chaquetas, los guantes, las bufandas, los gorros. Era el detalle de moda de la temporada. Pensó ¿por qué no un vestidito muy elegante diseñado en torno a una cremallera larga? *The zip dress!* Una cremallera larga delante y una cremallera larga en la espalda. La cremallera daría un aire canalla al vestidito. Dos trozos de tela completamente rectos. Puedo jugar con el material, con la longitud. Podría llevarse abierta por delante, escotada por detrás o completamente cerrada. Versión severa o seductora. La tela debería ser flexible para moldear el cuerpo o más suave si se deseaba un modelo para mujer rellenita. Un vestidito negro fabricado a precio de ganga, vendido por treinta y nueve libras. Ideal para una cadena tipo H&M. Había ido corriendo a ver a Adèle, que tenía una tienda de ropa antigua al lado de su casa, en Angel. Le había dibujado el modelo y Adèle lo había confeccionado en un abrir y cerrar de ojos. ¡Llegarás lejos, pequeña!, había dicho Adèle. ¡Eso espero!, había respondido Hortense.

Apenas había parpadeado al leer sus notas y los aduladores comentarios de sus profesores, que le auguraban un magnífico futuro si continuaba por ese camino. Perfecto, pensó observando sus pies, pero sigo sin tener un periodo de prácticas para este verano... Y no voy a encontrarlo quedándome tumbada en la cama haciendo girar los pies. Tendría que vestirme, salir y enseñar el palmito... Las prácticas no se consiguen en el tablón de anuncios de la escuela o leyendo el periódico, hay que buscarlas a base de sonrisas, yendo a fiestas, bares y discotecas y aquí estoy yo, ¡tumbada mirándome los pies! Me faltan ganas...

Nicholas le había propuesto un trabajo en Liberty, pero lo había rechazado. Me apetece algo más importante, más exótico. Un saltito fuera de Inglaterra, atravesar fronteras, Milán, París, Nueva York... Y además no me gusta la idea de tener que agradecértelo todo... Él había contestado ¡como quieras! Pero si no tienes otra cosa... Parecía seguro de sí mismo. Convencido de conservarla a su lado todo el verano. No le habían gustado sus aires de propietario tranquilo.

No le gustaba su vida últimamente. No habría sabido explicar por qué. Le faltaba chispa. O quizás estaba cansada... O quizás... No lo sabía, y no tenía ganas de buscar lo que fallaba.

Allí estaba, en la cama, haciendo girar los tobillos, imaginando cómo ocupar las largas vacaciones que se acercaban cuando sonó el teléfono. Era Anastasia, una chica de la escuela. La invitaba a ir con ella al Sketch, la nueva disco de moda. Estaba tomando una copa con un amigo.

—¿Has recibido tus notas?

—Sí —dijo Hortense mirándose los dedos de los pies que empezaban a perder el barniz.

—¿Estás contenta?

—87 por ciento... Y mi vestidito elegido mejor proyecto del año...

—¡Entonces vente con nosotros! ¡Vamos a celebrarlo!

—De acuerdo...

Se levantó. Abrió el armario. Tuvo ganas de volver a acostarse. ¿Qué me pasa? ¿Qué me pasa? Pasó una mano por las perchas donde colgaban vaqueros, vestidos, un abrigo, una larga blusa blanca. Las acarició. Vio en el fondo, completamente embutida en una percha, la chaquetita vaquera que le había comprado Gary, un día, en Camden. Paseaban por las calles de Camden cuando habían pasado delante de una tienda de ropa de segunda mano. La chaquetita estaba expuesta en el escaparate. Azul gastado, estrecha, usada, una chaqueta de niña que todavía juega con muñecas. Treinta libras. Hortense se había quedado mirándola. La quería. Estaba hecha para ella. Había abierto el monedero y calculó que no tenía suficiente dinero. Todavía no había pagado su parte del recibo de la luz. Noventa libras... Había acariciado la chaqueta con la mirada, había vuelto la cabeza y echó a andar otra vez con la chaqueta grabada en la memoria. Está hecha para mí, hace meses que busco algo así, es exactamente lo que quiero... Lo pensaba con tanta fuerza que había tropezado. Gary la había sujetado y había dicho ¡eh!, ¡no te separes de mí, no quiero perderte! La había cogido del brazo. Ella se había apoyado en él.

Se habían parado a comer una pizza. Gary había dicho pídeme una cuatro estaciones con mucho queso, me muero de hambre, voy al servicio. Ella le había visto marcharse. Le gustaba su espalda, su forma de caminar, de rodear las mesas y a la gente como si los dejara de lado. Me gusta ese hombre porque no necesita a nadie. Me gusta ese hombre porque no intenta gustarme. Porque se viste de cualquier manera y consigue ser elegante. Me gusta la gente elegante que no calcula, que no pasa horas delante del espejo, me hubiera sentado tan bien esa chaquetita vaquera..., me la hubiese puesto con zapatos rojos de tacón alto y una falda negra o con pantalones negros estrechos y unas Repetto. ¡Ay! ¡Qué ganas tenía de tenerla! Hasta perder la respiración. Pero si no pagaba su parte de la electricidad, el ayatolá le echaría otro discursito y le haría la vida imposible...

Había pedido dos pizzas con mucho queso y dos cafés. Había dibujado en el mantel de papel una chaquetita abandonada en un escaparate. Había añadido dos brazos que se tendían hacia ella... Descolorida hasta el punto justo. ¿Y el cuello? Había tenido tiempo de fijarse en el cuello... Perfecto. Y las mangas también. Perfectas, esas mangas... Podría remangarlas.

Estoy harta de no tener nunca dinero, había murmurado soltando el lápiz, desgarrando el trozo de mantel de papel y convirtiéndolo en confeti que había tirado al suelo.

Pero ¿qué estaba haciendo Gary? ¿Habría cola en el baño? Le gustaría quedarse con su bufanda...

Él había vuelto con una bolsa de papel marrón y la había puesto sobre la mesa. He encontrado esto en el váter, había dicho, mira lo que hay dentro. ¡Pero qué dices!, había respondido ella encogiéndose de hombros, he pedido dos pizzas y dos cafés. Si está muy bien, mira... Ella había abierto la bolsa con la punta de los dedos y expresión de asco. Era la chaquetita vaquera. Sus ojos se habían llenado de lágrimas.

—¡Oh, Gary! ¿Cómo has adivinado que...?

—¿Crees que es de tu talla?

Se la había puesto.

—¿No es un poco pequeña? —había preguntado él.

—¡Es perfecta! ¡Te prohíbo decir nada malo de mi chaqueta!

Se la había dejado puesta toda la tarde y toda la noche. Y durante semanas, no se la había quitado.

Cogió la chaqueta vaquera. Hundió la nariz en ella. Recordó aquel día. Habían paseado de la mano, recorriendo las calles pavimentadas de Camden. Habían hurgado en los puestos en busca de un objeto extraño. Una vieja hélice de avión o una maqueta de barco. Gary buscaba un regalo para el cumpleaños de un amigo. ¿Cómo se llamaba? No sé acordaba. Pero recordaba los adoquines brillantes sobre los que resbaló, su mano en la mano de Gary y la chaquetita vaquera que le apretaba un poco en los hombros. Pensó ¿qué estará haciendo ahora? ¿Por qué no me llama? ¿Por qué estamos siempre en guerra? Cogió el vestido negro con cremalleras. Había encargado un prototipo sólo para ella. De una tela elástica que se pegaba mucho. Casi no podía respirar. Se lo puso. Se cepilló la melena, se maquilló con dos largos trazos negros que destacaban el verde de sus ojos, maquillaje blanco, muy blanco, la boca roja, muy roja. Se puso sus sandalias altas rosa. ¿Qué más?, pensó analizándose en el espejo. El detallito que remataría el todo. ¿Dónde estás, detallito? Echó hacia atrás las mangas de la chaqueta, cogió un par de guantes negros de piel que se ceñían a la muñeca y un gran broche de Topshop que se puso en el cuello de la chaqueta. Dio un paso atrás. Perfecto.

Cogió un zurrón enorme. Lo balanceó para calibrar el efecto. Más que perfecto.

Un echarpe largo negro y blanco. Un par de gafas negras.

¡Adelante hacia la gloria!

Se metió en un taxi que la dejó delante del Sketch. Saludó al portero en la entrada que la dejó pasar sin hacer cola y la recibió con un *hi, honey!* ¡Siempre tan guapa y excitante! Ella le regaló una sonrisa perfecta, la sonrisa del felino que mata de un zarpazo. Tenía razón, estaba guapa, excitante, lo notaba al andar, todo era perfecto esta noche, todo era perfecto salvo que todavía tenía el corazón encogido. Encogido y vacío a la vez. Tengo un 87 por ciento y soy proyecto del año, se dijo, para animarse, y dio un golpe de cadera al franquear la puerta, como si quisiera desembarazarse de ese corazón demasiado encogido o demasiado vacío.

Chocó contra un hombre en la entrada. Él se disculpó. Le dijo ¿nos conocemos? Ella respondió un poco viejo, ese truco, ¿no? Él sonrió. La miró de arriba abajo, sin prisa. Volvió a sonreír con una sonrisita seca.

—Me gusta mucho su forma de vestir... ¿Ha encontrado usted todo eso?

Ella le miró, atónita.

—Quiero decir... El vestido negro, la cremallera delante, la cremallera detrás, la chaquetita vaquera corta, los guantes doblados, el broche, el echarpe...

Ella parpadeó.

—Pues... sí. El vestido es una creación mía... Para H&M —mintió con aplomo—. Un proyecto que me pidieron... Esperan que sea la estrella de su colección de invierno.

Él la miró con respeto.

—Y sin embargo es usted muy joven...

—¿Y qué?

—Tiene razón..., es una idiotez por mi parte decir eso...

—Pues sí que lo es...

—Yo trabajo en Banana Republic. Dirijo el departamento de estilismo. Me gusta mucho su aspecto... Le propongo un trato. Venga a pasar dos meses a Banana, usted propone ideas y yo le pago. Le pagaré muy bien...

—¿Tiene usted una tarjeta?

—Sí...

Él le ofreció una tarjeta de visita. Ella leyó su nombre, su cargo, Banana Republic.

—¿Puedo quedármela?

—No me ha contestado...

—Tengo agente, llámele, él le dirá mis condiciones.

—¿Me da su nombre y sus señas? Le llamaré mañana temprano. Hay que empezar en julio. ¿Está libre?

Ella le dio el nombre de Nicholas y su teléfono. Tendría el tiempo justo para avisarle.

—Es él quien se ocupa de mis contratos...

—¿Tiene tiempo para tomar una copa?

Hortense reflexionó. El hombre tenía aspecto honesto y la tarjeta de visita parecía seria.

—Aviso a una amiga que me espera y quedamos en el bar.

Se alejó, comprobó que él no la seguía con la mirada, se dio la vuelta, se dirigió a los servicios, se encerró y llamó a Nicholas.

—¡Tengo una propuesta de trabajo para este verano! ¡Lo he encontrado, lo he encontrado! ¡Dos meses en Banana Republic para diseñar modelos! No para ordenar cajas en el sótano ni para pegar etiquetas, ¡sino para encontrar ideas para su colección! ¿No es genial, Nico, no es genial? ¡Y pensar que no tenía ganas de salir esta noche! He estado a punto de quedarme en casa...

Él quiso saber más detalles.

—No sé nada más. Le he dicho que eras mi agente y te llamará mañana por la mañana para discutir precios, condiciones y todo eso. Me llamas en cuanto hayas colgado, ¿de acuerdo? ¡Pellízcame, pellízcame, no puedo creerlo!

—¿Ves, guapa?, no hay que desesperar... Cuando te decía que en este mundo de la moda, todo puede llegar en un abrir y cerrar de ojos...

—Esperemos a que esté firmado... Véndeme como una estrella emergente, hazle babear...

—¡Cuenta conmigo!

Se reunió con el hombre en el bar. Se llamaba Frank Cook. Era alto, enjuto, rasgos finos, cabello ligeramente gris en las sienes, mirada de negociante tenaz. Debía de rondar los cuarenta o cuarenta y cinco años. Llevaba alianza y una chaqueta de tela azul marino.

—No tengo mucho tiempo, tengo una cita —dijo Hortense instalándose en el taburete del bar. Un taburete alto con un respaldo en forma de corazón.

El hombre quedó impresionado por su aplomo y pidió una botella de champaña.

—¿Ha trabajado ya para una gran empresa?

—Quizás soy muy joven, pero tengo experiencia. La última en Harrods. Decoré dos escaparates para ellos sobre el tema del detalle en la moda... Lo hice todo yo, toda la puesta en escena, quedó magnífico. Mi nombre estaba escrito con letras grandes en los escaparates. Hortense Cortès. Estuvieron dos meses expuestos y tuve un montón de propuestas... Estoy estudiándolas con mi agente...

—¡Harrods! —exclamó el hombre—. Voy a tener que revisar mis precios...

Su mirada se iluminó con un resplandor burlón, pero condescendiente.

—Le conviene —dijo Hortense—. No trabajo por un puñado de cacahuetes...

—Estoy seguro de ello... No parece usted una chica que se consigue fácilmente.

—¡Es que nadie me ha conseguido nunca!

—Discúlpeme... ¿Ha estado ya en Nueva York?

—No, ¿por qué?

—Porque nuestras oficinas están en Nueva York y, si nos ponemos de acuerdo, trabajará usted allí... en pleno Manhattan, en nuestro departamento de diseño.

Nueva York. Recibió un puñetazo en el plexo. Encajó el impacto y se apoyó en el respaldo del taburete del bar. Se había quedado sin respiración.

—¿No había dicho usted algo de una copa?

Necesitaba beber para deshacer el nudo que la ahogaba. Nueva York. Nueva York. Central Park, Gary. Las ardillas están tristes los lunes...

—¡Camarero! —le gritó él a un tipo que se movía detrás de la barra—. ¿Viene esa botella o no?

El camarero gritó que ya iba y no tardó en depositar una botella y dos copas ante Hortense y Frank Cook.

—¿Bebemos por nuestro éxito? —preguntó el hombre sirviendo champaña en las copas.

—Bebemos por mi éxito... —corrigió Hortense, que se preguntó si no estaría soñando.

Ya no tenía el corazón ni vacío ni encogido.

* * *

Se había convertido en una costumbre. Los martes y los jueves por la tarde, Joséphine visitaba al señor Boisson en el gran salón de muebles tristes y cortorneados. A las dos de la tarde, la señora Boisson se iba a jugar su partida de bridge, la vía estaba libre. Joséphine llamaba y el señor Boisson la hacía entrar. Había preparado una bandeja con bebidas. Vino blanco, zumo de piña y Martini rojo. Él se servía un bourbon añejo. Una marca extraña que él llamaba «mi yemita».

—No puedo beber cuando está mi mujer. Dice que hay momentos para eso y yo nunca me he atrevido a preguntar cuáles eran esos momentos...

Sonreía. La miraba. Añadía:

—¡Hace casi cincuenta años que no he sonreído!

—Es una pena...

—Con usted me siento aliviado, tengo ganas de decir tonterías, de fumar un cigarrillo, de beber yemita...

Se tumbaba en el canapé Napoleón III a rayas, cogía su vaso de yemita, sus comprimidos, mezclaba el bourbon y las pastillas, perdía el equilibrio, se ponía un cojincito detrás de la nuca y hablaba. Hablaba de su infancia, de sus padres, del salón de sus padres y de los muebles que había heredado y que no le gustaban. Joséphine estaba extrañada de la facilidad con la que hablaba. Parecía incluso que experimentaba un auténtico placer.

—Vamos, hágame todas las preguntas que quiera... ¿Qué quiere saber?

—¿Cómo era usted a los diecisiete años?

—Un burguesito triste. Mezquino. En blazer azul marino, pantalón gris, corbata y unos jerséis de lana que mi madre tejía... Unos jerséis horribles. Grises o azul marino. No puede imaginarse usted lo que era Francia y el mundo en aquellos años... En fin..., la idea que yo me hacía de ellos emboscado en mi casa... Había gente que se divertía mucho, creo, pero, visto desde mi salón, todo era soso, afectado. Era muy distinto de hoy en día. Francia continuaba viviendo como en el siglo diecinueve. Había un gran aparato de radio en el comedor y escuchábamos las noticias en la mesa. Yo no estaba autorizado a hablar. Escuchaba. Me preguntaba qué interés tenía todo eso para mí. Tenía la impresión de que no contaba para nada. No tenía ni ideas ni opiniones. Era una especie de mono sabio, repetía lo que decían mis padres, y no era nada original... Se acababan de firmar los acuerdos de Évian y se acabó la guerra de Argelia. Yo no sabía si eso estaba bien o no... Pompidou era primer ministro y el general De Gaulle había estado a punto de ser asesinado en Petit-Clamart... Recuerdo el nombre de Bastien-Thiry, el organizador del atentado, un partidario de la Argelia francesa. Le fusilaron el 11 de marzo de 1963. El general De Gaulle le había negado el perdón. Mis padres eran gaullistas fervientes, y pensaban que el general había actuado correctamente. Bastien-Thiry era responsable y culpable. El ministro de cultura se llamaba André Malraux. Paseaba *La Gioconda* por el mundo entero. Mi padre decía que aquello costaba millones al contribuyente francés... La guerra de Vietnam no había empezado aún, John Kennedy era presidente de los Estados Unidos y Jacky, un icono. Todas las mujeres llevaban su famoso sombrerito y faldas estrechas, muy apretadas. Las mujeres, en aquella época, o eran madres, o eran secretarias. Llevaban faja y sujetadores puntiagudos como obuses. Lyndon Johnson era vicepresidente. Hubo la crisis de los misiles en Cuba. Jruschov se quitó el zapato en la sede de la ONU en Nueva York y golpeó la mesa con él... Lo vimos en la tele. En blanco y negro con una imagen que parpadeaba. Estábamos en plena guerra fría y el mundo entero contenía la respiración. En el instituto, nos hablaban de conflicto mundial, de guerra atómica, nos decían que había que prepararse para lo peor. Los jóvenes no existían, los pantalones vaqueros no existían, la música de los adolescentes era la misma que la de los padres: Brassens, Brel, Aznavour, Trenet, Piaf. En las revistas se veían los primeros anuncios de medias para chicas y mi madre decía que era asqueroso. ¿Por qué? No lo sé... ¡Todo lo que era nuevo era asqueroso! Los padres leían *Le Figaro*, *Paris Match* y *Jours de France*. Yo, de niño, tenía permiso para leer la revista *Mickey* y después, nada... Era un mundo construido exclusivamente para los adultos. Apenas teníamos dinero en el bolsillo, los jóvenes no tenían ningún poder adquisitivo. Obedecíamos. A los profesores, a los padres... Y sin embargo, aquello comenzaba a moverse. Había a la vez unas ganas furiosas de vivir y la idea de que nunca cambiaba nada. La gente fumaba como carreteros, no se sabía que era peligroso para la salud. Yo me atiborraba de caramelos Kréma, de bolas de coco y de caramelos de colores. Cuando los padres recibían amigos, ponían discos, los llamaban elepés... También había singles. Yo había comprado uno de Ray Charles, *Hit the Road, Jack*, sólo para fastidiar a mis padres. Mi madre decía que Ray Charles era un negro meritorio ¡porque era ciego! Yo escuchaba escondido detrás de la puerta. A veces bailaban..., las mujeres llevaban moño, twin-set y tacones de aguja. Mi padre había comprado un Panhard. Los domingos bajábamos por los Campos Elíseos en coche. Malraux había empezado a renovar las negras fachadas de París y la gente estaba escandalizada. Yo estaba dividido entre el mundo convencional de mis padres y el que adivinaba que estaba naciendo pero del que yo no formaba parte. Johnny Hallyday era un ídolo, se bailaba *Retiens la nuit*, Claude François cantaba *Belles, belles, belles*, los Beatles triunfaban con *Love me do* y actuaban en el Olympia como teloneros de Sylvie Vartan con Trini Lopez. No me dejaron ir... Yo escuchaba *Salut les Copains* en mi habitación con el volumen muy bajo. Escondía mi transistor detrás de un enorme diccionario Gaffiot por si mi madre entraba. Mamá seguía el culebrón *Ça va bouillir!*, de Zappy Max en Radio Luxemburgo, ¡pero no lo hubiese reconocido por nada del mundo! Íbamos al cine a ver *West Side Story*, *Lawrence de Arabia*, *Jules y Jim*. Truffaut, con su historia de amor a tres, ¡era considerado un subversivo! Eran los años Bardot, a mí me parecía tan guapa... Despreocupada y frívola. Me decía que ella era libre, libre y feliz, tenía un montón de amantes y se paseaba desnuda, y luego me enteré de que había intentado suicidarse... Marilyn murió el 5 de agosto de 1962. Lo recuerdo porque produjo mucha impresión... Era sexy y triste a la vez. Por eso la gente la adoraba, creo. Yo vivía todo aquello intensamente, pero de lejos... Las ondas de la vida exterior no alcanzaban nuestro salón. Yo era hijo único y me asfixiaba... Era un estudiante brillante, había aprobado el bachillerato con mención y papá había anunciado que estudiaría en la Politécnica. Como él... Yo no tenía novia y me quedaba apartado en las fiestas... Recuerdo mi primer guateque, un amigo me llevó sentado detrás en su motocicleta, llovía a cántaros y llegué empapado. El primer disco que oí al entrar era *I Get Around* de los Beach Boys y sentí unas ganas locas de bailar. Pero no me atreví... Se lo repito, no era nada atrevido... Y después un amigo de mis padres me propuso hacer unas prácticas en el rodaje de *Charada* y entonces, no sé porqué, mis padres dijeron que sí. Creo que a mi madre le gustaba mucho Audrey Hepburn, le parecía elegante, refinada, deliciosa. Le hubiese gustado parecerse a ella... Y así fue como le conocí.

Joséphine escuchaba. Había comprado un grueso bloc de hojas blancas y tomaba notas. Quería saberlo todo. Hasta el más mínimo detalle. Había retenido la lección de Cary Grant: «Hacen falta al menos quinientos detalles para dar buena impresión», y quería centenares de detalles para animar su historia, para que sus personajes cobraran vida. Para tener la impresión de verlos moverse. Sabía que para que una historia se sostuviese, había que llenarla de detalles. «No de palabras abstractas, sólo lo concreto», afirmaba Simenon. Había leído sus *Memorias*. Explicaba cómo construía cada personaje añadiéndole detalles. Una vez que los personajes estaban construidos, la historia se desarrollaba como por arte de magia. La historia debe surgir del interior de los personajes, no debe estar impuesta desde el exterior. Ella contaba con el señor Boisson para que le confiase esos pequeños detalles que hicieran que el Jovencito recobrara vida.

Él hablaba. Tumbado en el sofá, los pies levantados, el cojín que cogía con la mano cuando se caía. La bandeja con la botella de bourbon, sus gotas y sus pastillas al alcance de la mano. Alternaba vasos de agua, pastillas y alcohol y parecía un adolescente un poco delicado, que bebía a espaldas de sus padres... Ella se fijaba en sus cabellos finos sobre la nuca, en su piel transparente. Le conmovía su fragilidad. Recordaba una frase de Stendhal: «Hay que sacudir la vida, si no, te roe». El señor Boisson parecía un hombre roído. Una espina de pescado...

Joséphine tenía a menudo la impresión de que él partía al pasado y la olvidaba, allí sentada en su salón. Cerraba los ojos, volvía al plató de rodaje, a la suite de Cary Grant en el hotel, al balcón desde donde contemplaban París. Ella esperaba un poco y le animaba con voz dulce:

—¿Le hablaba de su país, de sus contemporáneos, de los directores, de otros actores y actrices?

Él no siempre respondía de forma precisa. Proseguía con su sueño y se hablaba a sí mismo.

—Algunas noches, cuando volvía a casa después de haberle visto, estaba tan henchido de felicidad que no tenía fuerzas para escribir en la libreta negra... Es verdad que sólo escribía lo que tenía relación conmigo. El resto importaba poco. Creo que estaba celoso de todo lo que le rodeaba. Sentía vergüenza del personaje torpe que era yo. Recuerdo, una noche, eso no lo escribí en la libreta negra, él me había llevado a una fiesta. Me había dicho sonriendo ¿quieres conocer a la gente del cine? Te la voy a enseñar... Me encontré en un gran piso, en la calle Rivoli. Un piso enorme, muy blanco, con las paredes cubiertas de cuadros y libros de arte. Era el único joven. La gente hablaba inglés. Iban muy bien vestidos, las mujeres con trajes de cóctel, los hombres con esmoquin, pajarita y zapatos de charol. Bebían mucho, hablaban muy alto. Hablaban de amor como de un tema filosófico muy importante, repetían sin cesar sexo, sexo. Se burlaban de las convenciones burguesas, de ese sentimiento absurdo de propiedad que engendra el hecho de amar y me sentí señalado. Era como si me gritaran a la cara que era un bobo. Yo los miraba fijamente. Bebían, fumaban, hablaban de pintores que no conocía, discos de jazz, obras de teatro. Había una mujer que, en cuanto yo decía una palabra, se echaba a reír. Me había visto entrar con Cary y enseguida me había encontrado encantador. Se llamaba Magali, decía que era actriz. Una morena con media melena, dos gruesos trazos de lápiz de ojos y un jersey verde con lentejuelas. Hablaba de París, de Roma, de Nueva York, parecía haber viajado mucho. Conocía a un montón de gente del cine y me propuso ayuda, por si quería encontrar otras prácticas... Yo decía sí, sí, pensaba que quería ser como ella, cómoda, sofisticada. Me dio la impresión de que realmente se interesaba por mí y me sentí muy interesante. Pensé ¡ya está! Soy como esa gente, formo parte de su mundo. Me latía el corazón. Me imaginaba un futuro radiante entre ellos. Un futuro en el que yo también podría hablar con aire intransigente y seguro de mí mismo. En el que yo también tendría opiniones sólidas, ideas sobre todo... Y entonces... un hombre entró en el gran piso blanco y todas las miradas se volvieron hacia él. Cary me dijo más tarde que era un productor de cine, un tipo muy importante, que imponía su ley en Hollywood. Todo el mundo le rodeó. Nadie volvió a hablarme. Pasaban delante de mí empujándome, sin disculparse, sin mirarme a los ojos. Me había vuelto transparente. Entonces me dije pero ¿qué estoy haciendo yo aquí? Un tipo gordo barbudo se sentó a mi lado, me preguntó qué edad tenía, qué estaba estudiando, cómo me veía dentro de diez años. Ni siquiera tuve tiempo de contestarle, se marchó a servirse una copa. Diez minutos más tarde, volvió y me preguntó qué edad tenía, qué estaba estudiando y cómo me veía dentro de diez años... En fin, yo estaba más que harto. No le dije nada a Cary, cogí mi abrigo y me marché. Tuve que volver andando, el metro ya estaba cerrado... Esa fiesta fue horrible. Esa noche comprendí que no formaría nunca parte de su mundo. Nunca volvimos a hablar de ello y nunca más me llevó con él a una fiesta... De todas formas, me gustaba más cuando estábamos solos. Con él nunca me sentía estúpido... Incluso cuando no hablaba, cuando nos quedábamos sentados sin decir nada... Eso sucedía cada vez más a menudo y, cuando yo me extrañaba de ello, él me daba una palmadita en el hombro y proclamaba es que no siempre se tienen ganas de hablar, *my boy*.

—Y tenía razón, ¿no?

—Podía permanecer horas sin hablar. Howard Hughes y él se pasaban veladas enteras sin decirse una palabra. Llegaba a su casa, bebía unas copas, fumaba o leía un libro ¡sin dirigirle la palabra! Cuando hablaban, era Howard Hughes quien le daba consejos. Le decía que tenía un concepto demasiado bueno de las mujeres, que ellas no le querían sino que iban detrás de su dinero y su fama. Siempre se sintió más cerca de los hombres que de las mujeres, creo. Pero eso no me lo decía. Debía de pensar que yo era demasiado joven. De hecho, él era una persona mucho más complicada de lo que aparentaba...

—¿Recuerda lo que le dijo su ayudante de vestuario? «Verle es amarle, y amarle es no llegar a conocerle nunca...».

—Cuanto más le frecuentaba, menos sabía quién era y más le amaba... Y me ahogaba. Un día, me confesó que había un tipo en Hollywood que le detestaba. Era Frank Sinatra...

—¿Y por qué?

—Habían rodado una película juntos. *The Pride and the Passion** de Stanley Kramer. El rodaje había comenzado en abril de 1956 y, al final de la primera semana, Cary esta-

* *Orgullo y pasión.*

ba locamente enamorado de Sofía Loren, su pareja en la película. Y era recíproco. Ella tenía apenas veintidós años, él treinta más, y ella ya estaba con Carlo Ponti. ¡Pero eso no detuvo a Cary! Le propuso matrimonio. Ella no dijo que no enseguida... Vivieron una pasión ardiente. No conseguían parar las escenas en las que se besaban. El director gritaba ¡corten!, ¡corten! Y ellos continuaban besándose. ¡Frank Sinatra estaba verde de celos! A él también le atraía la hermosa Sofía y pensaba llevársela a la cama. Así que se puso a difundir el rumor de que Cary era un homosexual encubierto... y ella, delante de todo el mundo, le insultó, cierra la boca, italiano de mierda, y Sinatra, furioso, abandonó el rodaje. ¡Dejó plantado a todo el equipo! No volvió más... ¡Cary se vio obligado a terminar la película hablando a una percha que representaba a Sinatra! Él me contó eso riéndose, en su gran suite del hotel y yo, no sé por qué, me sentí terriblemente incómodo. Pensé que quizás Sinatra tenía razón y que Cary prefería los hombres... Y sin embargo ¡se casaba una y otra vez! ¡Tuvo cinco esposas!

—Eso no quiere decir nada —dijo Joséphine—. Estaba muy mal visto en Hollywood ser homosexual... Muchos actores celebraban bodas falsas por esa razón.

—Lo sé y lo sabía entonces, creo... Me hacía el inocente, pero había cosas que me intrigaban. Como su larga amistad con Randolph Scott. Incluso vivieron juntos durante diez años y eran inseparables... ¡Hasta se lo llevó a su viaje de novios, durante su primer matrimonio con Virginia Cherrill! Pero creo que no quería saberlo. Ya era terrible para mí pensar que me había enamorado de un hombre, así que amar a un hombre «diferente», como se decía entonces, me hubiese precipitado al abismo... Prefería los momentos en los que nos reíamos. Era un hombre muy gracioso. Transformaba la cosa más pequeña en una comedia. Aseguraba que bastaba con sonreír a la vida para que ella nos sonriera. Lo decía constantemente. Estaba realmente dotado para eso... Cuando yo me quejaba de mis padres, me sacudía, ¡deja de gemir! Vas a atraer la desgracia a tu alrededor... Me distraía. Me enseñaba a ser elegante. Tuvo un maestro en esa materia, el gran Fred Astaire. Afirmaba que no había hombre más elegante que él. Fred Astaire se enceraba los zapatos con tierra de Central Park, saliva y ¡cera de la oreja! Cary lo hacía todo igual que él. Encargaba sus trajes en una sastrería londinense de Savile Row, los sacaba de la bolsa, los hacía una bola y los tiraba por toda la habitación. Tienen que vivir, usarse, no quiero que parezcan completamente nuevos, ¡eso es de paletos! Era otra cosa que había aprendido de Fred Astaire. Así que jugábamos al balón con los trajes nuevos. Los hacíamos volar por la habitación, nos tirábamos encima, los agarrábamos, los manoseábamos, los tirábamos al suelo y por fin, agotados, nos congratulábamos de haber maltratado a esos pretenciosos trajes... Se han llevado una buena tunda, ¿eh, *my boy*? ¡Así no volverán a ser arrogantes! Poseía ese especialísimo arte de hacer la vida liviana. Cuando volvía con mis padres y a su siniestra vivienda, tenía la impresión de meterme en un ataúd... Me hacía un montón de preguntas. Ya no sabía dónde estaba, a qué mundo pertenecía. Interpretaba el papel de hijo modelo en mi casa y descubría la vida con Cary. Era violento, ¿sabe? Todo fue violento en esa historia... ¡Y al final! ¡Dios mío! Ese sobre que me entregó el conserje del hotel... ¡Nunca he leído una carta como aquélla! La carta del hombre al que amaba... Una verdadera ceremonia. No sé cómo puede leerse de otro modo la carta de una persona a quien amas... ¡O eres indigno de su amor! No quería que nada turbase mi lectura. Hay gente que lee cartas de amor mientras contesta al teléfono, habla con sus amigos, ve un partido de fútbol, se sirve una copa, se come un muslo de pollo, personas que dejan la carta, la vuelven a coger, la leen con una odiosa indiferencia... Yo me recogí. Solo en mi habitación... Sin ruido, sin nada que pudiese distraerme. Leí cada palabra, cada frase... Demasiadas emociones que subían desde mi corazón hasta mis ojos.

Su brazo derecho se había deslizado y se balanceaba en el vacío. Había doblado las piernas.

—Tras esa carta, me sentí desesperado. Pasé el examen de ingreso a la Politécnica. Aprobé. Estudié como en un sueño, un mal sueño. No me quedaba más que Geneviève que me uniese a él. Nos casamos... El resto ya lo conoce. La hice infeliz... Y ni siquiera lo supe. No existía nada más que mi pena, el sentimiento de que mi vida se me había escapado y que iba a pasar el resto de mis días como un muerto viviente...

Cogía el vaso de «yemita», bebía un trago, tomaba dos pastillas.

—Toma usted demasiadas pastillas...

—Sí, pero he dejado de toser... Puedo hablar con usted. Reencontrarme con esos maravillosos recuerdos... La vida ha pasado tan rápido... Yo tenía diecisiete años y ahora tengo sesenta y cinco... La vida ha pasado así...

Y chascaba los dedos.

—No he hecho nada. Años en blanco. No recuerdo nada. Sí, el bigotito de Geneviève y su expresión atenta cuando me escuchaba... Nuestro viaje de bodas a California y ese momento minúsculo en el que volví a la vida...

—Y sus hijos... ¿No siente nada por ellos?

—Me asombró el hecho de haberlos podido engendrar, eso seguro. Pero aparte de ese sentimiento de sorpresa, no... Veía crecer el vientre de mi mujer y aquello me parecía incongruente. Me decía ¿soy yo el que ha hecho eso? Y después, nacieron... Ella sufrió mucho, recuerdo. Yo no lo entendía. Le preguntaba pero ¿cómo describirías ese dolor? Y ella me fusilaba con la mirada. Es verdad... Los hombres no podemos imaginarnos lo que es eso... Cuando me los enseñaron en la maternidad... fue como si no vinieran de mí, como si fueran abstractos. Nunca se encarnaron en mí. Los miré siempre de lejos... Cuando eran bebés, me parecían bastante feos y, después, no hicieron nada para seducirme o para acercarse a mí...

—¡Pero era usted quien debía acercarse a ellos! —exclamó Joséphine, indignada—. Un bebé es algo maravilloso...

—¿Eso piensa? A mí nunca me conmovieron... Es terrible, ¿verdad? Así era... No sentía nada. Por nadie. No sé qué va a hacer usted con esto que le estoy contando. De verdad que no soy una persona interesante. Va a tener que ponerle mucho talento...

Era la hora de marcharse. Su mujer iba a volver...

Miraba la hora. Joséphine se levantaba. Guardaba el bloc de hojas blancas, su bolígrafo. Llevaba la bandeja a la cocina. Lavaba los platos, los secaba y guardaba las botellas para que su mujer no sospechase nada.

Él la veía hacer y respiraba suavemente. Decía la cabeza me da vueltas, creo que voy a descansar un poco...

Ella cerraba la puerta sin hacer ruido y lo dejaba, tumbado, con sus recuerdos que continuaban girando como una vieja cámara que proyectara una película sobre una sábana blanca.

Ella volvía otro día y retomaban su conversación. Él siempre sabía dónde lo había dejado. Tenía una memoria excelente para sus emociones. Como si las tuviese ordenadas en carpetas y las sacara. Ella pensaba que había debido de pasarse la vida recordando.

Ella volvía, pero cada vez tenía menos ganas de instalarse frente a él en el lúgubre salón. Sacaba su bloc, su bolígrafo, y tomaba pocas notas. Él bebía su «yemita» y, a veces, sacaba un cigarrillo. Un Camel.

—¡Señor Boisson! ¡No debería usted fumar!

—Para lo que me queda de vida...

Cogía una boquilla larga, exhibía un encendedor chapado de oro, encendía el cigarrillo y lanzaba un prolongado suspiro de placer. Seguido de un ataque de tos.

—¿Lo ve?, le perjudica...

—Es el único placer que me queda —decía con expresión de contable contrariado—. ¿Le he contado que Cary Grant había probado el LSD?

—¡No!

—... fue para hacer psicoterapia. Quería trabajar sobre su infancia, la relación con sus padres y las consecuencias sobre sus sucesivas bodas. Pensaba que gracias a las alucinaciones provocadas por esa droga descubriría recuerdos dolorosos y podría exorcizarlos. En aquella época se consideraba una técnica puntera, y estaba permitida. Otros antes que él lo habían probado, gente tan conocida como Aldous Huxley o Anaïs Nin. Aseguraba que había hecho maravillas con él, que había nacido por segunda vez. Durante esas extrañas sesiones, había aprendido a ser responsable de sus actos, a no echarle la culpa a los demás, había descubierto cosas sobre sí mismo que de otro modo nunca habría admitido... Afirmaba que la introspección era un acto de valentía, un acto fundacional. No tenía miedo de nada...

Lo decía con un tono en el que se percibía la envidia. Un tono en el que se sobreentendía «él tenía suerte, no tenía miedo...».

Eso es exactamente lo que me molesta, pensaba Joséphine apretando la punta del bolígrafo sobre la hoja en blanco.

Ese amago de frase dicho con un tono un tanto amargo, el tono de un hombre que envidia la libertad del otro y que, en lugar de imitarle, se lo reprocha. No lo decía con generosidad ni admiración. En su fuero interno, el señor Boisson censuraba el consumo del LSD, censuraba las sucesivas bodas, las sigilosas amistades con hombres. Censuraba el misterio de Cary Grant.

Porque Cary Grant se le había escapado...

Porque, ante la verja de su propiedad en Los Ángeles, había preferido a otro jovencito.

Ese día, el señor Boisson se había convertido en un hombre agrio.

No lo decía, pero lo dejaba entrever. Una entonación, un pensamiento insinuado, una queja ahogada...

«Es más inteligente encender una lámpara minúscula que lamentarse en la oscuridad», pensaba Joséphine recordando una frase de Hildegarda de Bingen. El señor Boisson no había encendido ninguna lámpara... Su vida se había consumido sin luz ni calor. Censuraba su infancia, su educación, a sus padres. Nunca su falta de coraje.

A ella le hubiese gustado más generosidad, más lucidez, menos autocomplacencia. No la eterna cantinela de la lombriz enamorada de una estrella, que reprocha a la estrella que brille demasiado alto... Mordisqueaba el capuchón del bolígrafo y esperaba, impaciente, la hora en la que subiría a su casa.

Cuanto más escuchaba al señor Boisson, más se decía que su Jovencito, el de su novela, sería más generoso, se miraría menos el ombligo, que habría retenido algo más de esa maravillosa relación que una eterna comparación, esos eternos lamentos y esa cargante cantinela que decía que no había tenido suerte.

Cuanto más le escuchaba, menos ganas tenía de oírle.

Cuanto más escuchaba, más amaba a Cary Grant.

La señora Boisson iba a volver.

Cenarían los dos en silencio. Verían un programa en la tele, uno al lado del otro, cada uno en su sillón, sin hablarse, y se acostarían.

Y dentro de poco, él moriría.

Sin haber cambiado nada de su vida ni haber asumido el menor riesgo...

* * *

La Trompeta no desistía: habían forzado su cajón.

—Pero ¿qué cajón? —preguntaba Chaval, sentado frente a ella, en el restaurante que había elegido en la calle Poulbot, 5, justo al lado de la plaza del Tertre.

Ella le había obligado. Le había llamado por la tarde. Había gemido ya no le veo nunca, me tiene abandonada, ¿qué he hecho yo para merecer este repentino desdén? Él había respondido que nada, querida, nada, estoy preocupado, eso es todo, mi pobre madre está cada día más débil, la ociosidad me entumece, el tiempo que se pasa... Los hombres dicen que el tiempo pasa, el tiempo dice que los hombres mueren. El dolor es un perro que sólo muerde a los pobres... Había suspirado para expresar la inmensidad de su pena y justificar su brusco cambio de actitud. Ella había insistido. Necesitaba su ayuda. Había un detalle que le martirizaba la conciencia, tenía que hablar con un hombre sagaz. Chaval había aguzado el oído. ¿Un detalle concerniente a la empresa? Sí, había suspirado ella al teléfono. Él la había invitado inmediatamente a verse en cuanto dieran las ocho en el campanario de la basílica, en el restaurante La Butte en Vigne.

—Pero ¿qué cajón? —repitió Chaval, que no quería comprender y comprendía demasiado bien.

—El de mi despacho..., ese donde guardo todos los documentos importantes. Las claves personales y secretas de las cuentas del señor Grobz. Es ésa la carpeta que han registrado, estoy segura.

—¡Que no! —protestó Chaval—. Es imposible... René y Ginette vigilan, y hay una alarma...

—Me han forzado el cajón —repitió la Trompeta, con la mirada vacía frente al menú, su mentoncito testarudo apuntando hacia delante—. Estoy segura...

—Lee usted demasiados libros sobre complots, raptos, secuestros... Hay que enfriar esa imaginación febril —le dijo él haciendo un gesto con la mano que desechaba el asunto—. Lea mejor el código de administración de aduanas, ¡eso la devolverá a la realidad!

—Usted cree que me lo estoy imaginando...

—No lo creo, ¡estoy seguro! ¡Vamos, vamos!

Y después, endulzó la voz:

—¿Has elegido, melocotoncito?

Ella recorrió la carta con la mirada sin leerla y repitió:

—Estoy segura... Siempre dejo un sacapuntas sobre la O de Grobz... Y esta mañana, cuando he abierto el cajón, el sacapuntas estaba sobre la A de Marcel. ¡No ha podido moverse solo!

—Elige un plato y un entrante, melocotoncito. Olvídate del despacho... No me halaga demasiado que te traigas las preocupaciones del trabajo a este sitio encantador, donde contaba con acunarte con mis dulces palabras. ¡Mira qué cara pones! ¡Si crees que eso es agradable!

Y cerró el menú con gesto irritado.

Denise Trompet bajó la cabeza. Se esforzó en descifrar la lista de platos. Sonrió al leer el nombre de un entrante llamado «Huevos en criadillas de asno al estilo criollo». Se encogió de hombros y suspiró.

—Parece muy bueno...

—¡Y lo es! ¿Has elegido?

—Todavía no...

Cada mañana, cuando llegaba al despacho, ella se quitaba la llavecita que llevaba colgada al cuello y abría el cajón para sacar las carpetas que necesitaba. Cada mañana, verificaba que el sacapuntas negro de dos agujeros estuviera correctamente sobre la O de Marcel Grobz y cada mañana, se sentía aliviada. El temor a un robo, a una acusación por desvío de fondos, por infracción o delito, desaparecía. Se sentaba, y soplaba, aliviada: no volvería a vivir la vergüenza del cierre de El Cerdo de Oro y el escudo de Auvernia, dorado, con un estandarte rojo y ribeteado en verde, no sería mancillado de nuevo.

Levantó la cabeza, desamparada, e intentó justificarse.

—Usted no puede comprender lo que he vivido de niña... Esa vergüenza marcada al rojo vivo sobre mi frente... No quiero volver a vivirla. ¡Nunca!

Su rostro enrojeció, su mirada se volvió extrañamente fija y despavorida. Chaval la observó, inquieto.

—¡Pero si no es nada! La mujer de la limpieza habrá pasado el aspirador con demasiada energía o habrá querido desplazar la mesa para recoger un papel...

—¡Eso es imposible! ¡Pesa una tonelada! ¡Nadie puede moverla! El señor Grobz la llama de broma su Fort Knox...

—O ha sido usted, que ha abierto el cajón bruscamente...

—¡También eso es imposible! Me fijo mucho...

—¡Así que ha decidido estropearnos la velada, Denise! —dijo él con severidad y apartó la cara.

Las juntas espesas y grises entre las enormes piedras de las paredes le recordaron la cárcel y le dieron ganas de huir.

—¡Ay, no! —se excusó ella precipitadamente—. Soy tan feliz de que me haya invitado aquí...

—Entonces, no hablemos más de ello, ¿quiere? Déjese de esas chiquilladas. ¿Ha elegido?

Ella bajó la cabeza, vencida, eligió al azar de la carta una ensalada provenzal con castañas y un estofado de buey.

—Perfecto —silbó Chaval—. Pues ya podremos pedir.

Hizo una seña al camarero y se alisó el bigotito con la uña del pulgar. Incómodo, irritado. Me merezco con creces mi 50 por ciento, se decía pensando en Henriette y observando el escote trémulo de la Trompeta, el fino collar de perlas que dejaba una marca roja sobre la carne blanda. Henriette había terminado aceptando sus condiciones. No había sido fácil, había opuesto una feroz resistencia a los pies de la Virgen María y de los gladiolos que había dejado él al entrar. Se había debatido como el Avaro acostado sobre su cofre. Había soltado estremecedores gemidos mientras le temblaban todos los miembros, usted me desnuda, inmola a una anciana expoliada, una pobre mendiga que no tiene ni lágrimas que llorar. Proseguía con su monólogo de mártir mientras Chaval la observaba con mirada glacial.

—¡Y no intente engañarme! La estaré vigilando —había concluido levantándose—. Me hará una transferencia cada quince días, le haré llegar mi número de cuenta.

Había hecho sonar los tacones de sus botas camperas sobre las losas de la iglesia y se había alejado. Había dejado a una anciana llorando para encontrarse con una solterona al acecho.

Pero ¿qué he hecho yo para merecer tal infortunio?, gemía apretando sus labios finos.

La Trompeta, frente a él, intentaba poner buena cara y olvidar sus preocupaciones. Llevaba un vestido horrible, que parecía hecho con cortinas viejas descolgadas de las ventanas de un castillo en ruinas. Dos mangas abombadas que le daban aspecto de pavo desplumado. Su escaso cabello sudoroso y pegado sobre sus sienes ralas. Está llena de taras esta noche, pensó, asqueado. Es la emoción, ya se ve encerrada, en el fondo de una mazmorra, con las ratas mordiéndole los tobillos. Ella apretaba su servilleta, muda y obstinada. Chaval podía casi oír sus pensamientos. El cajón, las carpetas, el sacapuntas, la O de Grobz, la A de Marcel, El Cerdo de Oro, gruñendo, recordándole la infamia de su padre, el suplicio de la madre, el exilio a la calle Pali-Kao, todo volvía a la memoria de la pobre mujer.

—Me parece que está muy silenciosa —soltó clavando en ella una mirada de amo ofendido.

—Discúlpeme, ya no sé dónde tengo la cabeza... ¡Es que tengo tanto miedo a que se repitan las escenas de mi infancia! ¡Ay, me moriría! ¡Me moriría! ¿Me oye? Usted no sabe lo que son los dedos acusadores apuntándole, las miradas que te ensucian, los murmullos a tus espaldas, las acusaciones... Es usted demasiado noble para haber conocido eso...

—Deje entonces de fabular, Denise...

El sumiller trajo la carta de vinos. Chaval leyó atentamente la lista de cosechas. Voy a elegir uno bien fuerte para reducirla al silencio. Indicó con el dedo un vino español de 14 por ciento y el sumiller, sorprendido por la elección, se inclinó lentamente.

—Ya verá, es una cepa deliciosa.

—Ya sé lo que voy a hacer —dijo de pronto Denise Trompet, emergiendo de su doloroso letargo—. Voy a decirle al señor Grobz que cambie los códigos de sus cuentas... Sí, ¡eso es! Le diré que es conveniente hacerlo regularmente, que es una precaución necesaria en estos tiempos de piratería. Él me dará la razón, me encomendará incluso la tarea de elegir las nuevas cifras, está tan preocupado en este momento... El pobre hombre está hasta arriba de trabajo...

Chaval reflexionó a toda velocidad. ¡Ésa sí que es una información interesante!, pensó observando el mentón blando de Denise que temblaba de excitación. ¡Así que tiene la confianza total del viejo! El poder de cambiar las claves... Esa arma que pone a mi disposición inocentemente. Voy a dejar que esa vieja chiva juguetee durante algún tiempo con las cuentas y después le sugeriré a la Trompeta la idea de cambiar las claves y me quedaré con las nuevas para mí solo... Le diré también que cambie las cifras de la alarma. Así Henriette Grobz quedará eliminada. Para mí el cien por cien, los descapotables

Mercedes, chicas que caen en mis brazos, a las que acariciaré entre un derroche de lencería fina, de carne flexible, de grititos voluptuosos, de embestidas de pelvis...

Sacó pecho ante la idea de ese futuro radiante.

Pero necesitaba, antes que nada, alejar el peligro que atormentaba a la Trompeta.

—Se lo voy a contar todo, Denise... Ya que insiste usted en torturarse... Fui yo quien registró su cajón...

—¡Usted!

—Sí, mi melocotoncito..., yo, o más bien, mi demonio... Recordará usted la noche que le confisqué la llave...

—Sí... —balbuceó la Trompeta, estupefacta.

—Esa noche creí que me mentía usted... Que escondía en esa mesa cartas llenas de ternura, declaraciones de un rival que suspiraba a sus pies. Esa noche, después de que usted desapareciera, dulce, ligera, en la boca del metro, me fui a dormir a un hotel para no despertar a mi querida mamá. Y cuando digo dormir...

Lanzó un largo suspiro de hombre torturado.

—No pegué ojo en toda la noche. Cada vez que el sueño me vencía, me despertaba sobresaltado y veía frente a mí a un rival que se burlaba, que se reía de mis sueños irrealizables, de mis ardientes deseos... Así que cometí un crimen. Mandé hacer una copia de esa llave y me prometí ir a ver, una noche, ese cajón.

La Trompeta se estremeció. Era tan romántico, tan emotivo... Ese hombre tan atractivo, el objeto de todos sus deseos, de todos sus sueños, imaginaba que otro hombre le disputaba sus favores...

Su mano tembló y murmuró:

—Así que me ama...

—¡Que si la amo! —exclamó Chaval, falsamente ultrajado—. No la amo, la venero, es usted mi madona, mi virgen indómita, mi palpitante dolor...

Por primera vez en su vida, Denise se sintió al borde del desmayo. Él iba a pedirle la mano... Y si ella persistía en rechazarle, en albergar pensamientos oscuros que la alejaban de él, él la aplastaría con toda su cólera. Se iría dando un portazo y ella correría a refugiarse en su habitación para golpearse la cabeza contra la pared hasta desplomarse...

—¡Oh! Bruno... No me diga que...

—Sí... Denise, la amo, la quiero, la deseo, ardo por usted con un fuego implacable y fui a registrar ese cajón infame para poder exhibir las pruebas de su traición. Los celos son unos amos insaciables. Te retienen, te acosan, excavan dentro de ti un torrente de lodo negro... Yo me dejé llevar por ese lodo. Hundí la mano en el fango y abrí ese cajón...

Exhibió su esbelta mano blanca con manicura reciente. Le dio la vuelta bajo los ojos llenos de lágrimas de Denise.

—¡No encontré nada! Ése fue mi castigo. He sido doblemente infame. He dudado de usted y la he trastornado desplazando el sacapuntas... ¿Me perdona usted, ángel mío?

—Bruno... ¡Oh! Bruno...

Ella sintió que un fresco céfiro recorría su cuerpo, y jadeó llevándose la mano al pecho. Todo empezó a dar vueltas y se agarró al borde de la mesa para no caerse.

Chaval le cogió la mano y se la llevó a los labios.

En cuanto los labios de Bruno tocaron su piel, su cuerpo fue fulminado por el placer, como cuando un niño prueba un trozo de azúcar por primera vez en su vida...

—¿Perdonará usted al demonio que atormenta mi corazón?

—Es usted mi ángel...

—He sufrido, Denise, he sufrido... ¿Me cree?

Ella asintió débilmente..

—¿No me guarda rencor?

Ella hizo una señal negativa y volvió en sí con un terrible esfuerzo.

—¡Me ama! ¡Me ama! Dígamelo otra vez... No me canso de oírlo.

La miró sin decir nada y ella vio en ese silencio una nueva declaración.

—¡Oh! Bruno, haré todo lo que quiera... Todo para consolarle, para devolverle su orgullo de hombre. Trabajaré, haré la casa, haré la calle, seré aguadora, trapecista, acróbata, tragafuegos, seré la escalera que le subirá a la gloria, el felpudo donde pueda limpiar sus pies alados, su humilde servidora, seré lo que usted quiera... ¡Hable! Le obedeceré...

¡Diablos!, pensó Chaval. ¡La solterona se embala enseguida! Un gruñido sordo escapó de su pecho.

—¿Piensa realmente lo que dice, amada mía?

—Lo pienso y me comprometo a honrarle el resto de mi vida como esposa fiel y devota...

Bruno Chaval se sobresaltó al escuchar la palabra «esposa». Ay, ay, ay. ¿Qué me está contando? Creo que va demasiado aprisa... ¿En qué lío me estoy metiendo? Hay que echar el freno.

No encontró el freno y la Trompeta, enfervorizada, ardiente, le devoró con los ojos durante toda la velada dejando de lado la ensalada provenzal y el estofado de buey.

Cuando se levantaron y abandonaron La Butte en Vigne se pegó a él en la primera farola, inclinó hacia atrás su cuello fofo, ofreció su boca arrugada. El vino español había surtido efecto, superando cualquier esperanza de Chaval.

—Ven, ven —susurró ella envolviéndole con sus brazos ávidos—. Llévame hasta mi lecho y olvidemos el instante, olvidémoslo todo... Quiero vibrar bajo tus caricias... Quiero adorar cada centímetro cuadrado de tu piel y marcarte con mi humedad ardiente.

Él la acompañó, aterrorizado, hasta la calle Pali-Kao. Ella ya no se tenía en pie y divagaba.

Gimió débilmente cuando él quiso soltarse. Apoyó el cuerpo contra el suyo. Protestó no me dejes, penétrame, y volvió a gemir cayendo sobre él como una ventosa blanda. Él intentó debatirse. Ella le agarró y balbuceó a su oído...

Deslízate dentro de mí, penetra mi cuerpo de virgen que te espera, hazme gemir, hazme temblar, arponea mi intimidad con tu dardo ardiente...

Anudó el cuerpo alrededor del suyo, se frotó contra él, gruñó, lanzó gritos, suspiros, se retorció. Él no sabía qué hacer con ese cuerpo en celo que se derrumbaba sobre él. Pensó en el cajón, en la llave, se dijo que necesitaba clavarla al poste de una vez por todas, para que olvidase definitivamente el episodio del cajón violado.

La siguió hasta su casa, la tumbó en la cama, apagó la luz, le aplastó una almohada sobre la cara y, con un golpe de pelvis, sin pensar ni un solo instante que todavía era virgen, abrió entre sus riñones un pasaje prohibido...

Pensó en la llave, pensó en el dinero, pensó en el cien por cien que pronto sería para él, pensó en el descapotable Mercedes gris ahumado, en los asientos rojos, en las braguitas de las chicas que se frotarían en ellos... Se dijo que no era un precio caro dar unos buenos envites furiosos dentro de una solterona que se debatía bajo la almohada.

Volvió a ser el hombre fatal, el hombre brutal, lleno de arrogancia y de impulso, vibrante como una ballesta cargada, que era antaño...

Antes de que la incandescente Hortense viniese a robar el fuego entre sus piernas...

Apenas evocado el nombre de su amada, su miembro se contrajo, se volvió blando, flácido, y se quedó colgando lamentablemente entre los muslos de la Trompeta que, tumbada bajo el cojín, jadeaba de placer y tuteaba a Dios...

* * *

Hortense Cortès hacía las maletas. Dejaba Londres.

Hortense Cortès tocaba el cielo y no tenía límites.

Hortense Cortès medía exactamente el aire que desplazaba y se embriagaba con su estela.

Hortense Cortès ya sólo hablaba de ella en tercera persona.

Terminaba el mes de junio, la escuela cerraba, había firmado el contrato con Banana Republic. Nicholas había interpretado a la perfección su papel de agente. Había conseguido un contrato grandioso: cinco mil dólares a la semana, un apartamento en Central Park South, en un edificio con portero y ventanas con vistas al parque, y un compromiso de dos meses a renovar si le apetecía.

Empezaría el 8 de julio. A las diez de la mañana. En el 107 E de la calle 42, al lado de Grand Central y de Park Avenue.

Tenía ganas de cantar, de tocar la guitarra eléctrica, de caminar descalza sobre una alfombra roja, de bailar una melodía de Cole Porter, de protegerse bajo una sombrilla agujereada, de hundir los dedos en una caja de bombones, de poner un pellizco de sal sobre la cola de un pájaro multicolor, de adoptar peces rojos, de aprender japonés...

Y antes de marcharse a Nueva York, Nueva York, volvería a París. París...

El tiempo de besar a su madre y a su hermana, de dar un paseo por sus calles, de sentarse en las terrazas de los cafés, de observar a los paseantes y apropiarse de mil detalles que desarrollaría una vez instalada en los despachos de Banana Republic, en Manhattan. No hay ninguna ciudad en el mundo donde las chicas tengan tanta inventiva, tanto olfato y tanta elegancia como en París. Robaría una distinción, una silueta, grabaría mil imágenes y volaría, rebosante de ideas, a Nueva York.

Cantaba mientras hacía la maleta, sin quitarle el ojo al móvil.

Había pagado, generosamente, dos meses de alquiler por adelantado al ayatolá y le había anunciado que se marchaba. Que dejaba la casa. Le había tocado el gordo... Mírame bien, hombre vano y minúsculo, porque ya no me verás más. ¡Nunca más! Me verás en las columnas de los periódicos, pero eso será todo. No volverás a perseguirme con facturas impagadas, cálculos mezquinos y tu libido de enano. Él había palidecido y balbuceado ¿me dejas? Ella había silbado sí, sí..., ya no podrás jugar con mi teléfono y borrar mis mensajes, ¡te vas a aburrir! Él había protestado, había jurado por lo más sagrado que nunca habría osado hacer eso. Me crees, Hortense, me crees, ¿verdad? Parecía sincero...

—Entonces, si no fuiste tú, ¿quién fue?

—No lo sé, pero no fui yo...

—«¡Si no fuiste tú, fue tu hermano!». —Hortense parafraseó una fábula de La Fontaine. ¿El Granulado? ¿La Bola apestosa? ¿El otro tarado y sus platos de queso con espaguetis? De todas formas, ¡me trae completamente sin cuidado! Tatachán, me largo de aquí y no volveré a verte. Ni a ti ni a los demás...

—Pero ¿dónde vas a vivir?

—¡En cualquier sitio donde no estés!

—Te quiero, Hortense, me gustaría tanto que te fijases en mí...

—Es curioso, por mucho que me queme la vista mirando, no te veo...

—¿Así que no sientes nada por mí?

—Un asco inmenso por tu mentalidad de rata...

Y como él intentó de nuevo retenerla, como le prometió no volver a molestarla con la *council tax*, el gas, la electricidad, los espaguetis con queso, ella cerró la cremallera de su enorme bolso y le empujó fuera de su habitación.

Desembarcó en la estación del Norte, cogió un taxi y ofreció una propina de diez euros al taxista para que le llevase las maletas hasta el ascensor. El dinero le quemaba en las manos. ¡Cinco mil dólares a la semana! ¡Veinte mil al mes! ¡Cuarenta mil en dos meses! Y si hago maravillas ¡pediré el doble, el triple! ¡Soy la reina del mundo y más feliz que una perdiz!

Tocó el timbre con dedo triunfante. Su madre vino a abrirle. Tuvo ganas de besarla y la besó.

—¡Mamá! ¡Mamá! ¡Si supieras lo que me pasa!

Extendió los brazos, dio vueltas y vueltas, se dejó caer en el sofá rojo.

Se lo contó.

Se lo contó a Joséphine...

Se lo contó a Zoé...

Se lo contó a Josiane y Junior cuando fue a visitarles.

Junior la había llamado:

—Hortense, es urgente, tengo que verte. ¡Te necesito!

—¿Me necesitas, Miguita?

—Sí... Ven a cenar a casa, esta noche. Y ven sola... ¡Se trata de una conspiración!

—¡Una conspiración!

—*Yes, Milady!* Y no lo olvides, *I'm a brain*...

—*I'm a brain, too*...

Encontró a Josiane y a Junior sentados a la mesa de la cocina, los ceños fruncidos y cara de enfadados. Marcel aún no había vuelto del trabajo.

—Vuelve cada vez más tarde —suspiró Josiane—. Y está hasta arriba de preocupaciones...

Besó a Josiane y depositó un beso sobre el pelo rojo de Junior... ¿Sabías que Vivaldi también tenía el pelo rojo, Miguita?

Él no respondió.

El asunto era pues importante.

Se sentó y escuchó.

—Bueno —empezó Junior, vestido como un duque inglés en su castillo de Sussex, el pelo aplastado, la raya bien dibujada y una pajarita que le ocultaba el mentón—. Tenemos muchas razones para pensar, madre y yo, que hay un complot contra mi padre...

Relató la entrevista en el Royal Pereire con Chaval, la lectura de las circunvoluciones de su cerebro, el descubrimiento de esos fonemas: «Henriette», «claves secretas», «robo», «cuentas bancarias», «trompeta», «Hortense», «chilaba»...

—Por lo que se refiere a tu presencia en el córtex de tan innoble individuo, te perdono... No mencionaré en qué forma figuras allí para no ofenderte, pero debo confesar que no es muy halagadora y puedo jurarte que, en mi propio cerebro, apareces mucho mejor ilustrada...

—Gracias, Miguita...

—Mamá me ha contado tu historia con Chaval. Considero que es un error de juventud...

—Yo era muy joven, en efecto.

—Por lo que se refiere al resto, estamos perplejos y necesitamos de ti...

—No entiendo nada de lo que me cuentas —dijo Hortense—. ¿Quieres decir que lees en el cerebro de la gente?

—Sí. No es fácil, pero lo consigo. Haciendo un esfuerzo terrible. Todos emitimos frecuencias, todos tenemos un transistor en la cabeza. No lo utilizamos porque ignoramos los poderes maravillosos de nuestro cerebro... Basta pues con que mis frecuencias se conecten con las frecuencias de Chaval para que yo penetre en su cabeza y lea sus pensamientos...

—Comprendo —murmuró Hortense—. Oye, esta cosa puede ser de mucha utilidad...

—No es ninguna cosa, es un fenómeno físico, científico...

—Discúlpame...

—Entre mamá y yo hemos reconstruido los trozos del puzle entrevisto en el cerebro de Chaval y esto es lo que hemos descifrado: Chaval y Henriette han robado las claves secretas de las cuentas bancarias de padre y quieren desvalijarle... Eso tiene sentido, ¿verdad?

—Sí... —reconoció Hortense—. ¿Estás seguro de que Henriette conspira?

—Más que seguro...

—Y sin embargo no le falta de nada... Marcel se mostró muy generoso en el divorcio.

—El avaro nunca tiene bastante, Hortense, entiéndelo bien... El avaro ama su oro, no el uso que hace de él. Lo ama como a una persona viva y cálida. Y además ella está devorada por un odio que la vuelve insaciable. Lo lamento mucho, ¿sabes?, no me gusta ver un alma humana tan negra... Así pues, hemos de impedir ese robo...

—Cambiando las claves...

—¡Por supuesto! Es lo primero que hemos pensado nosotros, también...

Alzó los hombros, decepcionado por el comentario de Hortense...

—Pero no es suficiente —prosiguió—. Debemos erradicar el mal en el origen y saber cómo Chaval y Henriette se han procurado esos códigos. Tenemos una idea, por supuesto, pero necesitamos verificarla... Y ahí es donde entras tú.

—¿Y cuál es esa idea?

—Hay una mujer que trabaja en la empresa de papá, que es directora contable y que se llama Denise Trompet...

—De ahí la trompeta —dijo Hortense.

—¡Ah! ¡Asciendes en mi estima! Pensamos que la trompeta y Denise Trompet son lo mismo. Pero justamente... ¿Qué hace Denise Trompet en un asunto turbio? Mamá la conoce muy bien y asegura que es la mujer más honesta del mundo... Además, profesa una devoción auténtica por mi padre. ¿Ha sido manipulada? ¿Henriette y Chaval han actuado a sus espaldas? ¿O con su complicidad? Ésa es la pieza del puzle que nos falta...

—No puedo acusarla si es inocente —dijo Josiane, los brazos cruzados sobre el pecho—. Sería terrible. Y me cuesta imaginar a Denise Trompet tramando una estafa. Es una mujer fiel, escrupulosa y de una conciencia profesional irreprochable. Trabaja desde hace veinte años en la empresa y no ha cometido ni una sola falta. Su contabilidad es un modelo de claridad. Marcel se apoya totalmente en ella... Sin embargo, en la cabeza de Chaval existe efectivamente una trompeta... Junior la ha visto. Y sólo puede ser ella...

—Es asombroso ese don —dijo Hortense mirando fijamente a Junior—. Me dejas de piedra, eres un genio, un virtuoso... ¡Me inclino, querido maestro!

Junior enrojeció y su cara se cubrió de manchas. Reprimió las ganas de rascarse. Acababa de pasar de ser Miguita a Maestro.

—¿Qué esperáis de mí? —preguntó Hortense.

—Que vayas a tomar una copa con Chaval y que le tires de la lengua...

—¿Que yo... qué? —exclamó Hortense.

—Que le hagas hablar...

—¡Pero bueno! Así que le llamo, le digo que quiero verle ¿y él llega galopando? Me parece que sois muy optimistas.

—¡No! Conserva un recuerdo imperecedero de ti... Y es normal. Cualquier hombre que se te acerque, querida Hortense, queda calcinado de deseo o de amor, llámalo como quieras. Y Chaval, el primero... Desde que lo abandonaste se marchita, lo he visto en el tercer pliegue frontal de su lóbulo izquierdo...

—Junto a la chilaba...

—No, un poco más arriba...

—Si tú lo dices...

—Ante ti, ese hombre se licua, pierde el control de su cerebro... ¡Será un juego de niños hacerle confesar!

—¿Porque tú crees que me lo va a contar todo?

—Creo que querrá darse importancia, que te dirá que tiene esperanzas, que va a conseguir dinero y, en ese momento, tú mencionas como por casualidad el nombre de la Trompeta y ves cómo reacciona...

—¿Y cómo se supone que yo estoy al corriente de lo de la Trompeta?

—Haces como la poli... Le dices que la Trompeta se lo ha contado todo a Marcel y que Marcel está pensando en cómo castigarle... Que tú te niegas a creerlo y que quieres oírselo decir a él porque, a pesar de todo, conservas cierta estima por él, cierto afecto incluso... Y entonces es cuando se desinfla, se arrastra a tus pies y obtenemos la prueba que nos falta...

—Puede ser... —dijo Hortense—. ¿Y creéis que va a ser tan fácil?

—Creo que nada es imposible para ti —dijo Junior—. Te bastará con acudir a esa cita diciéndote, repitiéndote Chaval me lo va a contar, va a confesar y ya verás, lo admitirá todo...

Hortense reflexionó rápidamente. Aquello no le obligaba más que a tomar un café con el gusano que antaño había sido su amante... Y si aquello podía servir de ayuda a Marcel, Josiane y Junior... La vida era generosa con ella, sentía ganas de compartir.

Y su reacción le extrañó. ¿Estaré cambiando?, se preguntó, inquieta.

—Si hago eso... Si desenmascaro a Chaval... ¿Puedo pedirte un favor a cambio?

—Sin problemas... —dijo Junior, encantado de que el asunto estuviese arreglado—. ¡Madre! Sírvenos un refresco... ¡Menudo calor hace hoy! Se me están pegando los caramelitos al papel...

—¡Deja de hablar como tu padre! —gruñó Josiane quien, desde que se había convertido en madre, intentaba vigilar su lenguaje y velaba por que su hijo hiciese lo mismo.

Junior la ignoró e, inclinándose hacia la bella Hortense, le preguntó:

—¿Qué puedo hacer por ti?

—Quiero que penetres en el cerebro de Gary y que me digas lo que ves...

Junior dio un respingo.

—¿Tanto te interesa lo que hay dentro del cerebro de Gary?

Hortense le dirigió una sonrisita embaucadora.

—Ahora eres tú el que me decepciona, Junior... Te creía más despierto...

—Sé que quieres verle en Nueva York y te preguntas en qué estado de ánimo se encuentra con relación a ti, con el fin de no llevarte un buen chasco...

—Eso es exactamente...

—Antes, tengo que decirte una cosa, Hortense...

Josiane sintió que su presencia incomodaba a su hijo y pretextó una llamada de teléfono para salir de la habitación.

Junior se irguió, clavó su mirada en la de Hortense y declaró:

—Dentro de diecisiete años, tú y yo nos casaremos...

Hortense contuvo la risa.

—¿Nos casaremos?

—Sí, eres la mujer de mi vida... Contigo a mi lado, haré grandes cosas. Sólo tú tienes la libertad interior necesaria para seguir la maraña de mi pensamiento...

—Me siento muy halagada...

—Por el momento, soy demasiado pequeño...

Dejó caer la cabeza entre las manos. Permaneció en silencio durante un instante, postrado sobre la mesa de la cocina...

—¡Ay! ¡Cómo me pesa este cuerpo de niño! ¡Cómo ansío tener brazos largos y piernas largas llenos de pelos! No puedo hacer nada, encerrado en este caparazón de bebé... Pero dentro de diecisiete años me habré convertido en un hombre y pediré tu mano... Estoy dispuesto a esperar y admito que, mientras tanto, viajes, te diviertas e incluso, si experimentas sentimientos amorosos hacia otros chicos...

—¡Qué generoso eres, Miguita! —ironizó Hortense.

—Pero dentro de diecisiete años, te pido que me des una oportunidad... No quiero que me hagas un favor, sólo quiero que aceptes ir a cenar conmigo, asistir a un concierto, ir al cine, a la muralla china, a los jardines de la Alhambra y si, por ventura, nace un sentimiento entre nosotros, no lo rechaces... Eso es todo.

—Escucha, Junior, ya veremos dónde estaremos dentro de diecisiete años... Todo eso que me cuentas me parece un poco extraño, pero bueno... Por el momento, simplemente me gustaría que te dieras un paseo por el cerebro de Gary...

—Necesitaré una foto...

—Tenemos unas fotos que hicimos estas últimas Navidades —dijo Josiane, que había escuchado detrás de la puerta de la cocina y había vuelto de puntillas.

—Perfecto —dijo Junior—. Me encerraré en mi habitación, me concentraré y te diré lo que veo... Pero quiero que sepas, Hortense, que es un acto generoso y magnánimo por mi parte... ¡No renuncio a ti en ningún modo!

—¡Pero bueno, Junior! ¡No hablas en serio! ¡Dentro de diecisiete años yo seré una pasa vieja!

—¡Tú nunca serás una pasa vieja! Y yo seré tu marido...

—¿Lo has leído en mi cerebro? —preguntó, inquieta.

—No diré nada porque si eliminamos la sorpresa, el misterio, matamos el deseo y yo quiero que ardas por mí... Que sortees los prejuicios, las ideas preconcebidas y que formemos una pareja maravillosa... ¡Podemos hacerlo, Hortense! Confía en mí, confía en mí...

—¡Si es por eso! —exclamó Hortense—. ¡Soy imbatible!

—Es lo que me gusta de ti... ¡Entre otras cosas!

—Oye —preguntó Hortense volviéndose hacia Josiane—, ¿no se estará volviendo un poco megalómano, tu hijo?

Josiane se encogió de hombros. Los delirios sentimentales de Junior no la inquietaban. Se había acostumbrado a las fantasías de su hijo. Lo importante era salvar a Marcel. Miró a Hortense, su sonrisa angelical y cruel, sus hombros redondeados, sus finas caderas, la mata de pelo recogida con una horquilla, escuchó el diálogo entre Hortense y Junior, se dijo que la vida se las arreglaba siempre para sorprenderte, que se emboscaba para saltarte al cuello cuando menos lo esperabas, que simplemente había que aceptarlo y seguir sus pasos...

* * *

La historia del Jovencito y de Cary Grant crecía dentro de la cabeza de Joséphine...

A veces, crecía tanto que tenía que salir, respirar el aire de la calle para poder airear su castigada cabeza, abarrotada de palabras, sentimientos, decorados, situaciones, ruidos, olores... ¡Era una leonera increíble!

Cogía la correa de Du Guesclin. Paseaban por las calles de París. Ella avanzaba a toda velocidad, la cadencia de sus pasos arrastraba su pensamiento. Du Guesclin trotaba delante, abriendo la marcha y apartando a los transeúntes.

Caminaba, caminaba y todo se ponía en su sitio, como sobre el plató de un teatro en el que ella era la regidora omnipotente.

A la izquierda, en una esquina del escenario, el Jovencito...

Todavía no le había encontrado un nombre...

Lo imaginaba torpe, artificial, vestido con un jersey de punto gris oscuro, una camisa blanca, una corbata azul marino, un pantalón largo de franela gris. Las aletas de la nariz irritadas, la frente brillante, unos pelillos en la barbilla. Tiene los ojos pálidos, casi transparentes. Se retuerce, se encoge, se turba, intenta adoptar una expresión. Todo en él está del revés.

El señor y la señora Boisson interpretaban el papel de los padres del Jovencito. Fríos, adustos, con el egoísmo tranquilo de los que no se plantean ningún tipo de preguntas y ven pasar la vida, inmóviles.

Su piso servía de decorado, las copas de champaña encerradas en el aparador acristalado, las alfombras sobre las que está prohibido deslizarse, la bandeja de botellas de aperitivo que se saca los domingos a mediodía para recibir a la familia o a los amigos, el cojincito que la señora Boisson se coloca bajo los riñones para estar cómoda, el gran aparato de radio con el que escuchan los ecos del mundo: los discursos del general De Gaulle, la elección del presidente de la República por sufragio universal, el final de la guerra de Argelia, la muerte de Édith Piaf, Henri Tisot imitando al general, la bendición del papa Juan XXIII, el Tour de Francia que gana Eddy Merckx, la construcción del muro de Berlín, el primer estudiante negro en una universidad americana, el derecho de las mujeres a trabajar sin la autorización de sus maridos...

El Jovencito piensa que el mundo está cambiando aunque no haya nada que cambie en su casa. El señor y la señora Boisson mueven la cabeza afirmando que todo se derrumba, que el mundo está naufragando, ¡el lugar de una mujer no es ciertamente un despacho! ¿Quién se ocupará de los hijos?

Su Jovencito no se parece al señor Boisson.

Cada día se va alejando de él. Se va vistiendo de detalles y crece. Joséphine le añade cualidades, arrebatos de audacia, una auténtica curiosidad, la generosidad del que quiere aprender. Ya no prepara el ingreso en la Politécnica, sino el doctorado de historia... Le confía sus miedos, su complejo de inferioridad, su torpeza. Enrojece como ella, pierde pie, balbucea.

En la esquina izquierda del teatro, al lado del Jovencito, está Geneviève. A Joséphine le gusta mucho Geneviève. Hojea la revista *Modes et Travaux* para vestirla, alisa su pelo rizado para peinarla, le pone rulos, le depila el bigote, le inventa un andar... Pero Geneviève sigue siendo tímida, torpe, apagada.

A la derecha del escenario, Cary Grant y su mundo. Sus padres. Su padre bebiendo y gritando en el pub, corriendo detrás de las chicas, un hombre congestionado, brutal, que desprende un fuerte olor a amoniaco al volver de su jornada laboral y que tiene los dedos roídos por los productos que manipula... Su madre, delicada, refinada, vestida con cuellos bordados, con unas manos largas y finas, que se queja de los finales de mes difíciles cubriéndose el pecho con un chal de cachemira estampado. Ahorra algunas monedas para pagar las lecciones de piano de su hijo y hacer de él un caballero. Le enseña buenos modales. Su padre le enseña palabrotas. Cuando sus padres discuten por la noche, el pequeño Cary se esconde bajo la mesa y se tapa los oídos para no oír. Piensa que es culpa suya. Él es el culpable de todas esas peleas. Y cuando su padre no vuelve por la noche, piensa que ha muerto y llora en su cama... Está dividido entre los deseos de su madre y los gritos de su padre, que le obliga a pelearse en los pubs para convertirse en un hombre de verdad. Ya no sabe quién es. Su personalidad empieza a desdoblarse... Joséphine añade la lluvia fina de las calles de Bristol, los muelles por los que va a pasear, por las noches, para ver cómo zarpan los barcos, él sueña con América y a veces ve a pasajeros ilustres embarcando. Una noche se cruza con Douglas Fairbanks que parte hacia Hollywood...

Un día él se dedicará al cine...

Joséphine había comprado cuatro cuadernos Moleskine negros. Doscientas cuarenta páginas de papel blanco cada uno. Uno para Cary Grant, otro para el Jovencito, otro para los personajes secundarios y el último para las generalidades. También había comprado todos los libros publicados sobre Cary Grant. Había subrayado con rotulador fluorescente amarillo los detalles que iba a utilizar, con fluorescente verde los comentarios del actor que iba a reproducir, con fluorescente rosa las peripecias de su vida que iba a retener. Hacía fichas, verificaba, ordenaba... Se encerraba durante largas horas y trabajaba.

Su despacho parecía un taller de ebanista. Todas las herramientas estaban en su lugar: ordenador, fichas, papel blanco para tomar notas, cuadernos negros, bolígrafos y lápices, grapadora, sacapuntas, gomas, tijeras, fotos y una radio en la que sonaba TSF Jazz.

La música era para Du Guesclin, hecho una bola debajo de la mesa, la cabeza apoyada en sus pies. Cuando sonaba el teléfono, levantaba la cabeza, molesto por la interrupción...

Los personajes iban desarrollándose y, poco a poco, la historia iba dibujándose.

Hacía falta paciencia, esperar a que todo estuviese en su sitio, no precipitarse. Dejar que el silencio, o la idea que ella tenía de silencio, se pusiese a trabajar y rellenara los blancos. Y a veces perdía la paciencia... Pero pronto todo estaría listo. Los personajes acabados, vestidos de pies a cabeza, los decorados montados, podría dar la señal...

Y la historia empezaría.

—¿Y bien? —preguntó Gaston Serrurier por teléfono—. Estamos a finales de junio. ¿Avanza ese libro?

—Estoy construyendo los cimientos.

Hortense y Zoé habían salido de compras, a pasear por las terrazas de los cafés, y la jornada empezaba. Les había pedido que no volviesen antes de las cinco de la tarde. O si volvéis, me dejáis trabajar en paz, ¡prohibido dirigirme la palabra!

—¿Cuándo podré leer algo? —preguntaba Serrurier.

—¡Ay, ay, ay! ¡Queda mucho! Estoy construyendo los personajes...

—Pero ¿tiene usted una historia?

—Sí, y ésta no se escapará, estoy segura...

Había vuelto a ver a las dos señoras gordas en la calle. Continuaba pensando que harían una novela formidable. Pero, por el momento, las dejó a un lado. La madre y su blusa de crepé de seda escotada sobre el abundante pecho, su eterna sonrisa pintarrajeada al rojo vivo; la hija, enfundada en un traje sastre azul marino de tela de gabardina, como si vistiese un plumón invernal. O bien, pensaba cambiando de opinión mientras hacía cola en la panadería, podría introducirlas en la familia del Jovencito. ¡Sí! ¡Eso es! Una tía gorda y su hija gorda, prima del Jovencito, que vienen a comer los domingos... El Jovencito las observa, inquieto. Se pregunta si también él terminará siendo devorado crudo por sus padres. Eso me daría una historia paralela...

Escribía la idea en el cuaderno «generalidades» y esperaba a que madurase.

—¿Y cuándo piensa ponerse a escribir? —insistía Serrurier.

—No lo sé... No soy yo quien decide, son los personajes. Cuando estén terminados, cuando tenga todas las piezas en su lugar, cobrarán vida y empezará la historia...

—¡Habla usted como un mecánico de coches!

—Como un mecánico o un carpintero que iza bien alto la viga maestra...

—¿Tiene tiempo para comer conmigo? Tengo la agenda sobrecargada, pero puedo hacerle un hueco...

—No puedo. Estoy cumpliendo un horario. Es como si hubiese vuelto al colegio...

—Tiene usted razón. Si lo dejamos todo a la inspiración, no pasamos de la página uno... Adiós, y téngame al corriente...

Joséphine colgó, maravillada. ¡Había rechazado ir a comer con Gaston Serrurier! ¡El hombre que le lanzaba el humo de su cigarro a la cara sin que ella se inmutase!

Fue a mirarse en el espejo. Sin embargo, no había cambiado... Los mismos mofletes redondos, el mismo pelo castaño, ojos castaños, todo castaño. Soy la francesa típica... ¡No tengo nada que atraiga las miradas y me da igual! Tengo la cabeza repleta de mil ideas que bullen dentro de mí.

No había mentido a Serrurier. Se había impuesto un horario. Trabajaba de once de la mañana a cinco de la tarde. Después salía a pasear con Du Guesclin. Con un bolígrafo colgado del cuello y un cuaderno en el bolsillo. Bastaba con un detalle y una idea aparecía en su cabeza.

—¡Es verdad, oye! —le decía un joven con gorra a su amiga—. ¿Por qué hay que hablar mal de la gente? ¿Has visto alguna vez a un camello reírse de la joroba del otro?

Se detenía y apuntaba. Tenía ganas de levantarle la gorra y besar al chico. De decirle estoy escribiendo un libro en este momento, ¿puedo utilizar su frase? ¿Y de qué trata su libro?, preguntaría él... Todavía no lo sé exactamente pero...

Es la historia de cómo encontrar tu lugar detrás de la niebla... Todos tenemos un lugar detrás de la niebla y no lo sabemos. Es la historia de dos hombres. Uno se llama Cary Grant, ha trabajado toda su vida para atravesar la niebla, el otro se ha quedado pegado a la línea de salida... Es la historia de por qué tenemos el valor de atravesar la niebla y de por qué renunciamos a ello...

Silbaba a Du Guesclin y proseguía su paseo.

Si Antoine no la hubiese abandonado por Mylène y los cocodrilos, si Iris no hubiese tenido la idea de escribir un libro, si no la hubiese obligado a ser la autora, nunca hubiese encontrado su lugar detrás de la niebla... Todas esas casualidades de la vida la habían construido. A veces contra su voluntad...

Y volvía a su casa, pensativa...

El señor Boisson había llamado a su puerta.

Se aburría. Le había cogido el gusto a sus visitas. Hay un montón de cosas que no le he contado, precisó. Mercadeaba con sus recuerdos como un vendedor de alfombras. Su mirada clara, dura, cayó sobre ella. Reclamaba su presencia. Quería ser de nuevo el centro del mundo. Su boca dibujaba una mueca violenta, imperiosa, su barbilla larga y estrecha decía que tenía derecho a un poco más de consideración. Exigía atención como un hombre que se sabe por encima de los demás. Había arrogancia en su forma de pedir. Algo en su voz que decía me lo debe..., y Joséphine tuvo ganas de contestarle yo no le debo nada, fue usted quien tiró la libreta negra a la basura, usted el que sintió vergüenza, el que no quería que ensuciase su imagen. Y soy yo la que quiere hacer de ello una hermosa historia... Tuvo ganas de añadir esa historia ya no le pertenece, ahora es mía.

Le respondió que estaba ocupada, que estaba trabajando en su libro y que le ocupaba todo el tiempo. Él se quedó en el umbral de la puerta e insistió:

—Usted me ha utilizado, usted ya no me necesita... ¡y ahora me rechaza! Eso no está bien, no está bien...

Y ella sintió un poco de vergüenza. Pensó que no le faltaba razón. Se dispuso a ceder, a decir de acuerdo, iré mañana.

Entonces él añadió con tono quejumbroso:

—No me queda mucho tiempo más de vida... Y usted lo sabe...

Y ella sintió unas ganas violentas de cerrar la puerta. No se atrevió a decirle la verdad: no quiero volver a verle porque mi Jovencito, el que está creciendo en este momento, es mucho más emotivo, más abierto y más generoso que usted... y no me gustaría que le influyese. Todavía es frágil...

Zoé y Hortense llegaron corriendo por la escalera. ¡El ascensor está estropeado! ¡El ascensor está estropeado! Se quedaron mirando al señor Boisson que se apartó al verlas y volvió a bajar a su casa arrastrando los pies.

Joséphine cerró la puerta y Zoé preguntó:

—Tiene aspecto contrariado... ¿Qué le has dicho?

—Le he dicho que no tenía tiempo de hablar con él, que estaba trabajando, y se ha puesto furioso...

—¡Guau, mamá! ¡Has conseguido decirle eso! ¡Ya no te reconozco! ¿Has comido carne de león o qué? —exclamó Zoé.

También envió a paseo a Iphigénie que preguntaba dos veces al día ¿está usted segura de que me quedo en mi portería, señora Cortès? ¿Está usted segura?

—Que sí, Iphigénie, lo votamos en la reunión de propietarios... El administrador se quedó hecho polvo. ¡No tiene ya nada que temer!

—Estaré segura cuando reciba una carta oficial —murmuró ella—. Sería un fastidio que...

Joséphine cerró la puerta suavemente.

Hortense preparaba su viaje a Nueva York y preguntó dónde estaban sus vaqueros preferidos... Quería saber si la tarjeta de crédito funcionaría allí, y mi teléfono ¿lo cojo o no? ¿Qué tiempo hace en Nueva York en verano? ¿Hay aire acondicionado en todas partes o no?

Joséphine respondía: ¡no tengo tiempo! ¡No tengo tiempo! ¡Arréglatelas sola! ¡Ahora ya eres mayor, Hortense!

Zoé, sentada en cuclillas en una silla de la cocina, devoraba una rebanada de pan con crema de chocolate.

—¡Ouh! —dijo, imitando a Homer Simpson—. ¡Ya no reconozco a mi mamá! ¡Manda a paseo a todo el mundo!

Mylène había llamado una noche. He vuelto a Francia, señora Cortès, ya no aguantaba estar en China, sentía añoranza...

Había encontrado trabajo en una peluquería en Courbevoie, mi antigua peluquería, señora Cortès, ¿se acuerda? Donde le arreglaba las uñas a Hortense cuando era pequeña...

Y allí fue donde conoció a Antoine, pensaba Joséphine. Y él me dejó por ella...

Y volvía a ver la escena en la cocina de Courbevoie. Sabía que Antoine tenía una amante. Él se lo había dicho mientras ella pelaba patatas. Ella se había cortado y sangraba...

Ese día pensó que iba a morirse de pena, a morirse de miedo.

Y cuando él había vuelto a buscar a las niñas para llevarlas de vacaciones. Las primeras vacaciones que no pasaban juntos... Se marchaba con las niñas y con Mylène...

El codo de Mylène sobresaliendo de la ventana delantera del coche...

Volvía a ver el triángulo rojo que había dibujado...

El balcón desde el que había visto alejarse el coche que llevaba a sus dos hijas, a su marido y a la amante de su marido. Ese día se había dejado caer sobre el balcón del piso de Courbevoie y había gritado...

Maldecimos los sufrimientos, pero no sabemos, cuando los pasamos, que nos harán crecer y nos llevarán más lejos. No queremos saberlo. El dolor es demasiado fuerte para reconocer en él una virtud. Es cuando ha pasado el dolor cuando volvemos la vista atrás y comprobamos, asombrados, el largo camino que nos ha obligado a recorrer. Fue gracias a la marcha de Antoine que cambié de vida... Que comprendí que podía arreglármelas sola. Antes no existía, era la mujer de...

Si Mylène no hubiese aparecido metida en su bata rosa de manicura, seguiría siendo la amable señora Cortès que trabaja en el CNRS y a la que nadie respeta...

Mylène quería saber si, gracias a sus contactos, Joséphine podría conseguirle un puesto en una peluquería más lujosa.

—Debe de conocer usted alguna, uno de esos sitios caros y elegantes en los que se emperifollan las mujeres ricas... Me aburro en la pequeña peluquería de Courbevoie. He sido una mujer de negocios en China, ganaba mucho dinero, ¿sabe?, y ahora me encuentro vestida con una bata rosa haciendo uñas y extensiones. Reconocerá que no es muy apasionante...

—No, no sé de ninguna peluquería...

—Ah... —dijo Mylène, desanimada—. Yo pensé en cambio...

—Siento no poder ayudarla...

—Y... diga, señora Cortès, ¿no conocerá usted a alguien que quiera comprar un conjunto Chaumet? Es auténtico, lo compré en París, pensé que sería un modo de invertir mi dinero... Conseguí sacarlo de China. Me gustaría venderlo. Necesito dinero...

Joséphine repitió que no, que no conocía a nadie.

Mylène dudaba. Seguía con ganas de hablar.

Joséphine colgó. Hortense y Zoé preguntaron ¿quién era? ¿Quién era?

—Mylène Corbier... Quería que le buscase trabajo...

—¡Menuda cara tiene ésa! —dijo Hortense—. ¡Cuando pienso en todo lo que hizo!

—Es cierto... —admitió Joséphine.

—¡Vaya morro que tiene esa buena mujer!

—¡Eso no quita que mamá la haya dejado con la palabra en la boca! —exclamó Zoé—. ¡Ouh! ¡Me han cambiado a mi madre!

Hortense se volvió hacia Joséphine y dejó caer:

—Bueno, mamá, te estás volviendo presentable...

Y después, se dirigió a Zoé:

—¡Y tú, deja de hincharte de crema de chocolate! ¡Es malo para la salud y te salen granos!

—Sí, pero me consuela...

Zoé veía cómo cambiaba su madre y se inquietaba.

¿Y si pronto deja de quererme?

¿Y si el libro ocupa todo el espacio y ya no queda nada para mí?

Afortunadamente, estaba Gaétan...

Había venido a pasar un día en París. Ida y vuelta para matricularse en un instituto.

Su madre buscaba piso. Había encontrado un trabajo de vendedora en una tienda de relojes de la calle de la Paix y parecía radiante. Él decía ojalá dure, ojalá dure, con aspecto preocupado. Decía vamos a vivir en un estudio pequeño, comeremos pasta y arroz, no tendremos mucho dinero, pero no importa...

Se habían vuelto a ver...

Habían quedado cerca de la estación de Montparnasse.

Él la esperaba, enorme, flotando dentro de su jersey violeta con cremallera. Había vuelto a crecer... Ya no le reconocía. Había avanzado hacia ella, la había besado. Ella se había deshinchado como un globo de feria rojo al que se le suelta el nudo y tuvo la sensación de echarse a volar. Arrastrada hasta lo alto de la torre Montparnasse desde donde él quería ver París, arrastrada por el ascensor de la torre que te produce un tapón en los oídos, arrastrada hasta el enorme helado de chocolate y frambuesa que habían comido a dos manos, arrastrada por su risa brusca y su mirada tímida... Arrastrada hacia Montmartre y las tiendas de telas y lazos multicolores, con lunares, a rayas, arrastrada por los jardines del Palais-Royal donde habían hundido sus pies cansados en la fuente, arrastrada por el batido de kiwi y naranja que habían tomado en Le Paradis du Fruit de Les Halles. París a toda velocidad, con él. Sus piernas inmensas trepando por las escaleras mecánicas del metro como un gigante, y ella, pequeñita, que le seguía corriendo. Es como yo lo imaginaba, dulce, divertido, amable, audaz, sonriente. Habían hablado del curso siguiente, de todo lo que harían, de los sitios de París por los que pasearían. Él le enseñaba la ciudad como si les perteneciera. Ella le escuchaba, sin cansarse, levantando los ojos hacia él. Tenía ganas de decirle más, más proyectos. Más besos... Habían corrido para no perder el tren de vuelta, ella le había besado, y treinta segundos antes de que se marchara el tren, había subido y le había dicho entonces ¿es seguro, nos vemos cuando empiece el curso? Él le había dicho seguro, seguro y ella había vuelto a bajar al oír que el tren arrancaba.

Si el libro se comía a su madre, no estaría sola, Gaétan estaría con ella...

Y dio un mordisco a su rebanada de pan con crema de chocolate.

* * *

Becca estaba muy ocupada.

Se marchaba por la mañana temprano, volvía tarde por la noche. Se negaba a decir dónde iba y cuando Philippe o Alexandre le preguntaban, ella respondía *not your business!* Hablaré cuando tenga algo que deciros, pero, por ahora, es inútil...

Annie había vuelto a la cocina y a quejarse de que sus piernas la hacían sufrir. Se marchaba a pasar tres semanas en Francia, con su familia, y había pedido cita con un flebólogo.

—Tengo la impresión de que mi cuerpo está cambiando —decía mirándose las piernas como si fueran dos piezas independientes.

—Todos estamos cambiando —respondía Philippe con expresión misteriosa.

Alexandre se marchaba de vacaciones: iba un mes a Portugal a casa de un amigo cuyos padres tenían una casa en Oporto. Extendía en el suelo grandes mapas de Europa para localizar el lugar a donde iba. Calculaba los kilómetros, las etapas que harían en coche... Nos pararemos aquí, y aquí, y aquí... Annie decía que era demasiado joven para marcharse sin su padre. Philippe le respondía que no había peligro.

—Tiene que aprender a arreglárselas solo... Y además, Annie, piense un poco, no estará abandonado. Conozco a los padres de su amigo y están muy bien...

Ella respondía que no sabía nada de ellos. Los había visto en las reuniones de padres del liceo francés, no es lo que ella consideraba «conocer». Añadía que Alexandre era aún pequeño...

—¡No es pequeño! Tiene quince años y medio...

—¡El mundo ahora es muy peligroso!

—¡Pero Annie, deje de tener miedo por todo!

—¿Por qué no va usted con él?

—Primero, no he sido invitado, y después porque me parece bien que viva su vida solo durante un mes.

—Espero que no le pase nada... —suspiraba ella con aire de mal augurio.

Por la noche cenaban los cuatro en la cocina.

Becca seguía muda sobre lo que había hecho durante el día. Annie decía que su tarta de puerros estaba demasiado salada...

Alexandre preguntaba qué había pasado con Dottie y por qué se había marchado. La echaba de menos...

Philippe respondía que había encontrado trabajo y que estaba muy bien así, pásame un trozo de pan, Alex.

Entonces no estaba enamorado de verdad, pensaba Alexandre observando a su padre, ni siquiera parece triste... Parece incluso más contento que antes. Quizás su presencia le pesaba. Quizás está enamorado de otra... Como yo. Cambio todos los días de enamorada, no consigo amar a una sola. Sí, pero él es mayor, debería saber lo que quiere... ¿Sabemos exactamente lo que queremos cuando nos hacemos viejos, o hay que esperar a estar a punto de morir para saberlo? ¿Cuándo sabré que amo a alguien para siempre? ¿Debo mentir a Salika cuando me pregunta si la quiero? ¿Podría darse cuenta de que miento? ¿Cuando mentimos nos parecemos a esos vendedores de coches de ocasión que se ven en la tele? Mientras tanto, su padre parecía feliz y eso era lo que más le importaba. Dottie se había marchado, un buen día, adoptando una expresión alegre que parecía una expresión fúnebre de tan forzada que era. Había cogido su equipaje rosa y violeta y les había deseado buena suerte triturando la empuñadura de la maleta y jugando con las etiquetas. Le gustaba Dottie. Le había enseñado a jugar al backgammon y a beber zumo de naranja con un chorrito de vodka a escondidas...

Y entonces, una noche, Becca habló.

Esperó a que Philippe y ella estuviesen solos en el salón. Los ventanales estaban abiertos al parque. Hacía bueno y la noche era tranquila. Philippe había anulado una cena. No tenía ganas de salir.

—Ya no me gusta salir. Tengo cada vez menos ganas de ver gente... ¿Es grave, doctora Becca? Voy a terminar como un viejo bobo...

Becca había adoptado una expresión maliciosa y había dicho que le parecía muy bien. Su proyecto estaba a punto, ahora podía hablar.

—He encontrado... Al noreste de Londres... Una pequeña iglesia con grandes dependencias vacías... El pastor está de acuerdo en que utilicemos las zonas comunes... He buscado durante mucho tiempo. Quería encontrar un barrio donde tuviese sentido fundar un refugio...

—¿Y qué quiere hacer allí?

—Un refugio para mujeres solas. Ellas son las que más sufren en la calle. Las golpean, las roban y las violan cuando son jóvenes. Les dan palizas cuando son viejas. Les rompen los dientes. No saben defenderse... Empezaremos con unas quince camas y, si todo va bien, lo ampliaremos... También habrá un comedor. Una comida caliente al mediodía y una comida caliente por la noche. Pero buena comida, no esa cosa blanda y sosa que te ponen en un plato de cartón. Me gustaría que hubiese fruta y verduras frescas. Carne de verdad, no pasada... Me gustaría servir a la gente, no que hiciesen cola como números. Poner manteles blancos en las mesas. Lo tengo todo organizado en mi cabeza. ¿Me está escuchando?

—La escucho, Becca —dijo Philippe sonriendo.

Becca se animó, desarrolló su proyecto como un constructor de catedrales despliega los planos de las ojivas, las cintras, los pilares, las bóvedas y las cúpulas.

—Me gustaría crear un lugar en el que las mujeres de la calle se sintiesen en casa. Un sitio un poco como un hogar. No un asilo frío y anónimo en el que te cambian de habitación cada noche... No quiero tampoco que se queden paradas en una reserva como animales de feria. Me gustaría que tuviesen la ocasión de conocer a mujeres de las llamadas «normales»...

Tropezó con esa palabra y se detuvo.

—Continúe, Becca —la animó Philippe.

—Que haya un intercambio entre esas mujeres. Y que no sea caridad pura... Se les ofrecería cursos de pintura, de dibujo, de baile, de cerámica, de piano, de yoga, de cocina. A mí me sentó muy bien cocinar... Recompensarlas por su trabajo si fabrican objetos. Por ejemplo, podrían pagar las comidas pidiéndoles que, a cambio, dieran un pastel que hayan hecho, una bufanda que hayan tejido, una escultura de arcilla. Seguramente es algo utópico, pero tengo ganas de intentarlo... Y, empezando poco a poco, no me decepcionaré si todo se derrumba...

—¿Y yo? ¿Cuál será mi papel, aparte de darle el dinero para abrir el centro?

—Voy a necesitar de usted para llevar las cuentas y organizarlo todo. Va a ser un trabajo inmenso hacer que toda esa gente conviva...

—Yo sólo trabajo medio día. Pasaré la mañana en el despacho y las tardes con usted...

—Y además, lo que estaría bien también sería encontrarles trabajo... Convertirlas en personas que puedan mantenerse. Que sepan presentarse, hacer un trabajito de nada, pero un trabajito. Así, el refugio no sería más que una etapa en sus vidas... Cuando te has pasado la noche bajo la lluvia, cuando te ha molestado gente que se pelea o se insulta, ya no sabes cómo presentarte, cómo dirigirte al otro, pierdes las formas, el vocabulario... Te sientes sucia... Podríamos hacer todo eso juntos... Voy a necesitar un hombre para hacer cumplir la ley...

—¿Tendré que usar los bíceps?

—No necesariamente... ¿Sabe usted?, la autoridad se adivina, ¡no necesitará dar ningún puñetazo sobre la mesa!

—Me gusta mucho ese proyecto, Becca, muchísimo... ¿Cuándo empezamos?

—Esto..., cuando tengamos el dinero...

—Y tiene usted una idea, supongo...

Becca decía sí, sí, con el pastor Green he hecho un presupuesto y aquí está...

Mostraba cifras para un mes, seis meses, un año...

—Lo que estaría bien sería partir de la hipótesis de un año...

Philippe miró los números. Becca había trabajado bien. Estaba limpio, claro, detallado. Ella le observaba, inquieta.

—No se echará atrás, ¿verdad?

Él sonrió, diciendo ¡no, nada de eso!

—Así, si trabajásemos este verano, estaríamos listos en septiembre...

Philippe hizo venir a representantes de Sotheby's y Christie's a su casa.

Les ofreció un *Butterfly painting* de Damian Hirst, valorado en ochocientos mil dólares, un candelabro de David Hammons, valorado en un millón trescientos.

Fue Sotheby's quien se encargó de la venta.

Después llamó a su amigo Simon Lee, un reputado marchante de arte londinense, para venderle un *Center Fall* de Cindy Sherman.

Y rellenó un cheque para Becca.

Ella tuvo que sentarse para leerlo.

—¡Es demasiado! ¡Demasiado!

—¿Sabe?, si he leído bien su proyecto, va a necesitar mucho dinero... Habrá que instalar habitaciones, servicios, duchas, calefacción, una cocina completa... Eso costará caro.

—No quiero que el cheque vaya a mi nombre, sino al de nuestra fundación... Tendremos que ponerle un nombre, abrir una cuenta en el banco.

Hizo una pausa y exclamó:

—¡Pero bueno, Philippe! ¿Se da usted cuenta del regalo que va a hacer a toda esa gente...?

—¡Si supiese lo bien que me siento! Antes tenía un peso a la altura del pecho, no conseguía respirar... Y ha desaparecido. ¿Se da usted cuenta? Ahora respiro, ¡respiro!

Se golpeó los pulmones y sonrió.

—Este año mi vida ha cambiado, y apenas me he dado cuenta... Me creía parado, pero sólo estaba mudando lentamente... ¡He debido de ser horriblemente aburrido!

—Pasa a menudo. Cambiamos sin notarlo...

—¿Sabe usted que, haciéndome vender en este momento, me obliga a hacer un buen negocio? —dijo con aire malicioso.

—¿Ah, sí?

—Es el momento de vender, el mercado ha vuelto al alza, pero no va a durar... El mercado del arte sólo es un mercado, sin más. La palabra «arte» ha desaparecido... Después de un año difícil, ha vuelto la especulación. Las subastas baten todos los récords. El arte se ha convertido en el valor refugio de un medio totalmente desconectado del mundo real.

—Pero los artistas ¿no pueden actuar? ¿Protestar?

—Artistas reconocidos se han puesto a producir en grandes cantidades para satisfacer la demanda. Richard Prince, por ejemplo. ¿Le conoce?

Becca negó con la cabeza.

—No sé nada de arte moderno.

—Un *Nurse Painting* de Richard Prince que se vendió por sesenta mil dólares en 2004 ha alcanzado los nueve millones de dólares en mayo de 2008 en el Sotheby's de Nueva York. Ante esta situación, Richard Prince se ha puesto a producir en cadena. Su trabajo se ha empobrecido, estandarizado. Muchos artistas conocidos han hecho como él en detrimento de la creatividad y la calidad... Y mientras tanto, las galerías que hacen un trabajo monstruoso para lanzar artistas jóvenes sufren. Ya no tienen dinero...

—Su sueño ha volado... Con todos esos dólares...

—Sí. Un sueño que sólo está hecho de dólares es un mal sueño... Mi sueño de niño era entrar en un cuadro, mi sueño de adulto es salir de él...

Le contó su primera emoción ante una tela de Caravaggio, en Roma.

Becca le escuchó y recogió los pedazos de su sueño roto.

Llevó a Philippe a ver la iglesia y el pequeño edificio anexo a la misma en Murray Grove. Un conjunto de ladrillo rojo, rodeado por un jardín y dos grandes plátanos. Las salas eran vastas, los techos en ojiva, el suelo de grandes piedras blancas.

En el gran espacio vacío, se imaginaba la cocina, las habitaciones, las duchas, el comedor, la sala de televisión, las estanterías para los libros, el sitio para el piano, las cortinas... Ella abría las puertas y amueblaba cada habitación con sus proyectos.

El pastor Green se unió a ellos. Era un hombre robusto de mirada viva y nariz puntiaguda. Con el pelo blanco y la tez rojo ladrillo. Se parecía a su iglesia. Dio las gracias a Philippe por ser tan generoso. Philippe le dijo que no quería volver a oír esa palabra.

Localizó una habitación más pequeña en el primer piso y decidió que allí estaría su despacho. En la pared había una frase escrita a mano, en letras mayúsculas: «Cuando el hombre haya cortado el último árbol, contaminado la última gota de agua, matado al último animal y pescado al último pez, se dará cuenta de que el dinero no es comestible».

Decidió dejar esa frase en la pared de su despacho.

Al volver a casa, Becca le cogió del brazo y declaró que era feliz.

—He encontrado mi sitio... Tengo la impresión de haber buscado toda mi vida. Es extraño. Es como si hubiese vivido estos años sólo para llegar a esta pequeña iglesia... ¿Qué cree que significa eso?

—Es una reflexión muy íntima... —remarcó Philippe estrechándole el brazo—. Sólo usted sabe qué lleva en su interior... Dicen que lo realmente emocionante es el camino por recorrer...

—Desbordo alegría y necesito contarlo...

Él la miró. Una intensa luz abrazaba su cara.

—¿Y usted? —preguntó ella—. ¿Es feliz?

—Es curioso —dijo—, ni siquiera me planteo la pregunta...

* * *

Hortense llegó voluntariamente con veinte minutos de retraso a la cita que había concertado con Chaval.

—A las cuatro de la tarde en Mariage, al lado de la sala Pleyel... —le había dicho por teléfono—. Me reconocerás, ¡seré la chica más guapa del mundo!

Él habrá llegado un cuarto de hora antes, se habrá alisado diez veces el forro de la chaqueta y el bigote, observando su reflejo en una cucharita como una mujer coqueta... Media hora de espera le habrá puesto nervioso y así me lo enrollaré más fácilmente al dedito, como un muelle roto.

Chaval no sólo se enrolló: hizo rizos, nudos, arabescos, sus ojos giraban como hélices, su sonrisa en espiral, una sonrisa torcida de doloroso deseo. El infortunio del hombre aflora siempre en su apariencia física y Chaval ya no se tenía en su sitio. Se había convertido en un ser blando, reptil, con las facciones hundidas.

La visión de Hortense azotó sus entrañas. Todo su cuerpo se estremeció con un temblor nervioso que no sabía controlar.

Ella estaba aún más hermosa que en sus recuerdos. Se levantó de la silla. Sus piernas temblaban y desfallecían. La miraba y recibía metrallas de obús en plena cara. La respiración entrecortada. Los ojos fuera de sus órbitas. Y pensaba esa chica fue mía, la he tenido bajo mis caderas, en la punta de mi sexo, la he estrujado, masajeado, he lamido sus senos, la carne tierna de su vientre. Se sintió como decapitado.

Arrancado por un proyectil. Ya no era capaz de razonar. Sintió unas violentas ganas de estrecharla contra sí y se agarró al mantel blanco que cubría la mesa.

—Me alegro de verte —dijo dejándose caer sobre el sillón de mimbre.

—Y yo también —consiguió articular ella.

Tenía la boca seca, pastosa, como si mascara yeso.

—Creí que estaba soñando cuando me llamaste...

—¡Has hecho bien en no cambiar de número de teléfono!

—Y cuando te he visto entrar... Yo... Yo...

Balbuceó. A Hortense le pareció lamentable y pensó que el asunto iba a zanjarse deprisa. El hombre apenas podía controlarse. Casi se sintió decepcionada, no tendría nada emocionante que contarle a Junior. Decepcionada y aliviada. No estaba convencida de que la estrategia de Junior fuera la buena. No se sentía cómoda ante la idea de comportarse como un policía, predicar una falsedad para llegar a la verdad. Prefería confiar en su instinto que le susurraba que Chaval se dejaría atrapar como un conejo ante una promesa de voluptuosidad. Conocía al hombre porque lo había probado.

Declaró, estirando sus largos brazos desnudos y apuntando sus senos pequeños hacia él:

—Quería saber qué había sido de ti... Pensaba en ti y me decía ¿qué estará haciendo? Hace tanto tiempo...

Chaval se atragantó de alegría. ¡Pensaba en él! ¡No le había olvidado del todo! Se preguntó si no estaría soñando y repitió las mismas palabras estúpidas, las palabras del enamorado que balbucea su felicidad.

—¡Pensabas en mí! ¡Pensabas en mí! ¡Dios mío! Pensabas en mí...

—¿Qué tiene eso de raro? Tú fuiste mi primer amante. El primer amor no se olvida nunca...

—Fui tu primer amor, tu primer amor... ¡y no me lo decías! Tu primer amor...

—¿Acaso necesitaba decírtelo? —maullaba Hortense jugando con el pelo.

—¡Y yo no lo sabía! ¡Dios mío! ¡Qué tonto fui!

—¿Así que no sabes nada del lenguaje de las mujeres enamoradas?

Él la miró fijamente, desamparado. Sus manos temblaban.

—Eres como todos los hombres, te quedas en lo que oyes, en lo que ves, ¡no buscas lo que hay detrás! A veces escondemos la verdad bajo la falsedad, el diamante bajo el fango...

Adoptó un aire ofendido por haber sido incomprendida. Volvió la cabeza hacia el fondo de la sala, sabía que ése era su mejor perfil.

—Te pido perdón, Hortense, te pido perdón.

¡Dios mío! ¡Qué fatigoso es verle desvariar así! ¡Voy a acabar con esto, si no se me va a morir en los brazos!

Sonrió, moviendo de nuevo su densa cabellera.

—Te perdono... Es una vieja historia...

Chaval se estremeció y le lanzó una mirada de perro apaleado. ¡Oh, no! La historia no había terminado, quería volverla a tener entre sus brazos, estrecharla contra sí, hacerse perdonar haber sido ciego, sordo, pánfilo. Estaba dispuesto a todo para obtener de nuevo su gracia. Extendió el brazo, le atrapó la mano. Ella le dejó hacer con la magnanimidad de la mujer que perdona. Él la apretó y le prometió que nunca más volvería a dudar de ella.

—He perdido la cabeza por ti, Hortense...

Ella le acarició la mano y dijo no importa, no te preocupes.

—Me resulta extraño, ¿sabes? —prosiguió Chaval mirándola con los ojos húmedos.

¡Qué horror! ¡No irá a echarse a llorar, además!, pensó Hortense. Este hombre es verdaderamente repugnante.

—Me había acostumbrado a pensar en ti en pretérito imperfecto... Pensaba que no te volvería a ver...

—¿Y por qué?

—Desapareciste de forma tan precipitada...

—Yo lo hago todo de forma precipitada —reconoció—, estoy en la edad...

¡Paf!, pensó, así le recuerdo que es más viejo que yo, que está en plena cuarentena. Le dejo tocado, y a mis pies.

—Y además trabajo mucho... He conseguido un contrato con Banana Republic en Nueva York, me voy dentro de una semana.

—¿Te vas a Nueva York?

—De hecho, mi llamada telefónica era interesada...

—Si puedo ayudarte...

—Quería saber si conocías esa empresa... Cuál es su punto fuerte, su clientela. ¿Mujeres jóvenes o maduras? ¿Diseño cosas desenfadadas o vestidos de noche? Si pudieses ayudarme...

Halagar al interlocutor para que sus defensas caigan y su espalda ceda... Hortense sabía que esa receta era infalible. Sobre todo con un hombre como Chaval. Él aspiró el cumplido como quien fuma un cigarrillo prohibido y se creció, sintiéndose importante.

—No conozco muy bien esa marca, pero puedo informarme...

—¿Harías eso por mí?

—Lo haría todo por ti, Hortense...

—Gracias, tomo nota... Eres un amor...

Había dicho eso con un punto de ternura y Chaval sintió que recuperaba sus armas de caballero andante. ¡Dios mío! ¡Dios mío! ¿Cuánto tiempo he permanecido dormido? Sin elucubrar proyectos brillantes. El hambre me había abandonado. Ha bastado con que Hortense entrase en este salón de té, dejara su bolso sobre la mesa y me sonriera para que mi cabeza y el gaznate ardieran. Había olvidado lo que era una mujer de verdad, una mujer peligrosa, una mujer desdeñosa que te lanza desafíos y abre un precipicio a tus pies. Tenía ganas de saltar a ese precipicio. Olvidó todas sus normas de prudencia y no tuvo más que un deseo: contarle a Hortense sus proyectos y la enorme fortuna que le esperaba.

—¿Y tú? —siguió diciendo Hortense—. ¿Qué estás haciendo en este momento?

—Estoy metido en un asunto muy gordo —contestó pavoneándose.

—Ah... —dijo Hortense, simulando no querer saber nada.

Chaval, picado, pensó que no le creía. Y, como todos los que piensan que la fortuna prometida está ya en el bolsillo, aceleró, se tragó todos los obstáculos que la prudencia le habría opuesto si hubiese reflexionado y atacó, con la espada desenvainada.

—¿No me crees?

—Oh, sí... —dijo Hortense con expresión de la que precisamente no se cree ni una palabra.

—¡Y voy a ser muy rico! ¿Quieres una prueba? Ayer tarde mismo encargué un Mercedes descapotable, el último modelo...

—¡Así de rico! —soltó Hortense con tono frío consultando la carta de postres.

Simuló dudar entre unas natillas con crema de frambuesa y la especialidad de la casa, tartaleta de frutas. Le pidió su opinión.

—Ya veo que no me tomas en serio...

—¿Has elegido ya un pastel? O quizás no tomas... Yo todavía estoy dudando. Aquí todo es tan bueno...

—Piensas que estoy acabado... Eso me apena, Hortense.

—Que no... Escucha, voy a serte sincera. He creído comprender, hablando con Marcel, que la coyuntura actual es muy dura. Ha sido él mismo el que me lo ha dicho. Estáis en el mismo sector, ¿no?

—Ahí es donde te equivocas, guapa... Yo ahora me dedico a las finanzas. ¡A las altas finanzas! Especulo, especulo...

—¿Con tu dinero?

—Digamos que con dinero...

—¿Y te vas a hacer rico?

—Muy rico...

—No te ocultaré que eso me interesa, me gustaría lanzar mi propia marca y voy a necesitar fondos... Necesitar a un inversor sólido que me apoye...

—¡Lo tienes delante! ¡Soy tu hombre!

—Escucha, Bruno...

Oyó su nombre de la boca de Hortense y se ablandó de nuevo. Cuando estaban juntos sólo le llamaba Chaval. No existía ninguna ternura entre ellos. ¡Polvo y pasta! ¿Queda claro?, había exclamado ella un día en el que él se había aventurado a decir que estaba loco por ella...

—Escucha, Bruno —prosiguió modulando las dos sílabas, enrollándolas en la boca, mojándolas con los labios—. Yo cuando hablo, hablo en serio, y no digo tonterías...

—¡Ni yo tampoco!

—Me gustaría creerte... Pero estoy harta de la gente que presume y que, cuando le pides ayuda económica, se escaquea... Hablar es fácil, ¡pero a un hombre se le juzga por sus actos!

Había tenido una idea para tirar de la lengua a Chaval.

—¿Estás pensando en alguien en particular? —preguntó Chaval.

—Sí. Alguien que conoces... ¡Cómo le odio! ¡Estoy tan furiosa!

—Dime quién es y lo mato —dijo, medio en broma, medio en serio.

—Te voy a decir una cosa... Si encontrase un medio para desplumarle, lo haría sin ningún remordimiento. Ni siquiera se daría cuenta, además. ¡Está forrado! Estoy harta de no tener dinero, Bruno... Tengo tantas ideas en la cabeza, tantos proyectos... ¡Pero no puedo! Y nadie quiere ayudarme... Este año he sido la mejor de la clase y he diseñado varios modelos que van a ser propuestos a grandes marcas. ¡Y yo no ganaré nada! ¡Ni un céntimo! Y cuando le pido a un tío que nada en oro que me preste un poco... Óyeme bien, «que me preste», le devolvería hasta el último céntimo..., ¡pues bien!, ¡se niega! Dice que soy demasiado joven, ¡que apenas he salido del cascarón! ¡Le odio, te digo, le odio!

—Cálmate —dijo Chaval, que de pronto se sentía el hombre de la situación.

—Pero ¿de qué sirve tener montones de ideas, eh? ¿De qué me sirve si no tengo ni un céntimo para realizarlas?

Golpeó la mesa con un gesto de rabia.

—Te ayudaré, ya verás... Yo te voy a ayudar...

Suspiró, exasperada. El camarero se acercó para anotar su pedido. Ella eligió con aire hastiado una tarta de frutas y un té ahumado. El chico lo apuntó y se alejó.

—No quiero terminar siendo una esclava como él —murmuró Hortense lo bastante fuerte como para que la oyese Chaval.

—Espera un momento —dijo Chaval—. Espera un momento...

Estaba tan turbado que no imaginó ni un segundo que Hortense le estaba tendiendo una trampa. Pensaba, con toda su suficiencia de antiguo seductor, que volvía a él, que le necesitaba, que sentía otra vez ganas de probar sus embistes, y se perfumó con esa idea, la inhaló, se embriagó. Todo se nubló en el interior de su mente. Necesitaba ver claro y retomó punto por punto:

—¿A quién le has pedido dinero?

—¿Para qué quieres saberlo? No vas a cambiar nada... ¡Le odio, si supieras cómo le odio!

—Has dicho que le conozco.

—Es la persona que más conoces.

—¿No será Marcel Grobz, por casualidad? —susurró Chaval, con cara de conspirador astuto.

—¿Cómo lo has adivinado? —exclamó Hortense—. ¡Me dejas de piedra, Bruno, de piedra! ¡Y pensar que él me había dicho que estabas totalmente acabado, agotado, para el arrastre! ¡Que no servías ni de felpudo!

—¿Dijo eso?

—¡Son sus propias palabras!

—¡Me las pagará!

—Pero yo no le creí —añadió Hortense, embaucadora como una gata que lame la leche que acaba de derramar de un zarpazo—. ¿Quieres una prueba? He venido a verte para pedirte información sobre Banana Republic...

—¡Ah! ¡Se va a arrepentir de haber dicho eso, el viejo!

Se inclinó hacia ella y le hizo una seña para que se acercase. Ella extendió una pierna bajo la mesa y su muslo rozó el de Chaval que acabó de perder la cabeza.

—¡Es a él a quien tengo en el punto de mira! ¡Es gracias a él que me voy a hacer rico!

—¿Y cómo? —preguntó Hortense.

—He conseguido la clave de sus cuentas y voy sacando dinero... Así es como he pagado el primer plazo de mi Mercedes. Y pensaba montar algún negocio con todo ese dinero que estoy desviando. ¡Pues bien! Está decidido: ¡lo montaré contigo! Tendrás tu venganza, guapa... ¡Ajá! Conque estoy acabado, agotado, para tirar a la basura. ¡Ya verá lo que voy a hacer con su basura! Le voy... Le voy... ¡Se la voy a tirar a la cabeza!

Hortense le animaba con la mirada. No aceptar inmediatamente, darle cuerda para que se explaye y le entregue la receta secreta de su plan.

—Eres un amor, Bruno...

Dejó deslizarse la palabra «amor», aumentó la presión del muslo, vio cómo él enrojecía.

—... pero es demasiado arriesgado. ¡Te cogerán! Y eso me daría mucha pena...

—¡Que no! —se enojó Chaval—. ¡Lo tengo todo previsto! No corro ningún riesgo, ¡es Henriette la que los corre todos! Es Henriette la que saca el dinero y me entrega la mitad. Yo no aparezco en ninguna parte...

—¿Es ella la que te ha entregado las claves de las cuentas? —exclamó Hortense, simulando no creerle.

—No, fue otra... Una pobre chica que se ha enamorado de mí... Ella me entregó las claves. De hecho, sin saberlo... Trabaja en Casamia. Se llama Denise Trompet. Entre nosotros, la llamamos la Trompeta...

¡Ya hemos llegado!, pensó Hortense. Junior está realmente dotado. Sólo quedaba por esclarecer el misterio de la chilaba.

—¿Te has acostado con ella? —preguntó Hortense haciendo una mueca triste de mujer engañada.

Y bajó la cabeza para disimular su pena.

—Claro que no, mi amor, no me he acostado con ella, la he seducido con los ojos, sólo con los ojos, ¡te lo prometo! Y la he abandonado...

—No puedo decir nada —suspiró Hortense—. Sé muy bien que ninguna mujer se te resiste... Yo, la primera...

—¡Con la Trompeta fue un juego de niños!

Y le contó todo atribuyéndose el papel protagonista. Aplastó a la Trompeta con su desprecio, se burló de sus vestidos cortina, de su carne insípida y blanda, minimizó el papel de Henriette, se dejó llevar, añadió algunos ceros a su botín.

—Soy rico, Hortense, rico... No busques más, has encontrado a tu inversor...

—Es demasiado bonito —dijo Hortense sacudiendo la cabeza—. Es demasiado bonito..., pero si Marcel se diese cuenta de la jugada...

—Tiene una confianza total en la Trompeta y esa pobre chica está loca por mí. Lo tengo todo controlado...

Y se puso a concretar un proyecto. Habló de modelos que diseñar, sugirió venderlos primero por Internet, es el futuro, guapa, el futuro. Así todo irá más deprisa al principio y, después, abriremos tiendas, pero sólo después...

—Ya verás, vamos a ganar mucho dinero los dos...

Hortense continuaba torciendo el gesto. Sobre todo no quería parecer entusiasmada. Tenía que saber si tramaba otra cosa. Quería elucidar el misterio de la chilaba.

—¿Lo crees de veras?

—Escucha, quieres realmente hacer daño a Marcel...

—Le odio...

—Entonces, piénsatelo... Tenemos todo el tiempo del mundo... y mientras tú te lo piensas, yo ingreso. Acción, reacción, acción, reacción —dijo Chaval limpiándose los dientes con la uña del pulgar.

Qué elegante, pensó Hortense, ¡qué elegante! El tío se relaja y se muestra tal como es.

—Tienes razón, lo pensaré..., pero no se lo decimos a nadie, ¿verdad? —insistió—. Hay que ser prudentes, muy prudentes...

—Eso por supuesto. ¿Me tomas por tonto? ¿A quién quieres que se lo cuente?

—Estaba pensando en Henriette. Sobre todo no le digas que me has visto...

—¡Te lo prometo!

Puso los codos encima de la mesa, la contempló y sacudió la cabeza.

—Si me hubieran dicho, hace sólo tres meses, que sería rico y que volvería a encontrarme con la mujer que amo...

—La suerte sonríe siempre a los audaces...

—¿Estás libre esta noche? Podríamos...

—¡Oh! ¡Qué pena! Le prometí a mi madre y a mi hermana que cenaría con ellas, apenas las he visto desde que llegué de Londres... Pero otro día, ¿de acuerdo?

Le cogió la mano con la ternura de una mujer agradecida dispuesta a pagar su deuda. Él respondió, magnánimo:

—Vale por esta noche... ¡Pero exijo todas tus noches hasta que te vayas! Y mira..., podría ir a verte a Nueva York, ¿eh? ¿No sería formidable? Subiríamos al último piso del Rockefeller Center, bajaríamos por la Quinta Avenida, nos alojaríamos en un hotel de lujo...

—¡Sueño con ello, Bruno! —dijo Hortense acariciándole suavemente las falanges.

Espérate sentado hasta que se te pele el culo, ¡pobre imbécil!, pensó.

* * *

Esa misma noche, Hortense cenó en casa de Josiane y Marcel.

Marcel había vuelto pronto del despacho. Había tomado un baño escuchando a Luis Mariano, había cantado las primeras notas de México, Meeexiiiiiiiicoooooo, se había puesto una bata con forro de terciopelo, derramado el agua de colonia sobre su pelambrera pelirroja y se había sentado a la mesa, feliz ante la idea de una velada tranquila, apacible, en la que degustaría riñones de ternera al coñac preparados por Josiane y fumaría un buen cigarro acariciando con los ojos a su mujer y a su hijo... Era el momento de la jornada que prefería y se había convertido en un momento infrecuente.

Se sentó a la mesa rascándose el vientre, declaró que se comería un caballo y mojó pan en los riñones.

El sol se ponía sobre el parque Monceau y se oía a lo lejos el sonido límpido de una flauta que fluía a través de un silencio sorprendente, como si la vida se hubiese detenido. Él olvidó la hora, olvidó su jornada, olvidó todas sus preocupaciones. Es verano, pensó Marcel, podré ir más despacio, salir de paseo con mi Bomboncito, hacerle mimos en la cama, alejar las preocupaciones de mi mente..

Josiane recogió los platos. Junior reclamó un helado de castaña. Y pasteles...

Marcel abrió su caja de puros. Eligió uno. Lo olió. Lo hizo girar entre los dedos. Eructó. Se disculpó ante Hortense. Inclinó la cabeza, suspiró:

—Me gustaría vivir todos los días así... Sin problemas, sin nubarrones encima de la cabeza, con el amor de los míos para darme calor. No quiero hablar de negocios nunca más, bueno, hasta mañana...

—Pues precisamente... —empezó Josiane sentándose a la mesa—. Tenemos que charlar largo y tendido, ¡gordito mío! Hay cosas que nos irritan a tu hijo y a mí... Estamos al borde del sarpullido.

—Esta noche no, Bomboncito, esta noche no... Estoy bien, relajado, tranquilo... Me está bajando el colesterol, el miocardio se distiende y tengo ganas de hacerte la corte.

Se inclinó y le pellizcó la cadera con gesto atrevido.

Ella se volvió y proclamó, teatral:

—Hay un moscardón en la sopa, Marcel Grobz, ¡un moscardón enorme!

Josiane empezó describiendo la cita con Chaval en el Royal Pereire. Después Junior contó a su padre lo que había visto en la cabeza de Chaval. Por fin, Hortense explicó su entrevista con este último. Marcel escuchaba echando la ceniza del puro en el cenicero y se le crispaban las mandíbulas. Josiane concluyó asestando:

—Es una historia para desesperarse, pero no nos hemos inventado nada.

—¿Estáis seguros de no imaginar cosas? —preguntó Marcel volviendo a meterse el habano en la boca.

—Chaval me lo ha explicado todo —dijo Hortense—. No tienes más que verificar los movimientos de tus cuentas privadas... ¡Eso es una prueba!

Marcel reconoció que eso, efectivamente, lo probaba.

—¡Esa mujer nos perseguirá siempre, mi osito querido! Nos odiará de por vida. No soporta haber sido excluida. Te lo he dicho mil veces, eres demasiado bueno con ella... Tu generosidad, en lugar de enternecerla, la hiere.

—Sólo quería ser un hombre decente. No quería que acabase en la calle...

—¡Ella sólo respeta la fuerza! Mostrándote generoso, la humillas y la enfureces...

—Mamá tiene razón —dijo Junior—. Tendrás que ser contundente, tendrás que ser feroz... Tiene todo lo que quiere, ha conservado la casa, le pasas una pensión, le aumentas la cuenta bancaria para cuando se jubile, pero a sus ojos de rapaz nunca es suficiente. ¡Hay que dejar de ser magnánimo! No hay ninguna razón para que figure en tus cuentas privadas del banco. Es absurdo...

—Era para su jubilación... —explicó Marcel—. Yo sé lo que significa ser pobre. Conozco las angustias nocturnas, el miedo en el estómago, el correo que no nos atrevemos a abrir, el dinero que ahorramos rascando el monedero. No quería que se asustase...

—Es una mujer ociosa que tiene todo el tiempo del mundo para planear su revancha —dijo Junior—. Córtale los suministros y hará lo que todo el mundo, se verá obligada a trabajar...

—¡A su edad! —exclamó Marcel—. ¡No puede!

—Tiene bastantes más recursos de lo que crees. Es una alimaña inmunda, pero vigorosa...

—No voy a ponerla en la calle... —murmuró chupando el cigarro.

—¡Ella no dudaría ni un segundo! —exclamó Josiane.

—Lo sé, lo sé... Y estoy cansado de sus tejemanejes... ¿Es que no va a parar nunca?

—¡Nunca! —gritó Josiane—. ¡Seguirá bailando aunque los violines se hayan marchado!

—Yo esperaba que se hubiese calmado... ¿No puede hacer lo que todas las mujeres de su edad? Jugar al bridge, hacer punto, ir a conciertos, tener un herbario, tomar té con un antiguo amante, leer a Proust y a Chateaubriand, estudiar piano, clarinete, ¡aprender a bailar claqué! ¿Qué sé yo? Yo lo hago todo para que esté bien, me deslomo por ella ¡y me lo escupe a la cara!

Se calentaba, se calentaba para esconder la pena que sentía de saberse perseguido por el odio de una mujer a la que antaño había amado. Una mujer a la que había cortejado, querido, una mujer a la que había tenido en tan alta estima.

Levantó los brazos, los bajó, se dejó llevar, escupió un trozo de puro, resopló, enrojeció, palideció y dejó entrever a través de esos vapores la inmensa decepción de verse despreciado de nuevo.

—¡Deja de ofuscarte y de intentar rehacer el mundo, padre! No cambiarás a Henriette. Odiarte se ha convertido en la razón de su vida... Es su única ocupación. Y aún está llena de vitalidad...

—Acaba de demostrárnoslo... —dijo Josiane—. Hay que expulsarla de nuestra vida. Empieza por reducirle la pecunia y sobre todo, sobre todo, suprime esa cuenta privada. Estáis divorciados... Ha habido una sentencia. Ajústate a los términos estrictamente fijados por la ley...

—No la voy a denunciar a la poli... Nunca podría hacer eso —dijo Marcel, sacudiendo la cabeza.

La flauta había dejado de sonar y él esperaba que volviese y desgranase el canto de sus notas para atenuar el dolor que sentía. No le gustaba la idea de tener que hacerle la guerra a Henriette. Miró a su mujer, miró a su hijo. Tenían razón. No se cura a una mujer que odia con una ración de misericordia. Hay que golpear fuerte para que la serpiente se retuerza y perezca. Que me robe mi dinero, me da completamente igual, pero si alguna vez intentase robarme la felicidad, me volvería loco.

—Convócala. Con Chaval... Confúndeles. Diles que has avisado a la policía, que hay una investigación en curso, que se arriesgan a acabar en la cárcel, yo qué sé, pero mételes miedo. Da un buen zarpazo para que lo entiendan... Tú sabes asustar a la gente cuando es necesario, ¿eh, osito mío?

Marcel suspiró:

—Me paso el día haciendo la guerra... Estoy cansado.

—Pero sería una cobardía no castigarles —dijo Junior levantando el índice como si pronunciara una sentencia de Marco Aurelio.

—¿Y Denise Trompet? —preguntó Marcel.

—Ella no tiene nada que ver —dijo Josiane—. Y no sabrá nada. No vale la pena... Es una mujer honesta, estoy segura de ello. Chaval la ha utilizado. Y además, te voy a decir una cosa, osito mío... Tú ya no puedes hacerlo todo, estás cansado. Déjame volver a la empresa. Junior no me necesita aquí. Me aburro de no hacer nada. Me paso el día dando vueltas por casa. ¿Estás buscando un brazo derecho? Yo seré tu brazo derecho... Y velaré por la empresa. Junior y yo ya hemos empezado a trabajar y hemos encontrado un nuevo producto, algo formidable. ¡No hay más que firmar el contrato y asunto resuelto!

—Pero Junior... ¡No tiene edad para vivir solo! —exclamó Marcel mirando a su hijo, que se mantenía muy erguido en una esquina de la mesa.

—Mamá podría trabajar a tiempo parcial —propuso Junior—. Se ocupará de mí por las mañanas, y por las tardes irá al despacho. Necesita desentumecerse el cerebro... Y yo, por las tardes, tengo mis clases con Jean-Christophe. Ese hombre es sabio, me enseña cosas estupendas. Con él progreso...

—¡Eso ya lo veo, hijo mío! No dejas de asombrarme cada día que pasa...

—Y además —continuó Junior—, me gustaría también seguir la marcha de tu empresa. Me interesa. El mundo está cambiando y quizás tú ya no tienes fuerzas para adaptarte al gran embrollo que se va a producir... Vamos a sufrir sacudidas terribles, padre.

—¿Y tú cómo lo sabes?

—Lo sé, padre, confía en mí... No puedes continuar así. Te va a dar un infarto y, en ese caso, mamá y yo sufriríamos mucho... Siniestros pájaros volarán sobre nuestras cabezas y nos haremos pequeñitos para que no nos devoren.

Marcel resoplaba. Sacudía la cabeza como un caballo que se niega a franquear el obstáculo, que no tiene ya fuerzas para saltar. Hortense escuchaba hablar a la madre y al hijo. Avanzaban los dos en comunión con la única preocupación de proteger a Marcel. Se sintió casi emocionada y reprimió un suspiro.

—Tenéis razón —dijo Marcel—. Convocaré a Chaval y a Henriette. Actuaré de modo que Chaval se vaya para siempre. Le diré que está fichado, que no volverá a encontrar trabajo y estará acabado... En cuanto a Henriette, le dejaré la casa, su pensión y nada más. Ya se las arreglará...

—Y sigues siendo muy generoso, mi osito...

—Resulta idiota, ¿sabes? Pensaba que debía pagar por mi felicidad... Era como esos perros que han estado atados demasiado tiempo y acaban acostumbrándose a la cadena que les roe el espinazo. He vivido tanto tiempo atado a esa mujer, que la esclavitud se había convertido en una costumbre... Pero reaccionaré, os lo prometo. Adopto ese compromiso delante de Hortense. Te doy las gracias, chiquilla, por lo que has hecho por nosotros... Al final eres una buena chica.

Hortense no respondió. No le gustaba especialmente ser tratada de buena chica, pero comprendía lo que quería decir.

Marcel se incorporó en su silla y se levantó.

—¡Así que esto es la guerra! Y lucharé sin compasión...

Asintieron.

—Perfecto —dijo Marcel—. Asunto cerrado. Tengo dos nuevos socios y voy a poder depilarme la nariz con toda tranquilidad. Mientras tanto, Bomboncito, celebraremos en la cama tu contratación.

Josiane levantó la cabeza y preguntó:

—¿No cederás? ¡Prométemelo!

—Seré intratable... ¡Cruel y sanguinario!

—Y me dejarás trabajar a tu lado...

—¡Serás mi mitad en la cama y en el trabajo!

—¿Sin hacerme reproches ni culpabilizarme?

—¡Y recibirás un sueldo imperial!

—Y yo... —dijo Junior— ¿ocuparé también mi lugar en tu empresa?

—¡Formaremos un triunvirato!

Josiane se estremeció de felicidad y le tendió los brazos.

Con un gesto amplio, él la abrazó, la levantó, la estrechó contra sí y la llevó a su habitación lanzando un rugido de felicidad.

—Qué encantadores son —dijo Hortense viéndoles tambalearse atravesando el pasillo.

Marcel acariciaba el hombro de Josiane, la masajeaba, la mordisqueaba y Josiane protestaba, espera un poco, espera un poco, ¡nos están mirando!

—Son unos niños grandes... —dijo Junior—. Los quiero con locura. Cuando era pequeño, pegaba la oreja a la puerta de su habitación y los oía mugir de placer. Sabré honrarte, amada mía, he aprendido a través de la puerta cerrada...

—¿Has mirado en la cabeza de Gary? —preguntó Hortense, que prefería cambiar de tema de conversación.

—Sí...

—¿Y? No me tengas en suspenso, Junior, sé amable...

—¿Estás enamorada?

—¡Eso no te importa! Dime lo que has visto...

—He visto muchas cosas. Un billete de avión a tu nombre colgado en un tablón en su cocina. Hortense Cortès. Londres-Nueva York. Con fecha de hace varios meses. Todavía lo tiene... Cuando está enfadado, ¡lo utiliza como diana para dardos!

—Quería llevarme con él —murmuró Hortense.

—Me parece verosímil...

—Me llamó y no recibí su mensaje... Mamá tenía razón. Los móviles no siempre funcionan...

—En tu caso, no hay que condenar a Orange, sino a un chico bien feo, deformado por un acné rebelde... Veo bultos por toda su cara.

—¡Jean el Granulado!

—Fue él quien borró el mensaje de Gary. Y borró muchos otros...

—Y yo que sospechaba del ayatolá... Así que era él. ¿Y qué otra cosa ves aparte del billete de avión?

—Veo una cabaña al fondo de un parque. Es bastante extraño porque es una cabaña en una esquina apartada, pero hay muchísima gente a su alrededor... Estanques, rascacielos, taxis amarillos, coches tirados por personas, ardillas... Gary va allí a menudo. Es su refugio. Escucha el adagio de un concierto de Bach y practica tocándolo con un teclado imaginario...

—¿Está solo?

—Sí. En la cabaña, está solo. Habla con las ardillas y toca el piano... Veo un molino y un castillo...

—¿Un castillo en Central Park?

—No, un castillo en un lugar aislado donde los hombres llevan falda...

—¡Escocia! ¡Es su padre! ¡Se fue a Escocia a buscar a su padre! Oye, eres realmente asombroso...

—Un hermoso castillo en ruinas. Hay mucho trabajo por hacer. Los voladizos se caen y el torreón se tambalea...

—Sigue hablándome de la cabaña...

—Está en el parque... Al final de un caminito de grava blanca. No es fácil de encontrar... Hay que andar un poco. Se llega atravesando un puentecito. El puentecito es de madera. De finas planchas grises... Hay que subir y bajar. Serpentear... Cuando estás en el interior de la cabaña, tienes la impresión de estar solo en el mundo, uno se cree en la cima del Himalaya... Un chalet abierto a los lados y redondo...

—¿Estás seguro de que está solo?

—Escucha música y alimenta a las ardillas...

—¿Piensa en mí?

—Sólo veo objetos, Hortense... No sentimientos...

—¿No te equivocas nunca?

—Este don es completamente nuevo. Surgió por casualidad... Fue estudiando el fenómeno de las ondas y su transmisión cuando me di cuenta de que el hombre podía emitir también ondas magnéticas y responder... Todavía no lo he puesto a punto. ¿Sabías que, en 1948, el diámetro de un hilo transistor era alrededor de la centésima parte del de un cabello humano? Una reducción fenomenal con relación a los primeros transistores, que tenían la dimensión de un comprimido de vitaminas...

—Muchas gracias, Junior —le interrumpió Hortense—. Con eso me basta... Me las arreglaré. Y en cuanto a la chilaba en la cabeza de Chaval, ¿no has encontrado nada?

—No, ahí tropiezo lamentablemente... Todavía tengo que progresar mucho, ya ves...

—¿Nos vemos entonces dentro de diecisiete años? —dijo Hortense para hacerle volver al mundo real.

—De acuerdo —suspiró—. Pero te llamaré a Nueva York para tener noticias tuyas.

Hortense besó sus rizos rojos y se marchó.

* * *

Cuando llegó a casa, Hortense vio luz en el despacho de su madre. Abrió la puerta. Joséphine estaba sentada en el suelo con una multitud de tarjetas rojas, azules, blancas y amarillas dispuestas en columnas. Cogía una, la desplazaba, cogía otra, la intercalaba entre dos... Du Guesclin, el hocico apoyado sobre sus patas, la observaba sin moverse.

—¿Qué haces?

—Estoy trabajando...

—¿En tu libro?

—Sí.

—¿Y qué son todas esas tarjetitas?

—Las rojas representan a Cary Grant, las amarillas al Jovencito, las blancas, trozos de diálogos de Cary Grant sacados de los libros, y las azules, los lugares que describir y los personajes...

—¡Muy hábil!

—Cuando lo tenga todo bien claro en la cabeza, no tendré más que escribir... ¡y todo surgirá solo! ¡Ten cuidado! ¡No vayas a pisar nada!

Du Guesclin gruñó. Velaba sobre el trabajo de Joséphine y avisaba de que mordería si alguien estropeaba esa bonita construcción. Hortense se dejó caer en el sofá del rincón de la habitación. Se quitó los zapatos y se estiró.

—¡Vaya día! ¡No he parado de andar!

—¿De dónde vienes?

—Te lo había dicho, mamá... ¿Lo has olvidado? He cenado en casa de Josiane y Marcel...

—Perdona. Me olvido de todo en este momento... ¿Ha estado bien?

—Sí... Junior es realmente asombroso, ¿sabes? Quiere casarse conmigo. Es su nuevo capricho...

—¡Desde luego!

—Lee en la cabeza de la gente... Dice que tiene ondas transistor en la cabeza... Ha intentado darme una conferencia sobre el diámetro de las fibras, no he entendido nada...

—¿Ha leído qué y en qué cabeza?

Hortense dudó en contárselo todo a su madre. No quería mencionar el papel de Henriette. Su madre y su abuela no se habían vuelto a ver después del entierro de Iris. Henriette había desaparecido de sus vidas. En realidad, nunca había formado parte. Recuerdo que, cuando éramos pequeñas, Zoé se quejaba de no tener familia. A mí me parecía que aquello hacía la vida más fácil... Siempre he detestado los grupos... Desnaturalizan al individuo, lo convierten en una oveja que bala.

—Que Marcel debía reestructurar su negocio... Se lo ha explicado todo a su padre que, seducido, ¡ha decidido contratarle! Y a Josiane también...

—Eso le irá bien a Josiane, se aburría en casa... La última vez que la vi, quería tener un bebé... No me pareció muy razonable.

Joséphine se frotó las aletas de la nariz. Antes no soportaba ese gesto, pensó Hortense, me deprimía. Me recordaba que la vida era dura, que no teníamos dinero, que papá se había ido, que mamá estaba triste.

—Dime, cariño, no hemos tenido tiempo de hablar tú y yo, pero esa propuesta de trabajo en Nueva York ¿es seria?

—Mucho...

—¿Estás segura?

—¿Tienes miedo de que caiga en manos de traficantes de droga o de carne fresca?

—Te marchas y yo no sé nada... ¿Dónde vas a vivir? ¿Quién te ha contratado? ¿Quién es ese hombre, ese...?

—Frank Cook...

—No le conozco. ¿Y si te pasara algo?

—No me pasará nada y es un hombre serio... Nicholas, mi amigo inglés, ¿te acuerdas?

Joséphine asintió.

—Ha hablado con él, le ha hecho firmar un contrato y se ha informado sobre él... Tendré un apartamento, una dirección, un número de teléfono, podrás llamarme. Puedes venir a verme, si quieres... Tengo una habitación de invitados. Todo va bien. Además, he pedido a Philippe que se informara por su lado y me ha dicho que todo era correcto... ¿Te quedas más tranquila?

Escuchar el nombre de Philippe en boca de Hortense estremeció a Joséphine. Su corazón latió con fuerza, balbuceó:

—¿Has visto a Philippe?

—Pues sí... Nos vemos a menudo, comemos juntos, me da consejos, fue él quien encontró un inversor para mis escaparates...

—Ah...

Hortense miró a su madre, que había juntado las manos y se pelaba, nerviosa, una pielecita de las uñas.

—¡Venga, mamá! Hazme todas las preguntas que estás deseando hacerme...

—No, no...

—Que sí..., ¡sabes perfectamente que no puedes ocultarme nada! Leo en tu cara como en un libro abierto...

Joséphine soltó una risita a modo de excusa y dijo:

—Así que soy muy previsible...

—No eres Mata Hari, ¡eso seguro! Bueno... ¿Qué quieres saber?

—¿Philippe está bien? —preguntó tímidamente Joséphine.

—¿Eso es todo?

—Esto... Es que...

—Mira, escúchame bien: está bien, vive solo, es guapo, inteligente, brillante y libre como el viento..., pero deberías aprovechar el momento porque un hombre como él incita la codicia...

—Dottie...

—Ha vuelto a su casa y, en mi opinión, él no estaba enamorado en absoluto... Simplemente la ayudó en un momento en que ella le necesitaba...

—¿Te habla de mí? ¿Te pregunta algo?

—No...

—¿Eso es mala señal?

—No necesariamente... Es un hombre elegante, piensa que soy tu hija, que no haré de mensajera. Y además, ya sois lo bastante mayores para arreglároslas solos...

—Antes me enviaba flores, libros, cartas con frases enigmáticas... La última con una frase de Camus que decía: «Tener encanto es oír que te contestan sí sin haber hecho ninguna pregunta...».

—¿Y tú qué le respondiste?

—No le respondí... —confesó Joséphine.

—¿No le respondiste? —rugió Hortense—. Pero bueno... ¡Mamá! ¿Tú qué quieres? ¿Que se arrastre a tus pies con cadenas alrededor del cuello?

—Sabía que no vivía solo y...

—Si no le contestas nunca ¡seguro que acabará cansándose! Ese hombre no es un santo... ¡Eres desesperante!

Puede que tengas un montón de diplomas universitarios pero en amor ¡eres un cero absoluto!

—Aún soy una principiante, Hortense, no tengo tu soltura... Me he pasado toda la vida entre libros...

—Entonces, ahora que Dottie ha levantado el campamento ¿piensas contestarle?

—No... Se me había ocurrido una cosa...

—¡Venga, me temo lo peor!

Hortense se tumbó sobre los cojines del sofá y se dispuso a escuchar un relato perfumado con agua de rosas y violetas.

—Pensé que una noche iría al pie de su ventana y que... Te vas a reír...

—¡No, venga!

—Lanzaría piedrecitas y... Él asomaría la cabeza y entonces yo le diría en voz baja soy yo, soy yo y bajaría...

—¡Menuda ridiculez!

—Sabía que dirías eso...

Joséphine bajó la cabeza. Hortense se incorporó sobre un codo.

—¿Por qué complicar las cosas cuando pueden ser fáciles? Le llamas y quedáis... ¡Estamos en la época de Internet, del *speed dating* y del móvil! ¡No en la de Cyrano y su balcón! ¡Para lo que le sirvió a Cyrano! Si yo fuera tú, no me fiaría...

—En la oscuridad tendría menos miedo. Y además, si él no bajara, pensaría que quizás no era porque no quería hablar conmigo sino porque no me había visto, y estaría menos triste...

—¡Ay, ay, ay! ¡Mamá! ¡A tu edad! ¡Estar todavía en ésas!

—Cuando uno está enamorado, es tonto a cualquier edad...

—No forzosamente...

—¡Mira Shirley! Se creía tan fuerte, invulnerable... Desde que conoció a Oliver, ya no da pie con bola. Da un paso adelante, un paso atrás. Me llama, me cuenta. Está muerta de miedo ante la idea de que él se vaya, muerta de miedo ante la idea de que se quede... Ya no sabe ni cómo se llama, ¡se atiborra a caramelos y batidos gigantes! Somos todas iguales, Hortense, ¡incluso tú! No lo sabes o, más bien, finges que lo ignoras. Pero ya verás... Un día, tu corazón empezará a dar vueltas y vueltas ¡y no te podrás sincerar con nadie de tanta vergüenza que te dará!

—¡Nunca! ¡Nunca! —exclamó Hortense—. Me horrorizan esas mujeres temblorosas y sumisas. Yo primero quiero triunfar, ya veremos después lo del amor...

—Pero si ya triunfas, cariño, no haces más que triunfar... ¡Tienes apenas veinte años y acabas de firmar el contrato del siglo!

—¡No exageres! ¡Sólo es Banana Republic! ¡Yo apunto mucho más alto!

—¡Pero eso ya está muy bien! ¿No te das cuenta de que vas a ganar en una semana más que yo en un mes después de años y años de estudios? ¿De que vas a poder vivir de lo que te gusta, de tu pasión? ¡Es el sueño de todo el mundo y tú lo cumples con veinte años!

—Sí..., quizás... Si lo vemos desde tu punto de vista, tienes razón... ¡pero yo quiero todavía más! ¡Y lo tendré!

—No hagas como Shirley. Ella quiso ignorar el amor y le ha caído encima de golpe. Deja espacio para los sentimientos. Aprenderás que está bien temblar por un hombre, pensar en él, que te fallen las piernas y se te humedezcan las manos...

—¡Puaj! ¡Puaj! ¡Pásame el desodorante! Oye, mamá, ¿estás segura de que eres mi madre? A veces me lo pregunto en serio...

—Si hay algo de lo que no tengo dudas, cariño, es de eso.

—Voy a tener que acostumbrarme...

Joséphine la miraba y pensaba y, sin embargo, es realmente mi hija. La quiero, me gusta que sea diferente a mí, aprendo de su ardor, aprendo de su audacia, de su tenacidad, de su furor por vivir... Y sé que, en el fondo, tiene un corazón que late, pero no quiere escucharlo.

Le tendió la mano y dijo:

—Te quiero, cariño, te quiero con todo mi corazón. Y el hecho de amarte me llena de alegría y de fuerza. He aprendido mucho gracias a ti y he aprendido mucho con nuestras diferencias...

Hortense le lanzó un cojín a la cara y declaró:

—¡Yo también te quiero, mamá, y ya vale con eso!

* * *

Un coche esperaba a Hortense en el aeropuerto JFK de Nueva York.

Un hombre con una gorra que llevaba un cartel en el que estaba escrito: «Miss Hortense Cortès. Banana Republic».

Hortense lo vio y se dijo ya era hora, este viaje ha sido un infierno... La próxima vez exigiré un asiento en primera clase. ¿Qué digo un asiento? Una fila entera...

Había llegado con dos horas de adelanto a Roissy. Había tenido que sufrir un cacheo corporal y el minucioso examen de todo su equipaje. Quitarse los zapatos, su decena de collares, su veintena de brazaletes, sus grandes pendientes de aro, su iPod. Y el lápiz de labios ¿también me lo quito?, había preguntado, harta, al hombre que la registraba. Él la había vuelto a registrar. Había estado a punto de perder el avión.

Había tenido el tiempo justo de embarcar sin pasar por el duty-free donde pensaba aprovisionarse de perfume Hermès, Serge Lutens y fondo Shisheido en caja azul. Se le habían roto las correas de las sandalias rosa y había entrado en la cabina cojeando.

El avión estaba lleno de niños que gritaban y se perseguían por los pasillos. Extendió una pierna para tirar a uno, que cayó entre un torrente de gritos y lágrimas. Se levantó con la nariz y la boca ensangrentadas, y la señaló con el dedo. La madre se encaró con ella y la acusó de haber querido matar a su hijo. El niño gritaba ¡mala!, ¡mala! Ella le sacó la lengua, él le clavó las uñas en la cara y ella empezó a sangrar. Se abalanzó sobre él y le dio una bofetada. Una azafata tuvo que separarlos... y desinfectar la herida.

La comida acababa de salir del congelador, y estaba helada. Pidió un picahielos para cortar la carne. Pasaron por una zona de turbulencias y le cayó una bolsa de golf en la cabeza. El hombre que estaba sentado a su lado se sintió mal y vomitó su merluza fría. Ella tuvo que cambiarse de asiento y acabó sentada al lado de un mormón que viajaba con sus tres mujeres y sus siete hijos. Una niña pequeña que la miraba fijamente le preguntó ¿cuántas mamás tienes tú? Porque yo tengo tres ¡y está muy bien! ¿Y cuántos hermanos y hermanas tienes tú, eh? Porque yo tengo seis, ¡y espero otros dos para Navidad! El profeta dijo que había que reproducirse para poblar la tierra y mejorarla... ¿Y tú qué haces para poblar la tierra y mejorarla? Yo justo acabo de degollar a mi única madre y a mi única hermana, porque no me gustan las niñas que hacen preguntas y ellas no dejaban de fastidiarme con las suyas. La niña se había puesto a llorar. ¡Había tenido que cambiar de nuevo de sitio!

Había terminado el viaje en un asiento al lado de los servicios, recibiendo codazos de la gente que hacía cola y aspirando la peste de los váteres.

Una hora de cola para pasar la aduana con una especie de sargento ladrando órdenes...

Una hora de espera para recuperar su equipaje...

Y la ceja puntillosa del aduanero americano que le preguntaba qué pretendía hacer con todas esas maletas.

—¡Confetis! ¡Voy a lanzar una nueva moda!

—*Please, Miss... Be serious!*

—¿En serio? Soy agente de Bin Laden y transporto armas...

Eso no le hizo ninguna gracia y la llevó hasta una cabina apartada para interrogarla sobre sus actividades, en compañía de dos compañeros con cara de presidiarios que la pegaron a la pared. Tuvo que dar el nombre de Frank Cook. Este último tuvo que parlamentar durante media hora con los presidiarios antes de que la soltaran. Aprendió que en Norteamérica no se bromea con las fuerzas del orden y tardaría en olvidarlo.

Así que se sintió aliviada al saber que la esperaban y la trataban por fin como merecía, al ver al chófer enviado por Frank Cook y su cartel.

Pidió al tipo de la gorra que le hiciese una foto delante de la limusina y se la envió a su madre para tranquilizarla.

Tumbada en el asiento de atrás, veía desfilar el extrarradio de Nueva York y pensaba que era como todos los extrarradios. Nudos de autopista en hormigón gris, casitas, jardincitos resecos, campos de béisbol rodeados de vallas, setos pelados, tipos paseando, anuncios gigantes de tampones higiénicos y bebidas gaseosas. Hacía un frío glacial en la limusina y comprendió lo que quería decir «aire acondicionado». Preguntó al chófer si estaba al corriente del calentamiento global y de la conveniencia de ahorrar. Él la miró por el retrovisor y le pidió que deletreara todas esas palabras complicadas.

Atravesaron el Lincoln Tunnel y llegaron a Manhattan.

La primera imagen que tuvo de la ciudad fue la de un niño negro, sentado en la acera, acurrucado a la sombra de un árbol. Se agarraba las delgadas piernas que sobresalían de unos pantalones cortos beige y tiritaba de calor.

Canturreó New York! New York! Y siguió sin darse cuenta ¡Gary! ¡Gary! Se detuvo, atónita. ¿Qué había dicho? Y después recuperó el control. ¡No voy a correr hasta su casa! Esperaré, esperaré a que llegue mi hora... Y no iré a pasear bajo sus ventanas, como mi madre bajo las de Philippe... ¡Eso ni hablar!

La limusina había cogido el camino de los muelles y subía bordeando el río Hudson.

Hortense intentaba adivinar la ciudad a través de los cristales tintados y supo inmediatamente que se enamoraría de ella. Escuchaba los furiosos bocinazos, recorría la cumbre de los rascacielos que se recortaban sobre el cielo azul, vio un barco de guerra en el muelle, almacenes abandonados, grúas y semáforos que se balanceaban en los cruces. La limusina parecía avanzar por la calle a contracorriente y rebotaba en los baches de la calzada.

Por fin el chófer se detuvo ante un edificio con una entrada majestuosa. Un amplio dosel blanco cubría parte de la acera. El conductor le hizo un gesto para que entrase, él se encargaría de las maletas.

Un conserje con un uniforme azul aguardaba de pie detrás de un largo mostrador de madera blanca.

Se presentó. José Luis. Ella se presentó. Hortense.

—*Nice to meet you, Hortense...*

—*Nice to meet you, José Luis...*

Tuvo la impresión de formar parte de la ciudad.

Él le indicó el número y el piso de su apartamento y le entregó un juego de llaves.

Se enamoró inmediatamente de su apartamento. Grande, luminoso, moderno. En la planta catorce. Un inmenso salón-comedor, una cocina estrecha que parecía un laboratorio y dos dormitorios amplios con un cuarto de baño cada uno.

Frank Cook sabía tratar a la gente con la que trabajaba.

El mobiliario de un hotel de lujo. Un gran sofá beige, sillones beiges, una mesa redonda de cristal y cuatro sillas rojas cubiertas de escay brillante. Las paredes eran blancas, adornadas con grabados que representaban el desembarco de los Pilgrim Fathers en la costa este, la construcción de la primera ciudad, Plymouth, escenas campestres, rezos, comidas comunitarias. No parecía que estuvieran para bromas los Pilgrim Fathers. En su mayor parte eran viejos delgados con barba blanca y expresión severa.

Un apartamento de lujo, con vistas al parque y un conjunto de rascacielos en el horizonte. Se sintió princesa de las ciudades, *prima ballerina,* Coco Chanel, y tuvo ganas de sacar sus lápices, sus cuadernos, sus colores y ponerse a trabajar. Enseguida.

Un mensaje la esperaba sobre la mesa redonda de cristal: «Espero que haya tenido un buen viaje. Pasaré a recogerla a las siete e iremos a cenar...».

Perfecto, se dijo. El tiempo de deshacer las maletas, ducharme y hacerme un café. No estaba cansada, estaba terriblemente excitada y no se estaba quieta.

Abrió la nevera y encontró un bote de *peanut butter,* una botella de zumo de naranja, una bolsa de pan de molde, dos limones y pastillitas de mantequilla *Land O' Lakes* con una niña india que sonreía en la etiqueta. La niña india destacaba sobre una pradera verde, verde y un lago azul, azul. Tenía un aire amistoso y dulce. Dos enormes ojos negros, una pluma en la cabeza, dos trenzas negras, una cinta turquesa y un vestido de *squaw* muy elegante. Hortense le guiñó un ojo y dijo *Nice to meet you,* pequeña india. Tenía ganas de decir tonterías. Encendió la televisión. Era la hora de las noticias locales. Los periodistas hablaban en voz muy alta y no entendía nada. Escuchó todo el telediario. Era un acento curioso, el norteamericano. Un acento nasal que rompía los tímpanos. Sintió ganas de arrancarles las vegetaciones y apagó el televisor.

Frank Cook vino a buscarla a las siete en punto.

Le preguntó si necesitaba algo.

—¡Una enorme hamburguesa y una Coca-Cola! —respondió mirándole a los ojos.

La llevó a PJ Clarke's en la esquina de la Tercera Avenida y la calle 55. El bar más antiguo de Nueva York, un edificio de una planta de ladrillo rojo construido en 1898: los mejores chilis y jugosas hamburguesas servidas en cestitas desbordantes de patatas fritas y aros de cebolla frita que sabían a caramelo. Sonaban discos antiguos en un viejo juke-box. Las chicas lucían permanentes rubias y dientes blancos, los hombres bebían vasos largos de cerveza y se remangaban la camisa. Los manteles eran de cuadritos rojos y blancos, las servilletas también, las lamparitas rojas iluminaban suavemente la sala.

Decidió que aquél sería su comedor.

Empezaba a las diez en punto de la mañana.

Frank Cook le había enseñado su sitio en el gran despacho paisajístico. Una gran mesa de dibujo contra la ventana, reglas, lápices, una escuadra, un compás, gomas, rotuladores de colores, acuarelas, gouache, gruesas hojas blancas, cuadernos cuadriculados. Había una decena de personas dibujando modelos que saldrían hacia el taller y aparecerían en las perchas de las tiendas. Ella no tenía otra obligación que la de idear ropa que contribuyera al éxito de la línea.

—Usted suéltese, dibuje, invente... ¡Yo haré la selección! —le dijo, tras haberle presentado a las otras chicas y chicos que, como ella, dibujaban trazos y coloreaban.

Estaba Sally, una simpática lesbiana, que se la comía con los ojos y diseñaba accesorios. Le propuso, el primer día, ir a comer con ella. Después de hacerle la compra y la limpieza. Hortense le respondió muy amablemente que no le gustaban las mujeres o, más bien, precisó, percibiendo una sombra en la mirada azul de Sally, no me gusta acostarme con mujeres, no sabría qué hacer con su cuerpo, ni por dónde agarrarlo. ¡Pero si yo haría todo!, respondió Sally, ya verás, te haré cambiar de opinión. Ella le dio amablemente las gracias y añadió que aquello no cambiaba nada entre las dos, que podrían seguir yendo a comer juntas.

—No tengo nada contra las lesbianas —añadió para atenuar su rechazo—. Y me parece que la gente debería poder casarse con hombres o mujeres según les diese la gana. El amor debería permitirlo todo. Y si alguna vez alguien se enamora de un gato callejero ¡pues vale!, debería poder casarse con él... A mí no me molestaría.

Debió de escoger mal el ejemplo, porque Sally volvió a enfurruñarse.

—Oh, ya veo —dijo—, te crees superior a mí. A la gente le gusta encontrar alguien con quien compararse para creerse superior. Eso les tranquiliza, les da importancia.

Hortense renunció a justificarse y volvió a coger sus lápices de colores.

También estaba Hiroshi, un japonés que sufría con el calor. Se pasaba el tiempo libre duchándose. No soportaba el más mínimo olor corporal. Se depilaba el torso y los hombros, y le preguntó a Hortense qué pensaba de su vello y su limpieza. Hortense declaró que le gustaba que los hombres tuvieran un ligero olor corporal. Un ligero aroma muy personal para que, cuando hundes la nariz en su cuello con los ojos cerrados, sepas inmediatamente con quién estás. Y como él la miró asqueado, añadió un olor ligero y muy limpio.

Él volvió la cabeza.

Paul, un belga albino, que comía todo el rato y hacía un ruido de roedor... Su mesa estaba cubierta de miguitas de atún, de beicon, de rodajas de tomate y de pepinillo. Siempre tenía a mano un enorme cuenco de palomitas en el que hundía las manos como si fuese a lavarse. Se cortaba los dedos con el cúter y se secaba la frente inmediatamente después, dibujando largas rayas rojas sobre su cara...

Ella decidió guardar las distancias...

Sylvana, una rumana con una larga melena negra y brillante, a la que llamaban Pocahontas. Sólo le gustaban los hombres viejos, muy viejos y amables, muy amables. ¿A quién prefieres? ¿A Robert Redford o a Clint Eastwood?, preguntaba mientras dibujaba una camiseta con perlas. ¡A ninguno de los dos!, decía Hortense. Para mí, continuaba Sylvana, el hombre ideal era Lincoln, pero está muerto...

—Si hablamos de muertos —interrumpía Sally—, entonces yo escojo a la Garbo...

Julian, un moreno alto y tenebroso que escribía libros. Dudaba entre dedicarse a dibujar o a escribir y quería que Hortense leyese sus cuentos a cualquier precio.

—¿Te has acostado ya con un escritor? —decía chupando la punta del lápiz.

—Odio a las personas curiosas...

—¡Pues bien! Deberías acostarte conmigo, porque, cuando sea famoso, podrás presumir de haberme conocido, e incluso quizás de haber inspirado uno de mis relatos... ¡Hasta podrías decir que fuiste mi musa!

—¿Has publicado algo ya? —preguntaba Hortense.

—Una vez... en una revista literaria...

—¿Y ganaste dinero?

—Sí. Un poco... Pero no lo suficiente para vivir..., por eso diseño.

—Yo sólo salgo con hombres que tienen éxito —decía Hortense para poner punto final a sus preguntas—. Así que olvídame.

—Como quieras...

Al día siguiente, volvía a la carga:

—¿Tienes algún amigo? Un amigo íntimo...

Hortense repetía que odiaba que le hiciesen preguntas personales. Era como si le metiesen la mano en las bragas. Se irritaba y se negaba a responder.

—¿Quieres seguir siendo libre e independiente? —decía Julian sacando punta al lápiz.

—Sí...

—Pero eso no impide que, un día, lo sabrás...

—¿Sabré qué?

—Un día, encontrarás a un chico al que tendrás ganas de pertenecer...

—¡Gilipolleces! —decía Hortense.

—No. Encontrarás el lugar, las cosas y al chico... Todo llegará a la vez. Y te dirás, éste es mi sitio. Porque todo se colocará en orden y oirás una vocecita dentro de ti que te lo dirá...

—¿Y tú has encontrado a la chica a la que quieres pertenecer?

—No, pero sé que un día será como una evidencia. Y ese día también sabré si quiero escribir o diseñar...

Cuando se hartaba de todas esas preguntas, cuando sólo quería oír silencio en su cabeza y el ruido de Nueva York, iba a comerse una hamburguesa a PJ Clarke's. Eso la calmaba inmediatamente. Tenía la sensación de que nada malo podría pasarle. Y también tenía la sensación de pertenecer de verdad a esa ciudad. Era un establecimiento con clase. Los camareros llevaban largos delantales blancos, pajarita, la llamaban *Honey!*, dejaban sobre la mesa la cestita de patatas diciendo *Enjoy*, añadiendo, a un lado, una ración de espinacas a la crema. Escuchaba los viejos discos del juke-box y se vaciaba la cabeza de todas esas preguntas que la incomodaban.

Zoé la llamaba.

—Y bien, ¿has visto a Gary?

—Todavía no... ¡El trabajo me sale por las orejas!

—¡Mentirosa! ¡Tienes miedo!

—No, no tengo miedo...

—Sí. Tienes miedo, si no habrías ido a verle ya... Sabes dónde vive, habrías ido a pasear bajo su ventana y habrías llamado al timbre. Tiene que haber puesto su nombre en el timbre. Gary Ward. ¡Pues bien! Pulsas en Gary Ward y ya está...

—¡Cállate, Zoé!

—Eso es que tienes miedo... Te haces la terrorista, ¡pero estás cagada de miedo!

—¿No tienes otra cosa que hacer que acosarme por teléfono?

—Da igual, es gratis. Y además estoy sola... Mis amigas están de vacaciones y me aburro...

—¿Tú no vas?

—Me voy en agosto. Voy a casa de Emma a Étretat. ¡Y veré a Gaétan porque él también estará! ¡Y mira! ¡Yo no tengo miedo!

Nicholas preguntaba:

—Y bien, ¿la has encontrado?

—¿Encontrado qué?

—La idea genial que haga que destaques del montón... Para que te den un despacho para ti sola y puedas trabajar tranquilamente...

—¡Esas cosas no existen! ¡Sólo pasan en las películas!

—Eso es que todavía no has encontrado LA cosa.

—Deja de presionarme o no la voy a encontrar nunca. Y además, aquí, no hay despacho para genios. Estamos todos juntos y trabajamos mientras charlamos. De hecho, no paran de charlar. ¡Y estoy harta!

—Confío en ti, *sweetie*. Londres te echa de menos...

Ella no echaba de menos Londres.

Le gustaba todo de aquí. El camino que hacía por las mañanas para ir al despacho. El taxi amarillo que cogía cuando hacía demasiado calor y chorreaba de sudor en el semáforo, tanteando el asfalto blando con la punta de sus merceditas Repetto. El Chrysler Building, el Citycorp, los puestos que vendían perritos y fruta en las esquinas, los saxofonistas que pedían monedas retorciéndose sobre su instrumento, los vendedores ambulantes que vendían bolsos Chanel o Gucci a cincuenta dólares, los paquistaníes que extendían sobre la acera largos fulares multicolores y los replegaban rápidamente cuando llegaba la policía.

E incluso el agua negra y caliente que supuestamente era café y que sólo sabía a agua caliente...

En el gran despacho de la calle 42, se mascaba en silencio mechones del pelo y dibujaba.

Había traído sus cuadernos de croquis de París. Había preparado trajes, vestiditos, faldas negras estrechas, jerséis cortos en trapecio que se anudaban al ombligo y jerséis trapecio largos para las que no querían enseñar el ombligo. Frank Cook se inclinaba sobre sus dibujos. Para cada ropa, haremos dos versiones, explicaba Hortense, una versión para la mujer muy delgada y otra para la que no lo es.

Él fruncía el ceño y decía ¡desarróllelo más!, ¡desarróllelo más!

—Así, cuando la mujer no muy delgada vea el modelo para mujer muy delgada, ¡comprará los dos y se pondrá a régimen! A las mujeres les encanta hacer régimen e imaginarse delgadas cuando son redondas...

Frank lo aprobaba y ponía en marcha la idea.

Ella estaba llena de ideas.

Le bastaba con caminar por las calles de Nueva York, escuchar las sirenas de las ambulancias, los gritos de los mensajeros en bici que se lanzaban sobre ella, observar los autobuses de chapa plateada, las banderas ondeando en los hoteles y los museos, los parquímetros redondeados, las fachadas de cristal de los edificios. Había en esa ciudad una energía que surgía de la tierra, se anclaba en los pies, subía por los riñones, llegaba hasta la cabeza y terminaba en un géiser de ideas.

Pensaba que nunca podría marcharse de allí.

Nueva York era su ciudad.

Volvió a pensar en lo que le dijo Julian un día, encontrarás el lugar, las cosas y al chico... Todo llegará a la vez. Y te dirás, éste es mi sitio.

Entonces ella soltaba el lápiz y pensaba en Gary.

Una noche, besó a un chico. Se llamaba José. Era una maravillosa mezcla de piel mate y brillantes ojos verdes. Llevaba trajes de lino blanco y caminaba con las manos en los bolsillos balanceando las caderas.

—Tú no caminas —le dijo Hortense—, ¡bailas la rumba!

Procedía de Puerto Rico y quería ser actor. Le contó que las mujeres de su isla hacían esfuerzos para ser lo más elegantes posible, tanto las viejas como las jóvenes, las pobres como las guapas, y cogiéndole la mano añadió que los niños llevaban lazos de colores en el pelo, que bailaban en la calle y formaban un arco iris cuando los regaban con agua.

Eso le dio a Hortense una idea para unas gafas y se lo agradeció.

Habían cenado en Broadway y subían por la Séptima Avenida.

Volvió a hablarle de su isla y de Barceloneta, donde vivía su familia. Le gustaban las oes y las aes en su boca y las sílabas que resbalaban por su garganta. Les entraron ganas de bailar y fueron a bailar.

La acompañó andando hasta su casa. Le propuso subir a ver los rascacielos.

No le gustó sentir su nariz puntiaguda contra su boca. Le echó. Fue a acostarse sin quitarse el maquillaje. Eso no le gustaba, pero estaba cansada.

Por la mañana temprano, Zoé la llamó y preguntó:

—¿Y bien, y bien? ¿Has visto a Gary?

—¡Para nada! ¡Qué pesada eres!

—¡Nanananana! ¡Tienes miedo! ¡Tienes miedo! Mi intrépida hermana retrocede ante un chico que toca el piano y habla con las ardillas...

Le colgó sin más.

Se desmaquilló con un resto de leche Mustela que había dejado una inquilina anterior. Encendió una vela perfumada que había encontrado en un estante. Abrió la puerta del frigorífico y se encontró frente a frente con la india de la mantequilla *Land O' Lakes.*

—¿Y tú qué piensas de todo esto?

La pequeña india sonreía, pero no respondió.

Al día siguiente, diseñó un par de gafas psicodélicas y las bautizó «Barcelonita».

Una noche, Zoé llamó por teléfono y dijo:

—Du Guesclin ha vomitado, ¿qué hago?

—Pregúntale a mamá. Yo no soy veterinaria... ¡Deberías estar durmiendo a estas horas!

—Mamá no está... Se ha marchado a Londres, hace dos días. Me dijo que se marchaba a tirar piedrecitas... ¿No te parece que está rara desde hace algún tiempo?

—¿Estás sola en casa?

—No, está Shirley... Pero ha salido. Ha venido a pasar una semana en París con Oliver. Y, cuando mamá se marchó a Londres, se quedó para ocuparse de mí, mamá no quería dejarme sola...

—¡Ah! Shirley está...

—Sí, está muy contenta porque Gary la ha llamado... ¡Parece ser que hacía meses que no se hablaban! Así que ahora ve la vida de color rosa. ¡Qué graciosa es! ¡Comemos pizzas y helados!

—¿Shirley te alimenta a base de pizzas y helados!

—Ya te digo que está levitando. ¡Le ha dicho a Gary que estabas en Nueva York! Vas a tener que llamarle, Hortense. Porque si no, pensará que no le quieres...

—¿Puedes cortar el rollo, Zoétounette? Eres cansina, ¿sabes?

—Es que a mí me gustaría que estuvieseis juntos. Así seríamos Gaétan y Zoé, y Gary y Hortense. ¿Has visto?, nuestros dos amores tienen un nombre que empieza por G... ¿Acaso no es una señal?

—¡Cállate! ¡Cállate o te estrangulo!

—¡No puedes! ¡No puedes! ¡Y puedo decir lo que quiera! Oye, Hortense, ¿crees que mamá se ha ido a tirarle piedrecitas a Philippe?

Al día siguiente, cuando Hortense llegó al despacho, Frank Cook la esperaba. Le pidió que le siguiera. Quería dar una vuelta por las tiendas Banana Republic con ella. Que le diese su opinión sobre los escaparates, la disposición de los artículos, el ambiente en las tiendas. Hortense le siguió y montó con él en la gran limusina climatizada.

—Yo no sé nada de eso, ¿sabe?...

—Quizás, pero tiene olfato e ideas... Necesito una opinión externa. Usted ha trabajado para Harrods. Me he informado, sus escaparates eran fabulosos, había propuesto e ilustrado un concepto, el detalle, me gustaría que hiciese la misma cosa...

—Allí tuve tiempo para pensar, usted me pilla un poco de improviso...

—No le pido un informe, sino su primera impresión...

Hicieron el tour por las tiendas. Hortense le dio su opinión.

Él la llevó a tomar un café, la escuchó. Y después la volvió a llevar al despacho.

—¿Y bien? ¿Y bien? —preguntó Sylvana—. ¿Qué ha dicho?

—Nada. No ha dicho nada de nada. Me ha escuchado. Lo hemos visitado todo, yo he dicho exactamente lo que pensaba... ¡Esas tiendas están muertas! No hay vida, no hay movimiento, da la impresión de entrar en un museo. Las vendedoras son de cera y muy estiradas. Da miedo molestarlas. La ropa colgada de las perchas, los jerséis y los suéteres impecablemente expuestos, las chaquetas bien alineadas... Hay que poner vida ahí dentro, dar a la gente ganas de comprarlo todo, proponerles un conjunto completo con la locura necesaria para hacerla soñar. A las americanas les encanta que las vistan de pies a cabeza... En Europa, cada chica se crea un look; aquí, cada chica quiere elegir un uniforme para parecerse a su amiga o a su jefa. En Europa, quieres distinguirte, aquí quieres parecerte...

—¡Pero bueno! —dijo Sylvana—. ¿De dónde sacas todas esas ideas?

—No lo sé, pero lo que sé es que voy a aumentar mi tarifa... Todo eso que le he dicho esta mañana vale una fortuna.

Un domingo por la mañana, fue a pasear a Central Park.

Hacía bueno. El césped estaba lleno de gente tumbada en mantas. Hablaban por teléfono, comían sandía, jugaban a juegos en sus portátiles. Las parejas se apoyaban espalda contra espalda. Había chicas limándose las uñas mientras hablaban de trabajo, otra algo más lejos se había remangado los vaqueros y se pintaba las uñas de los pies haciendo abdominales.

Niños jugando al balón...

Otros al béisbol...

Uno de ellos llevaba una camiseta que ponía «Vendo padres de segunda mano».

Hortense vio a jugadores de petanca completamente vestidos de blanco. Lanzaban grandes bolas de madera oscura sobre un césped inmaculado y hablaban en voz baja, cubiertos con sus sombreros blancos. Tenían una forma elegante de agacharse para recoger las bolas y lanzarlas con un gesto hastiado, como si no hubiese ni competición ni nada en juego.

So british..., pensaba admirando su desenvoltura.

Y pensó en Gary. No quería reconocerlo, pero buscaba el puentecito de tablas grises y el sendero de grava blanca.

Cuando el sol empezó a descender sobre el parque, volvió a su casa. Se duchó. Pidió un poco de sushi por teléfono, puso un DVD de *Mad Men*, le quedaba toda la tercera temporada por ver.

Don Drapper le gustaba mucho...

So british también...

Eran las tres de la mañana cuando apagó la televisión.

Se preguntó dónde estaría ese maldito puente de madera...

Zoé la despertó en plena noche.

—¿Otra vez tú?

—Esto es serio... Mamá me ha llamado. Estaba con Philippe en una iglesia. Cantaba de felicidad. Me ha dicho que era feliz, feliz y quería que fuese la primera en saberlo. Dime, ¿crees que se van a casar?

—¡Zoé! ¿Has visto la hora? ¡Aquí son las seis de la mañana!

—¡Uy! ¡He calculado mal!

—¡ESTABA DURMIENDO!

—Pero dime, Hortense, ¿qué querrá decir el hecho de que llame desde una iglesia?

—¡Me da igual, Zoé! Me da igual… ¡Déjame dormir! ¡Mañana trabajo!

* * *

—He empezado un libro —decía Joséphine en brazos de Philippe.

Estaban sentados bajo un plátano sobre la pequeña pradera delante de la iglesia.

—Lo escribirás aquí…

—Y además está Zoé…

—Irá al liceo francés…

—Tiene novio…

—Le pagaré un abono de Eurostar, podrá ir a verle cuando quiera… y él vendrá también…

—¿Y Du Guesclin?

—Lo pasearemos por el parque… En Londres hay parques muy bonitos…

—¿Y la universidad? No puedo dejarlo todo tirado…

—París está a dos horas de Londres, Joséphine. No pasa nada… Deja de decir no todo el tiempo…, dime que sí…

Ella levantó la cabeza hacia él. Le besó.

Él la estrechó entre sus brazos.

—¿Tienes muchas preguntas como ésas?

—Pero es que…

—¿Piensas acabar tu vida sola?

—No…

—¿Qué harías sola? ¿No eras tú la que decía que la vida era un vals y que había que bailar con ella? —preguntó Philippe, la boca en el pelo de Joséphine—. Hay que ser dos para bailar un vals…

—Sí...

—Entonces baila conmigo, Joséphine, ya hemos esperado demasiado...

* * *

Una noche, debía de ser a principios de agosto, Hortense había vuelto a su casa tras rechazar la invitación a cenar de Julian, que quería leerle su último cuento.

Era la historia de una chica que había sufrido mucho en su infancia y que apuñalaba a sus amantes con un cuchillo de mantequilla. Hortense no estaba segura de querer oírla. Había rechazado educadamente la invitación.

Hacía mucho calor, el termómetro marcaba 88ºF y 99 por ciento de humedad. Había decidido caminar desde su despacho hasta su apartamento y le había hecho una seña a un taxi amarillo al cabo de tres manzanas.

Se había duchado, se había tumbado sobre el sofá beige con un limón exprimido, miel y una jarra de cubitos de hielo. Había abierto un libro sobre Matisse para estudiar los colores e imaginar una línea «ensalada de frutas» para el verano próximo.

Pasaba páginas escuchando a Miles Davis en la radio, sorbiendo el limón, degustando los colores de Matisse. Esto es lo que yo llamo una velada formidable, pensó levantando el vaso a la salud de los Pilgrim Fathers que la miraban desde la pared con expresión severa. Me he ganado el derecho a un poco de descanso, les dijo ¡no paro de trabajar! Voy a pasarme la noche sin hacer nada...

Sin hacer nada...

Se hundió en el sofá beige, levantó una pierna para desperezarse, levantó la otra...

Y se quedó con la pierna en el aire...

Un sentimiento de malestar se había deslizado en su interior sin que se diese cuenta. Tenía un nudo en el corazón, se ahogaba. Creyó que estaba mal sentada, empezó a dar vueltas y vueltas en el sofá, y después oyó los latidos de su corazón que aumentaban, su corazón se puso a palpitar y la canción de la limusina, la canción que mezclaba a Nueva York y a Gary, volvió a empezar... New York, New York, Gary, Gary... Las palabras golpeaban como sobre una gran caja.

Se incorporó y dijo en voz alta tengo que verle...

¡Tengo que verle sin falta!

¡Zoé tiene razón! Sabe que estoy en Nueva York, sabe que sé su dirección, ¡va a pensar que no quiero verle!

¡QUIERO VERLE!

No tuve ganas de besar la nariz puntiaguda el otro día. Y sin embargo no estaba nada mal, pero cuanto más me acercaba a él, más pensaba pero no es Gary, ¡no es Gary! Y tenía unas ganas locas de besar a Gary.

¡Besar a Gary!

Bebió un trago de limón, le echó la culpa al calor, he pasado demasiado calor con el paseo. Ya no soy yo. Pero la canción volvió a sonar, y esta vez, Nueva York había desaparecido, sólo sonaba Gary, Gary y hacía un ruido, un ruido terrible..., le golpea la cabeza, el pecho, las piernas.

Se ahogaba.

Se echó hacia atrás y respiró profundamente.

Se dijo en voz alta de acuerdo, lo reconozco, tengo miedo de verle, tengo miedo de enamorarme y me parece que ya está, ¡que estoy enamorada!

Estoy enamorada de Gary.

Se sentó con las piernas cruzadas, jugó con los dedos de los pies. El malestar se convirtió en angustia. Se volvió urgente.

De acuerdo, se dijo en voz alta, iré a verle... Mañana es lunes, me lo tomaré con calma, encontraré una excusa para no ir al despacho, diré que necesito trabajar y estar sola en mi casa e iré a verle a su cabaña de Central Park.

Haré como que me paseo y me encuentro con él...

Iré a verle como por casualidad a su cabaña...

Como por casualidad...

Seguiré el sendero de grava blanca, atravesaré el puente de tablas grises y entraré en la cabaña.

Tuvo ganas de llamar a Junior para preguntarle dónde estaba ese maldito puente de tablas grises. ¡Junior! ¡Junior! ¡Concéntrate y dime dónde está ese puente!

No llamó.

Iría sola. No molestaría a Junior.

Oyó que su corazón se frenaba y empezaba a latir con normalidad.

Estaba deseando que fuera mañana...

A las doce y media, sonó el teléfono.

Se levantó y descolgó.

Era Junior...

—¿Me has llamado, Hortense?

—No...

—Sí, me has llamado. He activado el transistor contigo y te he escuchado...

—¿Activas el transistor?

—Sí. ¡Se me da cada vez mejor! Veo tu despacho, veo a tus compañeros, me gusta Julian...

—No se trata de Julian, Junior...

—Lo sé... Se trata de Gary, ¿verdad?

—Sí —soltó Hortense como con desgana—. He tenido una crisis de angustia esta noche. Pensé que tenía que verle sin falta y pensé en ti, es cierto...

—¡Tenías que haberme llamado!

—No me he atrevido...

—¡Ve a verle, Hortense! ¡Vamos! Si no te pondrás enferma... ¡Veo una gran enfermedad amarilla con mucho pus! Vas a somatizar...

—¿Estás seguro?

—Lo he pensado mucho, Hortense. Ese chico está muy bien, y serás feliz con él. De hecho le amas desde hace mucho tiempo... No me ha gustado el de la nariz puntiaguda.

—¿También le has visto?

—Sí...

—¡Junior! ¡Deja de leer mi cabeza! ¡Es muy molesto!

—¡Oh! No funciona todo el rato... Es sólo cuando piensas en mí, me das una frecuencia, eso es todo. Pero cuando no piensas en absoluto en mí, no lo consigo...

—Lo prefiero...

—Entonces ¿irás a verle?

—Sí. Mañana, es lunes...

—Está bien...

Se quedaron en silencio un momento. Ella le oía respirar. Él quería decir otra cosa.

—¿Marcel ha hablado con Chaval y Henriette? —preguntó Hortense para romper el silencio.

—Sí ¡y ha sido grandioso! Los acontecimientos se han precipitado. El mundo va a toda velocidad ahora. Habrá que agarrarse. Los cambios anunciados se concretan. Por eso no hay que perder tiempo...

—¿Y qué? Cuéntame...

—¡Henriette ha sido despojada! Mi padre ha estado intratable. La ha echado incluso de su casa. Se ha dado cuenta de que el contrato vencía y no lo ha renovado. Sólo le ha dejado la pensión alimenticia. ¿Y sabes qué ha hecho ella? ¡Se ha quedado con la portería!

—¡Con la portería!

—Cuando te decía que seguía con fuerzas y llena de vida... Los porteros presentaron su dimisión para irse con su hijo que va a estudiar en un barrio alejado de las afueras, y ella ha pensado que la portería era un modo seguro de ahorrar. Alojamiento, calefacción, teléfono pagado, ¡y un montón de propietarios a los que extorsionar! Te advierto de antemano que va a sembrar el terror. Qué quieres que te diga, no me queda más remedio que admirar a esa mujer.

—¿Y Chaval?

—Chaval ha mordido el polvo. ¡Ha perdido a su anciana madre y su cabeza con ella!

—¿Se ha muerto de repente?

—¡Atropellada por un coche en la avenida de la Grande-Armée! El hijo de un diplomático que se saltó un semáforo. Chaval todavía está llorando... Así que cuando padre le convocó para informarle de que estaba acabado, no dijo nada. Parece ser que se echó a llorar en la silla pidiendo perdón. ¡Una piltrafa! ¡Una auténtica piltrafa!

—¿Y la Trompeta?

—Le ha acogido en su casa y ahora vive allí... Ella está rebosante de felicidad y se ha vuelto casi atractiva... Le ha enseñado una foto a papá: ¡Chaval en chilaba en la calle Pali-Kao, abrazándola!

—¡Así que la chilaba era eso!

—¡El lamentable final de un lamentable sujeto!

—¡Esta historia se desarrolla a una velocidad increíble!

—El tiempo va cada vez más acelerado, Hortense. Estamos cambiando de mundo. Ya verás... Todavía no hemos visto nada. Todo va a evolucionar muy rápidamente... Por eso es necesario que tú también cambies y que reconozcas que estás enamorada de Gary...

—Tengo miedo, Junior, estoy muerta de miedo...

—Tienes que sobreponerte a tu miedo. Si no vas a seguir siendo la misma y te repetirás... Y eso será tu final. No querrás repetirte, querida Hortense... Tú que no temes a nada, no tengas miedo de dejarte llevar. Aprende a amar, ya verás, es formidable...

Entonces le tocó a Hortense quedarse callada. Alisó su cabello despeinado, jugó con la página de un libro que arrugaba con el dedo, y preguntó:

—¿Y cómo se hace, Junior? ¿Cómo se hace?

—Primero encontrarás el puente de tablas grises e irás a la cabaña... Y después ya verás, todo irá bien...

—Pero ¿dónde está esa maldita cabaña? Estuve paseando el otro día por el parque y no la he encontrado.

—Es muy sencillo. Entré en Google Earth y he visto el camino. Tienes que entrar por la puerta del parque que está frente a tu edificio... Después sigue por la gran avenida, y al cabo de quinientos metros, verás un quiosco que vende donuts y bebidas. Ahí girarás a la izquierda y subirás de frente... Hasta un gran cartel verde que dice «*Chess and checkers*»... Giras a la derecha y verás el puentecito de tablas. Después es todo recto...

—Pero no activarás el transistor, ¿me lo prometes? Eso me quitaría seguridad. Ya va a ser bastante difícil...

—Te lo prometo. Simplemente, deja de pensar en mí... ¡El transistor se activa cuando piensas mucho!

El lunes por la mañana, se preparó.

Se duchó, se lavó el pelo, se lo secó a mano y se puso una loción en spray que le dio brillo. Sacudió la cabeza y se formó como un polvo de luz. Se hizo una raya de lápiz marrón a ras de las pestañas; se puso un poco de rímel marrón oscuro, un poco de base, un toque de colorete rosa y un ligero rojo grosella en los labios. Se enfundó su vestidito negro. Le había traído suerte una vez, cuando conoció a Frank Cook, volvería a traerle suerte. Cruzó los dedos. Levantó la mirada al Cielo suplicando que velase por ella. No creía demasiado en todo eso, pero valía la pena intentarlo.

Se calzó una sandalia de lagarto verde manzana que había comprado el día antes. Se preguntó dónde se había metido la otra y la buscó a cuatro patas. Se puso de rodillas, tanteó bajo la cama, removió la pelusa, estornudó, volvió a tantear hasta que acabó encontrándola.

La sopló.

Se levantó, fue a plantarse delante del espejo. ¡Dios mío! ¡Dios mío! Si mi corazón late tan fuerte, no va a durar mucho tiempo nuestro romance, voy a acabar en el hospital, sobre una camilla.

¿Me querrá lo bastante como para rodearme entre sus brazos sobre la camilla?

Gary...

Y dejó caer los brazos a lo largo del cuerpo.

La sonrisa de Gary...

Una sonrisa inusual, como su espalda entre el gentío...

La sonrisa de un hombre seguro de sí mismo, pero no demasiado... Seguro de sí mismo con confianza, sin arrogancia...

La sonrisa de un hombre generoso que abraza el mundo y luego te mira y te ofrece ese mundo... Sólo para ti. Como si no hubiera nadie más que tú digno de recibir ese mundo a tus pies.

Como si, por encima del mundo, estuvieses tú, tú y tú...

Uno se cruza con una sonrisa como ésa dos o tres veces en la vida. Nos volvemos y sabemos que nunca olvidaremos a ese hombre...

Ella había estado a punto de olvidar a ese hombre y también su sonrisa.

Se golpeó la cabeza con el bolso y se insultó llamándose maldita zoquete.

Cogió sus grandes gafas negras, un fular de muselina rosa moteado de blanco, levantó los hombros, respiró tres veces, se deseó buena suerte y franqueó el umbral de su apartamento.

El conserje la vio pasar y le gritó *have a good day!**

Ella gritó una respuesta y oyó su voz que temblaba...

Entró en el parque por la puerta frente a su casa.

Caminó hasta el quiosco que vendía bebidas y donuts.

Giró a la izquierda. Subió de frente. Vio la pancarta verde que decía «*Chess and checkers*»... Giró a la derecha y caminó, y caminó. Se detuvo para verificar que no le brillaba la nariz ni se le corría el rímel, cerró con un gesto seco la polvera azul, se mojó los labios, levantó la cabeza y se le cortó la

* «¡Que tenga un buen día!».

respiración. Ante ella, a una decena de metros, estaba el puentecito de planchas grises.

Franqueó el puente y vio la cabaña.

Una cabaña de troncos grises con un techo enrejado. Cubierto de ramas y hojas. Una cabaña abierta a todos los vientos del norte, del este y del sur.

Entró en la cabaña y le vio.

Estaba sentado en un banco y se inclinaba hacia una ardilla a la que ofrecía un cacahuete.

La ardilla la vio y huyó.

Gary se volvió.

—¡Hortense!

Primero pareció sorprendido. Luego adoptó una expresión recelosa y dijo:

—¿Qué haces aquí?

—Pasaba por aquí...

La miró, burlón:

—¿Pasabas por aquí por casualidad?

—Pasaba por aquí y tuve ganas de entrar... Me paseo muy a menudo por el parque, vivo justo al lado... En Central Park South.

—Desde hace un mes. Lo sé...

Había un reproche en su voz. Un reproche que decía estás aquí desde hace un mes y no has intentado verme.

—Sé lo que piensas —dijo Hortense.

—Pues sí que eres lista...

—Eso es verdad...

Le miró, se quitó las gafas negras, clavó la mirada en sus ojos articulando cada palabra para que entraran en su cabeza y comprendiera:

—Escúchame bien, Gary... No recibí tu mensaje cuando te fuiste de Londres. Nunca. Tienes que creerme... Más adelante supe que querías que me fuera contigo... Y me puse muy triste cuando me enteré de que te habías ido sin decirme nada... Te odié mucho, mucho... Y durante mucho tiempo...

Él jugaba con los cacahuetes que quedaban en el paquete, los aplastaba entre los dedos, los convertía en polvo y los tiraba al suelo.

—Sé que me habías comprado un billete de avión... Pero me enteré hace muy poco. Estaba tan enfadada que tardé mucho en perdonarte. Pensaba que era una declaración de guerra, que tú y yo estábamos siempre en guerra, y después, de pronto, se me quitaron las ganas de hacer la guerra...

Él aplastó un cacahuete y lo peló con los dientes. Se comió otro y acabó diciendo:

—Has decidido poner fin a la guerra y has pensado, voy a ver al viejo Gary, debe de estar con sus colegas en el parque...

—Algo así... Fue tu madre quien me dijo que las ardillas están tristes los lunes...

—Y has encontrado esta cabaña por casualidad.

—No. La he buscado...

—¿Y tú qué buscas, Hortense?

Había rabia en su voz. Rascaba el suelo con la punta del zapato y hundía los puños en los bolsillos.

Ella se apoyó sobre el reborde de madera de la cabaña, dejó el bolso y dijo:

—Pensé que me gustaría saber qué se siente estando en tus brazos...

Él encogió los hombros y alargó las piernas, como si no quisiese en absoluto ponerse de pie para besarla.

Hortense se acercó a él. Se arrodilló. Se cuidó mucho de no tocarle. Y añadió:

—Quería decir en los brazos de un pianista de la Juilliard School. De la famosa Juilliard School de Nueva York...

Gary giró la cabeza hacia ella y murmuró:

—Puedo decirte que produce el mismo efecto que estar en los brazos de cualquiera...

—Eso es lo que tú te crees... Pero yo, por ejemplo, no lo sé... Porque nunca he estado en brazos de un pianista de la célebre Juilliard School de Nueva York...

—Cállate, Hortense, todo eso son estupideces...

—Quizás... Pero mientras no lo haya probado, no podré decir nada... Y no cuesta nada probar, ¿no?

Él volvió a encogerse de hombros. Su mirada la evitaba. Estaba sentado, a la defensiva, hostil, desconfiado.

—¿Quieres que me tire a tus pies? —preguntó Hortense.

—No —dijo él dejando escapar una sonrisa—. Tu vestido es muy bonito y tus cabellos brillan...

—¡Ah! ¿Te has dado cuenta? ¿Así que no me odias del todo?

—Te he odiado mucho yo también...

—Deberíamos hacer las paces porque nos hemos equivocado los dos...

—¡Eso es fácil de decir! —murmuró—. ¡Tú olvidas pronto, yo no!

Hortense se incorporó y dijo:

—¡Peor para mí! ¡No sabré nunca cómo besa un chico de la Juilliard School!

Volvió a ponerse las gafas negras, recogió el bolso y retiró el brazo hacia atrás, como si se batiera en retirada. Se dirigió hacia el parque, aún con el brazo hacia atrás, por si él cambiaba de opinión, despreocupada, como si siempre caminara así, con un brazo detrás...

Estaba a punto de franquear el límite que separaba la sombra de la cabaña del soleado parque cuando notó la mano de Gary que le sujetaba el brazo, los brazos de Gary atrayéndola hacia sí, y la boca de Gary pegarse a la suya.

La besó, la besó y ella se dejó llevar, pegada a él, suspirando.

Apoyó la cabeza en el hueco del hombro, jugó con el cuello de su camisa, levantó la cabeza, sonrió y dijo:

—Tenías razón... No hay nada extraordinario en estar en brazos de un chico de la Juilliard School.

Él se apartó, sorprendido y furioso.

—¿Cómo que «nada extraordinario»?

—¡No! La rutina habitual..., creo incluso que prefiero al Gary de París o de Londres...

—Ah...

La miró un momento en silencio, desconfiado, preguntándose si bromeaba o no. Ella canturreaba, jugaba con los botones de su camisa haciendo la mueca de la que está un poco decepcionada.

Entonces él bramó me vas a volver loco, Hortense Cortès, ¡me vas a volver loco! La abrazó con fuerza y la besó como si su vida dependiera de ello.

La ardilla gris, en el umbral de la cabaña, les contemplaba royendo su cacahuete.

Debía de pensar que, al final, los lunes en Central Park no eran tan tristes...

Agradecimientos

Un escritor es una pared con dos grandes orejas y un ojo de cíclope.

Escribir es escuchar, observar, husmear, convertirse en castaño, en lámpara o en tela de araña. Aguzar el oído, la mirada, el olfato y hacer un vacío dentro de uno mismo para que la vida penetre y deje sus sedimentos...

Olvidarse para convertirse en todos los personajes, las risas y las lágrimas, las esperanzas y las impaciencias, hundirse hasta el fondo, recoger una moneda de oro...

Depositarla sobre el relato y volver a sumergirse...

Cuando escribo, abro completamente los brazos y me trago la vida...

Atravieso mares y montañas, a la caza del detalle, devoro kilos de documentación, escucho.

A todos los que me habéis nutrido de detalles, de colores, de reflexiones, de ternura, de dulzura, de huracanes y frescos céfiros, ¡gracias!

Patricia... ¡y el quai aux Fleurs!

Réjane, Michel, siempre ahí...

Huguette..., ¡me quito el sombrero!

Thierry, ángel guardián...

Marie, diseñadora en Londres...

Andy, futuro gran chambelán...

Dom..., que se reconocerá en algunos detalles.

Lydie, Laurence, Marie, Fatiha, Dominique, Jean, Thierry y sus correos con tanta información...

Jacqueline, que recoge erizos en la carretera y los cuida...

Aude, sus largos cigarrillos turcos en un sobre...

Sophie, que me envía libros raros y *cup-cakes* desde Londres...

François, inventor genial...

Béatrice y sus cursos de yoga...

Sarah, que me entrega a Diderot en una bandeja y correos asombrosos...

Samantha...

Roberta...

Y todos los mensajes de la página web que me hacen viajar, reír, me dan ganas de escucharos y dar palmas...

Gracias a Hugues y a Alvisé en Londres...

Maggy y Marianne, en Nueva York, *I'm a brain! You're a brain!*

Gracias, Michel... ¡y sus detalles de inspector puntilloso!

Fabrice...

Bruno y sus CD de Gould... siempre.

Jean-Christophe, hombre culto, preciso, aplicado...

Béatrice, que me ha paseado por las galerías de arte de París, Londres y Nueva York...

Sharon, en Edimburgo...

Richard y Jean-Éric en China...

Michael Enneser, su refugio para indigentes en Nueva York.

Louis y nuestras largas conversaciones sobre la vida y la carpintería.

Un beso a Romain, dulce Daddy, George, Laurent...

Gracias a Cary Grant por haberme prestado un poco de su vida y de su sustanciosa médula...

A Élisabeth, que me lo enseñó todo sobre las cruzadas...

A Lise, que me enseñó los laberintos del HDI y las intrigas en el CNRS...

A Pierre el Magnífico y a su mirada dirigida hacia mí...

A Octavie, mi amigo tan dulce, tan agudo...

Gracias, Clément, mi hijo adorado... Gracias, Chacha, mi hija adorada.

Gracias, Coco, hada de la casa... ¡Es usted mi apoyo fiel y generoso y le beso la nariz, la frente y el mentón!

Tres notitas de música

Glenn Gould interpreta a Bach, Columbia.

Russian Romantic Songs, Kaïa Urb, Harmonia Mundi.

Brazilian Sketches, Jim Tomlinson, Candid Productions.

Pequeña misa solemne de Rossini, Harmonia Mundi.

Ballads, Enrico Pieranunzi, Marc Johnson, Joey Baron, Cam Jazz.

Mare nostrum, Paolo Fresu, Richard Galliano, Jan Lundgren, Blue Note.

In my Dreams y *Samba tzigane*, Dusko Goykovich, Enja.

Estos discos los he escuchado una y otra vez mientras escribía...

Al igual que TSF Jazz (89.9) y Radio Classique (101.1)...

¡Chaussette - Du Guesclin también!

Este libro se terminó de imprimir
en los talleres gráficos de Anzos
en el mes de noviembre
de 2012